기후위기 시대,
환경과 정치는 어떻게 작동하는가

기후위기 시대,
환경과 정치는 어떻게 작동하는가

초판 인쇄 2025년 2월 20일
초판 발행 2025년 2월 27일

지은이 홍익표

발행인 최재원
디자인·편집 황미란
펴낸곳 부산대학교출판문화원
정 가 28,000 원

출판등록 제1983-000001호 1983. 11. 10.
부산광역시 금정구 부산대학로63번길 2 (우편번호 46241)
대표전화 051-510-1932 **팩시밀리** 051-512-7812
https://www.press.pusan.ac.kr

※ 이 도서는 부산대학교출판문화원의 강의교재 개발 지원사업(2025-1)지원으로 제작되었습니다.

ISBN 978-89-7316-825-5 93370

기후위기 시대, 환경과 정치는 어떻게 작동하는가

홍익표 지음

부산대학교출판문화원

들어가며

이 책은 기후위기 시대 환경정치의 구조와 현실에 대한 고찰을 담고 있다. 환경문제라는 것은 사회적으로 조직되고 상호작용을 하는 인간의 활동이 환경에 부정적인 영향을 미친 결과라는 점에서 사회과학, 특히 정치학적 분석이 우선 필요하다. 인간사회에서는 권력과 부와 같은 유한한 사회적 자원을 둘러싸고 지배와 피지배, 분업과 분화, 불평등과 이에 대한 저항 등 복합적인 상호작용이 발생한다. 이 과정에서 사회질서를 유지하기 위해서는 다 같이 지키기로 합의한 규칙을 제정하고 보존하는 것이 필요하다. 그러나 사회는 고정된 것이 아니라 늘 변하기 때문에 이 규칙들도 개정되어야 한다. 넓은 의미에서 이같이 규칙을 제정하고 보존하고 개정하는 활동을 일컬어 정치라고 할 수 있다. 환경학자인 엘리자베스 제솜버(Elizabeth R. DeSombre)가 지적했듯이 환경문제를 해결하는 것은 주로 과학이나 정보의 문제가 아니라 정치적 결정이다. 이는 다양한 사회적 가치 사이에서 자원을 할당하고 우선순위를 정하는 방법에 대한 정부나 기타 행위자의 선택을 가리킨다. 환경문제를 예방하거나 해결하려면 이러한 문제의 특성을 정확하게 진단하고 문제를 일으키는 활동에 대해 규칙을 만드는 정치적 과정을 이해하는 것이 요구된다.

지난 세기에 인류는 산업사회의 폭발적인 성장을 겪었고 이로 말미암아 지구의 생명 유지 시스템은 전례 없는 압력을 받고 있다. 여러 과학자들은 이제 지구가 홀로세의 한계 조건에서 벗어나 인류세라는 인류가 여지껏 체험하지 못했던 미지의 영역으로 들어서 있다고 지적하고 있다. 이미 우리는 티핑 포인트(tipping point)를 넘어섰을지도 모른다. 홀로세에 꽃피웠던 인류 문명은 이제 거대한 전환 혹은 붕괴와 맞닥트릴 수밖에 없다. 디스토피아가 멀지 않았다는 객관적 데이터에 입각한 과학자들의 비관적 전망이 편협한 이익과 시각에 함몰되고, 여전히 성장과 개발의 가치에 매달리는 정치인과 기업가, 관료와 학자들에 의해 왜곡되거나 애써 무시되는 것은 결코 바람직하지 않다. 자유시장이라는 '만병통치약'을 팔고 있는 사람들은 미국뿐 아니라 이곳 한국에서도 넘쳐난다. 그들은 인간을 단지 합리적이고 계산적인 '쾌락기계'로 볼 뿐이다. 더 많이 소비하면 욕망이 충족돼서 행복해진다고 한다. 과연 그럴까? 역사를 돌아보면 "실수를 키우고, 진실을 가로막고, 희망을 배반하고, 발밑을 황폐하게 하는 멍청이 요정"(Jean-François Marmion)이었던 인간이 과연 멸종위기에 직면해서는 현실을 냉정히 인식하고 바보짓을 피해 공존과 공생의 지혜를 발휘할 수 있을까? 부인할 수 없는 현실인 기후위기는 아무런 인과 관계없이 뜻밖에 발생한 것이 아니다. 인간은 평소에는 예방에 소홀히 하다 어떤 파국적 사건을 겪은 뒤에야 비로소 이를 되돌아보고 개선을 서두르곤 했다. 그렇지만 기후위기의 수준과 정도가 되돌리기 불가능한 지점을 통과했다면 더 이상 희망적 미래는 존재하지 않는다.

인류 문명의 토대가 되었던 학문 역시 메타위기에 처한 지구와 인류의 현실 앞에서 이제는 그 근본적인 패러다임을 바꿔야 한다. 미래를 걱정하는 이들이 내건 "기후변화가 아닌 체제변화를(system change, not climate change)"이라는 구호에서 보듯이 우리는 이제 인간과 사회뿐만이 아니라 자연을 상품으로 보고 '악마의 맷돌'에 집어넣어 분쇄해버리고 있는 자본주의 시장경제체제의 메카니즘을 비판적으로 분석할 필요가 있다. 칼 폴라니는 1939년 발간된 <거대한 전환: 우리 시대의 정치·경제적 기원>에서 '세계의 공장' 영국이 세계경제를 가격 메카니즘을 통해 수요와 공급을 자동적으로 조절해주는 시장 자유주의에 기초해 조직하였는데, 이런 기획을 달성하려면 인간 존재와 자연 환경은 순수한 상품으로 전환되어 파괴될 것이라고 경고한 바 있다. 무엇보다도 자본주의는 이윤 극대화와 축적에 매달리고, 무한 증식과 성장만을 최우선 목적으로 삼는 체제이자 이념이다. 자원과 노동을 착취해 소수 기득권층에게 부를 집중시키는 체제이기도 하다. 특히나 문제는 스웨덴의 생태학자인 안드레아스 말름(Andreas Malm)이 정확히 지적했듯이 자본이 가는 곳에는 어디나 배출이 즉시 그 뒤를 따른다는 사실이다. 말름은 자본이 끝없는 공간적 조정을 거치면서 지속적으로 자리를 이탈하고, 세계의 노동계급을 약화시키며, 쇠약해진 노동운동의 주변을 돌며 춤추고 있는 동안, 이산화탄소 배출량은 바로 그 똑같은 동역학에 의해 기하급수적으로 증가하게 된다고 말한다. 다른 한편으로는 세계화된 자본이 더 강력해짐에 따라 이산화탄소 배출량의 증가 역시 더 급격해진다.

그리고 현대 사회에서는 자본주의적 시장거래, 교환가치, 물질적 소비와 밀접히 연결된 경제성장이 자연스럽고 필요하며 좋은 것이라는 믿음이 널리 퍼져있다. 물론 경제가 성장을 하면 가난한 사람들이 배고픔과 질병으로부터 벗어날 가능성도 높아진다. 그러나 경제성장이 빈곤의 감소를 가져올 수 있지만 그것이 곧 소득 재분배로 연결되는 것은 아니다. 잊지 말아야 하는 것은 이렇게 헤게모니적 지위를 갖고 있는 경제성장에 기반한 체제가 지구적 정의, 웰빙, 지속가능성을 향한 의미 있는 진전을 가로막을 수 있다는 점이다. 이 점에 유의하여 마티아스 쉬멜처(Matthias Schmelzer)와 같은 학자들은 특정한 경제활동과 생산 및 소비 형태를 구분하고, 사회적 필요, 정의, 돌봄, 지속가능성을 고려하여 그중 일부는 규모를 축소하고 다른 일부는 번성시키는 탈성장 프로젝트를 제안한다.

아울러서 많은 학자들은 사회 불평등과 분열이 극심한 사회, 그리고 견제 받지 않는 권력집단에 의한 비민주적 통치가 이뤄지는 국가에서는 기후위기 같은 재앙이 해결되기 어렵다고 주장한다. 기후재앙은 보편적인 복지모델과 참여적, 합의적 민주주의 제도 등을 통해 양극화와 사회적 적대감이 완화된 곳에서 보다 효과적으로 대처될 수 있다는 것이 그들의 주장이다. 사회적 신뢰와 호혜, 상호의존과 협력에 바탕을 둔 정치적 환경을 조성하지 않은 채로는 어떤 국가도 기후재앙에 제대로 대처할 수 없다. 이들 민주주의 제도는 사회적 적대감을 누그러트리고 보다 많은 구성원들을 위기 극복에 나서게 한다. 바로 이 같은 점들에 대한 분석적인 사고를 통해서만 대멸종이라는 그림자가 어른거리는 지경에 처한 호모 사피엔스가 메타위기를 총체적으로 조망하고 성찰한 바탕 위에서 이를 극복할 수 있는 타당하고 적실성 있는 방안을 마련할 수 있을 것이다. 호모 사피엔스, 즉 생각하는 인간이 여태껏 생존하고 엄청난 위업을 달성할 수 있었던 요인 중 하나는 바로 사고하고 성찰하며 추론하는, 어쩌면 인간을 종으로서 특징짓는 최고의 능력 때문이었다.

이러한 문제의식에 기초해서 이 책은 기후위기 시대의 환경정치를 나름의 시각에서 분석하고 있다. 4부로 구성되어 있는 이 책은 크게 문제의 제기 → 이론 → 실제 → 대안이라는 논리적 구조로 이루어져 있다. 서론격인 1장은 돌이킬 수 없는 변화의 단계에 접어든 지구의 현실을 조감한 후 기후위기가 왜 중요한지 살펴보고, 앞으로 다가올 우리 지구의 미래는 어떤 모습일지에 대한 여러 과학자들의 주장을 소개한다. "환경정치를 어떻게 볼 것인가?"라는 제목의 1부는 환경정치의 이론을 다룬다. 주요 내용인 환경정치의 정의, 환경정치의 사상적 기반, 정당과 기업의 환경정치, 사회 불평등, 환경정의와 환경민주주의, 위험사회의 환경정치를 분석한다. 2부와 3부는 환경정치의 실제를 지구적 맥락과 한국적·동북아적 맥락으로 나누어 주요 쟁점들을 구체적으로 고찰하고 있다. 지구적 맥락에서는 신사회운동과 환경정치, 기후위기의 대응 유형과 사례, 기후변화협약과 지구온난화의 국제정치경제, 세계인구문제와 호모 사피엔스의 미래, 지구환경문제와 소비의 정치경제. 녹색정치와 환경도시, 빈곤, 기아, 식량의 국제정치경제 등을 살펴보고, 한국적·동북아적 맥락에서는 동북아에서의 경제성장과 환경파괴의 동조화, 동북아 환경문제의 현실, 토건국가에 매몰된 한국과 일본의 정치경제, 4대강 사업의 유산과 선거경쟁의 정치, 한국에서의 환경정치 실험 등의 주제를 검토하였다. 그리고 4부는 "무엇을 어떻게 할 것인가?"라는 질문에 대한 대안을 탈성장과 녹색전환, 그린 글로벌 거버넌스를 중심으로 제시하고 있다.

이들 목차 구성에서 알 수 있듯이 이 책에서 주의 깊게 살핀 점은 환경정치가 작동되는 맥락에 대한 균형 잡힌 고찰이다. 즉, 글로벌 노스의 서구 선진국 중심적인 환경 의제만 다루지 않고 가능하면 우리가 살고 있는 공간인 한국과 동북아의 맥락에서도 관련 의제와 쟁점을 분석하고자 했다. 기후위기를 비롯한 환경문제는 사회적으로 조직되고 상호작용을 하는 인간 활동의 결과이기 때문에 정치학적 분석을 할 필요가 있다. 이 경우 정치학은 단지 집단적 결정을 강제하는 통치기술을 넘어 권력관계를 둘러싼 현상을 탐구할 뿐만 아니라, 사회구성원 간의 갈등을 조정하고 공공선을 지향하는 '가능성의 예술'을 연구하는 학문이라고 볼 수 있다. 그렇지만 이 책은 정치학적 접근 방법을 위주로 환경문제를 분석하고 있지만, 여기에 더해 사회과학의 한 분과적 접근에만 치우치지 않고 인접한 인문과학과 자연과학의 서로 다른 접근과 연구성과를 포함한 학제적 접근방식에 입각해 서술을 하려 노력했다. 인간은 오랜 기간에 걸쳐 복잡한 과정의 진화를 해온 존재라는 점에서 단순화시켜서만 볼 수 없고, 다양한 개인과 집단들의 집합체인 사회 역시 이들 행위자들 간의 관계가 수직적, 수평적으로 복잡하게 얽혀있는 곳이기 때문이다.

그런 까닭에 복잡한 인간의 상호작용에서 초래된 문제를 단순히 인간중심주의에 입각해서만 분석하거나 오직 시장의 메커니즘에 의존해서만 해결하려는 것은 그 한계가 자명하다. 환경문제와 같은 복잡하고 총체적인 문제를 객관적으로 규명하기 위해서는 어떤 학문의 분과적 접근을 넘어 다학문적(multidisciplinary)이거나 초학문적(transdisciplinary)인 접근을 모색하는 것이 바람직하다. 그리고 이 책은 환경문제를 비롯해 인류가 직면한 메타 위기를 극복하기 위해서는 단순히 이들 위기에 대한 지식을 갖추는 것뿐만 아니라 구성원들의 적극적 참여를 통해 기존 체제를 바람직한 방향으로 변화시킬 수 있는 능력을 획득하는 것이 중요하다는 점을 강조하고 있다. 인류가 여태껏 살아왔고 지금도 살고 있으며 앞으로도 살아가야 하는 소중한 공간인 지구환경이 걷잡을 수 없게 훼손되면서 피할 수 없는 재앙이 예견되지만 그렇다고 우리는 희망의 끈을 놓아서는 안 된다. 벤 롤렌스(Ben Rawlence)가 언급했듯이 희망은 함께하는 노력에, 변화에, 공공선을 위한 의미 있는 작업에 있다.

이 책은 환경문제 관련 과목을 개설한 각종 학교에서 교재로 채택되고 활용될 수 있도록 기획되었다. 정치학의 분과학문인 환경정치학에 대한 상세한 소개서이기 때문에 이 책의 주된 예상 독자층은 정치학을 전공하는 대학생이다. 이와 함께, 정치학뿐만 아니라 인접학문인 사회교육학, 사회학, 환경교육학 등을 전공하는 대학생과 환경문제를 비롯한 사회문제를 교양으로 수강하는 대학생이 예상 독자층이다. 이 책은 이들 전공 및 교양수업에서 활용할 목적으로 집필되었기 때문에 환경정치학에서 다뤄지는 거의 모든 주제를 다 포함시켰다. 학생들이 이 책을 통해 환경정치학의 핵심 키워드와 주요 이론, 관련 내용을 체계적으로 학습할 수 있도록 상세하게 설명을 했다.

동시에 이 책은 일반 시민을 대상으로 한 교양도서의 성격도 지니고 있다. 최근 들어와 기후위기에 대한 사회적 우려가 급격하게 커지면서 해당 주제의 책에 대한 일반 시민들의 관심도 높아지고 있다. 환경문제를 다룬 책은 국내 주요 온·오프라인 서점에서도 독립적 카테고리의 자리를 차지하고 있다. 그러나 이들 책들은 글로벌 노스의 서구 선진국 중심적인 환경의제만 주로 다루고, 우리가 살고 있는 공간인 한국과 동북아의 맥락에서도 관련 의제와 쟁점을 고찰하는 것은 매우 적다. 이에 더해, 인문·사회과학의 한 분과적 접근에만 치우쳐서 저술한 것이 대부분이다.

이 점에 주목해서 이 책은 맥락에 대한 균형적 고찰과 학제적 접근에도 신경을 써서 집필하였다. 참고문헌과 주석에서 알 수 있듯이 기후위기와 이로 인한 사회변화에 대한 최근 연구를 포함한 광범위한 범위의 국내외 관련도서와 자료를 분석하고 인용한 점도 이 책의 또 다른 특징이다. 무엇보다, 이 책의 존재가치는 기후위기를 비롯한 지구 환경문제를 판단하기 위한 객관적인 분석과 평가를 소개함으로써 이들 학생들과 시민들의 지적 관심에 부응하고, 나아가 무한 증식과 성장만을 추구하는 체제를 친환경적이고 지속가능한 방향으로 변화시킬 수 있도록 정치참여를 자극하고 사회운동을 고무하는 것에서 찾을 수 있다.

끝으로, 이 책을 쓰는 과정에서 여러분의 도움을 받았다. 19세기 이 땅에 살았던 한 학자는 "온통 권세와 이득을 좇는 풍조가 휩쓸고 있는 세상"에 대해 언급한 바 있다. 당시는 성리학에 토대를 두었던 봉건적 신분제 국가의 모순이 드러나는 시기라서, 국가의 억압과 수탈에 맞선 농민항쟁이 곳곳에서 일어나고 있었고, 지배계층인 양반 관료 사이에서는 극심한 대립과 분열이 이어지고 있었다. 그 때부터 두 세기 가까이 세월이 흘렀지만 정치의 부재로 인한 혼란된 정국과 염량세태는 지금도 여전하다. 가끔씩 그가 그린 배경도 없고, 사람도 보이지 않는, 푸른 솔바람 부는 겨울나무들을 멍하니 들여다보곤 한다. "글로는 하고픈 말을 다 표현할 수 없고, 말로는 마음 속 깊은 뜻을 모두 다 표현할 수 없다"는 오래된 경전의 말을 빌려 내게 따뜻한 손을 내밀어준 그 분들에게 감사와 연대의 마음을 전한다.

목 차

들어가며

1장 '복잡하고 복합적이며 연쇄적인' …… 15
: 기후위기, 인류의 생존을 위협하다

1부 환경과 정치를 어떻게 볼 것인가

2장 환경혁명과 환경정치학의 대두 …… 56

3장 환경정치의 사상적 기반 …… 81
: 근본생태론에서 생태파시즘까지

4장 정당과 기업은 환경문제를 어떻게 다루는가? …… 101

5장 사회불평등, 환경정의와 환경민주주의 …… 132

6장 '문명의 화산 위에서 살아가기' …… 161
: 위험사회론과 불확실성의 환경정치

2부 지구적 맥락에서의 환경과 정치

7장 68혁명, 신사회운동과 환경정치 …… 177

8장 적응, 감축, 회피 …… 194
: 기후위기의 대응 유형과 사례

9장 '너무나 게으르고 탐욕스런' …… 212
: 기후변화협약과 지구온난화의 국제정치경제

10장 호모 사피엔스의 미래 …… 230
: 과잉인구 지구 혹은 텅 빈 지구

11장 기후위기, 지속불가능한 산업과 소비의 정치경제 ····· 248

12장 '풍요 속의 빈곤' ····· 267
: 빈곤, 기아, 식량의 국제정치경제

13장 무엇이 환경도시를 만들었는가? ····· 285
: 독일 프라이부르크의 사례

3부 동북아적·한국적 맥락에서의 환경과 정치

14장 경제성장과 환경파괴의 동조화 ····· 298
: 동북아의 경우

15장 동북아 환경문제의 실태 ····· 316
: 취약한 규제와 낮은 수준의 협력

16장 토건국가에 포박된 한국과 일본의 정치경제 ····· 328

17장 '4대강 사업이 남긴 것들' ····· 345
: 강한 물질주의와 선거경쟁의 정치

18장 '오지 않은 미래' ····· 370
: 한국에서 환경정치 실험은 왜 실패했는가?

4부 무엇을 어떻게 할 것인가

19장 성장사회를 넘어 녹색전환으로 ····· 400

20장 책임국가의 역할과 그린 글로벌 거버넌스 ····· 438

참고문헌 458

색인 483

1장 '복잡하고 복합적이며 연쇄적인'
: 기후위기, 인류의 생존을 위협하다

1부
환경과 정치를 어떻게 볼 것인가

2장 환경혁명과 환경정치학의 대두

3장 환경정치의 사상적 기반
: 근본생태론에서 생태파시즘까지

4장 정당과 기업은 환경문제를 어떻게 다루는가?

5장 사회불평등, 환경정의와 환경민주주의

6장 '문명의 화산 위에서 살아가기'
: 위험사회론과 불확실성의 환경정치

1장.

‘복잡하고 복합적이며 연쇄적인’ : 기후위기, 인류의 생존을 위협하다

수전 손택은 1965년 자신의 에세이 “재앙의 상상력”에서 핵폭탄은 “지금 이 순간부터 인류의 역사가 끝날 때까지, 모든 이에게 분명한 개인의 죽음이라는 위협 외에도, 모두가 심리적으로 거의 견딜 수 없는 어떤 것, 즉 사실상 경고 없이 언제든 찾아올 수 있는 집단적 소멸과 멸종의 위협 아래 삶을 보내는 것을 분명하게 할 것이다”라고 썼다... 하지만 지금 손택의 문장은 수정이 필요하다. 우리는 이 두 가지 두려움 외에 한 가지 두려움을 더해야 한다. 그것은 이미 진행 중인 고통스러울 정도로 느리고 집단적인 멸종, 세대에 걸쳐 진행되는 그 멸종의 과정에 대한 두려움이다.

- 에릭 딘 윌슨[1]

돌이킬 수 없는 변화의 단계에 접어든 지구

오늘날 인류가 직면한 여러 위기 중에서 가장 심각한 것으로 지적되는 것은 단연 기후위기이다. 세계경제포럼(World Economic Forum: WEF)이 전 세계 정치, 경제, 사회 등 각 분야 전문가 1,000명을 대상으로 진행한 설문조사 결과를 바탕으로 작성한 ‘2022년 국제 위험 보고서(Global Risks Report 2022)’에 따르면 앞으로 10

---

1 Erik Dean Wilson(2023) p.453. 여기서 인용한 손택의 글은 Commentary 1965년 10월호에 게재되었다. https://www.commentary.org/articles/susan-sontag/the-imagination-of-disaster/ 전문은 Susan Sontag(2002), pp.312~336에서도 찾아볼 수 있다. 1950년대와 1960년대 초반의 공상과학 영화에 대해 사려 깊게 고찰한 이 글에서 손택은 우리 시대가 극단의 시대라고 말한다. 우리는 무시무시하기는 마찬가지이지만 그 운명은 서로 반대되어 보이는 두 개의 지속적인 위협, 즉 끝날 줄 모르는 일상의 진부함과 상상조차 할 수 없는 공포 속에 살고 있다는 것이다. 손택은 대부분의 사람들이 이 쌍둥이 요괴를 극복하고 살아갈 수 있게끔 해주는 것이 바로 대중예술이 다량으로 공급해 주는 환상이라고 말한다. 손택에 따르면 환상은 심리적으로 견딜 수 없는 것에 우리를 단련시켜 그 공포를 일상적인 것으로 만들어준다.

년간 세계가 직면할 10대 위험 요소 1위로 '기후위기 대응 실패'가 꼽혔다. 이 보고서는 기후위기가 인류가 당면한 최대 위험이라고 강조하며, 행동하는 비용보다 행동하지 않는데 따르는 비용이 훨씬 더 크다고 경고했다(https://www.weforum.org/publications/global-risks- report-2022/). 국제 지속가능성 연구단체인 퓨처어스(Future Earth)가 52개국 200명의 과학자들을 대상으로 세계경제포럼이 선정한 세계 위험 30가지의 명단을 놓고 실시한 조사에서도 기후는 극한 기상 조건, 생물 다양성, 식량, 물과 함께 세계를 체계적 위기로 이끌 수 있는 중요한 위험 요소로 꼽혔다. 응답자의 72%는 기후변화가 미래의 잠재적 글로벌 시스템 위기의 핵심 원인이라고 밝혔다(https://futureearth.org/initiatives/other-initiatives/grp/the-report/).

이처럼 기후위기가 앞으로 인류를 위협할 가장 큰 요인으로 꼽히는 것은 기후위기가 점차 심각해지면서 극단적인 부작용이 빈번하게 나타나는 데도 이에 대한 대응은 그 속도가 매우 느리고 내용도 과학자들이 요구하는 수준에 못 미치기 때문이다. 산업혁명 이후 화석연료의 연소를 통해 인류는 무려 2조 톤이 넘는 이산화탄소를 대기에 배출했고, 최근 들어와서도 그 배출량은 줄어들기는커녕 매년 최고치 기록을 깨뜨리고 있다. 그 결과 지구온도는 가파르게 상승하고 있다. 대기순환이 변화하면서 폭염과 한파가 잦아지고 산불과 홍수의 빈도가 증가하는 등 이상기후현상이 곳곳에서 나타나고 있다. 이와 함께 빙산이 녹아 없어지고, 해수면의 상승속도가 가속화되고 있으며, 열대성 사이클론이나 태풍의 강도가 더해지고 있다.

이러한 변화는 지구온도의 기록적인 상승으로 지구의 기후패턴이 급격하게 변화하는 지구온난화(global warming)가 이제는 누구도 부인할 수 없는 현상임을 여실히 보여준다. 그 대표적인 현상이 대기 중 온실가스의 농도가 높아지면서 지구 내부의 열이 가둬지고 지표면의 온도가 높아지는 것이다. 지표를 가열하는 이러한 대기권의 역할을 온실효과(greenhouse effect)라고 한다. 이는 기후시스템(climate system), 즉 대기권을 위시해 수권, 암석권, 생물권, 빙권 등 권역들 간에 발생하는 에너지와 수분의 교환 작용이 급격하게 변화하고 있음을 가리킨다. 그렇다면 기후시스템의 변화를 가져오는 원인은 무엇일까?

이는 크게 자연적 원인과 인간적 원인으로 구분된다. 전자는 지각판의 이동과 궤도, 화산활동, 태양의 가변성 등이, 후자는 이산화탄소를 비롯한 온실가스 농도의 증가와 대기권의 반응, 대기 중 에어로졸의 함량 등을 들 수 있다(Frederick K. Lutgens, 2016: 547, 556~566). 최근에는 지표면과 해수면의 온도 상승의 폭이 너무 크다보니 지구온난화라는 용어를 아예 지구열대화(global boiling)로 대체해야 한다는 경고도 제기되고 있다.[2] 연간 전 세계 탄소 프로젝트 보고서 등을 보면 인류는 킬링 곡선(Keeling curve), 즉 계절에 따라 톱니 모양으로 상승하는 이산화탄소 농도 그래프에서 나타나는 상태와 속도를 제대로 제어하지 못하고 있음을 알 수 있다(Mark Lynas, 2022: 26~28). 특정한 한계선을 넘어서고 나면 재앙의 그래프는 걷잡을 수 없이 가팔라질 것이다. 문제는 인간의 삶을 떠받치고 있는 기둥이 무너지면, 탈출할 방법이 없다는 사실이다(Nathaniel Rich, 2021: 291).

빠른 속도로 진행되는 지구온난화는 지구 생태계에도 돌이킬 수 없을 정도로 파괴적 영향을 미치고 있다. 지난 세기부터 지구상에 존재하는 동물들의 개체수와 서식 면적은 눈에 띄게 감소하고 있다. 곤충의 개체수가 급격하게 감소하면서 조류의 개체수도 따라 줄고 있고, 기후대가 바뀌면서 야생동물도 사라지고 있다. 땅속 수분이 고갈되면서 가뭄이 발생하고 숲이 황폐화되고 있다(Mark Lynas, 2022: 84~96).[3] 전반적인 생물다양성 손실은 최근 확실히 증가했다. 척추동물의 개체수는 1970년 이후 평균 60% 감소했으며, 현재 모든 포유류 바이오매스의 96%는 가축과 인간으로 구성되어 있고, 모든 야생 포유류 종을 합치면 4%에 불과하다. 2019년 발표된 '생물다양성 및 생태계 서비스에 대한 글로벌 평가 보고서(Global Assessment Report on Biodiversity and Ecosystem Services)'에 따르면, 약 100만 종의 동식물이 멸종 위기에 처해 있으며, 지상 환경의 4분의 3과 해양 환경의 3분의 2가 현재 인간의 행동으로 인해 상당히 변화되었다고 추정한다(https://www.cell.com/current-biology/

---

2 예를 들어, 2023년 7월 27일 안토니우 구테흐스(António Manuel de Oliveira Guterres) 유엔 사무총장은 "지구 온난화 시대가 끝나고 지구 열대화 시대가 시작됐다"고 말했다. 그는 "현재 기후변화 현상이 진행 중이고, 공포스러운 상황"이라며 "하지만 이는 단지 시작에 불과하다"고 경고했다. 이 발언은 유럽연합(EU) 기후변화 감시기구인 코페르니쿠스 기후변화서비스(C3S)가 관측 데이터를 토대로 2023년 7월 온도가 역대 최고를 기록했다고 발표한 데 따른 것이다. https://www.khan.co.kr/environment/climate/article/ 202307281019001

3 전 세계 식량 작물 생산량의 3분의 1 이상이 벌 수천 종과 나비, 파리, 나방, 말벌, 딱정벌레 같은 곤충의 수분(受粉)작용에 의존한다는 점에서 곤충은 지구상에 있는 생명체 대부분을 지탱해주는 지주이기도 하다. 최근에 이루어진 여러 연구를 살펴보면 곤충의 수와 종의 다양성이 급격하게 줄어들고 있다는 사실을 알 수 있다. 곤충 서식지가 파괴되고, 유독한 화학물질이 살포되고, 지구 온도가 점점 높아지면서 인간은 자신도 모르는 사이에 그토록 의존하는 곤충들에게 끔찍한 환경을 만들어 버렸다. 생태계에서 막대한 수의 곤충을 배제하면 인간이 포함된 생물의 망 전체가 균형을 잃는다. 자연적인 수분이 불가능해지고 곤충이 영양분을 흙으로 돌려보내지 못하면 식물들도 죽고 만다. 그러면 정원은 사막처럼 변해버리고, 야생목초지는 사라진다. 이와 같은 곤충의 멸종 사태를 의미하는 합성어가 '인섹타겟돈(insectagaddon)'이다. Oliver Milman(2022), p.6, pp.16~17, p.24, p.27. 온실가스인 이산화탄소를 흡수하고 저장하는 데 결정적인 역할을 하고 있는 데서 지구의 허파로 알려진 아마존 열대우림 역시 최근 들어와 광범위한 지역에서 훼손되면서 이산화탄소 흡수 능력이 크게 떨어진 것(decline of the Amazon carbon sink)으로 나타나고 있다. https://

fulltext/S0960-9822(19)30885-1).[4] 이는 먹이사슬의 꼭대기에 있는 인간의 생존이 지금 치명적인 위협에 처해있다는 것을 가리킨다. 급기야 과학자들은 '인류세의 생물학적 멸종(biological extinction of anthropocene)'을 언급하기에 이르렀다. 이런 재앙이 일어난 첫 번째 원인으로는 기후위기가 꼽히고 이 외에 서식환경 축소, 남획, 인공미생물, 공해, 독성물질 등이 꼽힌다. 이 원인들의 공통점은 모두 인간 활동으로 인한 것이다. 물론 발생한다면 여섯 번째가 될 대멸종의 구체적 시기를 둘러싸고 과학자들 사이에서는 논쟁이 존재한다. 그러나 현재 인류가 전례 없는 생태적 위기를 겪고 있고 이를 극복하지 못한다면 인류의 생존이 위협에 처할 것이라는 데에는 과학자들 사이에서도 큰 이견이 없다.

새뮤얼 터비(Samuel T. Turvey)와 제니퍼 크리스(Jennifer J. Crees)는 현재 인간이 초래한 멸종 위기는 패턴과 원동력 측면에서 과거의 '자연적' 멸종과 양적, 질적으로 다르다고 지적한다. 가장 중요한 것은 장기에 걸친 진화적 시간 대신 빠른 생태적 시간의 작동프레임을 가진 '대체 없는 멸종(extinction without replacement)'이 특징이라는 것이다. 터비와 크리스는 인류세의 지속 기간 동안 인간 활동과 관련된 멸종의 역사를 다음과 같은 시간축을 통해 보여준다. (오른쪽 그림 참조).

옥스퍼드 대학교의 철학과 교수이자 인류미래연구소의 선임연구원인 토비 오드(Toby Ord) 역시 <사피엔스의 멸망(The Precipice: Existential Risk and the Future of Humanity)>에서 인류가 전례 없는 위험에 처해있다고 주장한다. 오드는 책의 제목에서 알 수 있듯이 인류가 발전과정에서 독특하게 위험한 시기인 '벼랑(precipice)'에 서있고 이는 몇 세기 동안 지속될 것이라고 지적한다. 그런 까닭에 인류 미래를 지키는 것이야말로 우리 시대의 본질적인 도전이라는 것이다. 그는 인류멸망에 대한 위험을 소행성이나 혜성 충돌, 슈퍼 화산 폭발, 행성 폭발처럼 오래전부터 존재했던 자

---

www.nature.com/articles/nature14283 벤 롤런스(Ben Rawlence)는 <지구의 마지막 숲을 걷다(The Treeline)>에서 지표면의 5분의 1을 덮고, 지구상의 모든 나무 중 3분의 1을 거느리며, 바다에 이어 두 번째로 거대한 생물군계인 북부한대수림이 지구온난화로 인해 거대한 지질학적 변화를 겪고 있다고 지적한다. 수목한계선을 따라가는 여정을 통해 롤런스는 지구온난화가 적잖이 진행되었다는 것과 인간이 고삐 풀린 온난화를 완전히 멈추기에는 무력하다는 사실을 깨닫게 되었다고 말한다. Ben Rawlence(2023), pp.20~21, pp.398~399.

4 생물다양성 및 생태계 서비스에 대한 정부간 과학 정책 플랫폼(IPBES)의 '생물다양성 및 생태계 서비스에 대한 글로벌 평가 보고서'는 글로벌 수준에서 생물다양성 및 생태계 서비스와 그 상호 연결에 대한 지식에 관해서 정기적이고 시기적절한 평가를 수행하고 있다. 생물다양성 및 생태계 서비스와 관련된 상태와 추세, 생물다양성 및 생태계 서비스가 인간 복지에 미치는 영향, 전략 계획 및 생물다양성 목표를 포함한 대응의 효과가 평가의 범위이다. https://www.ipbes.net/global-assessment

그림) 인간 활동과 관련된 멸종의 역사

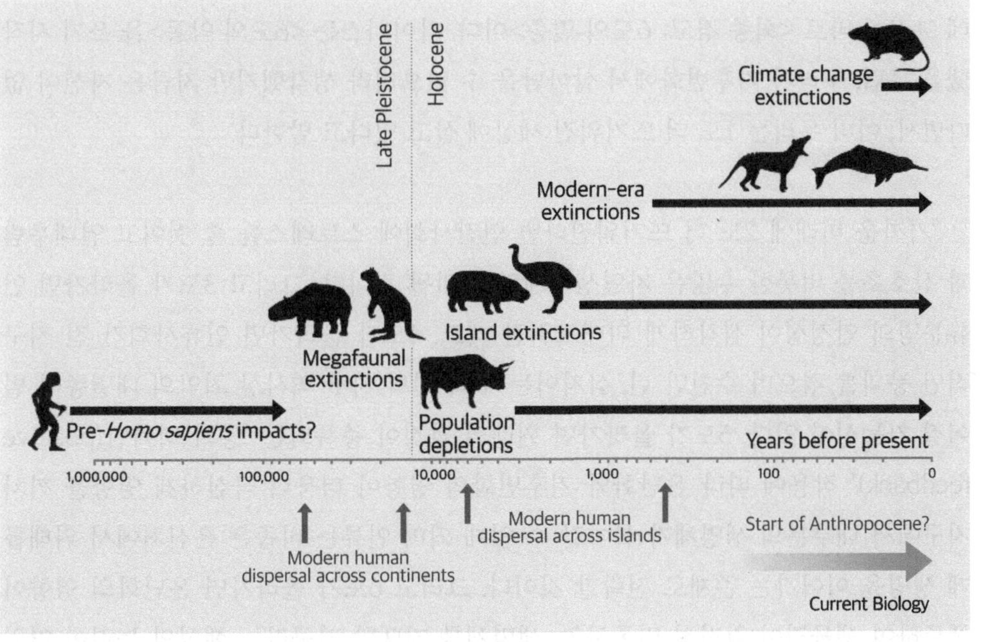

출처: Samuel T. Turvey & Jennifer J. Crees, "Extinction in the Anthropocene", Current Biology, Volume 29, Issue 19, 2019(https://www.cell.com/current-biology/fulltext/S0960-9822(19)30885-1)

연적 위험, 핵무기, 기후변화, 환경파괴처럼 인류가 발전하면서 나타난 인공적 위험, 그리고 기술 발전으로 인해 치명적인 위협으로 성큼 다가온 전염병, 인공지능과 잠재력을 상실한 디스토피아 사회 등 미래의 위험 세 가지로 나누어 소개한다. 오드의 추산에 따르면 향후 100년 안에 인류를 멸망으로 이끌 위험이 우리에게 닥칠 가능성은 1/6이다(Toby Ord, 2021: 93~217).

지구 표면의 평균 온도가 상승할 때마다 어떤 재앙적 위기가 초래되는 지를 상세하게 제시한 책은 세계적인 환경 저널리스트이자 사회운동가인 마크 라이너스(Mark Lynas)가 쓴 <최종 경고: 6도의 멸종(Our Final Warning: Six Degrees of Climate Emergency)>이다. 라이너스는 전작인 <6도의 악몽>에서 기후변화에 관한 정부간 협의체(The Intergovernmental Panel on Climate Change, 이하 IPCC로 표기) 보고서와 과학논문 수백 편을 분석한 바탕위에서 지표면의 평균 온도가 산업화 이전인 1850~1900년 무렵보다 1~6도까지 상승할 경우 인류가 겪게 될 기후재앙 시나리오를 제시한다. 1도 상승 시 미국 서부에 극심한 가뭄이 닥치는 단계부터 6도 상승 시

인류세 시대 생물 대멸종이 도래하는 단계까지 6단계로 쓰인 시나리오는 당시 사람들에게 커다란 충격을 주었다. 약 13년 후, 라이너스는 동일한 형식의 책을 또 내놨는데 그것이 바로 <최종 경고: 6도의 멸종>이다. 라이너스는 <6도의 악몽>을 쓰기 시작했을 무렵, 우리가 기후변화에서 살아남을 수 있으리라 생각했지만 지금은 자신이 없다면서, 이미 우리는 1도 더 뜨거워진 세상에 살고 있다고 말한다.

"가까운 미래에 2도 더 뜨거워진다면 인간사회에 스트레스를 줄 것이고 열대우림과 산호초를 비롯한 수많은 자연생태계가 파괴될 것이다. 그리고 3도가 올라가면 인류문명의 안정성이 심각하게 위태로워질 테고, 4도가 올라가면 인류사회가 전 지구적인 붕괴를 겪으며 수천만 년, 심지어는 수억 년의 지구 역사상 최악의 대멸종이 벌어질 가능성이 있다. 5도가 올라가면 원래의 과정이 증폭되는 '양의 되먹임(positive feedback)' 작용에 따라 온난화와 기후변화의 영향이 더욱더 극심하게 영향을 끼쳐 지구에서 대부분의 생명체가 살아갈 수 없게 되며 인류는 비좁은 은신처에서 위태롭게 생명을 이어가는 존재로 전락할 것이다. 그리고 6도가 올라가면 온난화의 영향이 폭주하여 생물권이 완전히 멸종하고, 생명체를 지탱할 지구라는 행성의 능력이 영원히 파괴될 위험이 있다"(Mark Lynas, 2022: 15~16).

2016년 4월 22일 지구의 날(Earth Day)에 조인된 파리기후협약(Paris climate agreement)은 지구가 섭씨 2도 이상 더워지는 것을 막아보자는 소망에서 출발했다. 그러나 그 바람을 이룰 가능성은 계속 줄고 있다. 기후학자 제임스 핸슨(James Hansen)은 섭씨 2도 상승 저지가 "장기간에 걸쳐 벌어질 재앙에 대한 처방전"이라고 말한다. 한편 섭씨 3도 상승 저지는 단기간에 벌어질 재앙에 대한 처방전인데, 여기서 단기적 재앙이란 북극에 숲이 우거지고 대부분의 해안도시들이 물속으로 사라지며 대규모 기아사태가 벌어지는 것을 말한다. IPCC 전 의장인 로버트 왓슨(Robert Watson)은 섭씨 3도 상승 저지가 사실상 생존의 한계선이라고 주장한 바 있다(Nathaniel Rich, 2021: 12~13)

<최종 경고: 6도의 멸종>의 저자 역시 3도 상승한 세계부터 제대로 된 대처법을 마련하지 못할 경우에 인류 문명의 붕괴가 발생할 수 있다고 말한다. 여기서는 전 세계적인 식량 부족이 가장 큰 위협 요인이다. 국제사회가 이에 대처하지 못할 경우, 대륙 전체의 혼란과 분쟁도 발생할 수 있다. '죽음의 문턱'으로 표현되는 2050년, 평균기온

이 3도 상승한 세계는 상상도 못할 더위, 대부분의 사람들에게 극도로 위험하다고 간주되는 폭염, 죽음의 문턱을 넘나드는 기온과 습도가 찾아온다. 그 다음 단계인 4도 상승한 세계(2075년)에서는 전 세계 인구의 4분의 3 정도가 매년 20일 이상 살인적인 더위에 노출된다. 지구라는 행성의 상당 부분은 생물학적으로 사람이 살기에 적합하지 않은 곳이 된다. 모든 종 가운데 최소한 6분의 1이 멸종 위험에 놓인다. 2090년쯤에는 5도 상승한 세계, 21세기 말쯤에는 6도 상승한 세계도 찾아올 수 있다. 저자가 '이제 거의 끝장'이라고 수식하는 5도 상승한 세계에서는 지구상 생명체의 종말이 가까워진다. 극지방은 녹아내리고, 복잡한 인간사회는 붕괴의 고비를 넘긴 지 오래다. 이 시기 지구는 "그동안 인류가 알고 있던 지구의 모습과는 너무 달라 거의 알아볼 수 없는, 비인간적이고 폭력적인 세계"다. 저자는 IPCC 보고서의 확률론적 기후 모델에 따른 예측의 상한선 안에 6도 상승에 관한 연구가 존재하기는 하지만, 연구자들이 이에 대해 말하기를 꺼린다고 지적한다. 이때의 지구는 고생대 마지막기인 페름기(약 2억 5190만 년 전~2억 9890만 년 전) 말의 대멸종 시기와 유사하다. 북극에서 적도까지 전 세계의 모든 숲이 동시에 불타오른다. 불길이 활활 타오르는 바람에 밤에도 낮처럼 환하다. 바다의 해수면은 너무 뜨거운 나머지 그 안에서 무엇도 살아남지 못한다(Mark Lynas, 2022: 181~376).

지금까지 가장 큰 멸종사건으로 알려진 페름기 대멸종을 비롯해 공룡을 사라지게 한 백악기 대멸종까지 지구에서는 다섯 번의 대멸종 사건이 있었다. 기후변화와 화산 폭발, 운석 충돌 등 다양한 사건이 중첩된 재난이었다. 우리는 지금 '제6의 대멸종'을 통과하고 있다는 주장도 존재한다. 새로운 지질시대인 '인류세'라는 말로 대변되는, 인간이 일으킨 온난화와 생태계 훼손, 핵 위기로 인한 변화들이다. 상상할 수도 없는 위험과 무수한 부작용을 수반한 유례없는 인구의 성장세는 인류를 대량멸종이라는 격렬한 위기 상황으로 내모는 원천이다. 우리가 남긴 발자국이 너무나 엄청나기에, 우리가 일으킨 이 모든 피해는 지질학적 시간으로 눈 깜박할 시간에 일어났다. 지구 역사 전체를 하루 24시간이라고 보면, 우리는 겨우 마지막 몇 초에 출현한 셈이지만, 단기간에 너무나 많은 일을 벌였다(Michael Tennesen, 2017: 16~17).

언론인이자 작가인 엘리자베스 콜버트(Elizabeth Kolbert)의 <여섯 번째 대멸종(Sixth Extinction)> 역시 지구상에서 지금까지 발생한 다섯 번의 대멸종이 천재지변 등으로 발생한 것과 달리 인간이 자초한 인류세와 지구 생태계 문제를 정면으로 고찰하고 있다. 콜버트는 여섯 번째 대멸종은 인간이 쓰고, 그리고, 건설한 모든 것이 먼지가 되고, 초대형 쥐 혹은 다른 어떤 생물이 지구를 물려받은 후에도 오랫동안 생명이 가는 길을 결정짓게 될 것이라고 강조한다(Elizabeth Kolbert, 2022: 373). 우리 인류는 지금 메가위기에 직면해있고 우리 곁에는 멸망으로 이끌 수 있는 예기치 못한 극단적 상황인 블랙 스완(black swan)이 늘 도사리고 있다고 할 수 있다.

그렇다면 위기에 처해있는 인류에게 과연 희망이 존재할까? 데이비드 크리스천과 동료들은 기후가 안정되고 생태계는 회복되며 소비가 줄고 도시는 재설계 되며, 새로운 유형의 민주주의가 발전하고 세계적 협력과 소통이 원활해지는 미래를 맞이할 지의 여부는 오늘을 살아가는 인간에게 달렸다는 점을 강조한다. 많은 과학자들이 내린 결론대로 인류는 수십 년 안에 지금 같은 생활방식을 유지하면서 일종의 세계적 붕괴를 초래할지, 아니면 자연을 더 완벽하게 지배하거나 인류의 물질적 욕망을 제한하거나 양쪽 전략을 조합하여 붕괴를 피할 방법을 찾아낼지 선택해야 한다(David Christian, 2022: 557).

앞으로 다가올 우리 지구의 미래는 어떤 모습일까? 이에 대해 가장 잘 알려진 것은 로마클럽(The Club of Rome)과 세계환경발전위원회(World Commission on Environment and Development, 이하 WCED로 표기)의 것이라 할 수 있다. 국제 학계·재계 인사들을 주축으로 1968년 창립된 싱크탱크인 로마클럽은 1972년 '성장의 한계(The Limits to Growth)' 보고서를 발표했다. 1972년 스웨덴 스톡홀름에서 개최된 UN인간환경회의에 앞서 공개된 이 보고서는 메사추세츠 공과대학(MIT)의 젊은 연구자들이 당시로서는 새로운 컴퓨터 모델이었던 '월드3(World3)'을 이용하여 대규모 수준에서 인구 증가, 출산과 사망, 산업 생산, 식량, 오염에 대해 탐구한 미래 시나리오였다. '성장의 한계' 저자들은 생태적 한계를 넘어섬으로써 사회붕괴가 일어날 가능성에 대해 경고해 세계적인 주목을 끌었다. 이 시나리오 가운데 일부가 붕괴라는 결론을 도출한 것은 오염 증가, 식량생산 감소, 인구의 급격한 감소 때문이었다. 그러나 연구팀은 '안정화된 세계'라는 결론을 도출하는 시나리오로 이어지는 몇 가지 가정들도 확인했다. 인간 복지가 증가해 높은 상태를 유지하거나 핵심적인 행동들에 나섬으로써 붕괴를 피할 수 있다는 것이 여기에 해당한다. 장기적인 미래에 인류가 지니게 될 가능성이 있는 서로 다른 경로를 탐구하려는 의도로 기획된 '성장의 한계'는 이후 구체적인 전망치가 맞지 않고 미래를 너무 비관적으로 본다는 등의 이유로 여러 정치가들과 학자들의 공격을 받기도 했지만 또 다른 학자들에게는 비교적 현실에 근접하는 정확한 예측이라는 평가를 받았다(Sandrine Dixson-Decleve et.al., 2023: 38~44).

노르웨이의 전 총리인 그로 할렘 브룬트란드(Gro Harlem Brundtland)가 의장을 맡은 WCED는 1983년 UN 총회에 의해 설립된 독립적인 위원회로, 지속 가능한 발전을 촉진하기 위한 목적으로 만들어졌다. 이 위원회의 목표는 환경 보호와 경제 발전 간의 관계를 재평가하고, 장기적인 환경 전략을 개발하여 21세기에 인류가 직면할 환경문제에 대응하기 위한 권고안을 제시하는 것이었다. 1987년, WCED는 '우리 공동의 미래(Our Common Future)'라는 제목의 보고서를 발표했는데, 이 보고서가 내세운 '지속 가능한 발전(sustainable development)'이란 "현재의 필요를 충족시키면서 동시에 미래 세대가 자신들의 필요를 충족시킬 수 있도록 환경의 잠재력을 손상시키지 않는 발전"으로 정의된다. "지속가능한 발전을 이루려면 모든 사람들의 기본욕구를 충족시키고, 더 나은 삶을 향한 열망을 만족시킬 수 있는 기회를 모든 사람들에게 확대해야 한다"(세계환경발전위원회, 2005: 87~88). 보고서는 환경과 발전이 서로 분리될 수 없으며, 지속 가능한 발전을 위해서는 경제성장, 환경보호, 사회적 평등이 조화롭게 이루어져야 함을 강조했다. 또한, 지속 가능한 발전을 실현하기 위한 국제적, 국가적 차원의 정책 권고사항을 제시했다. 이 보고서의 마지막 장의 제목은 "공동행동을 향하여: 제도와 법의 변화를 위한 제안"이다. 그렇지만 이 보고서가 주장한 대로 환경적 지속가능성과 경제적 발전을 통합하는 방안만으로는 현재 지구가 처한 위기를 해결하기가 쉽지 않다. 그만큼 지구의 위기는 매우 복합적이며 그 정도도 매우 심각하다.

<모두를 위한 지구(Earth for All)>는 <성장의 한계> 50주년을 기념해 발간된 보고서로 상드린 딕손-드클레브(Sandrine Dixson-Decleve) 등이 집필했다. 저자들은 인류가 직면한 여러 위기들은 메타위기(metacrisis)라고 이해할 수 있는 것의 서로 다른 측면이라고 지적한다. 그러면서 서로 연결되어 있는 과제들에 대해 5가지 특별한 전환을 실현함으로써 증가하고 있는 사회적 긴장과 인간의 고통, 심각한 환경 파괴를 피할 수 있다고 주장한다. 메타위기는 하나의 근원에 뿌리내린 채 자라났는데 바로 그것이 지켜야 할 원칙을 무시하는 생각에 바탕을 둔 추출주의(extractivism)라면서 이는 지구 자체를 고갈시킨다는 것이다. 협력에 보상하지 않고 경쟁에 보상하며, 자연과 균형을 이룰 때가 아니라 환경을 파괴할 때 보상하고, 게다가 미래 세대를 위한 장기적인 평화와 번영의 증진이 아니라 단기적인 성과에 보상하는 경제에서 인간의 행복과 지구의 안녕을 우선시하는 경제로 전환해야 한다고 역설한다(Sandrine Dixson-Decleve et.al., 2023: 16~17).

이 책은 지구에서 살아가는 우리의 집합적 미래를 가치 있게 여기고 그것들을 위해 투자할 방법을 모색하고자 2020년 출범한 '모두를 위한 지구 이니셔티브'가 수행한 연구 결과를 소개한다. '어스4올(Earth4All)'이라고 부르는 시스템 역학 모델을 이용해 저자들은 전 지구적 경제와 지구의 생명 유지 시스템을 분석한다. 그리고 두 가지 시나리오인 '부족한 노력, 놓친 시기(Too Little Too Late)'와 '거대한 도약(Great Leap)'을 종합한 결과 다음과 같은 결론을 도출한다. 첫째, 현재의 정치와 경제가 유지될 경우 고의적인 불평등이 계속해서 커질 뿐만 아니라 저소득 국가의 경제발전이 둔화되어 빈곤이 지속될 것으로 예상된다. 둘째, 이러한 요인들은 기후와 생태 비상사태에 부적절하게 대응하도록 부추길 가능성이 높다. 셋째, 위험을 크게 줄이기 위해서는 빈곤 종식, 심한 불평등 해결, 여성에 대한 권한 부여, 인간과 생태계를 위해 건강한 식량 시스템 조성, 청정에너지로 전환이라는 5가지 특별한 전환이 필요하다.[5] 넷째, 보다 회복력 있는 문명을 구축하는 데 필요한 추가적인 투자는 규모가 크지 않을 가능성이 높다. 그러나 시장원리에만 맡겨서는 이러한 투자가 진행될 가능성이 매우 낮다. 다섯째, 소득 재분배는 타협할 수 있는 사안이 아니다. 장기적인 경제적 불평등이 단기적인 경제적 위기와 결합되면 경제적 불안과 불신, 정치적 역기능이 따르게 마련이다. 여섯 번째, 이 특별한 전환은 2050년 이전에 달성될 수 있다. 일곱 번째, 이 전환들로 단절이 일어날 것이다. 사회안전망을 구축하여 전환이 일어나는 동안 사회의 모든 구성원을 보호해야 한다. 여덟 번째, 앞에서 했던 경고들에도 불구하고 우리는 집합적인 미래에 대해 낙관적인 태도를 취할 수 있다. 이러한 일들을 실현하기 위해서는 지평선 너머를 내다보면서 시민의 안전을 우선으로 삼는 적극적이고 유능한 국가가 필요하다(Sandrine Dixson-Decleve et.al., 2023: 26~37).

호모 사피엔스가 출현한 이래 지구라는 행성이 돌이킬 수 없는 질적인 변화의 단계에 접어들었음을 방대한 증거와 추론으로 제시하고 있는 것이 영국의 환경/생태학자인 사이먼 루이스(Simon Lewis)와 지구과학자인 마크 매슬린(Mark A. Maslin)이 쓴 <사피엔스가 장악한 행성(The Human Planet)>이다. 저자들은 이 책에서 호모 사피엔스가 출현한 이래 지구라는 행성이 돌이킬 수 없는 질적인 변화의 단계에 접어들

---

5 "우리는 이 5가지 주요 해결책을 '특별한 전환'이라고 부른다. 왜냐하면 이 해결책들은 과거의 추세와 의미 있는 방식으로 단절하고 진정한 시스템 변화를 이끌 수 있는 잠재력을 지니고 있기 때문이다. 어쩌면 이 5가지 전환은 인류세 시대에 제대로 기능하는 민주주의 국가를 위한 새로운 사회계약의 기초를 형성할 수 있을지도 모른다." Sandrine Dixson-Decleve et al.(2023), p.54.

었음을 방대한 증거와 추론으로 제시하고 있다. 저자들은 인류가 출현한 이래, 특히 산업혁명 이후 지구의 생태 및 지질 구조에 질적 변화가 일어났다는 판단 아래 이 시기를 인류세라고 규정한다. 특히 저자들이 주목하는 시기는 18세기 후반으로, 이 시대에 인류는 '두 번째 에너지 혁명'이라 부르는 화석연료 사용의 시대로 접어들었다(Simon Lewis et.al., 2020: 194~203).

영국 산업혁명에서 시작된 이 사건은 이후 오늘날까지 이어져 세계를 이윤이 지배하는 세상인 단일 자본주의 시스템으로 연결했다. 문제는 이 과정에서 빈부격차와 계급혁명이 확산됨은 물론, 지구 시스템에 미증유의 충격을 주었다는 점이다. 예를 들어, 산업화에 따른 도시화는 우선 인구 폭발을 가져왔다. 산업화와 인구증가는 이산화탄소 농도를 끌어 올리면서 대기질을 악화시켰고 이는 다시 지구온난화와 기상 이변으로 이어졌다. 대기질의 구성도 생명체에 불리하게 바뀌어 가고 있다. 20세기 초반 이른바 비료 생산을 위한 하버-보쉬 공정(Haber-Bosch process)이 발명되면서 대기 중 질소를 수소와 반응시켜 암모니아를 생성하게 되었다. 이렇게 해서 오늘날 매년 1억 5500만 톤의 질소가 공기 중에 고정되어 비료로 사용된다. 그 결과 수많은 대지가 농지로 바뀌면서 그만큼 밀림을 파괴했고 포유동물이 설 땅을 빼앗았다. 포유류, 조류, 어류, 양서류 등의 동물은 지난 40년간 평균 58%나 감소했다. 이는 문명 발전의 핵심 동력이었던 화석연료 혁명이 '진보의 덫'으로 바뀐 지 오래임을 의미한다(Simon Lewis et al., 2020: 204~226).

생물종의 기원과 인류의 역사

지난 세기부터 지구온도의 기록적인 상승으로 지구의 기후패턴이 급격하게 바뀌고 있다. 대기순환이 변화하면서 폭염과 한파가 잦아지고 홍수의 빈도가 증가하는 등 이상기후현상이 곳곳에서 나타나고 있다. 지구상에 존재하는 동물들의 개체수와 서식 면적도 눈에 띄게 감소하고 있다. 앞에서 살펴본 대로 과학자들은 지구가 돌이킬 수 없는 변화의 단계에 이르렀으며 그로 말미암아 '인류세의 생물학적 멸종'도 가능하다는 경고를 하기에 이르렀다. 과학자들은 이런 재앙이 일어난 대표적 원인이 기후변화이고 이는 명백히 인간 활동으로 인한 것이라는 사실에 대부분 동의하고 있다. 무엇보다도 이런 위기상황은 우리에게 인간의 기원과 존재의 의미, 최종 목적지라는 인간 세상에서 가장 근본적이면서도 복잡한 질문을 다시 상기시키고 있다. 인간 존재의 근원을 묻고 인류의 발자취와 미래에 대한 심오한 탐구를 담은 이 질문들과 이로부터 논리적으로 수반되는 수많은 후속질문들은 인류가 이성적 사고능력을 획득한 이후로 끊임없이 떠올려온 질문이기도 하다(Jim Baggott, 2017: 9).

우리는 어디에서 왔고 무엇이며 어디로 가는가?[6] 인간 존재의 근원을 묻는 이 질문에 대해 누구라도 쉽게 답하기 어려울 것이다. 그렇지만 답이 없었던 것은 아니다. 지금까지 수많은 철학자와 과학자, 종교인들이 각자 나름의 관점에서 이 질문에 답을 내놓았다. 이 중에서 가장 설득력이 있는 주장은 과학자들의 것이다. 왜냐하면 과학은 관찰이라는 수단과 그에 기초한 추론을 통해 먼저 세계에 대한 개별적 사실들을 발견하고 그것들을 연결시켜 미래의 일을 예측하는 법칙을 찾아내려는 시도이기 때문이다(Bertland Russell, 2021: 27). 현대판 우주창조이론의 경우 수천 명의 과학자들이 수많은 추론과 가설을 세우고 천체관측을 통해 가설을 검증하고 개선하는 등 사방에 널려있는 퍼즐 조각을 끼워 맞추면서 어렵게 만들어낸 이론이기도 하다(Jim Baggott, 2017: 10). 이에 비해 도덕률뿐만 아니라 어떤 궁극적인 것들에 관한 주장들과 결부된 복잡한 현상인 종교는 인류의 기원과 존재의 의미, 최종 목적지를 놓고 지속적으로 과학과 충돌하였지만[7] 분자생물학자나 천체물리학자, 지질학자만큼 명료하게 우리를 이해시키고 수긍하게 만들지는 못했다. 우주의 창조와 작동원리, 인간의 유래에 관해 대부분의 기성 종교에서 내세우는 주장은 신이나 초자연적 존재에 바탕을 둔 것이다. 그러나 이런 주장은 실험, 관찰, 데이터 수집 등 방대한 증거로 뒷받침되고 폭넓게 인정받은 과학적 설명에 토대를 둔 것이 아니다.[8]

보편성과 더불어 객관성, 상대적 자율성은 과학을 특징지우는 용어이기도 하다. 이

---

6 과학자가 아니면서 우주와 인간의 기원과 본질, 미래라는 어찌 보면 심오하기 이를 데 없는 이 세 가지 진지한 질문을 한꺼번에 던진 사람이 있다. 그는 마흔이 넘은 나이에 문명에 때 묻지 않은 머나먼 폴리네시아로 떠나 이국적인 풍광과 토착민들의 삶을 그린 프랑스의 화가 폴 고갱(Paul Gauguin, 1848~1903)이다. 1897년부터 1898년에 걸쳐 고갱은 '우리는 어디서 왔는가? 우리는 무엇인가? 우리는 어디로 가는가?(D'où venons-nous? Que sommes-nous? Où allons-nous?)'라는 대작을 그렸다. 이에 대해 영국의 미술사가이자 전기작가인 데이비드 스위트먼(David Sweetman)은 다음과 같이 언급한다. "고갱은 그 그림에 가장 아둔한 비평가라도 그것이 온갖 대륙과 문화를 섭렵하고 여러 철학과 종교를 포괄하며 개혁 시대의 모순을 경험하고 저택과 누옥에서 살아보았고 성적 황홀경과 굴욕적인 실패를 모두 맛본 한 사람의 유언이라는 사실을 분명히 깨달을 만한 제목을 붙였다. 그 제목은 지각 있는 인간이 삶의 어느 시점에서든 자문할 수밖에 없는 최후의, 그러나 풀길 없는 수수께끼, 대부분은 혼란과 절망에 빠진 채 물러설 수밖에 없는 질문이었다. 그 제목은 바로 '우리는 어디에서 오는가? 우리는 무엇인가? 우리는 어디로 가는가?'였다." David Sweetman(2003), pp.336~337. '우리는 어디서 왔는가? 우리는 무엇인가? 우리는 어디로 가는가?'는 르네상스 시기를 대표하는 독일의 화가인 알브레히트 뒤러(Albrecht Dürer, 1471~1528)의 1514년 판화 '멜랑콜리아(Melancholia)'에서 영감을 받았다고 지적된다. 이 작품에서 고갱은 철학자들이 던질 법한 우리 존재의 본질과 우리를 둘러싸고 있는 넓은 세상과 우주에 대해 흥미로운 질문을 제기한다. 그러다보니 과학자들 역시 고갱의 이 작품에 대해 관심을 기울였다. 대표적인 학자가 미국의 생물학자인 에드워드 윌슨(Edward Osborne Wilson)이다. 그는 저서 <지구의 정복자(The Social Conquest of Earth)>의 '들어가는 말'의 제목을 '고갱의 그림 앞에서'라고 붙였다. Edward Wilson(2013), pp.5~10.

에 근거해 최초의 생명 탄생에서 현생 인류가 침팬지와 진화적으로 갈라질 때까지의 장대한 생명의 역사를 추적한 학자로는 천문학자인 칼 세이건(Carl Sagan)을 들 수 있다. 칼 세이건은 그의 아내인 앤 드루얀(Ann Druyan)과 함께 쓴 책에서 인류가 종교와 철학이 주장하는 것처럼 우주의 중심이 아니고 지구 생명계의 정점에 군림하는 '만물의 영장'도 아니라는 점을 강조한 바 있다. 우리는 진화라는 거대한 흐름에서 극히 최근에 출현한 생명계의 새로운 식구일 뿐이라는 것이다(Carl Sagan et al, 2008: 29~38). 칼 세이건과 비슷한 주장을 하는 학자가 미국의 고생물학자인 스티븐 제이 굴드(Stephen Jay Gould)이다. 굴드의 주장은 다음과 같다.

"진화라는 측면에서 보면 인간은 가지가 무성하게 뻗고 크기가 거대한 생물계라는 나무에 달린 작은 가지에 불과하다. 자연의 법칙에 따라 계속 자라고 있는 이 나무의 가지들은 조상-후손 관계로 모두 서로 얽혀 있다. 게다가 호모 사피엔스라는 특이하고 조그마한 가지는 지질학적으로 보면 바로 어제 뻗어 나온 것이나 다름없고, 유구한 생명의 역사와 비교하면 인간이 존재해온 기간은 눈 깜짝할 사이에 불과하다"(Carl Zimmer, 2018: 11).

생태학자인 얼 C. 엘리스(Erle C Ellis) 역시 세이건이나 굴드와 비슷한 주장을 펼친다. 엘리스는 호모 사피엔스가 독특한 방식의 삶을 영위하면서 지구 전체로 퍼져나가

---

7 과학철학자 마이클 루스(Michael Ruse)는 버트랜드 러셀(Bertland Russell)의 <과학이란 무엇인가>(1997)에 붙인 서문에서 과학과 종교의 관계에 대한 입장을 네 가지로 구분한다. 첫째, 종교와 과학은 실재에 대해 서로 상반된 주장을 하는 체계이고, 따라서 둘 사이의 관계를 대립이나 투쟁 관계라고 보는 것이다. 오늘날 미국에서 아직까지도 뜨겁게 진행 중인 성경문자주의자들과 진화론자들 사이의 충돌은 좋은 예이다. 둘째, 과학과 종교는 분리되어 있다고 보는 사람들이다. 이들은 종교와 과학은 서로 다른 분야의 경험을 다루며, 따라서 둘 사이의 충돌은 존재하지 않는다고 주장한다. 예를 들어, 아담과 이브 이야기는 우리가 어떻게 처음 생겨났는지를 말해주려는 것이 아니라, 우리가 무엇을 해야 하는지 그리고 우리가 왜 그것을 해야 하는지를 말해준다는 것이다. 셋째, 대화를 중시하는 사람들이 있다. 이들은 과학과 종교는 별개의 문제들을 다루지만, 그 문제들은 겹치는 부분이 있고 서로 영향을 주고받는다고 생각한다. '자연신학'이라고 불리는 그리스도교 전통에 깊이 뿌리박혀 있는 오래된 입장은 이 둘을 조화롭게 조정해야 할 필요가 있다고 본다. 마지막으로, 과학과 종교의 통합을 주장하는 사람들이 있다. 이들은 이 둘이 본질적으로 하나이며, 인위적으로 갈라놓은 것에 불과하다고 본다. 가톨릭 사제이면서 고생물학자인 피에르 테야르 드 샤르댕(Pierre Teilhard de Chardin)은 이러한 입장을 대변하는 가장 영향력 있는 인물이다. Bertland Russell(2021), pp.6~9.

8 그렇지만 종교 역시 인류의 역사에서 도덕적 규범으로서 역할을 해왔고 공동체의 유대를 유지하는데 기여해 온 것이 사실이다. 호모 사피엔스는 진화 과정에서 본능적으로 믿고 싶어 하는 성향이 생겨났고 이것이 독특한 의식행위와 처벌 규정을 갖춘 종교로 발전했다. 진화 과정에서 종교는 사람들로 하여금 생존과 성선택에 더 유리한 사회제도로서 발달한 측면도 있다. 과학사학자인 마이클 셔머(Michael Shermer)에 따르면, 종교는 미신을 창조하고 촉진하며, 순응과 이타주의를 장려하고, 지역사회 구성원들 간에 협력하려는 헌신의 수준을 알려주는 사회제도이다. Michael

고, 심지어 지구를 떠날 수도 있는 날이 다가오고는 있지만, 이 모든 것은 우주력에서 단 몇 초만을 차지한 사건일 것이라고 말한다. 지구는 엄청나게 거대한 우주 안의 평범한 은하계 안의 평범한 항성을 공전하는, 평범한 행성이고, 그러한 지구에서 인간은 다른 수백만 생물종과 함께 살아온 호모 속의 한 종에 불과할 뿐이라는 것이다(Erle C Ellis, 2021: 26-28).

그렇지만 칼 세이건과 앤 드루얀은 암울한 현실 속에서도 희망의 메시지를 제시한다. 인류는 '출생지를 적은 기록 한 장 없이 현관 앞에 버려진 갓난 아이'가 아니라 '잊혀진 조상들의 그림자'를 인식하고 지구상의 모든 생명과 연결되어 있는 존재이기도 하다는 것이다(Carl Sagan et.al, 2008: 29~38). 이러한 사실은 자연선택과 변이를 통한 진화 과정에서 생명의 다양성과 복잡성이 나타났으며, 따라서 그러한 생명의 본질은 상호의존성(interdependence)에 있다는 것을 말해준다. 생태계는 '생명의 그물(web of life)'이라는 거대하고 복잡한 관계들의 연결망(network), 더 정확하게는 다양한 생물의 유전자들이 얽힌 그물 속에서 상호 관련되어 있는 것이다. 부인할 수 없는 바로 이 객관적 사실에서 우리는 논의를 시작해야 한다. 바로 이 관점에서만 우리는 인류 그 자체 그리고 인류와 다른 생명의 관계, 더 나아가 인류와 우주의 관계에 대해 깊게 분석하고 새로운 통찰을 얻을 수 있다.

그렇다면 과학자들은 인류의 기원과 존재의 의미, 최종 목적지에 대해 어떻게 주장할까? 과학자들은 정상우주론과 창조론을 대체한 빅뱅이론과 진화론을 내세운다. 이들은 우주배경복사나 헬륨의 비율 등을 근거로 우주가 약 138억 년 전에 매우 뜨겁고 밀도가 높은 상태에서 시작되었다고 주장한다. 우주 탄생에 대한 이 궁극적 질문은 코스모고니(cosmogony), 즉 우주생성론이라 불린다. 그리고 인류는 생명의 다양성과 복잡성이 자연선택과 변이를 통해 점진적으로 발전하는 역사를 지녔다고 설명한다. 지구상의 모든 생물은 최초의 동일한 유전자 풀에서 분화되었고, 오늘날 생존해 있는 모든 종은 종분화와 멸종을 반복하며 일어난 진화의 결과물이라는 것이다. 과학자들

Shermer(2012), pp.232~233. 그런 점에서 종교는 인류의 역사에서 도덕적 규범으로서 역할을 해왔고 공동체의 유대를 유지하는데 기여해 온 것도 사실이다. 뛰어난 물리학자였던 리처드 파인만(Richard P. Feynman)은 과학과 종교가 상반된 세계관으로 인해 갈등을 빚을 수밖에 없다고 말하면서도 종교가 지닌 도덕적 가치를 강조한다. 그는 종교가 세상에 존재하는 것들에 대해 설명하고, 우리가 어떻게 행동하고 살아가야 하는지 말해주며, 인간이 선한 행동을 실천에 옮기도록 동기를 부여한다고 말한다. 이러한 종교의 영감적 측면에 대해서는 파인만이 1956년 5월 2일 Caltech YMCA Lunch Forum에서 한 연설인 "The relation of science and religion"을 참조할 수 있다. https://calteches.library.caltech.edu/49/2/Religion.htm

은 지구상의 수많은 생명체 중 하나인 인간은 고도로 발달된 뇌를 가진 사회적, 이성적 생물이라고 정의한다. 그러나 과학은 인간의 존재이유가 특별히 있다고 보지 않는다. 과학은 우주와 인류의 미래에 대해서도 다양한 예측을 하는데, 그러나 이는 물리적, 생물학적 법칙에 근거한 추측에 불과하며, 인류가 어떤 목적지를 향해 나아가는지에 대한 명확한 답을 제공하지는 않는다.

중요한 것은 스티븐 제이 굴드가 지적했듯이 과학적 진실을 받아들이고 현실을 직시하되 해묵은 헛된 희망은 버리는 것이다. 여기서 헛된 희망이란 현실의 자연이 인간의 우월성을 확인해주고 삶의 의미를 부여해줄 것이라거나, 인간이 생명 현상의 궁극적 정점임을 증명해주리라는 희망을 가리킨다(Carl Zimmer, 2018: 14). 그렇다면 과학적 발견을 통해 지금까지 알려진 생물종의 기원과 인류의 역사는 어떻게 설명되는가? 이러한 역사는 자연이 진화를 거치면서 우연한 기회를 통해 새롭고 유용하고 복잡한 것을 만들어내는 과정이라고 할 수 있다. 과학자들은 진화과정에서 개체들 간에 작은 차이가 오랜 시간의 자연선택으로 누적되면 종들 사이에 커다란 차이로 불어남을 증명하였다. 그 과학적 근거로 거론되는 것 중의 하나는 살아있는 종에서 발견되는 화석이자 먼 조상들 및 예전의 삶의 양식과 닿아있는 화석유전자이다. 화석이 퇴적암 속에 남듯이 화석유전자들은 DNA 속에 남는다(Sean B. Carroll, 2008: 45~46, 140).[9]

과학자들의 분석에 따르면, 최초의 생명체는 아마도 38억 년 전에 박테리아로 나타났다. 이러한 주장은 원시지구에 존재했던 간단한 화학물질과 이들로부터 발생하는 에너지에서 최초의 생명이 탄생한 후, "주어진 자원을 최대한으로 활용한다"는 원칙에 따라 개선을 거듭하여 복잡한 생명체로 진화해왔다는 가정에 근거해있다. 물론, 지구의 생명체가 처음에 어떻게 탄생했는지에 대해서는 학자들 간에도 다양한 주장이 존재한다. 진흙과 같은 무생물에서 생명이 자연적으로 탄생했다는 자연발생설, 외계인들이 생명의 씨앗을 의도적으로 지구에 뿌려놓았다는 정향적 포자설(directed

---

9 고대 인류의 화석 발굴을 통해 인류의 진화가 단일한 선형적 발전이 아니라 다양한 경로를 통해 진행돼 왔다는 사실을 잘 보여준 사례는 1994년부터 고고인류학자 팀 화이트(Tim White)가 에티오피아의 아파르(Afar) 저지대에서 이끈 발굴 작업이다. 여기서 발굴된 화석인 아르디피테쿠스 라미두스(Ardipithecus ramidus), 일명 '아르디'는 방사성 연대 측정을 한 결과 당시까지 최초의 인류로 알려진 '루시(Australopithecus afarensis)'보다 무려 120만 년이 앞선 440만 년 전의 것으로 밝혀졌다. 이에 대해서는 Kermit Pattison(2022), pp.176~205 참조.

panspermia), 원시바다가 거대한 화학실험실처럼 작동하여 원시대기에 섞여있던 무기물을 '뜨겁고 묽은 유기물 수프'로 바꾸었고 이로부터 생화학물질이 탄생했다는 원시수프가설, 해저산맥에 있는 열수분출공(hydrothermal vent)이 생명탄생에 적절한 물리-화학적 환경과 에너지를 제공했다는 열수분출공 발생설 등이 그것이다. 이들처럼 생명의 기원을 설명하는 모든 시나리오는 원시지구의 바다에 다량으로 녹아있었던 이산화탄소와 같은 단순한 무기물에서 탄소가 고정되고, 이들이 모여서 복잡한 화학구조를 생성한다는 공통점을 갖고 있다. 이어서 최초의 신진대사가 시작되면서 RNA 복제 메카니즘이 개발되고 분자가 진화한 결과 원핵생물(prokaryote)이 등장하였다. 생명의 핵심을 이루는 요소들이 긴 사슬형 단백질 분자와 지질을 만나 최초의 세포막을 탄생시킨 것이다(Jim Baggott, 2017: 309~358).

이러한 과정을 거쳐 약 20억 년 전에는 핵을 갖춘 더 복잡한 단세포생물, 즉 진핵생물(eukaryote)이 출현하게 된다. 진핵생물의 출현을 설명하는 이론으로 널리 알려진 것은 내부공생설(endosymbiosis theory)이다. 이에 따르면 진핵세포는 원핵세포가 미토콘드리아나 엽록체 같은 세포 내 구조를 포함하는 다른 원핵세포를 흡수하고, 시간이 지나면서 두 세포가 긴밀하게 공생 관계를 맺은 결과로 발생한 것이라고 한다. 이어서 최초의 다세포생물은 10억 년 이전에 진화했으며 최초의 단순 동물은 8억 년 전에 나타났다. 생물은 4억 8000만 년 전 서식지를 육지로 확장하기 시작했고 엄청나게 다양한 형태로 진화했다. 그렇지만 수억 년에서 수천만 년 사이에 있었던 다섯 번의 대멸종 시기 동안 대부분의 생물종은 날지 못하는 공룡들처럼 완전히 멸종했다. 포유류는 2억 년 전에 처음 나타났고 최초의 영장류도 6,500만 년 전에 등장했다(Erle C. Ellis, 2021: 25~28).

화석과 유전적 증거에 의하면 약 700만 또는 800만 년 전 아프리카에서 여러 종의 영장류가 분화되었다. 어떤 종의 영장류는 고릴라, 우랑우탄, 침팬지 같은 현대 유인원으로 분화된 반면에 다른 종의 영장류는 다양한 인류의 조상으로 분화되었다. 이러한 진화의 증거는 아프리카의 퇴적분지, 특히 동아프리카의 지구대(East African rift)에서 발견된다. 약 420만 년 전부터 존재했던 오스트랄로피테쿠스(Australopithecus)는 유인원의 조상과 현대 인간 사이의 골격을 갖고 있었다. 시간이 지나면서 이들은 두 다리로 직립 보행하는 특성을 가지도록 진화했다. 더 큰 뇌와 먼 거리까지 걷기에 적합하도록 진화한 호모 에렉투스(Homo erectus)가 바로 그들이다(Frederick K. Lutgens et al., 2016: 538).

우리의 직계 조상의 첫 번째 종인 호미닌(Hominin)들이 등장한 시기는 약 700만 년 전이다. 가끔 하는 행동이 아닌 규칙적인 습성으로서의 직립보행은 호미닌이 처음부터 지녔던 특징이다(Henry Gee, 2022: 175). 이들은 처음으로 석기를 만들고 불을 통제했으며, 아프리카 대륙에서 나와 유라시아를 거쳐 대규모로 이주했다. 호미닌은 인간과 가장 가까운 공통 조상을 공유하는 인류족이다. 호미닌에는 현존하는 인간 종인 호모 사피엔스(Homo sapiens)와 그 선조들, 그리고 인간과 침팬지를 포함하는 공통 조상을 가리키는 것이 포함된다. 호미닌은 멸종된 종들과 함께 이 분류 그룹에 속한다. 고작 30만 년 전에 이르러서야 호모 사피엔스는 도구를 제작하고 불을 다루는 다른 호미닌들 사이에서 출현했다(Erle C. Ellis, 2021: 25-28).

2017년 이전까지 현존하는 인간종의 기원에 대한 지배적인 학설은 '20만 년 전 동아프리카 출현설'이었다. 그 근거는 에티오피아 오모 키비시(Omo Kibish)에서 발견된 호모 사피엔스 화석이었다. 이에 따르면, 호모 사피엔스는 20만 년 전에 아프리카에서 기원했고 전 세계로 퍼졌다는 것이다. 그리고 인류의 조상은 네안데르탈인 등 다른 종과 섞였지만,[10] 약 11,500년 전에 호모 사피엔스를 제외하고 모든 선사시대 인류종은 사라졌다는 내용이다(Frederick K. Lutgens et al., 2016: 539). 그러나 2017년 6월 독일의 막스플랑크연구소와 모로코의 국립고고역사문화연구소 공동연구팀은 북서부 아프리카의 모로코에 있는 제벨 이르후드(Jebel Irhoud) 유적지에서 발굴한 호모 사피엔스 화석들을 최첨단의 미세컴퓨터단층촬영기와 수백 개의 3D 화면에 기반한 통계학적 분석법으로 측정해 연대를 분석한 결과 30만 년 전 것으로 확인됐다고 과학저널 <네이처>에 보고했다. 이는 초기 호모 사피엔스가 모로코 제벨 이르후드(30만 년 전), 남아프리카 플로리스배드(Florisbad, 26만 년 전), 에티오피아 오모 키비시(19만5천 년 전) 등 아프리카 대륙 전역에서 매우 복잡한 진화과정을 겪었다는 것을 보여준다(https://www.nature.com/articles/nature22336;https://www.mpg.de /11322481/oldest-homo-sapiens-fossils-at-jebel-irhoud-morocco;<한겨레> 2017년 6월 8일).

---

10 30만 년 전에 아프리카에서 출현한 호모 사피엔스가 아라비아 남부, 인도, 동남아시아, 오스트레일리아 등으로 이주하는데 큰 영향을 미친 것은 지구의 궤도주기, 특히 2만 1,000년 주기의 세차운동으로 일어나는 규칙적인 기후변화였다. 이주하던 이들은 다른 호미닌과 만나 짝을 교환하며 유대를 형성하기도 했는데 대표적인 사례가 빙하기에 전성기를 누렸고 약 4만 년 전에 자취를 감춘 네안데르탈인이었다. Henry Gee(2022), pp.227~229. 이러한 사실은 막스 플랑크 진화인류학 연구소의 스반테 페보(Svante Pääbo)가 이끄는 과학자들이 네안데르탈인과 초기 현생 인류 사이의 유전체 변이의 패턴을 분석한 결과 밝혀냈다. 사이언티픽 아메리칸 편집부(2017), pp.176~177.

잘 알려져 있듯이 종의 다양성, 생물 개체의 복잡성, 종의 변화 및 분화와 같은 생물계의 현상이 자연선택을 통한 진화 과정에서 발생했음을 논증한 학자는 영국의 생물학자이자 박물학자인 찰스 다윈(Charles Robert Darwin, 1809~1882)이다. 그가 1859년 펴낸 <종의 기원(On the Origin of Species)>은 생명의 기원과 본질에 대한 당시의 지배적 사고를 전복한 책으로 평가된다. 빅토리아 시대에 진화론은 "오류, 불법, 프랑스적인 것, 무신론적인 것, 유물론적인 것, 부도덕한 것"으로 여겨졌고 따라서 진화론은 위험한 지식이며, 현혹하는 이론이었다. 그런 까닭에 다윈은 오랜 기간 불안에 시달릴 수밖에 없었다. 일종의 은거지였던 런던 교외의 슈루즈베리(Shrewsbury)에서 비밀공책에 종의 변화에 관한 착상을 정리해나갔다(Adrian Desmond et.al., 2009: 11~12). 그는 영국 해군 탐사선 비글호의 공식 박물학자로 5년여 기간 수집한 각종 동식물 표본과 그가 기록한 지질학적 특징 같은 자료들을 분석했고 이를 토대로 자신의 이론을 완성할 수 있었다. 특히, 탐사 기간 36일 동안 머물었던 갈라파고스 제도에서 서로 다른 섬에 사는 핀치(finch) 등 토착 동물들의 신체가 서로 다르다는 사실을 발견하고 그 원인에 대해 의문을 품고 종의 변이를 본격적으로 규명하려고 나서게 되었다. 그 결과 다윈은 동식물의 종들은 그 종에서 가장 적합한 개체만이 서서히 변화하는 환경에서 살아남는다는 사실을 알게 되었다. 1837년에 다윈은 하나의 종이 다른 종으로 변화하는 과정을 하나의 가계도에서 가지치기가 되는 형태로 그려냈다(Adrian Desmond et al., 2009: 505~587; David E. Brody et al., 2018: 265~274).

그럼에도 다윈이 그것을 발표한 것은 1858년이었다. 책은 그 1년 뒤에 출판되었다. 자연선택설을 생각해낸지 거의 20년이 지난 후인 1859년에야 출간을 한 것은 자신보다 먼저 알프레드 러셀 월리스(Alfred Russel Wallace)가 비슷한 연구 결과를 발표할 것이라는 소식을 들었기 때문이었다. 월리스는 1848년부터 1852년까지 남아메리카에서 생물을 조사하고 채집했으며, 이어서 1854년부터 1862년까지 말레이제도의 생물을 조사했다. 그가 보르네오섬의 서북해안 지대인 사라 왁(Sarawak)에서 작성해서 다윈에게 보낸 논문인 "말레이 지역의 호랑나비과 나비들이 보여주는 변이와 지리적 분포 양상"은 다윈의 논문과 함께 린네학회에서 발표되었다.[11] 1855년부터 1870년까지 발표한 아홉 편의 논문과 처음 발표한 한 편의 논문을 묶어낸 <자연선택 이론에 기여(Contributions to the Theory of Natural Selection)>에서 월리스는 자연선

11 이 논문은 Alfred Russel Wallace(2023), pp.175~260에 실려 있다.

택 이론을 발견하기까지 과정을 설명하고, 자연선택 이론으로 설명할 수 있는 생물들의 사례를 다양하게 제시하면서, 다윈의 생각과 자신의 생각이 다른 점을 이야기한다(Alfred Russel Wallace, 2023). 한편, 신실한 종교인이었던 다윈이 자신의 이론 때문에 큰 논쟁이 벌어질 수 있다는 사실을 잘 알고 있었던 점도 <종의 기원>이 뒤늦게 나오게 된 한 이유였다.

자연선택에 의한 진화론을 확증하기 위해 다윈에게 필요했던 것은 세 가지였다. 우선 종이 영원히 존재하는 것은 아니며, 새로운 종이 기존의 종 다음에 나타난다는 증거가 필요했다. 두 번째로, 생물종을 새로운 형태로 변형시키는 압력과 과정을 설명할 수 있어야 했다. 그리고 수억 년 정도의 거대한 지질학적 시간이 없다면 자연선택 기제만으로 지구상에 이렇게 무수히 많은 종이 어떻게 출현했는지 설명할 수 없었다. 이러한 것들은 지질학의 화석 증거, 자원이 인구 증가 제한에 미치는 영향력을 설명한 토마스 맬서스(Thomas Malthus)의 이론, 동식물 교배 과정에 대한 연구, 수십억 년에 이르는 지질학적 시간에 대한 연구로 인해 확인될 수 있었다. 1871년에 발행된 <인간의 유래와 성선택(The Descent of Man, and Selection in Relation to Sex)>에서 다윈은 그의 이론을 더욱 발전시켰다. 인간의 기원은 '털 없는 유인원'에 대한 이야기이고 이 유인원은 지질시대의 오랜 세월을 거쳐 다른 유인원으로부터 유래했다는 것이었다(Erle C. Ellis, 2021: 23~24).

<종의 기원>과 <인간의 유래와 성선택>에서 전개된 다윈의 진화론은 생명체는 어떠한 제한 조건도 없을 때 기하급수적으로 증가하며, 한 개체에서 다음 개체로 형질이 전달될 때 필수적으로 변이도 함께 일어난다는 사실을 알게 해준다. 그리고 각각의 변이는 생존과 번식에 유용한 경우에 보존되어 대물림되고, 이 과정에서 수많은 종류의 생명체와 그에 따른 종의 구분을 만들어내고 있다는 것이다. 물론 자연선택이 집단 수준에서 일어나는지, 아니면 개체 수준에서 일어나는지를 둘러싸고는 학자들 간에 이견이 존재한다. 이 중에서 다수의 학자들이 동의하는 견해는 자연선택은 유전자, 개체, 집단, 그리고 심지어는 종의 수준에서도 일어날 수 있지만 적응(adaptation)은 표현형으로 나타난다는 사실이다.[12]

무수한 세대에 걸쳐 진화가 거듭되면서 생명체들은 변화를 겪는데, 다윈은 어떻게 해서 이런 변화가 일어났는가를 알아내느라 고심하지 않았다. 그가 살던 시대에 진행

---

12 자연선택이 적응을 만들어낸 과정에 대해서는 George C. Williams(2013)의 3,4장 참조. 미국의 진화생물학자인 조지 C. 윌리엄스는 1966년 출간된 <적응과 자연선택: 현대의 진화적 사고에 대한 비평(Adaptation and Natural Selection: A Critique of Some Current Evolutionary Thought)>에서 당시 유행하던 집단선택론을 비판하고 자연선

되던 자연선택만 해도 그에게는 충분히 골치 아픈 일이었고, 유전을 이해하지 못했기 때문에 더욱 그랬다.[13] 그러나 오늘날 충분한 증거가 나타나고 있다. 그 증거로는 유전자 서열, 화석, 옛날 지구(흙의 화학적 조성의 흔적) 등이 있으며 이를 통해 과학자들은 생명의 진화라는 수수께끼를 풀기 시작했다. 다윈이 그 결정적 단서를 찾아낸 생명의 역사는 간단히 하나의 직선으로 그려지는 것이 아니다. 다윈이 말한 것처럼 새로운 종이 기존의 종들로부터 가지를 쳐나가면서, 오랫동안 나무처럼 자라왔다고 봐야 한다. 이런 가지의 대부분은 멸종이라는 막다른 골목에 도달하기도 했지만 멸종하기 전에 이미 후손을 낳았고 이들이 오늘날 지상에서 볼 수 있는 생명체들로 진화했다(Carl Zimmer, 2018: 171~171).

그렇다면 무수히 많은 생물종 중에서 인류는 어떻게 절대적 우위에 있는 존재가 될 수 있었을까? 그에 대한 답을 윌슨은 '다수준 선택(multi-level selection)', 즉 집단 선택과 개체 선택의 조합에서 찾는다. 그에 의하면 서로 연관된 두 생물학적 조직화 수준 중 높은 쪽에서는 집단끼리 경쟁하면서 한 집단의 구성원 사이에서 협동하는 사회적 형질이 선호되고, 낮은 쪽 수준에서는 한 집단의 구성원들이 서로 경쟁하면서 자기 자신에게 봉사하는 행동이 나타난다. 고도의 사회적 행동을 빚어낸 과정인 집단 선택은 진화에 필요한 두 가지 요소가 들어 있다. 첫째, 협동, 공감능력, 관계망 패턴을 비롯한 집단 수준의 형질들은 인류에게서 유전될 수 있음이 밝혀졌다. 둘째, 협동과 통합은 경쟁하는 집단들의 생존에 명백히 영향을 미친다(Edward Wilson, 2013: 353~354). 그것이 집단 수준이든 아니면 개체 수준이든 선택은 집단 사이에서 그리고 개체 사이에서 이기주의에 터한 경쟁뿐만이 아니라 호혜적 이타주의(reciprocal

---

택의 단위는 유전자임을 논증하였다. 이 저서는 20세기 후반 생물학계에 지배적 패러다임이 된 신다윈주의의 대표적 논저로 평가받았고, 이 책에서 전개된 윌리엄스의 적응이론은 후에 리처드 도킨스(Richard Dawkins)의 '이기적 유전자 이론'에 큰 영향을 미쳤다.

13 대표적인 것이 그레고어 멘델(Gregor Mendel)의 완두 유전자 연구이다. 사제이자 훈련받은 과학자였던 멘델은 완두콩을 갖고 한 세대로부터 다음 세대로 특징이 전달되는 방식을 연구했다. 그는 당시로서는 선구적인 연구방법이라고 할 수 있는 재현 가능한 실험을 하고, 자세한 기록을 남겼으며, 자료 분석을 위해 통계학적 실험방법을 사용했다. 1864년 브륀 자연과학 연구학회에 처음으로 발표된 멘델의 연구 결과는 다음과 같다: ① 생물체가 지니는 신체적 특성은 각기 하나의 유전인자와 상응한다. ② 인자는 쌍으로 움직인다. ③ 부 또는 모가 지니는 각 쌍의 인자 중 오직 한 쪽 인자만 자식에게 전달된다. ④ 통계학적으로만 볼 때 쌍을 이루는 인자 중 한 짝이 이런 식으로 자식 개체에게 전달될 확률은 두 짝의 인자 모두 똑같다. ⑤ 어떤 인자는 우성이고 그 나머지 인자는 열성이다. 멘델이 발견한 이러한 유전법칙은 자연선택에 의한 진화이론을 이해하는데 결정적으로 중요하다. 우선 이것은 자식이 부모의 특질을 혼합한 성질을 지니지 않는 이유를 설명해 준다. 그리고 멘델의 특질은 각기 독자적으로 상속된다는 것을 보여주었다. 그러나 멘델의 연구는 다윈이 아직 살아있을 때 이뤄졌고 출판까지 되었지만 20세기 초까지는 대체로 알려지지 않은 채 묻혀있었다. John Gribbin et al.(2021), pp.232~237.

altruism)에 입각한 협력행위를 불러일으켰다. 이러한 사회적 적응에 힘입어 인류는 생존할 수 있었고, 번성하며 나름의 문명도 이룩할 수 있었다.

빅 히스토리, 과학에 근거한 새롭고 보편적인 역사

고갱이 던진 우리 존재의 본질과 우리를 둘러싸고 있는 넓은 세상과 우주에 대해 흥미로운 질문을 탐구하는 학문 분야가 바로 빅 히스토리(Big History)이다. 빅뱅에서부터 현재에 이르기까지 138억 년의 역사를 통합적으로 아우른 거대사인 빅 히스토리 연구의 창시자인 데이비드 크리스천(David Christian)에 의하면 빅 히스토리는 과학에 토대한 새롭고 보편적인 역사 이야기이다. 빅 히스토리는 모든 인류 사회를 포함하고 그들의 역사를 지구와 우주의 더 큰 역사와 결합한 이야기라고 할 수 있다.[14] 즉, 우주의 역사, 지구의 형성과 변화, 생명의 진화, 인류의 등장과 문명의 발전이라는 매우 긴 시간에 걸친 역사를 여러 학문분야를 아우르는 학제적이고 통합적 시각에서 분석하는 것이다. 이를 통해 빅 히스토리는 인간을 장구한 역사 속에서 우주, 지구, 생명과 서로 연결된 존재로 파악할 수 있게 한다.

데이비드 크리스천은 신시아 브라운(Cynthia Stokes Brown), 크레이그 벤자민(Craig Benjamin)과 공저한 저서인 <빅 히스토리: 우주와 지구, 인간을 하나로 잇는 새로운 역사(Big History: Between Nothing and Everything)>에서 빅 히스토리의 핵심 과제가 과거를 재구성하는 데 있다고 말한다. 빅 히스토리는 우주가 시작된 순간부터 거슬러 올라가 시간의 역사 전체를 재구성하는 일이라는 것이다. 빅 히스토리의 지식은 17세기 과학혁명에 뿌리를 둔 현대 과학의 결과물인데, 이는 범위가 폭넓고, 꼼꼼하게 검증된 증거를 엄밀하게 사용한다. 이들은 방사성 연대 측정법이나 우주 배경복사, 판구조론 같은 과학적 발견을 바탕으로 호모사피엔스의 출현 이전의 생명의 진화, 지구의 생성, 우주의 탄생까지 생생하게 복원해내며 역사학의 새로운 지평을 열었고 인간과 세상을 바라보는 관점의 혁명을 불러왔다고 지적한다. 인류의 역사는 지구 전체, 나아가 우주의 역사 일부분이라는 사실뿐 아니라, 거대한 우주 속에 '나'와 '우리'가 어디쯤 위치해 있고 어떻게 상호작용을 이루는가를 일깨워준다는 것이다(David Christian et al., 2022: 14~15).

---

14 빅뱅에서부터 현재에 이르기까지 138억 년의 역사를 통합적으로 아우른 거대사인 빅히스토리에 대해서는 데이비드 크리스천의 저서 이외에도 Jim Baggott(2017); David Bercovici(2023); Andrew H. Knoll(2007)을 참조할 수 있다.

이 책에서 우주의 기원은 1장인 '처음 세 문턱: 우주, 별, 새로운 화학원소'에서 다음과 같이 설명된다: "빅뱅으로부터 수십만 년이 지난 우주는 단순했다. 원자 물질 대부분은, 드넓게 펼쳐진 암흑 물질의 중력에 묶여 형성된 수소와 헬륨 원자들의 구름 형태로 존재했다. 은하도, 별도, 행성도 없었고, 당연히 생물도 없었다. 흐릿하게 빛을 내는 우주배경복사를 빼면 모든 곳이 컴컴했다. 과학자들이 우주배경복사를 조사한 결과에 따르면 우주 전체의 온도 차이가 0.0003℃뿐이었다. 당시 우주는 어디나 똑같고 변이도 없으며 다양성도 없고 흥미로운 것도 없는 곳이었던 듯하다. 그로부터 수억 년 뒤 우주의 군데군데에서 거대한 얼룩 같은 빛들이 분출했다. 최초의 은하들이었다. 은하는 수십억 개의 빛나는 점 같은 최초의 별들로 이루어져 있었다. 은하와 별의 진화는 행성, 세균, 인간을 포함한 더 복잡한 물질들의 진화로 나아가는 첫 단계였다. 최초의 별이 출현한 것이 두 번째 문턱인 이유다."(David Christian et al., 2022: 58)

얼 엘리스가 쓴 <인류세(Anthropocene)>에는 우주의 기원과 지구 생성의 역사가 다음과 같이 함축적으로 잘 기술되어 있다.

"우주는 빅뱅으로 불리는 거대한 폭발과 함께 138억 년 전에 기원했다. 그로부터 수십억 년이 흐르고 먼지와 기체가 응집되면서 지구의 형태가 갖춰졌고, 점차 표면이 굳어지면서 지금으로부터 45억 년 전 지구는 온전한 하나의 행성이 되었다. 태양이 전형적으로 노랗고 자그마한 항성이라면, 지구는 태양 주위를 불규칙한 궤도로 공전하는 여덟 개의 행성 가운데 하나이다. 지구는 항성 1000억 개가 넘는 은하계의 (오리온자리) 나선팔 안에 속해 있으며, 우리가 속한 은하계는 1000억 개가 넘는 수많은 은하계 중 하나일 뿐이다. 지속적으로 팽창하는 우주 안에는 약 10해[15]가 넘는 항성들이 있다."(Erle C Ellis, 2021: 25~26)

15 1경은 1조의 만배이고, 1해는 1경의 만배. 1해는 220(1,048,576)과 520(95,367,431,640,625)의 곱으로 나타낼 수 있다. 안드로메다 은하까지 거리는 250만 광년인데, 미터로 환산하면 약 2.365×1022m로 약 236해 5,000경 미터이다.

인류세, 새로운 지질시대의 도래

지구가 형성되던 시기의 지각, 생명의 기원과 진화, 그리고 오늘날까지 계속되고 있는 지구 시스템의 변화과정을 이해하는데 대단히 중요한 것이 지질시대(Geological Time Scale, GTS)라는 개념이다. 지질시대는 지구가 생성된 시기부터 인류의 역사가 시작되기 전까지의 기간을 말하며, 약 45억 년 전부터 1만 년 전까지를 가리킨다. 지질시대를 나누는 가장 대표적인 2가지로, 부정합과 같은 전 지구적인 지각 변동과, 공룡의 멸종과 같은 생물체의 등장과 멸종을 들 수 있다. 지질용어는 가장 큰 시간범위인 누대(Eon)를 시작으로 대(Era), 기(period), 세(epoch), 절(age), 크론(cron) 순으로 나누며, 이를 기준으로 시대를 나눈 대표적인 표가 IGTS(international geologic time scales)이다(Erle C. Ellis, 2021: 73~78).

지질시대는 층서학자들이 여러 세대에 걸쳐 수행해온 연구를 지구 역사에 대한 단일하고 표준적인 지질연대학 안에 종합한 것이다.[16] 지질시대는 층서의 경계를 식별하여 시간 간격으로 구분된다. 이 때 한 층서의 하부 경계는 그 이전 층서의 상부 경계가 된다(경계 모식). 1977년 이래로 층서경계는 연속적인 층서 안에서 식별되고 연대가 측정된 지표를 통해서 정의됐다. 화석 생물체의 최초 출현 같은 지표가 대표적이다. 이렇게 정의되고 연대가 측정된 지표들을 비공식적으로는 '황금못(golden spike)'이라고 부른다. 황금못은 암석층의 특정한 연속 안에서 특정 지점을 확인해주며, 공식적으로는 국제표준층서구역(GSSP)이라고 알려졌다(최덕근, 2022: 21~22; Erle C. Ellis, 2021: 79~82).

데이비드 크리스천과 그의 동료들은 빅뱅부터 현재에 이르는 우주와 지구의 138억년의 역사를 8가지 문턱(threshold)을 기준으로 체계화하는데, 빅뱅, 별의 탄생, 원소 생성, 태양계 형성, 생명 출현, 호모사피엔스의 등장, 농경 시작, 근대혁명과 인류세(Anthropocene)의 도래 등이 바로 그것이다. 문턱마다 중대한 전환이 일어나 인류는 오늘에 이를 수 있었지만 지금 그들은 생존과 번영을 위협하는 문제를 지니고 있기도 하다. 그것은 잘 알려져 있다시피 기후와 생태계, 소비와 자원, 인구와 전쟁 등의 문제

---

16 층서 기록을 전문적으로 연구하는 지질학자들이 층서학자인데, 층서학은 17세기 후반 덴마크의 지질학자인 니콜라우스 스테노(Nicolaus Steno)의 퇴적암의 층서 구조에 대한 연구와 함께 시작되었다. 스테노는 퇴적암에서 더 새로운 층은 더 오래된 층 위에 형성된다는 '누중 법칙(Law of Superposition)'을 주장했다. 20세기에 들어서자 방사성 연대측정법이 층서학에 혁명을 가져왔는데, 그 중 가장 잘 알려진 형태가 탄소 연대측정법이다. Erle C. Ellis(2021), pp.69~73; 최덕근(2022), p.5.

이다. 구체적으로 살펴보면 다음과 같다. 증가율이 낮아지고 있지만 인구는 계속 많아지고 있으며, 식량 공급은 점점 불안정해진다. 석유 공급량도 서서히 줄어들 것이다. 이미 생산량이 정점에 이르렀다고 보는 이들도 있다. 식물과 동물들을 비롯한 생물들의 멸종률이 무척 높아서 일부는 여섯 번째 대멸종이 일어나고 있다고 주장한다. 인류는 많은 생태계를 지속 불가능하게 파괴해왔고, 화석연료를 태움으로써 내뿜은 이산화탄소는 지구 기후를 급속히 변화시키고 있다(David Christian, 2022: 556~557).

이런 현실에 주목해 여러 과학자들은 지금 우리가 살고 있는 시대를 신생대 제4기 홀로세라고 명명한 바 있다. 그런데 인류 문명이 지구환경을 심각하게 변형시킴에 따라, 인류세라는 새로운 지질시대가 시작되고 있다는 것이다. 그러면서 이들은 인류세를 지구적 기후변화, 대멸종, 광범위한 오염으로만 정의하는 것은 충분하지 않고 전 세계 생물종을 대량으로 살상할 수 있는 잠재적 가능성이 있는 산업 화학물질, 해양산성화와 플라스틱 오염이 초래한 엄청나게 해로운 영향을 미치는 지구적 환경변화 등도 이에 포함시켜야 한다고 주장한다. 그러면서 인간사회가 지구적으로 발생시킨 유해한 환경변화의 압도적 규모, 비율, 다양성을 고려하면, 인류세는 순전히 재앙 그 자체라는 것이다. '나쁜 인류세'라는 전망에서 볼 때 인류세라는 개념은 인류나 적어도 가장 부유한 산업사회들이 자신을 포함한 행성 전체를 무분별하게 파멸로 몰아가는 시대라고 할 수 있다(Erle C. Ellis, 2021: 256).

<표> 지질시대의 구분

누대(累代, Eon)	대(代, Era)	기(紀, Period)	세(世, Epoch)	
현생누대 Phanerozoic	신생대 Cenozoic	제4기 Quaternary	홀로세 Holocene	←··· 현재
			플라이스토세 Pleistocene	←··· 11,700년 전
		네오기[신진기] Neogene	플라이오세 Pliocene	
			마이오세 Miocene	
		팔레오기[고진기] Paleogene	올리고세 Oligocene	←··· 6,600만 년 전
			에오세 Eoccne	
			팔레오세 Paleocene	

누대/대	기		연대
			←··· 2억 5,200만 년 전
중생대 Mesozoic	백악기 Cretaceous		
	쥐라기 Jurassic		
	드라이아이스 Triassic		
고생대 Paleozoic	메름기 Permian		
	석탄기 Carboniferous	펜실베이니아기 Pennsylvanian	
		미시시피기 Mississippian	
	데본기 Devonian		
	실루리아기 Silurian		
	오로도비스기 Ordovician		
	캄브리아기 Cambrian		
			←··· 5억 4,100만 년 전
원생누대 Proterozoic			
			←··· 25억 년 전
시생누대 Archean			
			←··· 40억 년 전
명왕누대 Hadean			
			←··· 45억 4,000만 년 전

출처: Julia Adeney Thomas et al.(2024), p.37

얼 엘리스가 지적했듯이 파국적 기후변화, 전쟁, 농업 실패, 독성 환경, 건강 악화, 복지 하락, 도시 수몰, 대멸종, 사회적 붕괴로 정의하는 시각은 불가피하게 보인다. 그러나 과학적인 관점에서 볼 때 인류세는 좋지도 나쁘지도 않으며, 단지 관측 가능한 현상일 뿐이다. 인류세가 아직 끝나지 않았다는 점도 명확히 할 필요가 있다. 그런 점에서 '좋은 인류세'를 상상하는 것도 중요하다. 이는 본질적으로 프로메테우스적인 행동이다. 프로메테우스가 되는 방법도 매우 다양하다. 기후학자인 한스 요아힘 쉘른후버(Hans Joachim Schellnhuber)와 파울 크뤼천(Paul Jozef Crutzen)은 기술관료적 프로메테우스를 상상한다. 기술관료적 프로메테우스는 지금까지 자신이 저질렀던 환경적 해악을 바로잡고, 이 행성에서 수백만 년 지속될 수 있는 더 나은 미래를 건설하기 위해 자신이 보유한 전례 없는 지구적 힘을 행사할 수 있다. 한편 다른 프로메테우스들은 이 행성에서 더 작은 존재로 살아가면서 중요한 변곡점을 만들 수 있다. 인류가 지구를 급격하게 변모시키지 않고 인류세를 조기에 종식시키면서 번영하는 방법을 배울 가능성도 있는 것이다. 그렇지만 여전히 남겨진 질문이 있다. 임박한 환경적 재난을 피하기 위해 인간 사회가 자신을 바꿀 능력이 과연 있기는 할까?(Erle C. Ellis, 2021: 256~258).

중요한 사실은 지금 인류가 직면한 복합적이면서 상호 연관된 이들 문제를 풀지 못한다면 100년 뒤에는 디스토피아가 도래할 것이 분명하다는 점이다. 문제의 심각성과 발전 추세를 보면 도래의 시기는 이 번 세기 안이 될 수도 있다. 이 주장은 최근 들어와 활발해지고 있는 인류의 대멸종에 대한 학자들의 논의에서 더욱 뚜렷이 나타난다. 미국의 과학저널리스트인 피터 브래넌(Peter Brannen)이 쓴 <대멸종 연대기(The Ends of the World)>는 세계적인 고생물학자 몇 명과 함께 남아프리카의 카루사막에서 뉴욕의 팰러세이즈 협곡에 이르는 지구의 곳곳에서 고생대 생물로 가득한 화석을 관찰한 후 대멸종에 대해 다음과 같이 언급하였다.

"지구의 역사에는 동물이 갑작스럽게 거의 모두 소멸되었던 행성 규모의 절멸 사건도 다섯 번 있었다. 이것이 이른바 5대 대멸종(Big Five mass extinction)이다. 대멸종은 보통 지구의 종 절반 이상이 약 100만 년 이내에 멸종하는 사건으로 정의되지만, 인류가 지금까지 밝혀낸 바로는 대멸종 중 다수는 훨씬 더 빠르게 일어났던 것으로 보인다. 정밀 척도 지질연대학 덕분에 알아낸 바에 따르면 지구역사에서 가장 극심했던 자연적 격감(die-off) 중 일부는 기껏해야 수천 년 정도밖에 지속되지 않았고 훨씬 더 급속했을 수도 있다. 이런 일을 더 정성적으로 기술하는 방법은 아마겟돈이다. 이 음울한 친목회의 가장 유명한 회원은 백악기 말 대멸종이다"(Peter Brannen, 2019: 14)

기후변화에 대한 IPCC의 진단

인류는 현재 메타위기에 직면해있다. 복합적이고 다중적인 메타위기는 인류의 생존과 번영을 위협하기 때문에 지구적 차원에서 협력의 시스템을 마련하고 시급하게 대응책을 마련해야 한다. 이러한 메타위기 중에서 가장 널리 알려진 것이 바로 기후위기이다. 그렇다면 기후위기의 실상은 어떨까? 권위 있는 각종 기관에서 나온 기후위기에 관한 여러 보고서는 이에 대한 우리의 의문을 해소하는데 도움을 준다. 다양한 보고서 중에서 가장 정확성과 공신력을 인정받는 것은 '기후변화에 관한 정부 간 협의체', 즉 IPCC의 것이다. IPCC는 현재 지구의 상태가 어떠하며 앞으로 기후변화가 어떤 방향으로 진행될지 모범적인 기준을 가지고 평가하고 있다. 검증단계를 통과한 최신 연구만을 취합한다는 점에서 IPCC는 보수적이라고 평가된다(David Wallace-Wells, 2020: 28).

IPCC는 주기적으로 평가 보고서를 발간하여 기후변화의 최신 상황과 과학적 이해를 제공하고 기후변화에 대한 과학적 평가와 정보를 제공하는 국제기구이다. 1988년에 UN의 전문기관인 세계기상기구(WMO)와 그 산하기관인 UN환경계획(UNEP)에 의해 공동으로 설립되었다. IPCC는 정부 및 기관들의 대표로 구성된 국제기구로, 인간활동에 대한 기후변화의 위험을 평가하여 그 영향 및 실현가능한 대응전략을 주기적으로 평가하고, 유엔 기후변화에 대한 기본협약(UNFCCC)의 실행에 관한 보고서를 발행하는 임무를 지닌다. 이 중에서 실무그룹(WG)별로 작성된 평가보고서(AR, Assessment Report)는 전문가와 회원국 검토 후, 총회에서 회원국 합의에 의해 최종 승인된다. IPCC 실무그룹별 역할을 보면, 실무그룹 I은 기후변화의 과학적 근거에 대한 보고서를 작성하고, 실무그룹 II는 기후변화의 영향, 적응 및 취약성에 대해, 그리고 실무그룹 III는 기후변화 완화를 위한 보고서를 작성한다.

IPCC의 주요 임무를 구체적으로 살펴보면 다음과 같다. 가장 중요한 임무는 과학적 평가이다. IPCC는 수많은 과학자와 전문가들이 참여하여 기후변화에 대한 최신 과학적 연구를 종합적으로 평가하여 정리한다. 이를 통해 기후변화의 원인과 영향, 그리고 대응 전략에 대한 정보를 제공한다. 또한, IPCC는 정부 및 기관들이 기후변화에 대한 적절한 대응을 할 수 있도록 과학적 근거와 정보를 제공한다. 이를 통해 기후변화 관련 정책의 개발과 실행에 기여한다. 그리고 IPCC는 다양한 국가 및 이해관계자들 간의 협력을 촉진하여 글로벌 기후변화 대응에 기여한다. 그 중에서도 IPCC의 보고서는 기후변화의 원인, 현재 상태, 미래 예측, 그리고 기후변화가 자연 환경과 인간 사회에 미치는 영향을 평가한다. 또한, 기후변화 완화 및 적응에 관한 전략과 정책 옵션을 제시한다. 적응 및 완화 전략 보고서도 발간하는데 이는 기후변화의 부정적인 영향을 최소화하기 위한 것이다. 이는 에너지 효율성 향상, 재생 가능 에너지 사용 증가, 산림 보존 및 복원, 지속 가능한 농업 관행 등을 포함한다.

지금까지 총 6회에 걸쳐 IPCC의 평가보고서가 발간되었다. 1차 평가 보고서(FAR)가 1990년에 나왔고 이후 1995년, 2001년, 2007년, 2013~2014년, 그리고 가장 최근에는 2021~2022년에 6차 평가보고서가 발간되었다. 최근에 발표된 IPCC의 주요 보고서 중 하나는 2023년 3월 19일 스위스 인터라켄에서 열린 제58차 IPCC 회의에서 승인 및 채택된 제6차 평가보고서(AR6)이다. SYR은 3개의 실무그룹 평가보고서와 AR6에 기여하는 특별보고서에 포함된 자료를 종합하고 통합한 것이다. AR6 SYR의 핵심 내용은 다음과 같다.

"AR6 SYR은 지속 불가능하고 불평등한 에너지 및 토지 이용과 100년 이상 화석 연료를 태우는 것이 명백하게 지구온난화를 유발했으며, 1850~1900년 대비 2011~2020년에 전 지구 지표면 온도가 1.1°C 상승했음을 확인했다. 이로 인해 자연과 사람에 대한 광범위한 악영향과 이와 관련된 손실과 피해가 발생했다. 2030년까지의 국가 결정 기여(NDC)를 따르면 2030년대 상반기에 온도가 1.5°C 상승하고 21세기 말까지 온도 상승을 2.0°C 제어하기가 매우 어려워질 것이다. 지구온난화가 증가할 때마다 세계의 모든 지역에서 복합적이고 동시적인 위해가 심화될 것이다.

보고서는 인간이 초래한 지구온난화를 제한하려면 CO2 배출량과 흡수량이 같아 순배출량이 0이 되는 넷제로(Net Zero)가 되어야 한다고 지적하고 있다. 향후 10년 동안 적응 조치의 심층적이고 신속하며 지속적인 완화 및 가속과 이행은 인간과 생태계에 예상되는 손실과 피해를 줄이고 특히 대기 질과 건강에 많은 공동 편익을 제공할 것이다. 지연된 완화 및 적응 조치는 고배출 기반시설을 고착시키고, 좌초 자산 및 비용 상승의 리스크를 높이고, 실행 가능성을 낮추고, 손실과 피해를 증가시킬 것이다. 단기 행동은 높은 선행 투자와 잠재적으로 파괴적인 변화를 포함하지만 이는 다양한 활성화 정책으로 줄일 수 있다"(IPCC, 2023: vii).

AR6 SYR은 현재의 대기, 해양, 빙권(극지방과 고산 빙하지대), 생물권의 온난화 현상이 인간 활동으로 인해 발생한 광범위하고 급격한 변화라는 것이 명백하다고 지적하고 있다. 온실가스가 최근의 이례적인 폭우, 가뭄, 열대 태풍 및 복합적인 극한의 기상 현상에 영향을 미치고 있다는 증거는 더욱더 명확해졌다는 것이다. AR6 SYR는 최근 많은 지역에서 나타나는 기후변화가 근현대 인류사에서 전례 없는 일임을 수많은 증거들이 뒷받침하고 있다고 한다. 현재(2011-2020) 지구 평균온도는 산업화 이전보다 1.09°C 상승한 상태이고, 대기 중 이산화탄소 농도(410 ppm)는 2백만 년 만에 최고 수준으로 높아졌다는 것이다. 지표면 온도가 빠르게 상승했으며 지난 5년 동안(2016~2020) 기온은 1850년 이후 가장 높았다. 이와 더불어, 해수면 상승과 얼음 유실 속도가 더욱 가속화했는데, 2010년부터 2019년까지 그린란드의 평균 빙상 유실 속도가 1992~1999년 기간 대비 약 6배 상승했으며, 해수면 상승 속도는 1901~1971년 기간 대비 세 배 가까이 증가했다(https://www.ipcc.ch/report/ar6/wg1/figures/

<표> 인간활동으로 인한 기후시스템 구성요소의 변화

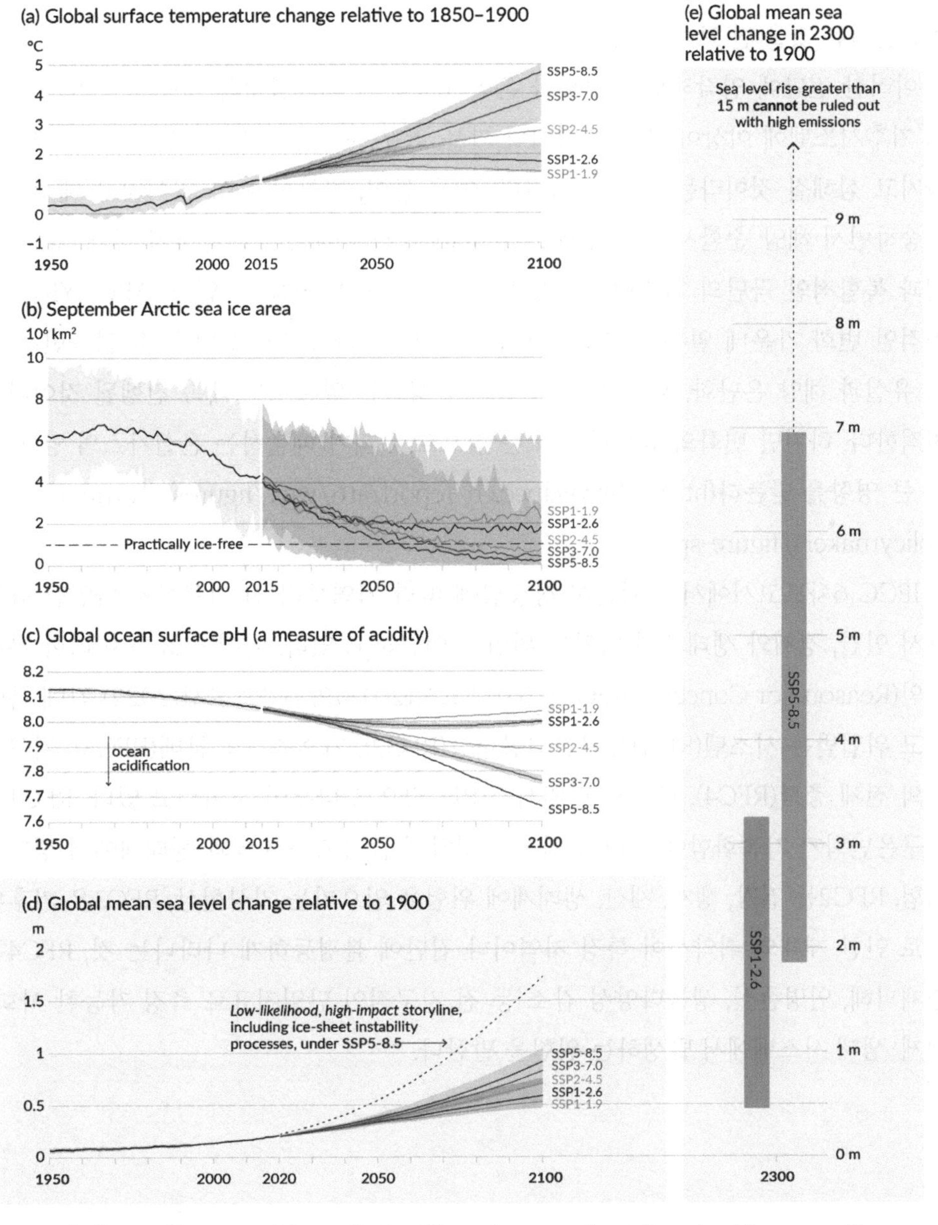

출처: https://www.ipcc.ch/report/ar6/wg1/figures/summary-for-policymakers/ figure-spm-8

* (a) 1850~1900년 대비 지구 표면 온도 변화, (b) 9월 북극 해빙지역, (c) 전 세계 해양표면 pH, (d) 1900년 대비 지구 평균 해수면 변화, (e) 1900년 대비 2300년의 지구 평균 해수면 변화

summary-for-policymakers/ figure-spm-8). 앞의 도표는 인간 활동이 모든 주요 기후 시스템 구성 요소에 영향을 미치며 일부는 수십 년에 걸쳐, 일부는 수세기에 걸쳐 반응한다는 것을 잘 보여준다.

이러한 진단에 입각해보면 인류가 온실가스를 더 배출할수록 지구 온도가 오르면서 기후시스템에 이상이 생겨 폭염이나 가뭄, 폭우, 홍수 등 극단의 날씨가 더욱더 잦아지고 심해질 것이라는 것이 분명하다. 예를 들어, 빙상이 녹아 없어지고 해수면이 상승하면서 해양 순환시스템(ocean circulation changes)이 작동하지 않게 되고, 그 결과 복합적인 극단의 기후현상이 발생할 가능성도 배제할 수 없다. AR6 SYR은 장기적인 변화 가운데 일부는 온실가스 감축 노력을 다하더라도 멈출 수 없다면서 빙하 유실과 해양 온난화, 해수면 상승, 심해 산성화는 앞으로도 계속 진행될 것이라고 지적한다. 하지만 변화의 규모나 속도는 앞으로 우리가 배출하는 온실가스의 양에 따라 큰 영향을 받는다(https://www.ipcc.ch/report/ar6/wg1/figures/ summary-for-policymakers/figure-spm-8).

IPCC 6차보고서에서는 기온이 상승함에 따라 지역부터 전 지구까지 다양한 규모에서 인간, 경제와 생태계에 미치는 위험을 언급하고 있다. 아래의 표는 이러한 우려요인(Reason For Concern: RFC)을 5차보고서(2014)와 6차보고서(2022) 간에 특이하고 위협받는 시스템(RFC1), 극한기상현상(RFC2), 기후충격의 분배(RFC3), 지구규모의 전체 충격(RFC4), 대규모 단일사건(RFC5)으로 나누어 보여주고 있다. RFC1은 지구온난화가 가속화함에 따라 영역이 뚜렷하게 줄어드는 지역과 생태계에서 생기는 위험, RFC2는 건강, 생계, 재산, 생태계에 위험을 일으키는 기상현상, RFC3은 기후위기로 인한 재해와 취약성이 특정 지역이나 집단에 불평등하게 나타나는 것, RFC4는 경제피해, 인명손실, 생물다양성 감소 등 전 지구적인 단일지표로 측정 가능한 사회·경제·생태 시스템에서 발생하는 위험을 말한다.

<표> 지구적 우려요인(RFCs)의 비교: 2014년 vs 2022년

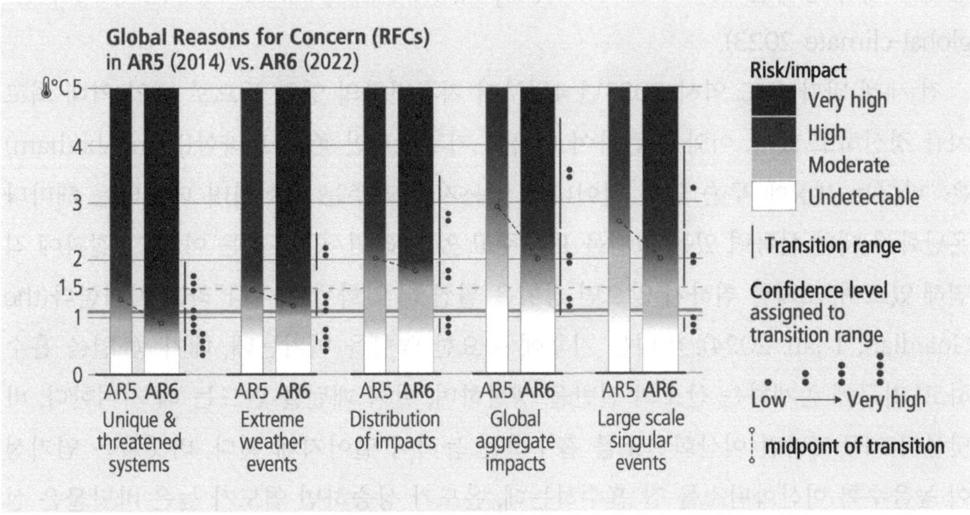

출처: https://www.ipcc.ch/report/ar6/syr/downloads/report/IPCC_AR6_SYR_Full Volume.pdf

WMO의 지구 기후 현황 보고서

WMO가 2024년 3월 19일 발간한 '2023년 지구 기후 현황 보고서(State of the Global Climate 2023)' 역시 기후위기가 얼마나 심각한지 잘 보여주고 있다. 이 보고서의 지구 기후 지표(global climate indicators)는 대기의 구성, 에너지 변화, 육지, 해양 및 얼음의 반응을 포함하여 가장 큰 규모의 기후변화에 대한 광범위한 관점을 제공한다. 이러한 지표는 서로 밀접하게 관련되어 있는데 예를 들어, 대기 중 이산화탄소 및 기타 온실 가스의 증가는 에너지 불균형을 초래하여 대기와 해양을 온난화시킨다. 바다의 온난화는 결국 해수면 상승으로 이어지며, 대기 온도 상승에 반응하여 육지의 얼음이 녹는 일도 추가된다(https://jjk-code-otter.github.io/demo-dash/Dashboard/dashboard.html).

이 보고서에 따르면 이산화탄소의 대기 중 농도, 세계 평균 해수면과 북극 해빙 범위 등의 기후 지표들이 최고 기록을 경신하며, 지구온난화 현상이 심화되고 있음을 보여줬다. 보고서는 2023년 지구 온도가 산업화 이전(1850~1900년) 평균 대비 1.45℃ 상승하며, 174년 관측 기록 중 가장 따뜻한 해가 됐다고 밝혔다. 이전의 산업화 이전 평균 대비 상승 온도 최고치가 1.29℃(2016), 1.27℃(2020)임을 감안할 때 확연한 차이를 나타낸다. 2022년 대표적 온실가스인 이산화탄소의 대기 중 농도는 산업화 이

전보다 150% 증가했고, 메탄은 264%, 이산화질소는 124% 늘었다. 이 수치는 2023년에도 계속 증가한 것으로 나타났다(https://wmo.int/publication-series/state-of-global-climate-2023).

전 세계 바다 온도 역시 2023년 4월부터 기후변화의 영향 등으로 매일 역대 최고치를 경신하고 있다. 이와 관련하여 미국의 기후학자인 존 아브라함(John Abraham)은 "바다는 세상에 무슨 일이 일어나고 있는지 알려주는 열쇠이며 데이터는 해마다 온난화에 대한 설득력 있는 그림을 보여주고 있다"라면서, "우리는 이미 그 결과에 직면해 있으며, 조치를 취하지 않으면 상황은 훨씬 더 악화될 것이다"라고 지적한다(the Guardian, 1 Jan. 2024). 바다는 기후에 중요한 영향을 미치는데, 대기 중 열을 흡수하고, 지구에 존재하는 산소의 절반을 생산하며, 날씨 패턴을 만드는 데 기여한다. 바닷물이 따뜻해지면 이산화탄소를 흡수하는 능력이 떨어지게 된다. 바닷물은 염기성이 높을수록 이산화탄소를 잘 흡수하는데, 온도가 상승하면 염도가 높은 바닷물은 심해로 밀려나고 표면에 염도가 낮은 바닷물이 자리하면서 이산화탄소 흡수력이 저하된다. 이는 곧 대기 중 더 많은 이산화탄소가 존재하게 된다는 의미다. 이산화탄소는 지구온난화를 가중시키는 요인이라는 점에서 바다 온도 상승은 결국 대기 온도를 높이는 악순환으로 이어진다(https://m.dongascience.com/news.php?idx=61080). 유럽연합(EU)의 기후변화감시기구인 '코페르니쿠스(Copernicus Climate Change Service, C3S)'에 의하면 2023년 8월 일평균 해수면 온도(Global mean sea surface temperature, SST)는 20.96℃를 기록하면서 지금까지 가장 높았던 2016년 기록을 넘어섰다. SST의 증가는 시간이나 공간에서 균일하지 않았지만 지난 40년 동안 전 세계적으로 평균 약 0.6°C 증가했다. 유럽의 모든 바다 역시 온도가 상승했다(https://climate.copernicus.eu/climate-indicators/sea-surface-temperature).

WMO의 2024년 보고서를 보면, 2023년 해수면 온도는 4월부터 연말까지 매일 사상 최고치를 기록했다.[17] 특히 7, 8, 9월의 경우, 세 달 모두 각 달의 역대 최고 기온을 0.21~0.27℃ 정도의 매우 큰 차이로 경신한 것으로 나타났다. WMO는 북대서양 동부와 멕시코만, 카리브해, 북태평양 등 광범위한 영역에서 이례적인 해양 온난화가 나타났다고 밝혔다. 특히 북동 대서양의 경우, 적도 및 중동부 태평양 해수면 온도가 오르

---

17 보다 상세한 세계 평균 해수면 온도의 상승에 대한 이 보고서의 내용은 https://wmo.int/publication-series/state-of-global-climate-2023을 참조할 수 있다.

는 '엘니뇨(El Nino)'와 같은 전형적인 온난화 패턴과 일치하지 않는 비정상적인 온난화가 일어났다고 보고했다. 이렇게 바다온도가 높아지면서 남극과 북극의 해빙은 매우 빠른 속도로 녹았다. 특히, 남극의 해빙 면적은 2023년 2월에 위성 시대(1979년) 사상 최저 기록에 도달했으며, 6월~11월 초까지도 연중 최저치를 기록했다. 이러한 이상 현상은 지구가 반박 불가능하게, 가속화해 뜨거워지고 있음을 보여준다.

전 세계 바닷물에 흡수돼 축적된 열량인 '해양열용량(ocean heat content, OHC)'[18] 역시 2023년 최고 수준에 도달했다. 바다 표면의 온도를 넘어 바닷물이 어느 정도 깊이까지 얼마나 데워졌는지 파악하기 위해 수심과 밀도, 비열 등을 종합해 계산한 지표인 해양 열용량이 최고치를 기록하며, 2023년 하루 평균 전 세계 해양 32% 정도에서 '해양 열파(marine heatwaves)'가 발생했다. 해양열파는 해수면 온도가 과거 30년 평균보다 높게 지속되는 극한 기후현상 중 하나로, 수일에서 최대 한 달까지 수천㎢에 걸쳐 해양 표면온도가 상승하는 것을 가리킨다. 이와 관련된 연구에 따르면 해양열파는 지구온난화와 밀접하게 관련되어 있고 최근 들어와 발생빈도와 세기, 지속시간이 급증한 것으로 나타나고 있다. 해양 열파 현상이 더 자주, 강하게 벌어지면 해양생물의 서식지가 축소되고 생물다양성에 부정적 영향을 주며 궁극적으로는 해양 생태계의 구조와 기능을 변화시킨다. 이로 말미암아 막대한 사회경제적 피해가 발생하는 것은 물론이다.

기후변화에서 기후위기로의 담론의 전환

IPCC가 사용하고 있는 기후변화(climate change)는 자연적 변동 또는 인간 활동의 결과로부터 기인하는 지를 구분하지 않고 모든 기후의 시간적 변화를 가리키고 있다. "특성의 평균 및/또는 가변성의 변화로 식별할 수 있고(예: 통계 테스트를 사용하여), 장기간, 일반적으로 수십 년 이상 지속되는 기후 상태의 변화를 말한다. 기후변화는 자연적인 내부 과정이나 태양 주기의 조정, 화산 폭발, 대기 구성이나 토지 이용의 지속적인 인위적 변화와 같은 외부 강제력에 기인할 수 있다."(IPCC, 2023: 122)

이는 UN기후변화협약(UNFCCC)에서 사용되는 표현과는 다르다. UNFCCC에서

---

18 OHC는 수온 섭씨 26도 이상 되는 바닷물의 일정 단위가 지닌 열에너지량으로 매 수심별 수온을 적분하고 이 값에 해수 밀도, 비열을 곱하여 얻는다. 측정 단위는 제타줄(Zetta Joules, ZJ)이다. 해양학자인 로리 리스플랜디(Laure Resplandy) 등의 연구에 따르면 1991년부터 2016년까지 지구의 바다가 매년 흡수한 열에너지량은 1.33 ± 0.20 × 1022 제타줄이다. Laure Resplandy et al.(2018), pp.105~108.

사용되는 기후변화는 지구의 대기 조성을 변화시키는 인간 활동에 직접 혹은 간접적으로 기인하는 기후변화이며, 기후의 자연 변동에 대해서 추가적으로 생기는 것을 말한다(https://www.ipcc.ch/site/assets/uploads/2021/03/AR4_WGI_ Summary-for-Policymakers.pdf). "기후변화는 지구 대기의 구성을 변화시키는 인간 활동에 직간접적으로 기인하는 기후의 변화이며 비교 가능한 기간 동안 관측되는 자연적 기후변동성에 추가된다." 따라서 UNFCCC는 대기 구성을 변경하는 인간 활동으로 인한 기후변화와 자연적 원인으로 인한 기후변동성을 구분한다(IPCC, 2023: 122).

이에 비해 기후변동(climate variation)은 일정 기간 동안 기후 패턴에 나타나는 자연스러운 변화를 의미한다. 이는 단기적 변화부터 장기적 변화까지 다양하며, 온도, 강수량, 바람 패턴 등 기후 요소들의 변동을 포함하는 용어이다. 기후변동은 자연적 원인(예: 화산 활동, 태양 활동의 변화, 대기와 해양의 상호작용 등)과 인간 활동(예: 온실가스 배출)에 의해 발생할 수 있다. 요약하면, 기후변동과 기후변화는 기후와 관련된 용어로서 유사하지만 약간의 차이가 있다. 즉 기후변동은 일정 기간 동안의 기후 패턴의 자연스러운 변동을 가리키는 반면, 기후변화는 장기적인 시간 스케일에서의 지속적이고 지속적인 기후변화를 의미한다.

지구 표면의 평균 온도가 상승하고 이로 인한 부작용이 심각한 정도에 이르면서 최근 들어와서는 기후변화나 기후변동이라는 용어보다는 기후위기(climate crisis)를 더 빈번하게 사용하는 경향이 있다. 기후위기는 현재 지구상에서 발생하고 있는 기후변화의 급격하고 극단적인 현상을 강조하기 위해 사용되는 용어로 기후변화의 심각성을 인식하고, 즉각적이고 효과적인 대응 조치를 촉구하기 위해 사용된다. 이는 정치적, 경제적, 사회적 차원에서 긴급한 행동을 요구하는 데 중점을 둔다. 기후위기는 지구의 기후변화로 인해 발생하는 다양한 문제들을 의미한다. 이는 지구온난화뿐만 아니라 기후 이상현상, 자연재해, 해양 산성화, 생물다양성 감소 등 다양한 문제를 포함한다. 즉, 기후위기는 지구의 기후변화로 인해 발생하는 다양한 부정적인 영향들을 포괄하는 개념이다.

기후위기는 단순히 기후변화라는 용어보다 더 긴급하고 심각한 상황을 나타내며, 지구 온난화로 인한 영향과 함께 생태계, 인간의 생활, 경제, 그리고 지구 전체의 건강과 안정성에 대한 직접적이고 중대한 위협을 내포하고 있다. 이러한 변화는 인간 활동, 특히 화석 연료의 연소와 같은 온실가스 배출로 인해 가속화되고 있다. 이와 관련된 용어인 지구온난화는 기후위기의 한 측면으로, 지구 대기 중 온실가스 농도가 증가함에 따라 지구의 평균 기온이 상승하는 현상을 가리킨다. 이는 산업화와 인간의 활동으로 인해 온실가스 배출량이 증가하면서 발생하는 문제로, 기후위기 중 하나로 볼 수 있다.

기후위기의 현실과 파국적 영향

오늘날 인류는 심각한 기후위기로 대량절멸의 위험에 봉착해 있다. 지난 세기부터 지구상에 존재하는 동물들의 개체수와 서식 면적은 눈에 띄게 감소하고 있다. 이는 먹이사슬의 꼭대기에 있는 인간의 생존이 지금 치명적인 위협에 처해있다는 것을 가리킨다. 급기야 과학자들은 '인류세의 생물학적 멸종'을 언급하기에 이르렀다. 이런 재앙이 일어난 원인으로는 서식환경 축소, 남획, 인공미생물, 공해, 독성물질, 기후변화 등이 꼽힌다. 이 원인들의 공통점은 모두 인간 활동으로 인한 것이라는 것이다. 물론 과학자들 사이에서는 인류의 여섯 번 째 대멸종의 구체적 시기를 둘러싸고 논쟁이 존재한다. 그러나 현재 인류가 전례 없는 생태적 위기를 겪고 있고 이를 극복하지 못한다면 인류의 생존이 위협에 처할 것이라는 데에는 과학자들 사이에서도 큰 이견이 없다.

대량절멸의 원인 중에서 가장 대표적인 것은 지구온난화이다. 지구온난화는 대기 중에 존재하는 온실가스가 태양열이 지표면에 복사된 후 우주공간으로 방출되는 것을 흡수하거나 차단함으로써 온실효과가 발생하고 이로 인해 지구대기의 기온이 상승하는 현상을 의미한다. 지구온난화로 인한 기후변화는 이미 연이은 폭염과 혹한, 산불과 태풍 등으로 나타나고 있다. 기온상승으로 추가된 에너지와 수분이 대기 중으로 유입되면서 대기권에 뜨거운 고기압이 생겨 지붕을 이루는 열돔(heat dome) 현상은 북반구에 폭염과 같은 이상기후를 초래했다. 온난화로 지구의 열에너지를 이동시키는 바람과 해류의 속도가 둔화되면서 폭염에 의한 대형 산불과 사상 최악의 가뭄, 초열대야 등이 빈발하고 있다. 그 결과 아프리카 지역에서는 사막화가 진척되고, 물 부족이 더욱 심화되고 있으며 농작물 생산은 격감하고 있다.

지구온난화가 지구와 인류에 미치는 파국적 영향에 관한 과학자들의 예측은 차고 넘친다. 대부분의 과학자들은 지구온난화가 한낮 가설이 아니라 부인할 수 없는 현실이라는 점에 동의하고 있다. 지금 이 시간에도 지구온난화가 가져오는 예측 불가능한 기후변화는 인류에게 광범위한 규모의 피해를 주고 있다. 환경오염과 생태계 파괴가 지속된다면 인류와 다른 생물종의 생존 자체가 위협에 처하리라는 점은 명약관화하다. 온실가스는 화석연료의 사용이 초래한 것이다. 기후변화 위험을 줄이려면 지금 당장 지구적 규모에서 온실가스를 획기적으로 감축하고, 이를 위해 막대한 투자비용을 지출해야 하고 모든 측면에서 광범위하며 급진적으로 석유문명에 기반한 체계를 바꿔야 한다. 그러나 변화를 위한 시도는 매우 더디게 이뤄지고 있다. 기후변화를 부정하고 기후변화를 막기 위한 행동이 불필요하다는 기득세력의 강변도 여전하다.

기후위기는 낡은 유형의 경제성장과 이에 기초한 기존 체제, 생활양식으로부터 비롯된 것이다. 인류는 오래 전에 지적되었던 '성장의 한계(the limits to growth)'에 대해 너무나 뒤늦게 뒤돌아보고 있다. 우리 문명의 근본적 개조가 요구되지만 이를 진지하게 고려하고 실천하는 국가는 아직 존재하지 않는다. 우리는 인류의 생존 공간인 자연환경을 어떻게 보호하고 유지할 것인가에 답해야 한다. 특히, 기후위기에 대비하고, 환경문제를 해결하려면 기존의 환경 관련 정책과 제도를 바꾸어야 한다. 기후보호와 에너지 전환 등을 위한 담대한 계획의 수립과 실행이 요구되는 것이다. 그러나 이것만으로는 부족하다. 인간의 가치관과 세계관, 행동방식을 친생태적이고 친환경적으로 바꾸어야 한다. 구체적으로 이는 기후위기 시대 어떤 교육이 바람직한가, 그런 교육은 어떻게 행해질 수 있는가에 대한 물음에 적실성 있는 대안을 제시해야한다는 것을 의미한다.

그렇다면 기후위기의 현실은 어떠한가? 현재 인류는 360억 톤 온실가스 배출로 96조 달러 경제를 지탱하고 있다. 80억 인구는 경제 활동을 통해 한 해 90조 달러가 넘는 부가가치를 생산하고 있다. 세계은행 집계에 따르면 2021년 세계 각국의 GDP를 합치면 96조 달러에 이른다. 한국 국내총생산의 50여 배에 이르는 규모다. 인류가 생활 편의를 위해 닦은 도로는 지구 생태계를 60만 조각으로 쪼개놓았고, 인간이 만들어낸 인공물의 총량은 30조 톤에 이르는 것으로 과학자들은 추정한다. 30조 톤은 1㎡당 50㎏ 남짓의 인공물들로 지구 표면 전체를 뒤덮을 수 있는 규모다.

이 엄청난 경제를 떠받치기 위해 한 해 수백억 톤의 온실가스가 대기 중으로 배출된다. 글로벌탄소프로젝트(Global Carbon Project)가 발표한 '글로벌 탄소 예산 2022' 보고서에 따르면, 전 세계에서 화석연료와 시멘트 사용으로 인해 배출되는 이산화탄소는 2022년 366억 톤으로 사상 최고치를 경신하였다. 토지 개발과 이용에 따른 배출량까지 포함하면 405억 톤이다. 50억 명을 돌파했던 1987년의 배출량 262억 톤에 비해 55%가 늘었다. 그 결과 인류의 생태자원 소비량(생태발자국)은 지구가 재생할 수 있는 자원의 양인 생태용량(biocapacity)을 훨씬 넘어섰다. 세계생태발자국네트워크(GFN)는 "인류의 현재 자원 소비량을 모두 지속적으로 충당하려면 1.75

개의 지구가 필요하다"고 말한다. 미국인처럼 자원을 쓰려면 5.1개의 지구가, 한국인처럼 쓰고 살려면 지구 4.0개가 필요하다(https://www.hani.co.kr/arti/science/future/1067089.html).

이는 지구 전체가 생태적자(ecological deficit)를 기록하고 있다는 것을 나타낸다. 생태적자는 특정 지역이나 국가의 생태발자국이 그 지역이나 국가의 생태용량을 초과하는 상황을 말한다. 여기서 생태발자국이란 사람들이 자연 자원을 소비하고 생성하는 폐기물 및 탄소 배출을 흡수하는 데 필요한 생태계의 면적을 나타내는 반면, 생태 용량은 특정 지역이 제공할 수 있는 생태계 서비스와 자원의 총량을 의미한다. 높은 온실가스 배출을 기록하고 있음에도 이에 상응하는 기후대책을 마련하지 않는데서 '기후악당'으로 불리는 한국은 세계에서 가장 큰 생태적자를 갖고 있는 국가이다.[19]

생태적자가 발생하면, 해당 지역이나 국가는 지속 가능한 수준을 넘어 자원을 소비하고 있음을 의미한다. 즉, 그들의 생활 방식과 경제 활동이 그 지역이나 국가의 자연적 재생 능력을 초과하여 환경에 부정적인 영향을 미치고 있는 것이다. 이는 장기적으로는 자연 자원의 고갈, 생물 다양성의 감소, 생태계 서비스의 저하와 같은 심각한 환경 문제로 이어질 수 있다. GFN은 생태용량을 생태발자국으로 나눈 뒤, 그 비율을 1년 캘린더에 적용한 '지구용량초과일'(Earth Overshoot Day)을 매년 발표한다. 이는 인간이 쓰고 배출한 자원과 폐기물의 규모가 지구의 자정능력을 초과한 날을 의미한다. 이에 따르면 2023년 오버슛데이는 8월 2일이었다. 이날 이후로는 미래 세대가 쓸 자원을 당겨쓰고 있다는 뜻이다. 인류의 생태자원 소비는 1970년대 초반부터 지구의 재생 능력을 초과하기 시작해 갈수록 용량 초과일을 앞당겨 가고 있다(<뉴스트리> 2023년 8월 2일).

미국의 싱크탱크인 '뉴아메리카'의 연구원이자 칼럼니스트인 데이비드 월러스-웰즈(David Wallace-Wells)는 지구의 운명에 그리고 인류의 삶과 운명을 지탱하는 지구의 능력에 커다란 피해를 주고 있는 지구온난화의 주범인 탄소는 그 절반 이상이 불과 지난 30년 사이에 배출되었다고 지적한다. 그는 이 시기에 "근대 산업의 포악한 실체를 확인한 환경학자들이 절대 넘지 말라고 오래전부터 그어 놓은 새빨간 선인 이

---

19 국제환경단체인 지구생태발자국네트워크(GFN)에 따르면, 2019년 기준 한국의 1인당 생태발자국은 3.590글로벌 헥타르(global hectares, gha), 생태적자는 -2.992gha로 국토가 수용할 수 있는 생태용량 이상의 소비가 이루어지고 있는 것으로 나타났다. 이 중 '음식' 부문이 2.1244gha로 가장 큰 비중을 차지했으며, 에너지(0.8486gha), 산림(0.5422gha), 건조환경(0.0746gha) 등이 그 뒤를 이었다. <뉴스트리> 2023년 8월 2일.

산화탄소 농도 한계선을 넘어서고 있다"고 한다. 월러스-웰즈는 2016년 파리기후협약이 체결되면서 기온 상승을 2도 이내로 유지하는 것을 전 지구적인 목표로 삼았지만 협약의 요구조건을 제대로 이행하는 산업 국가가 하나도 없으며, 2도 상승을 넘어서는 끔찍한 미래가 엄연히 존재하는데도 그런 전망은 대중의 시야에서 교묘히 숨겨지고 있다는 점을 강조한다. 그는 오늘날 우리가 목격하는 재난은 미래에 지구온난화가 초래할 재난에 비하면 최상의 시나리오나 다름없다고 한다. <2050 거주불능 지구(The Uninhabitable Earth)>에서 월러스-웰즈는 12가지 기후재난의 실제와 미래를 제시한다. 살인적인 폭염, 빈곤과 굶주림, 집어삼키는 바다(빙하폭탄), 치솟는 산불, '날씨'가 되어버릴 재난들, 갈증과 가뭄(대가뭄으로 인한 수자원 약탈 전쟁), 바다 오염, 마실 수 없는 공기, 질병의 전파, 무너지는 경제, 기후 분쟁, 시스템의 붕괴가 그것이다(David Wallace-Wells, 2020: 18~19, 25).

'복잡하고 복합적이며 연쇄적인' 기후위기

왜 기후위기는 복잡하고 복합적이며 연쇄적일까? 기후위기는 어떻게 인류의 생존을 위협하고 있는가? 기후위기가 복잡하고 복합적인 문제이며, 연쇄적인 영향을 미치는 이유는 다양한 인과 관계와 영향 요인들이 상호작용하기 때문이다. 예를 들어, 온실가스 배출로 인한 지구 온난화는 해수면 상승, 극지방 빙하의 녹아내림, 극한 기후 현상 등을 유발하고, 이는 다시 생태계와 인류에 영향을 미친다. 또한, 기후위기는 지구의 기후 시스템과 인간의 활동, 자연 생태계, 사회경제적 요소 등이 복합적으로 작용하며, 이는 기후위기의 복잡성을 높이는 요인이다.

기후위기는 지구의 기후 시스템의 변화로 인해 다양한 영향을 미치며, 이는 인류의 생존을 직접적으로 위협한다. 2022년 2월 발간된 기후변화에 관한 정부 간 협의체(IPCC) 제6차 평가보고서의 제2실무그룹(IPCC, 2022)의 내용을 살펴보면 인류는 지구온난화로 인하여 복잡하고 복합적이며 연쇄적인 기후위기 리스크에 직면해 있음을 알 수 있다. 이는 인간뿐만 아니라 생태계에도 많은 영향을 미칠 것으로 예측된다. 복잡성, 복합성, 연쇄적인 특성을 갖고 있는 이러한 기후위기의 내용을 살펴보면 다음과 같다.

첫째, 기후위기는 복잡성으로 특징 지워진다. 기후위기는 다양한 인간 활동과 자연 시스템 간의 복잡한 상호작용에서 비롯된다. 온실가스 배출은 주로 화석 연료의 사용, 산업 활동, 농업, 산림 벌채 등 인간의 다양한 경제적 활동에 의해 발생한다. 전 지구적으로 지표면 근처 평균 기온이 상승하게 된 것은 산업화의 부정적 결과가 뚜렷하게 나타나기 시작한 19세기 후반부터였다. 산업화 이후 인간이 만든 이산화탄소(CO_2), 메탄(CH_4), 아산화질소(N_2O) 같은 온실가스 배출로 인해 온실가스 농도는 급격히 증가했다.

이러한 배출은 지구의 대기를 변화시켜, 지구 온난화를 초래하고 기후 시스템에 광범위한 변화를 일으킨다. 예를 들어, 인간 활동에 의한 메탄 배출량의 약 30%는 화석연료 사용으로 인한 것이었고, 가축사육 과정에서 배출되는 메탄의 양도 이와 비슷한 비중을 차지한다. 나머지 4분의 1은 쓰레기 매립지에서 쓰레기가 분해될 때 발생하고, 물이 차있는 논에서 토양의 미생물로 인해서도 메탄가스가 발생하며, 바이오매스가 연소되고 기름야자에서 얻은 바이오연료를 생산할 때에도 메탄가스가 배출된다(David Nelles & Christian Serrer, 2021: 46~47).

인공위성으로 관찰한 결과 온실가스 농도가 상승함으로써 우주 공간에 방출되는 복사열에너지의 양이 줄어드는 반면 지구 표면에 반사되는 복사 열에너지는 점점 늘어나고 있다. 이는 온실가스가 흡수할 수 있는 복사 열에너지의 비중은 점점 감소하고 있다는 것을 말한다. 그 결과 하층 대기에 해당하는 대류권은 점점 뜨거워지고 대류권 바로 위층 대기에 해당하는 성층권은 차가워지고 있다. 다른 한편으로 오존층이 점점 얇아지는 오존층 파괴현상이 진행되고 있다. 태양복사 열에너지의 일부를 흡수하고 동물, 식물, 인간을 유해한 UV-C 광선이나 UV-B 광선으로부터 보호하는 역할을 담당하는 성층권에 있는 오존층이 파괴되는 현상의 주범은 인간이 냉장고나 에어컨의 냉매제로 만든 염화불화탄소(CFCs)였다(David Nelles & Christian Serrer, 2021: 50~51, 28~29).

둘째, 기후위기의 또 다른 특성은 복합성이다. 기후위기는 단순히 온도 상승에 그치지 않고 해수면 상승, 극단적인 날씨 패턴, 가뭄, 홍수, 해양 산성화 등 다양한 현상을 포함한다. 예를 들어, 남극 전역에서 빙상이 사라져가고 있다. 바닷물이 상대적으로 따뜻해지면서 이 지역의 빙붕이 녹았기 때문이다. 지구온난화로 수온이 증가하면 그 부피가 팽창하기 때문에 해수면이 상승한다. 지구온난화로 지구에 축적된 열에너지의 대부분은 해양에 흡수되었는데 그 결과 1880년~2015년 기간 동안 해표면 수온은 0.8°C 상승했고, 해양 내부의 수온도 함께 상승했다. 또한 온실가스 배출량의 증가로 21세기 말까지 해양 컨베이어 벨트를 구성하는 대서양 자오면 순환(AMOC)이 11~34% 정도 약화될 것으로 전망된다(David Nelles & Christian Serrer, 2021: 72,

78~79).

기후위기는 지구의 기후변화로 인해 발생하는 다양한 부정적인 영향들을 포괄하는 개념이다. 예를 들어, 최고기온을 경신하는 사례와 폭염일수가 증가하고 있고, 산불발생 가능기간이 증가하고 있다. 폭우현상이 자주 발생하고 있고, 물의 순환모델이 계속 바뀌고 강수량 분포는 점점 불균형해지고 있다. 지구온난화는 지역적으로 토양습도의 증발현상을 촉진하므로 가뭄이 더 심해지고 잦아질 가능성을 높이는데, 이는 전 세계에서 건조한 육지면적의 증가로 나타나고 있다(David Nelles & Christian Serrer, 2021: 84~85). 이러한 현상은 생태계, 농업, 식수 자원, 인간 건강 등 다양한 영역에 영향을 미친다.

셋째, 기후위기는 연쇄적인 영향을 미친다. 기후변화로 인한 한 가지 변화가 다른 변화를 유발한다. 대기(atmosphere)와 지구 환경에서 나타나는 기후위기는 다른 유형의 위기를 초래하고 증폭시키는 연쇄성을 특징으로 한다. 예를 들어, 극지방의 빙하가 녹으면 해수면이 상승하여 해안 지역을 위협하고, 이는 다시 인간의 이주, 경제적 손실, 사회적 불안정성을 초래할 수 있다. 생활환경에서 가해지는 예측불가능한 위협뿐만 아니라 신종코로나바이러스감염증(COVID-19)과 같은 감염병, 식량 생산, 생물다양성 감소, 비자발적 난민 발생 등 전혀 다른 성격의 위기 등이 서로 연쇄적으로 발생하는 것이다. 기후위기는 식량 안보, 식수 자원, 주거 공간, 건강 등 인류의 기본적인 생존 요소에 직접적인 영향을 미친다. 극단적인 기후 현상은 농작물의 수확량을 감소시키고, 식수 부족, 질병의 확산 등을 초래할 수 있다.

이와 관련하여 월러스-웰즈는 기후변화의 공격이 불연속적으로 나타나리라고 오해하는 사람들이 있다고 지적한다. 그러나 기후변화는 새로운 종류의 연쇄적인 재난, 폭포수나 산사태처럼 물밀 듯이 밀려오는 재난을 초래한다는 것이다. 기후재난은 점점 더 거세게 서로 중첩되는 방식으로 지구를 때리면서 인류에게서 대응할 능력조차 앗아간다고 한다(David Wallace-Wells, 2020: 42). 기후위기와 함께 인류의 생존에 큰 영향을 주는 것들로는 사람들이 미처 면역력을 갖고 있지 않은 질병이 전 세계로 전염되고 확산되는 팬데믹(Pandemic)이 있다. 대표적인 것이 2019년 11월 중국 우한시에서 처음으로 보고되어 이후 수년간 전 세계를 휩쓴 인수공통전염병인 코로나 바이러스이다.

코로나 바이러스 역시 기후위기와 연관성이 있다는 연구 결과가 있다. 코로나 바이러스의 발생 원인과 기후변화로 인한 바이러스 기생매개체인 박쥐의 서식처 확대를 연계한 한 연구는 지구온난화가 식생에 변화를 가져와 박쥐 종의 증가를 초래했고, 이 변화가 박쥐 기원의 코로나바이러스 창궐을 야기했을 수 있다고 주장한다(Robert M. Beyer et al., 2021). 이 연구에 따르면 중국 남부 윈난성(云南省) 지역과 인근 미얀마와 라오스 지역의 기후변화가 기존 열대 관목지대를 열대 초원지대와 낙엽수림으로 변화시키는 식물 식생의 대규모 변화를 가져오면서 지역의 박쥐의 종과 개체수를 증가시켰다는 것이다. 이로 말미암아 한 종마다 평균 2.7종의 코로나 바이러스를 보유하고 있다는 박쥐들이 40종이나 증가했고, 이것이 코로나 바이러스를 야기했을 수도 있다고 지적한다. 이들은 기후변화가 코로나바이러스 발생에 중요한 하나의 요인이었을 수도 있다는 결론을 내린다(최현정, 2021). 이러한 연구를 통해 우리는 인간의 도시화와 거주영역 확장에 따른 야생동물 서식지와의 접점 확대, 중국의 야생동물 섭취 문화, 혹은 그 외의 다른 변수들과 함께 기후변화가 팬데믹 발생과 연계성을 지니고 있다는 점을 알 수 있다.

2장.
환경혁명과 환경정치학의 대두

환경정치는 사회가 어떻게 환경 상태에 영향을 미치는 자원사용, 오염 또는 경제활동에 대한 결정을 내리는 가에 대한 연구이다. 이러한 과정은 항상 그런 것은 아니지만 자주 정부 기관 내에서 이루어지며, 다양한 경제 및 사회 분야의 사람들을 포함하거나 이들에게 영향을 미친다. 따라서 환경문제를 예방하거나 해결하려면 이러한 문제의 특성을 정확하게 진단하고 문제를 일으키는 활동에 대한 규칙을 만드는 정치적 과정을 이해해야 한다.

- 엘리자베스 제솜버[20]

정치에 대한 다양한 견해

환경정치는 정치의 한 유형이다. 환경정치의 개념과 역사, 이론 등을 자세히 고찰하기 위해서는 우선 환경정치의 상위개념인 정치에 대해 살펴볼 필요가 있다. 그렇다면 정치란 무엇일까?[21] 정치에 대해서는 수많은 정의가 존재한다. 학자들마다 견해도 다 다르다. 그러나 학자들이 동의하는 몇 가지 내용은 있다. 우선 인간이란 홀로 고립된 상태에서 생존에 급급한 채 살아가는 존재가 아니라 수많은 사람들이 함께 모여 수직적·수평적으로 복잡한 관계를 맺으며 모여 사는 사회적 존재이다. 권력과 부와 같은 유한한 사회적 자원을 둘러싸고 지배와 피지배, 분업과 분화, 불평등과 이에 대한 저항 등 복합적인 상호작용이 발생한다. 이 과정에서 사회질서를 유지하기 위해서

20 Elizabeth R. DeSombre(2020), pp.1~2.
21 이하 정치에 대한 설명은 홍익표(2017), pp.39~44; 홍익표(2019), pp.45~50을 수정·보완했다.

는 다 같이 지키기로 합의한 규칙을 제정하고 보존하는 것이 필요하다. 그러나 환경은 고정된 것이 아니라 늘 변하기 때문에 이 규칙들도 개정되어야 한다. 넓은 의미에서 이같이 규칙을 제정하고 보존하고 개정하는 활동을 일컬어 정치라고 할 수 있다.

캐나다 출신의 미국 정치학자인 데이비드 이스턴(David Easton)은 개인과 집단들의 반복적이고 정형화된 행태에서 나타나는 규칙성을 주로 연구한 행태주의 학자이다. 그가 정치에 대해 내린 다음의 정의는 매우 유명하다. 정치란 사회의 가치에 대한 권위적 배분(authoritative allocation of values for a society)이라는 것이다. 여기서 사회의 가치란 인간의 욕구를 충족시켜줄 수 있는 물질적·비물질적인 수단을 가리키고 권위적 배분은 배분 과정에 참가하는 사람들이 권력, 권위, 합의, 보상 등의 이유로 그 결정에 구속된다는 것을 의미한다.[22] 이 같은 이스턴의 주장을 통해 우리는 정치가 불충분하게 마련인 사회적 자원의 분배, 그리고 이를 둘러싼 갈등과 협력이라는 현상과 연관된 것이라는 점을 알 수 있다. 정치에 대한 이견은 인간의 본성, 인간 사이의 행위를 형성하는 것이 무엇인가에 대한 차별적 견해에서 비롯된다.

정치학자들이 관심을 갖는 것이 개개인의 살림살이처럼 '사적인 것'이 아니라 공공성을 중시하는 사람들이 맺는 집합적 관계라는 점도 강조될 필요가 있다. 대표적인 것이 고대 그리스의 폴리스처럼 문화와 가치 등을 공유하는 사람들이 거주하는 공간을 일컫는 공동체 내에서의 삶이다. 폴리스는 동등한 권리를 지닌 시민들이 군사적·종교적·정치적 삶을 영위하는 공동체였다. 시민들은 외부의 공격에 대항해 공동체를 함께 방어했고, 그들을 지켜주는 신들에 대한 제사를 함께 거행했으며, 무엇보다도 민회를 열어 공동체와 관련된 안건들을 토론하고 의사 결정을 내렸다. 민회에 참석한 사람은 누구든지 발언권을 가지며, 추첨으로 선발된 대의기관인 평의회의 제안에 대해 수정을 요구할 수 있었다. 이 점에 주목해 아리스토텔레스(Aristoteles)는 시민이라면 누구나 동등한 자격으로 지배에 참여하는 공동체인 폴리스를 일컬어, 지배하는 자가 지배받고 지배받는 자가 지배하는 곳이라고 했다. 그는 정치학에서 다음과 같이 지적한다.

"여러 부락으로 구성되는 완전한 공동체가 국가인데, 국가는 이미 완전한 자급자족(autarkeia)이라는 최고 단계에 도달해 있다고 할 수 있다. 달리 말해 국가는 단순

---

22 David Eastern, *The Political System. An Inquiry into the State of Political Science*, New York: Knopf, 1953. pp.129~130. Alan C. Isaak(1975), pp.19~20에서 재인용.

한 생존(z˜en)을 위해 형성되지만 훌륭한 삶(eu z˜en)을 위해 존속하는 것이다. 따라서 이전 공동체들이 자연스러운 것이라면 모든 국가도 자연스런 것이다. 국가는 이전 공동체들의 최종 목표(telos)고, 어떤 사물의 본성(physis)은 그 사물의 최종 목표이기 때문이다. …이로 미루어 국가는 자연의 산물이며, 인간은 본성적으로 국가 공동체를 구성하는 동물(zõion politikon)임이 분명하다. 따라서 어떤 사고가 아니라 본성으로 인해 국가가 없는 자는 인간 이하이거나 인간 이상이다."(Aristoteles, 2009: 20)

지금껏 수많은 학자들이 제시한 정치에 대한 다양한 정의는 다음과 같이 정리할 수 있다. 첫째, 정치는 권력관계를 둘러싼 현상이다. 여기서 권력은 사회 구성원이 상호 관계를 맺는 과정에서 자신의 욕구와 의사를 관철할 수 있는 능력을 말한다. 이런 견해는 국제정치학의 지배적 패러다임 중 하나인 현실주의(realism)에서 두드러진다. 현실주의자들은 정치는 권력을 추구하고, 국가는 '권력으로 정의된 국가이익(national interest defined in terms of power)'을 우선순위에 두고 추구해야 한다고 주장한다.[23] 둘째, 정치는 공동체 내에서 집단적 결정을 행하고 이를 강제하는 통치 기술이다. 주요한 사안들에 대해 집단적으로 결정한 후 그 실행을 강제함으로써 질서를 유지한다고 보는 정치관은 역사가 오래된 것으로 특히 동양에서 발달했다. 셋째, 정치는 공적 영역에서 일어나는 집합 행위이다. 여기서 공적 영역이라는 것은 개인 영역이나 사적 영역으로부터 독립적인 영역으로 공적인 권위가 존재하고 공적인 업무가 이뤄지는 공간을 말한다. 국가와 같은 정치적 공동체나 자율적 집단과 단체가 활동하는 시민사회가 이에 속한다. 여기서 바람직한 국가는 공공성을 추구하는 것을 핵심적 특성으로 삼는 국가이다. 넷째, 정치는 타협과 합의이다. 이에 따르면 정치는 강제나 노골적인 힘보다는 타협, 화해, 협상을 통해 갈등을 해소하는 하나의 특별한 수단이다. 사회 구성원 간의 다양한 이해관계를 조정하는 갈등 해결 수단으로 정치를 볼 때 정치는 '가능성의 예술(die Kunst des Möglichen)'[24]이라고도 불릴 수 있다.

---

23 이는 전통적 현실주의 이론을 정립한 한스 모겐소(Hans Morgenthau)가 <국가 간의 정치(Politics among Nations)>에서 개진했다. Hans J. Morgenthau(2001), pp.37~43. 현실주의는 투키디데스(Thucydides), 마키아벨리(Niccolo Machiavelli) 토마스 홉스(Thomas Hobbes), 프리드리히 마이네케(Friedrich Meinecke) 등의 지적 전통에 토대를 두는 이론으로 국제체제의 아나키적 특징, 국가이성(Raison d'État), 자조(self-help) 등을 강조한다.

24 철혈재상으로 유명한 독일의 정치가인 비스마르크(Otto von Bismarck)는 1867년 마이어 폰 발데크(Meyer von Waldeck)에게 "정치는 가능성의 예술(Die Politik ist die Kunst des Möglichen)"이라 말했다. 이 말은 지금도 정치에 대한 설득력 있는 정의로 흔히 인용된다.

다섯째, 정치는 적과 동지의 구분이라는 기준을 기초로 한 공동체 내에서의 갈등과 대립 관계이다. 독일의 정치학자이자 법학자인 칼 슈미트(Carl Schmitt)는 정치를 비롯한 모든 영역에서 필연적으로 적대의 관계가 창출된다고 주장한다. 그에 따르면, 국가는 조직된 정치적 통일체로서, 그 자신에 대한 적과 동지를 구별한다는 '정치적' 사실과 관련된다고 한다(Carl Schmitt, 2012: 39).

이 정의들은 각자 나름대로 정치에 대한 독특한 시각을 보여주고 있어서 저마다 살펴볼 가치가 있다. 그러나 중요한 사실은 정치에 대해 어느 한쪽에 치우친 견해는 설득력이 적다는 점이다. 우리 주위를 둘러보면 정치를 통치 기술이나 사적인 이익 추구와 같이 협소하게 이해하는 경우가 많다. 이런 견해는 비민주적인 체제를 정당화하는 것이기 쉽다. 강압력을 동원하거나 이데올로기적 도구를 동원해 반대 세력에게 다수의 의지를 관철하려는 행태를 보라. 다른 한편으로는 시장의 자생적 질서를 근거로 국가의 개입을 최소화해야 한다고 강변하는 목소리도 높다. 정치가들이 정치 논리가 아니라 기업의 논리를 대변하는 것은 전혀 낯설지 않다. 이와 관련해 벨기에 출신의 정치철학자인 샹탈 무페(Chantal Mouffe)는 정치가 하나의 도구적 활동으로, 사적인 이익들을 이기적으로 추구하는 것으로 제한되었다는 사실을 비판한다. 민주주의를 단순히 일련의 중립적 절차들로 제한하는 것, 시민을 정치적인 소비자로 변형하는 것, 자유주의가 국가의 '중립성'이라는 관계를 고집하는 것은 정치의 모든 실체성을 비워 버린다는 것이다(Chantal Mouffe, 2007: 177~178).

정치를 약화시키고 경제에 대한 종속을 심화시킨 것은 신자유주의의 확산이 초래한 가장 중요한 변화이기도 하다. 시장의 경제권력이 비대화하면서 정치는 활동영역이 협소해지고 권력은 약화되었다. 기업가들뿐만 아니라 정치인들까지도 정치논리가 아니라 경제논리를 우선시하게 되었고 일반 대중 들은 이들 논리를 내면화하게 되었다. 정치의 공간이 축소되고 역할이 무력화된 곳에서는 무한경쟁의 시장만 남게 되었다. 이러한 변화는 정치를 통해 다양한 사회문제를 해결하는 것이 점차 어려워지고 있다는 것을 의미한다. 사회구조와 시장의 왜곡을 바로잡을 수 있는 힘이 약화되었고, 이로 말미암아 심각한 문제들이 부상하기 시작했다. 이런 현상을 우리는 '경제에 침식된 정치'라 부를 수 있다. 원래 침식(erosion)이란 용어는 풍화, 용해, 마식, 운반 등의 자연 요인에 의해 지각의 암석과 토양이 느슨해지며 닳아 없어지고 동시에 다른 장소로 이동되는 제 현상을 가리킨다. 신자유주의가 위력을 발휘하면서 변형된 경제와 정치의 관계를 묘사하는 데 우리는 이 용어를 사용할 수 있다. 이는 로날도 뭉크

(Ronaldo Munck)가 지적하는 '탈정치화'와 유사한 의미이다.

"신자유주의는 사회 내의 사적인 영역과 공적 영역 사이의 전통적 관계를 변경시키고 '탈정치화'시켜 왔다 … 신자유주의에 의해 개인적 자유가 강조되었지만, 정치적 대의체계는 탈가치화되었고, 시장의 법칙을 정치에 적용하려고 하였다. 관료제에 대해 표현되는 적대성과 탈전문화된 정치에 대한 요구 뒤에는 민주주의에 대한 심각한 거부가 존재한다. 금권이 전에 없는 정치적 영향력을 미치고 있으며, 정치는 여타 다른 상품과 마찬가지로 시장화되었고 패키지화되었다. 놀랄 것도 없이, 비록 전체 정치과정에 대한 소외가 일반적인 현상은 아닐지라도 많은 시민들이 정치에 대한 관심을 잃었고, (정치적) 각성과는 거리가 멀어졌다. 신자유주의의 경제적 의제하에서 훨씬 더 제한적으로 된 정치적 선택은 대부분의 정당들이 공유하고 있는 기반이 되었고 정치적 차이는 의미가 없어졌다"(Ronaldo Munck, 2009: 119~120).

웬디 브라운(Wendy Brown)은 오늘날 주요 민주주의 국가들에서 기업과 국가 의 권력이 교차하는 것 이상으로 융합되는 모습을 보인다고 지적한다. 가령 학교, 군대, 감옥에 이르기까지 국가기능이 광범위하게 아웃소싱되고, 투자 은행가와 CEO가 장관이나 각종 정부위원회의 수장이 되며, 국가가 금융자본의 상당부분을 은밀하게 소유하고 있다는 것이다. 브라운은 무엇보다 국가 권력이 자본의 전 부문에 걸쳐 직접지원과 구제금융을 줄기차게 하고 있을 뿐 아니라 세금, 환경, 에너지, 노동, 사회, 재정, 통화정책을 통해 자본축적의 기획에 뻔뻔하게 연루되어 있다고 한다(Wendy Brown, 2010: 88). 그는 신자유주의가 정치영역에서 민주주의의 원리를 경제적인 것들로 대체했다고 한다.

"민주주의의 가장 중요한 아이콘인 '자유' 선거는 정치자금을 마련하는 스펙터클에서부터 표적 유권자 '동원'에 이르기까지 마케팅과 경영의 서커스가 되고 있다 … 정치적 합리성으로서의 신자유주의는 입헌주의, 법 앞의 평등, 정치적·시민적 자유, 정치적 자율성과 보편주의적 포함 같은 자유민주주의의 기본 원리를 비용/수익 비율, 능률, 수익성, 효율성 같은 시장의 기준으로 대체하면서 자유민주주의의 근간을 전면적으로 공격했다. 바로 이런 신자유주의적 합리성에 의해서 각종 권리와 정보접근뿐만 아니라 정부의 투명성, 책임성, 절차주의 같은 여타의 입헌적 보호장치마저 쉽게 회피되거나 무시된다. 특히 국가는 공공연히 인민의 지배가 아니라 경영관리 운용의 구현체로 탈바꿈한다. 신자유주의적 합리성은 입헌국가를 비롯해 모든 인간과 제도를 회사모델에 따라 가공하며 정치영역에서 민주주의의 원리를 기업가적 원리로 대체한다. 신자유주의는 민주주의의 정치적 실체를 부스러기로 만들어버 린 뒤 제 입맛에 맞게 민주주의라는 용어를 탈취했다"(Wendy Brown, 2010: 89~90).

물론 정치의 약화는 이미 사본주의가 도래하면서 시작되었나. 셰리 버먼(Sheri Berman)은 <정치가 우선한다: 사회민주주의와 20세기 유럽의 형성(The Primacy of Politics: Social Democracy and the Making of Europe's Twentieth Century)>에서 자본주의의 형성으로 시장의 요구사항들이 공동체의 삶과 정치권력의 한계를 결정하게 되면서 국가·시장·사회 간의 전통적 관계가 단절되었다고 지적한다. 버먼은 전 자본주의 사회들에서는 시장이 좀 더 넓은 사회적 관계 속에 뿌리 내리고 있었으며 정치에 종속되어 있었다고 한다. 전통적 공동체들의 제도, 규범, 선호가 시장의 범위와 작동을 통제했다는 것이다. 그런데 자본주의로 이행하면서 사적 이익이 공적 이익보다 우선시되었고, 시민들 간의 유대관계는 일시적이고 변하기 쉬운 교환관계로 대체되었다는 것이다. 버먼은 자본주의 아래에서 사회는 한갓 시장의 부속물로 전락했다고 주장한다. 이러한 파괴는 20세기에 들어와 정치의 우선성과 공동체주의에 대한 믿음, 즉 경제적 힘이 아닌 정치적 힘이 역사의 동력이 될 수 있으며 또 그렇게 되어야 한다 는 확신, 그리고 사회의 '욕구'와 '행복'은 보호되고 배양되어야 한다는 확신 위에 세워진 이데올로기인 사회민주주의에 의해 복구되었다고 한다. 사회민주주의는 국가가 시장을 파괴하지 않으면서 그것을 통제할 수 있으며 또 그래야만 한다는 믿음을 바탕으로 '제3의 길'을 추구했다(Sheri Berman, 2010: 13~36).

샹탈 무페는 독일의 법학자인 칼 슈미트가 사용한 용어인 '정치적인 것(das Politischen)'을 자유주의가 폐기하려 시도한다고 지적한다. 슈미트는 적과 동지의 구분이라는 갈등과 적대야말로 인간 삶의 항구적 조건이라고 보았다. 정치는 말할 것도 없고 경제·윤리를 포함한 모든 영역에서 필연적으로 적대의 관계가 창출된다는 것이 슈미트의 핵심 주장이다. 국가는 조직된 정치적 통일체로서, 전체로서는 그 자신에 대해서 적과 동지를 구별한다는 '정치적' 사실과 관련된다고 한다. 모든 정치적인 개념들은 어떤 구체적인 국내외 정치적인 대립으로부터 나오며, 이런 대립이 없다면 그것은 기만적이며 무의미한 추상에 그친다. 구체적인 상황, 구체적인 대립관계를 취하며,

그런 점에서 모든 정치적 개념은 논쟁적인 개념이라는 것이다.

오래전에 슈미트는 "정치적인 것이라는 개념규정은 정치적인 것에 고유한 (spezifisch) 범주들을 밝히고 확정함으로써만 얻어질 수 있다. 즉 정치적인 것 에는 그것에 특유한 기준들 - 인간의 사고나 행동의 다양한, 상대적으로 자율적인(relativ selbständig) 영역, 특히 도덕적 · 미적 · 경제적인 것에 대해 독자적인 방법으로 작용하는 - 이 있다"라고 지적했다. 슈미트는 자유주의의 비정치적 성격과 탈정치적 성격을 강조하며 이런 시도는 실패하기 마련이라고 한다. "어떠한 논리 일관된 개인주의에도 정치적인 것에 대한 부정이 포함되어 있으며, 아마도 이것은 생각할 수 있는 모든 정치권력과 국가형태에 대한 불신의 정치적 실천으로 인도하지만 결코 독자적인 적극적 국가이론과 정치이론에로 나아가지는 못하기 때문이다. 따라서 국가, 교회 또는 그밖에 의한 개인적 자유의 제한에 대한 항쟁적인 대립물로서의 자유주의적 사상은 매우 체계적인 방식으로 국가와 정치를 회피하거나 무시한다. 국가와 정치에 대한 비판적 불신은 어디까지나 개인이야말로 출발점이며 도착점이라는 체계의 원리들로부터 용이하게 설명된다"(Carl Schmitt, 1995: 83~85). 이러한 슈미트의 주장에 기초해 샹탈 무페는 아래와 같이 지적한다.

"자유민주주의가 오늘날 직면하고 있는 많은 문제는 정치가 하나의 도구적 활동으로, 사적인 이익들을 이기적으로 추구하는 것으로 제한되었다는 사실에서 연유한다. 민주주의를 단순히 일련의 중립적 절차들로 제한하는 것, 시민들을 정치적인 소비자들로 변형하는 것, 자유주의가 국가의 '중립성'이라 는 관계를 고집하는 것, 이것들은 정치의 모든 실체성을 비워버린다. 정치는 경제로 환원되었고 모든 윤리적 구성요소들을 박탈당했다"(Chantal Mouffe, 2007: 177~178).

세계화 역시 경제를 탈국가화하거나 혹은 경제단위로서의 국민국가를 탈 중심화함으로써 국민국가의 응집력을 약화시킴으로써 정치의 쇠퇴에 기여한다. 오늘날 국민국가의 주권은 위아래 혹은 내외로부터의 압력에 의하여 그 속성이 적잖게 변화하고 있다. 핵무기의 등장으로 인한 전쟁 성격의 변화, 새로운 커뮤니케이션과 정보기술의 발달 등과 같은 요인으로 인해 국가의 권력과 통제는 위로, 아래로, 밖으로 이동하고 있다고도 지적된다. 예를 들어, 네트워크를 통한 행위는 거리를 제거하고 이동성을 증가시킨다. 울리히 벡(Ulrich Beck)은 이를 통해 경제권력과 국가권력의 모래상자놀이는 고양이와 생쥐의 쫓고 쫓기는 게임으로 변화한다고 지적한다. 경제는 국민국가적인 정치와 사회의 생명줄인 일자리와 세금을 창출하거나 폐지시킬 수 있고, 이에 따라 거대정치(Super-Politik)는 철저하게 경제적 행위의 몰가치적인 계산속에 이루어진다는 것이다. 벡은 기존 정치에 대한 불신이 '왜 안 되겠어(Warum-Nicht)'라는 태도로 나타나면서 우파의 금기 타파, 근대화에 대한 순응주의, 상실된 규범 권력, 새로운 단순함, 영토적 비이성과 같은 '숫염소들의 합창(Bocksgesängen)'이 의미심장하고 위협적이 된다고 말한다(Thomas Assheuer et al. eds., 2005: 64~76).

환경혁명과 환경정치학의 대두

앞에서 살펴본 대로 정치에 대해서는 다양한 견해가 존재한다. 이는 정치라는 사회현상이 매우 광범위하면서 복잡하고 가변적이라는 것을 가리킨다. 정치학은 이러한 정치현상을 연구의 대상으로 삼는 사회과학의 한 분과학문이다. 환경정치학은 정치학의 한 분야로 20세기 후반에 발전하기 시작한 학문 분야이다. 학문적으로 환경정치학이 대두된 것은 1970년을 전후로 환경문제에 대한 대중들의 관심이 급증하고, 서유럽과 미국 등에서 여러 환경 문제들이 정치적 의제로 부상하는 것과 관련이 있다. 이른바 환경혁명이 환경정치학이 부상하게 된 한 토대가 되었던 것이다.

1960년대부터 1970년대까지의 시기를 환경혁명의 시대라고 부르는 이유는 이 시기에 환경 보호와 지속 가능한 발전에 대한 사회적, 정치적 인식이 급격히 증가했기 때문이다. 이 시기에 일어난 여러 사건들과 변화들이 환경문제에 대한 대중의 관심을 촉발하고, 환경 보호를 위한 정책과 운동이 본격적으로 시작된 중요한 전환점이 되었다. 그 단초를 연 것은 1962년에 출간된 레이첼 카슨(Rachel Louise Carson)의 <침묵의 봄(Silent Spring)>이었다. 첫 책인 <바닷바람을 맞으며(Under the Sea-Wind)> 이후 네 번째 책인 <침묵의 봄>은 기적의 화학물질로 불리던 살충제의 무분별한 사용이 인간과 환경에 미치는 부정적인 영향을 폭로하여 거센 논쟁을 불러 일으켰다.

그녀는 메시지의 시급성을 알리고자 도덕적 위기감을 고취시키는 논조와 냉전적 수사를 의식적으로 동원했다. <침묵의 봄>에서 카슨이 언급한 첫 번째 화학물질이 방사능 요소인 스트론튬 90이라는 점은 이 책이 비밀 핵실험과 핵비축에 대항하기 위해 쓰여졌다는 것을 보여준다. 카슨에게 살충제 오용의 위기는 방사능 낙진의 위험에 비견되는 것이었다(Linda Rear, 2004: 670). 과학적 정밀함에 문학적 아름다움까지 갖춘 이 책은 듀퐁과 같은 화학회사, '전국농업화학제품연합(NACA)' 같은 이익단체, 이들과 유착한 전문가들의 공격에도 불구하고 화학 살충제의 해악에 대한 대중들의 관심을 이끌어냈고 생태계를 보호하고 지키려면 오만함이 아니라 겸손함이 필요하다는 사실을 널리 알리는데 크게 기여했다.

"'자연을 통제한다'는 말은 생물학과 철학의 네안데르탈 시대에 태어난 오만한 표현으로, 자연이 인간의 편의를 위해 존재한다는 의미로 이해된다. 응용곤충학자들의 사고와 실행 방식을 보면 마치 석기 시대로 거슬러 올라간 듯한 느낌을 준다. 그렇게 원시적인 수준의 과학이 현대적이고 끔찍한 무기로 무장하고 있다는 사실, 곤충을 향해 겨누었다고 생각하는 무기가 사실은 이 지구 전체를 향하고 있다는 사실이야말로 크나큰 불행이 아닐 수 없다."(Rachel Louise Carson, 2002: 334)

이어서 1970년대에 들어서며, 환경을 중심으로 한 다양한 시민운동과 단체가 등장했다. 1970년에 처음 시작된 지구의 날(Earth Day)은 전 세계적으로 환경 보호의 중요성을 알리는 중요한 이벤트가 되었다. 국제적인 협력과 인식도 증가했는데 1972년 6월에는 스웨덴 스톡홀름에서 유엔인간환경회의(United Nations Conference on the Human Environment, 이하 '스톡홀름 회의'로 표기)가 개최되었는데, 이는 환경을 주요 쟁점으로 삼은 최초의 주요 국제회의였다. 참가자들은 '인간 환경을 위한 스톡홀름 선언 및 행동 계획'과 여러 결의안을 포함하여 환경의 건전한 관리를 위한 일련의 원칙을 채택했다. 26개 원칙이 포함된 스톡홀름 선언은 환경 문제를 국제적 관심의 최전선에 두었고 경제성장, 공기, 물, 해양 오염과 우물 사이의 연관성에 대한 선진국과 개발도상국 간의 대화의 시작을 알렸다. 실행 계획에는 세 가지 주요 범주가 포함되어 있는데 a) 지구 환경 평가 프로그램(감시 계획); b) 환경 관리 활동; (c) 국내 및 국제 수준에서 수행되는 평가 및 관리 활동을 지원하기 위한 국제적 조치가 그것이다(https://www.un.org/en/conferences/environment/stockholm1972).

스톡홀름회의에서는 지구 환경문제를 다루기 위한 UN 전문기구 수립에도 합의했는데, 그 결과 창설된 것이 바로 유엔환경계획(UN Environment Programme: UNEP, 이하 UNEP으로 표기)이다. UNEP은 환경 분야의 국제협력을 도모하고 관련 정책을 추진하는 것을 주된 목표로 삼는 국제기구이다. 지구 환경동향을 감시하고, 환경정보를 수집, 보급하며, UN활동이 환경 관련 사안에서 협력하도록 지원하는 것도 UNEP의 또 다른 임무이다. UNEP은 1970년대 이후 환경에 대한 지구적 의제 형성에 중요 역할을 했다고 평가된다. 스톡홀름회의 이후 다수의 국제환경레짐(international environmental regimes)이 설립되었다. 이는 지구환경의 다양한 하부 영역인 기후, 오존층, 포경 및 어획, 해양, 산성비, 생물종 등에서 국제환경조약을 체결하고 그것의 준수를 통제하는 국제환경레짐들이 수립되었다는 것을 의미한다. 대표적인 것이 '습지보호에 관한 람사협약'(1971), '세계 문화자연유산 보호협약'(1972), '멸종위기에 처한 야생동물의 국제무역에 관한 조약'(1973), '이동성 야생식물에 관한 협약'(1979), '월경성 장거리 대기오염 물질에 관한 협약'(1979) 등이다.

또한 국제사회의 영역에서는 그린피스(Greenpeace)를 비롯한 국제환경NGO들이 창설되고 환경운동이 활성화되었다. 그린피스는 환경에 대한 태도와 행동을 바꾸고, 환경을 보호 및 보존하며, 평화를 증진하기 위해 활동하는 독립적인 글로벌 캠페인 조직이다. 에너지 혁명의 촉진, 해양 보호, 세계 열대 숲 보전, 군축과 평화를 위한 노력, 평화를 위한 캠페인 지속 가능한 농업 등은 그린피스가 관심을 갖고 추진하는 핵심 활동이다. 이 시기에는 또한 많은 국가들이 환경 보호를 위한 정책과 법규를 도입하기 시작했다. 미국에서는 1970년 환경보호청(EPA)이 설립되었고, 청정공기법(Clean Air Act), 청정수법(Clean Water Act) 등 여러 중요한 환경 보호 법안이 통과되었다.

이러한 환경혁명을 지나 1980년대와 1990년대에 들어와서는 지구온난화, 지속 가능한 발전, 환경 정의 등과 같은 주제들이 지구적인 차원에서 관심사가 되며 학문 분야로서의 환경정치학이 더욱 발전했다. 그렇다면 환경정치학(environmental politics)이란 무엇일까? 환경정치학은 환경 문제와 관련된 정치적 과정, 정책, 이념 및 운동을 연구하는 학문 분야이다. 이 분야는 환경 보호와 관련된 정책 결정, 정치적 행동, 이념적 논쟁, 그리고 국내 및 국제적 차원에서의 환경 정책과 거버넌스를 포함한다. 환경정치학은 환경 제를 해결하기 위한 정치적 기구와 프로세스를 이해하고, 환경 보호를 위한 정책과 전략을 평가하는 데 중점을 둔다. 여기서 중요한 것은 환경정치학이 환경문제와 관련된 정치적 과정, 정책, 이념, 운동을 연구의 대상으로 삼는다는 것이다.

익히 사람들이 알고 있는 대로 환경은 인간을 둘러싸고 직접적 혹은 간접적으로 영향을 주는 자연적 조건이나 사회적 상황을 의미한다. 환경과 혼용되는 용어가 생태이다. 환경이 다분히 인간 중심의 낱말인데 비해, 생태는 어떤 지역의 생물 공동체와 이것을 유지하고 있는 무기적 환경이 종합된 것을 일컫는데서 인간을 포함한 모든 생물체와 무기적 환경을 포괄하는 용어이다. 생태계 중에서 생물체는 기능적으로 생산자

(녹색 식물)·소비자(동물)·분해자(세균 또는 미생물)로 구분되며, 생물 공동체와 무기적 환경과의 사이에는 물질 순환과 에너지 흐름이 이뤄진다. 그런데 대부분의 사람들은 생태보다 환경을 기준으로 삼는 경향이 있다. 엄격히 말하자면, 자연이 겪고 있는 문제는 눈에 보이는 환경보다 더 깊은 곳에서 시작된 것들이다. 그런 점에서 우리는 생물들이 서로 얽히고 물려 있는 관계에 주목하고, 지구가 오랜 역사를 거치면서 만들어낸 근본적인 작동원리들을 이해하는 것이 중요하다.

호주의 정치학자인 티모시 도일(Timothy Doyle)과 더그 맥케이컨(Doug McEachern)은 그들의 저서 <환경정치학(Environmental Politics)>에서 환경이라는 용어는 상황에 따라 다르게 정의될 뿐 아니라 지역에 따라 전혀 다른 사안들이 쟁점으로 인식되고 이를 바탕으로 전혀 다른 양상의 정치적 역동성이 전개된다는 점을 강조한다. 예를 들어 환경정치는 많은 사회에서 기득권에 도전하기 위해 이용된다는 것이다. 북미, 호주, 스칸디나비아 일부에서는 과도한 개발로부터 자연을 보호하려는 노력이 환경정치의 의제를 주도하는 한편 동유럽에서 환경정치는 과거 사회주의 국가가 추구한 생태파괴적인 산업화 정책에 대한 거부로 형성되었다고 한다. 한편, 일부 아시아와 아프리카 국가들은 환경문제에 대한 논의를 전 지구적 차원의 기득권, 즉 소수의 부유한 선진 강대국들이 지구의 유한한 자원을 불공평하게 많이 점유하고 소비하는 현상에 도전하는 데 이용한다. 여기서 환경정치는 적절한 주거, 식량, 고용, 노동환경, 보건 등 인간의 생존문제에 초점을 맞춘다.

환경학과 정치학은 양쪽 모두 매우 다른 접근법을 채택할 수 있다는 사실도 중요하다. 예를 들어 환경학은 자연과학의 하위 분야로 간주되고 환경문제를 이해하고 여러 해결책을 평가하는 역할을 수행할 수 있다. 이 경우 환경학은 생명체가 변화와 안정의 양식 속에서 어떻게 상호 작용하는 가를 탐구하는 학문인 생태학의 연장선상에 있는 것으로 여타 과학적 연구와 동일한 방법론적 가정을 가지고 접근한다. 예를 들어, 특정 지역의 생태에 대한 연구는 단지 하나의 접근방법에 불과하다. 그러나 이도 생태계 내에서의 인간의 역할에 대해 인식하지 않을 수 없다. 일례로 인간의 행위가 생태적 균형에 불안정을 초래하거나 인위적으로 새롭게 만들어진 안정 혹은 불안정을 강요할 수 있다(Timothy Doyle et.al., 2002: 25~31). 티모시 도일과 더그 맥케이컨은 환경학을 단지 생태학적 언어로 정의하는 것은 문제가 있다고 하면서 환경학을 학제 간 활동으로 고찰해야 한다고 주장한다.

"인간과 인간사회의 행위를 어떻게 해석할 것인가를 살펴봄으로써 환경문제의 속성을 한층 잘 이해 가능하다. 이러한 점에서 환경학의 개념을 더 확충해서, 즉 환경학을 자연과학과 사회과학의 전 분야를 망라하여 지식과 전문기술을 통합하는 학제간의 활동으로 이해할 수도 있다. 특히 환경학이 사회적으로 조직화된 인간이 환경에 미치는 영향을 이해하고 평가하려면 최소한 여기에 사회과학이 접목되어야 한다. 예를 들어 인간의 환경에 대한 영향은 특정 문화권의 자연에 대한 태도, 사회경제제도, 정치과정의 유형 등 여러 요인에 따라 결정된다(Timothy Doyle et.al., 2002: 26~27)."

미국 웰즐리 칼리지의 환경학 교수인 엘리자베스 제솜버(Elizabeth R. DeSombre)는 지구가 공유하는 자연자원인 글로벌 커먼즈(global commons), 특히 해양에 대한 연구로 널리 알려진 학자이다. 환경정치학에 대한 입문서인 <환경정치란 무엇인가?(What Is Environmental Politics?)>에서 그는 환경문제를 해결하는 것은 주로 과학이나 정보의 문제가 아니라고 지적한다. 환경문제를 발견한 후에는 환경문제가 발생하는 기본 과정을 이해해야 되는데 그것은 바로 환경문제에 대응하는 데는 정치적 결정이 필요하다는 것이다. 이는 다양한 사회적 가치 사이에서 자원을 할당하고 우선순위를 정하는 방법에 대한 정부나 기타 행위자의 선택을 가리킨다. 이러한 정치적 과정은 많은 사회적 쟁점과 얽혀 있는 까닭에 환경문제를 다룰 때는 특별한 도전에 직면한다. 제솜버에 의하면 환경정치는 사회가 어떻게 환경 상태에 영향을 미치는 자원사용, 오염 또는 경제활동에 대한 결정을 내리는 가에 대한 연구이다. 이러한 과정은 항상 그런 것은 아니지만 자주 정부 기관 내에서 이루어지며, 다양한 경제 및 사회 분야의 사람들을 포함하거나 이들에게 영향을 미친다. 따라서 환경 문제를 예방하거나 해결하려면 이러한 문제의 특성을 정확하게 진단하고 문제를 일으키는 활동에 대한 규칙을 만드는 정치적 과정을 이해해야 한다(Elizabeth R. DeSombre, 2020: 1~2).

녹색정치

환경정치와 더불어 녹색정치(Green Politics)란 용어도 사용된다. 녹색정치는 넓은 의미로는 환경적 이념을 실현하기 위한 제반 정치행위와 과정을 가리키나 좁은 의미로는 좀 더 근본적인 생태주의 이념을 사회운용의 기본원리로 실현하기 위한 정치행위를 가리킨다. 협의의 녹색정치는 환경개량주의적 접근에 서있는 일련의 노력들을 기존의 산업주의와 자본주의 틀 내에서 부분적인 개선을 전제로 한다며 비판한다.

이와 관련하여 앤드류 돕슨(Andrew Dobson)은 녹색정치로 통상 받아들여지는 것들이 전혀 '녹색(green)'적인 것이 아니라 단지 환경친화적인 것에 지나지 않으며, 심지어는 환경친화적이라고 주장하나 근본적으로 반녹색적인 입장들도 존재한다고 한다. 조나단 포리트(Jonathon Porritt) 등의 주장을 빌려 돕슨은 가장 급진적인 녹색의 목표는 다름 아닌 바로 우리의 모든 오염과 약탈 그리고 물질산업사회를 타도하는 비폭력 혁명의 추구이며, 그 대신에 인류가 지구에서 조화롭게 살 수 있도록 새로운 경제적·사회적 질서를 창조하는 것이라고 한다(Andrew Dobson, 1993: 15, 19).

돕슨은 녹색정치를 자연보전주의(conservationism)나 환경주의(environmentalism)와 혼동해서는 안 된다고 경고한다. 여기서 환경주의는 환경악화의 심각성을 인식하고 치유 전략으로 성장의 한계를 인정하나 산업주의는 제거하려 하지 않는다. 인간 이외의 존재가 지닌 본질적 가치를 인정치 않고 기술에 의해 환경문제가 해결될 수 있다고 믿는다. 무엇보다 자연보전주의와 환경주의는 기술중심주의에 입각한 풍요로운 사회건설이라는 희망에 대해 근본적인 문제제기를 하지 않는다. 녹색정치는 초기 계몽운동에 뿌리를 두고 있는 현 시대의 규범과 실천에 대한 도전이자 현대의 정치적·경제적 관행이 지속 불가능하다는 냉철한 판단에 기초한 것으로 환경주의와는 구분되는 생태주의에 기반을 둔 것이다. 여기서 생태주의란 환경보호는 그것과 관련된 사회적·정치적 생활양식에 있어서도 근본적인 변화를 전제한다고 주장한다. 이에 비해 환경주의는 환경문제에 대해 관리적 입장에서 접근하여 현재의 생산 및 소비의 가치 또는 양식을 근본적으로 변화시키지 않고도 환경문제는 해결될 수 있다고 주장한다(Andrew Dobson, 1993: 17, 22, 26).

녹색정치는 환경혁명이라 불리는 시기 환경문제에 대한 시민들의 자각을 자양분으로 해서 태동했다. 앞 절에서 살펴본 대로 1960년대부터 1970년대까지의 시기에 환경 보호와 지속 가능한 발전에 대한 사회적, 정치적 인식이 급격히 증가했다. 이 시기에 일어난 여러 사건들과 변화들이 환경문제에 대한 대중의 관심을 촉발하고, 환경 보호를 위한 정책과 운동이 본격적으로 시작된 중요한 전환점이 되다. 무엇보다 중요한 것은 이 시기에 환경과 생태, 풀뿌리 민주주의, 사회정의라는 가치를 우선시하는 시민들이 증가했고, 이들 중에서는 기존의 사회운동이 지닌 한계에 주목하고 정책결정 권한을 갖는 정당을 결성하고 선거경쟁에 참여함으로써 그들의 목표를 달성할 수 있다는 목소리가 나오기 시작했다는 점이다.

1970년대와 1980년대에는 대화와 타협으로 특징되는 의회정치를 강조하는 현실주의자들(Fundi)은 환경운동의 근원적 가치를 중시하는 근본주의자들(Realo)과의 논쟁을 거치면서 각국에서 녹색당이 결성되었다. 1972년 창립된 호주의 '통합 태즈매니아 그룹(United Tasmanian Group)'과 뉴질랜드의 '가치당(Values Party)'은 기존의 의회제도에 도전한, 녹색 강령을 갖춘 최초의 정당들로 평가된다. 1980년대 들어와서는 서유럽에서도 서독의 녹색당(Die Grünen), 이탈리아의 녹색당(i Verdi), 프랑스 녹색당(les Verts), 스웨덴 녹색당(Miljöpartiet de gröna) 등이 창설되어 활동을 시작했나(Carolyn Merchant, 2001: 227~229). 그 중에서 가장 성공적인 사례는 서독의 녹색당이다. 지역 사회 문제를 해결하기 위해 직접행동을 하던 사람들이 모여 결성한 독일 녹색당은 이후 반핵, 생태, 여성, 평화, 거주권, 성평등, 제3세계 연대, 청소년운동 등의 기층 운동으로 그 폭을 넓혀가면서 정치적 지지세력을 규합해 나갔고 이는 1983년 연방의회(Bundestag) 선거에서 봉쇄조항의 벽을 넘어 5.6%의 득표로 의원 27명을 확보하는 성과를 거두었다.

새로운 정치기획으로 녹색정치는 전통적인 의미의 정치를 벗어난다. 즉 기존의 중앙집권적이고 일국중심적이며 정당중심적인 경향을 벗어나 풀뿌리적이며 다수준적이고(지역/국가/세계) 다경로적인(정당/NGO/지자체) 경향을 강하게 띠고 있다. 풀뿌리적이라는 것은 지역에서 평범한 시민들의 자발적인 참여를 통해 권력의 획득보다는 자신이 살고 있는 지역과 실생활을 변화시키려는 참여 민주주의의 한 형태와 밀접한 관련을 갖는다. 원론적인 수준에서 녹색정치는 1) 기존의 선거중심 정치를 거부하고, 운동 중심적으로 접근하거나, 2) 기존 정당을 녹색화하거나, 3) 녹색당을 만들어 정당정치에 적극적으로 참여하는 세 가지 전략을 택하는 것으로 구분된다.[25]

들어라 생태맹들아! 환경의 정치화와 그 적들[26]

우리 주변을 둘러보면 '생태맹(ecological illiteracy)'이라 불릴만한 사람들이 의외로 많은 것을 알 수 있다. 생태맹이란 어떤 사람을 가리킬까? 생태맹이란 생태계의 작동 원리와 자연환경에 대한 이해가 부족하고 자연과 교감할 수 있는 능력 또는 자연

---

25 환경정치를 사회운동 속에서의 환경정치, 녹색운동과 NGO, 정당과 환경정치로 나누어 분석하는 것은 대표적으로 Timochy Doyle et.al.(2002) 3,4,5장 참조.

26 이 절의 제목은 C. 라이트 밀즈(C. Wright Mills)의 <들어라, 양키들아!(Listen, Yankee)>와 칼 포퍼(Karl Popper)의 저서 <열린 사회와 그 적들(The Open Society and Its Enemies)>에서 아이디어를 얻었다.

과 어울릴 수 있는 감수성이 결핍된 사람을 말한다. 자연환경과 생태계에 대한 몰이해는 제대로 된 환경·생태교육의 부재로 인해, 그리고 교감 능력과 감수성의 결핍은반 생태적인 환경에서 거주하게 된데서 그 원인을 찾을 수 있다. 생태맹은 평범한 시민들뿐만 아니라 사회적으로 높은 지위와 부, 권력을 가진 사람들에게도 적잖게 발견된다. 이런 사람들은 생태계의 복잡성, 상호 연결성 및 생물 다양성의 중요성을 이해하지 못하고, 이로 인해 지속 가능하지 않은 방식으로 자원을 함부로 사용하고 환경에 해를 끼치는 행동을 할 가능성이 높다. 그런 까닭에 생태맹은 환경 문제를 더욱 악화시키고, 지속 가능한 발전을 저해할 수 있으며, 생태계의 건강과 인간의 복지에 부정적인 영향을 미칠 수 있다.

생태맹에 대해서는 김시열이 일찍이 언급한 바 있다. 그는 생물이 자연계에서 살아가는 모습을 외면하고 뭇생명과 서로 어울림의 관계를 끊은 채 지내는 사람을 생태맹이라 부른다고 지적한다. 마치 쓰레기더미 속에 금을 그어놓고 자기가 자리 잡은 쪽만 치우면 모든 것이 깨끗하고 아무 일 없다는 착각에 빠져 있는 이들이라는 것이다. 자연계의 모든 것은 인간이 부르면 달려오고(와야 하고), 모자라면 언제든 갖다 쓸 수 있는 화수분쯤으로 여기는 어른들도 숱하다고 한다. 그는 지구별을 지키고 인류의 앞날을 이어가자면 생애 최초 교육기관인 유치원부터 자연계에서 모든 생물이 함께 살아가는 생태교육이 이루어져야 한다면서 다른 종과 자연에 대한 존중과 배려는 생태교육을 하는 그 첫머리라고 주장한다(<한겨레> 2007년 7월 25일).

우석훈이 쓴 <생태 페다고지: 탈토건 시대를 여는 생태교육>에는 생태맹 관련한 내용이 실려있다. 이 책이 발간된 2009년은 이명박 정부가 출범한 다음해라서 각종 토건사업이 쏟아져 나올 때였다. '4대강 살리기'가 강행되고 그린벨트를 풀고 도심의 재개발 재건축을 활성화시킨다는 정책이 연달아 발표되던 시기였다. 이 책에서 저자는 한국이 생태적 전환이라는 세계적 흐름에서 떨어져 형편없는 지경이 되었다고 비판하면서 유럽에서도 보수주의 우파 정권이라고 해서 한국처럼 황당한 '녹색 색맹' 혹은 '생태맹' 상태는 아니라고 지적한다(우석훈, 2009: 26, 31).

이 책은 학생들이 점점 더 많은 생태지식을 얻을 것이고 자신의 미래를 떠올릴 때 생태적인 고민을 조금은 더 많이 하게 될 것이라고 예상한다. 반면 기성세대, 특히 오십대 이상의 경우에는 특별히 개인적인 경험이 없다면, 이른바 반생태적 사유를 드러내기 십상이라고 주장한다. 이 사람들은 박정희식 콘크리트주의와 한강의 기적, 화학농법으로 키우던 벼를 그리워하면서, 아마 여생의 마지막까지 석유문명의 혜택을 누리면서 살 수 있을 것이기 때문이라는 것이다(우석훈, 2009: 26, 31). 물론, 저자는 경쟁과 배제로 특징되는 한국의 기형적인 교육시스템 하에서 성장한 학생들이 생태적 감수성, 생태적 지혜, 생태적 용기를 갖춘 인간이 될 가능성은 그리 높지 않다고 지적한다.

"건설사를 축으로 하는 토건국가가 대한민국 경제의 상부구조라면, 그 밑에서 경쟁과 '내 사식만!'을 외치는 '엄마 동맹'은 이러한 경세의 진정한 하부구조라고 할 수 있다...한국의 대치동 모델이 끔찍한 것은, 이 콘크리트 블록 속 암기형 공장에서 만들어지는 학생들이 자연스럽게 콘크리트의 감성을 가지고, 지독할 정도로 경쟁을 내면화한 반생태적 삶을 살게 될 것이 뻔하기 때문이다. 그리고 그런 상황이 다시 경제의 반생태적 전환을 거꾸로 자극하게 될 것이라는 점이다."(우석훈, 2009: 26, 31)

"당분간 한국 경제는 반생태주의의 흐름이 더 강해질 것이고, 전국의 모든 강에는 콘크리트 제방을, 그리고 모든 산에는 케이블카로 장식하겠다는 계획이 쏟아져 나오는 시기를 보내게 될 것이다. 또한 생태운동가들을 언제나 음산하다며 의심의 눈초리로 바라보는 바로 그 '국가'가 교육이라는 공적 장치를 통해, 잿빛을 가리키며 '이것이 녹색이다'라고 사상교육을 시키는 시기를 보내게 될 것이다."(우석훈, 2009: 26, 31)

이러한 경제와 교육모델은 개인적으로나 집단적으로나 지속가능하지 않으며 따라서 바람직하지 않다. 그럼에도 이런 모델은 한국 사회에 깊게 자리 잡고 사람들에게 막강한 영향력을 미치고 있다. 그렇다면 어떻게 해야 할까? 어떻게 하면 토건형 감성과 지성을 갖춘 반생태적 인간들을 배출하는 것을 억제할 수 있을까? 이 책의 제5부에서 자세히 살펴보겠지만 생태맹을 극복하기 위해서는 무엇보다도 교육을 통해 생태계에 대한 이해를 높이고, 지속 가능한 생활 방식을 채택하며, 환경 보호와 자원의 지속 가능한 사용에 대한 인식을 강화하는 것이 중요하다. 이는 개인의 생활 습관 변화에서부터 정책 수준의 결정에 이르기까지 다양한 차원에서 이루어져야 함은 물론이다. 이를 자극하고 지속가능하게 하는 것이 바로 환경의 정치화(politicization of environment)이다.

환경의 정치화에 대한 저항

환경의 정치화란 환경 문제가 정치적인 이슈로 대두되거나 정치적인 이해관계에 영향을 받는 현상을 가리킨다. 이는 환경 문제가 정치적인 논쟁의 대상이 되거나, 정치적 이해관계에 따라 다양한 정책과 결정이 이루어지는 것으로 나타난다. 이는 환경보호, 지속 가능한 개발, 기후변화 대응 등과 관련된 문제들이 정치적 의제로 부상하고, 정부, 정치인, 정당, 시민 사회, 기업 등 다양한 이해관계자들 사이에서 논쟁과 협상의 대상이 되는 과정을 포함한다. 환경의 정치화는 환경 문제가 사회적, 경제적, 정치적 영향을 미치는 복합적인 문제임을 반영한다.

일반적으로 환경의 정치화는 환경보호에 긍정적인 면으로 작용을 한다고 평가된다. 정치적인 토론과 결정을 통해 환경 문제에 대한 인식이 높아지고, 보다 효과적인 정책과 규제가 마련될 수 있다. 그러나 반대로, 이해관계와 이익을 고려한 정치적인 결정으로 인해 환경 문제의 심각성이 왜곡되거나, 적절한 대응이 제한될 수도 있다. 환경의 정치화는 환경 문제를 다루는 데 있어서 매우 중요하다. 이를 위해서는 과학적 근거에 기반한 정책, 다양한 이해관계자의 참여와 협력, 공정하고 투명한 정책 결정, 환경 문제에 대한 국제적 협력 등이 필요하다.

환경의 정치화는 다음과 같은 여러 방식으로 나타날 수 있다. 첫째, 환경 문제에 대한 정책 결정 과정에서 다양한 이해관계자들의 의견이 충돌하며, 이는 정치적 논쟁과 협상을 통해 해결되려는 과정을 포함한다. 예를 들어, 온실가스 배출 감축 목표 설정, 재생 가능 에너지 사용 확대 등의 정책 결정 과정에서 나타난다. 둘째, 환경 보호와 관련된 이슈들이 선거 캠페인의 중요한 주제가 되며, 정치인과 정당들이 환경 정책을 주요 공약으로 내세우는 경우가 있다. 이는 유권자들의 환경에 대한 관심과 요구를 반영한다. 셋째, 기후변화와 같은 글로벌 환경 문제는 국제적인 정치적 협력을 필요로 한다. 파리 기후협약과 같은 국제 협약은 국가 간 협상의 결과이며, 각국의 정치적 의지와 협력을 반영한다. 넷째, 환경 보호를 위한 시민사회의 활동과 환경 운동가들의 캠페인도 환경의 정치화에 중요한 역할을 수행한다. 이들은 공공의 관심을 환경 문제로 집중시키고, 정책 변화를 요구함으로써 정치적 과정에 영향을 미친다.

환경의 정치화를 저해하는 요인은 환경 문제에 대한 정치적 관심과 행동을 방해하거나 제한하는 여러 요소를 포함한다. 이러한 요인들은 환경 문제를 해결하기 위한 정책 결정과 실행을 어렵게 만들 수 있다. 주요 저해 요인을 살펴보면 다음과 같은 것들이 있다. 먼저, 모든 것을 경제적 척도로 판단하고 항상 경제적 이익을 우선시하는 경제지상주의이다. 경제 발전과 산업 이익을 최우선으로 여기는 정부와 기업은 환경 보호조치를 취하는 데 소극적일 가능성이 높다. 이는 단기적인 경제 성장을 장기적인 환경 보호보다 중요시하는 태도에서 비롯된다. 이러한 경제지상주의는 개인들에게도 삶의 기준과 방향으로 작동하고 이로 말미암아 적지 않은 사람들이 이를 내재화하고 생활한다.

한편, 경제중심주의는 자유방임을 옹호하는 시장근본주의와 밀접한 관련이 있다. 시장근본주의는 시장이야말로 자유롭고 자생적인 질서가 존재하는 데서 인간이 갖는 불완전성을 교정할 수 있는 최선의 메카니즘이라고 본다. 이를 내세우는 대표적 사례가 오스트리아학파와 시카고학파에 속한 경제학자들이다. 이들은 방법론적 차이에도 불구하고 극단적 개인주의, 교환의 보편적 혜택, 자유방임에 대한 교조적인 옹호 등을 강조하는 점에서 동일하다. 보수적 공리주의 전통에 토대를 두고 있는 이들은 자유시장 자본주의 체제가 본질적으로 불안정하고, 과점과 독점이 발생하며, 개인들이 효율적으로 생산하지 못하는 공공재가 존재하고, 이로 인해 외부적 경제와 외부적 불경제가 어디에나 속속들이 스며들어 있다는 사실에 크게 괘념치 않는다(E.K. Hunt, 2015: 955~956, 958).

이러한 입장은 정부의 기능이 제한되어야 한다는 주장과 연결되어 있다. 이와 관련하여 경제학자인 밀턴 프리드먼(Milton Friedman)은 <자본주의와 자유(Capitalism and Freedom)>에서 자발적인 교환이 이뤄지는 시장이 순응을 요구하지 않으면서도 사람들이 실제로 원하는 바를 제공하는데 반해서 명시적인 정치적 과정들을 거친 행위는 대개 실질적인 순응을 요구하거나 강요하는 특징을 띤다고 말한다. 좋은 사회를 이룩하기 위해서는 사회구성원 상호 간의 관계를 규율하는 규칙을 해석하고 적용하는 심판인 정부가 기본적 역할을 수행해야 하지만 그러한 정부도 그 기능이 명백히 제한되어야 하고, 미국의 연방정부와 주정부 그리고 그에 상응하는 서방 제국의 정부들이 오늘날 수행하고 있는 활동 또한 억제되어야 한다는 것이다(Milton Friedman, 2007: 58~59, 75). 프리드먼은 <선택할 자유(Free to Choose)>에서는 환경문제와 관련해서 누가 해를 입고 누가 혜택을 보고 있는 가를 정부가 식별하는 일이 그것을 시장에 맡기는 것보다 더 어렵다고 지적한다. 그는 시장의 실패를 교정하기 위해 정부를 이용하는 일들은 흔히 시장의 실패를 정부의 실패로 바꿔 놓을 뿐이라고 한다.

"불완전한 시장이 불완전한 정부보다 낫거나 아니면 그만한 역할을 할 수 있을 것이다. 공해문제에서도 시장을 통해 문제해결을 해보려는 견해가 놀랄 만큼 많은 해결책을 가져다 줄 것이다. (예를 들어) 특정한 규제와 감독에 의한 공해통제방법보다 더 좋은 방법은 공해유발세를 부과함으로써 시장원리를 도입하는 것이다"(Milton Friedman, 2019: 275~280).

이와 같은 프리드먼의 주장은 최근의 온실가스 감축을 위한 정책에서는 탄소세를 부과하자는 주장으로 이어지고 있다. 탄소세는 온실가스 감축이 주된 목적이지만 동시에 사회 안정, 공정, 그리고 환경의 질들을 적절히 매개하는 역할도 할 수 있는 점에서 의미가 있다고 평가된다. 대체로 운송 및 발전소 운영에 사용되는 화석연료에 부과된 세금인 탄소세는 대부분 지역에서 효과를 거두기는 했지만 비용을 감당하기 어려운 취약계층에게는 큰 부담을 준다는 문제가 있다. 세금으로 연료비가 수천 달러 오른다고 해서 전용 제트기를 소유한 사람의 생활수준이 크게 달라지지는 않을 것이다. 이에 비해 최저임금을 받으면서 연비가 낮은 중고차로 직장에 출퇴근하는 사람에게는 세금 때문에 추가된 수백 달러가 치명적일 수 있다. 탄소세에 내재한 이런 불평등은 정치적인 저항을 낳을 수 있다.[27] 2018년 겨울 프랑스의 에마뉘엘 마크롱(Emmanuel Macron) 대통령은 기업이나 부유층에게 감세혜택을 주면서 동시에 탄소세를 부과하는 정책을 시행했는데, 이로 말미암아 전국에서 반대 시위가 벌어졌다(Julia Adeney Thomas et al., 2024: 262~263).

한편, 환경문제를 해결하는데 있어 자율적으로 조정되는 시장 메커니즘의 역할을 강조하는 것은 시장을 '신비화'하는 주장이기도 하다. 그러나 이런 주장은 프레드 맥도프(Fred Magdoff)와 존 벨라미 포스터(John Bellamy Foster)가 지적했듯이 자본주의 사회에서 시장이 자본축적이라는 협소한 이해에 봉사하고 부자들의 권력을 강화한다는 사실을 은폐하고 있다. 시장이 자유로워야 한다는 주장은 정부가 개입해서

---

27 모든 탄소세가 취약계층에게 더 무거운 부담을 주는 것은 아니다. 대표적으로, 캐나다 브리티시컬럼비아주는 2008년 가정 및 산업 부문의 화석연료 소비자를 대상으로 조세중립적 탄소세를 제정했다. 이 제도는 탄소세로 확보한 세수 전부를 저소득층 기후 관련 활동에 대한 세금 감면, 소득세와 법인세 인하, 중소기업 법인세 인하 등 개인 및 기업에 대한 감세 재원으로 사용함으로써 혜택을 주민들에게 돌려주었다. 이 제도가 가능했던 것은 풍부한 수력발전소, 기후변화에 대한 주민의 공감, 산업계에 대한 사전 설득, 당시 주지사의 공약 추진의지 등 다양한 요소 때문이라고 지적된다. 오형나 외(2012), pp.25~26. 2015년에 실시한 연구에 따르면, 이 제도는 주 경제에 악영향을 끼치지 않으면서도 탄소 배출을 15퍼센트 정도까지 감축시키는 효과를 거두었다. 오히려 2007년과 2014년 사이 브리티시컬럼비아주의 실질 GDP는 캐나다 평균보다 12.4퍼센트 이상 증가했으며 청정에너지 관련 일자리도 유사한 수준으로 대폭 증가했다. Julia Adeney Thomas et al.(2024), p.263.

는 안 된다는 뜻이지만 현실 세계에서 시장은 여러 가지 방식으로 거대 기업의 지배를 받는다. 오늘날 우리가 점점 더 겪게 되는 현실은 자기 규제이기는커녕, 갈수록 사적 이익집단들이 국가를 규제하는 사회이다. 이와 관련하여 맥도프와 포스터는 다음과 같이 주장한다.

"시장에 관한 대부분의 논의들은 기업의 힘뿐만 아니라 계급권력, 그리고 다른 형태의 사회적, 경제적 불평등도 무시한다. 시장경제는 신비화를 통해 이 거대한 불평등 관계를 위장하고, 이것이 소유에 의해 발생한 폭력이 아니라 자연적으로 발생하는 폭력이라는 우연적 결과처럼 만든다. 시장 체제에서는, 자원이나 상품에 대한 '최고, 최상의 이용'은 인구 전체에게 이로운 것이 아니라 가장 큰 구매력을 가진 사람들에게 이롭다"(John Bellamy Foster et al., 2012: 138~139).

환경의 정치화를 저해하는 또 다른 요인으로는 환경문제에 대한 대중의 무관심과 정보부족을 거론할 수 있다. 환경 문제에 대한 일반 대중의 무관심은 환경의 정치화를 저해하는 요인 중 하나이다. 대중의 관심이 높을수록 정치인과 정책 결정자는 환경 문제에 더 많은 주의를 기울일 가능성이 높지만, 관심이 부족하면 환경 문제 해결을 위한 정치적 동기가 약해질 수 있다. 정보 부족과 오해도 또 다른 요인이다. 환경 문제에 대한 정확하고 심층적인 정보 부족이나 왜곡은 정치적 관심과 행동을 저해하거나 오도할 수 있다. 과학적 연구 결과와 환경 데이터에 대한 접근성 부족이나 이를 오해하고 왜곡하는 경우, 정책 결정자와 대중의 인식에 부정적 영향을 줄 수 있다.[28] 다음으로 정치적 분열과 대립을 거론할 수 있다. 환경 문제에 대한 정치적 분열과 대립은 협력과 공동의 해결책 도출을 어렵게 만든다. 특정 환경 이슈가 정치적으로 극단적인 입장을 취하는 집단 사이에서 분열의 원인이 되면, 효과적인 정책 실행이 저해될 수 있다. 그리고 단기적인 정치적 사이클도 정치문제화를 어렵게 할 수 있다. 선거 주기와 같은 단기적인 정치적 사이클은 정치인들이 장기적인 환경 정책보다는 단기적인 성

---

28 이에 영향을 미치는 요인 중의 하나는 소수의 기후변화 부정론과 과학적 동의를 대표하는 주장을 똑같이 보도하는 언론의 태도이다. 데이비드 로버트 그라임스(David Robert Grimes)는 균형이 각 주장이 내세우는 증거의 굳건함에 비례해야 하는데도 적지 않은 언론들은 매우 이질적인 증거에 근거한 주장을 똑같이 중요하게 다루는 기계적 중립을 유지하고 있다고 비판한다. 인간의 활동이 기후변화를 유도한다는 주장이 넘쳐나는데도 여러 언론은 "공명정대한 편집 지침을 과도하게 적용"해서 기후변화 부정론에 너무 많은 방송시간이나 지면을 허용한다는 것이다. 그라임스는 이런 태도가 훌륭한 주장을 희생시켜 끔찍한 주장의 가치를 높이는 어리석음에 불과하며, 그 때문에 사람들이 비뚤어진 주장에 조종당할 위험에 노출된다고 지적한다. David Robert Grimes(2024), pp.350~351.

과를 추구하도록 유도할 수 있다. 이는 지속 가능한 환경 관리 전략의 개발과 실행을 방해한다. 국제적 수준에서는 무엇보다 국제 협력의 부재가 지적된다. 글로벌 환경 문제의 해결을 위한 국제적 협력의 부재는 효과적인 대응을 저해하는 중요한 요인이다. 국가 간의 이해관계 충돌이나 협력 의지 부족은 국제적인 환경 협약의 이행을 어렵게 만들 수 있다. 이러한 요인들은 상호작용하며 환경 문제에 대한 정치적 대응과 정책 변화를 어렵게 만들 수 있다. 따라서, 환경의 정치화를 촉진하기 위해서는 이러한 저해 요인들을 인식하고 극복하는 노력이 필요하다.

환경에 대한 우려가 미국이나 유럽에서 처음 제기되기 시작한 때부터 성장과 개발의 가치에 몰두한 사람들은 환경문제의 심각성이나 환경과 정치의 연관성을 무시했다. 미국에서는 허만 칸(Herman Khan)과 같은 인물들이 로마클럽의 조사결과나 주장을 열심히 논박하면서 그 대안으로 낙관적인 미래학을 주창했다. 혹자들은 환경문제의 심각성이나 이를 해결하고자 노력하는 사람들을 조롱했는데, 대표적인 인물이 영향력 있는 영국의 과학 잡지 네이처(Nature)의 편집인이었던 존 매독스(John Maddox)이다. 저서인 <말세 증후군(The Doomsday Syndrome)에서 매독스는 과학에 대한 신념으로 무장한 채 인구증가, 과도한 경제성장의 부정적 효과, 농업에 대한 신기술 및 과학의 적용 등 다양한 문제제기를 비과학적이라고 매도한다(Timothy Doyle et.al., 2002: 50).

1970-80년대를 거쳐 환경의식이 고조되고 환경문제를 정책의제화 하려는 움직임이 치열해지면서 특정 부류의 경제학자들은 이러한 노력에 대해 끊임없이 회의론을 생산해 냈다. 이들은 모두 성장을 경제, 환경, 사회문제 해결의 답이라고 주장하였고, 혹자는 자유시장이나 시장과 유사한 해결책을 환경문제의 해답으로 제시하였다. 이들 주장의 공통점으로는 환경파괴 우려에는 어느 정도 공감하지만 시급한 행동의 필요성을 부정하고 극단주의를 배격하는 것이다. 이들의 진부한 주장은 다음과 같은 것들이 있다: 인간의 창의성과 생명공학은 미래인구의 크기에 관계없이 필요한 식량을 공급할 수 있으므로 인구문제를 걱정할 필요는 없다; 살충제의 위험성은 화학물질에 대한 공포에 의해 과장된 것이고 피해보다는 혜택이 크다; 온실효과에 대한 과학적 연구는 복잡하고 불확실하며 예방조처도 취할 필요가 없다; 종의 절멸이라는 문제도 과장된 것이고 생물종의 다양성 주장도 근거가 희박하다; 인간의 창의성, 기술력, 상품의 희소성에 반응하는 가격기제가 충분한 자원공급을 보장할 것이므로 자원의 유한성도 걱정할 문제가 아니다. 이들 주장은 무엇보다도 과학기술을 오용하고 남용할

때 환경파괴와 오염이라는 엄청난 재앙을 초래할 수 있다는 사실을 간과하는데 그 문제점이 있다(Timothy Doyle et.al., 2002: 50~51).

인류가 직면한 환경문제는 중요하지만 관리 가능하다고 보면서 환경과 기후 문제에 관해 사람들이 주고받는 이야기 중 상당수는 잘못되었다고 주장하는 대표적인 인물이 환경운동가인 마이클 셸런버거(Michael Shellenberger)이다. 셸런버거는 <지구를 위한다는 착각: 종말론적 환경주의는 어떻게 지구를 망치는가(Apocalypse Never)>에서 환경과 기후 문제에 관한 잘못된 정보를 바로잡아야 한다면서, 환경문제를 과장하고, 잘못된 경고를 남발하고, 극단적인 생각과 행동을 조장하는 이들은 긍정적이고, 휴머니즘적이며, 이성적인 환경주의의 적이라고 지적한다(Michael Shellenberger, 2021: 28). 그는 이 책을 쓴 이유를 비이성적이고 과장된 맬서스주의자의 재난에 대한 경고를 반박하기 위해서 라면서 우리가 경제성장과 기술 발전 그리고 더 많은 자연 자원의 활용에 주력한다면 이 환경 문제를 해결할 수 있다는 기술만능주의를 강조한다.

티핑포인트의 근거로 제시되는 북극 해빙의 점진적 소멸이나 아마존 열대우림의 훼손, 대서양 해류 순환의 변화 등과 같은 현상들에 대해서도 셸런버거는 불확실성이 매우 높은 것들이라고 비판한다. 그리고 개별적인 현상을 합칠 때 복잡성은 더욱 커진다고 한다. 그러므로 티핑 포인트 시나리오는 많은 경우 비과학적일 수밖에 없다는 것이다(Michael Shellenberger, 2021: 28). 셸런버거는 그린피스를 비롯한 환경단체들이 브라질의 경제발전 필요성에 둔감하다고 지적한다. 환경정책은 땅은 더 적게 쓰고 식량은 더 많이 생산하는 집약화(intensification)로 향해야 하는데, 환경주의자들은 농업의 조방화(extensification)를 옹호함으로써 이로 인해 농민들이 정치적으로 반발하거나 풀뿌리 저항을 일으키게 되어 결과적으로 삼림파괴를 부추기게 된다고 주장한다(Michael Shellenberger, 2021: 28).

이런 관점에서 환경주의자들을 비판하다보니 심지어 그는 화석연료는 에너지 밀도가 높고 열량이 풍부하며 환경과 경제 모두 긍정적 영향을 미친다는 주장도 내놓는다. 에너지 생산을 집중화, 고도화하는 것은 지구 행성의 더 많은 부분을 야생 동물에게 넘겨주기 위해 반드시 필요한 과정이라는 것이다. 그리고 태양광이나 풍력이 아닌 원자력만이 값싸고 안정적인, 풍부한 에너지를 제공할 수 있고, 인간의 환경 발자국을 줄이면서 고에너지 문명을 유지할 수 있다고 주장한다(Michael Shellenberger, 2021: 28, 311). 기술만능주의 입장에 선 셸런버거의 이 책은 상대의 진짜 주장이 아닌 다른 주장을 만들어놓고는 이를 논파하는 '허수아비 때리기 오류(straw man fallacy)'를 사용하는 데서 비판적으로 독해하는 것이 요구된다. 지금 지구가 처한 위기의 본질과 복잡성을 제대로 이해하지 못하고 있고 객관적 데이터와 사실을 바탕으로 이론을 검증하고 주장을 확인하지도 못하고 있다. 입장을 먼저 정한 다음 그 입장에 맞는 데이터와 사실만을 제시하는 선택적 체리 피킹(cherry picking) 역시 곳곳에서 발견된다. 문제는 미국과 같은 나라에서 오류로 가득 찬 이런 주장들이 대중들과 정치인들에게 큰 영향을 미치고 있다는 점이다. 이는 환경문제를 정확하게 인식하지 못하게 하고 환경과 관련된 잘못된 정책결정을 부추기는 점에서 위험하다.

이와 같이 수상쩍은 주장과 우리를 현혹하는 기술을 간파하기 위해서는 비판적 사고를 중심으로 과학적 방법을 활용하는 것이 요구된다. 여기서 비판적 사고란 주제를 판단하기 위한 객관적인 분석과 평가를 의미한다. 과학자처럼 생각하는 법을 배우면 맞서야 하는 주장의 맹습에서 선택할 도구가 보이며, 그 주장이 합리적인지 수상쩍은지 헤아릴 수 있다. 이는 우리로 하여금 더 나은 결정을 내리도록 돕는다. 전 지구적 재앙을 막을 계획을 결정하는 일에도 당연히 적용할 수 있다. 아일랜드의 물리학자이자 생물통계학자인 데이비드 로버트 그라임스는 증거를 요구하며 부정확한 주장을 검증하려는 사회, 사기에 가까운 전략을 경계하는 사회는 선동 정치가, 열성적인 독재자의 무기에 면역을 갖추고 있다고 말한다(David Robert Grimes, 2024: 26, 34~35).

환경정치를 분석한 저서들

환경정치를 분석한 저서 중에서 주목할 만한 것을 소개하면 다음과 같다. 이들 저서들은 환경정치학의 주요 개념과 이론, 쟁점을 설명하고, 나아가 환경운동과 환경정책, 그리고 기후위기에 대응하기 위한 글로벌 거버넌스 등에 대해 체계적으로 잘 기술한 데서 참조할 가치가 있다.

(1) 요크대학교 정치학과 교수인 닐 카터(Neil Carter)가 쓴 <환경 정치학: 사상, 행동주의, 정책(The Politics of the Environment: Ideas, Activism, Policy)>은 환경정치학의 기본 개념과 환경 정책의 형성 과정, 환경 운동, 그리고 환경정치학에서 중요한 이론과 접근 방식을 살펴보고 있다. 책은 '이론: 환경을 생각하기', '정당과 운동: 여기에서 저기로 가는 방법', '환경정책: 지속가능 사회의 달성'의 3부로 구성되어 있다. 이중에서도 환경 정치 이론들의 비교와 분석, 국제적 차원에서의 환경 문제 다루기,

정부 및 기타 이해 관계자들이 환경 정책을 만들고 실행하는 과정, 환경 운동이 환경 정치에 미치는 영향이 체계적으로 설명되어 있다. 입문용으로 적합하게 환경정치학의 주요한 내용들이 평이하게 잘 서술되어 있고 특히 주요 용어들을 박스 처리해 가독성을 높인 점이 눈에 띈다.

(2) <옥스포드 기후변화와 사회 핸드북(The Oxford Handbook of Climate Change and Society)>은 기후변화가 인간 시스템에 어떻게 영향을 미치는지, 그리고 사회가 어떻게 대응할 수 있고, 행하고, 내응해야 하는지에 내한 분석서이다. 호주 국립 대학교의 정치학과 교수인 존 드라이젝(John S. Dryzek)과 캘리포니아대학교 버클리캠퍼스의 에너지·자원 전공 교수인 리처드 노가드(Richar B. Norgaard), 시드니대학교의 정치·국제관계학과 교수인 데이비드 쉴로스버그(David Schlosberg)가 편집했고 다수의 기후변화 관련 전문가들이 집필에 참여했다. 이 책은 핸드북이라는 책의 특징에 맞춰 기후 문제의 역사, 기후 과학에 대한 사회적, 정치적 수용, 개인과 조직의 이익으로 인한 과학의 거부, 기후변화로 인한 사회적 혼란의 성격, 그러한 혼란의 경제학 및 이에 대한 가능한 대응, 인간 안보와 사회정의에 대한 질문, 미래 세대에 대한 의무, 온실가스 배출 감소를 위한 정책 도구, 지방, 지역, 국가, 국제 및 글로벌 수준의 거버넌스 등 광범위한 분야를 다루고 있다.

(3) 코펜하겐 대학교의 정치학과 교수인 미셸 메릴 베스틸(Michele Merrill Betsill)이 편집한 <팔그레이브 국제환경정치학(Palgrave Advances in International Environmental Politics)>은 국제 환경 정치에 대한 심층적인 이해를 제공하는 책이다. 이 책은 국제 환경 정치 분야의 최신 연구 및 이론을 다루고 있으며, 환경 문제에 대한 국제적 대응과 협력에 대한 중요성을 강조하고 있다. 이 책은 국제환경레짐, 세계화와 환경, 환경안보, 초국적 옹호 네트워크(transnational advocacy networks), 국제환경정치에서의 남북관계, 유럽연합과 환경 거버넌스 등의 주제에 대한 깊이 있는 분석과 평가를 제공한다.

(4) 앞에서 언급한 엘리자베스 제솜버의 저서인 <환경정치란 무엇인가?>는 폴리티 출판사(Polity Press)에서 2020년부터 순차적으로 출간하고 있는 <정치란 무엇인가?(What is Politics?)> 시리즈의 첫 번째 책이다. 제솜버의 책은 환경 정치가 무엇인지, 그리고 환경 정책 결정이 어떤 시스템과 구조 하에서 내려지는지를 설명하고 있다. 제솜버는 '환경', '정치', '외부성', '시간 할인(temporal discounting)'과 같은 기본 개념을 소개하고, 이어서 '공유지의 비극(tragedy of the commons)'과 같은 환경정

치학의 중요한 사회적 딜레마를 간단하면서도 효과적으로 설명하고 있다. 특히 개념 정의에 대한 저자의 관심은 인상적이다. 일반적으로 우리는 종종 학생, 언론, 정부 관료, 일반 대중이 최소한 우리 학문 분야의 기본인 중요한 개념을 잘 알고 있다고 가정한다. 그러나 이 가정은 잘못된 것이고 비전문가가 가장 단순한 개념조차 얼마나 자주 오해하는지를 경험하는 것은 흔한 일이다. 개념은 아이디어를 전달하고 관점을 소개하며 해당 분야 내에서 광범위한 일반화를 설명하는 데 도움이 된다는 점에서 환경 정치에 매우 중요하다. 훌륭하고 명확한 개념적 정의가 없으면 환경에 대해 효과적으로 의사소통할 수 없으며 환경 정책 목표를 설정하고 달성할 수도 없다(Aliaksandr Novikau, 2021: 1287~1288).

이 책은 더 나아가 과학에서 불확실성의 중요성, 그것이 환경학 및 정책과 어떻게 관련되는지, 그리고 이 분야가 어떻게 다양한 유형의 회의론자, 부인론자, 음모론자의 관심의 대상이 되는지 그 이유를 설명한다. 이 책에서 눈에 띄는 것은 저자가 환경 보호와 관련해 신중하게 정의한 민주적 정권과 권위주의적 정권의 효율성에 대한 비교와 더불어 정치인, 정당, 관료, 이익 집단, 언론 등 환경정치의 주요 정치 행위자에 대한 식별과 설명이라고 할 수 있다. 특히, 이 책은 환경문제가 정치적 의제로 어떻게 부상했으며, 이와 관련된 정치적 논의와 결정이 어떻게 이루어지는지에 대한 이해를 제공하는데서 그 가치를 발견할 수 있다.

(5) <기후 리바이어던: 지구 미래에 대한 정치 이론(Climate Leviathan)>은 정치경제와 환경변화를 연구하는 미국의 지리학자인 조엘 웨인라이트(Joel Wainwright)와 역시 정치경제를 연구하는 캐나다의 지리학자인 제프 만(Geoff Mann)이 저술한 책이다. <기후 리바이어던>이라는 제목은 토머스 홉스(Thomas Hobbes)의 <리바이어던(Leviathan)>에서 영감을 받았으며, 저자들은 기후변화를 관리하기 위한 강력한 중앙집권적 권력(리바이어던)의 존재를 거론한다. 이들에 따르면 "기후 리바이어던이라고 부르는 것은, 예외의 권리를 행사하고 긴급사태를 공포하고 누가 탄소를 배출하고 배출하면 안 되는지를 결정할 어떤 주권자"(Joel Wainwright et.al., 2023: 89)를 말한다. 이 책은 기후변화 문제를 정치경제학적 관점에서 분석하고, 기후변화로 인한 사회적, 경제적 변화에 대응하기 위한 새로운 정치 이론을 모색하는 점에서 흥미를 유발한다. 저자들은 기후변화가 단순히 환경 문제에 국한되지 않고, 경제, 사회, 정치 전반에 걸쳐 광범위한 영향을 미친다고 주장한다. 이에 따라, 기후변화에 대응하기 위해서는 국가와 사회의 역할을 재정의하고, 경제적 관행을 변화시키며, 글로벌 거버넌스 체계를 개선할 필요가 있다고 강조한다.

3장.

환경정치의 사상적 기반
: 근본생태론에서 생태파시즘까지

존 S. 드라이제크의 환경담론과 지구환경정치학

영국 출신의 오스트레일리아 정치학자인 존 S. 드라이젝(John S. Dryzek)은 담론 접근을 통해 지구환경정치학을 이해하려고 한다. 드라이젝은 환경문제는 상호 연결되어 있고, 다차원적인 형태가 보통이라고 한다. 한마디로 말해 복잡하다는 것인데, 여기서 복잡성은 어떤 의사결정 체계 속에 놓인 어떤 환경이 가지고 있는 요소들과 그 요소들의 상호작용이 여러 가지이며 또한 다양하다는 것을 의미한다(John S. Dryzek, 2005: 24). 이렇게 관심이 점점 더 커지고 다양해진 환경문제를 바라보는 관점도 급증하는데 이에 대한 이해를 위해 드라이젝은 담론이라는 개념을 사용한다.

그렇다면 담론은 무엇일까? 그에 따르면 담론은 세계를 이해하는 공동의 방식이다. 언어 속에 감추어져 있으면서, 그 담론에 찬성하는 사람들이 정보 뭉치들을 해석하고 모아서 일관된 설명이나 이야기를 할 수 있도록 해준다. 각각의 담론은 분석·토론·동의·반대를 하기 위해 기본이 되는 가설·판단·논쟁에 기초하고 있으며, 환경 분야도 여느 분야와 마찬가지이다. 이러한 시각에 기초해 드라이젝은 <지구 환경정치학 담론(The Politics of the Earth)>에서 최근 환경정치학을 지배해온 담론들의 기본 구조를 살펴보고, 그 담론들의 역사와 논쟁점, 그리고 변화하는 모습들을 소개하고 있다.

드라이젝은 환경담론이 산업사회에서 시작된 것이기 때문에 산업사회를 오랫동안 지배해온 담론인 산업주의의 맥락 속에 놓여 있어야 한다고 주장한다. 산업주의는 생산되는 제품과 서비스의 양적 성장, 그리고 그 성장이 가져다주는 물질적 안녕을 위해 매진하는 것을 무엇보다 중요하게 생각하는 데 그 특징이 있다. 이러한 시각에서 드라이젝은 환경담론을 두 가지 차원에 기초해 구분한다. 먼저 환경문제를 산업사회의 근본적인 한계로 이해하느냐, 아니면 해결가능한 부작용 정도로 이해하느냐에 따라 근본적인 차원과 개혁적인 차원으로 구분한다. 다음으로는 산업주의의 정치, 경제적 틀을 유지하느냐 아니면 탈피하느냐에 따라 창조적이고 답습적인 차원으로 나눈다. 이러한 두 가지 차원에 기초해 드라이젝은 환경담론을 문제해결, 생존주의, 지속가능성, 녹색근본주의 네 가지 집단으로 구분한다.

<표> 환경 담론의 분류

구 분	개혁적	근본적
답습적	문제 해결	생존주의
창조적	지속가능성	녹색근본주의

출처: John S. Dryzek(2005), p.34.

첫째, 환경문제 해결은 정치경제적 현상을 그대로 받아들이되, 환경 문제에 대처하기 위한 조정이 필요하다는 견해로서 특히 공공정책의 역할을 강조하는 담론이다. 예를 들어, 자유민주주의 정부는 다양한 환경 정책들을 장려하고, 시장은 환경적 비용과 이익에 가격표를 붙이며, 행정부는 집행 절차에 따른 환경적 관심과 전문지식을 제도화한다. 그런 점에서 이 담론은 환경문제를 해결하기 위한 수단으로 자유민주주의 체제하에서의 정부, 시장, 관료제를 내세운다. 가장 오래된 담론으로 지금도 대부분 국가에서 환경정책의 중심 기조가 되고 있다.

둘째, 생존주의 담론은 1970년대 초에 로마클럽 등의 노력으로 대중화한 담론인데, 계속되는 경제성장과 인구 증가로 인해 지금까지 인간의 농업과 산업활동을 뒷받침해주었던 지구의 천연자원 매장량과 생태계 수용능력이 한계상황에 직면하고 있다는 내용이다. 이 담론은 산업사회 내부의 정치경제 권력을 전면적으로 재분배하고 지속적 경제성장에서 벗어나 전면적으로 방향을 재설정할 것을 요구하는 데서 근본적이지만 산업주의가 설정해놓은 선택권을 통해서만 그 해답을 찾을 수 있기 때문에 답습적이기도 하다.

셋째, 지속가능성은 1980년대에 본격적으로 시작된 담론으로 환경적 가치와 경제적 가치 사이의 갈등을 해결하려는 구상적 시도라고 할 수 있다. 성장의 가능성을 제시하고 있다는 점에서 답습적이지만 한계 담론을 규정짓는 묵시론적 이미지가 없기 때문에 근본적이지도 않다. 세계환경개발위원회(WCED)의 이른바 '브룬트란트 보고서'에 의해 정리가 되었지만 지속가능성에 대한 정확한 개념 정의를 둘러싸고는 합의가 부재하다. 신자유주의 경제체제에 기반을 둔 성장이 과연 환경적으로 건전하고 지속 가능한 것인가를 두고도 회의적 시각이 존재한다. 자본주의 정치경제를 환경적으로 좀 더 건전한 수준으로 재구성하는 것을 가리키는 용어로 독일의 사회학자 요제프 후버(Joseph Huber)와 마르틴 예니케(Martin Jänicke)가 제기한 생태적 근대화(ökologische Modernisierung)[29]도 넓은 범주에서 지속가능성 담론에 속한다(John S. Dryzek, 2005: 250~253).

넷째, 녹색근본주의는 근본적이기도 하고 창조적이기도 한 담론이다. 성장의 한계를 주장하고 생태적 수용을 인정하는 한편 산업사회의 기본구조와 환경이 개념화하는 방식은 거부한다. 이러한 특징으로 인해 녹색근본주의는 여러 정파로 나누어질 수밖에 없고 이들 간에 끊임없이 논쟁이 지속되고 있다. 사회생태론자와 심층생태론자 간의 논쟁, 독일 녹색당 내의 근본주의자(Fundis)와 현실주의자(Realos)의 갈등, 녹색낭만주의자와 녹색합리주의자의 대립이 대표적이다. 이들은 기본적인 성향이나 전제, 가능성 면에서 산업주의나 이미 소개한 다른 세 가지 환경 담론보다 공통점이 훨씬 많다(John S. Dryzek, 2005: 31~36).

드라이젝은 네 가지 기본적인 담론을 아주 개괄적인 방식으로 구별한 후 이들 담론을 세밀하게 조사하고 분석하기 위한 요소 체크 리스트로 실재성이 인정되거나 구성되는 기본 존재, 자연스러운 관계에 대한 가설, 행위자와 그것의 동인, 핵심 메타포와 그 밖의 다른 수사적 장치 네 가지를 제시하고 있다. 서로 다른 담론은 세계 속에서 서로 다른 것을 보기 때문에 담론의 존재론적 측면을 분석해야 하고, 서로 다른 존재들 간의 관계에서 자연스러운 것이 무엇인지에 대한 견해를 살펴보아야 한다는 것이다. 그리고 서로 다른 종류의 많은 행위자와 동인을 고찰해야하고 어떤 상황을 독특한 형상에 빗대어 청중이나 독자를 설득하려 할 때 쓰는 수사적 장치도 검토해야 한다. 이들 메타포로는 우주선, 중세시대 마을의 목장으로 쓰던 공유지, 기계장치, 유기체, 인간지성, 전쟁, 여신 등이 있다(John S. Dryzek, 2005: 36~40).

드라이젝은 시간이 흐름에 따라 환경 담론들도 발전하고, 현실 속에서 구체화하고, 여러 갈래로 나뉘다가 아마도 언젠가는 사라질 것이라고 언급한다. 그는 이 역사에

---

29 환경행동의 지침(Leitbild)이자 환경 연구에 대한 체계적, 진화적 접근방식을 의미하는 생태적 근대화는 1980년대와 1990년대에 처음 대두되었다. 대표적인 학자인 마르틴 예니케는 초기에 정치학적 관점에서 국가 환경정책의 새로운 제도와 도구라는 의미로 이 용어를 사용하였다. 다른 한편으로 생태적 근대화 연구는 신사회운동과 환경의식 확산에 대한 가치변화 연구의 맥락에 초점을 맞춰 전개되었다. 이에 대해서는 Joseph Huber(2011), pp.279~302.

서 결정적인 역할을 하는 부분은 담론에 둘러싸여 있으면서 담론을 형성하기도 하고, 또 담론에 의해 형성되기도 하는 일종의 정치형태라는 점을 강조한다. 그것은 어떤 경우에는 사회운동이나 정당의 형태가 될 수 있고, 또 어떤 경우에는 정부위원회와 정부 간의 협상으로 나타날 수도 있다. 다른 경우에는 행정적 규제의 형태거나 엘리트들의 협정, 합리주의적인 정책 입안의 형태를 띨 수도 있다. 간혹 녹색 라이프스타일처럼 정치와 전혀 무관할 수도 있다. 또 정치가 때로는 지역적일 수도 있고, 국가적일 수도 있으며, 국가 간 정치일 수도 있고, 전 지구적일 수도 있다. 드라이젝은 저서의 결론 부분에서 서로 다른 환경담론들 간의 상호 양립이 가능하다고 지적하고 여러 담론들을 연결하는 대안적 담론으로서 인간들의 소통을 넘어서서 인간의 사회체계와 자연 체계 사이의 경계선을 없애는 생태적 민주주의를 제시한다(John S. Dryzek, 2005: 41, 344~346).

인간중심주의와 생태중심주의 환경사상

앞 절에서 살펴본 대로 드라이제크는 환경담론을 환경문제해결 담론, 생존주의 담론, 지속가능발전 담론, 녹색근본주의 담론으로 구분하여 설명한다. 여기서 담론은 드라이제크도 언급했듯이 미셸 푸코(Paul-Michel Foucault)의 논의에 상당 부분 힘입은 것이다. 푸코는 1970년 콜레주 드 프랑스(Collège de France) 취임 강연인 '담론의 질서'에서 담론(discours)의 개념을 자신의 중심적 분석 도구로서 내세웠고, 이는 1975년 <감시와 처벌(Surveiller et punir)>에서 새로운 분석의 도구로 꽃피우게 된다(허경, 2012). 이들 저서에서 푸코가 사용한 담론은 무엇인가를 주장하는 기호의 집합을 의미한다. 푸코는 인간이 하는 문화적, 언어적 활동 전반을 분석대상으로 삼으면서 이를 담론이라고 불렀고 이것이 사회의 권력구조와 밀접한 관련이 있다고 주장했다. 예를 들어, <감시와 처벌>에서 푸코는 권력이 지식을 생산하며 인간의 신체에 대한 지식이 성립할 수 있는 것은 군대나 교육 기구 따위를 이용하기 때문이라고 말한다. 담론에 대한 또 다른 사상가는 위르겐 하버마스(Jürgen Habermas)를 꼽을 수 있다. 하버마스는 담론(Diskurs)을 개인이나 집단들이 허심탄회한 논의를 거쳐 이성적 해답을 구하는 과정이라고 보았다. 그가 주관 중심적 이성을 비판하고 그 대안으로 주창한 것이 의사소통 이성이고 이것이 전개되는 공간이 바로 공론장(Öffentlichkeit)이다. 이 점은 그의 저서인 <공론장의 구조 변동(Strukturwandel der Öffentlichkeit)>과 <의사소통행위이론(Theorie des kommunikativen Handelns)>에 상세히 잘 나와 있다.

환경에 대해 논리적 체계를 갖춘 이론이나 주장을 환경사상이라고 할 때 이는 크게 인간중심주의(anthropocentrism)와 생태중심주의(ecocentrism)로 구분해서 살펴볼 수 있다.[30] 인간중심주의는 인간의 자연에 대한 우위를 주장하고 자연을 지배의 대상으로 본다. 자연환경은 도덕적 입장 없이 중립적인 실체로 간주되고, 인간은 자신들의 목적을 달성하기 위해 자연환경을 이용할 수 있는 것이다. 그런 측면에서 인간중심주의는 인간, 기술, 도시 그리고 정치·경제 체제의 발전을 찬양한다. 서양에서 인간중심주의의 가장 오래된 철학적 뿌리는 "생육하고 번성하여 땅을 가득 채우고 정복하라, 바다의 물고기와 하늘의 새와 땅에 움직이는 모든 생물을 다스리라"(<창세기> 1장 28절)는 성서의 명령에서 발견된다. 이는 근대에 들어와서도 신의 작업을 완성하는 인간의 역할과 자연에 대한 인간의 지배를 강조하는 것으로 이어졌다.

17세기에 서서히 발전하고 있던 과학적인 방법과 과학지식의 확대도 같은 방향으로 이용되었다. 이러한 경향은 르네 데카르트(René Descartes)의 기계론적 방법론에 의해 강화되었다. 이는 "장인이 만들어 낸 기계와 자연이 만들어 낸 여러 유기체 사이에는 차이점이 없다"라는 그의 말에서도 잘 알 수 있다. 신은 여전히 그의 세계관의 중심이었고, 인간도 자연을 지배할 수 있는 지성과 영혼을 소유했다는 점에서 여전히 신의 구도 안에서 특수한 위치를 점하고 있다고 보았다. 17세기 후반 우주의 작동 원리를 중력 법칙과 같은 물리학의 법칙을 적용해 설명한 뉴턴의 눈부신 업적으로 인해 데카르트의 기계적인 세계관이 옳았다는 사실이 확고히 입증되는 듯했다. 그 후 200년 이상 신의 이미지는 위대한 설계자로 그려졌으며, 신이 설계한 거대한 기계를 이해하고자 노력하는 것이 인간이 할 일이며, 인간은 신에게서 지적 능력을 부여받았기 때문에 그 일을 해낼 수 있다는 견해가 일반적으로 받아들여졌다. 이렇게 '완벽하게 짜여진 세계'라는 개념은 비판을 받게 되었다. 1859년 출판된 찰스 다윈의 <종의 기원>은 신에 의해 천지가 창조되었다는 주류 사고방식을 동요시키고, 대단히 경쟁적인 세계 속에서 생존에 유리한 형질이 자연 선택된다는 사고방식을 형성해 냈다. 허버트 스펜서(Herbert Spencer)는 종의 기원에 대한 이론을 사회의 본질과 인간 행동의 도덕

---

30 한편, 앤드류 돕슨(Andrew Dobson)은 이를 생태주의(ecologism)와 환경주의(environmentalism)로 구분한다. 생태주의는 환경보전이 그것과 관련된 사회적, 정치적 생활양식에 있어서도 근본적 변화를 전제하는데 비해 환경주의는 환경문제에 대한 관리적인 입장에서 접근하여 현재의 생산 및 소비의 가치 또는 양식을 근본적으로 변화시키지 않고서도 환경문제를 해결할 수 있다고 주장한다. Andrew Dobson(1996), pp.26~27.

성에 대한 선언으로 바꾸어 놓았다. 자연, 인간, 신을 둘러싸고 오랜 옛날부터 형성되어 온 이런 사상들은 19세기 다른 저작에서도 수없이 반복되어 모습을 나타낸다. 그런 글들은 인간에게 목적감과 우월감을 안겨 주고, 예전부터 있어왔던 자연 세계에 대한 인간의 간섭과 당시 막 시작된 산업 생산 같은 새로운 형태의 인간활동까지도 정당화해주었다(Clive Ponting, 2003: 241~242).

이러한 사상은 물질적 의미에서 최대의 기쁨과 최소의 고통을 누리기 위해 최선을 다해야 된다는 여러 신고전학파 경제학자들의 주장에서도 나타났다. 신고전학파 경제학은 1870년대 윌리엄 제번스(William Stanley Jevons)와 레옹 발라(Marie-Esprit-Léon Walras)의 연구를 토대로 형성되기 시작해 1890년 앨프리드 마셜(Alfred Marshall)의 <경제학원리(Principles of Economics)>가 출간되면서 확고히 자리를 굳혔다. 자신들의 분석에서 주관적 가치판단을 포함한 정치적 측면을 제거하고, 순수 과학을 지향한다고 선언하였다. 이들은 경제가 합리적이고 이기적인 개인들로 구성되어 있다고 생각한다. 개인을 '기쁨을 추구하는 기계(pleasure machine)'라고 부르며, 아주 협소한 물질적 의미에서 최대의 기쁨(효용utility)과 최소의 고통(비효용disutility)을 누리기 위해 최선을 다하는 것으로 규정한다. 이들의 핵심 주장은 개인의 이익 추구가 사회 전체의 이익극대화로 이어진다는 것과 일반균형(general equilibrium) 상태에서 모든 시장은 가장 효율적으로 자원을 배분하고 모든 사람의 효용을 극대화한다는 것이다.[31] 인간중심주의는 자연자원의 효율적인 운용과 관리를 위해 자연법칙의 활용을 내세우는 과학자들과 환경공학자들, 인간을 자연세계의 청지기이자 관리자로 간주하여 자연보호에 대한 종교적 의무를 주장하는 생태신학, 그리고 과학과 기술을 이용하여 인간 필요를 충족할 수 있다고 주장하는 마르크스주의자들에게서도 찾아볼 수 있다. 이론적으로 인간중심주의는

- 사회목표의 감성적인 평가보다는 합리적이고 객관적인 평가를 지지하고,

---

31 이러한 신고전학파 경제학의 한계는 현 상황을 과도하게 수용한다는 데 있다. 개인의 선택을 분석할 때 저변에 깔린 사회구조, 즉 돈과 권력의 분배구조를 주어진 것으로 받아들이는 것이다. 이 때문에 신고전학파 경제학은 근본적인 사회 변화 없이 가능한 선택만 고려하게 된다. 장하준(2014), pp.124~131. 이후 폴 새뮤얼슨(Paul Samuelson)은 신고전학파의 미시적 시장균형 이론과 케인스의 거시경제 이론을 접목해 '신고전파 종합이론(neoclassical synthesis)'을 제시했는데, 이를 오늘날의 경제학계에서는 '주류 정통경제학(mainstream orthodox economics)'이라 부른다. 복잡한 경제현상에 대한 균형 있는 연구를 위해서는 신고전학파 이외에도 행동주의 학파, 발전주의 전통, 마르크스 학파, 제도학파 등 다양한 경제학적 접근이 필요하다. 주류 경제학의 교리에서 탈피해 연구와 정책 개입을 위한 자신들만의 접근법을 개척한 경제학자들에 대해서는 Robert Pollin et al.(2023) 참조.

- 최소의 노력으로 최대의 물질적 성과를 산출하려고 시도하는 관리적·경제적 효율을 장려하고,
- 자연의 과정을 이해하고 통제하는 인간 능력에 대한 믿음과 낙관을 갖는 반면,
- 자연에 대한 경외심, 존중심 혹은 도덕적 책무를 견지하지 않는다(Joseph Edward de Steiguer, 2008: 34~35).

이에 비해 생태중심주의는 모든 생명체는 내재적 가치를 지닌다고 주장한다. 우주 속의 모든 사물들은 자연의 균형과 생태계의 통일성, 안정성, 다양성, 조화를 유지하는데 도덕적 가치를 부여받는다는 것이다. 생태중심주의의 뿌리는 동양의 환경사상에서 발견된다. 유가와 도가사상, 불교 등의 우주 및 자연관에는 변화하는 것은 살아있는 것(생명)이며 살아있음은 곧 존재하는 것이라는 초자연주의적 생명사상이 자리잡고 있다. 같은 맥락에서 이들 동양사상에는 인간사의 일과 자연현상 사이에 상응성이 있는 것으로 간주하는 천인합일(天人合一)의 사유가 존재한다. 대표적인 것이 불교로, 경전인 <화엄경(華嚴經)>에서는 생명현상이 있는 동식물뿐만 아니라 무생물까지 불성이 깃든다고 강조한다. 불교의 연기법(緣起法)에 따르면 만물은 고립되어 존재할 수 없으며 인연에 따라 서로 맺음 속에서 존재한다고 한다(한국환경사회학회, 2004: 219~222). 서양에서는 19세기 낭만주의자들에게서 생태중심주의적 사고를 찾을 수 있고, 특히 헨리 데이비드 소로(Henry David Thoreau), 존 뮤어(John Muir), 알도 레오폴드(Aldo Leopold)의 사상에서 두드러진다. 이들은 윤리를 순차적으로 발전시켜, 인간에서 동물로 식물로 나아가기도 하는데 레오폴드의 <땅의 윤리(Land Ethic)>가 대표적이다. 최근에 생태중심주의의 본래적인 철학적, 도덕적 운동이 급진적 정치와 행동주의의 초점이 되었다. 이론적으로 생태중심주의는

- 인간 욕구보다 자연과 생태의 한계에 토대를 둔 도덕적 행위 성향을 지지하고
- 경제발전을 위한 드라이브의 억제를 찬성하고
- 비대중적 견해를 가진 소수집단을 지원함으로써 특히 민주주의 원리의 적실성을 문제시한다
- 무법상태로 인한 극단적 환경 악화를 고치도록 권한다(Joseph Edward de Steiguer, 2008: 34~35).

참조.

근본생태론

근본생태론(deep ecology)은 1970년대 환경 운동이 세계적으로 고양되던 시기에 기존의 환경운동을 환경 개량주의라고 비판하며 등장했다. 대표적인 학자가 노르웨이의 철학자이자 환경운동가[32]인 아르네 네스(Arne Naess)이다. 네스는 1973년 Inquiry지 16호에 발표한 글인 "피상적 생태운동과 심층적이고 장기적인 생태운동(The Shallow and the Deep, Long-Range Ecology Movement)"에서 이전 생태운동의 지배적인 경향을 인간중심주의이고 현재의 문명과 사회를 전제로 한 '피상적인 것(shallow)'이라 비판하였다. 현재 진행되고 있는 환경보호운동은 환경문제를 발생시킨 근본적 원인인 사회체제나 문명의 진보 등을 인정하는 등 지극히 인간 중심적 활동이라는 것이다. 그러면서 기존의 생태운동을 환경피해에 대해 법적, 제도적 조정을 모색하는 직접적인 단기효과만 노리는 피상생태론(shallow ecology)리고 불렀다. 피상생태론의 지배로 인해 우리 사회를 위한 환경 메시지는 왜곡되고 오용되었다는 것이다, 네스는 피상생태론에서 진행하고 있는 환경오염과 자원 고갈에 대한 반대는 물론, 인간 중심적 세계관을 탈피하여 자연과 더불어 조화를 이룰 것을 주장하였다(Arne Naess, 1972: 95~100).

네스는 근대 문명 비판을 지향하는 근본적 운동을 근본생태론이라 명명하고 그 철학적 고찰을 시도했다. 근본생태론은 생태학을 생물학의 한 분야로 보는 협소한 관점이 아니라, 생태계의 한 부분으로서 인간의 삶의 역할에 대한 근본적인 철학적 질문에 관심을 갖고 있기 때문에 스스로를 '근본'이라고 표현한다. 알도 레오폴드와 레이첼 카슨의 글에서 나타나는 것처럼, 네스도 자연에 좀 더 깊이 있게, 영적으로 접근하는 태도를 기술하려고 노력했다. 근본생태론은 환경문제를 협소하고 단편적으로 접근하는 차원을 넘어, 포괄적인 종교적, 철학적 세계관을 분명히 나타내려고 한다. 근본생태론은 그 토대를 기본적인 직관 그리고 자기 자신과 자연에 대한 체험에 두고 있으며, 이것들이 생태적 의식을 구성한다. 이러한 생태적 의식에서 정치와 공공정책에 대한 관점들이 자연스럽게 도출된다(Bill Devall & George Sessions, 2022: 124).

네스는 근본생태론이 7가지 특성으로 구성된 보다 넓은 의무를 지닌다고 말한

---

32 환경운동가로서 네스는 다양한 직접행동을 주도하였다. 대표적으로 1970년에 그는 수많은 시위자들과 함께 노르웨이 피오르드의 마르달스포센(Mardalsfossen) 폭포 앞 바위에 몸을 묶고 댐 건설 계획이 취소될 때까지 하강을 거부했다. 시위자들은 경찰에 연행됐지만 결국 시위는 성공했다.

다. 첫째, 근본생태론은 관계적이고 전체 장의 이미지를 지녔으며, 모든 유기체 또는 존재는 생명권의 그물 또는 본질적인 관계 속의 매듭들이다. 둘째, 근본주의는 생을 영위할 권리가 모든 생명체에게 동일하게 주어져 있다는 생명중심주의적 평등(biospherical egalitarianism-in principle)의 실천을 강조한다. 자연 속에서의 인간은 다른 생명체와 동등한 가치를 지닐 뿐, 특권을 지닌 존재가 아니라는 것이다. 셋째는 새로운 생활양식과 다양한 형태를 고양시키는 다양성과 공생의 원리이다. 넷째는 빈계급적 특성으로 어떠한 유기체도 다른 것을 지배해서는 안 된다. 다섯 번째 특성은 환경오염과 자원고갈에 반대해 투쟁하는 결정이다. 여섯 번째 근본생태론은 복잡성(complexity)과 뒤얽힘(complication)을 구별한다. 전자는 인간들에 의해 장려되고 연구되는 생태계의 건전하고 자연스러운 특성이며, 후자는 복잡성에 대한 보다 나은 이해를 돕는 계획이 없는 사회의 결과로서 바람직하지 못하다. 일곱 번째 특성은 지역적인 자율성과 분권화를 강조한다. 지방자치정부는 '멀리서부터의 영향(influences from afar)'에 반대하는 최적의 보호수단으로서 장려되어야 한다(Joseph Edward de Steiguer, 2008: 268). 이러한 데서 볼 수 있듯이 근본생태론은 인간을 포함한 모든 자연은 서로 연관되어 있으며 상호 의존적이라고 한다. 그러므로 지금까지 인간이 자연에게 가한 영향력은 용납될 수 없으며, 환경을 파괴하는 모든 행동에 반대할 수밖에 없다는 것이다. 결과적으로 근본생태론은 다른 생물들과 마찬가지로 인간 역시 자연법칙 안에서 순응하며 전체 생태계의 조화를 이뤄야함을 강조한다.

이후 근본생태론은 그레고리 베이트슨(Gregory Bateson), 프리조프 카프라(Fritjof Capra), 빌 드발(Bill Devall), 조지 세션스(George Sessions), 게리 스나이더(Gary Snyder), 아모리 로빈스(Amory Lovins) 등의 학자에 의해 보다 정교화되었다. 이들은 환경오염, 빈곤, 사회병리 등 오늘의 사회가 겪고 있는 문제들을 현존 문명의 쇠퇴증후군으로 진단하고 그 근원을 인간과 자연을 분리시키는 이원론과 기계론, 인간중심주의와 같은 근대 문명의 실재론과 이에 터한 가치관에서 찾는다. 위기극복 대안을 전일적이고 유기적인 새로운 패러다임으로 전환하는 데서 찾는 것도 이들의 공통점이다.

제임스 러브록(James Lovelock)은 전자포획검출기를 발명해 대기 중에 넓게 퍼져 있는 염화불화탄소(CFCs)를 최초로 검출하는데 기여한 영국의 환경과학자이다.[33]

33 1972년 러브록은 '왕립탐사선 섀클턴호(RRS Shackleton)'에 탑승해 60ppt 농도의 염화불화탄소(CFC-11) 농도를 측정했지만 성층권에서 염화불화탄소가 분해되면 오존층을 파괴하는 염소(chlorine)가 방출된다는 사실은 파악하지 못했다. 대기에 염화불화탄소가 축적되어 오존층이 파괴된다는 사실은 미국의 화학자인 셔우드 롤런드(Sherwood

러브록이 제시한 가이아 가설(Gaia hypothesis) 역시 근본생태론의 범주에 포함된다. 그는 지구가 그 자체로 하나의 거대한 생명체이며 그 위에 살고 있는 생물들이 최적의 생존조건을 유지하도록 항상 자가 조정하며 스스로 변화한다고 주장한다. 이는 러브록이 항상성(homeostasis) 즉, 생물체가 주변 환경의 변화에도 불구하고 자신의 생리적 조건을 일정하게 유지할 수 있는 능력을 중시함을 나타낸다. 이에 근거해 러브록은 생물이 서식하기에 적합하도록 조절되는 것 자체가 생명, 대기, 해양, 암석 등으로 이룩된 전체 진화시스템의 속성이라고 한다(James Lovelock, 2004: 25, 12).[34]

이러한 가이아 이론은 스티븐 제이 굴드(Stephen Jay Gould), 리처드 도킨스(Richard Dawkins), 포드 두리틀(Ford Doolittle) 등의 학자들에 의해 비과학적이란 비판을 받았다. 이들 과학자들은 개별 유기체에 작용하는 자연 선택이 어떻게 행성적 규모에서 항상성 진화로 이어질 수 있는 지에 대해 의문을 제기했다. 그럼에도 지구화학적 물질과 생명체 간의 끊임없는 상호 작용과 피드백이 하나의 통합된 시스템으로 작용하고, 이를 통해 지구의 기후와 환경이 유지되고 생명체가 보호된다는 러브록의 설명은 인류에 의한 지구 파괴를 비판하는 근거가 되기도 한다. 러브록은 온실효과로 인한 지구온난화가 회복할 수 없는 지경에 빠졌다고 경고한 과학자이지만 2004년 지구온난화를 막을 방법이 핵발전밖에 없다는 주장을 하여 동료 과학자들과 갈등을 빚기도 했다.

근본생태론은 기존의 가치관을 완전히 전환함으로써 환경 문제에 대한 근본적 해결을 꾀하고 있다는 점에서 그 주된 의미를 발견할 수 있다. 그러나 인간중심주의를 비판하고 자연과의 조화를 주장하는 근본생태론은 자연에 대한 경외심이나 신비감을 부여하여 인간의 능동적인 역할을 제거했다는 비판을 받았다. 인간의 행동으로 인해 환경 문제가 발생했다면 문제를 해결하는 데 있어서도 인간의 역할이 중요할 수 있는데 근본생태론은 '자연으로 돌아가자'는 구호에만 머물고 있다는 것이다. 또한 자연으

Rowland)와 멕시코의 화학자인 마리오 몰리나(Mario Molina)에 의해 1974년 밝혀졌다. 이 업적으로 롤란드와 몰리나는 1995년 파울 크뤼천(Paul Crutzen)과 함께 노벨화학상을 공동 수상했다.

34 러브록은 1995년 발간된 <가이아: 살아있는 생명체로서의 지구(GAIA: A New Look at Life on Earth)>의 개정판에서 이 책을 처음 썼을 때 "지구가 그곳에 거주하는 생물들에 의해 그리고 그 존재들을 위해 그렇게 안온하게 유지된다는 개념"이라고 주장했던 것이 중대한 실수였다고 지적하고 있다. 또한 "지구 생물권(biosphere)에 의해서만이 아니라 생물체들과 대기, 해양, 암석 등 사실상 지구의 모든 존재들이 지구의 조절작용에 함께 관여하고 있다는 점을 명확히 기술하지 못했다"면서 "생물체들을 포함하는 지상의 모든 만물이 자가조절적 실체이며, 이것이 바로 내가 의미하고자 하는 가이아인 것이다"라고 언급한다. James Lovelock(2004), p.12.

로의 회귀라는 방식이 현 사회 체제를 부정하고 발전적이고 진보적인 인간 존재를 부정하고 있다는 점도 문제라는 지적도 있다. 근본생태론이 비판하는 도구적 이성이 환경 문제를 발생시킨 것은 사실이나 눈부신 과학적 성과를 통해 사회의 진보를 이룩한 사실 또한 부정할 수 없기 때문이다.

사회생태론

근본생태론에서 지적할 수 있는 또 다른 한계는 환경 파괴의 책임을 인간 전체에 부과하고 있다는 점이다. 선진국과 후진국, 부자와 가난한 자, 남성과 여성 등을 구분하여 환경오염의 책임을 묻는 것이 아니라, 환경 파괴에 책임이 거의 없는 모든 인간을 비판의 대상으로 삼고 있다. 이런 비판을 하는 대표적인 것이 사회생태론(social ecology)이다. 사회생태론에서는 인간 사회가 단순히 바위덩어리가 아니라 사회 내부에 불공정과 차별, 지배관계가 있으며, 그러한 점을 간과하면 불공정을 더욱 조장하는 에코파시즘을 낳을 수밖에 없다고 비판한다. 때문에 생명주의와 생태중심주의는 인간에 의한 자연의 지배를 자연에 의한 인간의 지배로 바꿔놓을 뿐이며 인간과 자연의 지배를 둘러싸고 제기되는 이원론을 극복할 수 없다는 것이다. 더 나아가 근본생태론의 생물평등주의는 헐벗고 가난한 인류의 존재 역시 다른 하찮은 생물의 가치와 동일하게 판단하여 그들을 특별하게 배려할 필요가 없다고 생각하기 때문에 반인본주의적으로 흐를 수 있다는 점도 지적된다.

사회생태론은 '생태문제는 곧 사회문제'라는 인식 아래 "인간에 의한 자연지배는 인간에 의한 인간지배로부터 비롯된다"는 것과 "위계질서와 지배에 대한 비판과 해체가 현 생태위기를 해결할 수 있는 유일한 길이다"라고 주장한다. 사회생태론을 내세운 대표적 인물은 머레이 북친(Murray Bookchin)이다. 그는 <사회적 생태론과 코뮌주의(Social Ecology and Communalism)>에서 다음과 같이 주장한다.

"생태문제를 사회문제로부터 분리시키거나 둘 사이의 밀접한 관계를 경시하는 것은 점증하는 환경위기의 근원을 전반적으로 오도하는 결과를 낳는다. 요컨대, 사회적 존재로서의 인간의 관계 방식에 대한 고찰이 생태위기를 다루는 데 핵심이다. 이 점을 명확히 깨닫지 못하면 다음과 같은 사실, 즉 지배와 정복의 대상으로서의 자연이라는 생각은 위계적 문화와 계급관계에서 비롯되었다는 사실을 바로 보지 못하게 된다."(Murray Bookchin, 2012: 18)

북친은 이윤을 목적으로 한 거래, 그칠 줄 모르는 산업 확장, 기업의 이해 증진과 진보를 동일시하는 태도 등이 곧 환경 파괴의 근원이라고 지적한다. 그러면서 사회생태론은 무엇보다도 생태적 방향의 사회적 재구성을 촉구하는 운동이라는 점을 강조한다(Murray Bookchin, 2012: 19, 57). 북친은 맑스의 자본주의 비판을 받아들인 위에 아나코 코뮌주의의 반자본, 반국가, 코뮌과 연방사상을 발전시켰으며, 평생을 사회활동가이자 사상가로서 자유와 해방을 위한 운동에 헌신했다. 뉴욕의 맨하탄에서 러시아계 이민의 아들로 태어난 북친은 10대의 어린 나이에 주물공장, 자동차공장의 노동자로 일하면서 노동운동과 사회주의 운동에 깊이 간여하게 된다. 1937년 스페인 내전을 경험하면서 그는 아나키즘에 경도되었다. 레오 트로츠키(Leo Trozki)가 살아 있는 동안에 그는 <미국 트로츠키주의자 모임>에 열성적으로 참여했고, 1960년대 초반까지는 전미 자동차노조(UAW)지도자로, 신좌파운동(new left movement)의 중심 인물로 활동했다. 1950년대 말부터 환경문제에 관심을 가진 북친은 헤겔, 맑스와 프랑크푸르트학파의 사상을 비판적으로 받아들이고 현대 생물학의 연구 성과를 이용했다. 그는 자연의 역사를 다종다양한 생명 형태가 서로 관계하면서 함께 진화하는 것으로 본다. 각각 생명 형태가 주위 환경과 다른 생명과 서로 관계하면서 자기 생명의 안정성을 위해 자기 복잡성을 증대시키고 자기 조직화를 완수하며 자기 보존을 영위하는 가운데 상호부조와 다양화, 다양성 속의 통일을 이룬다고 주장했다. 인간도 이렇게 진화하지만 다른 생명에 비해 높은 개념화 능력과 사고 능력을 소지하고 자연 전체를 포괄적으로 파악한다고 보았다. 그러나 인간은 다종다양한 위계구조를 만들어내어 '일차 자연'인 자연을 인간사회인 '이차 자연'과 단절시키고 양자를 대립시켜 환경을 파괴하고 인간의 자유를 억압하고 있다고 지적한다.

"인간이 '일차 자연'으로부터 진화하고 이 과정을 통해 '이차 자연'을 창조하는 것은 극히 자연스러운 일이었다. 나는 이차 자연이란 개념으로 독특하게 발달된 인간 문화 전반, 예를 들어 다양하게 제도화된 인간 공동체 유형들, 효율적인 인간 기술, 풍부한 상징 언어, 그리고 주의 깊은 식품 관리 등을 칭하고자 한다. 그 형태가 어떠한 것이거든, 이원론은 이 두 가지 자연을 서로 적대적인 것으로 대립시키고 있다. 반대로 일원론은, 그것이 자유주의이든, 파시즘이든, 아니면 최근의 생물중심주의이든 간에, 한쪽의 자연을 다른 쪽의 자연으로 해체한다...내가 관심을 가지는 문제는 어떻게 이차 자연이 일차 자연에서 도출되는가이다. 보다 흥미로운 문제는 일차 자연에서 이차 자연으로 진화하는 다양한 국면들과 고도의 변형 과정이 어떻게 사회제도들과 인간들 간 상호 작용, 그리고 일차 자연과 이차 자연의 상호 작용을 발생시키는가, 최산의 경우엔 이 변형 과정이 어떻게 두 개의 자연 모두를 풍요롭게 하고 나름대로의 진화과정을 가지는 이차 자연을 생산하는가 등이다. 우리가 오늘날 직면하는 생태 위기는 바로 사회가 생물계에서 등장하는 과정의 위기이며, 이와 더불어 나타난 지배·위계 조직·가부장제 계급 그리고 국가의 위기인 것이다."(Murray Bookchin, 1997: 165~166)

사회생태론은 환경파괴를 모든 생명세계를 상품화하는 시장논리에 기인하는 일반적이고 광범위한 지배와 위계의 형태들 가운데 하나로 보고, 정의에 대한 아나키스트의 관점에서 인간과 자연이 지배와 위계 없이 상호 의존하는 유기체적인 생태사회를 지향한다. 즉 기존의 사회구조가 지배자, 즉 경제계급이나 근대국가가 아닌 우월한 집단의 이익을 위해 사회구성원을 억압하도록 기능하고 있으며 이 억압적인 사회구조가 인간에 의한 자연 지배를 포함한 일체의 지배형태를 조장한 사고방식과 생활방식을 강화하도록 기능한다는 것이다. 따라서 생태적 위기를 극복하는 대안은 모든 인간이 지배와 억압에서 자유로운 사회정의의 모델에 기초해야 된다고 한다. 대표적인 사상가가 북친인데, 그는 생태사회에서는 지배와 위계가 평등과 자유로 대체될 것이라고 주장한다. 자연, 과정, 다양성, 자발성, 자유 그리고 전체성의 균형 속에 근원을 두고 있는 아나키스트 사회생태론은 이상적 사회가 생태와 사회 내의 모든 위계구조를 철폐하는 것이라고 주장한다. 미래의 생태적 사회는 문자 이전 시대의 사람들이 갖고 있었던 근본적이고 유기체적인 비위계적 관계를 회복하는 사회이다(Carolyn Merchant, 2001: 197).

아나키스트 사회생태론은 생태적, 환경적으로 건전한 사회를 위해 우리에게 필요한 것은 '상부상조의 윤리', '연대의 윤리'라면서 이것이 자율적 자치주의, 연합주의의 지배규약이라고 한다. 이는 표트르 크로포트킨(Peter Kropotkin)의 공산적, 공동체주의적 아나키즘을 물려받아 거기에 환경·생태문제를 추가한 것이라고 할 수 있다. 사회생태론자들은 신좌파, 근본생태주의자, 신멜더스주의자, 미래주의 학자들과 논쟁을 벌였다. 예를 들어, 북친은 몇몇 근본생태론자들이 사회문제, 특히 인구, 인종, 계급, 성 문제에 민감하지 못하다고 비판한다. 북친은 근본생태론이 "몽롱하고 위험스러운 논리의 영역으로 우리를 끌고 들어간다"면서 "인간은 자연을 친생태적으로 조정할 수 있는 생물권 내의 독특한 도덕적인 주체이거나 아니면 전 생명계의 '하나'로 단순히 해체되는 존재일 수 있다"고 주장한다(Murray Bookchin, 1997: 188, 191).

북친이 보기에 "사회생태론이 요구하는 사회문제는 생태사회라는 자연 진화에서 주요 경향이 완성된 것임을 인간들이 인정할 것인가, 아니면 자연 내 도덕적이고 생태적인 주체로서의 자기 모습을 알지 못한 채 맹목적인 존재로 남아 있을 것인가에 관한 것"(Murray Bookchin, 1997: 192)이다. 북친은 맬서스적 사고와 이에 입각한 정책이 이들 사회문제의 타당한 대안이 아니라고 한다. 필요한 것은 자원을 지속가능한 방식으로 이용하면서 삶의 질을 높이고 기본적 필요 충족수단을 재분배하는 생태적 발전정책이다. 이는 사회생태론이 근본생태론에 비해 해결책에 대한 접근방식이 다르고 분석의 핵심을 어디에 둘 것인지에 대해서도 의견이 상이하다는 것을 잘 보여준다(Carolyn Merchant, 2001: 200~201).

생태여성론

생태여성론(ecofeminism: ecological feminism)이란 용어는 프랑스 작가인 프랑수아즈 도본느(Françoise d'Eaubonne)가 1974년 처음 사용했다. 도본느는 현대의 환경위기는 인간에 의한 자연지배에 기인할 뿐만 아니라 남성에 의한 여성지배(가부장제)에 의해 강화되고 촉진되었다고 여기고, 인간과 자연의 조화와 공생을 주장하는 생태주의를 페미니즘과 결합시켰다. 생태여성론이 대중들의 주목을 끌게 된 계기는 1979년 쓰리마일 섬 원전 사고 다음해 600명의 여성이 개최한 '여성과 지구의 생명 - 1980년대 에코페미니즘 회의'와 여성들의 펜타곤 포위행동이었다. 1970년대 후반 사회생태론연구소를 이끌었던 이네스트라 킹(Ynestra King)은 기업전사에 의한 지구와 생물의 파괴와 군인들의 핵에 의한 멸종의 위협은 여성들의 신체와 성에 대한 권리를 부정하는 남성우위사상과 그 뿌리가 같다고 주장한다. 1980년대 동안 미국의 문화적 여성론자들은 여성과 자연이 함께 해방될 수 있음을 역설하면서, 생태여성론에 새로운 활력을 불어넣었다(Carolyn Merchant, 2001: 249~250). 그러나 그 이후 여성생태론은 페미니즘이 여성성의 이해를 둘러싸고 내부 대립과 분열을 겪었던 것처럼 인간과 자연의 관계를 개선하는 방식에 대해 서로 다른 시각을 제시하면서 균열을 보였다. 그런 점에서 여성생태론은 하나의 통일된 사상이라기보다는 환경문제에 대한 페미니즘 내의 다양한 시각을 포괄하는 사상이라 할 수 있다.

여성생태론의 공통점은 인종 계급, 여성, 그리고 자연에 대한 억압의 공통된 원인을 서양의 이성 중심주의에서 찾는 데서 발견할 수 있다. 대표적으로 오스트레일리아의 철학자인 발 플럼우드(Val Plumwood)는 서양철학에서 이성/자연의 이항 대립에서 언제나 우세한 쪽은 이성과 연결되었고, 열등한 쪽은 자연으로 나타났음을 지적하며, 이러한 이원론[35]을 '식민지화의 논리'라고 명명한다. 플럼우드는 인간/자연 이원론을 인간/동물, 정신/신체, 남성/여성, 이성/감정 및 문명/원시를 포함한 일련의 젠더 이원론 중 하나라면서 이를 버릴 것을 주장했다. 자연의 나머지 부분으로부터 인간을 '초분리(hyperseparation)'하는 것을 포기해야 한다는 것이다. 그리고 다른 사람을 근본적으로 분리되고 열등한 존재로 보는 것, 자기나 중심의 존재에 대해 이차적, 파생적 또는 주변적이며 그 주체가 거부된 존재로 보는 '숙달의 관점(the standpoint of mastery)'을 거부해야 한다고 주장한다. 대신 그녀는 주체와 객체, 사람과 환경 사이의 연속성과 구분에서 윤리적 책임을 인식하고 그 근거를 두는 관점을 제안한다(Van Plumwood, 1991: 3~27).

여성생태론이 생태학적 위기의 근본원인을 지배와 위계의 사회구조적 문제와 관련된 것으로 보는 것은 사회생태론과 유사하다. 여성생태론은 자연에 대한 지배와 여성의 예속 간에 구조적 연관성이 있다고 보고 환경문제와 여성문제를 동시적으로 해결할 수 있는 변혁 프로그램을 주장한다. 예를 들어, 전통적인 윤리가 아닌 보살핌과 길러냄의 윤리를 통해 남성과 여성을 자연과 동등한 동반자로 구성한다면 자연과 인격적으로 친밀한 관계 맺고 자연에 대한 연민이 생겨난다고 주장한다. 그러나 페미니즘 부류(자유주의, 문화적, 맑스주의, 사회주의 페미니즘 등)가 각각 다른 방식으로 생태여성론에 접근하는 까닭에 생태여성론 역시 다양한 시각으로 구분된다. 예를 들어 영적(spiritual) 생태여성론은 근대의 과학, 기술, 산업, 정치 등이 모두 자연이나 생명에 대해 지배, 정복, 폭력, 파괴, 정쟁 형태로 출현한 것은 그것이 남성원리에 뿌리를 두었기 때문이라고 한다. 새로운 문명과 사회로 가는 길은 평화, 조화, 공생 특징 여성원리에 의해 가능하다는 것이다. 이들은 이성과 과학기술에 의한 합리주의적 방법이 아닌 자연과의 신비적 일체감에 뿌리를 둔 영적 방법이 중요하다고 한다. 이들은 고대 모계제 사회의 여성문화를 복원해야 한다고 주장한다.

---

35 대표적인 이성/자연 이원론은 기독교의 남성 중심적 상징체계이다. 기독교에서 여성은 신과 일체화될 수 없는데 이는 여성에 대해 반생명적 원리로 작동한다. 또한 전지전능한 신으로서의 초월적 하나님 개념도 이원론적 사고구조와 가치체계를 정당화한고 지적된다. 반 플럼우드와 같은 생태여성론자들은 남성적이고 공격적인 신 상징을 통해 지배, 억압, 전쟁, 정복 등의 생명파괴적 행위가 정당화되었고, 생명 사랑이 아닌 죽음 찬양의 반생명적 원리가 양산되었다고 말한다.

한편 캐롤린 머천트(Carolyn Merchant)가 이끄는 사회주의 생태여성론은 자본주의적 가부장제 내에서 남성의 여성지배와 자연지배의 양태를 분석하면서 여성과 자연 모두를 자원으로 이용하는 자본주의적 시장경제에 내재해 있는 여성과 자연에 대한 지배로부터 해방하고자 한다. 맑시스트들은 자본주의적 생상의 발전은 노동자와 식민지뿐만 아니라 자연과 여성에 대한 착취와 수탈을 통해 이뤄진다는 점을 간과한다고 지적한다. 그런 점에서 인간과 자연, 남녀의 협동과 공생에는 자본주의 체제의 전환 문제가 제기된다.

독일의 사회학자 마리아 미즈(Maria Mies)와 인도의 물리학자 반다나 시바(Vandana Shiva)는 <에코페미니즘(Ecofeminism)>에서 페미니즘적인 관점에서 자본주의적 가부장제의 세계정치경제 구조에 의해 파생된 생태 위기에 대하여 강한 비판과 대안을 제시한다. 이들은 과학에 대한 페미니즘의 비판은 주류 사회과학뿐만 아니라 자연과학과 그 핵심적 패러다임, 근저에 깔린 세계관, 그 인류학, 그 방법들과 응용에까지 미친다고 말한다. 이 비판은 애초에 연구소나 대학에서 나오지 않고 환경·평화·여성운동 등과 연결되어, 특히 재생산기술이나 유전공학에 반대하는 운동과 연계되어 생겨났다. 더 많은 여성과 페미니스트들이 이런 운동에 참여하게 될수록, 군사주의와 가부장제 간의, 자연에 대한 기술적 파괴·지배와 여성에 대한 폭력 간의 관계가 점점 더 뚜렷해졌다는 것이다. 미즈와 시바는 여성과 자연이 개발의 희생자이며, 최근의 유전 및 생식 공학은 식물의 종자와 여성의 자궁을 최신의 식민지로 만들었다고 지적한다. 자본주의적 가부장제의 인간중심적이고 남성중심적인 사고방식은 여성과 식물 종자가 갖고 있는 창조적 재생력과 가치를 무시하고, 이들을 과학기술을 적용하고 개발하여 가치를 부여해야 할 수동적 원자재로 간주한다는 것이다.

"여성·자연·이민족과 그들의 나라는 백인 남성의 식민지이다. 이들에 대한 식민화. 즉 약탈적 전유(착취)를 위한 종속이 없었다면 그 유명한 서구문명도, 진보의 패러다임도, 그리고 무엇보다 자연과학과 기술도 없었을 것이다."(Maria Mies & Vandana Shiva, 2020: 108~109)

이들은 서구의 성장 개발모델이 선진국의 기술과 후진국의 원료 공급이라는 시장경제의 식민구조에 기반을 두고 있으므로 지속불가능하다고 한다. 개발로 인해 희생된 사람들은 개발모델이 진보와 해방을 가져다주기는 고사하고, 자연과 자연에 속한다고 간주하는 인간집단의 생존기반을 파괴한다는 것을 알게 되었다. 때문에 이들은 생태적으로 건전하고 착취적이지 않으며, 가부장적이지 않고, 자급적인 사회를 추구하는 새로운 움직임에 주목하고 이를 자급적 관점 혹은 생존의 관점이라고 부른다(Maria Mies & Vandana Shiva, 2020: 478~479). 미즈와 시바의 자급적, 생존적 관점은 시장경제의 개발 관점을 거부하고 지구의 정해진 한계 내에서 다른 존재와 미래세대의 생존 기반을 보존하고, 인간과 자연의 재생능력과 다양성을 보존하는 것을 목적으로 한다.

생태사회주의

생태사회주의(ecosocialism)는 생태학과 사회주의, 그린과 레드의 결합을 가리킨다. 생태사회주의는 사회주의 붕괴 과정에서 사회주의자들이 생태문제를 통해 대중운동으로 전환함과 동시에 새로운 사회주의 정치를 장려하기 위해 제시되었는데, 데이비드 페퍼(David Pepper), 마틴 라일(Martin Ryle), 앙드레 고르(Andre Gorz), 오토 볼프(F. Otto Wolf)가 대표적 학자로 꼽힌다. 이들은 환경문제의 원인이 자연에 대한 인간의 과도한 지배에 있다고 보고 좌파와 우파 모두를 인간의 자연 지배를 정당화하는 경제성장과 산업사회 이데올로기의 옹호자로 비판한다. 사회주의 운동을 노동운동과 생태운동의 접합으로 규정하는 이들은 생태학 입장에서 칼 맑스의 자본주의 비판을 옹호하고 맑스의 사상과 생태학의 결합을 통해 환경문제의 해결을 모색한다.

생태사회주의자들은 맑스의 자본주의 비판이론에는 이미 생태학적 관점이 포함되어 있으며, 맑스는 환경문제의 원인이 다른 사회문제와 마찬가지로 자본주의 논리에 내재해있다고 주장했다는 것을 강조한다. 자본주의 사회에서 생산력은 이윤추구 원리아래 한없이 성장하는데, 이 과정에서 자연은 착취되고 파괴된다는 것이다. 이는 자본축적의 본성과 자본주의적 경쟁에 의해 필연적으로 발생하는 것이다. 생태사회주의자들은 맑스의 초기 저작인 <1844년 경제학 철학 초고(Ökonomisch-philosophische Manuskripte aus dem Jahre 1844)>에 나오는 인간주의와 자연주의의 통일 개념에 자본주의 비판 개념을 첨가해서 종합적으로 해석하는 시도를 행한다.

“연합 개념을 토지에 적용하면 대규모 토지 소유에서 나온 경제적 이점을 공유하여 (토지) 분배에 내재한 본래 경향, 즉 평등을 처음으로 실현하게 된다. 또한 연합은...합리적인 방법에 기초하여 인간과 땅의 친밀한(gemütliche) 연계를 재구축하고, 땅을 매매 대상에서 제외한다. 연합은 자유롭게 노동하고 즐기면서 인간의 참된 개인적 소유를 재구축한다."(Karl Marx & Friedrich Engels, 2010: 268)

"공산주의는 인간의 자기 소외를 유발하는 사유재산을 능동적인 방식으로 극복하는 것이자, 인간에 의해 그리고 인간을 위해 인간적 본질을 현실적으로 전유하는 것이며, 사회적 존재로서의 자신에게로 완전히 복귀하는 것이다. 이러한 복귀는 의식적으로 완성되고, 과거의 발전 과정에서 발생한 모든 부를 품에 안는다. 이와 같은 공산주의는 완전히 발전된 자연주의로서 인간주의와 동일한 것이고, 완전히 발전된 인간주의로서 자연주의와 동일한 것이다. 이것은 인간과 자연, 인간과 인간 사이에 벌어지는 갈등을 해결할 수 있는 진정한 해결책이자 존재와 본질, 대상화와 자기 긍정, 자유와 필요, 개인과 인류 사이에서 벌어지는 불화를 해결할 수 있는 참된 해결책이다."(Karl Marx & Friedrich Engels, 2010: 296)

생태사회주의자들은 환경문제 해결을 자본주의적 생산관계를 극복하는 사회주의에서 찾는다. 그러나 이 사회주의는 단지 생산수단의 공적 통제만을 특징으로 하는 형식적인 사회주의 개념이 아니라 맑스의 사회적 관계와 자본주의의 영향에 대한 근본적인 통찰과 휴머니즘적 사상의 중요성을 부각시키는 보다 넓은 의미의 사회주의를 의미한다. 생태사회주의는 국가사회주의가 아닌 자연과 공생하고, 인간과 자연의 물질대사를 의식적이고 공동적으로 제어할 수 있는 새로운 사회주의를 강조한다. 이렇게 된 데는 구소련과 동유럽의 현실사회주의가 농업의 집단화와 중공업 발전에 기초한 계획경제의 추진, 국가와 사회에 대한 당의 통제 등에서 보여지듯이 여러 가지 점에서 도그마하고 단순화한 소련관료지배체제의 국가이데올로기로 평가되기 때문이다.

이들 현실사회주의 국가들은 심각한 환경문제를 갖고 있었다. 이들 국가들은 스탈린주의 모델에 입각한 산업화 전략을 채택했다. 그 결과 스탈린주의의 특징인 경제의 국가소유와 정책결정의 극단적인 중앙집권화, 계획의 성취를 위한 인적, 물적 자원의 독재적인 동원화로 인한 폐해가 점차 나타났다. 성장률의 저하, 증가하는 외채, 극심한 인플레이션과 물자 부족, 그리고 무엇보다 심각한 환경문제의 발생 등이 바로 그것이다. 소련과 동유럽 국가들은 중공업 위주의 산업화를 전개하였지만 오염에 대한 규제는 전혀 없었다. 이로 인해 동유럽 국가들은 1인당 에너지 소비량이 세계 최고 수준을 기록한 반면 유럽에서 가장 공해가 심한 곳이 되었다. 아황산가스의 배출량은 서

유럽 국가들에 비해 두 배에 달했다. 가장 피해가 컸던 지역은 동독, 북보헤미아와 상부 실레지아(체코슬로바키아의 모스트와 폴란드의 카토비체)로 이 지역은 각종 제철소와 화학공장들이 몰려 있었고 대부분 질 낮은 갈탄을 사용했기 때문에 막대한 양의 매연과 공해물질을 배출했다. 폴란드도 상부 실레지아 지방은 일 년 중 3분의 1이 스모그현상이 나타나고 이 지역에서 생산되는 식품의 3분의 2가 인간이 먹기에 적합하지 않았고 70%의 물이 마실 수 없었다. 이로 말미암아 성인 사망률이 증가하고 담배와 알코올 중독자가 증가했다(Jacques Rupnik, 1990).

생태파시즘

생태파시즘(ecofascism)은 넓게는 지구, 좁게는 생태계를 지키는 것을 목적으로 어떠한 희생도 마다하지 않는 전체주의 사상이다. 생물종의 우생학적 보존 주장에 기반해 유대인을 열등인종으로 보고 말살시켜야 한다는 나치스의 이데올로그였던 에른스트 헥켈(ErnstHaeckel)이 생태주의와 파시즘을 잇는 인물이다. 우생학(eugenics)의 기본적 특질은 인간의 사회적 조건과 공동성을 무시하고 개인의 생물학적 조건으로 문제를 환원하는 생물적 결정론(유전결정론)과 인간의 자질과 능력을 서열화해 그것의 우수성만을 지향하고 찬양하며(적극적 우생학), 인간의 열등성을 배제·제거하려는(소극적 우생학) 점에 있다(尾關周二 외, 2007: 235). 생태계 보호를 위해 인간마저도 배제할 수 있다는 J. 베어드 캘리콧(J. Baird Callicott)이나, '공유지의 비극(tragedy of the commons)'을 주장한 네오맬서스주의자인 가렛 하딘(Garrett Hardin)이 생태파시즘의 대표적 인물이다. 캘리콧은 사회 전체의 이익이 반드시 그 구성원의 이익의 총화와 일치하지 않으며, 사회의 온전성을 유지하기 위해선 규율이나 희생, 개인의 억제가 자주 요구된다고 말한다. 그뿐 아니라 사회란 그 구성원들이 사리사욕에만 사로잡혀 공동체의 이익을 무시하는 순간 붕괴할지도 모르는 위약함을 갖고 있다고 지적한다(J. Baird Callicott, 1989: 24, 김일방, 2022: 419에서 재인용).

생태파시즘은 '구명선 윤리(lifeboat ethics)'나 '공유지의 비극'을 이데올로기적으로 신비화시키고 이를 수단으로 억압과 전체주의적 통제를 추구한다. 그 역사적 실례는 독일 나치가 내세웠던 '자연의 종교'를 들 수 있다. '자연의 종교'는 초기의 독일 민족의 자연신비주의, 유사과학적 생태학, 비합리적인 반인간주의, 그리고 대지로의 복귀를 통한 인종적 구원의 신화 등의 휘발성 있는 혼합물이었다. 그것의 지배적인 테마들은 자연 질서, 유기적 전체론, 그리고 인간의 부정이었다. 히틀러는 '자연과정의 영원한 법칙'을 확인하고 사회를 그 법칙에 조응하도록 조직해야 한다고 주장했다. "피와 대지의 통일은 재건되어야 한다"는 선언은 오직 독일 민중에게만 특유한 '피'(인종 혹은 민족)와 '대지'(대지와 자연환경) 사이의 유사 신비주의적 연계를 의미한다. 이러한 사상적 토대에서 재농촌화를 위한 노력과 유기농의 지원, 환경 친화적 토지 사용 계획 및 산업정책의 제도화를 위한 시도가 행해졌고 1935년에는 '제국자연보호법(Reichsnatursh utzgesetz)'이 제정되었다. 이는 나치의 전체주의적 사회질서와 생활공간이라는 팽창주의적 정책을 정당화하는데 기여했다(Janet Biehl et.al., 2003: 39~41, 48~49, 60~61).

공유지의 비극은 영국의 정치경제학자인 윌리엄 포스터 로이드(William Foster Lloyd)가 19세기 영국 농촌마을의 사례를 들어 최초로 제기했고, 미국의 생물학자인 가렛 하딘(Garett Hardin)이 인구와 유효식량과의 관계로 확장해 설명했다. 이들에 의하면 개인 이익을 최대화하려는 노력이 공동 소유물의 파괴와 아울러 궁극적으로 사회 자체를 파멸시킨다고 한다. 하딘은 공동의 비극을 막기 위해서는 사적 재산권을 명확히 하고 이에 대한 접근을 제한함으로써 환경 보호의 합리적 토대를 마련해야 한다고 주장한다. 공유지의 비극이라는 비유에 근거해 하딘은 '구명선 윤리'를 제안한다. 우리가 살고 있는 세계는 이미 생존자들(부유한 나라의 살찐 사람들)로 가득 차 있는 구명선과 같아 산업화 국가들이 빈곤한 나라의 사람들과 함께 침몰하지 않기 위해서는 기어오르지 못할 것 같은 사람들은 냉정하게 저지해야 된다는 것이다. 자연에서의 생존은 사회적 정의로 통치되지 않으며, 완전한 파멸보다는 차라리 불의를 택하는 것이 낫다는 것이다.

생태파시즘자들의 주장은 환경문제의 해결에 목적이 있는 것이 아니라 환경과 관련된 이슈들을 정치적 캠페인의 주제로 이용하거나 환경위기라는 공포와 불안감을 조성하여 기존 체제의 유지와 관련 없는 자원의 이용을 통제함에 있다. 환경관리와 통제를 위한 의사결정 과정에 대중의 참여를 전적으로 배제하고 과학기술 및 경제전문가의 권위 있는 의견만을 존중하는 경향이 존재하는 데서 생태파시즘은 반민주적이고 반동적인 환경사상이라고 부를 수 있다.

4장.
정당과 기업은 환경문제를 어떻게 다루는가?

페트라 켈리가 녹색당을 반정당 정당이라고 불렀을 때, 이는 무엇보다 원칙을 어기는 타협을 하지 않겠다는 점을 강조하며, 비폭력 시민운동의 전통과 정당의 역할을 접합하겠다는 이야기였다. 이는 '정치반대'를 정치의 도덕적 규범으로 삼은 헝가리 철학자 게오르기 콘라드(György Konrád)의 사상을 본뜬 것이다. (이러한) 역설적 이름은 도덕적 원칙을 정교하게 다듬는 작업, 아울러 이를 수호하고자 정치를 제자리로 옮겨놓는 수단을 뜻했다. 페트라는 콘라드의 개념을 정당에 도입해, 녹색당이 최고의 도덕 기준을 수호하는 동시에 다른 정당의 기존 개념을 뒤집는 역할까지 맡기를 희망했다.

- 사라 파킨[36]

정당이란 무엇이고, 어떻게 발전했는가?[37]

정당(political party)은 그 역사가 그리 오래되지 않았다. 이와 관련하여 프랑스의 정치학자이자 헌법학자인 모리스 듀베르제(Maurice Duverger)는 19세기 중반에 이르기까지 미국을 제외하고는 그 어느 국가에서도 현재 사용되고 있는 의미의 정당을 알지 못했다고 지적한다(Maurice Duverger, 1980: 13~14). 다른 국가들은 다양한 의회집단과 선거 위원회를 갖추고 있었으나 실제적인 정당은 존재하지 않았다. 정치활동은 철학회, 장인클럽, 기자협회, 노동조합, 생산자 및 상인집단, 사용자연합과 같은 원외집단들을 통해 이뤄졌으며, 이들 집단들이 정당발생의 길을 열어주었다. 20세기에 접어들면서 대부분의 유럽 국가에서 지방선거위원회의 설립과 함께 참정권이 확대

---

36 Sara Parkin(2002), pp.232~233.

37 이 절과 다음 절은 홍익표·진시원(2016), pp.323~331을 수정·보완하였다.

되면서 사회주의 정당을 비롯한 각종 정당이 발달할 수 있었다. 이런 점에서 정당은 민주주의의 발전, 즉 보통선거권과 의회주권의 확대와 더불어 발전하였다고 평가된다.

정당은 파벌(faction)이란 말과 오랫동안 혼용되어왔다. 어원적으로 파벌은 라틴어로 '행하다'를 의미하는 'facere'와 원형경기장에서 경쟁하는 2륜전차꾼을 둘러싼 무리를 의미하는 'factio'에서 유래한다. 그런 까닭에 파벌은 로마시대부터 19세기에 이르기까지 무례하고 파괴적이며 해로운 행위를 지향하는 정치집단이라는 부정적인 의미로 사용되었다. 정당도 역시 '분할하다'라는 의미를 지닌 라틴어 동사 'partire'로부터 유래한 것이지만 라틴어로부터 직접 정치 논의에 사용되었던 것은 아니었다. 이 말과 똑같은 어원을 가진 말로 오랜 기간 사용되었던 것은 '단절하다', '자르다', '분할하다'라는 뜻의 'secare'에서 기원하는 분파(sect)이다. 분파라는 말이 이미 확립되어 사용되고 있었기 때문에 정당이란 말은 보다 느슨하고 막연한 의미로 사용될 수밖에 없었다. 분석적 구성물인 정당은 이후 원래의 함축적 의미를 상실하고 영어의 '함께하다(partaking)'와 프랑스어의 '나누어 갖다(partager)'라는 뜻으로 유입되었다. 정당은 반드시 파벌을 의미하거나 해악을 끼치는 것이 아닐뿐더러 필연적으로 공익(bonum commune)을 해치는 것도 아니라는 생각이 받아들여지면서 파벌을 대체하기 시작했다(Giovanni Sartori, 21~22). 현재 파벌은 정치권력과 자원의 통제를 놓고 경쟁하는 정치적 단위나 연합을 의미하는 말로 여전히 존재한다.

그렇다면 정당은 어떤 사회, 정치적 맥락에서 출현 하였는가? 이에 대한 설명은 학자별로 매우 다양하다. 이에 관해서는 크게 제도이론, 역사적 맥락이론, 근대화이 론, 균열이론으로 나누어 볼 수 있다. 첫째, 제도이론은 정당 출현을 초기 의회 및 선거제도의 발전에 있어 상호관계에 초점을 맞추어 설명하는 이론으로 듀베르제가 대표적인 학자이다. 제도이론은 정당의 출현을 의회체계 및 선거제도의 발전으로부터 비롯되었다고 본다. 의회 내 파벌들이 기득권을 유지하기 위해 의회와 선거라는 제도 에 반응하게 되면서 정당으로 발전되었는데, 처음에 의회집단이 창설되고 다음에 선 거위원회가 조직되며, 마지막으로 이 두 요소의 항구적으로 연결되게 되었다는 것이 다. 한편 원외에서는 선거나 의회와는 관계없이 이미 존재하고 있는 노동조합, 농협, 종교단체 등의 집단들이 정당의 외양을 갖게 되었다(Maurice Duverger, 1980: 14~31). 영국에서 노조운동의 최상급단체로 창설된 노동조합회의(Trade Union Congress)가 '의회에 보다 많은 숫자의 노동대표를 보내기 위해' 독자적 정치세력을 형성할 것을 결의함으로써 1899년 창당된 영국 노동당은 그 대표적인 사례이다.

둘째, 역사적 맥락을 강조하는 조지프 라팔롬바라(Joseph LaPalombara)와 마이런 웨이너(Myron Weiner)는 어떤 정치체계 내에서 정당의 출현은 체계가 직면한 위기와 관련이 있다고 본다. 즉 정치체계가 전통적 형태에서 보다 발전된 형태로 나가면서 정치체계는 정통성, 통합, 참여의 위기를 경험한다는 것이다. 이들 세 위기 중에 정통성은 유럽과 개발도상국들에서 최초의 정당들이 처음 직면하는 쟁점으로서 현존하는 통치체계 및 지도자를 선출하는 규칙들이 도전받을 때 야기된다는 것이다. 통합의 위기는 영토의 통합으로 인해 분리된 민족이 하나로 통합되거나 여러 민족이 하나의 국민으로 결합 되려할 때 발생한다. 유럽에서 독일과 이탈리아의 정당출현은 통합위기를 그 배경으로 한다고 지적된다. 참여의 위기는 여러 유형의 사회적, 경제적 계층의 변화가 그로 인해 생겨나는 새로운 계층들의 정치참여 요구의 촉진제가 될 때 나타나는 현상이다. 18세기 이후 유럽의 산업화로 계층 분화가 일어나면서 새로운 계층이 정치참여와 정책결정 참여를 요구하였던 사례가 있다. 라팔롬바라와 웨이너는 이들 위기가 정당이 출현하는 맥락을 상황을 제공할 뿐만 아니라 출현 이후 발전에도 중요한 요인이 되었다고 한다(Joseph LaPalombara et al., 1989: 24~30).

셋째, 균열이론은 이해관계의 균열과 이로 인한 대립이 정당을 만든다는 점을 강조 한다. 세이머 마틴 립셋(Seymour Martin Lipset)과 슈타인 록칸(Stein Rokkan)은 '균열구조, 정당 체계, 유권자 편성(cleavage structures, party systems, and voter alignments)'이란 제목의 논문에서 정치적 동원의 핵심적 담당자로서의 표출기능과 도구적 대표기능을 수행하는 정당이 서유럽 국가들에서 국민혁명(근대국가 건설과 국민형성)과 산업혁명을 거치면서 네 가지의 사회균열을 경험하였는데 이것이 정당체계에 그대로 투영되었다고 주장하였다. 즉, 국가의 경계 내에서 중앙집권화 및 동질화를 모색하는 지배문화와, 외부로부터 강요되는 새로운 질서와 가치를 거부하는 종속문화 사이의 갈등이 근대국가 건설의 초기에 전개된 중심과 주변 균열, 교회가 사회구성원에 대한 도덕과 교육정책에 대한 기존의 특권을 수호하면서 국가의 대행자적인 위치에 서기를 거부함으로써 초래된 교회와 국가 균열, 산업화가 초래한 전통적 지배세력이던 농촌세력과 새롭게 등장한 상공업세력간의 충돌인 농촌과 도시 균열, 그리고 1917년 러시아혁명 이후 부각된 자본가와 노동자 간의 계급균열의 구조가 서유럽의 정당체계에 그대로 투영되었다는 것이다.

이들은 균열들을 정당대립으로 전환시키는 요인들로 조직전략과 선거전략의 고려상황들, 연합이 가져다 줄 보상과 분열이 초래할 손실간의 형량, 조직화의 시간적 경과에 따른 동원시장의 점진적 협소화 등을 제시한다. 또한 각 사회의 저항 표출 및 이익 대표의 조건들도 중요하다고 한다. 하나의 사회운동이 저항을 표출하고 정치체 제내에서 목적을 달성하기 위해서는 반대의 표출이 용납되는 정당화, 참여의 권리가 부여되는 통합, 대의기관에 진출하여 세력을 형성하는 대표, 다수자 지위를 확보하며 중요한 구조적 변화를 가져올 수 있는 다수 지배의 네 관문(threshold)을 통과해야 한다는 것이다. 고저의 차이가 있는 관문에 따라 정당체계가 차이가 난다는 것이다. 예를 들어, 1832년 이전 영국에서는 정당이 허술한 의원조직이나 유지들 클럽에 불과한 원내정당이었고 당시 정당체계에서는 정당화의 관문이 중간 수준의 문턱을 유지했으나 다른 관문은 높았다고 한다. 립셋과 로칸은 1960년대의 정당체계가 1920년대의 특징을 그대로 보유하고 있다는 이른바 '결빙 가설(freezing hypothesis)'을 주장하였다(Peter Mair ed., 1990: 91~138). 이들은 근대 시기 유럽의 사회균열구조가 정당으로 이전(transition)되는 경로를 체계적으로 규명하였다는 점에서 이후 정당연구에 큰 영향을 미쳤다. 서유럽에서 근대적 의미의 정당은 일반적으로 이념을 공유하는 사람들이 정책을 통하여 대중의 지지를 얻고 정치권력을 획득하려는 목표로 조직한 결사체를 가리킨다. 구체적으로, 정당은 유사한 신념, 태도, 가치를 지닌 사람들이 모여 사회의 특수하거나 광범위한 이해관계를 대변하여 선거경쟁에 승리하고 정치권력을 획득하려는 정치적 결사체라고 할 수 있다. 그러나 정당이 반드시 이념을 공유하는 사람들의 모임이고, 특정한 이익을 대변하며, 선거경쟁에 참여하고, 정권획득을 목표로 하는 지에 대해서는 학자들 사이에 상이한 견해가 존재한다. 분명한 사실은 근대적 의미의 정당이 서유럽의 맥락에서 형성되고 근대 민주주의의 진전과 밀접한 관련을 맺고 발전되었다는 점이다. 이런 점에서 정당은 비교적 짧은 역사를 갖고 있는 근대적 산물이라 할 수 있다. 근대적 정당은 정치공동체 내에서 그들의 활동영역과 권력을 꾸준히 넓혀왔고 그 결과로서 기능과 성격도 변화하였다. 근대정당은 초기에는 개별대표정당의 성격을 띠고 있었으나 이후 사회혁명과 산업화, 급진적 도시화와 국제이민이라는 사회 변동에 통합하려는 사회통합정당으로 변모하였다. 근대정당은 지난 150여 년 동안 다음과 같이 뚜렷이 구분되는 단계를 거쳐 발전하였다.

먼저 간부정당(cadre party)은 선거 캠페인 비용을 개별적인 재산에 의존하는 부유층 인사로 구성된 정당으로 19세기말에서 20세기 초에 나타났다. 일반적으로 이들 간부 정당은 의회 의원들에 의해 지배되었다. 두 번째 단계에서는 유권자의 증가와 함께 대중정당(mass party)이 출현하였다. 대중정당은 노동계급 혹은 교회나 소농과 같은 사회 집단의 대리인으로 국가를 통제하려고 시도하였다. 간부정당과 달리 대중정당은 그들 자신의 당원들이나 노동조합, 종교조직, 농업협동조합과 같이 선거 시에 재정적 지원이나 조직적 지지를 제공하는 연관조직에 의존하였다(Tom Mackie, 1995: 166~168). 대표적인 사례가 독일의 사민당(SPD)과 영국의 노동당(Labor Party)이다. 독일에서는 페르디난드 라쌀레(Ferdinand Lasalle)의 전독일노동자연맹(ADAV)과 맑스주의적 사민주의노동자당(SDAP)이 1875년 사회주의노동자당(SAP)로 통합되어 1891년 사민당으로 개명되었고, 영국에서 는 영국노총(TUC) 주도로 독립노동당, 사회민주동맹, 페이비언 협회가 참여해 결성된 노동대표위원회가 1906년 노동당으로 개명하였다. 시민사회의 집합적 자원에 의존하는 이들 대중정당은 1930년대부터 서유럽에서 점차 집권의 기회를 갖게 된다.

대중정당에 이어 전후 서구에서는 정당들이 점차 이질적 사회기반을 갖게 되면서 이른바 포괄정당(catch-all party, Allerweltspartei)이 출현하였다. 독일의 정치학자인 오토 키르히하이머(Otto Kirchheimer)에 따르면 포괄정당은 시민사회와 국가의 중개인 역할을 하면서 이념적 지향보다는 선거에서 보다 많은 유권자들로부터 지지를 추구하는 정당을 일컫는다(Peter Mair ed., 1990: 50~60). 정당의 적극적 역할을 강조하는 포괄정당은 강한 국가 전통을 지닌 일부 국가에서는 정당이 국가를 지배하고 국가기구와 사회의 주요 부분을 '식민화'하기도 하는 데서 정당국가(Parteienstaat)의 핵심 구성요소가 되었다(Richard Gunther et al., 2002: 70~71). 한편, 리처드 카츠(Richard Katz)와 피터 메이어(Peter Mair)는 포괄정당이 발전하여 카르텔정당(cartel party)이 된다고 한다. 포괄정당에 비해 카르텔정당은 재정 지원을 국가에 더욱 의존하며 집권정당으로 정당과 시민들을 연결하는 미디어를 조정하는 특징을 지닌다. 다른 정당들과 노선과 정책을 둘러싸고 경쟁을 벌이기보다는 타협을 통해 기득권을 지키는데 몰두하는 경향이 있다. 카르텔정당은 정당에 대한 국가의 지원과 후원 관계의 기회가 큰 노르웨이, 스웨덴, 오스트리아, 이탈리아 등에서 발달하였다(Richard Katz et al., 1995: 5~28).

정당의 조직과 기능

시민사회의 특정하거나 공통적인 이익을 대변하는 정당은 선거경쟁에 참여함으로써 정치권력의 획득을 추구하는데서 시민사회와 통치영역을 연결해주는 주요한 메카니즘의 하나이다. 정당이 자신을 유지하고 추구하는 목표를 달성하기 위해서는 일정한 조직을 필요로 한다. 일반적으로 조직은 특정한 목표를 달성하기 위해서 의식적으로 구성되며, 공식화된 통합과 분화의 구조와 과정, 그리고 정해진 경계를 갖는다. 정당 역시 이러한 조직을 갖춤으로써 제대로 당원을 관리하고, 정치자금을 모금하며, 당의 정책과 선거전략을 마련할 수 있다. 이런 점에서 정당 조직은 정당이 정치적 목표를 달성하는 데 있어 필수적인 요소이기도 하다.

정당조직을 설명하기 위한 모델은 크게 세 가지로 나눠 볼 수 있다(심지연 편, 2003: 97~99). 첫 번째 접근법은 뉴베르제나 레온 엡스타인(Leon D. Epstein)이 주장한 선거경쟁 접근법이다. 이 접근법은 정당 간 경쟁이 각 정당으로 하여금 나름대로 특수한 조직형태를 띠게 한다고 본다. 둘째, 제도화 접근법은 정당 간 경쟁보다 정당 내 문제나 정당이 제도화되어 가는 과정에 주목한다. 이 접근법은 어떻게 당의 조직이 동태적으로 형성되며, 정당 내의 서로 다른 요소 간의 관계가 어떤지에 대해 관심을 둔다. 셋째, 자원동원 접근법은 한 특정 정당이 갖고 있는 조직적 특성을 그 정당이 이용 가능한 특정 종류의 자원과 연결시켜 설명한다. 정당조직 형태는 정당이 그를 둘러싸고 있는 자원의 공급을 어떻게 할 것인가를 반영한 결과물이라는 것이다.

강력하게 조직된 정당은 특히 대중정당의 출현과 발전과정에서 더욱 부각되었다. 사회집단의 대리인으로 국가를 통제하려고 시도하는 대중정당은 그들 자신의 당원들 이나 노동조합, 종교조직 등에 의해 재정적 지원이나 조직적 지지를 제공받았다. 그 발전과정에서 대중정당은 지역적으로 뿌리내린 강한 하부조직을 갖게 되었다. 전국 조직인 중앙당과 아울러 지방의 선거구 조직인 지구당은 대중정당을 인적, 물적으로 뒷받침하는 주요한 기반이었다. 그러나 1960년대 들어와 강력하게 조직된 정당으로 서의 대중정당은 당원이 감소하고 조직이 쇠퇴하고 있다거나 당내 민주주의가 위협 받고 있다는 등의 여러 비판에 직면하였다.

정당조직의 특징과 관련하여 독일 출생의 이탈리아 사회학자인 로버트 미헬스(Robert Michels)는 1911년에 발간된 그의 저작인 <근대 민주주의와 정당사회학(Zur Soziologie des Parteiwesens in der modernen Demokratie)>에서 인상적인 주장을 펼쳤다. 우선 미헬스는 특정한 목적을 지닌 모든 근대적 운동은 지도부와 대중으로 구성된 조직을 기반으로 할 수밖에 없다고 본다. 그러나 조직이 발전하는 과정에서 지도부는 더 이상 대중의 열망을 실현하는 데 관심을 두지 않고 단지 자신들의 권력기반인 조직을 보호하려 한다는 것이다. 이제 조직을 유지하는 것은 과두적 지배체제를 항구화하려는 지도부의 욕구와 이 지도부를 추종할 수밖에 없는 대중의 무기력이라고 지적한다.

"선출된 자가 선출된 자들을 지배하고, 수임자가 위임자를 지배하며, 대의원이 대의원 을 선출한 사람들을 지배하도록 하게 만드는 것은 조직 그 자체이다 … 과두체제는 모든 조직에서 필연적으로 나타나는 경향이다 … 모든 정당조직은 민주적 토대 위에 선 강력 한 과두정이다 … 정당 자체에 독자적이고 독립적인 목표와 이해관계가 생겨나면 정당의 목적은 그것이 대변하는 계급의 목적과 어긋나게 된다"(Robert Michels, 2002: 391, 386).

대부분의 학자들은 정당을 현대 민주주의 제도의 운영에 있어서 필수불가결한 요소 로 거론한다. 이는 무엇보다도 정당이 여론 형성과 공직자 충원 등을 통해 시민들이 그들의 다양한 이해관계를 정부정책에 반영하고 공직자들을 견제하는 긍정적 역할을 수행한다는 믿음에 기반을 둔 것이다. 정당의 기능에 관한 선구적이고 체계적인 연구는 1920년대 찰스 메리암(Charles E. Merriam)에서 비롯되었다. 그는 정당의 기능을 공직자 선출, 공공정책 수립, 정부의 운영 또는 비판, 정치교육, 개인과 정부 간의 조정 등이라고 보았다. 이후 많은 학자들은 메리암의 연구를 토대로 이에 일부 내용을 첨삭하거나 수정하는 선에서 정당의 기능을 설명하였다.

대체로 정당의 기능을 분석하는 접근방법은 구조 기능주의 접근, 연계기능 접근, 정치발전 접근 등으로 나누어 볼 수 있다. 여기서 구조기능접근은 정당의 투입·산출기능이 제대로 수행되면 민주적 정치과정이 이뤄질 수 있다는 전제하에 정치체계에서 정당이 어떤 투입, 산출기능을 수행하는 가를 규명한다. 연계기능 접근에서는 정당을 시민과 정부를 연계하는 핵심적 기제로 보고 정당은 투표자의 지지, 정치지도자의 충 원, 의회의 입법활동 등과 밀접히 연계되어 있다고 본다. 정치발전에서 정당 및 정당 체계가 수행하는 기능을 분석하는 정치발전 접근은 정치체계가 보다 발전된 형태로 나가는 과정에서 정통성, 참여, 통합위기 경험하고 이에 대응하는 과정에서 정치참여, 정통성 확보, 국가통합, 갈등조정, 정치사회화 기능을 수행한다고 한다(심지연 편, 2003: 129-134).

정치체제의 차이를 떠나 정당은 여론을 조직하고 통치권력과 정책결정자에게 대중의 요구를 전달한다. 정당이 수행하는 공통의 기능 혹은 일반기능은 다음과 같다. 첫째, 정당은 이익을 표출(articulation)하고 집약(aggregation)한다. 여기서 표출은 국민 개개인이나 집단이 정치체제에 대한 요구를 표현하는 것이고, 집약은 이들에 의해 제기된 요구를 정책으로 결합하는 것을 말한다. 둘째, 정당은 정부를 조직하고 통제한다. 일반적으로 여당은 정권담당 기능과 가치창조 기능을 담당하고, 야당은 정부비판 내지 정부통제 기능을 수행하나 이는 정부형태에 따라 차이가 있다. 셋째, 정당은 정치엘리트를 충원하고 선출한다. 넷째, 정당은 국민들이 공공문제에 대해 영향력을 미치고자 하는 활동을 촉진하는 참여의 기능을 수행한다. 다섯째, 정당은 국민에 대한 정치교육과 계몽을 내용으로 하는 정치사회화에 기여한다. 여섯째, 정당은 사회통합과 민주주의 발전에 일정한 역할을 수행한다. 즉, 정당은 계급, 지역 문화, 세대 간 갈등을 조정하고 완화하며, 민주적 경쟁의 제도화에 공헌한다(심지연 편, 2003: 134~142).

정당체제의 재편성과 도전자 정당의 대두

앞의 절에서 살펴보았듯이 일반적으로 정당은 유사한 신념, 태도, 가치를 지닌 사람들이 모여 사회의 특수하거나 광범위한 이해관계를 대변하여 선거경쟁에 승리하고 정치권력을 획득하려는 정치적 결사체를 가리킨다. 그러나 정당이 반드시 이념을 공유하는 사람들의 모임이고, 특정한 이익을 대변하며, 선거경쟁에 참여하고, 정권획득을 목표로 하는 지에 대해서는 학자들 사이에 상이한 견해가 존재한다. 분명한 사실은 정당이 비교적 짧은 역사를 갖고 있는 근대적 산물이며, 서유럽의 맥락에서 형성되고 근대 민주주의의 진전과 밀접한 관련을 맺고 발전되었다는 점이다. 근대적 정당은 정치공동체 내에서 그들의 활동영역과 권력을 꾸준히 넓혀왔고 그 결과로서 기능과 성격도 변화하였다. 시민사회의 이익을 표출하고 집약하며, 나아가 정부를 조직하고 통제하는 것은 정당의 주된 기능이다.

이러한 정당들은 한 사람의 카리스마적 지도자가 정당과 국가를 통치하는 전체주의 국가에서는 독립적인 정책결정기제로 작용하지 못한다. 물론 하나의 정당만이 존재함에도 당내 경쟁이나 정당의 독자적 활동성이 상대적으로 높은 사례도 존재하지만 이는 민주국가에서는 거의 찾아보기 어렵다. 여기서 우리가 살펴볼 것은 정당체계(party system)이다. 정당체계는 복수의 정당 간에 이뤄지는 경쟁에서 나타나는 일련의 상호 작용을 의미한다. 정당체계는 단순한 정당의 총합이라기보다는 한 정치체계 내에서 조직화된 양식으로 상호작용하는 정당들의 집합적 배치와 이의 정치적 결과라 할 수 있다. 대부분 정당체계를 측정하는 기준이 되는 것은 정당체계의 균열과 선거유동성(volatility)이다(Scott Mainwaring et al., 1995). 정당체계는 정당 내부, 정당 간, 그리고 정당과 환경 간의 상호작용에 의해 형성되고 변화한다. 서유럽 국가들에서 정당체계는 1960년대까지 이른바 '결빙가설'이 설득력을 가졌으나 이후에는 점차 다양하고 복잡하게 변화하였다. 이는 서유럽의 정당정치가 대부분의 경우 1920년대까지 나타났던 두드러진 사회적 균열구조에 기초해 형성된 정당체계의 기본틀을 유지하고 있었다는 것을 가리킨다. 당시 선진 산업사회의 정당체계는 폐쇄적 사회균열구조를 가지고 있었고 정당일체감(party identification) 역시 안정적이었다. 그러나 1960년대 후반 이후 사회균열구조의 폐쇄성이 완화되고 정당일체감이 약화되기 시작하면서 정당체계가 변화하였다는 지적이 나오기 시작하였다. 정당정치 연구에서도 유동성, 편성해체(dealignment), 재편성(realignment) 등의 용어가 빈번하게 사용되었다(Hermann Schmitt et al., 1995; Richard Gunther et al. eds., 2002). 여기서 정당 지지유형의 재편성은 유권자 지지가 정당들 사이에 재배분되는 현상을 말하며, 정당 일체감의 쇠퇴로 유권자와 정당 연합체계가 붕괴되는 편성해체와는 구별된다.

기성 정당들이 도전에 직면한 요인으로 호세 라몬 몬테로(José Ramón Montero)와 리하르트 군터(Richard Gunther)는 사회변화, 시민들의 더 높은 수준의 자원 소유, 그리고 기술발전을 제시한다. 우선, 많은 국가들에서 대중정당들이 의존하였던 높은 수준의 정당 가입율과 당원조직이 상당한 정도로 급감하면서 대중정당이 출현할 때의 제도적 구조의 생존능력에 대해 의문이 제기되었다는 것이다. 이렇게 된 데는 세속화 경향이 종교 정당의 힘을 약화시켰고, 중산층의 증가가 노동계급 정당의 선거기반을 위축시켰으며, 대량 국제이민은 기성 정당에 의해 대표되지 않는 개인들을 출현시켰던 점이 크게 영향을 미쳤다는 것이다. 둘째, 경제적 박탈감을 경험하지 않은 높은 수준의 교육을 받은 개인들은 많은 정당들의 전통적인 이데올로기와 충돌하고 신사회운동이나 단일 이슈(single issue) 이익집단, 비전통적인 형태의 정치참여에 보다 적합한 참여의 기대를 불러일으키는 탈물질주의적 가치를 갖는 경향이 있다. 셋째, 대량소통을 가능케 하는 매스미디어는 전통적인 정당 채널을 통하지 않고 시민들과 정치지도자들 간에 직접적인 접촉을 하는 것을 가능케 하고 있다는 점 역시 지적된다. 인터넷의 신속하면서도 광범위한 확산은 시민들 간에 직접적인 수평적 커뮤니케이션의 복잡한 네트워크를 출현시켰다는 것이다(Richard Gunther et al, eds., 2002: 4~5).

서유럽 정당정치에서의 가장 뚜렷한 변화는 개인적 차원의 투표행위에서 발생하였 다. 정당에의 애착심과 정당과 사회집단 간의 연계가 감소한 결과 선거유동성이 증가 하였다. 예를 들어 어느 정당도 지지하지 않는 무당파 유권자들(independents)이 크게 늘어나고 선거에서 선출되는 대상에 따라 서로 다른 정당의 후보를 지지하는 분리투표(split-ticket voting)나 제3당에 대한 지지가 증가하였다. 포괄정당들은 새로운 이슈를 제기하거나 시민사회 내 집단을 편입하는데 있어 보다 큰 유연성을 갖게 되었고, 유권자들 역시 이전에 비해 더 많은 선택권을 갖게 되었다(정진민, 1998: 17~20).

오랜 역사를 지닌 기성정당들의 쇠퇴는 서유럽 국가에서는 이른바 도전자 정당(challenger party)의 부상에 의해 촉진되었다. 그 대표적인 정당이 녹색당이다. 탈물질적 가치의 확산을 배경으로 등장한 녹색당은 기존 정당이 수용 불가한 새로운 정치적 사안을 도입하거나, 참여 정치를 강조하는 데서 권위주의적 리더십을 가진 기존 정당들의 역할을 약화시키는데 기여했다고 평가된다. 이와 더불어 네오 파시스트(neo-Fascist) 정당이나 새로운 우파정당도 출현하였다. 극우적 성향의 네오 파시스트 정당은 이성보다 감성에 호소하고 대중의 적을 설정해서 공격하는 방식으로 유권자들의 지지를 얻고자 한다. 신자유주의의 확산에 따라 실업이 증가하고 경제적 양극화가 심해지는 상황에서 기존의 정당들이 자신들의 이익을 대변해주지 못한다고 느끼는 사람들이 강력한 의사표현 방법으로 이들 극우정당을 지지하고 있다.

녹색당 실험

전 세계적으로 도전자 정당, 그 중에서도 녹색당이 대두하게 된 데는 무엇보다도 1968년을 전후해 발생한 이른바 '68혁명'이 영향을 미쳤다. 68혁명은 기존 질서에 저항해 세계적 규모로 발생한 일련의 저항운동이었다. 68 혁명은 서유럽뿐만 아니라 동유럽, 미국, 일본 등지에서도 펼쳐졌다. 1968년에 절정에 달한 각국의 저항은 서로 다른 진행 과정을 보이며 다양한 국가적 맥락에 묶여 있었지만 지향하는 목표나 동원 및 붕괴 과정의 구조에서 서로 닮은꼴이었다. 당시 서유럽 국가들은 제2차 대전 후 높은 속도의 경제성장을 달성하고 물질적 풍요를 누리고 있었으나, 관료주의나 권위주의 같은 과거의 유산은 여전히 남아 있었다. 반면, 급속히 진행된 사회분화로 전후 세대는 기성세대와는 다른 다양한 욕구와 가치를 추구하게 되었다. 이탈리아에서 '4P'라 불리는 'Padre(아버지), Prete (신부·목사), Partito(정당), Padrone(주인)'가 공격의 대상이 된 것에서 알 수 있듯이 학생, 노동자, 신중간계급들이 기존 질서에 도전하기 시작했고, 그 결과 사회적으로 계급적 쟁점을 넘어 다양한 쟁점이 표출되었다.

68혁명은 2차 대전 이전에 태어나서 성장한 기성세대와는 다르게 정치사회화 학습을 받은 젊은 세대가 물질주의적(material) 가치가 아닌 탈물질주의적(post-material) 가치를 중시하는 정치문화로의 변화를 초래했다. 68혁명이라는 정치사회적 격변이 세대 간의 단절성과 균열을 더욱 두드러지게 하는 계기로 작용하였던 것이다. 이 점을 고찰한 학자가 로널드 잉글하트(Ronald Inglehart)이다. 잉글하트는 서구의 고도화로 산업화된 사회를 대상으로 한 여러 차례에 걸친 연구의 결과 이들 사회의 정치문화가 물질주의적 가치 중심에서 탈물질주의적 가치 중심으로 변화하고 있음을 밝혔다. 1971년에 최초로 행한 한편으로 경제적, 물질적 안전, 다른 한편으로 귀속의식, 자기표현, 비물질적인 삶의 질을 측정하도록 설계된 일련의 조사에서 부유한 가정에서 자란 젊은 사람들일수록 후자에 우선순위를 표시하였고 노년층은 전자에 상위표시를 한 사람들이 월등하게 많았다는 것이다. 이 조사에 입각해 잉글하트는 물질적인 가치를 중시하는 산업사회가 후기 산업사회로 넘어가면서 보다 추상적이고 정신적인 가치를 중시하게 되었다고 주장하였다. 그는 이러한 변화가 소리 없이 정치와 사회 전반에 커다란 혁명적 변화를 초래하고 있다고 보고 이를 '조용한 혁명(silent revolution)'이라 지칭했다(Ronald Inglehart, 1977).

잉글하트의 탈물질주의 주장은 '희소성 가설(scarcity hypothesis)'과 '사회화 가설(socialization hypothesis)'에 기반하고 있다. 희소성 가설은 사람들이 사회경제적 환경을 반영하여 상대적으로 공급이 부족한 재화들에 가장 큰 주관적인 가치를 부여하게 된다는 것이다. 이에 비해 사회화 가설은 가치의 우선순위가 곧바로 사회경제적 환경에 반영되지 않는다는 것으로 유년시절에 사회화를 통해 받아들인 가치는 성인기에도 그대로 유지되므로 가치의 변화가 환경에 반영되는 데에는 시간지체가 수반된다는 것이다. 이러한 두 가설은 결국 한 사회의 가치변화가 개인 차원에서 이뤄지기보다는 세대교체(generational replacement)를 통해 점진적이고 지속적으로 이루어진다는 것을 보여주려는 것이다. 잉글하트는 이러한 패턴이 국가나 시간의 차이에도 불구하고 유사하다는 점을 1980년대에 이뤄진 후속 조사에서도 검증되었다고 한다.

진 코헨(Jean Cohen), 클라우스 오페(Claus Offe), 알랭 투렝(Alain Touraine), 알베르토 멜루치(Alverto Melucci) 등의 학자들은 이러한 변화를 신사회운동(new social movements)의 시각에서 고찰하였다. 이들은 신사회운동이 가치지향, 운동 주체, 운동 방식, 조직 형태 등에 있어서 노동운동으로 대표되는 오래된 사회운동과 차이를 보인다고 주장한다. 신사회운동은 국가권력을 지향하기보다는 시민사회의 자율성에 근거한 운동정치 또는 저항정치라고 할 수 있다. 그 특징은 다음과 같다. 첫째, 소외의 경험과 도덕적인 비판, 생활양식과 삶의 질, 생존에 대한 물음이 전면에 대두하였다. 둘째, 전후세대, 중간층, 특히 양질의 학교교육을 받은 집단, 고정된 직업을 갖지 못하거나 서비스 직종에 종사 집단들에 의해 수행되었다. 셋째, 탈물질주의적인 가치를 추구하며, 하위문화적 삶의 스타일을 창조하였다. 넷째, 자율적, 탈중심적, 풀뿌리 민주주의적 조직원리를 강조하였다. 이러한 특징을 지닌 신사회운동은 시민권운동, 반전운동, 학생운동, 반문화운동, 지역운동, 여성운동, 환경운동, 평화운동 등 다양한 형태로 전개되었다.

환경운동은 신사회운동의 한 유형으로 1960년대 이후 서유럽과 미국 등에서 본격적으로 전개되었다. 이 중에서 가장 두드러진 사례는 서독이다. 1969년 전후 독일의 정치사에서 최초로 집권에 성공한 사민당(SPD)은 68혁명의 요구와 자극을 수용하였다. 연방 총리인 빌리 브란트(Willy Brandt)는 '더 많은 민주주의를 과감히 실천하자(Demokratie wagen)'는 구호를 내걸고 사회 각 분야의 민주화를 시도했다. 당시 서독에서는 '68세대'가 68혁명과 결부된 삶의 정서와 분위기를 이어갔고, 활동방식을 고수했으며, 원칙을 지키려고 노력했다. 68혁명의 모든 국면에서 사용된 직접행동은 이후 독일에서 새로운 형태의 사회운동이 활성화되는데 큰 영향을 미쳤다. 서독의 환경운동은 학생운동 출신의 활동가들, 지역주민들, 지식인 세 부류가 주축을 이뤘고, 이들 사이의 연대를 통해 형성되고 발전되었다.

서독의 환경운동이 조직된 계기는 1970년대에 들어와 독일의 대표적 삼림지대인 슈바르츠발트(Schwarzwald)가 대기오염과 산성비로 인해 집중적 피해를 입은 사건을 겪으면서였다. 이로 말미암아 서독 시민들의 환경의식이 고양되었으나 기성 정당들은 삶의 질과 환경 가치요구를 충족시키지 못하고 있었다. 이에 실망해서 직접적으로 환경문제의 해결을 모색하는 '독일 환경과 자연보호 연맹(BUND)'등 다양한 환경단체들이 창설되게 된다. 이들은 1970년대 중반 뷜(Wyhl)과 브록도르프(Brokdorf)에서 핵발전소와 핵폐기물처리장 건설 반대 운동을 전개하는데 참여하였다. 이들 운동을 거치면서 환경주의자들은 독자적인 환경정당의 필요성을 절감하게 되는데, 내부적으로 원칙주의자와 현실주의자 간에 격렬한 논쟁을 거친 끝에 결국 1980년 1월 13일 칼스루에(Karlsruhe)에서 연방 규모의 조직을 갖춘 독자적인 환경정당인 녹색당(Die Grünen)을 창당하였다.

독일의 녹색당은 생태주의, 사회적 책임, 풀뿌리 민주주의, 비폭력, 분권화, 가부장적 질서에 대한 반대 등을 내세운 데서 스스로를 '반정당 정당(Anti-Parteien-Partei)'

으로 지칭한다.[38] 창당 초기에는 북대서양조약기구(NATO) 탈퇴와 같은 급진적인 강령이 있었으나 연방 규모에서 연정에 참여하면서 이 조항은 포기했다. 1983년 총선에서 5.6% 득표로 연방의회에 진출하는 성과를 거뒀고, 1985년에는 헤센(Hessen)주에서 적·녹연정을 결성하게 된다. 서독의 녹색당은 통일 직후 동독의 시민운동 세력과 통합해 '동맹90/녹색당(Bündnis 90/Die Grünen)'을 결성하였다. 동맹90/녹색당은 1998년부터 2005년까지 사민당과 연방 규모에서 적·녹연정을 이끌었는데, 당시에 환경세를 도입하고 핵발전을 줄였으며 '재생가능에너지법'을 통과시킨데 이어 시민권법을 개정하고 '생활동반자법(Eingetragene Lebenspartnerschaft)'을 제정하는데 핵심 역할을 했다. 동맹90/녹색당은 2011년 보수당이 장기 지배하던 바덴-뷔르템베르크(Baden-Württemberg) 주의회 선거에서 24%를 득표하면서 구성된 녹적연정에서 주지사직을 차지하였고, 모든 주의회에 의석을 보유한 전국정당이 되었다. 2019년 5월 유럽의회 선거에서 사민당을 제치고 독일 제2당으로 도약하였으며, 이후 전국 평균 10%대의 지지율 유지하고 있다. 2021년 9월 연방의회 선거에서는 14.8% 득표로 118석을 차지(2017년 대비 +51석)하고 사민당, 자민당(FDP)과 연립정권을 수립하였다. 아래는 2002년 3월 15~17일 베를린에서 개최된 연방대표자 대회에서 결정된 독일 동맹90/녹색당의 기본강령(Grundsatzprogramm)이다.[39]

독일 동맹90 / 녹색당 기본 강령

우리 정책의 중심은 존엄과 각자의 자유를 가진 사람이다. 인간 존엄의 불가침성이 우리의 출발점이다. 이는 자결과 약자의 편에 서는 우리 비전의 핵심이다. 이성적 존재로서

---

38 이와 관련하여 녹색당의 초기 지도자 중 한 명인 페트라 켈리(Petra Kelly)는 더 이상 기성 정당들이나 의회 밖에서 이루어지는 활동에만 의지할 수 없는 상황에서 의회 내부와 외부의 새로운 힘은 기성 정당에 대한 반대를 표방하는 녹색당을 통해 대변될 수 있다고 주장하였다. 사회의 약자들과 노인들, 장애인, 여성, 청소년, 실업자, 외국인 노동자들을 진정으로 대변하는, 입구가 차단되지 않은 진정한 대의적 정당 시스템을 추구한다는 점에서 기성 정당에 반대하는 정당이라는 것이다. 동시에 켈리는 제도권 정당에 반대하는 녹색당에서는 폭력을 사용하지 않는 평화로운 행동을 새로운 정치문화로 끌어들이는 길을 찾아서 걸어야만 한다고 말한다. 모든 대량학살무기의 무조건적인 폐기를 주장하는 녹색당의 요구는 즉각적이고 예외 없이 모든 사람들에게도 해당된다는 것이다. Petra Kelly(2004), pp.20~26.

39 동맹90/녹색당의 2002 기본강령은 2021년 "존중하고 보호하기 위하여 - 변화가 안정을 만든다"라는 제목의 새로운 강령으로 이어졌다. https://cms.gruene.de/uploads/assets/20200125_Grundsatzprogramm.pdf 녹색당 강령 작성의 전개과정과 특징에 대해서는 Joachim Raschke(1993), pp.95~130 참조. 라쉬케는 이 책에서 공산주의 그룹(K-Gruppe)부터 보수적 환경 운동, 페미니즘부터 생태자유주의에 이르는 다양한 분파로부터 녹색당이라는 새로운 정당이 출현하고 발전하는 과정을 구체적으로 분석하고 있다. https://politik100x100.blogs.uni-hamburg.de/schnapp -raschke-gruene/

인간은 자결의 삶을 책임질 수 있다. 자연의 일부로서 인간은, 자연적 생활토대를 보호하고 스스로 거기에 알맞은 경계를 설정할 때, 비로소 살 수 있다. 자연의 보호와 자연친화적 생활형태는 또한 그 스스로의 의지에 의해 제공된다. 모든 사람은 유일무이하고 동등하다 - 오늘과 내일, 여기 저기 언제 어디서든. 따라서 동맹/녹색당의 정책은 정의의 기준에 책임을 진다. 자유와 정의는 살아 있는 민주주의 속에서만 실현될 수 있다. 민주주의는 우리 정치행동의 기초며 방식이다.

20년 전에 창당하여, 두 개의 독일국가의 대립문화로부터 성장한 우리는 이미 많은 것을 성취하였고 더 앞으로 나아가고 있다. 우리의 비전은 자연적 생활토대가 존중되고 보호되는 세계다. 우리의 비전은 인권이 불가분의 것으로 보편타당하게 인정되는 사회, 책임 속에서 자결이 실현될 수 있는 사회다. 우리의 비전은 모든 차원에서의 정의의 실현이다. 우리는 민주주의를 강화하고, 그에 대한 공격으로부터 민주주의를 지킬 것이다.

우리의 가치

우리는 이데올로기가 아니라 일련의 여러 기본가치에 의해 통합하고 결합되어 있다. 동맹90/녹색당은 다양한 뿌리로부터 하나로 성장하였다. 생태학의 정당으로서 우리는 좌파 전통, 가치보수 전통 그리고 법치적 자유주의 전통도 받아들였다. 여성운동, 평화운동 그리고 독일민주공화국(동독) 당시의 인권운동이 우리 당의 성격을 만들었다. 동독과 서독에서 기독교인이 동맹90/녹색당의 발전에 적극적으로 참여하였다. 그래서 우리는 독자적인 정치적 사회적 전망을 가지고 모였다. 우리의 기본입장은 이렇다. 우리는 생태, 자결, 확대된 정의, 살아있는 민주주의를 결합시키고 있다. 이와 대등한 강도로 우리는 폭력으로부터의 자유와 인권을 보호한다. 이러한 기본가치의 상호관계에서 이들 원칙이 동맹/녹색당의 비전의 지평을 연다. 이를 위한 협력에 우리는 이러한 목표에 책임을 느끼는 모든 사람들을 초대한다. 우리는 시민들의 이념과 비판 그리고 저항을 받아들이고, 이들이 활동하도록 고무하면서 전체 개념을 발전시키려고 한다.

생태는 지속가능성을 말한다

우리의 사고는 처음부터 오직 생태적인 사고이다. 우리는 생태학에 의해 새로이 인식된 산업주의의 한계에 대한 경험과 계몽의 전통을 결합시킨다. 우리는 그것이 사회주의적인 색채든 혹은 자본주의적 색채든 관계없이 무비판적인 진보에 대한 믿음과 거리를 유지한다.

생태의 정당으로서 우리에게 중요한 것은, 산업적 약탈과 자원의 과잉사용을 통해 위협받게 된 자연적 생활토대의 보전이다. 우리는 회귀를 통해서가 아니라, 오늘날의 산업사회를 지속 가능하게 변화시킴으로써만 생태를 보전할 수 있다. 생태계는 우리 사회의 근대화의 필수적인 차원이다. 사회계약을 생태 문제로까지 확대하면서 우리는 전통적 정치의 미래에 대한 무관심에 반대하여, 미래 세대와 동시대 사람들에게 책임지는 우리의 정책을 제시한다.

전체 사회적 정치로서 환경정치는 지속가능성을 녹색정치의 중심 개념으로 확보하였다. 지속가능성은 생태적, 사회적, 경제적 발전의 미래지향적 관련성을 의미한다. 여기서 자연적 생활토대의 보전이 우리의 중심적 관심사다. 생산과 소비는 오늘 내일의 생활기회를 파괴하지 않도록 설계되어야 한다. 생태는 지속가능한 경제정책과 기술정책을 요구한다. 지속가능성은 단순히 국민국가적으로 해결할 수 있는 목표가 결코 아니다. 이는 국제적 협력을 요구한다. 지속가능성으로의 전환만이 우리의 생활방식을 미래지향적으로 만들 수 있게 될 것이다.

지속가능성은 또한 생명에 대한 주의와 존중에 기초한 생활양식의 발전을 의미한다. 생태가 반영된 생활양식은 모두를 위한 생활의 질의 성장을 포함한다. 지속가능성은 오늘과 내일을 위한 생활의 질을 의미한다.

자결은 자유를 실현한다

우리는 해방과 자결을 옹호한다. 다양한 해방운동, 자유주의 및 무정부주의 전통이 모두 이러한 자유로운 지향에 영향을 주었다. 우리는 사람들이 - 후견으로부터 자유로운 - 자신의 생활을 스스로 설계할 수 있는 사회를 원한다.

우리는 개인의 자유가 법적 사회적 전제에 결부되어 있음을 알고 있다. 우리는 특권적 소수만이 자유를 의식하고 자신의 생활을 스스로 설계할 수 있는 것은 아니라는 것을 지지한다. 자결은 생태적 사회적 책임을 포함한다.

자유의 개념을 우리는 순수한 시장자유, 경쟁의 자유로 협소하게 만들려는 사람에게 맡기지 않는다. 자유는 사회적 윤리적 경계 혹은 성차별을 넘어서는 해방과 자결의 기회다. 이를 위해 인간은 자유롭고 선정한 결사에 참여하여야 한다. 이것은 또한 바로 소수에게도 해당된다. 미래를 위한 책임을 자결의 개인들을 통해서만 보장된다.

우리는 개인을 강화하기를 원하고, 개인이 자신의 자유와 책임을 실현하는 사회를 원한다. 우리는 자유와 다른 사람에 대한 배려를 보호하는 명확한 기본조건을 규정한 민주적 법치국가를 위해 노력한다.

자결의 한계는 자유와 자결이 다른 사람을 제한하는 데 있다. 그래서 우리는 다른 나라나 미래 세대 사람들의 자결 기회를 약화시키거나 파괴하는 방식으로 살지 않으려고 한다.

정의는 지속된다

동맹/녹색당의 정치는 정의의 원칙을 지향한다. 정의는 사회적 재화에 대한 공정한 분배를 요구한다. 이것은 특히 사회적 약자에 대한 배려를 요구한다. 분배정의는 또한 우리 사회에서 미래에도 변치 않고 의미를 가질 것이다. 왜냐하면 정의는 변화된 세계의 문제에 대하여 답을 주어야 하고, 우리의 정의에 관한 관념은 전통적 분배정책을 넘어 나아가야 하기 때문이다. 동맹/녹색당의 정책은 참여정의, 세대정의, 양성정의, 국제정의를 지지한다. 이러한 정의의 차원은 실제적 갈등에도 불구하고 서로 반목해서는 안 된다. 정의는 연대와 시민 전체의 참여를 요구한다.

양성평등 정의. 정의는 또한 양성 사이의 정의를 의미한다. 이 점에서 동맹/녹색당의 정책은 많은 것을 달성하였다. 그러나 여전히 사회 발전에 대한 여성과 남성의 동등한 결정권은 실현되지 못했다. 남녀 모두에게 가족과 직업의 양립가능성은 보장되지 않고 있다. 힘 있는 자리, 소득, 시간의 분배에서 여성에게 불리한 차이가 존재하는 한, 이러한 정의문제는 해결될 수 없다.

참여 정의는 중심적인 사회적 자원, 즉 노동과 교육 그리고 민주적 공동결정에 모든 사람이 접근할 수 있어야 한다는 것이다. 동등한 접근은 항상 기존의 사회적 불평등에 의식적으로 반대하고 제도적으로 보장되어야 한다. 교육은 우리 사회에서 자신의 삶을 설계할 수 있는 기회를 결정한다. 노동은 우리 자신의 능력을 통해 결실을 맺게 해주어서 우리 정체성의 중요한 부분에 영향을 준다. 공동결정은 사회에 참여하여 이를 함께 설계하기 위한 기본전제다.

세대 정의. 오늘날 그 어느 때보다 우리의 옛 구호 "우리는 우리 자식으로부터 대지를 빌렸을 뿐이다"가 더욱 현실적이다. 생태적 약탈과 미래를 잊은 사회정책과 경제정책 그리고 재정정책은 우리 자식들의 미래를 위험에 빠뜨리고 있다. 이에 반해 우리는 세대 정의를 위해 진력한다.

국제 정의는 세계화된 경제가 전 세계의 사람들을 더욱 서로 연결시키고 서로 의존하게 만들수록, 그 만큼 더 타당할 수밖에 없게 된다. 국제 정의는 특히 지구상의 부유한 지역 밖의 사람들과 관련이 있다. 북부(부유한 지역) 선진국의 지속가능성이 남부(가난한 지역) 국가의 희생으로 정의되어서는 안 된다.

연대. 정의는 연대와 전체 시민의 참여를 필요로 한다. 연대는 자기 의식적인 개인들을 통해 산다; 연대는 시민들에게 금치산선고를 내리는 대신에 강화한다. 감독하고-보호하는 국가를 지지하는 사람들과 "국가는 작을수록 좋다"고 선전하는 사람들 간의 선택은 진부한 것이다. 국가는 공공 업무를 여러 세력의 자의에 내맡겨서는 안 된다. 국가는 또한 공공 업무를 사회 대신에 해결해야 하는 게 아니라 남녀 시민들과 함께 해결해야 한다. 우리는 따라서 상호간의 도움을 실천하는 네트워크와 공동체에 투자하려고 한다. 이런 네트워크와 공동체에서 시민들을 지원한다면, 국가는 공동체에 더 많은 책임을 지는 시민들을 얻을 수 있다.

민주주의는 토대다

우리의 사고는 민주주의에 기초한다. 지난 수십 년 동안 우리 사회의 민주화를 위해서도 우리는 중요한 기여를 했다. 민주주의는 자유로운 의사표현과 동등한 인정이 만나는 장소다. 급진민주주의적, 여성주의적, 참여적, 다문화적 영향을 우리는 법치국가의 계속적 발전에 받아들이고 있다. 역사적 책임의 의식 속에서 우리는 인종주의와 반유대주의, 우익극단주의와 기타 극단주의에 반대하는 데 진력한다. 우리는 현상유지에 머물기를 바라지 않고, 오히려 민주주의를 시민이 직접 참여할 수 있는 다양한 민주주의로 발전시키려고 한다.

민주정치는 제약을 가능한 한 효과적으로 시행하는 것과는 다르다. 정치는 대안 사이의 선택을 가능하게 해야 한다. 종종 제약의 시행이 피할 수 없다는 사실도 맞는다. 투명하고 분명하게 대안 결정을 처리한다는 것은 동맹/녹색당 정치에는 극히 중요하다. 여기에는 권력구조와 이해의 공개도 포함된다. 정치의 부활을 위하여 우리는 의회민주주의의 강화와 모든 국가 및 사회 분야에 시민참여를 강화하고자 한다.

국제사회의 발전의 시각에서 민주주의는 국민국가에 한정될 수 없다. 민주적 전망에서의 국제관계의 지속적 발전은 논의 대상이다. 유럽통합의 완성과 유럽연합의 강화는 여기서 중요한 역할을 한다. 우리는 유럽에서 시민의 기본권이 존중되고, 국가의 역할이 인정되며, 또한 지역의 다양성이 강점으로 인식되는 민주적이고 합헌적인 절차를 지지한다. 유럽을 넘어 유엔이 국제공동의 정치적 지붕으로서 강화되어야 한다.

출처: 전종덕 외, <독일 녹색당/좌파당 강령집>, 서울: 백산서당, 2018, pp.25~31.
원본은 https://cms.gruene.de/uploads/assets/Grundsatzprogramm-2002.pdf

보수정당과 기후위기 회의론

독일 녹색당과 같이 환경단체가 직접 정당을 결성하고 선거경쟁에 나가 성공을 거둔 경우도 있지만 전 세계적으로 보면 이는 드문 사례이다. 비록 세계 정치경제에서 행사하던 압도적 영향력이 쇠퇴하고는 있지만 그럼에도 미국은 여전히 군사와 경제 부문에서 패권국가라고 할 수 있다. 패권국가 미국을 움직이는 여러 세력 중에서 하나는 정당과 정치인이다. 양당제를 채택하고 있는 미국에서 공화당과 민주당 두 정당은 지구적 환경문제에 미치는 영향력이 결코 적지 않다. 이 중에서 부시와 트럼프의 사례에서 잘 드러나듯이 기후문제에 대한 회의론은 미국의 공화당에서 더욱 뚜렷하게 나타난다. 이렇게 된 것은 공화당이 거대한 오염원 배출자들인 거대 기업과 더욱 밀착되어 있는 데서 그 원인을 찾을 수 있다. 오랜 기간 공화당은 백인 중장년층을 주된 지지세력으로 하고 경제적 자유주의와 보수주의를 표방하는 정당이었다. 서부나 동부를 주된 지지기반으로 하는 민주당에 비해 남부와 중부의 주에서 높은 지지도를 기록해 왔다.

너새니얼 리치(Nathaniel Rich)는 그의 저서인 <잃어버린 지구(Losing Earth)>에서 이와 관련해 다음과 같이 언급하고 있다.

“요즘은 지난 수십 년 동안 약탈적 파괴 행위를 일삼은 화석연료 산업을 지구온난화의 주범으로 설명하는 게 일반적이다. 실제로 2000년에서 2016년 사이에 기후변화 관련 법안을 저지하기 위해 화석연료 산업에서 쏟아부은 돈은 20억 달러가 넘는다. 반대 진영의 환경단체들이 쓴 금액보다 열 배나 많다... 오늘날 기후문제의 정치화에 대해 우리가 느끼는 절망감은 단도직입적으로 말해서 고집스레 모르쇠로 일관하는 공화당의 정치적 태도에서 비롯한다. 심지어 2018년의 조사에서도 ‘대다수 과학자들이 지구온난화가 진행 중이라고 확신한다’는 사실을 인정한 공화당 당원은 42%에 지나지 않았다. 더 큰 문제는 그 수마저도 급격히 줄고 있다는 것이다. 지구온난화의 과학적 합의에 대한 회의론은 실험 방법의 진정성과 객관적 진실을 추구하는 과학의 본질에 대한 회의론과 더불어 공화당의 기본 신조가 되어가는 것 같다”(Nathaniel Rich, 2019: 15~17).

그러나 도널드 트럼프가 대통령에 당선되면서 공화당과 민주당은 극단적인 방향으로 분열되었다. 트럼프는 2016년과 2020년 선거에서 스스로 주변화되었다고 느끼는 사람들 다수, 특히 백인 노동자 계층으로부터 열렬한 지지를 받았다. 이러한 움직임은 공동체 인프라가 약하고 사회적 유대가 무너졌으며, 시민들이 경제적인 불안을 느끼는 지역에서 더욱 분명하게 나타났다(Noreena Hertz, 2021: 75~76). 양당은 정책적 차이뿐만 아니라 인종적, 종교적 차이를 포함하는 뿌리 깊은 원한으로 갈라서게 되었다. 정치학자인 스티븐 레비츠키(Steven Levitsky)와 대니얼 지블렛(Daniel Ziblatt)은 공화당이 당파 갈등의 유발자였다고 말한다. 2008년부터 공화당은 방해와 당파적 적개심, 극단적인 정책 입장으로 마치 반체제 단체처럼 움직였다는 것이다. 그리고 25년에 걸쳐 꾸준히 오른쪽으로 이동하는 과정에서 재정, 풀뿌리 조직, 메시지 전달, 후보 공천에서 당 지도부가 권한을 상실하고 조직의 근간을 잃어버렸다고 지적한다. 대신 부유한 외부집단('조세 자유를 위한 미국인', '번영을 위한 미국인' 등 다양한 단체)이 엄청난 후원금을 기반으로 공화당 선출직 인사들에게 정책의 방향을 지시했고, 여기에 폭스 뉴스(Fox News)를 비롯한 우파 매체들도 그 영향력이 높아졌다는 것이다. 그 결과 공화당은 극단주의자 등장에 취약한 조직이 되어버렸다는 것이 레비츠키와 지블렛의 진단이다(Steven Levitsky, 2018: 279~281).

문제는 트럼프가 기후변화의 과학적 사실을 부정하는 대표적 인물이라는 점이다. 트럼프는 석유 및 가스 산업으로부터 상당한 재정 지원을 받아 미국 대통령에 당선되었다. 여러 차례에 걸쳐, 그는 지구온난화를 '사기'라고 부르고 지구를 덥히는 오염을 줄이기 위한 연방정부의 노력을 없애겠다고 밝혔다. 화석연료에서 벗어나기 위한 기후협정에 서명한 것을 비판하고, 기록적인 수준이 되게끔 석유 생산을 늘릴 것이라고 언급하기도 했다. 1기 때였던 2017년 6월 트럼프는 "미국에 도움이 안 된다"며 파리기후협약을 탈퇴한 전력이 있다. 법원의 반대로 절반 정도만 유효했지만, 트럼프 1기 재임 기간에만 벌써 전임 버락 오바마 행정부의 환경 관련 규제 100여개를 폐기·후퇴시킨 전적이 있다. 이 때문에 트럼프 2기에도 환경정책의 근간을 흔드는 정책들이 나올 것이라는 우려가 크다. 뉴욕 타임스(The New York Times)의 보도에 따르면 2024년 트럼프의 당선은 기후변화에 맞서기 위한 세계적 노력의 결정적인 순간에 이루어졌다. 과학자들은 2030년까지 주요 경제권은 2005년 수준에서 온실가스 배출량을 50% 줄여야 기근, 이주, 가뭄, 극심한 더위와 폭풍으로 인한 사망 등 온난화의 훨씬 더 파괴적인 영향으로 고통받는 세계로 기울지 않을 것이라고 말한다. 프린스턴 대학의 지구과학 및 국제관계학 교수인 마이클 오펜하이머(Michael Oppenheimer)는

"우리는 위험한 기후변화를 피하기 위한 목표를 충족하기 위해 이미 충분히 노력하지 않고 있으며, 전 세계적으로 더 심해진 폭염으로 인해 사람들이 죽고, 스페인에서 본 것과 같은 더 심해진 폭우, 더 심해진 허리케인 등의 결과가 나타나고 있다"라고 말했다. "트럼프가 바이든의 기후변화 체제를 폭파하고 우리가 세계 기후를 통제하지 못한다면 모든 사람을 위한 성장과 경제적 기회가 있는 강력한 경제적 미래에 대한 전망은 모두 사라지고 점점 더 불가능해질 것이다"라는 것이다(https://www.nytimes.com/2024/11/06/climate/trump-climate-change.html).

기업의 환경정치

기업은 상품이나 서비스를 생산, 판매하여 이익을 추구하는 조직이다. 기업은 그들의 법적 구조와 소유 형태에 따라 분류될 수 있으며, 소규모 기업부터 다국적 대기업에 이르기까지 다양한 규모와 형태를 가진다. 기업의 주요 목적은 고객의 요구를 충족시키는 상품이나 서비스를 제공하고, 이를 통해 수익을 창출하는 것이다. 기업은 크게 다음과 같은 기능을 수행한다. 첫째, 생산과 서비스 제공으로 기업은 시장의 수요에 맞는 상품이나 서비스를 생산하고 제공한다. 이 과정에서 원자재를 구입하고, 제품을 설계하며, 제조하고, 최종 소비자에게 배송하는 등의 활동을 포함한다. 둘째, 이윤 창출이다. 기업은 상품이나 서비스를 판매하여 수익을 창출하고, 이를 통해 이윤을 얻는다. 이윤은 기업이 성장하고 발전하는 데 필요한 자본을 제공하며, 주주나 소유자에게 이익을 분배하는 데 사용된다. 셋째, 기업은 다양한 직무와 역할을 수행하는 직원을 고용함으로써 고용을 창출한다. 직원들은 기업의 목표 달성을 위해 필요한 기술과 노동력을 제공한다. 넷째, 혁신과 개발을 들 수 있다. 기업은 새로운 기술, 제품, 서비스를 개발하고 혁신을 통해 시장 경쟁력을 강화한다. 이는 소비자의 요구를 충족시키고, 새로운 시장 기회를 창출하는 데 중요한 역할을 수행한다. 일반적으로 기업의 성공은 시장에서의 경쟁력, 혁신 능력, 경영 전략, 시장의 수요와 공급 등 다양한 요소에 의해 결정된다.

기업은 정당과 정치, 경제 및 사회적 맥락에서 다양한 방식으로 상호작용을 한다. 이러한 상호작용은 주로 정책 영향력, 금융 지원, 규제 환경, 공공의견 형성 등을 통해 나타난다. 우선, 기업들은 자신들의 이익을 보호하고 촉진하기 위해 정당과 정치인들에게 영향을 미치려고 한다. 이를 위해 로비 활동을 하거나, 정책 제안을 하는 등의 방법을 사용할 수 있다. 예를 들어, 특정 산업에 대한 규제 완화를 주장하거나, 경제정책에 대한 지지를 표명할 수 있다. 정당과 정부는 기업 활동에 영향을 미치는 다양한 규제와 법률을 제정한다. 기업은 이러한 규제 환경에 적극적으로 대응하며, 때로는 규제 완화나 특정 법안의 수정을 요구하며 상호작용한다. 기업은 자신의 이미지 관리와 사회적 책임을 위해 정당이나 정치적 이슈에 대한 입장을 취할 수 있다. 이는 공공의견 형성에 영향을 미치고, 정당의 정책 방향에 대한 지지나 반대를 표명하는 방식으로 나타날 수 있다. 그리고 특정 이슈에 대해 기업과 정당이 공통의 목표를 가질 경우, 정책 개발과 실행에 있어 협력할 수 있다. 예를 들어, 환경 보호, 지속 가능한 발전, 교육 개선 등의 분야에서 공동의 프로젝트나 캠페인을 진행할 수 있다. 이러한 상호작용은 기업과 정당 모두에게 이익이 될 수 있지만, 때로는 이해 충돌이나 윤리적 문제를 일으킬 수도 있다.

기업들은 일상적인 활동을 통해 환경에 부정적인 영향을 미칠 수 있다. 기업들은 국가나 시민사회로부터 간섭을 받지 않고 자유롭게 그들의 이익을 극대화하기 위한 활동을 하려는 경향을 갖는다. 이와 관련하여 미국의 경제학자인 마이클 페렐만(Michael Perelman)은 대기업이 이윤을 벌어들이는 것은 새로운 가치를 창출할 수 있는 능력 때문이라는 주장을 다음과 같이 비판한다. 첫째, 기업이 혁신적인 아이디어를 개발하는 경우는 그리 많지 않고 오히려 공공부문에서 나온 과학·기술이 복잡한 진화과정을 거쳐 나오는 것이 대부분이다. 둘째, 대기업의 가치 창출이란 자신의 독점적 시장지배력을 이용해 비용의 대부분을 소비자로부터 뽑아내는 데서 오는 것에 불과하다. 셋째, 회사의 이윤은 새로운 가치를 창출하는 데서 오는 것이 아니라 타인에게 비용을 전가함으로써 얻는 것이다. 기업이 환경오염을 발생시키면 타인들은 - 또는 사회 전체가 - 그 비용을 부담해야 한다(Michael Perelman, 2009: 301~302).

새로운 기술을 도입함으로써 초래될 수 있는 위험을 사회 전체에 부담시키는 경우도 있다. 유전자 변형 기술에 반대하는 측은 변형된 유전자가 다른 종들에게까지 교차될 수 있기 때문에 생태계에 치명적인 슈퍼 잡초까지 만들어낼 위험이 있다고 말한다. 이러한 비판이 옳다면 사회에 대한 피해 보상을 위해, 과학자들의 많은 실험들을 거쳐 유전자 변형기술이 안전하다고 판명될 때까지 사용을 유보할 필요가 있다. 그러나 규제기관들은 이런 위험성에 대해 대수롭지 않은 태도를 취해왔다. 이에 많은 과학자들은 사전예방원칙이라는 접근법을 제안하고 있다. 이는 새로운 기술의 안전성을 입증하는 의무를 그것을 도입하려는 쪽에 부담시키는 것이다. 그렇지만 기업들은 과학적 증거들에 대해 의문을 제기하면서 동시에 규제는 더욱 더 큰 해악을 가져올 것이라고 주장하곤 한다(Michael Perelman, 2009: 233~237).

이익을 추구하는 과정에서 기업들은 정부의 환경규제에 저항하거나 환경단체에 맞서 언론이나 법정 캠페인을 전개하기도 한다. 이러한 경향은 특히 민주주의 정권보다는 권위주의 정권하에서 두드러지게 나타난다. 권위주의 정권은 환경규제보다는 개발 프로젝트를 통해 기업들과 유착하거나 이 과정에서 환경운동을 억제함으로써 기업의 자유로운 활동을 지원하는 경우가 많다. 민간기업은 자신을 비판으로부터 보호할 수 있는 무수한 자원을 갖는데, 예를 들어 고용, 투자, 외화가득 능력을 줄이겠다는 위협은 환경문제를 다루는 기업에게 강력한 권력자원이 된다(Timothy Doyle et al., 2002: 167).

한편 일부 기업들은 환경친화적인 기술을 채택하거나, 마케팅 기법에 있어서 녹색화를 추진하는 정책을 채택하기도 한다. 이렇게 된 데는 정부의 환경규제를 준수하고 친환경 정책을 채택하는 것이 기업의 환경 친화적 이미지를 제고하고 나아가 환경문제와 관련된 비판에 대처하는 데도 효과적인 방법이라는 판단이 작용했다. 그렇다면 기업들은 어떻게 친환경 전략을 수립하고 이에 걸맞은 정책을 수행할 수 있을까? 이는 기업이 환경문제에 대응하는 방식, 환경 보호를 위한 자발적 노력, 지속 가능한 사업 모델을 채택하는 정도, 그리고 환경 관련 법규와 규제를 준수하는 방법을 포함한다. 기업의 환경정치는 다음과 같은 요소를 포함할 수 있다.

첫째, 기업이 환경 보호를 위해 설정한 목표와 이를 달성하기 위한 전략으로 환경관리 및 규제를 준수하는 것을 들 수 있다. 이는 기업이 환경규제를 준수하고, 환경 관리 시스템을 운영하여 환경오염을 최소화하고 자원을 효율적으로 관리하는 것을 가리킨다. 예를 들어 기업은 환경 보호법, 배출 기준, 화학물질 관리 등에 관한 규제를 준수하고, 에너지 효율성 개선, 폐기물 감소, 재생 가능 에너지 사용 증가 등의 정책을 시행할 수 있다.

둘째는 탄소 배출 감소를 채택할 수 있다. 기후변화에 대응하기 위한 기업의 노력으로는 탄소 중립 목표 설정, 탄소 배출권 거래 참여, 탄소 배출 감소 프로젝트 투자 등이 있다. 친환경적인 생산 방식과 에너지 사용의 대표적 사례로서는 'RE100' 참여를 들 수 있다. 재생에너지 전기(Renewable Electricity) 100% 의 약자인 RE100은 기업이 사용하는 전력을 100% 재생 가능 에너지로 충당하겠다는 목표를 설정하고, 이를 달성하기 위해 노력하는 글로벌 이니셔티브이다. 2014년 기후 그룹(The Climate

Group)과 CDP(예전의 탄소정보공개프로젝트)가 주도하여 시작된 이 운동의 핵심 목적은 기후변화에 대응하고, 지속 가능한 미래를 위해 재생 가능 에너지의 사용을 촉진하는 것이다. RE100에 참여하는 기업들은 정해진 시간 내에 자신들의 전 세계 운영에서 발생하는 전력 수요를 태양광, 풍력, 수력 등 재생 가능 에너지원으로 전환하겠다는 약속을 한다. 이러한 약속은 기업이 직접 재생 가능 에너지 설비를 설치하거나, 재생 가능 에너지 전력을 구매하는 계약을 체결하는 등 다양한 방식으로 이행될 수 있다.

셋째는 기업이 환경문제에 대한 사회적 책임을 다하고, 지역사회와의 협력을 통해 지속 가능한 발전을 촉진하는 것을 들 수 있다. 대표적인 것이 ESG(환경·사회·지배구조) 경영이다. 기업의 친환경 경영, 사회적 책임, 투명한 지배구조 등을 의미하는 ESG 경영은 기업 활동 전 과정에 걸쳐 환경성과를 개선함으로써 경제적 수익성과 환경적 지속가능성을 동시에 추구하는 경영활동을 가리킨다. 이는 밀턴 프리드먼과 시카고학파의 경제학자들이 주장한 주주 가치 극대화가 경영진의 유일한 의무라는 믿음에 대한 비판적 성찰에 토대를 두고 있다. 극심한 불평등과 생태적 과부하를 낳은 자본주의를 지속가능한 형태로 전환하는 길을 제시한 저서인 <자본주의 대전환(Reimagining Capitalism in a World on Fire)>에서 리베카 헨더슨(Rebecca Henderson)은 이들의 주장이 대체로 대단히 전문적이지만 연구의 기반이 되는 사유는 직관적이라고 지적한다. 우선, 이들은 자유시장은 완벽하게 효율적이며, 이러한 특징으로 인해 자유시장은 경제적 번영을 낳는 눈부신 동인이 된다고 주장한다. 두 번째 근거는 개인적 자유의 규범적 우선성, 즉 개인의 자유가 사회의 가장 일차적인 목표가 되어야 하고, 개인이 자신의 자원과 시간을 어떻게 활용할 것인가를 스스로 결정할 수 있는 능력이 사회의 가장 중요한 목표 중 하나가 되어야 한다는 생각이다. 그리고 경영자가 신뢰받는 대리인이 되기 위해서는 나름의 도덕적 약속을 지켜야 한다. 이는 경영자는 신의를 지키고 투자자들이 맡긴 자금을 오용하지 말아야 한다는 널리 공유되는 생각을 기반으로 한다. 프리드먼은 투자자들은 대체로 '가능한 한 많은 돈을 벌 것'을 바란다고 가정했다(Rebecca Henderson, 2021: 41~44).

헨더슨은 하지만 이러한 생각은 특정한 시간과 장소, 그리고 특정한 제도적 조건의 산물이며, 지금의 현실에서는 위험할 정도로 그릇된 생각이라고 말한다. 지난 70여년 사이에 세상은 옛 모습을 떠올리기도 힘들 정도로 달라졌다. 세계 자본주의가 자유롭고 공정한 시장이라는 교과서적인 모델에서 점점 멀어지면서 이익 극대화에 초점을 맞추라는 명령은 명분을 잃어가고 있다는 것이다. 자유시장은 가격이 모든 가용 정보를 반영하고, 진정한 기회의 자유가 있고, 게임의 규칙이 공정한 경쟁을 지지해줄 때만 효과적으로 작동한다. 그러나 오늘날의 세상에서는 가격은 미친 듯이 널뛰고, 기회의 자유는 금수저들에게만 국한된 이야기가 되고 있으며, 기업은 시장을 왜곡하면서 자신들의 이익만을 극대화하는 방향으로 게임의 규칙을 다시 쓰고 있다. 헨더슨은 기업이 유해 쓰레기를 강에 버리고, 정치과정을 통제하고, 가격 담합을 밀어붙인다면, 자유시장은 부의 총액은 물론 개인의 자유도 확대하지 못할 것이라고 주장한다. 오히려 기업 그 자체가 의지하고 있는 제도를 파괴하는 결과만을 초래하게 될 것이라고 한다(Rebecca Henderson, 2021: 44~47).

환경경영을 통해 지속 가능성을 추구하고 있는 기업들은 전 세계적으로 다양하게 존재한다. 그 중 널리 알려진 기업 중 하나가 의류 및 장비 제조업체인 파타고니아(Patagonia)이다. 파타고니아는 환경 보호를 기업 철학의 핵심으로 삼고, 지속 가능한 소재 사용, 공정 무역 인증 제품 생산, 환경 보호를 위한 이익 기부 등을 통해 환경경영을 실천하고 있다. 그 설립자인 이본 쉬나드(Yvon Chouinard)는 지구온난화의 모든 문제들에 자원 이용의 지속 불가능성, 세계적인 부의 불평등까지 더해지면 우리 경제와 환경모델은 파국을 피할 수 없는 시나리오에 도달한다고 지적한다, 이런 인식에 토대를 두고 파타고니아는 환경위기에 대한 공감대를 형성하고 해결방안을 실행하기 위해 사업을 이용한다는 사명을 실현하려고 노력하는 기업이라고 한다. 아웃도어 전문 기업인 파타고니아는 제품디자인, 생산, 유통, 마케팅, 재무, 인사, 경영, 환경 분야에서 고유한 철학을 이어 나가고 있다. 그 중에서 환경철학은 자신을 돌아보고 점검하는 삶을 산다, 스스로의 행동을 정화한다, 속죄한다, 시민 민주주의를 지지한다, 선을 행한다, 다른 기업에 영향을 준다로 구성된다(Yvon Chouinard, 2020: 20~22, 298~376). 이와 같은 기업의 친환경정책은 기업의 브랜드 이미지, 소비자 인식, 그리고 장기적인 사업 성공에 중대한 영향을 미칠 수 있다. 소비자들과 투자자들이 점점 더 환경 보호와 지속 가능한 사업 관행에 중요성을 두면서, 세계적으로 기업들이 환경정치를 강화하고 이를 사업 전략의 핵심 요소로 삼는 사례가 증가하고 있다.

기후로비와 녹색분칠

기후로비(Climate lobbying)는 기후변화에 대응하는 정책, 법률, 규제 등에 영향을 미치려는 기업, 산업 단체, 환경단체 등의 활동을 말한다. 이러한 로비 활동은 정부 결정 과정에 영향을 미쳐 특정 정책이나 법안의 채택, 변경, 폐지를 목표로 할 수 있다. 기후로비는 다양한 이해관계자들이 기후변화 대응에 관한 자신들의 입장과 이해를 반영하기 위해 사용하는 중요한 수단으로 꼽힌다. 로비 활동의 대표적 사례는 규제 완화 압력이다. 로비활동의 유형은 다음과 같은 형태로 나타날 수 있다.

1) 규제 완화 압력: 일부 기업이나 산업 단체는 기후 관련 규제가 자신들의 이익을 침해할 것으로 보고, 이러한 규제를 완화하거나 폐지하기 위해 로비 활동을 할 수 있다. 이는 특히 화석 연료 산업과 같이 기후변화에 심대한 영향을 미치는 분야에서 두드러진다.

2) 정책 옹호: 환경단체나 지속 가능한 비즈니스 모델을 추구하는 기업들이 정부에 강력한 기후 정책을 채택하도록 압력을 가하는 활동이다. 탄소배출 감축 목표 설정, 재생 가능 에너지 지원 확대, 화석 연료 사용 줄이기 등이 있다.

3) 여론 형성: 일부 로비 활동은 대중의 의견을 형성하고, 특정 기후 관련 이슈에 대한 지지를 얻기 위해 대중 매체나 소셜 미디어를 활용할 수 있다. 이는 정부 결정권자에게 정치적 압력을 가하는 방법으로 작용할 수 있다.

4) 정보 제공과 영향력 행사: 로비 활동은 정부의 관련 정책 결정 참가자에게 정보와 데이터를 제공하고, 특정 정책이나 법안에 대한 지지나 반대 의견을 전달하는 방식으로 추진된다. 이는 공식적인 회의, 보고서 제출, 공공 캠페인 등을 통해 이루어질 수 있다.

기후로비는 기후변화 대응에 있어 중요한 역할을 하지만, 때로는 이해관계 충돌로 인해 논란의 대상이 되기도 한다. 특히, 환경 보호를 위한 강력한 조치를 지지하는 단체와 기업 이익을 최우선으로 하는 단체 간의 대립이 이러한 논란을 초래할 수 있다. 그러다보니 기후 관련 로비에 대한 최초의 표준인 '책임 있는 기후로비(Responsible Climate Lobbying)'가 정해지기도 했다. 스웨덴 연기금 AP7, 영국교회연금위원회(CEPB), 프랑스의 BNP파리바 자산운용 등 투자자들이 주도해 만든 책임 있는 기후로비의 핵심 내용은 로비금액의 공개, 활동을 1.5eh 지구온도 목표에 연계, 로비활동에 이사회 수준의 감독 등이다(https://climate-lobbying.com/).

기업들은 실제로는 환경에 악영향을 끼치면서도 겉으로는 친환경 이미지를 내세우는 행위를 하기도 한다. 이를 가리키는 용어가 녹색분칠(greenwashing)이다. 일부 기업들이 환경을 환경의식의 고조로 파급되는 효과에 대처하려는 정치전략으로 사용하기 시작한 것은 1960년대 이후이다. 이때는 미국에서 시민권운동과 반전운동이 전개되던 시기였다. 일부 기업들은 이러한 운동에 반응해 아름다운 자연을 담은 사진으로 광고를 하고, 환경보호에 적극 참여하고 있다는 점을 강조했다. 대표적인 사례가 세계적인 석유기업인 BP였다. BP는 자신을 친환경적 석유 사업자로 묘사하며 녹색 석유를 판매한다고 홍보하는데 그치지 않았다. 당시 세계에서 두 번째로 컸던 이 석유 대기업은 재생에너지의 선구자로 변신했다(Kathrin Hartmann, 2018: 42~43).

또 다른 사례는 독일의 자동차회사인 폭스바겐(Volkswagen)의 이른바 '디젤 게이트(Dieselgate)'이다. 2015년 9월, 미국 과학자들이 폭스바겐의 디젤 엔진 차량 중 다수에 배출 시험을 고의로 조작하는 소프트웨어가 장착되었다고 밝혔다. 이에 따라 미국 환경보호청(EPA)은 폭스바겐을 배출가스 검사 조작 혐의로 고발했다. 이 차량의 실제 질소산화물(NOX) 배출량은 미국 당국이 허용한 기준보다 무려 40배나 높았다. 벌금과 손해배상으로 300억 달러가 부과되었는데 이는 자동차 산업 역사상 가장 큰 규모였다. 폭스바겐의 임원들이 은폐를 시도하면서 거짓말을 한 것이 알려졌고 회사 브랜드는 명성에 막대한 타격을 입었다. 디젤게이트 이후 EU에서는 850만 대의 폭스바겐 자동차에 대한 리콜이 이뤄졌다. 이후 폭스바겐은 스캔들의 여파에서 벗어나기 위해 대규모의 탈탄소화 정책을 발표했다. 예를 들어, EU에서 폭스바겐은 2035년까지 새로운 내연 기관(ICE) 판매 금지를 밝혔고, EU 그린 뉴딜을 지원하기 위한 CEO 연합의 형태로 산업 간 협업을 지원하고 나섰다(https://www.forbes.com/sites/georgkell/2022/12/05/from-emissions-cheater-to-climate-leader-vws-journey-from-dieselgate-to-embracing-e-mobility/). 이러한 스캔들은 독일의 다른 자동차 회사인 다임러와 BMW까지 그 여파가 확대되었고, 이로 말미암아 '자동차 왕국'으로 불리던 독일 자동차의 평판도 손상되었다(Wouter Jong et.al., 2022).

다국적 기업과 환경문제

다국적기업(Multinational Corporations: MNCs)은 최소한 두 개 이상의 국가에서 상품을 생산하고 판매하는 모회사와 해외 자회사들로 구성된 거대 기업을 가리킨다. 이러한 다국적기업은 국가 간 교역에 대한 정부주도의 제한이 철폐되거나 완화되는 것을 의미하는 경제적 세계화로 인해 더욱 증가하였다. 다국적기업은 그 기업이 소속되어 있는 국가의 국경을 벗어나, 경영에 참가할 목적으로 타국에 공장을 직접 설립하거나 타국기업을 인수·합병하는 해외직접투자(Foreign Indirect Investment: FDI)를 통해 기업이익의 극대화를 추구한다. 다국적기업과 함께 국제정치경제론에서 흔히 사용되는 용어가 초국적기업(Transnational Corporations: TNCs)이다. 초국적기업은 자신의 소속국가(투자본국)와 국가의 국경을 초월하여 기업이윤을 최우선적으로 추구하는 기업을 말한다. 다국적 기업이 국가중심론에 근거하여 국제정치경제 체제에서 국가라는 행위자를 중시하는 입장에 서 있다면, 초국적기업은 초국가관계론에 기초하여 국가 와 국경을 뛰어 넘는 기업의 활동을 강조하는 개념이다(진시원·홍익표, 2015: 188).

하지만 국가와 국적과 국경을 뛰어넘어 진정한 의미에서 이윤을 최우선 시하는 초국적기업은 사실상 존재하지 않는다는 주장도 제기되고 있다. 첫째, 초국적기업의 대명사로 일컬어지는 미국의 초우량 기업들조차 투자이익 관리, 핵심기술의 연구개발과 영업기획, 마케팅 전략, 조직전략 등과 같은 중추적인 경영전략은 대부분 투자본국에 위치한 본사를 중심으로 이뤄지고 있기 때문이라는 것이다. 둘째, 초국적기업들이 해외직접투자를 수행한 경우 철저한 현지화(localization)를 통해 문화적 이질감과 경제적 불평등, 적대감 등의 문제를 해소하려고 노력하고 있지만 완벽한 의미에서 현지화 전략이 성공하여 말 그대로 초국적기업이 되기는 어렵다는 것이다. 셋째, 초국적기업은 자신의 영구적인 이윤추구를 위해 핵심기술과 핵심 경영지식 등을 철저히 보호하는 성향이 강한데 이 경우 투자유치국 정부나 기업들의 불만이 늘어나게 되고 결과적으로 초국적기업은 투자유치국에서 실질적으로 초국적기업 활동을 하기 어려워진다는 것이다. 넷째, 해외직접투자를 수행 중인 기업들은 투자이윤을 현지에서 재투자하는 것보다 투자본국에 위치한 본사로 송금하는 일이 많다는 것이다. 이런 시각에서 바라보면 다국적기업이라는 용어가 현실에 더 부합하는 개념이고 초국적기업이라는 용어는 다소 과장된 개념이라고 볼 수 있다. 하지만 경제 세계화가 확대·심화되면서 다국적기업보다 초국적기업이라는 용어가 더 현실에 적합한 용어라는 주장도 존재한다(진시원·홍익표, 2015: 188~189).

이러한 다국적기업은 1970년대 그 수가 증가하기 시작했고 경제적 세계화가 진척된 1980년대 이후 비약적으로 성장하였다. 이 시기에 주로 선진공업국에 위치한 모기업의 경영전략에 의해 움직이는 수많은 현지기업들이 설립되었고, 이들 사이에 자본, 인력, 기술이 이동하는 거대한 조직망을 갖춘 기업조직이 탄생하였다. 이들 다국적기업은 세계적 생산망과 판매망, 이를 뒷받침하는 다층적 형태의 조직망을 형성하고 다른 다국적기업들과 치열한 경쟁을 펼치고 있다. 세계경제의 '새로운 리바이어던(Leviathan)'이라고 부를만한 이들 다국적기업이 세계경제에서 차지하는 비중은 막대하다. <포춘(Fortune)>과 <포브스(Forbes)> 등은 이들 다국적기업을 자산과 매출, 순익, 현재 주식의 시가총액 등을 기준으로 순위를 매긴다. 이 중에서 상위를 차지하고 있는 다국적기업으로는 셰브런(Chevron), 엑손(Exxon), 브리티시 석유와 셸(BP and Shell) 같은 거대 에너지기업, 월마트(Wallmart) 같은 유통기업 등이 있다.

다국적기업은 전 세계적 규모에서 경제활동을 하는 데 이 과정에서 환경을 파괴하는 사례는 매우 흔하게 발견된다. 예를 들어, 영국의 일간지 '가디언(The Guardian)'의 보도에 따르면 전 세계 석유, 가스, 석탄 매장량을 무자비하게 사용하는 20개 화석 연료 회사가 오늘날 전 세계 온실가스 배출의 1/3 이상과 직접적으로 연관되어 있다. 이는 다국적 기업 집단과 국영기업이 어떻게 인류의 미래를 위협하는 기후 비상사태를 주도하고 있고, 업계가 환경에 미치는 파괴적인 영향을 인식하고 있음에도 불구하고 어떻게 계속해서 사업을 확장해 왔는지를 잘 보여준다. 셰브런, 엑손, 브리티시 석유와 셸 같은 에너지 관련 다국적기업, 그리고 사우디 아람코(Saudi Aramco), 가스프롬(Gazprom) 같은 국영기업을 포함한 이들 20개 기업은 전 세계 에너지 관련 이산화탄소 및 메탄의 35%를 배출해 1965년 이후 총 4,800억 톤의 이산화탄소 환산량(GtCO2e)을 배출했다(https://www.theguardian.com/environment/2019/oct/09/revealed-20-firms-third-carbon-emissions).

<표> 이산화탄소 배출 상위 20대 기업

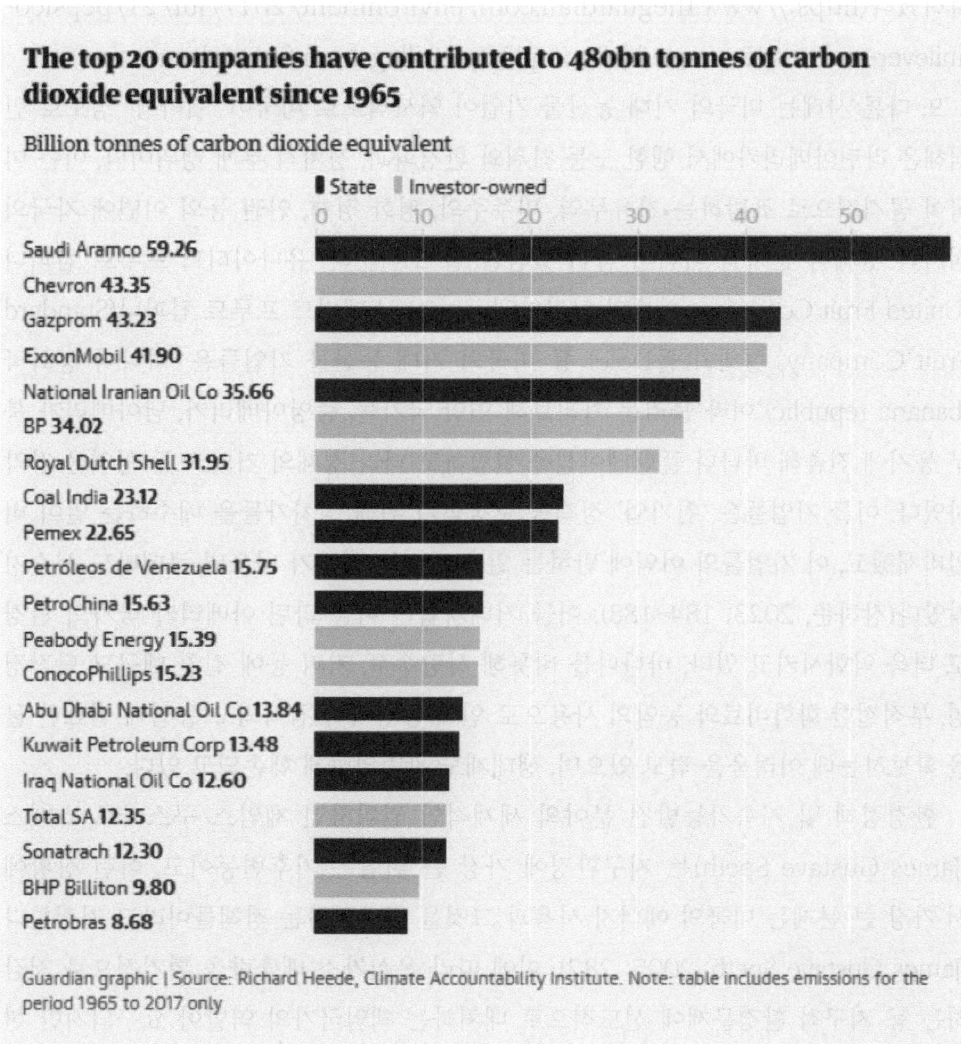

출처: https://www.theguardian.com/environment/2019/oct/09/revealed-20- firms-third-carbon-emissions

펩시코(Pepsico), 유니레버(Unilever)와 네슬레(Nestle)와 같은 다국적기업은 불법으로 열대우림을 파괴하는데 공모했다는 혐의로 기소되기도 했다. 국제 환경단체인 '열대우림보호네트워크(Rainforest Action Network: RAN)'에 따르면 이들 다국적기업은 코끼리, 오랑우탄, 코뿔소, 호랑이가 하나의 생태계에서 함께 공존하는 수마트라의 마지막 열대 우림 지역을 파괴하는 데 공모했다. 벌채된 땅에 건설된 농장은 맥도날드(McDonald's), 마즈(Mars), 켈로그(Kellogg), 프록터 앤 갬블(Procter

& Gamble)을 포함한 수많은 가정용 브랜드에 팜유를 공급하는 데 사용된 것으로 알려졌다(https://www.theguardian.com/environment/2017/jul/21/pepsico-unilever-and-nestle-accused-of-complicity-in-illegal-rainforest-destruction).

또 다른 사례는 미국의 거대 농산물 기업이 역사적으로 미국이 '뒷마당' 정도로 인식해온 라틴아메리카에서 행한 노동 착취와 환경파괴, 정치적 부패 행위이다. 이는 미국이 공격적으로 표방하는 자유무역, 민주주의, 평화 정책, 인권 등의 이면에 자국의 정치적·경제적·군사적 이익이 숨어 있음을 잘 보여준다. 유나이티드 프루트 컴퍼니(United Fruit Company, 현재의 치키타Chiquita), 스탠더드 프루트 컴퍼니(Standard Fruit Company, 현재의 돌Dole) 등 미국의 거대 농산물 기업들은 '바나나 공화국(banana republic)'이라 불리는 카리브해 연안 국가들, 중앙아메리카, 남아메리카 북부 등지에 진출해 바나나 플랜테이션을 설립하고 나라 경제의 거의 모든 영역을 장악하였다. 이들 기업들은 '친기업' 정책을 보장받기 위해 정치가들을 매수하는 일이 비일비재했고, 이 기업들의 이익에 반하는 일을 하려는 정부가 나오면 쿠데타도 서슴지 않았다(장하준, 2023: 184~188). 이들 거대기업은 이들 라틴 아메리카 국가의 환경도 더욱 악화시키고 있다. 바나나를 비롯해 사탕수수, 커피 등에 걸친 대규모 단작경영, 부적절한 화학비료와 농약의 사용으로 인해 농경지가 침식되고 농업에 필요한 물을 확보하는데 어려움을 겪고 있으며, 생태계도 광범위하게 훼손되고 있다.

환경정책 및 지속가능발전 분야의 세계적인 권위자인 제임스 구스타브 스페스(James Gustave Speth)는 지구환경에 가장 큰 위협은 기후변동이고, 이런 상황에서 가장 큰 문제는 미국의 에너지 사용과 그것을 뒷받침하는 정책들이라고 지적한다(James Gustave Speth, 2005: 282). 이에 따라 온실가스 배출량을 획기적으로 저감하는 등 지구적 환경문제에 선도적으로 대처하는 책임국가의 역할이 요구되지만 현실은 그렇지 못하다. 조지 W. 부시와 도널드 트럼프의 사례에서 잘 보여주듯이 오히려 기후협약에서 탈퇴하고 국제적인 온실가스 감축의 이행목표와 일정에 차질을 빚게 하고 있다. 그린피스가 미국 정보공개법에 따라 입수한 미 국무부 내부 문건에 따르면 부시 전 미국 대통령이 교토의정서 서명을 거부한 데에는 세계 최대 석유회사인 엑손모빌의 로비가 작용했을 가능성이 크다. 이 문건에 따르면 미 국무부의 글로벌 이슈 담당 차관을 지낸 폴라 도브리안스키(Paula Dobriansky)가 2001년과 2004년 엑손모빌이 주도하는 반교토의정서 단체인 '세계기후연맹(GCC)'과의 회담에 앞서 받은 보고서에는 "대통령은 당신들로부터 받은 정보(input)에 부분적으로 근거해 교토의정서를 거부했다"고 적혀 있다. 또 도브리안스키 당시 차관이 엑손모빌 임원과 교토의정서를 반대하는 다른 미국 기업인들에게 앞으로 교토의정서를 대체할 수 있는 대안을 제시해 달라고 요구했음을 암시하는 내용이 포함돼 있다. 이 문건은 이어 엑손모빌이 미국이 교토의정서에 가입하는 것은 시기상조라고 확신했다고 주장했다(https://www.hani.co.kr/arti/international/america/40574.html).

한편 <가디언>과 <뉴욕타임스> 등의 언론은 토니 블레어(Tony Blair) 전 영국 총리가 지구환경징책 등을 논의하려고 미국을 방문하고 있는 상황에서 백악관 관리가 미 정부의 기후변화 보고서를 의도적으로 왜곡했다는 의혹을 제기했다. 석유기업의 이해를 대변하던 미국석유연구소(American Petroleum Institute: API)에서 로비스트로 일한 적이 있는 필립 쿠니(Philip Cooney) 전 백악관 환경담당 보좌관이 2002년과 2003년에 온실가스 방출과 세계적 온난화 현상 간의 관계를 경시하는 방법으로 정부 기후변화 보고서를 조작했다는 것이다. 이 신문은 쿠니 보좌관이 '불확실성(uncertainty)'이란 단어 앞에 '중대하고 근본적인(significant and fundamental)' 등과 같은 수식어를 붙이는 방법 등으로 이미 정부의 과학자들이 인정한 기후변화 보고서의 내용을 고치거나 삭제했다고 보도했다(https://www.theguardian.com/environment/2005/jun/09/science.environment; https://www.theguardian.com/environment/2005/jun/09science. environment). 이는 막대한 화석연료를 사용하는 거대 기업이 어떻게 인류의 미래를 위협하는 기후위기에 대한 대응을 가로막고 있는지를 잘 보여주는 사례이다.

5장.
사회불평등, 환경정의와 환경민주주의

경제적 불평등은 환경불평등을 상당 부분 결정짓는다. 가장 가난한 사람들은 (에너지 같은) 상품으로서의 천연자원에 접근하기 힘든 반면, 환경위험에는 항상 더 많이 노출되고 피해에는 더 취약하다. 게다가 경제적 불평등은 온실가스 배출 불평등에도 결정적으로 작용한다. 경제적 불균형이 심화되는 경향은 환경정의라는 면에서도 결코 이롭지 않다.

- 뤼카 샹셀[40]

사회불평등이란 무엇인가?

앞에서 살펴본 것처럼 지구적 차원에서 환경문제는 점차 심각해지고 있다. 지구온난화로 인한 기후변화는 세계 곳곳에서 다양한 양태로 발생하고 있다. 이와 같은 환경위협은 그 피해가 막대할 뿐만 아니라 인류의 생존에도 실제적 위협을 가하고 있다. 사정이 그렇게 긴박함에도 불구하고 국제사회는 인류의 생존터전인 지구 환경을 보호하기 위한 근본적인 대책을 아직 마련하지 못하고 있다. 세계자본주의체제와 이에 기반을 둔 불평등한 사회적 관계 자체에는 손도 못 대고 있다. 불평등은 제도적 장치와 절차에 의해 그리고 집단뿐 아니라 개인적인 분배활동에 의해 사회적으로 생산되고 유지된다. 특히, 경제적 불평등은 사회분열, 경제적 낭비, 정책 왜곡과 독재 등의 문제를 낳는다고 지적된다(Göran Therborn, 2014: 34~35).

그렇다면 불평등이란 무엇을 말하는가? 불평등의 정의와 메커니즘, 유형에 대해서

---

40 Lucas Chancel(2023), p.202.

는 스웨덴 출신의 사회학자인 예란 테르보른(Göran Therborn)이 <불평등의 킬링필드(The Killing Fields of Inequality)>에서 설명한 것이 있다. 테르보른은 이 책에서 불평등이 누군가를 무엇으로부터 배제하는 것을 의미한다고 말한다. 불평등이 말 그대로 사람을 죽이거나 사람들의 생명력을 저해한다면, 그 불평등은 곧 배제를 의미한다는 것이다. 그는 인간사회에의 배제에는 두 개의 커다란 문이 있다고 한다. 가난한 자의 면전에서 사정없이 꽝 닫히는 문과 엘리트를 나머지 사람들로부터 격리시켜 보호하는 문이 바로 그것이다. 경제적 불평등은 1874년부터 1880년까지 영국 총리를 역임한 벤자민 디즈레일리(Benjamin Disraeli)가 '두 개의 국민(the two nations)'이라 칭한 부자와 빈자로 나눈다. 그렇게 해서 인간 개발을 위한 사회적 공간은 따로 구분되고 제한된다. 테르본은 인간으로 제 구실을 할 수 있는 역량을 방해하는 불평등은 생명력 불평등(vital inequality), 실존적 불평등(existential inequality), 자원 불평등(resource inequality) 세 가지로 추론 가능하다고 한다.[41] 불평등은 어떻게 만들어졌는가? 불평등은 제도적 장치와 절차에 의해 그리고 집단뿐 아니라 개인적인 분배활동에 의해 사회적으로 생산되고 유지된다. 테르보른은 거리두기(distanciation), 배제, 위계화, 착취 등의 불평등 메커니즘은 자율성, 인정과 존중뿐 아니라 건강과 기대수명, 경제적 자원이나 그 밖의 자원에 영향을 미친다고 한다. 한편, 테르보른은 '불평등의 귀환'을 거론한다. 근래에 생명력 불평등이 심화되고 있으며, 아울러 과거 100년 동안 이어졌던 생명과 건강의 계급불평등이 굳어지고 있고, 세대를 관통하는 지속적 불평등(persistence inequality)도 뚜렷해지고 있다는 것이다. 테르보른은 불평등과 평등 메커니즘의 상대적 중요성이 발전에 관한 정치적 논란뿐 아니라 학문적 논란의 중심에서 채 이론화되지 않은 불평등 영역을 다시 돌아보게 만든다고 강조한다(Göran Therborn, 2014: 68~91).

앞의 설명은 사회학자의 시각에서 불평등을 체계적으로 분석한 것이다. 일반적으로 불평등은 계급, 성, 세대, 국적 등의 사회적 범주에 따라 발생하는 사회구성원들 간의 부, 소득, 노동 조건 등의 체계적인 차이를 의미한다. 불평등은 다양한 수준과 영역에서 존재한다. 예를 들어, 불평등은 국내적인 수준뿐만 아니라 지구적인 수준에서도

---

41 생명력 불평등은 사회적 구조에 속한 인간 유기체가 생명을 유지할 수 있는 기회의 불평등을 의미한다. 사망률, 기대수명, 건강수명, 기아와 영양실조 같은 지표로 평가할 수 있다. 실존적 불평등은 자율성, 존엄성, 자유의 정도, 존중받을 권리, 자아를 개발할 권리 등 인격과 관련해 개인이 받을 수 있는 배당의 불평등을 말한다. 그리고 자원불평등은 행위자로서 인간이 활동하는데 필요한 자원을 공평하게 제공받지 못하는 불평등을 가리킨다. 부모의 재산과 지식과 자원. 교육이 차지하는 비중은 갈수록 커지고 있다. Göran Therborn(2014), pp.69~70.

존재한다. 유엔의 경제사회국은 불평등을 지위, 권리, 기회가 평등하지 않은 상태라고 정의하면서 불평등이 사회 정의 이론의 핵심 개념이라고 지적한다. 그러나 이는 사람들마다 다른 의미를 갖는 경향이 있기 때문에 공개 토론에서 혼란을 일으키기 쉽다. 가장 흔하게 사용되는 불평등의 유형은 경제적 불평등으로 많은 학자들은 경제적 불평등을 주로 소득 불평등, 금전적 불평등, 더 넓게는 생활 조건의 불평등을 의미하는 것으로 구분한다(https://www.un.org/en/development/desa/policy/wess/wess_dev_issues/dsp_policy_01.pdf)

경제적 불평등은 자산과 소득, 소비 등 다양한 경제지표를 통해 측정될 수 있다. 예를 들어, 경제협력개발기구(OECD)는 지니계수, 팔마비율[42], 소득점유율(5분위 배율), 소득 10분위 중 9분위 소득의 경곗값을 1분위 소득 경곗값으로 나눈 값, 소득 10분위 중 5분위 소득 경곗값을 1분위 소득 경곗값으로 나눈 값, 소득 10분위 중 9분위 소득의 경곗값을 5분위 소득경곗값으로 나눈 값을 활용하여 회원국의 소득분배 현황을 공개하고 있다. 이중에서 가장 흔하게 사용되는 불평등지수는 이탈리아 통계학자인 코라도 지니(Corrado Gini)가 지니의 법칙을 통해 제시한 지니계수(Gini index)이다. 이는 인구누적비율(x축)과 소득누적비율(y축)의 관계를 표시하는 로렌츠 곡선에 기반을 두고 만들어졌다. 지니계수는 완벽하게 평등한 소득분배가 이뤄진 균등분포선 아래 전체 면적(0.5) 대비 균등분포선과 로렌츠 곡선 사이의 면적의 비율로 측정한다. 0과 1사이에서 1에 가까울수록 소득불평등이 심각한 것으로 해석된다. 세계은행은 지니계수를 활용하여 세계 각국의 소득분배현황을 공개 및 분석하고 있으며, UN은 매년 세계 각국의 SDGs(지속가능발전목표) 이행 현황을 평가하여 보고서로 발간하면서 SDG10(불평등 감소) 이행 현황을 파악하는 과정에서 지니계수와 팔마비율을 활용하고 있다.

---

42 칠레 출신 경제학자 호세 가브리엘 팔마(Jose Gabriel Palma)의 이름을 딴 팔마비율(Palma ratio)은 중상층 50%의 몫을 제외한 소득 하위 40% 대비 상위 10% 몫의 배율을 말한다. 지니계수처럼 값이 클수록 소득 불평등이 심한 사회라고 평가된다. 2013년 3월 전 세계 경제학자와 개발 전문가 90명은 유엔이 수립할 2015년 이후 새로운 '지속가능발전목표'(SDGs)에 국가 간, 국가 내 극심한 불평등 해소를 포함해야 한다는 공개서한을 띄웠다. 여기서 이들은 모든 나라의 소득 기준 팔마비율을 2030년까지 2010년 대비 절반 수준으로 줄이자는 잠재적 목표를 제안했다. 조지프 스티글리츠도 마이클 도일과 함께 지속가능 발전목표에 극심한 불평등 근절을 포함해야 한다면서 모든 국가에서 2030년까지 팔마 비율을 '1'(소득 하위 40%와 상위 10%의 몫이 동일) 이하로 낮추자는 제안을 내놓았다. 비영리 정보플랫폼 아워월드인데이터(OWID)가 '세후 또는 소비후 소득'(세계은행의 빈곤과 불평등 플랫폼 자료) 기준으로 뽑아낸 팔마 비율은 2022년 세계 111개 나라 평균이 1.59다. 이 수치는 100명이 사는 나라에서 주로 부자한테서 세금을 걷고 가난한 사람한테 복지 혜택을 제공한 뒤 가장 부유한 10명이 가장 가난한 사람 40명보다 머릿수는 4분의 1이지만 소득은 59% 더 많다는 것을 가리킨다. https://www.hani.co.kr/arti/economy/heri_review/1131695.html

불평등 연구로 가장 널리 알려진 학자는 프랑스의 경제학자인 토마 피케티(Thomas Piketty)라고 할 수 있다. 그는 2013년 출간된 <21세기 자본(Le Capital au XXIe siècle)>에서 불평등이 자본주의의 구조적 현상이라 주장하고, 경제성장이 소득과 부의 분배와 어떠한 상관관계를 맺고 있는 지를 실증적인 연구로 증명하여 세계적인 주목을 끌었다. 특히, 이 책에서 피케티는 자본수익률(r)을 경제성장률(g)과 연관시키는데, 여기서 r은 자본으로부터의 이윤, 배당, 이자, 임대료, 기타 소득을 포함하고 g는 사회의 소득이나 산출의 성장으로 측정한다. 그는 성장률이 낮을 때 부의 축적이 r로부터 더 빨리 일어나고 상위 10%와 1% 사이에서 더 많이 축적되는 경향이 있기 때문에 불평등이 증가한다고 주장한다. 여기서 보여지는 것처럼 피케티는 모든 사회에서 소득불평등은 두 가지 구성 요소인 노동소득의 불평등과 자본소득의 불평등이 더해진 결과라고 말한다. 이 두 구성요소가 각각이 더 불평등하게 분배될수록 전체적인 불평등도 커진다. 여기서 피케티는 재산이 많은 개인이 중간 정도의 재산을 보유한 사람보다 더 높은 수익률을 얻을 경우, 자본소득의 불평등이 자본의 불평등 자체보다 클 수 있다고 말한다. 이것이 불평등을 배가시키는 강력한 메커니즘이 될 수 있으며, 특히 21세기에는 더욱 그러하다는 것이다(Thomas Piketty, 2014: 292~294). 1870년부터 2100년까지 세계의 자본/소득 비율의 관측치 및 예상치와 1900년부터 2010년까지 유럽과 미국에서 소득 상위 10%가 총소득에서 차지하는 비중를 그래프로 나타내면 다음과 같다.

<표> 세계의 자본/소득 비율, 1870~2100

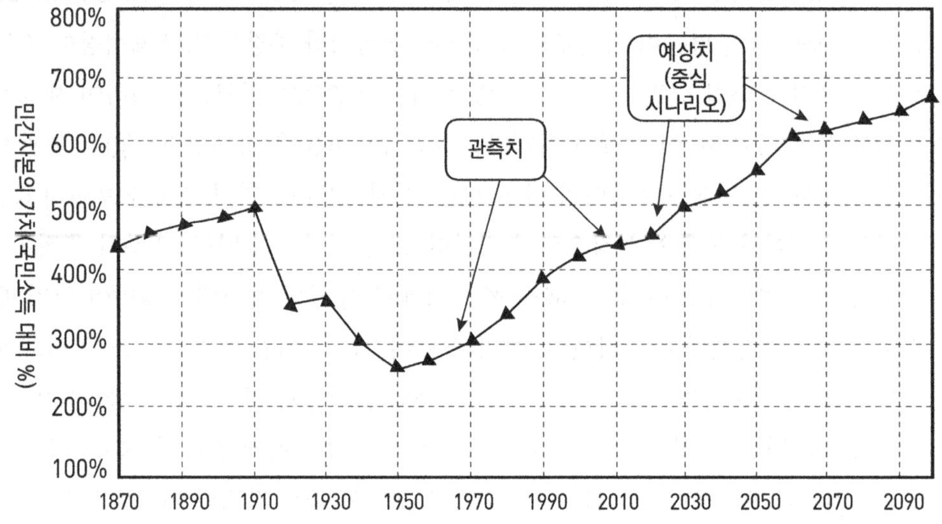

중심 시나리오의 시뮬레이션에 따르면 21세기 말에는 세계의 자본/소득 비율이 700퍼센트에 가까워질 수 있다.

출처: Thomas Piketty(2014), p.235

<표> 소득 상위 10%가 총소득에서 차지하는 비중: 유럽과 미국(1900~2010)

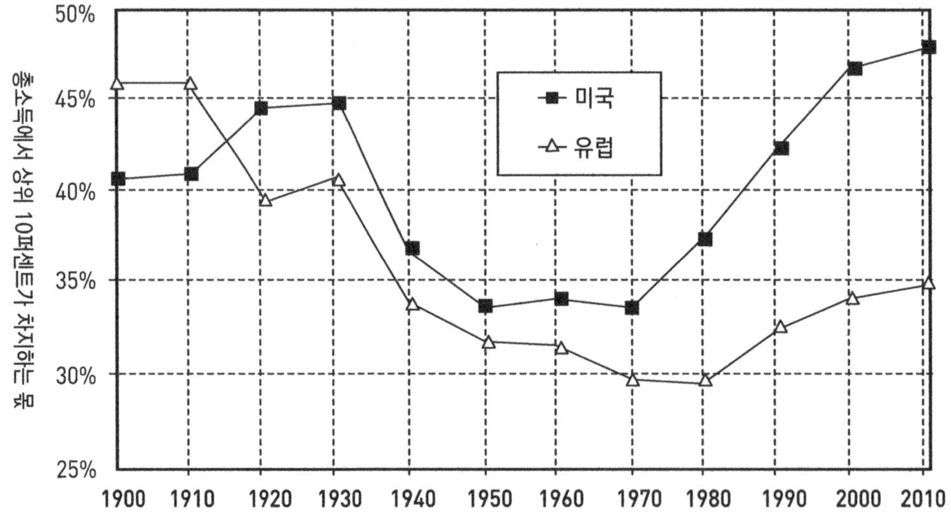

소득 상위 10퍼센트가 총소득에서 차지하는 몫은 1900~1910년에는 유럽이 미국보다 높고 2000~2010년에는 미국이 훨씬 더 높다.

출처: Thomas Piketty(2014), p.389

수많은 학자들이 불평등 연구에 천착하고 적지 않은 국제기구와 정부기관이 불평등 완화를 우선적인 의제로 삼는 이유는 무엇일까? 지금까지 살펴본 증거에서는 불평등 수준이 높을수록 사회불안 수준이 증가하고 전 인류에 심리적 비용과 사회적 비용이 늘어남을 알 수 있다. 이와 관련하여, 리처드 윌킨슨(Richard Wilkinson)과 케이트 피킷(Kate Pickett)은 불평등으로 인한 문제들을 다음과 같이 정리한다. 첫째, 국가 간 비교에서 소득 격차가 클수록 사회적 기울기가 나타나는 거의 모든 문제가 더 빈번하게 나타난다는 사실을 알 수 있다. 예를 들어, 하위층으로 내려갈수록 건강상태가 나빠지고, 불평등한 사회일수록 구성원 대부분의 건강수준이 낮다. 폭력, 10대 출산율, 학생들의 낮은 교육 성취도, 약물 남용, 정신질환, 아동 행복, 수감률과 비만율 등 수많은 쟁점에서 같은 영향이 나타난다. 둘째, 소득 격차가 큰 국가일수록 사회적 이동성이 낮아지는 경향이 있다. 소득 격차가 큰 사회일수록 계층장벽이 높아지고 사회적 위계가 엄격해지는 한편 심지어 아이들에게조차 기회가 불평등하게 주어진다. 셋째, 불평등한 사회일수록 지위불안 수준이 증가하는 양상을 보인다. 이 같은 사회에서는 모두가 남들이 자신의 지위를 어떻게 판단할지를 더 많이 걱정하기 때문에 사회적 접촉에서 점점 더 많은 스트레스와 불편함을 느끼게 되고 결국에는 '교제를 피해 혼자 지낼' 가능성이 높아진다. 공동체 생활이 빈약해지고 개인 간 신뢰 수준이 하락한다. 넷째, 불평등 사회에서는 자신감 부족과 낮은 자존감에 시달리면서 우울증과 불안장애가 증가한다. 다섯째, 불평등은 소비주의와 과시적 소비를 강화한다[43] (Richard Wilkinson, et al., 2019: 369~374).

여기서 알 수 있듯이 불평등 사회는 그렇지 않은 사회보다 적지 않은 문제가 존재한다. 윌킨슨과 피킷이 지적한 문제 중에서 눈길을 끄는 것은 사회가 불평등할수록 상향적인 사회이동이 어렵다는 점이다. 이는 최근 한국 사회에서도 뚜렷하게 나타나고 있다. 불평등 사회는 낙수효과도 없고 사회적 폐해가 크며 그 피해가 온전히 저소득층 피지배계급에 돌아가더라도, 상승 이동 기회만 보장된다면 최소한의 수준에서 불평등이 정당화되며 피해자가 수용될 여지가 커진다. 불평등한 미국 사회를 지탱해왔던 것이 이른바 아메리칸 드림(Americandream)이었으며, 한국에서는 "개천에서 용 난

43 소스타인 베블런(Thorstein Veblen)은 사회가 불평등할수록 자기를 차별화하면서도 다른 사람들을 따라잡기 위해 눈에 띄는 재화를 소비하려는 경향이 심하다고 보았다. 불평등한 사회의 문제는 과시적 소비에 그치지 않는다. 예를 들어, 새뮤얼 볼스(Samuel Bowles)와 박용진은 가장 불평등한 사회가 연간 노동시간이 가장 많은 사회이기도 하다는 것을 보여주었다. 두 저자는 불평등한 사회에서는 자기가 부러워하는 사람들의 생활양식을 따라잡기 위해 더 많이 일하는 경향이 있다고 주장한다. Lucas Chancel(2023), pp.69~70.

다"는 꿈이었다. 그러나 한국은 서구 선진 자본주의 국가들과 비교하면 상향적인 사회이동이 낮고, 계급 간 경계가 상대적으로 더 경직되어 있다. 대체로 더 평등한 사회에서 세대 간 상향 이동 비율이 하향 이동 비율보다 더 커서 상승 이동 기회가 더 많다(조돈문, 2024: 108~109).

전 지구적 수준에서 불평등은 어떻게 변화했는가? 소득과 부의 분배는 시간이 지나면서 어떻게 발달해왔으며, 왜 가끔씩 그토록 크게 달라졌던 걸까? 이 질문에 답을 하기 위해서는 초문화적이고 비교적이고 장기적인 시각에서 소득과 부의 분배를 형성해온 메카니즘을 고찰해야 한다. 이와 관련된 대표적인 논저로는 오스트리아 출신의 역사학자인 발터 샤이델(Walter Scheidel)이 쓴 <불평등의 역사(The Great Leveler: Violence and the History of Inequality)>를 꼽을 수 있다. 샤이델은 수렵·채집 사회를 거쳐 농경 사회에 진입하면서 생산 과정에서 잉여가 발생하였고, 이때부터 빈부 격차가 싹텄다고 말한다. 방대한 분량의 이 책에서 샤이델은 인류 역사상 불평등은 평화적인 방식으로는 해소된 적이 없다고 지적하면서 오직 인간의 존립을 밑바닥에서부터 뒤흔드는 강한 충격이 발생했을 때에만 불평등도 실질적으로 감소했다고 주장한다. 그러면서 '평준화의 네 기사'로 전쟁, 혁명, 국가 실패와 같은 붕괴, 전염병을 거론한다.[44]

세계적으로 불평등이 증가한 시기는 산업혁명이라고 할 수 있다. 브랑코 밀라노비치(Branko Milanovic)는 산업혁명을 대폭발(Big Bang)에 비유한다. 인류의 일부만 소득 증가와 지속적인 성장의 경로에 들어섰고 대부분은 그 자리에 그대로 남아 있어야 했으며 심지어 일부는 아래로 추락했기 때문이다. 이처럼 산업혁명으로 경로가 갈라짐에 따라 글로벌 불평등이 확대되었다. 19세기에는 국가 간 불평등뿐 아니라 주요 국가 내의 불평등도 증가했다. 이러한 증가추세는 1차 세계대전 직후에 둔화되었다. 그러다 20세기 마지막 4반세기에는 불평등이 정점에 도달하였다(Branko Milanovic, 2017: 166~167). 1970년대 또는 1980년대부터 영국과 미국을 비롯해 많은 OECD 국가의 가계 가처분 소득 지니계수와 상위 대 하위의 소득 비중 비율은 증가했고, 중간 소득 인구 비율은 더 높거나 낮은 소득층에 비해 뒷걸음 쳐왔다. 이는 소득집중이 훨씬 부각되었다는 것을 알려주는데, 상위 소득 점유율을 발표한 21개국 중 11개국에서 최상위 '1퍼센트'가 획득한 소득 전체의 비율은 1980~2010년 50~100퍼센트

44 이에 대해서는 각각 이 책의 2부부터 5부에 걸쳐 서술되어 있다. Walter Scheidel(2017), pp.163~449.

넘게 상승했다(Walter Scheidel, 2017: 529~530).

20세기 마지막 4반세기에 글로벌 불평등이 증가한 것은 이 시기에 다수 국가에서 신자유주의가 도입된 사실과 관련이 있다. 데이비드 하비(David Harvey)는 신자유주의로의 변화가 지리적으로 불균등하게 전개되고 있으며 국가별로 다양한 방식에 따라 이뤄지고 있다고 지적한다. 그는 신자유주의로 인해 더욱 큰 사회적 불평등과 상위계급의 경제적 권력 장악이 이뤄졌다는 점을 강조한다. 탈규제는 항공과 원격통신부터 금융에 이르기까지 전 부문에서 기업의 이해관계를 강력히 옹호하기 위해 무세한적인 시장 자유의 새로운 영역을 열었다는 것이다. 법인세는 엄청나게 감소했고, 최상위 개인의 세율은 '역사상 가장 큰 세금 감면'이 이뤄졌다(David Harvey, 2007: 43~44). OECD 회원국 중에서 신자유주의를 주도적으로 추진한 영국과 미국의 사회불평등 정도가 유독 큰 사실도 이 점과 관련이 있다.

한국에서도 지난 1997년 IMF가 구제금융을 제공하면서 지원조건으로 신자유주의적 개혁을 요구한 이래 여러 정권에 의해 사회의 신자유주의적 재편이 급속히 추진되어왔다. 그 결과 시장의 절대화와 함께 사회적 배제가 규칙이 되면서 사람들은 생존을 위해 극단적인 경쟁이 지배하는 시장으로 내몰리게 되었고, 계층장벽이 높아져 하위계층의 사람들은 상향적 사회이동이 거의 불가능하게 되었다. 한국뿐만 아니라 전 지구적으로는 신자유주의에 더해 코로나 팬데믹도 불평등을 심화시켰다. 코로나19 팬데믹을 초래한 것은 무엇보다 삼림파괴와 토양 인공화였다. 이로 말미암아 동물들의 생활방식이 혼란에 빠졌고, 그들은 새로운 서식지를 찾아 떠나지 않을 수 없게 되었다. 그리고 동물 종들이 새로운 환경과 접촉하는 과정에서 바이러스와 인간 전염이 가속화되었다. 여기서 바이러스에 노출될 위험의 불평등뿐만 아니라 그러한 노출에 대처하는 수단의 불평등이 두드러지게 나타났다. 또한 코로나 국면에서 수억 명이 빈곤층으로 밀려난 반면 세계 1% 부호의 재산은 오히려 몇 배로 늘었다(Lucas Chancel, 2023: 10~11).

최근의 사회과학 연구는 경제적 불평등을 해소하지 않는 한 환경보호를 위시해서 건강한 민주사회, 경제의 효율적 작동 등의 지속가능발전의 목표를 달성하기 어렵다는 것을 잘 보여준다. 여기서 중요한 점은 환경불평등과 사회불평등이 밀접하게 연결되었다는 사실이다. 예를 들어, 환경파괴는 으레 현재 세대가 미래세대에 미치는 피해로만 생각되지만 실은 한 세대 안에서도 사회적 불평등을 심화하고 기존의 불균형을 더욱 강화한다. 다른 한편으로 불평등은 환경을 질적으로 위협하는 경향도 존재한다. 여기에는 경제적 요인도, 정치적 요인도 있다. 불평등이 우리의 소비방식에 영향을 미치거나, 환경을 위한 조치들이 투표로 가결되는 것을 방해하는 것이 바로 그것이다. 프랑스의 경제학자인 뤼카 샹셀(Lucas Chancel)이 지적했듯이 환경불평등과 경제불평등의 양상은 사실상 악순환과 흡사한 것이다(Lucas Chancel, 2023: 67~70, 20~21). 2005년 허리케인 카트리나가 미국의 뉴올리언스주를 휩쓸었을 때 잘 보여졌듯이 빈곤층은 부유한 계층에 비해서 환경재해에 사전에 대비하고 방어할 수단도, 사후에 피해를 복구하고 다시 일어설 수단도 취약하다. 환경불평등으로 가중된 부당함은 자동으로 사회경제적 불평등을 강화시킨다. 공해로 인한 건강 악화, 환경 재앙으로 인한 생활터전의 파괴는 가장 가난한 이들을 더욱 열악한 조건으로 내몰고, 그로써 '환경-빈곤의 덫'이라고 일컬을 만한 현상을 통해 다시 사회경제적 불평등을 강화한다(Lucas Chancel, 2023: 21).

불평등은 환경을 질적으로 위협하는 경향이 있다. 여기에는 경제적 요인(불평등은 소비방식에 영향), 정치적 요인(환경을 위한 조치들이 투표로 가결되는 것을 방해)도 있다. 최근의 연구는 불평등 감소가 환경에 이롭다는 결론에 도달했다. 그러나 불평등을 완화하는 방식들이 환경을 생각하는 관점에서 모두 바람직하지 않다. 환경위기는 환경이 제공하는 서비스의 분배, 환경 파괴, 여기에 관여하는 책임이라는 문제를 제기한다. 환경불평등의 형태로는 천연자원에 대한 접근의 불평등, 환경파괴의 결과에 대한 노출의 불평등, 환경자원 파괴에 대한 책임의 불평등, 환경보호 정책에서 비롯되는 결과에 대한 불평등, 천연자원 관리와 관련된 의사결정에 대한 접근의 불평등이 있다(Lucas Chancel, 2023: 21?). 이러한 환경불평등은 사회불평등과 밀접한 연관성이 있다. 대체로 가장 부유한 사람들이 환경 발자국을 가장 많이 남긴다. 그런 까닭에, 사이먼 쿠즈네츠(Simon Kuznets)의 이론[45]을 따서 환경 분야에서도 소득 수준이 어느 선을 넘어가면 삶의 질에 신경을 쓰기 때문에 환경오염을 줄이게 된다는 주장인 '환경 쿠즈네츠 곡선'(Environmental Kuznets Curve: EKC)은 실제로 존재하지 않는다

---

45 쿠즈네츠 가설은 소득 수준이 매우 낮을 때는 심하지 않던 불평등이 경제가 발전함에 따라 증가하다가 소득 수준이 높아지면 다시 감소한다는 것이다. 이에 대해 반론이 제기된 것은 어제오늘의 일이 아니다. 그러나 최근에 일어난 일들을 보면 쿠즈네츠 가설은 최후의 일격을 얻어맞은 듯 하다. 과거에 제기된 반론은 횡단면 자료에서, 다시 말해 누군가 매우 가난한 나라에서 그보다 조금 덜 가난한 나라로 이주할 때와 같은 상황에서 불평등 증가를 관찰하지 못한 것, 또는 특정 국가의 역사적 경험에서 그와 같은 불평등 증가를 발견하지 못한 것과 관련이 많았다. 그러나 자료들에 기반을 둔 훨씬 더 심각한 문제가 이 가설에 큰 타격을 주었다. 최근 고소득국가의 소득 불평등 증가가 바로 그것이다. 미국과 영국뿐 아니라 스웨덴과 독일처럼 상당히 평등주의적인 나라들에서조차 불평등이 뚜렷이 증가하고 있는 추세는 쿠즈네츠 가설에 전혀 부합하지 않는다. Branko Milanovic(2017), pp. 75~76.

고 할 수 있다.

세계화와 불평등

여러 나라에서 동시에 불평등이 심화된 원인에 대해서는 외부적 요인, 흔히 세계화 내지는 급격한 기술적 진보가 꼽히는 경우가 많다(Francois Bourguignon, 2017: 123). 이 중에서 중요한 것이 세계화(globalization)라고 할 수 있다. 그렇다면 세계화란 무엇이고 왜 중요할까? 오늘날 사용되는 의미로서의 세계화는 언제부터 사용되었을까? 세계화라는 용어가 학자뿐만 아니라 일반 사람들의 입에 오르내리기 시작한 것은 1980년대 이후라 할 수 있다. 그러나 많은 이들에 의해 사용되다 보니 세계화가 거의 모든 것을 포괄하는 거대담론이 되면서 종종 모호하고 일관성 없이 사용되고 있다는 비판도 제기되고 있다. 오늘날 가장 널리 통용되는 세계화의 정의는 국제적인 경계를 넘어서는 경제 교류를 가리키는 것이다.

마크 레빈슨(Marc Levinson)은 세계화의 기원을 유럽의 식민세력들이 아시아와 아프리카 전역에서 상업적 연결망을 구축하고, 육군과 해군 그리고 식민지의 전문 공무원 집단을 통해 자신들의 이익을 보호했던 19세기 산업 자본주의의 탄생에서 찾는다. 이것이 그가 말하는 제1차 세계화이다. 이는 1914년부터 대략 1947년까지 두 차례의 세계대전과 수많은 지역 전쟁 및 대공황을 통해 중단됐다. 세계화는 1940년대 후반에 새롭게 시작되었는데, 이는 과거에 비해 덜 경직된 환율시스템과 원자재 및 공산품 무역의 장벽을 낮추려는 여러 국가의 일치된 노력에 의해 뒷받침됐다. 그 결과 전세계의 모든 부유한 지역과 많은 가난한 지역에서 25년 동안 견실한 경제성장을 이룰 수 있었다. 레빈슨은 그러나 이 두 번째 세계화 역시 이전의 세계화와 마찬가지로 진정으로 '세계적'이지 않았다고 지적한다. 회사들은 공격적으로 해외에 그들의 깃발을 꽂았지만, 그들의 정체성은 거의 모두 최고 경영진이 태어나고 자란 모국과 불가분의 관계를 맺고 있었다. 외국인 투자가 급증했지만 대부분은 소수의 부유한 국가를 대상으로 이루어졌으며, 대외무역도 마찬가지였다. 1980년대 후반에는 장거리 공급망이 일상화되면서 물리적 위치와 국적 사이의 연결이 사라졌는데, 이것이 3차 세계화이다. 세계무역이 빠르게 성장했지만 다른 한편에서는 착취에 대한 반대시위에서 보듯이 '더 자유로운 교환이 세계를 더 번영하게 만들 것'이라는 주장이 비판가들을 설득하지 못했던 것도 이 시기의 특징이다. 제3차 세계화는 2008년 글로벌 금융위기 속에서 국제교역량이 급감하면서 쇠퇴하기 시작했다. 특히, 2016년 미국 대통령 후보 도널드 트럼프(Donald Trump)가 '급격한 세계화와 노동자의 권리 박탈'을 맹렬히 비난하고 그 몇 달 뒤 프랑스 정치인 마린 르펜(Marine Le Pen)이 "걷잡을 수 없는 세계화가 우리 문명을 위태롭게 하고 있다"고 비판했는데 이는 끝나가는 시대와 관련이 있었다. 2019년에는 코로나19 팬데믹이 발생하며 전 세계적으로 이루어지던 상업 및 여행이 중단되면서 세계화는 매우 다른 일련의 국제적 관계로 전환되었다(Marc Levinson, 2023: 8~15).

세계화에 대한 이와 같은 설명은 경제학자가 어떤 시각에서 세계화를 보며 그 특징은 무엇인지를 알게 해준다는 점에서 흥미를 자아낸다. 그러나 세계화는 여러 수준과 영역에 걸쳐 발생하는 매우 복잡한 변화를 일컫는 용어이기 때문에 이보다는 좀 더 체계적이고 균형 있는 설명이 필요하다. 이러한 요구에 더 가깝게 부응하는 설명이 존 베일리스(John Baylis)와 스티브 스미스(Steve Smith)의 것이다. 이 두 학자에따르면 세계화에는 국제화(internationalization), 자유화(liberlaization), 보편화(universalization), 서구화(westernization), 탈영토화(deterritoralization)라는 다섯 가지 용례가 있다. 여기서 국제화는 국가들 사이에 국경을 가로질러 상호작용과 상호의존이 심화되는 것을 뜻한다. 자유화는 세계경제의 개방과 통합을 위해 국가들 간의 왕래에 가했던 정부의 제한들을 철폐해가는 과정으로 이해된다. 보편화는 다양한 사물과 경험들이 지구 구석구석의 사람들에게 확산되는 것을 의미한다. 많은 사람들은 세계화를 서구화, 특히 미국화된 형태의 서구화로 보고 이를 문화적 제국주의의 관점에서 비판한다. 마지막으로 탈영토화는 지리의 변화로 영토적 관점에서 장소나 거리 그리고 국경들이 기존에 누렸던 압도 적 지배력을 상실해가고 있는 것을 가리킨다. 상호 중복되는 이들 다섯 가지 용례들 중에서 가장 중요한 것으로 베일리스와 스미스는 마지막 접근법을 든다. 이에 따라 세계화는 "많은 사회관계들이 영토적 지리라는 준거로부터 점차 벗어나게 되고 이에 따라 인간은 점점 단일 공간으로서의 세계 속에서 활동하게 된다"는 것을 말한다는 것이다(John Baylis et al., 2003: 24~25). 이러한 정의에서 알 수 있는 것처럼 많은 학자들이 동의하는 점은 세계화가 다양한 행위자들이 시간과 공간을 가로질러 이동하면서 과거에 압도적 힘을 자랑하던 국가와 국가를 규정하던 요소들이 점차 약화되고, 전 지구적 규모에서 상호연결성이 확장되고 심화되고 있는 현상이라는 것이다.

다양한 영역과 수준에 걸쳐 발생하는 세계화는 예측불가능하고 혼란스러운 과정이기도 하다. 이런 까닭에 세계화를 둘러싸고 학자들 간에 논쟁이 벌어졌다. 데이비드 헬드와 그의 동료들은 논쟁을 조사하고 논쟁에 참여한 사람들을 세 부류로 나누었다(David Held et al., 2002: 15~27). 먼저 과대세계화론자들(hyperglobalizers)은 세계화의 결과가 거의 모든 곳에서 느껴질 수 있는 실제현상이라고 주장한다. 세계화가 국경을 초월하는 강력한 무역과 생산의 흐름으로 새로운 지구적 질서를 만들고 있다는 것이다. 이들은 특히 변화하는 국가의 역할에 초점을 맞춘다. 개별국가들은 세계무역의 증대로 더 이상 국가경제를 통제할 수 없다고 한다. 국가의 정부와 정치인 들은 불안전한 금융시장과 환경위협과 같은 국경을 초월하는 쟁점들을 통제 할 수가 없게 되고 시민들은 기존의 통치체제에 대한 믿음을 상실한다. 일부 과대세계화론자들은 정부의 권력이 유럽연합, WTO 등 새로운 지역적, 국제적 조직에 의해 위로부터 도전을 받고 있다고 믿는다.

이에 비해 회의론자들(sceptics)은 세계화에 대한 견해들이 지나치다고 주장한다. 이들은 세계무역과 투쟁에 대한 19세기 통계를 지적하면서 현재 수준 의 경제적 상호의존은 전대미문의 것이 아니라고 한다. 이들은 과거에 비해 현재의 국가들이 접촉이 더 많다는 것에 동의하지만 현대 세계경제는 진정으로 전 지구적인 경제를 구성할 정도로 충분히 통합되지는 않았다고 강조한다. 회의론자들에게 유럽연합과 같은 지역화의 성장은 세계경제가 덜 통합되었다는 것을 보여주는 증거이다. 이들은 과대세계화론자들과는 달리 정부는 경제활동을 규제하고 조정하는 데 관여하고 있기 때문에 여전히 핵심적인 행위자라 한다.

변형론자들(transformationlists)은 중간적인 입장을 취한다. 그들은 세계화를 현대 사회를 형성하는 광범위한 변화의 배후에 있는 중심적인 힘으로 본다. 그들에 따르면 전 지구적 질서는 변형되고 있지만 과거의 많은 유형들이 아직도 유지되고 있다. 예를 들어, 정부는 전 지구적 상호의존이 증가함에도 불구하고 아직도 권력을 유지하고 있다. 그러나 변형론자들은 현재 수준의 세계화는 내부와 외부, 국제와 국내 사이의 경계를 허물어뜨리고 있다는 것도 아울러 지적한다. 이들은 과대세계화론자들과는 달리 세계화는 일방적인 과정이 아니라 영향을 주고 변화하는 역동적이고 개방적인 과정이라고 한다. 국가 역시 주권을 상실하고 있다기보다는 새로운 경제적, 사회적 조직체들의 형성에 대응하여 재구성되고 있다고 강조한다. 그들은 우리가 더 이상 국가중심적 세계에 살고 있지 않으며, 정부는 세계화의 복잡한 조건 속에서 더 적극적이고 외부지향적인 태도를 갖도록 강요되고 있다고 한다. 이들 세 견해 중에서 가장 설득력이 있는 것은 변형론자들이라 할 수 있다. 과대세계화론자들은 세계화를 지나치게 경제적인 관점에서 또한 지나치게 일방적인 과정으로 본다. 회의론자들은 얼마나 세계가 변하고 있는지를 낮게 평가하고 있다.

독일의 미디어심리학자인 페테르 빈터호프 슈푸르크(Peter Winterhoff Spurk)는 세계화의 역사와 구조에 대해 인상적인 주장을 펼친다. 그는 세계화를 역사적 과정으로 본다. 세계화는 경제뿐만 아니라 사회, 문화, 기술, 환경의 구성 과정, 즉 전 세계적으로 모든 경계가 무너짐으로써 발생하는 변화 과정이라는 것이다. 그는 세계화에 대한 진실을 설명하기 위해 1563년 네덜란드 안트베르펜의 화가 피테르 브뢰겔(Peter Bruegel)이 그린 <바벨탑(La torre de Babel)>을 끌어낸다. 브뢰겔이 살었던 시기는 경제의 근대화가 소리없이 서서히 진행되고 있었고, 이에 따라 새로운 상류층과 빈곤층이 생겨났다. 칼뱅주의가 신학을 바탕으로 부에 정당성을 부여했던 한편, 재세례파는 재산과 소득의 새로운 분배방식을 요구했고, 권력자는 이런 요구를 군사적 억압으로 대응했다. 이런 상황에서 제작된 이 작품을 분석해보면 브뢰겔의 시대와 우리가 살고 있는 오늘날의 상황이 매우 비슷하며, 브뢰겔이 엄청난 사회·경제적 붕괴를 경험했고 그 붕괴가 막대한 결과를 낳았다는 것을 확신하게 된다는 것이다(Peter Winterhoff Spurk, 2010: 6~7).

슈푸르크는 인간의 오만함과 하늘에 닿는 탑을 짓고자 하는 욕망에 대한 성경 이야기에 착안해 만들어진 이 작품에 나오는 다양한 등장인물과 사물을 통해 오늘날의 세계화를 설명한다. 반석에 난 균열에서 균열된 사회와 흔들리는 사람들을 떠올리고, 노란옷을 입은 귀족에게서 권력에 중독되고 정치, 경제적 부를 취하는 현대 정치 엘리트를 도출해낸다. 그 중에서 가장 흥미로운 인물은 니므롯(Nimrod) 왕 뒤에 눈에 잘 띄지 않게 서 있는 간소한 회색옷을 입은 성직자이다. 성직자는 세계를 설명하고 가치관을 제시하는 사람이다. 슈푸르크는 세계화의 중심이 경제의 급속한 변화라면서 그 대표적 사례로 1980년대 이후 IMF와 세계은행이 가난한 국가들이나 그들의 도움이 급하게 필요했던 국가들에게 강권했던 자유시장 경제원칙으로 경제가 변화한 것을 들고 있다. 그러면서 그림 속 성직자의 현대적 후계자가 바로 정치적·사회적 문제를 해결할 수 있는 자유시장의 작동원리를 강조한 통화주의 학파의 거두 밀턴 프리드먼(Milton Friedman)이라고 할 수 있다고 지적한다. 영국의 대처 수상과 미국의 레이건 대통령은 그의 이론을 바탕으로 경제정책을 펼쳤다. 이들 국가뿐만이 아니었다. 시카고 대학교 출신의 젊은 경제학자들은 피노체트 독재정권과 손잡고 칠레의 경제를 프리드먼의 아이디어대로 재편했다. 물가정책을 폐지하고, 노동시장 규칙을 제거했으며, 국가기관의 민영화뿐만 아니라 국민연금보험·수도·전기·광산 및 핵심산업과 에너지 산업 모두를 민간기업에 넘겼는데, 어떤 분야는 정말 헐값에 팔렸다. 성직자의 후계자인 또 다른 경제학자는 기업경영의 '주주가치' 이론을 발전시킨 알프레드 래퍼포트(Alfred Rappaport)이다. 효력 면에서 보면 신자유주의와 주주가치 지향 기업정책이라는 두 이론은 결국 '돈의 종교'이다. 중하위계층은 점점 더 가난해지고 상류층은 엄청나게 부자가 된다(Peter Winterhoff Spurk, 2010: 40~57).[46]

슈푸르크가 강조한 대로 세계화는 전 지구적 불평등에 상당한 영향을 미쳤다. 세계의 경제적·정치적·사회적·문화적 연결의 증가를 의미하는 세계화가 세계의 보다 많은 부분들에서 더 많은 기회를 만들어내면서 지난 30년 동안 억만장자가 유례없이 증가했다. 하지만 세계화의 혜택은 불균등했으며 모두가 향유하지는 못하고 있다. 국가들 간에 존재하는 부, 소득, 노동 조건의 체계적인 차이들을 가리키는 지구적 경제 불평등(global economic inequality)은 좀처럼 개선되지 않고 있다. 지구적 불평등이 증가하는지 감소하는지에 대한 질문은 최근 들어 극단으로 갈리고 있다. 반세계화론자들은 세계화가 불평등을 증가시켰다고 주장하는 반면, 세계화를 옹호하는 이들은 세계화가 부국과 빈국 간 거대한 평등화의 힘으로 판명되었다고 주장한다. 분명한 사실은 고소득 국가와 저소득 국가는 건강, 기아와 영양실조, 교육과 문맹률, 아동노동 측면에서 큰 차이가 있다는 점이다. 이는 부국과 빈국 사이, 그리고 국가 내에서도 상위계급과 하위계급 간에 생활수준에서 커다란 격차가 존재한다는 것을 가리킨다.

세계화와 불평등의 관계에 대해서는 조지프 스티글리츠(Joseph Eugene Stiglitz)의 분석이 설득력이 있다. 스티글리츠는 동아시아 금융외환위기에 대한 IMF의 지원조건인 재정 긴축과 고금리 정책을 강도 높게 비판하였고, 자신이 수석 부총재 겸 수석 경제학자로 일한 세계은행의 정책이 개도국의 빈곤과 빈부 격차를 심화시킨다고 지적하였다. 그는 <불평등의 대가: 분열된 사회는 왜 위험한가((The) Price of Inequality : How Today's Divided Society Endangers Our Future)>에서 불평등이 경제뿐 아니라 민주주의와 사법 체계에 어떤 악영향을 미치는지, 그리고 세계화와 통화정책, 예산정책 등 정부의 각종 정책이 불평등의 심화에 어떻게 기여해왔는지를 분석한다.

---

46 슈푸르크는 만약 이런 현상이 낳은 '계명'이 거부할 수 없는 자연법칙처럼 진실이 된다면, 18세기 중엽 계몽주의자 바론 돌바크(Paul-Henri Thiry, baron d'Holbach)가 종교에 가했던 비판을 그대로 적용할 수 있다고 말한다. "통치자는 각종 악행으로 현세에서 사람들을 괴롭히고, 종교는 내세에 열광케 하는 교묘한 수로 사람들을 취하게 해 통치자의 악행에 대해 왈가왈부하지 못하게 한다." Peter Winterhoff Spurk(2010), p.57.

스티글리츠는 대표적으로 규제완화를 거론한다. 원래 규제는 힘의 남용을 막고 스스로를 보호할 능력이 없는 사람들을 보호하기 위해 고안된 규칙인데 부유층의 근시안적인 이익을 도모하기 위해 기업, 특히 금융 부문에 무제한의 자유를 허용했다는 것이다. 불평등이 불안정을 야기하는 것은 규제완화 정책과 총수요 부족의 대처 방안으로 흔히 채택되는 정책들 때문이라고 한다. 스티글리츠는 상위계층에게 더 많은 돈을 몰아주면 성장이 가속화되므로 모두가 그 혜택을 받게 될 거라는 낙수경제이론(trickle-down economics)이 아무런 효과를 내지 못한다고 비판하고 대신 분수경제이론(trickle-up economics)을 내세운다(Joseph Eugene Stiglitz, 2013: 198~200; 88~89). 그의 주장은 불평등은 우연히 생겨난 것이 아니라 만들어진 것이며, 오늘날 존재하는 불평등의 대부분은 정부 정책, 즉 정부가 한 일과 정부가 하지 않은 일의 결과라는 것으로 요약할 수 있다. 스티글리츠는 시장 자본주의가 불평등, 환경오염, 실업을 낳았고, 무엇보다도 모든 것이 용인되고 어느 누구도 책임을 지려 하지 않는 가치의 타락을 낳았다고 강조한다(Joseph Eugene Stiglitz, 2013: 36).

"세계 도처의 사람들은 다음 세 가지 주제에 공명하고 있었다. 첫째, 시장은 제대로 작동하지 않고 있었다. 누가 보아도 시장은 효율적이지 않았고, 안정적이지도 않았다. 둘째, 정치시스템은 시장 실패를 바로 잡지 못했다. 셋째, 현재 경제 시스템과 정치시스템은 근본적으로 공정하지 않다... 이 세 가지 주제는 서로 긴밀하게 연결되어 있다... 불평등은 정치 시스템 실패의 원인이자 결과다. 불평등은 경제 시스템의 불안정을 낳고, 이 불안정은 다시 불평등을 심화시킨다. 우리는 이러한 악순환의 소용돌이로 빨려들어 가고 있다."(Joseph Eugene Stiglitz, 2013: 27).

브랑코 밀라노비치 역시 세계화의 이득이 평등하게 분배되지 않았음을 강조한다. 그는 기초소득(original income) 대비 소득 증가를 백분율로 나타낸 도표를 통해 지난 수십년 동안 어떤 소득집단이 가장 큰 이득을 얻었는지를 살펴보았다. 구매력 평가지수(dollars of equal purchasing power)로 환산한 1인당 세후가계소득을 기준으로 사람들의 소득등급을 매긴 가로축과 1988년부터 2008년까지 실질소득(net income)의 누적 증가율을 나타낸 세로축으로 된 그래프를 작성해보면 '코끼리 곡선(elephant curve)'가 나타난다. 이는 세계화 시대의 승자와 패자를 뚜렷하게 보여준다. 세계화의 수혜자라 해도 무방한 집단은 아시아의 신흥국가 국민으로 그 가운데 중국이 다수를 차지하지만 인도, 타이, 베트남, 인도네시아 국민도 포함된다. 그리고 세계 각국의 최고 부유층인 세계 최상위 1%도 세계화의 승자이다. 반면 고소득국가의 중하위층은 실질소득이 감소하거나 소득증가율이 낮은 비율에 그쳤다. 그런 점에서 이들은 세계화의 최대 패자라 할 수 있다(Branko Milanovic, 2017: 27~36).

앞에서 언급한 마크 레빈슨은 2세기에 걸쳐 발전한 세계화가 자본주의의 불가피한 결과가 아니라 기술 변화, 인구학적 압력, 경영자의 야망 그리고 정부의 행동에 대응하기 위하여 스스로를 변화시킨 과정이라고 말한다. 그는 이러한 세계화로 인해 수억 명의 사람들이 극심한 빈곤에서 벗어나게 되었고 거대한 부를 창출하는 막대한 생산성 향상을 가져왔다고 주장한다. 그러나 레빈슨은 세계화가 결코 우연한 축복은 아니었다는 점을 강조한다. 예를 들어, 거의 모든 국가에서 제3차 세계화 기간 동안 소득 증가의 상당 부분이 불균형적으로 소수의 계층에 집중됐다는 것이다(Marc Levinson, 2023: 277). 그는 세계화를 다음과 같이 불평등과 결부지어 설명한다.

“최근까지 상당히 가난했던 국가들, 특히 아시아 국가들의 급속한 산업화는 북미와 일본 및 유럽 전역에 걸친 지역사회의 잔인했던 탈산업화(deindustrialization)와 긴밀하게 연결되어 있다. 국가 간 소득분배는 보다 공평해졌지만, 개별 국가 내의 불평등은 증가했다. 자본에 접근할 수 있는 사람들은 새로운 기회에서 큰 보상을 얻을 수 있었지만, 임금에 의존하는 노동자들은 먼 곳의 저임금 노동자들과 직접적으로 경쟁하게 됐고, 대도시들이 성장의 과실 가운데 많은 부분을 차지하면서 작은 마을들은 위축됐다... 시간이 지남에 따라 상대적으로 적은 수의 기업이 전체 산업을 지배하게 되었는데, 이는 가격을 인상하고 혁신을 지연시키며 소득을 더욱 불평등하게 만드는 위협적인 발전이었다. 세계화로 인한 경제적 긴장은 국제협력을 촉진하기 위해 수십 년에 걸쳐 만들어진 구조를 약화시켰고, 민족주의적 담론이 전 지구적 담론을 대체함에 따라 새로운 불확실성을 야기했다”(Marc Levinson, 2023: 17~19).

한편, 프랑수아 부르기뇽(François Bourguignon)은 주로는 개발도상국을 글로벌 경제체제에 더 강력하게 통합시키는 과정인 세계화가 분배에 미치는 영향이 선진국과 개발도상국에서 서로 다르게 나타났다고 말한다. 부르기뇽은 1980년대 이후 중국에 이어 소련, 인도 등의 순으로 거대국가들이 국제무역시장에 문호를 개방하자 거의 10억명에 달하는 미숙련 노동자가 ‘새로운 선수’로 국제 무대에 새롭게 등장했다고 한다. 국제무역이론인 헥셔-올린 모형(Heckscher-Ohlin model)에서 주장하는 것처럼 비숙련노동력이 풍부한 나라들이 개방되면 필연적으로 국제무역은 확장될 수밖에 없다. 이들 국가에서는 비숙련 노동을 이용한 노동집약적 상품을 수출하고, 자본이 풍부한 북반구 선진국에서는 자본과 기술 집약적인 상품을 수출하게 된다. 따라서 생산자의 지리적 위치가 바뀌게 된다. 거시적인 자료는 이와 같은 간단명료한 모델에 부합하는 것처럼 보인다는 것이다. 그러나 부르기뇽은 최근 수십년 동안의 세계경제에서는 이 이론만 가지고는 포착되지 않는 다양한 변화들도 나타났다고 한다. 예를 들면 중위 기술 계층의 실질임금이 줄어드는 사례가 몇몇 국가들에서 등장했다는 것이다. 뿐만 아니라 최근 수십 년간의 평균과 비교해보면, 영국과 미국에서 하위층뿐만 아니라 중위층의 소득도 줄어들었다는 것이다. 이러한 현상은 남반구 신흥국에도 나타나 경제개방과 무역의 세계화 과정서 추진된 경제 구조조정으로 인해 불평등이 심화되었다는 것이다(François Bourguignon, 2017: 124~134).

사회불평등, 사회정의와 환경정의

불평등이 심화되는 현실에 착안하여 지난 세기말부터 일부 학자들과 환경운동가들이 추진하고 있는 것이 바로 환경정의(environmental justice)이다. 이들은 환경문제를 계급차별, 인종차별, 성차별로부터 분리되기 어려운 것으로 본다. 이들은 환경 사안을 자기결정권한, 인권, 그리고 노동자와 가족복지에 불균형한 영향을 주는 환경적 위험요소와 같은 사회정의에 관한 관심사와 생래적으로 연관된 것으로 봄으로써 다른 각도로 환경문제를 바라본다. 분배적 정의, 지역사회 권력, 민주적인 책임성에 관한 질문에 주목하는 환경정의는 권력에 기초한 근본적인 사회변동을 추구하는데서 기존의 개량주의적 환경운동과는 그 차원을 달리한다(Charles L. Harper Jr., 2010: 438).

환경정의 개념에 대한 이해를 위해서는 환경정의에 대한 철학적이고 역사적이며 정치학적이고 사회학적인 접근이 필요하다. 무엇보다 환경정의는 작금의 환경위기가 지배와 억압을 내포하고 성장만을 추구하는 자본주의 정치경제 구조에서 비롯된 것이라 인식하고, 사회적으로 정의롭고 생태적으로 지속가능한 새로운 공동체를 건설하려고 한다. 이를 위해 강조되는 것들이 분배의 제약과 재난적 피해를 바로잡기 위한 활동 프로젝트, 공동체 구축, 연대적 저항, 지식 네트워크의 구축 등이다. 학자들은 다양한 사회이론적 또는 철학적 전통이나 사상 가운데 특정한 입장과 관련시켜 환경정의 새로운 환경정의의 개념을 정형화하고자 했다(최병두, 2010: 32~33). 환경문제에 응용되거나 확장되는 대표적 이론은 존 롤스(John Rawls)의 정의론이다.

영미철학계에 사회철학과 윤리학을 되살린 학자로 평가되는 존 롤스는 <정의론(A Theory of Justice)>에서 정의의 개념을 새롭게 부각시켰다. 그는 정의가 철학적 진리나 종교적 신념이 아닌 사회적 합의의 대상이라는 독창적 이론을 제시했다. 이 책에서 롤스는 공정성이 정의의 핵심적 가치의 하나임을 강조한다(justice as fairness). 다음으로 사람들이 공정한 합의에 도달할 수 있는 일종의 원초적 상황(original position)을 설정한다. 이는 아무도 자신의 사회적 지위나 계층상의 위치를 모르며, 누구도 자기가 어떠한 소질이나 능력, 지능, 체력 등을 천부적으로 타고났는지를 모르며, 심지어 자신의 가치관이나 특수한 심리적 성향까지도 모르는 상태를 말한다. 정의의 원칙들은 원초적 입장, 즉 사람들이 무지의 베일(veil of ignorance) 속에 있는 상태에서 선택되어야 누구도 유리하거나 불리해지지 않는다고 한다. 이러한 원초적 입장에서 합의될 수 있는 정의의 기본적 원칙은 두 가지이다. 첫째, 모든 사람들이 다른 사람의 유사한 자유와 양립할 수 있는 가장 광범위한 기본적 자유에 대해 동등한 권리를 가져야 한다. 둘째, 사회적·경제적 불평등은 그것이 모든 사람에게 이익이 되리라는 것이 합당하게 기대되고, 모든 사람에게 개방된 직위와 직책에 결부되는 경우에만 허용되어야 한다. 모든 사람에게 이익을 주지 않는 단순한 불평등은 부정의가 된다. 이 중에서 의무와 권리의 할당을 규제하는 1원칙이 사회적·경제적 이익의 배분을 규제하는 2원칙보다 우선한다(John Rawls, 2003: 52~58, 111~122, 195~202).

이러한 롤스의 분배적 정의론은 그 역사적 뿌리를 고대 그리스의 철학자인 아리스토텔레스에서 찾을 수 있다. 아리스토텔레스는 정의에 대한 이론에 중요한 근거를 제시해준 사상가이다. 그는 권리를 정의하려면 문제가 되는 사회적 행위의 텔로스를 이해해야하며, 이를 이성적으로 판단하거나 논한다는 것은 그 행위가 어떤 미덕에 영광과 포상을 안겨줄 것인지 추론하거나 논의하는 것이라고 한다. 아리스토텔레스는 정의를 보편적 정의와 특수한 정의로 구분하고, 특수한 정의를 다시 산술적 정의와 분배적 정의로 구분하였다. 산술적 정의는 산술적 균등을 가리키며, 분배적 정의는 시민들 사이에 분배되는 권력, 명예, 재화와 관련된 것이다. 여기서 정의는 각자의 가치, 즉 공동체에 있어서 각자에게 적합한 덕목이나 각자가 공동체에 기여한 기여도에 따라 분배받는 것으로 불평등과 제국주의를 정당화하는 것이었다. 그는 철저한 인간중심주의자로서 자연이 인간을 위해 봉사해야 한다고 생각했고, 전쟁은 '지배받도록 태어났음에도 이를 거부하는 인간들에게도 사용되어야' 하는 '본성적으로 정당'한 것으로 보았다(David Johnston, 2011: 104~143).

그러나 롤스의 정의론을 환경적 차원에 까지 원용할 수 있는 지를 둘러싸고는 논란이 있다. 여러 연구자들은 롤스의 정의론이 기본적으로 분배적 정의론으로 자원의 사회적 배분에 관한 이론으로는 적합하다고 할지라도, 인간과 자연 간의 관계에서 환경적 또는 생태적 정의를 개념화하기에는 한계가 있으며, 특히 동물 또는 자연의 여타 구성원들에 관한 논의로 확장할 경우에 여러 가지 문제점이 있다고 지적한다. 그럼에도 '무지의 장막'과 '원초적 입장'이라는 개념을 중심으로 구성된 롤스의 정의론의 기본틀은 환경문제에 적용하여 일종의 환경정의론을 구성할 수 있는 기반을 제공한다는 주장도 존재한다. 특히 '공정성으로서의 정의' 이론이나 여러 가지 주요한 개념들은 환경정의에 관한 기존 논의에 유의한 이점들을 제공한다는 것이다(최병두, 2010: 113~114).

사회정의의 문제는 사회구성원들 사이에서 혜택(benefits)과 부담(burdens)이 어떻게 배분되어야 하는가에 관한 문제라고 본 롤스의 분배적 정의(distributive justice) 이론은 환경정의에 관한 논의에도 차용될 수 있다. 이는 특히 부담이 불공정하게 배분되면서 환경정의 문제가 주목을 받고 있는 사회현실을 설명하는 이론적 틀로서 적실성이 있다고 평가된다. 이 점에 입각해서 보면, 환경정의는 인종, 소득, 문화 또는 사회계급과 무관하게 환경적 위험과 건강 위험으로부터 모든 사람들이 평등하게 보호받게 되는 것(혹은 자유로울 수 있는 권리)을 의미한다고 정의내릴 수 있다. 모든 사회구성원이 환경오염과 건강 위험을 균형 있게 분담하는 것을 의미하는 환경평등(environmental equity)은 사실상 환경정의와 혼용되어도 무방한 개념이다.

사회정의를 지속가능한 발전 계획의(혹은 생태적 전환의) 중심에 놓으려면 사회정책 및 환경정책에 변화가 필요하다. 사회보호와 환경보호 두 목표의 조화가 가능한 것이다. 그러기 위해서는 사회국가 건설의 새로운 단계로 넘어가야 된다. 사회국가란 실업, 질병, 빈곤 같은 사회적 리스크를 다 함께 감당하는 조직을 의미한다. 공해에 대한 노출, 에너지를 비롯한 천연자원 가격 인상 같은 환경 리스크를 전통적인 사회적 보호조치와 유기적으로 연결시킬 필요가 있다. 이와 관련해 뤼카 상셀은 불평등 수준을 낮추는 어떤 조치는 환경에도 다소간 이롭다면서, 그 사례로 2012년 오스트레일리아의 조세 개혁이 탄소세를 도입함으로써 소득에 대한 누진 과세를 강화한 것을 든다. 온실가스 배출 증가를 억제함으로써 소득 불평등을 감소시키는데 성공할 수 있었다는 것이다. 상셀은 불평등과 환경위기 사이 딜레마를 풀어낼 세 가지 정책수단의 예시를 제시한다(Lucas Chancel, 2023: 21?). 에너지와 물, 대중교통 같은 모든 시민의 필수 서비스에 대한 친환경적 전환에 대해 대대적인 공공투자; 환경도 보호하고 불평등도 완화하는 방식으로 탄소세 같은 조세체계 설계; 개방적이고 투명한 불평등 측정 플랫폼 개발.

환경정의운동과 기후정의

우리는 모두 인류 문명의 존속에 지분을 갖고 있다. 하지만 우리들 각자에게 할당된 지분은 아직까지 공평하지 않다. 화석연료를 가장 많이 태우는 사람과 더워지는 기후로 인해 가장 큰 고통을 떠안게 될 사람은 야속하게도 동일하지 않다. 이 역설적 불공평은 연대기적으로도 일어나고(기성세대가 배출한 이산화탄소에 대한 대가를 젊은 세대가 짊어져야 하고), 사회경제적으로도 일어난다(부자가 짊어져야 할 대가를 간난한 사람이 떠안게 된다). 기후변화는 사회적 불평등을 확대한다. 불리한 위치의 사람들을 더 불리하게 만들고 억압받는 사람들을 더 억압받게 만들며 차별받는 사람들을 더 차별받게 만든다(Nathaniel Rich, 2021: 288~289). 이러한 문제의식에 기초해 조직되고 전개되는 것이 환경정의운동이다.

환경정의운동은 1970년대 미국에서 환경주의와 흑인 민권운동이 결합되어 조직되기 시작됐다. 폴리염화비페닐 매립장 건설에 대한 노스캐롤라이나 주 워렌 카운티 주민들의 저항운동과 같은 풀뿌리 환경운동에 그 기원을 두고 있다. 학계에서 환경정의가 관심을 끌게 된 데는 환경주의 및 환경운동의 엘리트주의에 대한 비판이 그 계기로 작용했다. 1970년대 후반 데이비드 실즈(David I. Sills)와 프랜시스 샌드바크(Francis Sandbach) 등과 같은 학자들은 당시 환경주의자들은 그들의 관심사가 참가자의 계급구조를 그대로 반영하는 명백한 특권계급의 단체라고 비판을 가했다. 피상적인 목표만을 맴돌고 있는 환경논쟁의 의제는 국내, 국제적인 빈곤이나 실업이라는 더 절박한 문제에 비해 중요하지 않다는 것이다. 또한 많은 환경정책이 부유층에게는 거의 영향을 주지 않는 반면 빈곤층에게는 부당한 불이익을 가져다주기 쉽다는 것이었다. 이러한 지적은 환경정책의 계급차별성을 가리킨다. 개량적이고 피상적인 환경주의에 대한 당시 급진주의자들의 비판은 자본주의 체제에 대한 환경운동의 무비판적 입장을 강조하였다(Craig R. Humphrey et.al., 1995: 203).

환경정의 이론은 인종과 계급의 차이에서 비롯된 환경 불평등뿐만 아니라 성, 연령, 국가. 세대, 종에 따른 불평등까지 논의의 대상으로 삼고 있다. 즉, 환경 계급차별(environmental classism), 환경 인종차별(environmental racism)과 환경 성차별(environmental sexism), 환경제국주의(environmental imperialism) 등도 환경정의의 차원이 된다. 예를 들어, 미국과 같은 다인종사회에서는 인종에 따른 환경 질의 불평등한 배분이 두드러지게 나타난다. 환경 인종차별이란 인종이나 피부색에 기초하여 개인, 집단 및 지역사회의 환경에 차별적으로 영향을 미치거나 불이익을 주는 정책, 관행 또는 지시를 의미한다. 계급 및 계층은 인종과 함께 환경 불평등을 낳는 또 하나의 중요한 변수이다. 환경 계급차별은 지구상의 거의 모든 사회에 존재한다(한국환경사회학회, 2004: 310~317). 한편 여성은 남성에 비해 더 많은 환경 부담을 지고 있는 것으로 지적된다. 이와 관련하여 환경 성차별도 환경정의의 또 하나의 차원으로 분류된다.

국가 간 환경 불평등의 전형적인 형태는 선진국과 개발도상국 간의 문제, 즉 남북관계의 문제이다. 북에 의한 남의 환경착취 및 파괴의 역사는 자본주의 세계화 과정과 맥락을 같이 한다. 자본주의 세계화 과정은 제국주의적 지배를 주된 특징으로 하기 때문에 국가 간 환경불평등은 환경제국주의 또는 생태제국주의의 맥락에서 논의된다(한국환경사회학회, 2004: 317). 세대 간 정의(intergenerational justice)와 종간 정의(interspecific justice)의 문제 역시 넓은 의미에서 환경정의에 속한다. 세대 간 정의는 미래세대에도 현세대와 똑같이 에너지자원을 비롯한 모든 자연자원과 종 다양성을 누릴 수 있는 미래세대의 권리를 인정할 것을 요구한다. 정의의 개념을 확장할 경우 정의는 인간과 다른 생태계 구성요소(주로 동물)들 간의 관계에도 적용될 수 있다. 이는 생물중심주의(biocentrism)와 근본생태주의(deep ecology)와 같은 새로운 환경윤리의 확산에 영향을 받았다.

경험과 자원이 부족할 때 풀뿌리 운동단체들은 종종 환경주의를 개혁하는데 유용한 게임의 규칙을 넘어서 활동한다. 이들은 새로운 시설의 건설을 방해하려고 점거를 한다거나 핵심 반대문구를 쓴 피켓을 들고 시위하는 직접행동 전술(direct action tactics)을 포함해 자신들에게 유용한 방법을 종종 사용했다. 그러나 환경정의 운동은 단지 특정 사례에서 성공할 수도 있고, 정부가 더 일반적인 환경개혁을 위한 압력을 받아들이지 않을 수도 있다. 또 다른 한계점은 환경정의가 배타적인 인간 중심의 담론에 머무르는 경우가 많다는 것이다(Charles L. Harper Jr., 2010: 441~442, 444).

그런 점에서 환경정의 운동은 인간 중심에서 종 다양성으로 그 범위가 확대되어야 하고 사람들이 생태적 가치와 규범을 내재화하게 하는데도 관심을 가져야 한다.

최근에는 환경정의가 갖는 한계를 고려하여 기후정의(climate justice)라는 용어가 사용되고 있다. 이를 사용하는 학자들은 기후위기가 본질적으로 사회문제라고 주장한다. 이들은 기후위기는 인류 공동의 문제이지만 그 피해가 모두에게 동일하게 나타나지 않는 점에 주목하고, '기후변화가 아니라 체제변화(System Change, Not Climate Change)!'가 필요하다고 주장한다. 기후위기는 사회직 불평등을 심화시킬 뿐만 아니라, 반대로 사회적 불평등이 기후위기를 야기하고 있기 때문이다. 대표적으로 데이지 시몬스(Daisy Simmons)는 기후 정의를 다룰 때 고려해야할 핵심 사항으로 다음을 지적한다. 첫째, 기후 정의는 핵심 그룹들이 기후변화의 영향을 차별적으로 받는다는 사실을 인정하는 것에서 시작한다. 둘째, 기후변화로 인한 영향은 불평등한 사회적 조건들을 더 불평등하게 악화시킬 수 있다. 셋째, 기후정의연합(Climate Justice Alliance)같은 단체들의 활동에서 보듯이 기후 정의를 실현하기 위한 힘들이 만들어지고 있다(Daisy Simmons, 2020).

기후정의론자들은 불확실한 기술과 탐욕스런 시장에 의존하여 온실가스 배출만을 줄이려는 시도는 무모하다고 경고하며, 기후위기가 심화될수록 '재난 자본주의' 혹은 '녹색 자본주의'가 해결책으로 호도될 것에 우려를 표한다. 이들은 기후위기에서 살아남으려면, '기후정의 동맹'을 만들어 자본주의 체제를 혁명적으로 전환한 '탈성장 체제'를 모색해야 한다고 강조한다(한재각, 2021). 여기서 나타나듯이 기후정의를 내세우는 단체들은 기후정의를 실현하기 위한 급진적인 새로운 의제가 필요하다는 점을 강조한다. 대표적인 사례가 2007년 인도네시아 발리에서 열린 제13차 UN기후변화협약 당사국총회 기간에 설립된 기후정의네트워크(Climate Justice Now! Network: CJN)가 발표한 일련의 성명서이다. 발리 당사국총회 시 발표한 성명서에서 CJN은 정부, 금융기구와 다국적기업들이 밀어붙이는 탄소 상쇄, 삼림에 대한 탄소 거래, 바이오 연료, 무역 자유화와 사유화 같은 기후변화의 잘못된 해결책을 폭로하고, 사회적, 생태적, 젠더적 정의를 위해 싸웠다고 말한다. 그러면서 기후위기의 진정한 해결책으로 소비의 축소, 적응과 완화비용에 대한 역사적 책임과 생태 부채에 기반해 군비 축소, 조세 혁신, 부채 탕감을 수단으로 북반구에서 남반구로 대규모 재정 이전 등을 주장하였다(Ian Angus ed., 2012: 250~251). 2008년 폴란드 포즈난에서 열린 UN기후변화협약 당사국총회에서 CJN 회원 단체가 채택한 성명서에는 다음과 같은 주장이 실렸다.

"지속 가능한 사회를 막는 신자유주의와 기업 중심의 경제를 변화시키지 못하면 우리는 기후변화를 막을 수 없다. 기업의 세계화는 반드시 중단되어야 한다...우리는 기후위기를 다루는 어떤 '공유 비전'도 기후정의와 지배적인 발전 모델에 대한 근본적인 재고에서 출발해야 한다고 믿는다...UN기후변화협약의 원칙인 공동의 차별화된 책임, 세대 간 형평성, 오염자 부담은 시장 메커니즘을 위해 훼손됐다. 교토의정서의 주요 축인 청정개발체제 프로젝트들은 탄소배출을 줄이는 데 실패할 뿐만 아니라, 지역 공동체와 원주민들을 희생시키면서 자연세계의 사유화와 기업의 탈취를 가속화한다...'산림 감소 방지를 위한 온실가스 감축(REDD)' 계획은 북반구 오염자들이 돈을 써서 배출 감축을 피할 수 있는 다른 기회를 제공해 기후체제에서 도망가는 가장 큰 구멍이 될 수 있다...REDD와 또 다른 메커니즘을 통한 사유화와 강탈은 중단돼야 한다...효과적이고 오래 지속될 기후위기의 해결책은 산업 국가와 거대 산업에서 나오지 않을 것이고, 환경을 보호해온 원주민, 여성, 소농과 가족농, 어부, 숲에 의존하는 공동체, 젊은이, 남반구와 북반구의 소외되고 피해 받는 공동체에서 나올 것이다"(Ian Angus ed., 2012: 252~256).

환경정의와 환경민주주의[47]

우리는 민주주의를 표방하는 무수한 집단과 공동체, 개인을 흔히 볼 수 있다. 이는 민주주의라는 용어가 흔하게 사용되고 있다는 사실을 잘 보여준다. 그럼에도 민주주의라는 개념은 하나로 합의된 의미를 갖고 있지 않다. 민주주의는 오랜 역사 속에서 다양한 의미와 함의(connotations)를 내포해왔고 오늘날에는 서로 다른 체제의 맥락에서 상이하게 이해되고 있다(Anthony Arblaster, 2002: 3). 그런 점에서 민주주의의 구체적인 의미는 시간이 경과함에 따라 여러 가지 다른 의미를 얻게 되는 동적인 것이라 할 수 있다. 민주주의는 가치와 목표가 어떻게 이해되고 무엇이 더 중요하다고 여기는가에 따라 다양한 형태를 띠고 있다. 이와 같이 민주주의는 동적인 개념이고 시대상황에 따라 그 내용을 달리하기 때문에 어떤 고정된 개념으로 민주주의를 상정하

---

47 이 절에서 민주주의 일반에 대한 설명은 홍익표(2019), pp.62~71; 홍익표·진시원(2016), pp.195~198을 수정하였다.

는 것은 바람직하지 않다. 이 점에 착안하여 많은 학자들은 새로운 세계 질서 속에서 변화하는 민주주의 국가의 위치와 새로운 민주주의의 의미, 그리고 이의 확보 방법을 둘러싸고 다양한 논의를 전개하고 있다. 변화된 세계를 반영하여 민주주의 개념 역시 재구성되어야 한다거나 혹은 '민주주의의 민주화(democratization of democracy)'가 필요하다는 등의 주장도 개진되고 있다.

원래 인민들이 통치하는 지배방식을 일컫는 용어인 '데모크라티아,' 즉 민주주의는 오랜 역사적 기원을 지닌다. 이에 대해서는 호주의 정치학자인 존 킨(John Keane)이 쓴 <민주주의의 삶과 죽음 — 대의 민주주의에서 파수꾼 민주주의로>가 자세하다. 킨은 민주주의 역사를 크게 회의체 민주주의(assembly democracy), 대의제 민주주의(representative democracy), 파수꾼 민주주의(monitory democracy)의 세 단계로 구분해 고찰한다. 그 기원도 고대 그리스가 아니라 대략 기원 전 2500년에 지리적으로 오늘날 '중동'이라고 불리는 지역에서 시작되었다고 한다. '데모크라티아'라는 단어의 뿌리를 살펴보면, 그리스 고전 시대보다 700년에서 1,000년 정도 앞선 미케네 문명 시기의 '선형문자 B' 기록물에 서 기원을 찾을 수 있다. 즉 미케네와 펠로폰네소스 반도의 도시국가들을 중심으로 하여 발달했던 후기 청동기 시대(기원전 1500년~기원전 1200년) 가 그 기원이라는 것이다. 회의체를 기반으로 하는 민주주의의 등불이 처음 밝혀진 곳은 '오리엔트(동방)' 지역이었다. 이때 '오리엔트'는 현재의 지리적 명칭으로 보자면 시리아, 이라크, 이란 지역을 가리킨다. 고대 아테네가 "서양 문명의 발상지이며 민주주의의 요람"이라는 현 시대의 믿음은 19세기 유럽에서 형성된 일종의 신화에서 비롯된 것이라고 주장한다(John Keane , 2017 : 205~208).

킨은 고대 그리스 지역에서 나타난 자치적 회의체의 전통은 초기 이슬람 세계에서도 발견된다고 지적한다. 그런 회의체의 예로는 '와크프 وقف'와 '모스크 مسجد'가 있었으며, 경제 분야에는 통치자로부터 법적으로 독립된 '샤리카 شركة '라는 일종의 공동 경영 조직이 있었다. 그리스 민주주의 시대의 아고라 와프닉스를 합쳐놓은 것처럼, 모스크는 지역 공동체의 회의체들이 모여 시끌벅적하게 공적 업무를 수행하는 공공장소 구실을 했다. 모스크는 회의체 민주주의의 정신을 전하는 강력한 매개체였다. 이곳에는 누구나 접근할 수 있었다. 젊은이와 늙은이, 부자와 가난한 자, 남자와 여자가 모두 동등하게 환영받는 곳이었다(John Keane , 2017 : 218~229).

이어서 민주주의가 꽃핀 지역은 잘 알려진 대로 고대 그리스였다. 민주주의의 어원도 그리스어인 인민(demos)과 통치(kratos)의 합성어에서 유래한다. 페르시아 전쟁을 거치면서 그리스인들은 공동체와 평등에 대한 의식을 갖게 되었고, 도시의 모든 자유시민들이 민회에 직접 출석하여 투표하는 민주정을 확립하였다. 오리엔트의 전제주의에 대한 응답이었던 그리스의 민주주의는 그러나 노예, 여자, 외국인 거류자, 이민 노동자 등 사적 재산권에 기초한 노예제 사회에서 노동을 담당하는 사람들에게는 정치적 권리를 부여하지 않았다. 그러다 보니 플라톤처럼 데모스를 시민과 외국인 등이 분별없이 뒤섞인 무리로 보고 민주주의를 부정적으로 묘사하는 사람도 나왔다. 이후 민주주의는 누가 인민이고, 통치는 무엇을 의미하며, 그 범위는 어떠한가 등을 둘러싸고 시기와 장소에 따라 다양하게 정의되면서 격렬한 논란을 겪었다. 상이한 장소와 문화에서 민주주의의 상이한 가능성과 의미를 찾는 것은 정치학자들에게 상당한 도전이 되고 있는데, 이러한 도전의 핵심 요소는 민주주의의 한계(threshold) 기준과 연속성(continuum)이라 할 수 있다. 여기서 한계는 민주주의와 비민주주의 사이의 경계를 말하며, 연속성은 한 국가, 혹은 다른 단위에서 얼마나 많은 민주주의가 존재하느냐를 다룬다(Michael Saward, 200: 86).

그렇다면 대다수의 학자들이 동의하는 최소한의 기준을 충족시키는 민주주의란 것이 존재할까? 이와 관련하여 덴마크의 정치학자인 게오르그 쇠렌센(Georg Sørensen)은 학자들 간에 민주주의를 판단하는 데 어떤 요소가 중요한 것인지, 혹은 각 요소에 어떤 정확한 최소한의 평가를 적용해야 하는지 등에 대해 합의를 이루지 못하고 있다고 지적한다. 그러면서 쇠렌센은 민주주의에는 다음과 같이 경쟁, 참여, 자유별로 충족되어야 하는 최소한도가 있다고 주장하며 이를 정치적 민주주의라 부르고 있다. 1) 모든 정부권력의 요직을 차지하기 위해 폭력의 사용은 배제하되 규칙적으로 치러지는 개인들 또는 조직된 집단들(정당들)간의 의미 있고 광범한 경쟁(competition), 2) 지도자와 정책을 선택하는데 있어 최소한 규칙적이고 공정한 선거를 통해 주요 사회집단이 배제되지 않을 만큼 매우 포괄적인 수준의 정치참여(participation), 3) 정치적 경쟁과 참여가 완전하게 이루어지고 있음을 보증하기에 충분한 수준의 시민적·정치적 자유(civil and political liberties) (Georg Sørensen, 1994: 38~39).

민주주의가 시기별로 그 구체적인 의미를 달리하는 동적인 개념이라 할 때 중요한 점은 현대 민주주의의 핵심적 내용이 무엇이며, 현대 사회의 다양한 과제를 해결하는 데 있어 바람직한 민주주의는 무엇이고, 그것이 어떻게 작동 가능한가라는 점이다. 이와 관련하여 분명한 점은 현대 민주주의의 결정적인 문제가 상위계층의 권리와 이익을 벗어나 전체 사회구성원들을 보편주의적인 평등원리에 입각해 포용하지 못하는 데에 있다는 사실이다. 이런 점에서 민주주의를 다양한 수준과 영역에서 보다 많은 사회구성원들의 적극적 자유와 실질적 평등을 가능하게 하는 제도적 장치로 이해하는 것이 필요하다. 사회 구성원들이 보다 높은 삶의 질을 추구하고 자아실현을 달성하는 데는 법적·정치적 기회의 평등을 보장하는 것도 필요하지만 경제적·사회적 평등의 보장 역시 요구되기 때문이다. 이와 같은 견해는 민주주의가 권력의 자의적 간섭으로부터 개인의 권리를 보호하는 네 그 기초가 있다고 주장하는 자유주의자들의 견해를 넘어 개인들이 "자신들의 삶의 조건, 즉 자기들에게 유용한 기회를 만들거나 제한하는 구조를 결정하는 데 있어 자유롭고 평등해야 한다"(David Held, 1988: 304)는 시각에 근거해 민주주의를 이해하는 것이다.

이와 같이 최대주의적 관점에서 민주주의에 접근할 때만 민주주의는 단순히 지배질서를 정당화하는 수단이자 이데올로기로서가 아닌, 사회의 대다수 구성원들의 권리를 보장하고 삶의 질을 향상시키는 기제로 기능할 수 있다. 사회구성원들이 실질적인 평등을 보장받지 못하면 형식상의 자유와 권리 역시 의미를 지니지 못함은 자명하다. 또한 최소주의적 관점에서 민주주의 문제에 접근하면 점점 복잡해지고 다원화되는 현대 사회의 문제를 분석하고 그 대안을 제시하는 데에 한계에 부딪칠 수밖에 없다. 이와 관련하여 정치적 민주주의는 대표적인 최소주의적 관점의 민주주의에 속한다. 그러나 정치적 민주주의는 점차 복잡해지고 다원화하고 있는 현대 사회의 문제를 분석하는 데 일정한 한계를 지닌다. 아블라스터가 지적했듯이 민주주의는 단지 논쟁적인 개념으로 남아있는 것이 아니라 현실을 검증하고 소망을 수립하는 규범과 이상으로서의 비판적인 개념이기도 하다(Anthony Arblaster, 2002: 7).

그렇다면 환경문제 해결을 위해서는 어떤 민주주의가 필요할까? 분명한 것은 환경문제가 지닌 복잡성과 불확실성의 문제들을 다룰 수 있는 높은 반응성과 책임성은 결국 앞에서 쇠렌센이 지적한 대로 민주주의의 최소한의 조건, 그 중에서도 각종 시민적·정치적 자유가 보장될 때만 충족될 수 있다는 점이다. 정부나 기업의 활동을 감시하고 비판하며 문제 해결을 촉구하는 시민사회 NGO들의 역할도 민주주의의 발전과 함께 가능했다. 문제는 지배적 형태의 민주주의인 대의제 민주주의(representative democracy)는 미래의 세대, 정치적 경계 밖의 거주인, 인간 이외의 유기체 등 새로운 환경 구성요소의 이해를 대변하지 못하며, 시간적 제약으로 신중한 의사결정을 위한 정치적 숙고 대신 편의주의적 경향을 보인다는 점이다. 1인 1표제라는 평등성에 토대를 두고 있는 대의제 민주주의하에서 모든 유권자들은 이해관계가 동일하지 않으며 동등한 정보를 갖고 있지도 않다. 그런 까닭에 환경과 관련하여 잘못된 결정을 내릴 가능성이 항상 존재한다(http://theconnect.or.kr/b/gr_archive/149390).

이러한 한계는 한국의 현실을 돌아보면 더 명확하게 알 수 있다. 지금까지 한국의 대의기구들은 다수 시민들의 의사를 대표하지 못하는 결정적 흠결을 드러냈다. 대표가 특정 집단의 이익만을 대변할 뿐 소수는 의사결정 과정에서 대표되지 못한 사례는 무수히 많다. 권력을 장악한 소수의 지배적인 권력집단이 시민들의 의사를 왜곡하는 경우도 빈번하다. 대의제 민주주의는 대표적인 최소주의적 관점의 민주주의에 속한다. 그러나 대의제 민주주의는 점차 복잡해지고 다원화하고 있는 현대 사회의 문제를 분석하는 데 일정한 한계를 노정하고 있다. 예를 들어 최근 전 세계적으로 심화되고 있는 환경 불평등과 갈등을 정당정치와 같은 공식적, 전통적 정치를 통해 해결하는 데는 한계가 있다. 선거경쟁에서의 승리를 목적으로 하는 정당들은 유권자들과 권력자들의 비위를 거스르지 않으려 하고, 환경문제와 관련하여서도 현상유지를 타파하지 않으려 하는 경향이 있다.

그렇다면 자유민주주의는 환경문제를 해결하는데 얼마나 타당하며 실효성이 있을까? 존 배리(John Barry)는 환경 위기와 관련하여 자유민주주의가 여러 가지 취약점을 갖고 있지만 점진적인 개혁의 과정을 통해서 상당한 성과를 기대할 수 있다고 주장한다. 개혁의 내용은 참여민주주의(participatory democracy)의 강화와 과학에 대한 민주적 통제로 요약될 수 있다. 이 이론은 환경위기의 책임이 대체적으로 국민 개개인보다 정부권력과 전문가집단의 무책임한 결정에 기인한 바가 크다고 본다. 국민 개개인의 이기심이 민주적 참여의 과정에 장애로 작용할 수 있지만 이른바 죄수의 딜레마를 지나치게 강조하고 위기위식을 과장하는 것은 바람직하지 않다는 것이다. 따라서 환경문제와 관련된 정책 결정에 있어서 심사숙고의 과정을 강화하는 것이 문제해결의 지름길이 된다. 이를 위해 정보의 공개, 공청회 및 주민토론의 활성화, 시민단체의 역할 강화, 비대의기구 대표의 참여 등을 강조한다.[48]

결론적으로, 환경문제를 해결하는 데는 심의 민주주의(deliberative democracy)와 참여민주주의에 토대를 둔 정책결정이 필요하다. 심의 민주주의는 정치적 대표자들이

---

48 이에 대해서는 John Barry, "Greening Liberal Democracy: Practice, Theory and Political Economy", John Barry et al.(eds.), Sustaining Liberal Democracy: Ecological Challenges and Opportunities, New York: Palgrave, 2001, pp.59~80 참조.

의사결정을 독점하는 대의제 민주주의와는 달리 시민들과 대표들이 이성적인 성찰과 판단에 근거하여 자신들의 판단, 선호, 관점을 타인과 토론하는 과정에서 '심의적 전환'이 일어나서 공공의 합의에 도달할 수 있다는 점을 강조한다. 이는 이익집단 자유주의(interest-group liberalism)에서 나타나는 정책적 교착 상태를 극복 가능하게 한다(Walter F. Barber et al., 2005: 81~117). 그리고 참여민주주의는 자신의 삶과 관련된 모든 영역에서 일반 시민들의 광범한 직접 참여와 민주적 통제가 보장된 민주주의를 의미한다. 참여민주주의는 집단적 문제에 대한 관심을 불러일으키며 정부의 일에 대해 보다 더 민감한 관심을 가질 수 있는 적극적이면서도 통찰력 있는 시민의 형성에 도움이 되며, 지배 권력으로 하여금 쌍방 통행적 정치를 통해 통치의 효율성을 높이고, 민주적 정통성을 구축케 하는 것을 가능케 한다.

배리의 이론은 기본적으로 대의민주주의를 수용하는 전제하에서 그것을 시민참여의 기제를 통해 보완하려 하지만 직접민주주의의 도입에 대해서는 반대의 입장을 취한다. 따라서 급진적 민주주의론에 입각하여 정부의 모든 권위를 부정하는 에코아나키즘적 주장은 현대 사회의 복잡성과 거대성을 무시하는 비현실적인 태도로 배격된다. 이는 또한 과학적 지식을 앞세운 전문가 집단의 폐쇄적 의사결정과정을 비판하고 과학의 독단과 횡포에 대한 대중의 윤리적 판단이 필수적으로 요구된다고 본다. 배리는 "과학은 대중에 의해 윤리적 통제를 받아야 하며 그렇지 않으면 울리히 벡(Ulrich Beck)이 말하는 실험실 사회(experiment society)로 전락할 것이다. 과학적 지식은 생태적 의사결정의 필요조건이나 충분조건은 아니다"라고 말한다. 벡에 의하면 과학에 대한 민주적 통제는 민주주의와 생태주의의 선택적 친화를 가능케 한다. 따라서 이들은 환경의 논리를 앞세워 민주주의를 부정하는 일련의 이론을 환경파시즘이라고 비판한다.

이런 주장에서 알 수 있듯이, 환경민주주의는 정책결정과정에 대한 주민의 참여를 활성화하고 과학기술을 민주적으로 통제함으로써 환경 위기를 극복하려 시도한다. 환경문제와 관련된 정책결정에 있어서 심사숙고 과정을 강화하고 이를 위해 정보 공개, 공청회 및 주민토론의 활성화, 시민단체의 참여 확대 및 역할 강화 등이 중요하다는 주장이다. 이러한 주장의 근저에는 참여적 상황에서 인간은 분별력 있게 행동하리라는 믿음이 깔려있다. 또한 과학적 지식을 앞세운 전문가 집단의 폐쇄적 의사결정과정을 비판하고, 과학의 독단과 횡포에 대한 대중의 윤리적 판단이 필수적으로 요구된다는 점을 강조한다.

과연 그럴까? 정치학에서 말하는 합리적 선택이론은 정당의 이념, 정책, 공약, 쟁점, 후보자에 대해 충분한 수준의 정보를 지닌 유권자가 자신의 투표결과가 가져올 혜택과 비용에 대한 평가에 근거해 투표를 하는 경향이 있다고 주장한다. 경제학자인 앤서니 다운스(Anthony Downs)의 영향을 받은 합리적 선택이론은 인지심리학 이론이나 신제도주의에 의해 비판을 받았지만 같은 경제학자인 브라이언 캐플란(Bryan Caplan)에 의해서도 비판을 받았다. 캐플란은 유권자들이 무지보다도 더 나쁜 상태에 있다고 하면서, 유권자들이 비합리적인 선택을 하는 배경에는 네 가지 편향성이 있나고 지적한다. 첫째, 일반 대중들은 민간의 이윤추구행위가 공공의 이익을 어떻게 가져다 주는지에 대해 전혀 이해하지 못하는 성향이 있다. 둘째, 일반 대중들은 외국과의 교역이나 교류가 가져다주는 혜택에 대해 과소평가하는 성향이 있다. 셋째, 일반 대중들은 경제적 번영을 생산이 아니라 고용과 동일시하는 성향이 있다. 넷째, 일반 대중들은 앞으로의 경제사정이 현재보다 더 나빠질 것이라는 성향을 갖고 있다. 캐플란은 유권자들의 비합리성으로 인해 일종의 공유자원인 민주주의는 사회적으로 해를 끼치는 정책들을 생산한다면서 이를 시장으로 대체해야 한다고 주장한다(Bryan Caplan, 2008: 2~7; 368~376).

결론적으로 참여민주주의와 심의민주주의와 밀접한 연관을 지닌 환경민주주의는 이해관계의 충돌, 정보의 비대칭성 등 여러 한계가 있음에도 불구하고, 몇 가지 조건만 구비된다면 환경문제와 관련된 정책 결정에 있어서 대의제 민주주의보다 더 바람직한 결과를 이끌어낼 수 있다고 평가된다.[49] 복합적 위험사회에서는 환경문제에 대응하는데 있어 경제적 효율성뿐만 아니라 지속가능성과 형평성을 감안한 정책을 민주적 과정을 통해 결정하는 것이 요구된다. 이런 방식이 환경정의에도 더 부합한다. 장기적으로는 기존의 중앙집권적이고 일국중심적이며 정당중심적인 경향을 벗어나 풀뿌리적이며 다수준적이고 다경로적인 경향을 띠는 녹색정치(green politics)의 제도화를 지향하는 것이 필요하다.

---

49 그 대표적 사례로 2017년 그동안 권위주의 방식으로 일방적으로 결정된 핵발전소 관련 정책결정 방식을 보다 민주주의적인 방식으로 바꿨던 것을 들 수 있다. 논란이 되던 신고리 5. 6호기 건설 여부를 숙의민주주의에 입각해 조직된 공론화위원회를 통해 해결한 것이다. 2017년 10월 신고리 5. 6호기 공론화위원회는 숙의 과정을 통해 지역·환경·세대 등의 이슈가 복합적으로 얽혀 있던 신고리 5. 6호기 건설과 관련해, 일단 건설을 재개하되 장기적으로는 핵발전소를 축소해야 한다는 내용을 담은 권고안을 정부에 전달했다. 특히 찬반 진영 모두 권고에 대한 수용 의사를 밝히면서 사회적 합의를 통한 갈등 해소의 새 역사를 썼다. 정치권과 이해당사자가 아닌 일반 시민 471명으로 이뤄진 시민참여단이 합숙까지 해가며 집중적으로 학습하고 숙의한 끝에 국가의 주요 정책이자 첨예한 사회갈등 사안에 대한 해법을 결정한 것은 그때가 처음이다. 당시 문재인 정부는 '탈원전 정책'을 선언했지만 이를 정부 차원에서 밀어붙이거나 전문가의 영역에 두지 않고 시민참여단의 숙의와 토론을 통해 결정한 것이다. <한겨레>, 2017년 10월 20일.

6장.

'문명의 화산 위에서 살아가기' : 위험사회론과 불확실성의 환경정치[50]

> 우리들은 위험을 떠안게 되는 사람들과 그것에 의해 영향을 받게 되는 사람들 사이를 기본적으로 구분하여야 한다. 기후변화의 경우, 이러한 그룹의 사람들은 완전히 다르며, 그들은 전혀 다른 세계에 속한다. 의사 결정을 하는 사람들은 위험에 의해 영향을 받는 사람들의 관점에 대해 전혀 책임을 지지 않으며, 영향을 받는 사람들은 의사 결정 과정에 참여할 수 있는 어떠한 구체적인 방법도 가지고 있지 않다. 이것은 내가 '조직화된 무책임(organized irresponsibility)'이라고 부르는 것이다.
>
> \- 울리히 벡[51]

울리히 벡의 위험사회론

비록 그 혜택을 모든 사람들이 공평히 누리지는 않지만 과학과 기술의 빛나는 발전으로 인해 인류는 그 어느 때보다도 풍요와 편리함을 누리고 있다. 그러나 다른 한편으로 과학과 기술의 발전은 불확실성과 위험을 수반하는 것이었다. 그 극명한 사례가 2011년 3월 일본에서 발생한 후쿠시마 핵발전소 사태이다. 대지진과 해일이라는 예측하기 어려운 자연재해 앞에서 다중 안전장치와 비상계획을 자랑하던 후쿠시마 핵발전소가 폭발했고, 방사능이 누출되면서 수많은 사상자가 나오고 주변 환경은 오염되었다. 그러나 후쿠시마 핵발전소 사고는 단순히 자연재해로 인한 것이라고만 볼 수 없다. 핵발전은 인간이 필요에 의해 만든 것이지만 인간이 불확실성의 제어에 실패하면 엄청난 재앙에 직면한다는 점에서 그것은 인공재해의 성격도 띠고 있다. 결국 후쿠

50 이 장은 홍익표(2019), pp.509~528을 대폭 수정·보완했다.

51 https://www.hankookilbo.com/News/Read/201407081890115899

시마 핵발전소 사고는 자연재해와 인공재해가 우발적으로 결합하면서 파국적인 결과를 가져온 것이라 볼 수 있다. 오늘날 환경문제는 국경과 계급 등 인위적 경계를 넘어 다수의 사람들과 자연환경에 엄청난 피해를 주고 있다. 우리는 불확실성이 지배하고, 예측불가능하며 회피하기 어려운 '위험'이 지배하는 사회에 살고 있다.

독일의 사회학자인 울리히 벡(Ulrich Beck)은 이를 힌두교의 신 크리슈나의 이름인 '주거노트(Juggernaut)'에 비유한다. 주거노트는 행복과 파멸의 이율배반을 상징한다. 왜냐하면 주거노트의 신상을 실은 수레에 깔려 죽으면 극락에서 환생한다는 믿음 때문에 많은 사람들이 스스로 이 수레바퀴 아래 몸을 던졌기 때문이다. 벡은 현대사회의 물질문명이야말로 주거노트의 이율배반을 그대로 갖고 있다고 본다. 그는 1986년에 출판된 <위험사회 - 새로운 근대를 향하여(Risikogesellschaft. Auf dem Weg in eine andere Moderne)>에서 현대사회에서의 삶을 '문명의 화산 위에서 살아가기'라고 규정한다. 현대사회에서 부의 사회적 생산에는 반드시 위험의 사회적 생산이 뒤따르기 때문에, 인간에게 안락함을 안겨준 물질문명이란 언제 폭발할지 모르는 위험이 잠재된 화산과 같다는 것이다. 원자력, 유전학적으로 가공된 식품, 화학적 위험, 지구온난화 같은 현대사회의 '위험'은 근대 이전의 우연적 재앙과 달리 현대문명 속에 구조적으로 잉태돼 있다는 점에서, 벡은 현대사회를 '위험사회'라고 부른다. 여기서 벡은 전쟁과 기아, 전염병, 지진, 홍수 같은 자연재해로 나타나는 외부적 위험과 기후변화와 금융위기, 테러리즘 같이 인류문명이 산출한 내재적 위험을 구분하고, 특히 후자만을 지칭하는 단어로 '위험'(독일어 Risiko, 영어 risk)을 사용한다.

벡에 따르면 산업사회가 해체되면서 새로운 형태의 모더니티인 위험사회가 나타나고 있다고 주장한다. 그는 서구사회에서 '나는 배고프다!(Ich habe Hunger!)'로 표현되는 결핍은 더 이상 중요한 문제가 아니며, '나는 두렵다!(Ich habe Angst!)'로 표현되는 위험이 가장 핵심적인 정치적 쟁점이 된다고 한다(Ulrich Beck, 1986: 66). 성, 가족, 직장, 계급관계, 환경 같은 다른 영역에서 발생하는 문제들은 즉각적인 혹은 분명한 해결책이 없기 때문에 새로운 의심, 불확실성, 혼란의 원천이 되고 있다는 것이다.[52] 이러한 위험사회에서는 정치적 갈등의 핵심적인 측면이 자원과 경제적 분배문

---

52 볼프강 조프스키(Wolfgang Sofsky)는 재앙이 우리 인간이 현재의 세계에 도달하게 해 준 토대가 얼마나 불안정한가를 바로 눈앞에서 보여준다고 한다. "안전은 인류의 근본적인 문제이다. 우리 삶에서 자신을 보호하지 않아도 되는 영역은 더 이상 없다. 사회는 사회적인 매장으로, 경제는 경제의 죽음으로, 국가와 전쟁, 테러는 신체의 죽음으로 우리를 위협한다. 불안이 인간의 정신과 영혼, 행동능력을 형성하고 있는 것이다." Wolfgang Sofsky(2007), p.24.

제를 둘러싼 계급투쟁이 아니라 환경과 관련된 위험과 기술의 진보를 통해 나타나는 위험의 사회적 분배를 둘러싼 비계급적인 투쟁이라고 한다. 현대사회에서 나쁜 것들에 내재된 위험성에서 벗어날 수 있는 사람은 아무도 없다. 빈곤이 위계적이라면 스모그는 민주적이며(Not ist hierarchisch, Smog ist demokratisch), 식품에 잔류된 농약, 오염된 공기와 물은 부자나 가난한 자를 가리지 않고 영향을 미친다. 따라서 현대사회는 평등의 새로운 형태, 즉 위험의 평등한 분배가 지배하는 사회이다(Ulrich Beck, 1986: 48).

이와 관련하여 앤서니 기든스(Anthony Giddens)는 근대성이 지닌 위험이 계산불가능하지만 다른 한편으로 개인들의 성찰성 또는 반성능력이 증대되어 간다고 지적한다. 이 같은 근대성의 이중성을 기든스는 '질주하는 대형트럭'에 비유한다. 트럭을 어느 정도까지는 운전할 수 있지만 만약 트럭이 통제의 한계를 벗어나 질주하면 산산조각 날 위험성도 있다는 것이다. 존재론적 안전과 실존적 불안이 상충적으로 공존을 강조하는 기든스는 근대성의 위험들에 대해 실용적 수용, 일관된 낙천주의, 냉소적 비관주의, 급진적 사회운동이라는 네 가지 적응양식들을 제시한다. 여기서 급진적 참여양식으로서의 사회운동은 잠재적인 미래의 변형을 위한 중요한 지침이 된다(Anthony Giddens, 1991: 142-156, 160~176).

벡은 위험사회로서 현대사회의 특징을 다섯 가지 들고 있다. 첫째, 현대의 위험은 체계적이고 종종 되돌릴 수 없는 해를 끼치지만 일반적으로 인간이 평상시의 지각으로 파악할 수 있는 범위를 넘어선다. 인과적 해석에 기초하기 때문에 과학적 혹은 (반)과학적 지식의 견지에서 존재한다. 그만큼 위험은 사회적으로 정의되고 구성될 소지를 지닌다. 둘째, 사회적 지위에 따라 위험에 노출돼 있는 정도에서 차이가 존재한다. 즉, 다른 사람들보다 위험의 분배 및 성장에 의해 더 큰 영향을 받는'사회적 위험집단'이 생긴다. 셋째, 위험의 확산과 상업화는 자본주의의 발전 논리와 완전히 단절하는 것이 아니라 새로운 단계로 끌어 올린다. 승자들에게 밑 빠진 독과 같은 수요를 지닌 위험은 거대한 사업거리이다. 넷째, 부는 소유할 수 있지만 위험으로부터는 그저 영향을 받을 수 있을 뿐이다. 계급과 계급지위에서는 존재가 의식을 규정하는 반면, 위험지위에서는 의식이 존재를 규정한다. 다섯째, 사회적으로 널리 알려진 위험은 특수한 정치적 폭발력을 지닌다. 이제까지 비정치적인 현상으로 여겨졌던 일들이 정치적 쟁점으로 부각된다. 위험사회에서 그 모습을 드러내는 것은 파국의 정치적 잠재력이다(Ulrich Beck, 1986: 29~31).

바우만, 놀테의 현대 사회 진단과 벡의 위험사회의 정치

현대인이 직면한 불안과 공포를 지그문트 바우만(Zygmunt Bauman)은 '유동하는 근대(liquid modernity)'라는 키워드로 고찰한다. 지그문트 바우만에 따르면, 세상은 갈수록 불확실성이 지배하는 곳으로 변모하고 있고, 기존의 정치·사회 제도는 빠른 속도로 해체되거나 소멸하고 있다. 이 과정에서 국가의 보호나 공동체적 유대를 상실한 개인들은 불안 속에서 끼리끼리 안전을 추구하지만 그것은 더 큰 불안을 초래할 뿐이다. 안전망을 구축할 만한 힘이나 자본이 없는 이들은 사회에서 배제되고 분리되고 격리된다. 유동성이 지배하는 우리 시대는 지구적 차원의 지배 엘리트들에게는 '유토피아'일지 모르지만 나머지 대다수 사람들에게는 불안과 공포가 일상이 된 '지옥'의 시대다. 이주자·난민이 돼 정착할 곳을 찾지 못하고 잉여인간으로 떠도는 수없이 많은 사람들은 삶이 처치 곤란한 '쓰레기'가 된다. 신자유주의적 세계화가 지구 전체를 휩쓸면서 빈곤과 불안과 범죄와 테러도 지구 전체로 퍼졌고, '열린 사회'는 오늘날 "운명의 횡포에 무방비로 노출된 사회"로 귀착하고 말았다는 것이다. 바우만은 더 나은 세상을 만들려는 근대사회의 유토피아적 기획이 종언을 고했다고 본다(Zygmunt Bauman, 2010).

바우만에 비해 벡은 미래에 대한 희망을 놓지 않는다. 벡은 경제적 부를 희생하더라도 파멸적 재앙을 사전에 철저히 봉쇄하는 것만이 위험사회에서 인류가 취할 수 있는 유일한 발전 경로라고 말한다. 벡은 현대의 과학기술과 합리성이 오늘의 위험사회를 낳은 근원이지만, 위험사회를 넘어서기 위한 대안도 결국은 과학기술에 의존해야 한다고 본다. 현대 과학기술이 위험사회를 넘어서는 데에 기여하기 위해서는 일부 전문가 집단과 기업이 지식을 독점하지 않도록, 시민사회가 비판적으로 개입하는 것이 중요하다. 그는 이를 '성찰적 근대화'라고 부른다. 성찰적 근대화란 현대 기술과학의 빛과 그림자를 함께 인식함으로써 과학에 대한 사회적 제어력을 높이는 과정이다."(Ulrich Beck, 1986: 364~368)

위험사회의 정치를 벡은 대안으로 강조한다. 일반적으로 위험이 사회적으로 구성되고 때로는 정치적인 쟁점이 되는 이유는 위험을 둘러싼 인식에 있어서 전문가와 일반인의 기준이 크게 차이가 나며, 또한 위험에 대한 객관적이고 과학적인 인식과 위험에 대한 우려의 진정성 간에 큰 간격이 존재하기 때문이다. 위험이 정치화되는 가장 근본적인 이유는 사회적 민감성 때문이다. 객관적 위험의 확률이 같다 하더라도 사회적으로 훨씬 민감한 위험들이 존재하기 때문이다(정진성 외, 2010: 35~36). 위험사회의 정치화에 대해 벡이 강조하는 것은 '하위정치'라고 부르는 새로운 영역의 등장이다. 이는 민주주의 정치의 공식적인 메카니즘 밖에서 작동하는 집단과 행위자의 활동을 가리킨다. 위험사회에 들어서면서 정치적인 것과 비정치적인 것의 구분이 불분명해지고, 부의 사회적 생산에 위험의 사회적 생산이 체계적으로 수반된다. 위험사회에서는 불안에서 비롯된 유대가 생겨나고, 정치적 힘이 되곤 한다. 그렇지만 위험은 계급구조에 따라, 부는 상층에 축적되는 반면, 위험은 하층에 축적되는 경향이 있다. 위험의 계급-특수적 분배법칙 및 이에 나른 빈자와 약자들에 대한 위험의 집적 법칙은 오랜 동안 타당했으며 지금도 여전히 몇몇 위험의 중심적 차원에 적용된다. 차별적 위험지위는 새로운 형태의 분노한 대중집단을 형성하고 강화시킬 수 있다(Ulrich Beck, 1986: 52~53, 65~66).

벡이 주창하고 정립한 위험사회는 산업화가 잠재적이고 광범위하게 환경문제와 사회변동에 미친 영향을 분석하는데 중요한 이론적 논점을 제공해준다. 위험사회론은 압축적 산업화를 겪은 한국사회를 과학적으로 분석하는 유력한 시각을 제공한다. 그러나 이에 대해서는 비판적 시각도 존재한다. 첫째, 후기 근대사회에서의 위협의 수준 및 그것의 인지가 과장되었고, 기술에 대해서는 지나치게 비판적이며, 위험과 사회구조에 대해 지나치게 서구중심적인 견해를 취한다. 둘째, 계급정치가 위험정치에 자리를 양보했다는 주장은 시기상조일수도 있다. 물질적 부의 생산과 분배는 여전히 대부분의 나라에서 중요한 쟁점이고, 환경정치가 발달한 몇 국가들에서도 녹색당은 기존의 정치질서를 대체하지 못하고 있다. 셋째, 벡은 환경문제가 발생하는 것에 대해 구조적 설명을 제시하지만 이데올로기와 문화의 영향력은 소홀히 취급한다. 소득수준이 높은 국가에서는 오염을 유발하는 산업으로 여겨지는 것이 소득수준이 낮은 국가에서는 경제발전의 상징으로 간주될 수 있다.

독일의 역사학자인 파울 놀테(Paul Nolte)는 벡이 말한 '두 번째 근대' 혹은 '성찰적 근대'로 넘어가는 전환 또는 도약의 계기가 있었는지에 대해 다음과 같이 의심을 피력한다. "만약에 그런 계기가 정말 있었다면, 서구사회의 '두 번째 근대'는 아마도 '첫 번째 근대', 다시 말해 노동시장과 복지, 고전적 산업생산과 기반 기술이 현재 상하이와 두바이를 비롯한 아시아의 여러 지역에서 급격히 팽창하면서 승리의 개가를 올리고 있는 것에 그렇게 혼란스러워하거나 경제적인 기반이 흔들리는 모습을 보이지 않을 것이다....'두 번째 근대'라는 개념은 또한 우리가 조종 능력을 상실했다는 점을 암시한다. 사람들이 계획하고 의도적으로 방향을 설정했던 과정이 기괴한 자기 동력을 얻었으며 우리가 나치 사회와 같은 개인적 영역으로 후퇴하지 않는 한은 그 뒤를 무력하게 쫓아갈 수밖에 없다는 점 때문이다. 우리는 수동적인 희생자가 되었는가?"(Paul Nolte, 2008: 32~33)

글로벌 위험사회와 그 결과

<위험사회>가 출간된 지 20여년이 지난 후 벡은 <글로벌 위험사회(Weltrisikogesellschaft)>를 출간했다. 벡은 <위험사회>에서 "근대화 과정 자체가 스스로 주제가 되고 문제가 되고 그렇게 성찰적(reflexiv)인 것이 된다"(Ulrich Beck, 1986: 26)면 현대 사회가 위험사회라는 인식에 필연적으로 도달한다고 지적하였다. 여기서 근대화란 유럽이 근대사회로 진입한 후 국민국가 건설, 산업화, 민주화의 과정을 거치면서 이룩한 근대 질서의 수립과 발전을 가리킨다. 근대화를 가능하게 한 사상이 바로 인간의 이성과 과학의 무한한 힘을 믿던 근대적 계몽주의이다. 이에 따르면 합리적 이성은 자연의 신화적 힘으로부터 인간을 해방시키고 자유를 누리게 한 계몽의 수단이라는 것이다. 계몽주의는 과학과 기술을 통해 자연과 사회를 합리적으로 통제함으로써 인간의 존엄과 행복이 보장 가능하다는 믿음인데, 이를 르네 데까르트(René Descartes)는 '양식' 혹은 '자연의 빛'이라고 부른다. 그러나 데까르트 이후의 근대적 계몽주의는 전쟁이 이어지고 환경이 파괴되며, 인간은 자본주의의 한갓 부품으로 전락되면서 비판에 직면하게 된다. 이것을 막스 호르크하이머(Max Horkheimer)는 '도구적 이성' 이라 일컬으며 비판한다. 즉, 이성이 자기 스스로를 도구화한다면, 이성은 일종의 물질성과 맹목성을 갖게 되고, 정신적으로 경험하기보다는 단지 수용할 뿐인 마술적 실재, 곧 물신이 된다는 것이다(Max Horkheimer, 2022). 이성이 이론적인 계산을 토대로 목적에 적합한 수단을 제시하면서 인간 및 자연을 지배하기 위해 도구화되면 맹목적이 되어 억눌린 현실에 대한 비판적이고 자유로운 힘이 사라진다는 것을 주장한 학자들로는 자크 데리다(Jacques Derrida), 미셸 푸코(Michel Foucault) 등이 있고, 울리히 벡 역시 새로운 형태의 모더니티인 위험사회가 출현하고 있다는 것을 지적하면서 과학의 합리성은 대중의 비판적 참여로 보완되어야 한다는 것을 '성찰적 근대화'라는 용어로 제시했던 것이다.

이런 인식을 심화시키고 글로벌 차원으로 확장시킨 저서가 바로 <글로벌 위험사회>이다. 이 책에서 벡은 현대 문명의 위험을 개별 국가의 틀 안에서 해결하는 것이 점차 불가능해진다고 하면서 "'글로벌 위험'이 '글로벌 위험'의 현실연출이다"라고 새

로운 정의를 내린다. 글로벌 위험은 미래에 발생할 수 있는 사건이란 점에서 실제 현실이 아니지만 연출을 통해 현실성을 획득한다는 것이다. 그리고 이러한 위험은 사회적으로 구성되고 정의된 것이라 밝힌다.[53] 또한 심각한 위험이 원인 생산자에게 해석의 독점권을 부여한다는 '글로벌 위험의 불평등 동학' 역시 글로벌 위험사회의 또 다른 현실이라 한다. 선진국 과학자들이 환경문제를 정의내리고 설명하면 이러한 지식을 연출 형태로 전달받은 다른 나라들은 이를 무비판적으로 수용한다는 것이다 (Ulrich Beck, 2010: 31).

울리히 벡은 방한을 했을 때 한 공개 강연에서 해결책에만 집중하였던 우리들의 방식이 우리들로 하여금 기후변화가 이미 세상을, 세상에서 존재하는 우리들의 방법을, 세상에 관한 우리들의 사고방식을, 그리고 우리들의 상상 및 정치 행위 방법을 바꿔놓았다는 사실을 알아채지 못하게 만든다는 점을 강조하고, 이를 '탈바꿈 (Verwandlung)'이라고 말하였다.

"지금까지 아무도 알지 못했던 사실은 해결책에만 집중하였던 우리들의 방식이 우리들로 하여금 기후변화가 이미 세상을, 세상에서 존재하는 우리들의 방법을, 세상에 관한 우리들의 사고방식을, 그리고 우리들의 상상 및 정치 행위 방법을 바꿔놓았다는 사실을 알아채지 못하게 만든다는 점이다. 변화에 관한 이러한 조건들 및 인식의 변화를 나는 '탈바꿈'이라고 정의한다. 개념적 세부 사항 및 설명에 들어가기 전에, 이것을 통해서 내가 의미하고자 하는 몇 가지 사례가 있다. 첫 번째로, 기후변화는 해수면 상승을 통해서 형성된 사회적 계층과 불평등의 근본적인 지형변경을 유발한다. 그리고 이는 세상의 새로운 지도를 그리는데 그 주요 경계선은 민족국가와 사회적 계층 사이의 전통적인 경계가 아니라 오히려 전 세계를 개념화하는 다른 방식 그리고 '삶'의 기회 그 안에서 생존의 가능성이다. 두 번째로, 우리의 의사결정 과정에 영향을 받는 그러한 사람들을 포함시키는 경우에만, 우리들은 기후변화의 결과로부터 우리 자신들을 보호할 수 있게 된다. 이러한 의미에서, 그리고 우리들이 오늘 현재 그것을 이미 볼

---

53 이는 벡이 위험구성주의(risk constructivism)적 입장을 지녔음을 보여준다. 위험구성주의는 특정 사회에서 어떤 요소에 의해 위험에 대한 특정 견해가 지배적이 되는지를 주목하여 위험이 사회의 중요 의제로 선택되는 소통과정의 문화적 특성에 주목하는 접근을 가리킨다. 정진성 외(2010), p.30. 이와 유사하게 볼프강 조프스키(Wolfgang Sofsky)는 재앙의 의미는 희생자의 수만으로 결정되는 것이 아니라며, 그 결과는 종종 그것이 지닌 경고의 의미와 별반 관계가 없다고 말한다. 다시 말해 파괴 혹은 재앙의 의미는 재난이 일어난 당시의 시대상황이나 그것이 영향을 미치는 범위, 사람들의 상상력 등에 의해 정해진다고 한다. Wolfgang Sofsky, 이한우 역(2007), pp.20~21.

수 있는 바와 같이, 지구 온난화는 중요한 정치적 패러다임의 변화로 이어진다. 세 번째로, 정치 및 사회과학 분야에 우리들이 가지고 있는 일반적인 관점에 기후변화가 어떻게 들어맞는지 들여다보면, 우리들은 우리들이 '방법론적 민족주의'라고 부르고 있는 것의 한계를 알 수 있다. 각각의 문제가 계층 또는 정치에 관련되어 있는지의 여부에 관계없이, 우리들은 대부분의 모든 문제들을 국제 사회 내에 구성되어 있는 국가의 맥락에서 규정한다. 그러나 기후변화의 관점에서 세상을 바라보게 되면, 이것은 전혀 적합하지 않다. 네 번째로, 글로벌 위험(이 경우에는 글로벌 기후 위험)에 관한 기본적인 개념을 우리들이 받아들이는 경우, 우리들은 이러한 개념의 논리 안에 이미 새로운 권력 구조가 내재되어 있음을 발견하게 된다. 왜냐하면, 우리들이 위험에 관하여 이야기를 하는 경우, 우리들은 가장 먼저 그것을 의사 결정 및 의사 결정자들과 관련시켜야 하기 때문이다. 우리들은 위험을 떠안게 되는 사람들과 그것에 의해 영향을 받게 되는 사람들 사이를 기본적으로 구분하여야 한다. 기후변화의 경우, 이러한 그룹의 사람들은 완전히 다르며, 그들은 전혀 다른 세계에 속한다. 의사 결정을 하는 사람들은 위험에 의해 영향을 받는 사람들의 관점에 대해 전혀 책임을 지지 않으며, 영향을 받는 사람들은 의사 결정 과정에 참여할 수 있는 어떠한 구체적인 방법도 가지고 있지 않다. 이것은 내가 '조직화된 무책임(organized irresponsibility)'이라고 부르는 것이다. 따라서 의사결정 과정과 결과는 완전히 서로 다른 그룹의 사람들에게 귀속되므로, 우리들은 처음부터 제국주의적 구조를 가지고 있다."[54]

벡은 '글로벌 위험' 이 기존의 환경 위험 뿐 아니라 글로벌 금융 위험, 테러 위험으로 구분된다고 한다. 그는 서구 근대가 초래한 이런 글로벌 위험이 새로운 대응을 낳고 이는 결국 자유를 위태롭게 만들고 국제정치의 현존 형태들과 동맹들의 기초를 소멸시킨다고 지적한다. 이 중에서 가장 이질적인 것은 테러 위험이다. 다른 위험들이 가해자와 책임자를 정확히 가려내기 어렵다는 의미에서 '비고의적'인데 비해 테러 위험은 가해자와 가해가 일치하는 '고의적'인 것이기 때문이다. 이와 관련하여 벡은 테러행위를 전 세계적인 차원에서 연출하고 정치적으로 예측함으로써 테러리즘은 여지껏 성공을 거둘 수 있었다고 지적한다. 즉 저널리스트들이 영상이나 사진을 확보하려

---

54 벡이 '2014 서울 국제 학술대회'에서 한 공개 강연인 '해방적 파국, 기후변화와 위험사회에 던지는 함의'에 대해서는 <한국일보> 2014년 7월 8일(https://www.hankookilbo.com/News/Read/201407081890115899) 참조.

경쟁하면서 사람들의 머리속에 테러리즘 하면 글로벌 위험을 떠올리게 만듬으로써 고의는 아니지만 결과적으로 테러리스트들을 지원했다는 것이다(Ulrich Beck, 2010: 32). 다른 한편으로 금융 위험과 테러 위험은 환경 위험 못지않게 글로벌 수준의 현실 구성, 즉 세계(시민)주의의 현실성을 강요하는 글로벌 위험으로 작용하지만 세계(시민)주의의 규범적 성격까지 갖추지는 못한다고 한다. 반면에 환경 위험은 글로벌 위험을 생산하는 리스크 권력(개념 규정 권력, 체제 권력)에 맞서는 글로벌 대항 권력을 추동하는 역할을 할 수 있다는 것이다(Ulrich Beck, 2010: 40~41).

위험사회론은 비록 유럽적 맥락에서 형성·발전되었고 그런 점에서 위험과 사회구조에 대해 서구중심적인 견해를 지녔지만 그럼에도 짧은 기간에 압축적 산업화와 사회분화, 민주화를 겪은 한국 사회를 분석하는데 적지 않게 유용하다. 2000년대 들어서만도 한국 사회는 대구 지하철 참사(2003), 천안함 침몰 사고(2010), 세월호 침몰 사고(2014), 밀양 세종병원 화재 사고(2018), 이천 물류센터 화재 사고(2020), 이태원 참사(2022), 제주항공 참사(2024) 등 대형 사고가 끊임없이 발생했다. 이외에도 한국 사회에는 지구온난화로 인한 기상이변, 경제적 불평등, 비민주적 정권의 권위주의적 통치, 실업과 가족해체, 각종 사회일탈행위 등도 존재한다. 이는 한국 사회가 이미 오래 전에 복합적 위험사회로 진입했다는 것을 의미한다. 이 중에서 상당수는 인공적인 재해이다. 이는 한국 사회에서 기존 사회제도가 위험에 대비하기에 미흡하거나 제대로 작동하지 않고 있다는 것을 말해준다. 여기에 민주적 리더십 결핍과 투명성 부족, 안전불감증 등의 내재적 결함이 중첩되어 있다. 위험사회에 대비하고 이를 최소화하기 위해서는 정부, 기업, 지역 사회가 협력하여 효과적인 위험 관리 시스템을 구축하고, 인공지능, 빅데이터, 사물인터넷(IoT) 등을 활용해 위험을 예방하는 능력을 제고하는 것이 필요하다. 나아가 위험사회에서는 사회적 연대와 협력이 가능하도록 새로운 사회운동의 활성화와 새로운 '정치의 발견'이 요구된다.

위험사회론과 동북아 국가의 사례

한국이 직면한 가장 큰 위험은 환경오염과 생태계 파괴로부터 초래된 것이다. 이는 한국뿐만 아니라 동북아 국가들 모두 해당된다. 이들 국가는 서구의 선진공업국들이 몇 세대에 걸쳐 이룬 과정을 불과 한 세대에 걸쳐 압축적으로 달성한 것으로 세계의 주목을 받았다. 그러나 동북아 국가들이 이룩한 급속한 경제성장은 시장에 대한 정부의 적극개입과 더불어 저임금 노동력과 상대적으로 약한 환경규제에 힘입은 데서 그 부작용 역시 큰 것이었다. 권위주의 정부는 각종 억압적 국가기구와 지배 이데올로기를 동원하여 강력한 노동통제를 행하였고, 반대세력을 정치적으로 억압하였다. 일부 동아시아 국가에서 '민주주의로의 이행(transition to democracy)'이 시작된 1980년대 중반까지 동아시아 국가들의 민주주의는 상당히 지체될 수밖에 없었다. 이들 지역에서 경제성장으로 인한 부작용은 무엇보다 환경영역에서도 두드러졌다. 동아시아에서 경제가 성장함에 따라 자연자원의 이용량이 증가하고, 생산 및 소비과정에서 오염물질의 배출이 동반 증가하면서 환경이 오염되고 생태계는 급속히 파괴되었다. 동아시아 내에서도 이 같은 '경제성장과 환경훼손의 동조화(coupling)'는 무엇보다 고도의 경제성장을 이끌면서 심각한 환경문제를 공유하게 된 소지역인 동북아에서 더욱 뚜렷하게 나타나고 있다.

경제성장과 환경훼손의 동조화는 동북아 국가들이 동양의 전통적인 자연관과 단절하고 서양의 기계적 자연관에 기초한 성장 패러다임을 채택한데 주요 원인이 있다. 이들 국가에서는 인간의 물질적 풍요를 위해 인간과 자연을 분리하여 자연을 지배하고 통제하는 지식과 기술이 장려되었고 국가정책도 이에 기반해 수립되었다. 이에 힘입어 이들 국가는 급속한 경제성장을 이루고 서구 선진국 '따라잡기'에도 어느 정도 성공할 수 있었지만 급속한 환경오염과 생태계 파괴는 의도적으로 방치되었다. 각국의 사정이 이러하니 인접한 국가들의 환경협력이 제대로 이뤄지지 않는 것은 당연하였다. 예를 들어 중국에서 발생한 환경오염물질이 짧은 시간에 한반도와 일본열도에 도달하여 여러 피해를 불러일으키거나, 반폐쇄해인 황해와 동해의 폐기물 투기로 인한 오염으로 인해 인접국들 간에 갈등이 발생해도 이를 해결할 지역 내 제도나 레짐은 존재하지 않는다.

2011년 3월 발생한 일본 후쿠시마 핵발전소 사고는 급속한 경제성장에 필요한 에너지를 충당하기 위해 밀집된 이 지역의 핵발전소가 지닌 불안전성을 여실히 보여주었다. 일본 도후쿠 지방 태평양 앞바다에서 발생한 지진과 쓰나미로 6개의 원자로와 6375개의 폐연료봉을 보유하고 있던 후쿠시마 제1원자력발전소의 냉각시스템이 고장나면서 문제가 야기되었다. 이로 인해 원자로에서 핵연료가 녹아내리는 멜트 다운(melt down)이 발생하면서 대량의 방사능물질이 대기와 토양, 바다 등으로 누출되었다. 1979년에 발생한 미국의 스리마일섬(TMI) 핵발전소사고와 1986년 구소련의 체르노빌 핵발전소 사고에 비해 후쿠시마 핵발전소 사고는 복수 핵발전소의 동시 사고, 대규모 해양오염의 발생, 핵발전소 사고의 장기화라는 특징 때문에 인류가 경험하지 못한 전대미문의 사태로 평가된다(장정욱, 2011).

2011년 3월 일본 후쿠시마 핵발전소에서 발생한 폭발사고와 이로 인한 방사능 물질 누출은 체르노빌 핵발전소 사고 이후 최악의 사고로 방사능이 누출되면서 바다와 공기를 오염시켰다. 이로 인해 일본은 물론이고 남북한과 중국에서도 방사능물질이 검출되는 등 인근 지역에도 광범위한 피해를 미친 것이 확인된 바 있다. 일본의 물리학자인 야가사키 가쓰마(矢ヶ崎克馬)는 후쿠시마 사고는 체르노빌에서는 나타나지 않았던 특유의 피해가 있다고 지적한다. 첫째, 체르노빌 주변이라면 '이주의무'가 된 5mSv/년 이상의 오염지역에 일본에서는 100만 명 이상의 주민이 살면서 생산 활동을 계속하고 있다. 둘째, 체르노빌에서는 있을 수 없었던 고오염지역(후쿠시마, 미야기, 도치키, 이바라기, 사이타마현 등)에서의 먹거리 생산 및 유통으로 일본 전토에 내부피폭이 확산하게 됐다. 또한 거주지 주변의 '제염'으로 집적된 대량의 '제염 폐기토'를 정부가 공공사업으로 재이용해 전국으로 확산시켜 줄이려 하다 보니 2차 피폭이 전국적으로 확산되고 있다. 셋째, 체르노빌에서는 폭발한 노심을 7개월 후에는 석관으로 덮어 방사성물질의 환경 확산을 적극 억제했지만 일본에서는 노심의 오염을 외부 공기나 물과 차단하지 않은 채 폐로작업을 추진해 대량의 지하수로 오염수가 바다로 계속 방출되고 공중으로 방사능방출도 심각하게 계속되고 있다(<프레시안>, 2024년 7월 21일).

사고가 발생한 지 10년 후인 2021년 일본 정부는 그 동안 쌓인 오염수를 희석하여 향후 30년 간 해양으로 방류하겠다는 계획을 수립했다. 후쿠시마 핵발전소를 운영하는 회사인 도쿄전력은 오염수 해양 방류의 근거로 ALPS라고 불리는 방사성 오염수 처리시설이 물과 분리가 어려운 삼중수소(트리튬)를 제외한 거의 모든 방사성 핵종을 제거할 수 있다는 것을 내세웠다. 일본 정부의 공식 발표가 나오기 전부터 여러 차례에 걸쳐 일본의 해양 방류를 지지한다고 밝혔던 국제원자력기구(IAEA)는 2021년 4월 일본 후쿠시마 오염수 해양 방류 계획이 '충분히 보수적이면서 현실적'이고, 도쿄전력이 신뢰할 수 있고 지속가능한 방사선 방호 프로그램을 가지고 있음을 확인했다는 내용의 중간 보고서를 발표했다(https://www.bbc.com/korean/articles/cy0jldxj2vyo). 이어서 IAEA는 일본의 해양방류를 권고하고 지지한다는 내용의 최종 보고서를 발표했다. 그러나 이 보고서에는 IAEA가 방류 결정을 안 했고 따라서 이에 대해 책임지지 않겠단 조항이 포함됐다.

일본 정부와 도쿄전력의 주장과 조치, IAEA의 보고서에 대해서는 즉각적인 반대와 비판이 제기되었다. 그린피스와 같은 환경단체와 주변국의 정당들, 학자들은 오염수 방류가 주변국과 해양생태계에 심각한 피해를 미칠 것이라며 반대 의사를 피력했고 연안어업에 종사하는 어민들은 시위를 벌이기도 했다. 일본정부와 도쿄전력으로부터 정보를 받아 작성된 IAEA 보고서에는 필요한 데이터가 전부 빠져 과학적 의미가 없고, 핵물질이 바다생태계에 미치는 영향이 고려되지 않았으며, 샘플링한 오염수가 ALPS를 통해 제대로 정화되는지 검증을 하지 않았고, 시료분석도 도쿄전력이 주장하는 검증물질인 핵종 중 일부만 시행했다는 비판이 제기되었다. 도쿄전력이 내세운 방사성 핵종의 하나인 '삼중수소의 무해' 주장도 이를 뒷받침한 연구가 규모가 적고 의미가 적어 신뢰할 수 없고, 우라늄 238, 요오드(I-129), 탄소(C-14), 플루토늄, 세슘, 스트론튬, 등 다른 핵종의 위험성에 대해서는 언급이 없다는 것이다(https://www.greenkorea.org/activity/energy-conversion/nuclear/101410/). 이밖에도 수증기 방출이나 수소 방출, 지하 매설이나 지층 주입 등 다른 방안들이 존재하는 데도 오염수를 굳이 바다에 버리겠다는 것은 상대적으로 적은 처분 비용 때문이라는 지적도 나왔다. 그리고 IAEA가 핵사찰 기구이지 해양오염 검사기구 아니며, IAEA에는 핵공학자만 있지 생물학자나 생태학자가 없다는 주장도 제기되었다.

후쿠시마 사고는 가장 논란이 많고 사회적으로 갈등을 빚고 있는 핵에너지를 둘러싼 국제사회의 관심을 다시 한번 환기시켰다. 재앙의 규모와 정도가 워낙 크다 보니 그동안 첨단기술에 바탕을 둔 핵발전소는 안전하다거나 심지어는 이산화탄소를 배출하지 않는 청정에너지원이라는 주장이 거짓이거나 신뢰성이 낮다는 사실이 밝혀지는 계기가 되었다. 그럼에도 여러 국가가 핵발전에서 벗어나지 않는 까닭은 낮은 수준의 민주주의와 정치·경제적 유착구조가 자리 잡고 있기 때문이다. 이와 관련하여 일본의 물리학자이자 시민운동가인 야마모토 요시타카(山本義隆)는 일본이 과거부터 핵발전에 죽자사자 매달리는 이유가 한 기에 수천 억 엔에 달하는 건설비용으로 떨어지는 각종 이권과 검은돈 때문이라고 지적한다. 또한 잠재적 핵무기 보유국 상태를 유지하려는 국제정치 역학과도 맞물려 있다는 것이다(山本義隆, 2011: 13).

후쿠시마 사고를 계기로 서유럽, 북미, 호주 등에서는 핵발전의 안전성, 대중 수용성, 방사성폐기물 처분의 높은 투자비용, 사용 후 핵연료 처리, 원전 완전철거 비용, 사고 시 손해배상비용 등이 정치 쟁점화되면서 핵발전소에 대한 전면 재검토에 들어갔다. 반핵시위가 전국적으로 벌어졌고, 지방선거에서 녹색당이 약진한 독일은 2011년 5월, 2022년까지 독일 내 모든 핵발전소를 폐쇄하기로 결정했다. 이후 스위스와 이탈리아, 벨기에도 원전 건설 중단을 결정했다. 이에 비해, 신규 건설의 60%가 집중되어 있는 동북아시아에서는 공중의 침묵 속에 국가는 안전성 강화를 전제로 핵발전 정책을 유지하겠다는 입장을 고수하고 있다.[55]

경제성장을 우선시하는 중국을 포함한 동아시아 각국은 여전히 핵발전을 국가적 전략사업으로 채택하고 있으며 이로 인해 생기는 각종 이익을 강조하고 있다. 이들 국가들은 핵발전소 사고에도 불구하고 화석연료와 원자력을 바탕으로 거대자본과 거대기술로 구성되는 공급 위주의 대규모 중앙집중식 에너지 이용방식인 경성에너지경로(hard energy path)에서 벗어나지 않고 있다. 동북아시아에서 환경협력의 제도화 수준이 높지 않은 데는 역내 국가들 이 국제정치행위자로서 차지하는 비중과 위상이 상대적으로 유럽 등 다른 지역보다 더 크고 이들이 환경협력보다는 국가이익의 경쟁적 추구에 더 비중을 두고 있다는 점에서 그 원인을 찾을 수 있다. 국제환경문제와 관련하여 자국의 이익이 걸린 경우 환경가치보다 자국의 이익에 우선순위를 두는 경우가 흔히 발견되는 데 이 점은 동북아의 경우에도 예외가 아니다. 동북아 지역은 핵발전소 밀집지대이다. 이는 지역 내 어느 한 곳에서 사고가 발생하면 역내 국가가 모두 그 여파가 미칠 치명적 위험에 노출되어 있다는 것을 의미한다. 지금까지도 동북아 국가들은 탈핵정책을 채택해서 이 지역의 핵발전 사고로 인한 위험을 제거하거나 최소화하겠다는 데는 공동으로 합의하지 못하고 있다. 오히려 일부 국가들은 핵발전산업을 국가적 전략산업으로 채택하고, 자국 핵발전의 안전을 과장해 선전하고 있다. 이들 국가들은 유럽 국가들과는 달리 자연재해를 예측가능한 사건으로 전제할 뿐만 아니라 위험 소통을 지진과 지진해일에 국한시킴으로써 자국 핵발전소의 위험 가능성을 최소화하려 시도하고 있다. 이 점은 환경과 관련된 국제관계에 있어서도 동북아 국가들이 여전히 경제성장이 가져오는 이익과 환경문제 해결에 드는 비용을 계산해 행동

---

55 한국의 경우 에너지 정책은 정권에 따라 그 기조가 반대 방향으로 바뀌는 특성을 보이고 있다. 이명박 정부는 2011년 11월 '제4차 원자력진흥종합계획'에서 "세계 일류의 원자력 모범국가 실현"을 '비전'으로 내세우면서 "기술 혁신을 통해 원자력을 IT, 조선을 이을 대표 수출산업으로 육성한다"는 등의 목표를 내세우고 상당한 예산을 투입한 바 있다. 이어서 신규 핵발전소인 신고리 2호기와 신월성 1호기에 대한 운영 허가를 내준 데 이어 신울진 1, 2호기의 건설을 허가했다. 이에 비해 문재인 정부는 2020년 9차 전력수급기본계획(전기본)에서 노후 핵발전의 수명을 연장하지 않고, 신규 핵발전도 추가로 건설하지 않고 신재생에너지 산업 육성에 나서겠다는 계획을 세웠다. 일본 후쿠시마 사고 이후 전 세계적으로 고조된 핵발전 안전에 대한 우려를 반영해, 탈핵정책을 선언한 것이다. 그동안 권위주의 방식으로 일방적으로 결정된 핵발전 관련 정책결정 방식도 보다 민주주의적인 방식으로 바꿨다. 논란이 되던 신고리 5·6호기 건설 여부를 숙의민주주의(deliberative democracy)에 입각해 조직된 공론화위원회를 통해 해결한 것이다. 홍익표(2019), pp.520~525. 하지만 이후 들어선 윤석열 정부는 이 계획을 전면 뒤집어 버렸다. 2022년 10차 전기본에서 노후 핵발전 수명을 연장하고, 신한울 3, 4호기 건설을 재개하며 이른바 '탈-탈원전', '친원전 정책'으로 돌아섰다. <한겨레> 2024년 5월 1일.

하고 있다는 것을 보여준다.

이는 후쿠시마 사고를 '지금까지 상상도 할 수 없던' 위험으로 간주하고 핵발전에 의존한 에너지 정책을 포기하겠다고 나선 독일과 스위스, 이탈리아 등 유럽 국가들과는 상반된 모습이기도 하다. 에너지 정책의 근본적인 전환에 대한 진지한 분석과 검토는 없고 임시방편적인 수습에만 머물고 있는 그들은 후쿠시마 사고에서 별 다른 교훈을 얻지 못한 것으로 보인다. 이런 정책은 화석연료와 우라늄의 매장량이 감소하고 있고 공급도 불안정하며, 이로 인해 지구온난화가 가속화되며, 핵발전사고에서 보듯이 치명적 재앙을 초래할 수 있다는 점을 경시하고 있다는 점에서 적지 않은 문제가 있다. 복합적 위험사회에서는 에너지 이용에서 경제적 효율성뿐만 아니라 지속가능성과 형평성을 감안한 정책을 민주적 과정을 통해 결정하는 것이 요구된다. 장기적으로는 기존의 중앙집권적이고 일국중심적이며 정당중심적인 경향을 벗어나 풀뿌리적이며 다수준적이고 다경로적인 경향을 띠는 녹색정치(green politics)의 제도화를 지향하는 것이 필요하다.

2부

지구적 맥락에서의 환경과 정치

7장 68혁명, 신사회운동과 환경정치

8장 적응, 감축, 회피
: 기후위기의 대응 유형과 사례

9장 '너무나 게으르고 탐욕스런'
: 기후변화협약과 지구온난화의 국제정치

10장 호모 사피엔스의 미래
: 과잉인구 지구 혹은 텅 빈 지구

11장 기후위기, 지속불가능한 산업과 소비의 정치경제

7장.

68혁명, 신사회운동과 환경정치[56]

68혁명에서 추구한 목표들인 참여의 확대와 의식의 변화는 직접 행동을 통해 오래 살아남았다고 평가된다. 68혁명의 모든 국면에서 사용된 직접행동은 여론을 겨냥하는 상징적, 도발적인 형태인 '시위적, 호소적인' 행동과 제도를 직접 압박하는 형태인 '직접적, 강제적인' 행동을 말하는데 이는 이후 독일에서 새로운 형태의 사회운동이 활성화되는데 큰 영향을 미쳤다.

- 잉그리트 길혀 - 홀타이[57]

시민사회와 사회운동

사회운동(social movements)은 시민사회 행위자들이 기존의 사회적 관계들을 변화시키려는 것을 목표로 행하는 지속적이고 집합적인 노력을 가리킨다. 일반적으로 사회운동은 기존의 사회적, 정치적, 경제적 관계들에 의해 피해를 받고 있고 그들의 정체성이 위협받고 있다고 인식하는 특정한 시민사회 행위자들이 주축이 되어 전개된다. 사회구조적으로 동질적인 계층, 계급이나 자발적 결사체, 비영리조직들과 같은 행위자들은 직접적인 접촉과 커뮤니케이션을 통해 위기를 집단적 경험으로서 공유한다. 이들은 기존의 법과 제도적 채널을 통해서 그들의 요구가 충족되거나 해당 문제나 갈등이 해소되지 않는다고 여길 때는 기존의 사회관계들에 의해 피해를 받는 잠재적 집단을 동원하기도 한다. 이러한 참여를 통해 이들 행위자들은 소속감과 연대의식과 같은 집단의식을 점차 갖추게 된다.

---

56 이 장은 홍익표·진시원(2016), pp.427~441; 홍익표(2016), pp.296~311을 대폭 수정하고 보완하였다.

57 Ingrid Gilcher-Holtey(2001), pp.114~125.

찰스 틸리(Charles Tilly)는 사회운동을 보통사람들이 다른 사람들에 대해 집합적 요구(collective claims)를 행하는 일련의 논쟁적인 행위이자 표현이고 캠페인이라고 정의한다. 틸리에게 사회운동은 공공정치에서 보통 사람들의 참가를 위한 주요 수단이라 할 수 있는 사회운동에는 대상 기관에 대한 집합적 요구를 행하는 지속적이고 조직된 공적인 노력을 의미하는 캠페인이나 특정한 목적을 갖는 연합과 결사, 공적 모임, 종교적 행진, 철야, 집회, 시위, 청원운동, 공공미디어를 이용한 발표, 팸플릿 배포 등의 다양한 정치행동 등이 포함된다(Charles Tilly, 2004). 사회운동이 원래의 목적을 달성하였거나 추구했던 문제들이 제도화를 통해 해소되거나, 아니면 이익집단이나 정당처럼 제도화 되었을 때 사회운동은 종료된다. 아니면 사회운동 자체가 탄압과 여러 가지 불협화음과 전략의 실패로 인해 해체될 수 있고 그들이 추구한 주제가 대중의 관심으로부터 멀어져 동원력을 상실하면서 끝날 수 있다.

시민사회(civil society)가 지닌 불평등한 속성 역시 사회운동이 형성되는 배경요인이 된다. 다양한 행위자들이 복합적으로 상호작용하는 비국가영역(non-state sphere)을 의미하는 시민사회 내의 행위자들은 사안들에 따라 협력, 갈등, 포섭과 같은 다양한 형태의 관계를 맺고 있다. 이들은 분산되어있고 권력도 불균등하다고 할 수 있다. 다른 행위자들과의 다원적 상호작용을 하는 이들 행위자들은 국가와 사적부문에 대해 견제와 균형 역할을 수행하기도 한다. 경우에 따라 시민사회는 중앙집중적 권력을 지닌 국민국가의 권한을 약화시키고 분산시키는 원심력으로 작용하며, 시민사회의 무수한 자율적 조직들은 국가로 하여금 시민사회의 다양한 이익에 보다 민감하게 반응하게끔 압력을 가한다.

사회운동은 구체적인 역사적, 사회적 상황에서 발생하고 또 그러한 상황적 맥락에 서 발전하기 때문에 그 전개과정에 대한 일반적 유형을 만든다는 것은 어렵다. 그럼에도 전개과정에 대한 일반적 이해가 필요하다.[58] 오트하인 람슈테트(Otthein Rammstedt)는 사회운동을 아래와 같이 8단계로 나눠 설명한다. 그는 이들 단계가 서로 인과관계를 갖는 것은 아니며, 최종 발전단계가 반드시 사회운동의 제도화를 의미하지는 않는다고 한다(Otthein Rammstedt, 1978: 146-170).

• 1단계(집단적 경험으로서의 위기): 사회모순으로 인해 사람들이 그들의 사회적 정

58 사회운동의 원인, 목표, 동원, 행동, 중개, 통제에 대해서는 Joachim Raschke(1988) pp.124~362 참조.

체성이 위협받는다고 인식한다. 통용되던 방법을 갖고는 더 이상 문제나 갈등을 해소할 수 없게끔 된다. 이러한 상황에서 피해자들은 직접적인 접촉과 커뮤니케이션을 통해 위기를 집단적 경험으로서 공유한다.

- 2단계(위기결과의 선전): 피해자들은 정부나 사회가 그러한 위기를 해소해줄 것을 기대하고, 그들의 상황을 일반사람들에게 고지하며, 언론매체를 이용해 여론화를 시도한다.
- 3단계(저항의 활성화): 정부나 다른 사회기관으로부터 그들의 요구에 대해 아무런 반응이나 행정적 조처가 없을 때 피해당사자들은 본격적으로 저항을 시작한다. 이러 한 집단적 저항을 통해 그들은 '우리라는 공동체 의식'을 가지게 되며, 저항은 점차 정부 또는 사회적 기관들과 갈등관계로 발전한다. 이 단계에서 그들의 저항을 사회운동으로 인식한다.
- 4단계(저항의 집중화): 저항이 일반대중에게 파급되어 그들에게 저항에 대한 찬반의 태도를 표명하도록 심리적으로 강제한다. 저항은 특정 집단의 이해관계에 국한되지 않는 대중적 기반을 확보하게 되고 정부나 지배집단에 저항하는 공동의 동기를 획득하게 된다.
- 5단계(이데올로기의 형성): 저항운동이 위기원인 현상 해소에 성공하지 못하고 지배 세력의 거부에 부딪칠 경우 사회운동은 그들의 행위자체에 정당성을 부여하는 이데올로기를 필요로 한다. 이 경우 이데올로기는 참여자들에게 위기 원인과 그 부정적 결과들에 대한 이해를 가능하게 할 뿐만 아니라, 새로운 사회에 대한 전망과 필요성을 인식케 만든다. 이데올로기가 분명해질수록 지배세력 및 지배적 사회관계들과의 갈등 이 심화, 확대된다. 지금가지 합법적인 것들로 간주되던 것들은 그 자체 도덕적 당위 성을 상실하게 되고 사회적 갈등은 더욱 첨예화된다.
- 6단계(저항의 확산): 이데올로기 등을 통해 광범위한 대중 지지를 획득하게 되며, 그들을 동원한다. 이 때 이데올로기는 다수 대중들을 연결하고 연대를 가능하게 하는 매개체의 역할을 한다.
- 7단계(저항의 조직화): 사회운동이 확산됨에 따라 운동하는 사람들 사이에 정보교환이나, 보다 효과적인 활동을 하기 위해서 조직이 필요하게 된다. 이런 조직이 형성 되면서 지도부와 일반지지자들 사이의 구분도 점차 가시화된다. 그러나 이 단계에서 조직화의 정도는 일반 정당이나 사회단체들의 수준에는 훨씬 미치지 못한다.
- 8단계(제도화): 사회운동이 제도화의 형태를 취하게 되면 그때부터 사회운동은의 형식화를 통해 사회운동은 제도화된 사회적 행위의 지배적 양식을 수용하게 되고 그 들이 저항해왔던 사회구조에 편입되기 때문이다. 이렇게 되면 사회운동은 탄력

성을 잃고 그 본래 기능을 상실한다. 이 때 위기는 다른 사회영역으로 전가되든지, 정치체제의 문제해결 수용능력 확대를 통해 잠정적으로 해소된다.

많은 학자들은 왜 개인과 집단이 사회운동에 참여하는지에 대해 다양한 이론들을 발전시켜 왔다. 우선 제임스 데이비스(James C. Davis)나 테드 거(Ted Robert Gurr)와 같은 학자들은 개인들이 자신들의 지위가 다른 사람들에 비해 훨씬 못하다고 주관적으로 느낄 때 저항운동에 참여한다는 상대적 박탈감 이론(relative deprivation theory)을 주장하였다. 같은 맥락에서 시간이 지남에 따라 박탈감은 계속해서 증가한다는 누진적 박탈감 이론이나 개인들의 커진 기대와 실제적 성취 간에 불일치가 존재할 때 저항운동에 더 많이 참여하는 경향이 있다는 기대상승이론(rising expectation theory)도 제기되었다. 한 개인이 직업척도상으로는 높은 지위를 차지하나 소득척도에서는 낮은 지위를 차지하는 것과 같이 지위 불일치(status inconsistency) 상태에 있을 때 극단적인 방식으로 각종 운동에 참여한다는 이론 역시 전개되었다.

악셀 호네트(Axel Honneth)는 그의 저서인 <인정투쟁(Kampf um Anerkennung)>에서 사회적 투쟁은 상호인정이라는 상호 주관적 상태를 목표로 한다는 이색적인 주장을 펼친다. 그에 따르면 '인정'은 인간이 자신의 삶을 성공적으로 실현시킬 수 있는 사회적 조건이자 개인들이 자신에 대한 긍정적인 관계, 곧 긍정적 자기의식을 찾아낼 수 있는 심리적 조건이기도 하다. 개인이 일반화된 타자와 긍정적인 상호주관적 상호관계를 맺는 것을 뜻하는 인정의 유형들로는 사랑과 우정과 같은 원초적인 인정부터 각 주체의 권리를 인정하는 권리, 그리고 가치공동체를 지향하는 연대의 인정에 이르기까지 다양하다. 세 가지 인정 유형들을 거치면서 개인의 긍정적 자기 관계의 정도가 단계적으로 높아지기에, 인정 형태가 고양될수록 인간은 단순한 자기 보호로부터 적극적인 자기 발현으로 고양될 수 있다. 인간의 자기의식이 타인과의 상호작용 관계에서 형성되며, 인간의 삶이 이를 실현하는 과정이라면 인간은 타인의 부정적 반응에 쉽게 상처받는다. 인정받지 못하는 사람은 특히 사회적으로 '모욕'이나 '무시'를 받을 경우 분노라는 심리적 반작용을 일으키고 이 분노는 사회적 투쟁에 나서는 심리적 동기가 된다. 호네트는 사람이 사회적으로 모욕이나 무시를 받을 경우 분노라는 심리적 반작용을 일으키고 이 분노는 사회적 투쟁에 나서는 심리적 동기가 된다면서 사회적 인정의 대상과 내용을 확장하려는 인정투쟁은 상호 인정에 이를 때까지 계속된다고 주장한다. 사회적 투쟁이란 물질적 영역에서의 '자기보존'을 위한 생존경쟁에서 비롯된다는 기존 관점을 더 넓은 영역으로 확장했다는 데서 인정투쟁 이론은 의미를 찾을 수 있다(Axel Honneth, 2011: 183~249).

사회운동의 원인에 관한 가장 잘 알려진 설명 중의 하나는 근대사회를 주도하는 물질주의적 가치에 정면으로 도전하는 탈물질주의적 가치를 가진 것으로 간주하는 것이다. 로널드 잉글하트(Ronald Inglehart)는 일부 선진 산업사회의 대중들 사이에서 가치의 우선순위가 변화하고 있다고 지적한다. 그는 안전과 안정의 기본적 욕구가 충족된 이후 일부 선진 산업사회에는 기존의 물질주의적 존재를 초월한 '고차원적이고' 사치스런 목표를 추구한다고 말한다. 예를 들어, 정치 영역에서는 참여에 대한 요구와 함께 경제적 필요보다는 생활 방식의 차이에서 더 많이 파생되는 다른 유형의 문제가 등장한다고 한다. 이러한 문제로 잉글하트는 환경 보호, 삶의 질, 여성의 역할, 도덕성의 재정의, 약물 사용, 정치적 및 비정치적 의사결정에 대한 대중의 폭넓은 참여 등을 지적한다. 이러한 가치 변화가 일어나는 이유로 잉글하트는 교육 수준의 상승, 직업 구조의 변화, 점점 더 광범위하고 효과적인 대중 커뮤니케이션 네트워크의 발전 등 일련의 사회 경제적 변화와 함께 제2차 세계 대전 이후 수십 년 동안 서구 국가들이 경험한 전례 없는 번영과 이 기간 어떤 서방 국가도 침략을 받지 않았다는 사실을 거론한다(Ronald Inglehart, 1977: 72~115). 카이 힐데브란트(Kai Hildebrandt)와 러셀 달톤(Russell Dalton)은 잉글하트의 견해를 정치학에 수용하여 신정치와 구정치를 구분하고, 장기적으로 신정치가 더 많은 의미를 획득한다고 주장한다. 경제적, 사회적, 군사적 안정과 공공질서의 확립 등과 같은 전통적인 관심사에 일차적인 관심을 갖는 '구정치(alte Politik)'에 비해 '신정치(neue Politik)'는 삶의 질의 문제, 참여, 여성의 평등권, 개인적인 자기실현 등과 같은 문제에 일차적 관심을 갖는다는 것이다.

1960년대에 분출된 각종 사회운동에 의해 자극되었고 만수르 올슨(Mancur Olson)의 집합행위이론(theory of ollective action)에 그 기반을 둔 자원동원이론(resource mobilization theory) 역시 사회운동을 설명하기 위해 등장하였다. 대표적으로 앤서니 오버샬(Anthony Obershall)은 개인들이 그들의 자원을 동원하는 데 따르는 보상과 처벌, 비용, 이익에 근거하여 합리적 결정을 한다고 단정한다. 일부 학자들은 이 이론이 지나치게 단순한 합리적인 경제모델에 근거하고 있으며, 투쟁과 관련한 복합적 이해관계를 제대로 다루지 못하고 있다고 비판한다. 이에 따라 1980년대에는 집합행동과 관례적인 정치를 연계시키는 정치과정모델(political process model)로 사회운동 연구의 초점이 옮겨갔다. 이 이론에 따르면 사회운동은 박탈감과 긴장 때문이 아니라 그것에 민감한 정부와 강력한 사회조직 등 정치적 기회의 확장의 결과라는 것이다. 1990년대에는 사회운동을 정치적 목적과 권력을 획득하려는 조직화된 집단의 노력이라기보다는 다양한 문화적 혁신과 부흥의 도구로 보는 견해도 도출되었다(George Andrew Kourvetaris, 1998: 327~336).

'68혁명'의 전개와 특징

1968년을 전후해 발생한 '68혁명(Die 68er Revolution)'은 기존 질서에 저항해 세계적 규모로 발생한 일련의 저항운동이었다. 1968년에 절정에 달한 각국의 저항은 서로 다른 진행과정을 보이며 다양한 국가적 맥락에 묶여있었지만 지향된 목표나 동원 및 붕괴 과정의 구조에서 서로 닮은꼴을 하고 있었다.[59] 당시 서유럽 국가들은 제2차 대전 후 높은 속도의 경제성장을 달성하고 물질적 풍요를 누리고 있었으나, 관료주의, 권위주의 등과 같은 과거의 유산은 여전히 남아 있었다. 반면 급속히 진행된 사회분화로 전후세대는 기성세대와는 다른 다양한 욕구와 가치를 추구하게 되었다. 이탈리아에서 '4P'라 지칭되는 Padre(아버지), Prete(신부, 목사), Partito(정당), Padrone(주인)가 공격의 대상이 된 데서 알 수 있는 것처럼 학생, 노동자, 신중간계급들이 기존 질서에 도전하기 시작했고, 그 결과 사회적으로 계급적 쟁점을 넘어 다양한 쟁점이 표출되었다.

그 시작은 1967년 파리 교외의 낭테르 대학교에서 학내문제로 촉발된 시위였다. 1950년대 말부터 드골 정부는 고등교육을 대규모로 확대시켰는데, 예를 들어 1958~1968년에 프랑스의 대학생 수는 17만 5000명에서 50만 명으로 증가했다. 대학은 과밀화되었고, 교육 시설은 턱없이 부족했다. 그런데다 프랑스 교육체계의 구조는 대단히 중앙집권적이고 보수적이었다. 이런 상황에서 새로운 학생세대는 베트남전쟁과 알제리 전쟁에 대한 반감, 체 게바라의 살해, 중국의 문화혁명의 영향으로 급진화하고 있었다. 낭테르 대학교에서는 학생들이 비판대학을 열어 교과과정의 이데올로기를 공격했다. 학생들은 소르본느 대학교를 점거한 후 모든 노동자들에게 24시간 내내 개방된 자율적인 대중들의 대학임을 선포하고 노동자, 학생, 교사들로 구성된 '점거 관리 위원회'가 파리 대학을 운영하기로 결정하였다. 항의시위는 당국이 소

59 68혁명의 전개과정에 대해서는 Tariq Ali et al.(2001); Ronald Fraser(2002); Mark Kurlansky(2004); Ingrid Gilcher-Holtey(2009) 참조.

르본 대학교에 휴교령을 내린 후에도 계속 이어졌다. 1968년 5월 10일 자정 무렵에는 학생들이 파리의 라탱지구를 점거하고 경찰의 침략을 막기 위해 바리케이트를 쌓기 시작했다. 노동자들도 이에 호응했는데, 이는 낭트에 있는 쉬드아비아시옹 항공기 공장 노동자들의 점거 파업에 이어 프랑스 전역 공장에서의 자생적인 점거운동으로 확산되었다. 노동조합과는 별개로 파업 때문에 필요해진 실무를 처리하고 소식을 알리고 선전하는 기구인 실행위원회가 생겨 낳았다. 5월 총파업에는 전통적 공업 부문 노동자뿐만 아니라 중간계급, 전문직 종사 노동자들도 다수가 참여했다(Ian Birchall, 2011: 34~58).

이탈리아의 대학생들 역시 교과과정에 대한 통제, 신임교수 선발에 대한 통제, 모든 학점에 대한 학생들의 감독 등을 요구하며 시위에 나섰다. 그런데 이탈리아는 프랑스와는 달리 국가와 사회가 분리되어 있었는데 그런 까닭에 기성 질서에 대한 도전은 국가의 억압에 대한 반응이 아닌 공장, 사무실, 학교들에서 권위를 가지고 있는 사람들이 행사하는 권력에 맞서 일어났다. 운동이 시작된 곳은 피아뜨 자동차 회사가 있는 또리노였다. 또리노의 대학생들은 주로 가난한 남부에서 들어와 비참한 조건으로 살고 있던 새롭고 젊은 노동자들과 동맹을 맺고 운동을 전개했다. 피아뜨 미라피오리 조립라인 작업장에서 자발적인 파업이 일어났을 때 많은 수의 학생들은 피켓시위를 벌였다. 피아뜨의 요구를 다른 공장과 작업장 들에 알린 리플렛이 노동자·학생의회(Assemblea Operai-Studenti)와 계속되는 투쟁(La Lotta Continua)의 이름으로 나왔다. 당시 나왔던 새로운 구호가 "피아뜨는 우리의 대학이다!"이었다(Ronald Fraser, 2002: 343~347).

독일에서도 1967년 6월 이란의 팔레비(Mohammad Reza Shah Pahlevi) 국왕의 방문에 항의하는 시위 도중 경찰 총격으로 대학생 베노 오네조르크(Benno Ohnesorg)가 사망한 사건을 계기로 시위가 전국적으로 확산되었다. 이들은 독일사회주의학생연맹(SDS)의 지도자였던 루디 두치케(Rudi Dutschke)의 암살을 배후에서 조종한 악셀 슈프링거(Axel Springer) 소유의 언론사들을 공격하고, 기민련·사민당 연립 정권이 통과시킨 비상시 국민의 기본권을 제한하는 긴급조치법에 반대했다. 미국에서도 인간성 회복과 자연귀의를 주장하며 주류 사회로부터 이탈한 히피들의 '플라워 무브먼트(flower movement)', 캘리포니아 대학교 버클리 캠퍼스에서의 자유 언론운동, 베트남 전쟁과 인종 차별에 대한 반대운동이 벌어졌다.

미국에서 일부 젊은이들의 정치적 반항과 그들이 탐닉한 마약과 성적 쾌락은 이미

1950년대의 이른바 '비트 세대(beat generation)' 에서 예고되었다. 그 대표자인 앨런 긴즈버그(Allen Ginsberg)는 미국의 자본주의와 제국주의를 비판하고 정치적 비순응주의의 권리를 요구했으며 생필품 구입을 위한 화폐 거래를 전면 폐지할 것을 주장했다. 이는 1960년대 학생운동과 미국식 반문화인 히피 운동으로 계승되었다. 산업사회의 문화로 요약되는 주류적 사고방식과 상반되는 철학적 개념과 정치적 견해, 생활양식으로 구성되는 반문화(Christiane Saint-Jean-Paulin, 2015: 19~21, 7)는 미국에서는 '플라워 칠드런(flower children)'으로 불리는 젊은이들이 중산층의 생활방식을 거부하는 대신 쾌락주의를 숭상하고 그들이 만든 '유토피아' 공동체 속에서 보헤미안 같은 생활을 하는 것으로 나타났다.

68혁명은 자본주의 세계에서만 국한되어 나타나지 않았다. 대표적인 곳이 동유럽의 체코슬로바키아였다. 1960년대 초의 체코슬로바키아는 생산의 축소, 농산물 수입으로 인한 무역수지의 악화, 국민소득 감소가 나타나는 등 경제적 위기에 직면해 있었다. 1961년부터 시작된 제3차 5개년 계획도 실패로 끝날 것이 명약관화했다. 당과 국가 지도부는 이 위기를 지출 감소, 중앙 통제경제 강화, 소련 경제 의존 강화 등을 통해 해결하려 했다. 그러나 사회주의 계획경제체제의 구조적 모순에서 비롯된 위기를 극복하기에 이들 대책은 한계가 있었다. 위기가 해결될 기미가 보이지 않자 개혁적 성향의 지식인들이 체코 경제의 구조적 문제뿐만 아니라 공산당의 획일적 통제와 관료주의를 비판하고 나섰다. 당내에서는 보수파와 개혁파가 분열했다. 슬로바키아에서는 민족주의적 정치 운동이 전개되었지만 여전히 체코 공산주의자들이 이를 가로막고 있었다. 권력투쟁이 벌어지고 알렉산드르 둡체크가 이끄는 개혁파가 승리함에 따라 공산당 지도부와 내각도 새로운 인물로 전원 교체되었다. '인간의 얼굴을 한 사회주의'를 목표로 사민당과 단체들이 창립되었으며, 검열이 중단되고 과거의 정치적 실책에 대한 비판이 봇물처럼 터져 나왔다. 이른바 '프라하의 봄' 의 도래였다.

그러나 얼마 못 가 개혁에 대한 시민들의 관심과 참여가 떨어지자 보수파들이 다시 반개혁적 활동을 전개하기 시작했다. 이에 대한 불안으로 개혁 성향의 지식인들이 1968년 6월 <노동자, 과학자, 농민, 그리고 모두에게 부치는 2000어 선언(Dva tisíce slov, které patří dělníkům, zemědělcům, úředníkům, umělcům a všem)>을 발표했다. 작가이자 언론인인 루드비크 바출리크(Ludvík Vaculík)가 기초한 이 성명서는 개혁이 사회의 하부구조까지 침투하지 못하고 있다는 사실을 지적하고 시민들에게 개혁의 장애물을 제거하는 데 적극적으로 나서줄 것을 호소했다. 이러한 개혁 운동에 대해 소련은 자신이 주도하는 소비에트 블록의 권력 약화를 우려했고, 인접한 폴란드와 동독은 개혁 운동이 자국민들에게 미칠 영향을 걱정했다. 이에 1968년 3월 소비에트 블록 공산당들은 체코슬로바키아 공산당 지부에게 반혁명의 위험을 경고한 데 이어 5월에 개최된 모스크바 회담에서는 반혁명 세력에 대한 강력한 대응을 촉구하게 된다. 7월 중순 체코슬로바키아가 불참한 바르샤바 동맹국 정상 회의에서 소련, 폴란드, 동독, 헝가리, 불가리아는 체코슬로바키아 사태를 파국적인 것으로 규정하고, 사회주의와 사회주의 공동체의 이익을 지키기 위한 이웃 사회주의 국가의 내정에 개입할 권리와 의무를 내세웠다. 체코슬로바키아공산당 지도부는 타국에 대한 군사적 개입을 정당화하는 '브레즈네프 독트린'를 즉각 거부했다. 소련은 체코슬로바키아공산당 지도부 내의 반개혁 세력이 군사적 지원을 요청한 것을 명분으로 내세워 8월 21일 6000여 대의 탱크로 무장한 75만의 군대로 체코슬로바키아를 침략했다. 둡체크, 체르니크 등의 개혁파들은 소련으로 압송되어 억류되었다. 바르샤바 조약군의 군사적 개입은 체코슬로바키아인들의 거센 저항에 직면했다. 결국 그 내용이 공개되지 않았으나 사회주의 사회의 이익을 보호하기 위한 소련군 주둔이 주요 내용일 것이라고 추측되는 '모스크바 의정서'가 체결되면서 '프라하의 봄'은 종결되었다.

68혁명의 참가자들은 '모든 것을 상상력에게로'나 '더 많은 민주주의와 더 많은 자유', '우리는 모든 것을 그리고 당장 원한다', '개인적인 것이 정치적인 것', '선거는 아무것도 바꾸지 못한다' 등의 구호를 내걸고, 불평등한 자본주의, 경직화된 민주주의, 관료 지배, 제국주의 전쟁, 미디어에 의해 조종되는 사회, 남성 중심 사회를 비판하였다. 이 중에서 비판의 초점은 자본주의에 맞추어졌다. 당시에 독일 함부르크에서 교회의 권위에 반대하는 학생들이 뿌린 주기도문에는 이 점이 명백히 드러난다.

> "우리의 자본이시여,
> 서방 세계에서 이름을 거룩히 여김을 받으시오며, 투자가 임하옵시며,
> 유럽에서 그랬던 것처럼 월 스트리트에서도 이익을 내고 이윤을 증대시켜 주옵소서.
> 우리에게 일용할 자본의 회전을 주옵시고, 우리가 우리의 채권자들에게 신용을 베푼 것처럼 우리의 신용을 늘리게 하옵소서.
> 우리를 파산하지 않도록 하옵시고, 노동조합의 위험에 들지 않게 하옵소서.
> 지난 200년 동안 이 세계의 절반은 권세 있는 자들과
> 부유한 자들의 것이었사옵나이다.
> 아멘!(Tariq Ali et al., 2001: 60)

68혁명을 주도한 세력들은 합법적 권위에 의해 결정된 틀 안에서만 반대파를 용납하는 지배계급의 태도를 '억압적 관용(repressive tolerance)'[60]이라 보고, 피지배자들의 입장을 옹호하는 차별적 관용을 실천할 것을 주장하였다. 기존질서에 대한 반대와 제3세계 해방전쟁에 대한 찬양, 반문화의 형성, '인민 스스로의 삶에 대한 인민의 통제권 증대,' 탈중앙집중화, 풀뿌리운동 등이 시도되었다(George Katsiaficas, 1999: 51~53). 이 중에서도 특히 두드러지는 점은 68혁명이 참여기회의 확대를 겨냥한 운동이었다는 점이다. 참여민주주의 자주관리, 공동결정, 자치 등 운동의 중심 요구에는 참여 권리의 획득과 확대가 자리 잡고 있었다. 정치, 경제, 사회, 문화적 제도를 통 털어 지배와 위계구조의 해체를 위한 노력이 자결과 자치를 통해 추구되었다. 사회 모든 영역의 민주화 요구 역시 68혁명이 추구하였던 주요한 목표였다. 이러한 특징을 지닌 68혁명은 프랑스에서 시작되어 다른 나라로 빠르게 파급되었다.

그러나 68혁명은 내부 민주주의 문제를 소지한데서 한계를 가진 것이었다. 무엇보다 68혁명은 참여민주주의, 자발성, 강령적 계획 등을 성취할 수 있는 지속적 조직형태와 전략을 발전시키지 못하였다. 혁명의 지도부는 운동에 의해 동원된 다양한 지지층을 통일시킬 수 있는 방도를 찾지 못했고, 시대모순을 국내모순과 지속적으로 연결시키는데도 실패하였다고 지적된다. 그럼에도 68혁명은 이후 유럽 전체의 정치 사회 문화 예술 등 각 방면에 심대한 영향을 끼쳤고 운동과정에서 표출된 대안적 문제제기들이 점진적으로 제도화되는 과정을 거치면서 유럽의 사회시스템 변화의 초석으로 작용하였다.

68혁명을 평가하는 시각은 다양하다. 예를 들어 서구 산업문명의 위기의 징후로 보는 해석은 2차 대전 이후 급속한 산업화의 결과 대중소비사회가 도래하였으나, 일상생활은 파편화되고 개인들의 삶은 무의미와 부조리와 소외상태에서 떨어졌다고 한다. 68혁명을 전통적인 계급갈등의 표현으로 해석하는 입장에서는 혁명이 자본주의의 희생자들인 노동자들의 정당한 요구의 표현이라고 주장한다(정수복 편역, 1993: 30~33). 임마뉴엘 월러스틴(Immanuel Wallerstein)은 68혁명을 한편으로는 미국의

60 '억압적 관용'은 68혁명에 사상적으로 지대한 영향을 미친 허버트 마르쿠제(Herbert Markuse)가 1966년에 쓴 글에서 처음 사용하였다. 합법적 권위에 의해 결정된 틀 안에서만 반대파를 용납하는 지배계급의 태도를 가리킨다. 이에 대칭되는 것으로 마르쿠제는 자유의 범위와 내용을 확장시킬 뿐만 아니라 편파적으로 피지배자의 입장을 옹호하는 '차별적 관용'을 제시한다. 마르쿠제는 과학기술의 발전이 가져온 생산력 발전으로 인해 프롤레타리아 개념의 화석화와 노동자들의 부르주아화가 출현했다면서 이에 부합하는 새로운 이론과 실천이 필요하다고 주장하였다.

세계체계상의 헤게모니 상실이라는 조건과 다른 한편으로는 탈스탈린주의와 탈위성국가화라는 조건이 맞물려 일어난 것으로 해석한다. 1848년의 운동이 노동운동을 기반으로 하는 전통적인 좌파(Old Left)의 출현을 알리는 사건이었다면, 1968년의 운동은 신사회운동에 기반한 새로운 좌파(New Left)의 출현을 의미한다는 것이다.[61]

신사회운동의 대두

68혁명의 의미를 가장 적극적으로 해석하는 사람이 프랑스의 사회학자 알랭 투렝(Alain Touraine)이다. 그에 따르면, 이제 산업사회와는 질적으로 구분되는 프로그램화된 사회로서의 후기산업사회가 나타나고 있는데 '프로그램화된 사회'로서의 후기산업사회의 새로운 지배계급은 지식과 정보를 바탕으로 중요한 의사결정을 독점하는 기술관료층이다. 노동운동이 체제 내로 제도화됨에 따라 노동운동의 변혁적 성격은 소진되었고 그 자리에 기술관료들의 의사결정의 독점에 대항하는 광범위한 새로운 운동세력이 형성되기 시작하였다. 그 중심세력은 과학자, 기술자, 연구종사자, 비서, 의료종사자, 매스미디어 종사자 등 전문적 지식을 가지고 있으나 의사결정과정에서 배제된 이른바 새로운 노동계급에 속하는 사람들이었다. 68혁명의 실질적인 의미는 적응, 통합, 근대화를 통해 모든 사회문제를 해결할 수 있다고 주장하는 기술관료들과 보수적 유토피아에 대항하여 해방적이고 반권위주의적이며 참여를 주장하는 새로운 민중 사이의 대립에 있다는 것이다. 그리고 이것은 1970년대에 들어서 확산된 환경운동, 여성운동, 지역운동, 평화운동 등을 통해 확인된다는 점에서 신사회운동(new social movements)의 출발점이라는 것이다(정수복 편역, 1993: 35~36).

신사회운동은 구서독의 사회과학자들에 의해 창안된 개념으로 지적된다. 왜냐하면 이들 운동은 독일정치에 관심을 갖고 관찰했던 학자들이 포착해낸 독일 사회의 급격 하고도 새로운 진전을 표현하고 있으며, 또한 독일에서 발생한 운동들이 신사회운동의 개념이 지적하고 있는 특성들을 뚜렷이 보여주고 있기 때문이다. 서독에서는 1970 년대에 시민사회의 운동단체들이 확산되고 전국적 연합단체들이 성장하면서 이들 간 에 포괄적인 네트워크가 구축되었다. 이들의 정치행위와 수사들 또한 그 운

---

61 "1989년, 1968년의 연속"이라는 글에서 월러스틴은 "1968년은 1989년의 전조였으며, 1989년은 주요한 측면에서 1968년의 연속이라는 마찬가지로 실재하는 사실 역시 가벼이 볼 것이 아니다"라고 지적하였다. Immanuel Wallerstein et al.(1994), p.138.

동들이 여타의 이익집단이나 이전의 사회운동과는 다르다는 것을 주창하고 있었다. 이러한 현상들은 서독뿐만 아니라 대부분의 선진산업국가들에서도 나타나고 있었다(Russell J. Dalton & Manfred Kuechler eds., 1996: 194).

진 코헨(Jean Cohen), 클라우스 오페(Claus Offe), 알랭 투렝, 알베르토 멜루치(Alverto Melucci) 등과 같은 이론가들은 신사회운동들이 가치지향, 운동 주체, 운동 방식, 조직 형태 등에 있어서 노동운동으로 대표되는 오래된 사회운동과는 다르다고 평가한다. 신사회운동들은 국가권력을 지향하기보다는 시민사회의 자율성에 근거한 운동정치 또는 저항정치의 특징을 보여주고 있다는 것이다. 시민권운동, 반전운동, 학생운동, 반문화적 지향을 비롯하여, 지역운동, 여성운동, 환경운동, 평화운동이 전개되었다. 그러나 1980년대 중반 이후 동원능력은 감소되었고 환경보호, 군축, 여성의 동등한 권리, 분산화 등의 요구사항은 정치적인 사안으로 전화되면서 운동조직들은 제도화되었다. 신사회운동이 갖는 공통점은 다음과 같다. 첫째, 신분, 분배, 지배의 문제 등이 아닌 소외의 경험과 도덕적인 비판, 생활양식과 삶의 질, 생존에 대한 물음이 전면에 대두되었다. 둘째, 대체적으로 전후세대, 중간층에 의해 수행. 특히 양질의 학교교육을 받은 집단, 고정된 직업을 갖지 못하거나 서비스 직종에 종사 집단들에 의해 수행되었다. 이들은 문제 당사자들이나 주변화된 계층들과 그때 그때 동맹을 맺었다. 셋째, 이데올로기적으로 동질적인 새로운 의미체계를 형성하지 않았다. 오히려 탈물질주의적인 가치를 추구하면서 그리고 세속화되고 다원적으로 분산된 문화의 터전 안에서 특수한 것에 대한 권리를 강조하며 다방면에서 하위문화적인 삶의 스타일을 만들어냈다. 넷째, 이들은 자율적인, 탈중심적인 그리고 풀뿌리 민주주의적인 조직원리를 강조하였다.

이 운동을 노동운동 등 이전의 운동과 다른 새로운 운동이라고 하는 이유는 이 운동의 사회적 위치, 목표, 조직형태 그리고 행위수단에서 찾을 수 있다. 이 운동들에서는 운동의 일관성, 법칙성, 조직성을 찾아보기 어렵고, 운동의 이슈, 조직, 정치적 성격, 발전방향과 전망에서 상당히 이질적이고 분산적이며, 가변적이다. 그러나 노동운동, 여성운동, 환경운동이 기존의 운동과는 전혀 다른 것이 아니라, 문제를 보는 시각이 달라졌다는 점에서 새로운 운동이라 이름이 붙여졌다. 이를 표로 나타내면 <표 1>과 같다.

<표> 구사회운동과 신사회운동의 비교

	구사회활동	신사회활동
사회적 위치	제도정치에 포섭	제도정치에 저항
운동 쟁점	경제적, 계급적 불평등 완화 집단적, 물질적 이익, 복지	환경, 여성, 인권, 평화, 소수자 대안적, 공동체 삶
운동 주제	노동자 계급	신중간계급, 전문직, 자유직
운동 이념	성장주의, 물질주의	탈물질주의, 탈권위주의, 풀푸리 민주주의
운동 조직	수직적, 위계적 조직	수평적 네트워크 조직
운동 방식	관례적 행동	비관례적, 급진적 행동

출처: 정태석(2007), p.81

물론 운동의 중심적 주체가 노동자계급에서 중간계급이나 학생, 주부와 같은 비계급적인 집단으로 이전되었는가에 대해서는 이견도 존재한다. 예를 들어, 베르트 클란더만스(P. Bert Klandermans)는 네덜란드의 평화운동에 관한 연구에서 노조의 구성원들과 새로운 운동의 주체들이 서로 연대할 뿐만 아니라 중복되기도 한다고 말한다. 따라서 전반적인 주체의 이전은 나타난다고 하더라도 전통적인 운동의 주체와 얼마나 단절적인지 또는 연속적인지는 국가와 쟁점마다 차이를 보인다고 할 수 있다.

신사회운동이 반권위주의적, 수평적 연대와 느슨한 민주적 조직을 선호한다는 대부분 학자들의 주장에 대해서도 클란더만스는 네덜란드의 평화운동 조직이 가능한 한 많은 지역 조직들과 연계하고자 하는데서 전통적인 사회운동 조직과 다르지 않다고 주장한다. 조이스 겔브(Joyce Gelb) 역시 스웨덴, 영국, 미국의 페미니즘 운동들에 대한 비교연구를 통해, 정치적 기회구조의 차이가 여성운동의 발전, 목표, 가치를 다르게 구조화하며, 이에 따라 신사회운동의 특징에 근접할 수도 있고 아닐 수도 있다고 말한다. 영국의 경우 여성운동은 새로운 성격을 띠고 있는 반면에, 다른 나라들의 경우에는 전통적인 틀 속에 결합되어 있다는 것이다(Russell J. Dalton & Manfred Kuechler eds., 1996: 174~219). 이러한 연구를 통해 우리는 새로운 쟁점의 운동들이 모두 새로운 주체가 이끌 고 있고 새로운 조직 형태를 지향하고 있는 것은 아니라는 사실도 알 수 있다.

환경운동과 환경정치: 독일의 사례

다른 유럽 국가들에서처럼 독일에서도 68혁명의 파급효과는 매우 컸다. 사민당(SPD)으로 대표되는 구좌파정당은 68혁명의 요구와 자극을 수용했다. 1969년 연방수상으로 취임한 빌리 브란트(Willy Brandt)는 '더 많은 민주주의를 과감히 실천하자'는 구호를 내걸고 교육 분야와 형법, 기업운영제도 등 사회 각 분야의 민주화를 시도하였다. 68혁명에 혁명에 참가한 사람들을 포괄적으로 지칭하는 '68세대(die 68er Generation)'는 68혁명과 결부된 삶의 정서와 분위기를 이어갔고, 68혁명의 활동방식을 고수했으며, 68혁명의 원칙을 지키려고 노력했다. 특히 68혁명에서 추구한 목표들인 참여의 확대와 의식의 변화는 직접 행동을 통해 오래 살아남았다고 평가된다. 68혁명의 모든 국면에서 사용된 직접행동은 여론을 겨냥하는 상징적, 도발적인 형태인 '시위적, 호소적인' 행동과 제도를 직접 압박하는 형태인 '직접적, 강제적인' 행동을 말하는데 이는 이후 독일에서 새로운 형태의 사회운동이 활성화되는데 큰 영향을 미쳤다(Ingrid Gilcher-Holtey, 2001: 114~125).

대표적인 신사회운동의 한 유형으로 분류되는 환경운동은 독일에서 특히 두드러지게 발전하였다. 독일의 환경운동은 학생운동 출신의 활동가들, 지역주민들, 지식인 세 부류가 주축을 이뤘고, 이들 사이의 연대를 통해 형성되고 발전하였다. 특히 이들 환경주의자들은 기존의 정치가 자신들이 중시하는 삶의 질과 환경 가치를 충족하는데 한계가 있음을 인식하고 있었다. 기성 정당들은 사회의 새로운 요구들을 제대로 반영하지 못하고 있었고, 간혹 정당에 의해 수렴된 요구들도 의회를 넘어 행정부의 정책결정과정에 반영되는 것이 어려웠다. 이러한 정치체계의 한계는 시민사회 내의 다양한 요구가 증대함에 따라 더욱 표면화되면서 이에 실망해서 직접적으로 해결을 모색하는 다양한 단체들의 성립을 촉발시켰다.

일반 시민들의 환경의식이 고양된 것도 독일 환경운동이 활성화된 배경요인이라 할 수 있다. 1970년대에 서독은 자동차 배출가스 규제 등의 환경 규제 면에서 다른 선진국에 비해 크게 앞서지 못한 상태였다. 이 때문에 검은숲(Schwarzwald) 지대 등 독일의 삼림수목은 대기오염과 산성비로 인해 집중적으로 피해를 입게 되었다. 산성비 피해는 삼림뿐만 아니라 시내의 옛 건축물과 조각품에도 나타났는데 이로 인해 독일 국민들은 충격을 받게 된다. 보다 많은 사람들이 환경파괴와 오염의 심각성을 인식하고 환경보호의 긴급성에 찬성하게 되었다. 1970년대 초에 행한 한 여론조사에 따르면 당시 국민의 80퍼센트가 환경보호를 경제성장이라는 가치보다 더 중요한 것으로 생각하고 있었다(최종욱 외, 1994: 137).

초기의 독일의 환경운동은 반핵운동이 주도하였다. 그 대표적인 사례가 1970년대 중반 뷜(Wyhl)과 브록도르프(Brokdorf)에서 일어난 핵발전소 건설 반대 운동이다. 제4차 중동전과 오일쇼크로 서독 연방정부와 바덴-뷔르템부르크 주정부는 프라이부르크(Freiburg) 부근 오버라인 강가에 위치한 뷜에 핵발전소 건설 계획을 세웠다. 핵발전소 건설 예정지는 포도밭과 숲이었는데 이곳의 농민들은 발전소가 건설되면 라인강이 방사능에 오염되고, 수온도 상승하기에 포도주 양조가 불가능하게 된다며 반대하였다. 발전소 건설 발표는 반핵주의자들로 하여금 전국에서 대규모로 대중들을 동원하게끔 하였는데 그 중심세력은 학생과 지식인들이었다. 이들은 기존의 행정기관, 정당, 법원 등 합법적 채널을 통한 의사전달이 실패로 끝나자 비폭력 시위의 형태로 운동방법을 바꾸었다. 이 과정에서 주지사가 핵발전소 건설을 맡은 회사 자문위원장이고 75%의 주를 소유하고 있는 거대주주라는 사실이 밝혀지기도 하였다. 그러나 1976년 주 선거에서 사민당(SPD)과 자민당(FDP) 연정이 재선됨으로써 핵발전소 건설계획은 계속 추진되는 것으로 일단락되었다.

뷜의 반핵운동은 1976년 브록도르프, 1977년 칼카르(Kalkar)에서의 대규모 반핵 시위로 계속 이어졌다. 1979년 북독일의 니더작센주에 위치한 고어레벤(Gorleben)의 핵폐기물 재처리 시설 건설 반대 운동에는 전국에서 무려 4백여 만 명의 반대자들이 참가하였다. 기민련(CDU) 소속의 주 수상 에른스트 알브레히트(Ernst Albrecht)는 지역단체의 사퇴 압력에 굴복해 고어레벤의 재가공시설 건설을 포기할 수밖에 없었다. 1980년부터 1981년까지는 프랑크푸르트(Frankfurt/M) 공항의 활주로 확장 반대 운동이 전개되었다. 이로 인해 일반 대중들의 환경운동에 대한 관심이 고양되었고, 환경운동 단체 회원수가 급증하였다.

1975년 창설된 '독일 환경과 자연보호 연맹(BUND: Bund fuer Umwelt und Naturschutz Deutschland)'은 독일의 대표적인 환경단체로 꼽힌다. 바이에른 주와 바덴-뷔르템베르크주의 '자연보호연맹(Bund Naturschutz Bayern)'과 '자연과환경보호연맹(Bund Natur- und Umweltschutz Baden-Wuertemberg)'이 생태주의 그룹과 통합해서 발족한 이 단체는 그 후 다른 지역으로 그 조직을 넓혀감으로써 전국적인 규모를 갖는 조직으로 자리를 잡게 되었다. 이후 BUND는 반핵운동뿐만 아니라 유전공학과 각종 화학산업에 대한 사회문제화, 오존가스인 염화불화탄소 생산 금지 촉구 등으로 그 활동영역을 넓혀갔다.

1970년대에 활성화된 환경운동은 독자적인 환경정당의 창당으로 연결되었다. 기존의 정당에 영향력을 행사하여 자신들이 주장하는 바를 받아들이는 것이 불가능하다고 여기는 환경주의자들은 독자적인 환경정당을 결성하기로 결정하였다. 이들은 1979년 유럽의회 선거에 참가한데 이어 1980년 1월 13일 칼스루에(Karlsruhe)에서 연방 규모의 조직을 갖춘 정당인 녹색당(Die Grünen)을 창당한다. 창당을 이끈 주역 중의 한 사람인 페트라 켈리(Petra Kelly)가 말한 것처럼 스스로를 '반정당 정당(Anti-Parteien-Partei)'으로 규정한 녹색당은 지속가능한 개발의 추구, 독일의 북대서양조약기구NATO 탈퇴와 급진적인 토대민주주의를 내세웠고, 1983년 총선에서는 봉쇄조항을 넘는데 성공하여 연방 의회에 진출하게 된다. 통일과정에서 동독지역의 시민운동세력과 연합해 동맹90/녹색당(Bündnis 90/Die Grünen)으로 개명한 녹색당은 1998년부터 2005년까지 사민당과 더불어 이른바 '적녹연정'을 이끌었다.

시민사회 영역에서 다양한 환경운동세력들에 의한 정치권에 대한 압력의 증가는 정치권으로 하여금 이전보다는 전향적인 환경정책을 채택하게 하였다. 예를 들어, 1969년 사민당과 자민당의 선거 승리 이후 들어선 브란트 정부의 관료들은 환경보호(Umweltschutz)라는 용어를 채택한 데 이어 자연보호 신속 대책(Sofortprogramm Umweltschutz)을 제시하고 '환경문제를 위한 전문가위원회'를 설치했다. 1976년에는 새 연방자연보호법이 발효되었다. 환경보호를 위한 제도의 정비와 각종 정책 처방은 연방 뿐만 아니라 지방의 지자체에서도 활발하게 이루어졌다.

그 대표적인 도시가 프라이부르크이다. 프라이부르크는 1992년 독일환경원조재단이 BUND, NABU(독일자연보호연맹) 등 독일의 환경단체와 공동 개최한 지방자치단체 경연대회에서 151개 지자체 가운데서 1위를 차지해 그 해의 '자연·환경보호에 있어서 연방수도'로 선정된 도시이다. 지속가능한 녹색도시의 모범 사례로도 흔히 불린다. 독일 서남부에 위치한 삼림지대인 슈바르츠발트(Schwarzwald)의 관문이자 오래된 대학도시인 프라이부르크의 시민들은 1980년대 들어와 이 지역의 삼림수목이 대기오염과 산성비로 인해 피해를 집중적으로 입게 된 데서 큰 충격을 받았다. 산성비 피해는 삼림뿐만 아니라 시내의 옛 건축물과 조각품에도 나타났다. 뷜 원전 건설 반대에서 모아진 시민들의 힘과 슈바르츠발트의 고사 등에서 느껴진 환경에 대한 위기감은 프라이부르크시로 하여금 환경 최우선 정책을 추진하게 하였다. 이는 구체적으로 자전거와 자동차가 공존하는 교통 시스템의 수립, 태양주택과 보방(Vauban) 생태마을 조성으로 나타난 태양도시(solar city) 건설, '쓰레기 제로'에의 도전, 유기농업의 권장과 에코은행의 설립 등으로 나타났다. 중요한 것은 프라이부르크가 환경도시로 유명해진 데는 시민들의 환경에 대한 높은 관심과 성숙한 정치의식이 있었기 때문에 가능했다는 사실이다. 프라이부르크는 함부르크, 브레멘, 베를린 같은 도시주(Stadtstaat)와 더불어 독일에서 녹색당에 대한 지지율이 가장 높은 곳 중 하나로 꼽힌다.

8장.

적응, 감축, 회피
: 기후위기의 대응 유형과 사례

기후위기에 대응하는 전략으로는 일반적으로 적응(adaptation), 완화(mitigation), 회피(avoidance)가 있다. 이러한 전략들은 기후변화의 영향력과 그 대처방안을 논의하는 국제회의에서 주로 다뤄지고 있다. 이중에서 적응은 기후변화의 영향을 극복하는 방법으로 기후변화로 인하여 발생하는 부정적인 영향을 줄이고 긍정적인 기회를 최대화하는 방법이다. 이에 비해 완화는 말 그대로 기후변화를 유발하는 원인을 제거하거나 줄이는 방법으로 온실가스 배출량 감축을 통해 기후변화의 속도와 크기를 줄이는 것을 의미한다. 한편, 회피는 문제 요소를 벗어나는 것으로 기후변화의 영향으로부터 완전히 벗어나는 것을 가리킨다. 해수면 상승으로 인하여 연안의 침식 혹은 침수가 예상된다면 연안 지역에 위치한 마을을 내륙지역으로 이주시키는 방법이 회피이다(정휘철 외, 2022: 21). 물론, 이러한 기후위기 대응 전략은 개념상의 분류일 뿐 실제는 그 관계가 복잡하고 불분명한 경우가 많다. 이 장에서는 이들 세 전략이 국제적인 기후협상과 국제환경기구, 지역통합기구 등에서 어떻게 논의되고 성과를 맺었는지, 그리고 그 한계로 지적되는 것은 무엇인지 살펴보기로 한다.

발리 로드맵 이후의 적응 논의

기후변화협상에서 적응이 본격적으로 주의제로 부각된 것은 2007년 인도네시아 발리에서 개최된 제13차 UN기후변화협약(UNFCCC) 당사국총회에서였다. 이 회의에서는 선진국뿐만 아니라 개발도상국까지 측정 가능하고 보고 가능하며 검증 가능한 조치를 취하기로 하는 감축에 대한 강화된 조치를 끌어내는 성과를 거두었다. 전반적으로 발리 로드맵(Bali Roadmap)은 감축, 적응, 기술 이전, 재정 및 능력 구축에 대한 국제적 협력을 위한 포괄적인 프레임워크를 제공한 회의였다. 구체적으로 발리 로드맵은 장기 협력적 조치, 감축에 대한 강화된 조치, 적응, 기술 이전, 재정 지원 등과 같은 다양한 요소로 구성되었다(https://unfccc.int/process/conferences/the-big-picture/milestones/bali-road-map).

우선 이 로드맵은 기후변화에 대응하기 위한 장기 협력적 조치의 프레임워크를 제시하며, 온실가스 배출량 감축을 위한 전 세계적 협력과 헌신의 필요성을 강조한다. 그리고 발전된 국가와 개발도상국 모두가 측정 가능하고 보고 가능하며 검증 가능한 조치를 취하기로 한 감축 노력을 강화하기로 하였다. 이 로드맵은 특히 취약한 지역사회와 생태계에 대한 기후변화의 영향에 대한 적응의 중요성을 인정하고, 개발도상국의 적응 노력을 지원하기 위한 지원을 늘릴 것을 요구하였다. 또한, 환경적으로 안전한 기술을 개발도상국으로 전이하고 이를 통해 감축과 적응 노력을 지원하는 것을 강조하고, 기후변화에 대응하기 위한 개발도상국의 노력을 지원하기 위한 충분하고 예측 가능한 재정 지원이 필요함을 부각시켰다. 한편, 개발도상국에서 산림 파괴와 감축으로 인한 배출량을 감축하고 산림 탄소 저장의 보전, 지속 가능한 산림 관리, 산림 탄소 저장량 증가를 위한 조치도 포함시켰다.

발리 기후변화협약 당사국총회에서 논의된 기후변화 대응 로드맵을 뒷받침하는 주요 원칙과 목표는 다음과 같은 네 기둥으로 대표된다.[62]

적응: 기후변화로 인한 영향에 대한 적응을 강화하기 위한 조치를 포함한다. 이는 특히 취약한 지역과 지역사회를 보호하고, 생태계를 지원하며, 적응 능력을 높이기 위한 노력을 말한다.

감축: 온실가스 배출을 줄이고 기후변화의 주요 원인을 제어하기 위한 조치를 가리킨다. 이는 에너지 효율성 증대, 재생 에너지 사용 증가, 산업 과정의 개선 등 다양한 활동을 포함할 수 있다.

기술 이전 및 협력: 개발도상국에 환경친화적이고 지속 가능한 기술을 전이하고 지원하는 노력을 강화하기 위한 조치이다. 또한, 기술 협력 및 이해 관련 노력을 강조한다.

재정 지원: 기후변화 대응을 위한 금융 지원을 보장하고 강화하기 위한 조치를 포함한다. 특히 개발도상국에게 기후 대응 노력을 지원하기 위한 재정적 지원의 중요성

---

62 발리 당사국총회에서 논의된 기후 협상의 핵심 쟁점과 채택된 행동 계획에 대해서는 https://www.undp.org/sites/g/files/zskgke326/files/publications/Bali_Road_Map_Key_Issues_Under_Negotiation.pdf

을 강조한다.

2010년 멕시코 칸쿤 당사국총회에서는 선진국과 개도국 간에 의견차에도 불구하고 '칸쿤 합의(Cancún Agreement)'를 마련할 수 있었다. 칸쿤 합의에서는 적응을 강화하기 위해 기후변화 적응위원회를 설립하기로 합의되었다. 이 위원회는 적응 관련 이슈에 대해 연구하고, 적응 노력을 지원하고 조정하는 역할을 수행한다. 합의에서는 개발도상국에 대한 적응 노력을 지원하기 위한 기금을 설립하기로 합의하였다. 각 국가는 적응을 위한 계획과 전략을 개발하고 제출하도록 요구되었다. 이는 각 국가가 자신의 취약성을 평가하고, 적절한 적응조치를 계획하고 이행할 수 있도록 돕는 것을 목표로 하는 것이다.

칸쿤 합의에서 적응위원회 설립에 관한 구체적인 내용은 다음과 같다. 우선 적응위원회는 기후변화에 적응하기 위한 국제적 협력을 강화하고, 적응 노력을 조정하며 지원하기 위해 설립되었다. 그 주요 목적은 취약한 지역 및 지역사회의 적응 능력을 향상시키고, 적응 관련 이슈에 대한 조사 및 평가를 실시하는 것이다. 이러한 적응위원회는 기후변화 협약의 주체인 기후변화 협약 당사국들로 구성된다. 모든 기후변화 협약 당사국은 적응위원회의 회의에 참석할 수 있으며, 이를 통해 적응에 관한 중요한 결정이 이루어진다. 적응위원회는 적응 관련 정보를 교환하고, 적응에 필요한 지원을 조정하며, 적응에 관련된 실무 및 과제를 추진하기 위해 노력한다. 이를 위해 적응에 관한 연구 및 평가를 실시하고, 적응에 필요한 자원을 모집하고 지원하는 역할을 수행한다(https://unfccc.int/tools/cancun/adaptation/index.html).

기후변화협약 당사국총회를 거쳐 그 내용이 계속 보완된 적응은 기후변화의 영향을 받는 사회와 생태계가 그 영향에 대처하고 조절할 수 있도록 수립한 전략을 가리킨다. 이는 기후변화의 영향에 대한 인간 및 자연 시스템의 취약성을 줄이기 위한 조치뿐 아니라 그들의 저항력과 불리한 영향에 대처할 능력을 향상시키기 위한 노력을 포함한다. 적응 조치는 해수면 상승에 대비하여 해벽을 건설하는 것부터 변화하는 강수량 패턴에 대처하기 위해 건조에 강한 작물 품종을 도입하는 것, 그리고 물 관리 시스템 개선, 공중 보건 대비책 강화 등 다양하다. 이러한 적응의 목표는 기후변화의 영향과 관련된 위험을 최소화하고 기회를 극대화하는 것이다.

적응은 이미 발생한 기후변화에 대응하는 것을 목표로 한다. 기후피해 = 기후민감도 × 기후변동. 이 공식은 온실가스 배출의 부정적인 결과가 실제로 발생할 기후변동과 비례하여 영향을 미친다는 것을 의미한다. 하지만 해당 시스템의 기후 취약성과는 비례한다. 기후변동으로 일어날 수 있는 한계를 축소하려는 노력으로 예방 정책이 시행되고 있으며, 기후민감도 수치를 최소화하기 위해서는 적응 방책이 있다. 세 번째 해결책은 공정한 대책으로는 방법이 없을 때 사용하는 레세페르(자유방임) 정책이 있다(Stefan Rahmstorf, 2007: 171~174).

적응에 관한 논의는 온실가스 감축 문제보다 더 복잡할 수 있다. 기후변화로 야기되는 문제가 실제로 발생하기도 전에, 또는 그런 문제 발생의 초기에, 범지구적인 기후변화의 영향이 무엇인지를 우리가 먼저 설정해놓고 그 대책을 강구해야 하기 때문이다. 악영향이 발생하고 난 이후의 적응과 미래에 어떤 악영향이 발생할 것을 예상하고 미리 준비하는 적응으로 구분된다. 후자가 능동적 적응(proactive adaptation)이다. 능동적 적응은 취약성(vulnerability)을 진단하고 그에 대한 대응책을 마련하는 일이다. 취약성은 리스크에 대한 취약성을 말하는데, 우리가 가치를 부여하는 일상생활에서의 제반 활동, 삶의 방식, 자원 등에 위협을 가하는 모든 리스크가 여기에 해당된다.

그 반대되는 의미를 가진 게 회복성(resilience)이다. 이는 적응능력으로 정의되는데, 단순히 외부 변화나 충격에 직면해서 그것을 극복하는데 그치지 않고 가능한 한 거기에 능동적이고 적극적으로 대응해서 이겨내는 능력을 의미한다. 회복성은 물리적인 환경속성인가 하면 어느 개인이나 집단의 속성일 수 있다...적응은 일종의 사전 예방 원칙으로도 들릴 수 있다. 미래에 예상되는 상황을 가정하여 사전에 대응하는 선제예방원칙에 근거하기 때문이다. 정치적, 경제적 통합(political and economic convergence)은 온실가스 감축을 다룰 때만큼이나 적응문제에서도 아주 중요하다. 이런 통합이 얼마나 이루어지느냐에 따라서 정부가 제안하는 정책들을 시민들이 얼마만큼 잘 받아들이게 될지가 결정된다(Anthony Giddens, 2009: 237~240).

미국의 경제학자인 매슈 E. 칸(Matthew E. Kahn)은 <우리는 기후변화에도 적응할 것이다(Adopting to climate change)>에서 기후변화가 제기하는 도전이 점차 심각해질 때 우리가 삶을 어떻게 변화시킬 수 있는지, 그리고 개인·기업·정부가 기후변화에 따른 새로운 위협에 어떻게 적응할 수 있는지 고찰한다. 경제학자답게 칸은 기후변화에 맞선 개인들의 경제적 선택이 어떻게 경제 체제를 변모시키는지 살펴본다. 예를 들어, 기후변화가 어떻게 우리가 어디서 살아갈지, 어떻게 우리의 식량을 재배할지, 그리고 새로운 유수 기업들이 어느 지역에 위치하기로 선택할지 따위에 관한 결정을 좌우하는지 탐구한다. 그는 빅데이터를 써서 농사를 돕기 위한 에너지와 물 부족 완화 방법을 새롭게 제안하거나 공적 인프라, 재난 구조, 부동산 등과 관련한 정책적 변화를 촉구하는 등 우리가 어떻게 행동 변화를 촉진함으로써 기후변화 문제에 적응하는지에 대해 언급한다. 나아가 노동력·자본·재화의 국제무역에서 장벽을 제거하면 기후 적응이 촉진된다고도 주장한다. 세계화를 장려하면 기후변화 적응에 많은 이점이 생긴다는 것이다(Matthew E. Kahn, 2021: 307~353).

그러나 경제적 장벽을 제거하고 기업의 자율권을 더 신장시켜 변화에 대응토록 하자는 이러한 주장은 전형적인 자유주의의 시각에 머물러있다. 주류경제학으로 불리는 신고전학파 경제학은 개인의 이익 추구가 사회 전체의 이익극대화로 이어진다고 주장하지만 그런 선택의 저변에 깔린 비대칭적 권력구조를 간과하는데서 근본적인 사회변화에 대해 제대로 살피지 못하는 한계가 있다. 시장은 장기적인 사회 및 환경적 이익보다는 단기적인 이익을 추구하는 경향이 있으며 따라서 기후변화 적응에는 장기적이고 전략적인 계획이 필요하다. 칸의 주장은 기후변화 적응을 위한 재원을 마련하기 위한 아이디어로 고려될 수는 있지만 그 재원을 기후변화에 취약한 국가나 계층에 공정하게 배분하는 방법에 대해서는 언급하지 않고 있다. 기후변화 문제는 정부뿐만 아니라 정당, 기업, 비정부기구 등 다양한 이해 관계자들의 참여가 필요하다. 이들이 협력하여 해결책을 모색하고 실현할 수 있어야 하는데서 기후변화 문제는 정치적 해결이 요구된다.

이 점에 대해서는 앤서니 기든스(Anthony Giddens)의 주장이 설득력이 크다. 기든스는 <기후변화의 정치학(The Politics of Climate Change)>에서 기후변화는 근본적인 사회, 경제, 정치적 문제이며, 이에 대한 대응은 엄청난 정치적 도전임을 강조한다. 이는 정부, 국제사회 및 민간 부문의 협력과 조정이 필요하다는 것을 의미한다. 그에 따르면 기후변화는 글로벌 문제이기도 하다. 기든스는 기후변화가 국경을 초월하는 문제라고 보며, 이에 대한 대응은 국가 간의 협력이 필수적이라고 주장한다. 국제적인 협력과 리더십이 기후변화 대응의 핵심이라는 것이다. 아울러서 기든스는 기후변화가 정치적인 변화와 혁신을 촉진한다고 주장한다. 이는 새로운 정부 정책의 형성과 실행, 새로운 협력 구조의 형성 등을 통해 나타날 수 있다고 말한다.

기후변화 문제의 정치적 해결을 위한 아이디어로 기든스가 제시하는 것이 '책임국가(ensuring state)'의 역할이다. 여기서 책임국가란 대응책을 촉진하고 그 가능성을 열어줄 뿐 아니라 분명한 성과를 도출해 내어서 국민과 다른 나라 지도자들로부터 신뢰를 받는 국가를 말한다. 정치적 통합은 기후변화 정책이 다른 가치나 정치적 목표들과 긍정적인 방향으로 융합되도록 하는 것을 가리킨다. 이는 기후변화 정책이 얼마나 혁신적이고 역동적일 수 있는지, 그리고 일반 대중의 광범위한 지지를 받을 수 있는지에 대단히 중요하게 작용한다. 그리고 경제적 통합은 지구온난화에 대응하여 발전한 경제적·기술적 혁신들이 기존의 기술들에 비해서 얼마나 경쟁우위를 가지느냐의 문제다. 여기에 에너지 안보문제가 맞물려 있다(Anthony Giddens, 2009: 19~21).

기후 영향의 가속화와 적응 재정 격차의 확대

유엔환경계획(UNEP)의 2023년 보고서에 따르면 증가하는 기후변화 영향과 위험을 따라잡기 위해 가속화해야 할 기후 적응의 진전이 모든 면에서 느려지고 있다. 아랍에미리트 두바이에서 열린 COP28 기후 회담 직전에 발표된 적응 격차 보고서("2023: 자금 부족. 준비 부족 - 기후 적응에 대한 부적절한 투자와 계획 Underfinanced. Underprepared. Inadequate investment and planning on climate adaptation leaves world exposed)에 따르면 개발도상국의 적응 재정 수요가 국제 공공 재정 흐름의 10~18배에 달하며, 이는 이전 범위 추정치보다 50% 이상 더 높다는 사실이 전 세계에 노출되었다. 안토니우 구테흐스(António Manuel de Oliveira Guterres) 유엔 사무총장은 보고서에 보낸 메시지에서 "오늘 발표된 적응 격차 보고서는 극한 기후로부터 사람을 보호하는 데 있어 필요성과 행동 사이의 격차가 커지고 있음을 보여준다. 사람과 자연을 보호하기 위한 행동이 그 어느 때보다 시급하다"고 말했다. "생명과 생계가 유실되고 파괴되고 있으며 취약계층이 가장 큰 고통을 받고 있다." 그는 "우리는 적응 비상 상황에 처해 있다. 우리는 그렇게 행동해야 한다. 그리고 지금 적응 격차를 줄이기 위한 조치를 취해야 한다"고 덧붙였다"(https://wedocs.unep.org/bitstream/handle/20.500.11822/43796/adaptation_gap_report_2023.pdf?sequence=1&isAllowed=y).

적응 재정 수요가 증가하고 흐름이 불안정해짐에 따라 현재 적응 재정 격차는 연간 1,940억~3,660억 달러로 추산된다. 동시에 적응 계획과 실행은 정체된 것으로 보인다. 이러한 적응 실패는 특히 가장 취약한 사람들에게 손실과 피해에 막대한 영향을 미친다. UNEP의 잉거 앤더슨(Inger Andersen) 전무이사는 "2023년 기후변화는 다시 더욱 파괴적이고 치명적이 되었다. 기온 기록이 무너지고 폭풍, 홍수, 폭염, 산불로 인해 엄청난 피해가 발생했다."라고 말했다. "이러한 심화되는 영향은 세계가 긴급하게 온실가스 배출을 줄이고 취약한 인구를 보호하기 위한 적응 노력을 강화해야 함을 말해주지만 둘 다 일어나지 않았다." "국제사회가 오늘 모든 온실가스 배출을 중단하더라도 기후변화가 사라지려면 수십 년이 걸릴 것이다."라고 그녀는 덧붙였다. "따라서 저는 정책 입안자들이 적응 격차 보고서에 주의를 기울이고 재정을 강화하여 COP28을 전 세계가 저소득 국가와 소외 계층을 기후 영향으로 인한 피해로부터 보호하기 위해 최선을 다하는 순간으로 만들 것을 촉구합니다"(https://wedocs.unep.org/bitstream/handle/20.500.11822/43796/adaptation_gap_report_2023.pdf?sequence=1&isAllowed=y).

지난 몇 년간의 주요 업데이트 이후, 보고서는 이제 개발도상국의 적응에 필요한 자금이 더 높다는 사실을 발견했는데, 그 액수는 10년 동안 연간 미화 2,150억 달러에서 3,870억 달러에 이를 것으로 추산된다. 개발도상국의 모델링된 적응 비용은 10년간 연간 2,150억 달러로 추산되며 2050년까지 크게 증가할 것으로 예상된다. 모든 개발도상국의 연간 투자액은 3,870억 달러로 추산된다. 이러한 요구에도 불구하고 개발도상국에 대한 공공 다자간 및 양자 간 적응 자금 흐름은 2021년 210억 달러로 15% 감소했다. 이러한 감소는 글래스고에서 열린 COP26에서 2025년까지 적응 자금 지원으로 연간 약 400억 달러를 제공하겠다는 약속에도 불구하고 발생했다. 그리고 걱정스러운 선례를 세웠다. 6개 국가 중 5개 국가가 최소한 하나의 국가 적응 계획 도구를 보유하고 있지만, 완전한 글로벌 적용 범위에 도달하는 과정은 느려지고 있다. 그리고 국제 기후 기금을 통해 지원되는 적응 조치의 수는 지난 10년 동안 정체되었다.

야심찬 적응은 특히 저소득 국가와 취약계층에게 중요한 회복력을 강화하고 손실과 손해를 막을 수 있다. 보고서는 기후에 가장 취약한 55개 국가에서만 지난 20년 동안 5000억 달러 이상의 손실과 손해를 경험했다는 연구 결과를 지적한다. 이러한 비용은 특히 강력한 완화 및 적응이 없을 경우 향후 수십 년 동안 가파르게 증가할 것이다. 연구에 따르면 해안 홍수에 대비한 적응에 10억 달러를 투자하면 경제적 피해가 140억 달러 감소하는 것으로 나타났다. 한편 농업에 연간 160억 달러를 투자하면 약 7,800만 명의 사람들이 기후 영향으로 인한 굶주림이나 만성 기아를 예방할 수 있다. 그러나 2025년까지 개발도상국에 대한 2019년 국제 자금 흐름을 두 배로 늘리려는 목표나 2030년에 가능한 새로운 집단적 정량화 목표는 그 자체로 적응 재정 격차를 크게 줄이고 그러한 이점을 제공하지 못할 것이다.

UNEP의 이 보고서는 국내 지출, 국제 및 민간 부문 금융을 포함하여 자금 조달을 늘리는 7가지 방법을 식별하고 있다. 추가 방법으로는 송금, 중소기업에 대한 금융 증가 및 맞춤화, 저탄소 및 기후 회복력 있는 개발 경로로 금융 흐름을 전환하는 것에 관한 파리협정 제2.1(c)조 이행, 글로벌 금융 구조 개혁 등이 있다. 이는 브리지타운 이니셔티브(Bridgetown Initiative)가 제안한 것이다. 새로운 손실 및 피해 기금도 자원을 동원하는 중요한 수단이 될 것이지만 문제는 여전히 남아 있다. 펀드는 필요한 투자 규모에 도달하기 위해 더욱 혁신적인 자금 조달 메커니즘으로 전환해야 한다(https://www.unep.org/news-and-stories/press-release/climate-impacts-accelerate-finance-gap-adaptation-efforts-least-50).

온실가스 배출의 감축

기후대응의 하나인 완화는 배출원에서 온실가스 배출을 줄이거나 흡수원에 의한 온실가스 제거를 강화하기 위한 인간의 개입을 의미하는데, 그 핵심 내용은 감축이다. 기후변화 협약에 따르면, 온실가스란 적외선 복사를 흡수하고 재방출하는 자연 및 인위적 대기의 가스 성분을 의미한다. 배출이란 특정 지역 및 기간에 걸쳐 온실가스 및/또는 그 전구체(GHG precursors)가 대기로 방출되는 것을 의미한다. GHG 전구체는 대류권 오존 전구체라고도 알려진 질소 산화물, 일산화탄소 및 비메탄 휘발성 유기 화합물을 가리킨다. 전구체는 엄밀히 말하면 온실가스는 아니지만 대기에서 오존 및 기타 가스가 생성되고 파괴되는 속도에 영향을 미치기 때문에 간접적으로 온실 효과에 기여한다. 온실가스 배출원은 온실가스, 에어로졸 또는 온실가스나 에어로졸의 전구체를 대기 중으로 방출하는 모든 과정, 활동 또는 메커니즘이라 할 수 있다. 에어로졸은 자연 또는 인위적으로 발생하는 공기 중의 고체 또는 액체 입자로, 대기 중에 최소 몇 시간 동안 존재한다. 에어로졸은 온실가스는 아니지만 방사선을 산란 및 흡수하고 구름 형성에 영향을 주어 기후에 영향을 미치며, 전반적인 냉각 효과가 있는 인공 에어로졸은 산성비와 열악한 공기 질 문제를 유발한다. 그리고 흡수원은 '대기에서 온실가스, 에어로졸 또는 온실가스나 에어로졸의 전구체를 제거하는 모든 과정, 활동 또는 메커니즘'으로 정의된다. 완화는 때로는 탄소 저장고라고도 알려진 저장소를 보존하거나 생성하기 위한 인간의 행동에도 적용될 수 있다(Farhana Yamin et al., 2004: 76~77).

기후위기는 여러 영역과 수준에서 대응하고 해결을 모색해야 하는 매우 복잡한 문제이다. 이에 대한 정책 대응은 관할권의 경계를 기준으로 국가 하위, 국가, 국가 간 수준으로 나눌 수 있으며, 일방적, 양자적, 지역적, 다자적 접근 방식으로도 구분할 수 있다. 국가하위 차원의 예로는 확장된 홍수 구역을 고려하여 구역 지정 조례를 변경하거나 더 높은 기온과 강수량 변화를 고려하여 도시 거리에 심는 나무의 선택을 변경하는 것 등이 있다. 이는 모두 적응 조치에 해당한다. 국가 차원의 조치로는 주택 건설에서 에너지 효율성의 강화, 화석 연료 소비에 대한 보조금 철폐 및 화석 연료 소비에 대한 과세가 있다. 이는 모두 감축 조치에 해당된다. 유럽연합이 취한 조치들은 지역적 조치의 예이고, 유엔기후변화협약(UNFCCC)과 교토의정서는 국제적 조치의 예라 할 수 있다. 일방적 조치는 적절한 정책 대응 관련해 국제적인 합의에 도달하지 않고도 취해질 수 있는 조치를 의미한다. 이러한 조치는 국가 하위, 국가 또는 국가 간 수준에서 취해질 수 있으며, 그 영향도 다양하다. 예를 들어, 미국의 한 주가 재생 가능 에너지 보조금을 도입하는 경우, 이는 미국의 세계무역기구(WTO) 의무와 일치하지 않을 수 있다. 유럽연합(EU)이 자국 영토 밖에서 발생하는 항공사 배출량에 대해 항공 지침을 적용하는 경우, 다자간 협상에서 항공사 배출 규제의 진전을 촉진하는 인센티브를 제공할 수 있지만, 동시에 소송 위험도 증가시킨다. 따라서 일방적 조치는 지역적 또는 세계적 문제를 해결하기 위해 취해질 수 있으며, 다자간 행동을 촉진하는 인센티브로 사용될 수도 있다. 이러한 조치는 국제 의무와 일치할 수도 있고, 그렇지 않을 수도 있으며, 이는 각 경우의 상황에 따라 다르다. 다극화된 세계에서 기후변화, 지적 재산권, 기술 이전, 국제 투자자 보호, 또는 상품 및 서비스의 국제무역과 관련된 다자간 합의에 도달하는 것은 결코 쉽지 않다(Bradly J. Condon et al., 2013: 1~2).

기후위기에 대한 정책 대응 중 가장 잘 알려진 것은 감축이다. 이렇게 된 것은 지난 세기 동안 점진적으로 변화해 온 지표면 온도가 최근 2,30여 년 동안 더욱 급격하게 올라가고 있기 때문이다. IPCC 보고서 등에서 분명히 알 수 있듯이 이러한 변화는 주로 이산화탄소 및 기타 온실가스(N2O, SO2, CH4 등)의 배출을 통해 발생하는데, 그 주된 원인은 인간 활동 때문이다. 문제는 기온 상승이 기아, 물 부족, 홍수, 그리고 기온 상승과 관련된 질병에 영향을 미칠 것이고, 이는 특히 자본주의의 취약계층에 더욱 뚜렷하게 나타난다는 사실이다. 시간이 지남에 따라 그 피해는 보다 넓은 지역으로 확산될 것이다. 더 많은 지역에서 이전보다 더 많은 가뭄이 발생하고, 더 많은 폭풍, 태풍, 그리고 더 많은 침수가 발생할 것이며, 사회적, 경제적으로도 심각한 영향을 미칠 것이 자명하다. 인간 활동 과정에서 발생하는 온실가스를 지금보다 획기적으로 줄이지 않고서는 기후위기로 인한 재앙은 피할 수가 없다.

감축은 온실가스 배출을 줄이거나 배출된 온실가스를 대기 중에서 제거하여 기후변화의 속도와 정도를 줄이려는 전략이다. 이는 지구가 더 극단적인 온도로 가열되는 것을 방지하기 위해 열을 가두는 온실가스의 대기 배출을 피하고 줄이는 것을 의미한다. 기후변화의 영향으로부터 가족, 경제, 우리가 살고 있는 환경을 보호하기 위해 행동, 시스템, 경우에 따라 생활 방식을 바꾸는 것을 의미하는 적응과는 구별되는 개념이다. 적응은 인간이나 생태계가 변화에 적응할 수 있는 능력을 높여 기후변화로 인한 부정적인 영향을 줄이는 것을 목표로 한다. 감축과 적응은 기후위기가 초래하는 위험의 서로 다른 측면을 다루지만, 상호 관련되어 있다. 감축은 최악의 시나리오가 발생하는 것을 방지하기 때문에 남은 기후 위험을 적응을 통해 성공적으로 관리할 가능성을 높인다. 감축의 이점은 전 세계적이지만, 감축 비용은 주로 지역적인데 비해 적응의 비용과 혜택은 모두 주로 지역적이다. 감축의 혜택은 장기적이지만, 적응의 혜택은 단기 및 중기적이다. 이러한 차이로 인해, 국가 및 국제 기후변화 대응 노력은 감축과 적응의 별도 경로를 따라 진행되어 왔으며, 주요 초점은 감축에 맞춰져 있다(Bradly J. Condon et al., 2013: 12).

일반적으로 거론되는 감축 전략으로는 재생가능 에너지 사용 확대, 에너지 효율 향상, 산림 보존 및 식재, 탄소 포집 및 저장 기술 개발 등이 있다. 이 전략은 온실가스 배출을 줄여 지구온난화의 속도를 감소시키고, 부작용을 완화하는 것을 목표로 한다. 일반적으로 감축을 위한 정책은 다음과 같은 것이 있다.

재생에너지의 확대: 화석연료에 의존하지 않고 재생 가능한 에너지원을 활용하여 온실가스 배출을 줄인다. 태양광 및 풍력 발전소의 설치 및 운영은 온실가스 감축의 대표적인 사례이다.

에너지 효율 향상: 산업, 건물 및 운송 부문에서의 에너지 효율을 높이는 것은 온실가스 배출을 줄이는 효과적인 방법이다. 에너지 효율적인 기계 및 장비 사용, 건물의 절연 및 빛과 열의 효율적인 사용 등이 이에 해당한다.

산림 보전 및 관리: 산림은 이산화탄소의 흡수와 저장에 중요한 역할을 수행한다. 산림 파괴를 막고, 산림 보존 및 관리를 통해 산림이 이산화탄소를 흡수하고 보존함으로써 온실가스 배출을 줄일 수 있다.

대중교통 시스템 및 도시 계획: 대중교통 시스템 개선 및 도시 계획의 변경은 개별 차량 이용을 줄이고 대중교통 및 자전거 이용을 촉진하여 온실가스 배출을 감소시킨다.

산업 프로세스 개선: 산업 프로세스에서 발생하는 온실가스 배출을 줄이기 위해 새로운 기술을 적용하고 생산 프로세스를 개선하는 것이 중요하다. 예를 들어, 철강,

시멘트, 석유화학 및 기타 산업 부문에서의 온실가스 배출을 줄이기 위한 첨단 기술의 도입이 있다.

대부분의 국가, 특히, 글로벌 노스 국가들은 온실가스 감축을 위한 정책을 마련해 실시하고 있다. 그 중에서 오래된 산업화의 역사를 지닌 영국의 사례를 살펴보면 다음과 같다. 영국은 국내 온실가스 배출을 줄이는 데 있어 세계적 리더 중 하나이며, 광범위한 정치적 합의는 2050년까지 순 배출량을 0으로 줄이겠다는 목표를 세워놓고 있다(https://www.oecd.org/en/publications/policies-to-reach-net-zero-emissions-in-the-united-kingdom_f6625f01-en.html). 영국은 산업 부문에서 탄소 배출을 감축하기 위해 EU 탄소 배출 거래제도(emissions trading system: ETS)를 시행하고 있다. 이 체계는 산업 시설에 일정량의 탄소 배출 허가를 부여하고, 허가의 총량을 감소시켜가며 탄소 배출을 감축하는 것을 목표로 한다. 영국은 탄소 배출을 줄이고 재생 가능한 에너지의 비중을 높이기 위해 재생에너지 발전에 대한 보조금을 지원하고 있다. 이는 태양광, 풍력, 수력 등의 재생 가능한 에너지 발전소 설치 및 운영을 장려하는 것을 포함한다. 건물 부문에서의 에너지 효율을 증진하기 위해 영국은 건물에 대한 에너지 효율 표준을 도입하고 있다. 이는 새 건물의 에너지 효율성을 높이는 것뿐만 아니라, 기존 건물의 개선을 통해 에너지 소비를 줄이는 것을 목표로 한다. 영국은 대중교통 이용을 촉진하고 개별 차량 이용을 줄이기 위해 친환경 교통 정책을 시행하고 있다. 이에는 대중교통 시설 개선, 자전거 도로 확장, 도심 유료 주차제도 등이 있다.

유럽연합(EU)의 탄소 제로 정책

2023년은 유럽 역사상 가장 더운 해였다. 유럽 곳곳에서 홍수, 산불 등 기상 이변이 발생했고, 이를 겪으면서 유럽인들은 그 어느 때보다도 기후변화의 부정적 영향을 체감하고 있다. 최근 조사에 따르면 유럽인의 77%가 기후변화를 매우 심각한 문제로 보고 있으며 유럽인 3명 중 1명 이상(37%)이 이미 개인적으로 기후 위험에 노출되어 있다고 느끼고 있다. 이러한 현실에서 EU 집행위원회는 이러한 우려를 해결하고 EU와 그 국가가 생명을 구하고 비용을 절감하는 정책을 구현하는 것을 핵심 내용으로 하는 유럽의 기후 위험 관리에 대한 커뮤니케이션을 제시했다. 유럽 환경청의 최초의 유럽 기후 위험 평가와 함께 이는 민간 부문과 시민사회뿐만 아니라 모든 수준의 정부에 대한 조치를 촉구하고 있다. 이 조치에는 다음의 네 가지 주요 범주가 있다(https://commission.europa.eu/news/key-steps-manage-climate-risks-protect-people-and-prosperity-2024-03-12_en).

개선된 거버넌스: EU 회원국은 위험과 책임을 더 잘 이해할 수 있도록 해야 한다. 국가, 지역, 지역 수준 간의 기후 회복력에 대한 긴밀한 협력을 통해 지식과 자원이 가장 효과적인 곳에 제공될 수 있다.

위험 소유자에게 권한을 부여하기 위한 더 나은 도구: 정책 입안자, 기업 및 투자자는 기후 위험, 투자 및 장기 자금 조달 전략이 어떻게 상호 연결되는지 더 잘 이해해야 한다. 위원회는 지역 및 지방 당국이 더 나은 준비를 할 수 있도록 데이터 및 시나리오에 대한 접근을 개선하고 확대할 것이다. 지상 경보 시스템을 보완하기 위해 2025년에는 갈릴레오 비상 경고 위성 서비스를 통해 대중에게 경보 정보를 전달할 수 있게 된다.

구조적 정책 활용: 부문 전반에 걸쳐 기후 위험을 관리하기 위해 커뮤니케이션은 EU 국가에서 더 나은 공간 계획을 옹호한다. 중요한 인프라를 계획하고 유지하는 데 기후 위험을 포함시킨다. EU 수준의 연대 메커니즘과 적절한 국가 회복력 조치를 연결한다.

기후 회복력에 대한 자금 조달을 위한 올바른 전제 조건: 기후 회복력을 위한 충분한 공공 및 민간 자금을 동원하는 것이 중요하다. 위원회는 회원국이 국가 예산 과정에서 기후 위험 예산 편성을 개선하고 우선시하도록 지원할 준비가 되어 있다.

그림) 유럽연합의 이산화탄소 배출량 추이, 1965~2023

출처: https://www.statista.com/statistics/450017/co2-emissions-europe-eurasia/

EU 집행위원회는 2019년에 '유럽 그린 딜(European Green Deal)'을 발표하여 기후변화 대응을 중심으로 한 포괄적인 경제 전환을 추진하고 있다. 이는 2050년까지 유럽을 탄소 중립(carbon neutrality)으로 만들고, 경제적 성장과 지속 가능한 개발을 조화시키는 것을 목표로 하고 있다. EU는 탄소 중립을 달성하기 위해 온실가스 배출을 제로로 줄이고, 나머지 배출량을 신재생에너지와 탄소 포집 기술 등의 수단을 통해 상쇄하려고 하고 있다. 유럽 그린딜의 분야별 주요 내용과 정책은 다음과 같다(https://commission.europa.eu/strategy-and-policy/priorities-2019-2024/european-green-deal_en).

온실가스 배출 제로: EU는 2050년까지 온실가스 순 배출량을 '제로'로 만들기 위한 목표를 세웠다. 이는 온실가스 배출을 최대한 줄이고, 불가피하게 배출되는 가스는 흡수하거나 중화하는 방식으로 달성하려고 한다.

기후법 제정: EU는 자신들의 탄소 중립 목표를 법적으로 구속력 있는 틀로 만들기 위해 2020년 3월 기후법을 제안했다. 이 법은 EU의 2050년 탄소 중립 목표를 법적으로 확정하고, 중간 목표로 2030년까지 온실가스 배출을 1990년 대비 최소 55% 감축하는 것을 목표로 한다.[63]

에너지 전환: EU는 재생 가능 에너지의 비중을 높이고, 에너지 효율성을 개선하는 방안을 추진하고 있다. 이는 태양광, 풍력 등 재생 가능 에너지 소스로의 전환을 촉진하고, 건물, 교통, 산업 등 모든 분야에서 에너지 사용의 효율성을 높이는 것을 포함한다.

지속 가능한 산업 전략: EU는 경제의 모든 부문이 지속 가능한 방식으로 전환될 수 있도록 지원하고 있습니다. 이는 순환 경제를 촉진하고, 지속 가능한 제품 설계, 자원의 효율적 사용, 폐기물 감소 등을 포함한다.

탄소 배출권 거래제(ETS): EU는 탄소 배출권 거래제를 통해 온실가스 배출을 줄이는 데 중요한 역할을 하고 있다. 이 시스템은 기업이 배출할 수 있는 탄소의 양을 제한하고, 이를 초과하는 기업은 시장에서 배출권을 구매해야 한다.

녹색 금융: EU는 지속 가능한 프로젝트와 기술에 대한 투자를 촉진하기 위해 녹색 금융을 활성화하고 있다. 이는 지속 가능성을 기준으로 금융 자원을 배분하고, 녹색

---

63 EU는 경제의 모든 주요 부문을 포괄하는 법적 구속력이 있는 기후 목표를 갖고 있다. 전체 패키지에는 다음이 포함된다: 광범위한 부문에 걸친 배출 감소 목표, 천연 탄소 흡수원을 늘리는 목표, 배출을 제한하고, 오염에 가격을 매기고, 녹색 전환에 대한 투자를 창출하기 위한 업데이트된 배출권 거래 시스템, 시민과 중소기업을 위한 사회적 지원. "Delivering the European Green Deal" https://commission.europa.eu/strategy-and-policy/priorities-2019-2024/european-green-deal/delivering-european-green-deal_en

채권과 같은 금융 상품을 통해 자본을 모으는 것을 포함한다.

탄소세와 같은 제도가 새로 제정되고 그 적용이 엄격해지면 이런 제도가 부재하거나 느슨한 국가와의 차이 때문에 탄소누출(carbon leakage)이 발생할 수 있다. 이를 예방하기 위한 제도가 바로 탄소국경세이다. 2021년 7월 EU 집행위원회는 2030년까지 탄소배출량을 1990년 수준 대비 55% 감축하기 위한 입법안 패키지인 '피트 포 55(Fit for 55)'를 발표했다. 'Fit for 55'는 탄소 가격결정 관련 입법안 4개, 감축목표 설정 관련 입법안 4개, 규정 강화 관련 입법안 4개와 포용적 전환을 위한 지원 대책인 사회기후기금으로 구성되어 있다. 그 주요 내용은 다음과 같다(https://www.kiep.go.kr/gallery.es?mid=a10102030000&bid=0004&act=view&list_no=9666&cg_code=). 1) 배출권거래제의 신설/강화: 기존 온실가스 배출권거래제 적용 대상인 전력, 철강, 화학 등에 해운, 육상운송 및 건축물 분야를 추가하고 항공 분야 온실가스 배출 할당량을 단계적으로 축소. 2) 탄소국경조정제도(CBAM) 도입: 탄소누출을 막기 위해 EU 배출권거래제와 연계하여 2026년부터 역내 수입품에 탄소 배출량에 따른 비용 부과. 3) 에너지 관련 지침 개정: 에너지조세지침, 재생에너지지침 및 에너지효율지침 개정을 통해 탄소감축 목표를 상향 조정하고 친환경에너지로의 전환에 대한 인센티브 부여. 4) 탄소흡수원 확대: 토지이용 및 삼림에 대한 규정 개정을 통해 순 온실가스 흡수 목표를 상향. 5) 내연기관 규제 및 대체연료 인프라 확충: 2035년부터 내연기관 출시를 금지하며, 친환경 차량 개발, 생산 및 사용을 촉진하기 위해 대체연료 인프라 확충 목표 제시. 6) 항공 및 해운 연료 지침: 항공 및 해운 부문에서 친환경 연료 사용을 독려하기 위해 관련 지침 신설. 7) 사회적으로 공정한 전환: 경제 및 사회의 친환경 전환 과정에서 탈락하는 산업, 노동자, 지역 공동체가 없도록 사회기후기금, 현대화기금 등의 지원 대책 마련.

이후 EU는 2022년 6월 의회에서 ETS 개정에 관한 합의에 도달하지 못하면서 환경·보건·사회 위원회(ENVI)에서 재논의를 거쳐 본회의에서 CBAM 법률안 수정안을 채택하였다. 당시 본회의에서 ETS 수정안이 통과되지 못한 것은 전반적으로 감축 목표가 낮아지는 방향으로 수정된 것에 대해 친환경 성향의 의원들이 반대한데 따른 것이었다. 이에 반해, 수정안을 낸 중도·보수 측 의원들은 최근 러시아산 가스 사용이 어렵게 된 상황을 고려하여 감축 시기를 조정함으로써 기업의 부담을 덜어 주어야 한다고 주장하였다. 이 수정안은 ETS 대상 산업 분야의 탄소배출량을 2030년까지 2005년 기준 61% 수준으로 낮추겠다고 한 것을 ENVI 위원회의 합의안에서 67%로 한층 높여 잡았다가, 본회의에 상정 시 63%로 수정된 바 있다. 무상할당량의 총량재조정(rebasing)에 대해서도 EU 집행위원회의 초안은 2024년 117백만 톤 CO_2분의 배출권을 일거에 유상할당으로 전환하는 내용이었는데, 본회의 상정 시 2024년까지는 70백만 톤(온실가스 배출량을 등가의 이산화탄소로 환산한 이산화탄소 환산 톤(CO2 equivalent)기준), 2026년까지는 50백만 톤으로 단계적으로 전환하는 것으로 변경되었다. 부결 이후 다시 합의된 ETS 수정안에서는 총량재조정 및 2005년 대비 2030년 총량 감소 비율은 원안과 동일하게 하되, 무상할당의 총량 삭감률을 말하는 선형감축계수(LRF)를 최종 4.6%까지 감소시키기로 함으로써 양 진영 간에 합의를 이뤘다(https://www.lawtimes.co.kr/LawFirm-NewsLetter/180905).

환경협력의 거부와 회피

이 용어는 특정한 문맥에서 기후위기를 예방하는 방식으로 사용될 수 있으나, 기후변화 문맥에서는 주로 감축 혹은 완화가 더 일반적으로 사용된다. 회피는 기본적으로 기후변화의 원인이 되는 행위를 하지 않는 것을 의미한다. 기후변화의 심각성을 인식하지 않거나 그에 대한 책임을 회피하는 것은 다음과 같은 형태로 나타날 수 있다. 우선, 과학적인 증거에도 불구하고 기후변화의 심각성을 부정하거나 무시하는 것이다. 일부 개인이나 단체는 과학적인 연구를 무시하고, 대신 편향된 정보나 거짓 정보를 믿고 기후변화의 영향을 강조하지 않으려고 한다. 둘째, 정치인들이 기후변화 문제에 대한 책임을 회피하거나 중요성을 축소시키는 것이 있다. 이는 정부가 기후변화에 대한 강력한 정책을 채택하지 않거나 국제적인 협력을 피하는 등의 형태로 나타날 수 있다. 셋째, 기업이나 경제 이해 관계자들이 기후변화에 대한 비용을 회피하려고 하거나 환경 보호에 투자하지 않는 것이다. 이는 환경 파괴를 초래하거나 온실 가스 배출을 증가시키는 비지속 가능한 비즈니스 모델을 채택하는 등의 형태로 나타날 수 있다. 넷째, 일부 사람들은 기후변화에 대한 중요성을 무시하거나 감소시키는 문화적 환경에서 자란다. 이는 환경 보호 및 지속 가능성에 대한 인식 부족, 소비주의 문화의 지배 등과 연관이 있다. 기후변화를 무시하거나 회피하는 것은 기후변화의 부정적인 영향을 방지하고 대응하는데 필요한 조치를 제한하고, 장기적으로는 더 큰 사회적, 경제적 문제를 야기할 수 있다.

회피의 대표적 사례로는 미국 부시정부의 교토의정서 탈퇴를 들 수 있다. 당시 부시정부가 내세운 탈퇴의 이유는 다음과 같다. 첫째, 부시 정부는 교토의정서가 기후변화 문제를 효과적으로 해결할 수 있을지에 대해 의문을 제기했다. 특히, 의정서가 전 세계적인 온실가스 배출을 충분히 줄이지 못할 것이라고 판단했다. 둘째, 부시 정부는 교토의정서가 중국과 인도와 같은 주요 개발도상국에 온실가스 감축 의무를 부과하지 않는 점을 문제로 삼았다. 애초 미국의 해당 목표는 1990년 대비 2008~2012 년 동안 온실가스를 약 7% 줄이는 것이었다. 이로 인해 미국 기업들이 경쟁에서 불리한 위치에 놓일 수 있다고 보았다. 셋째, 교토의정서가 미국 경제에 과도한 부담을 줄 것이라고 주장했다. 특히, 온실가스 배출 감축 목표를 달성하기 위해 산업계와 경제 전반에 걸쳐 큰 비용이 발생할 것이라고 우려했다.

윌리엄 러디먼(William F. Ruddiman)은 인류가 지구의 기후에 끼친 영향을 분석한 저서에서 미국이 교토의정서에 비준하기를 거부한 까닭을 다음과 같이 설명하고 있다. 첫째, 교토 감축안으로부터 얻는 이득은 앞으로 수십 년 뒤에 보게 되고, 심지어 그때조차 사람들의 삶에 미치는 영향은 미미하겠지만, 그에 따른 비용은 일상적인 물가상승을 통해 피부에 와 닿을 만큼 클 것이다. 그런데 정치인들은 그와는 정반대되는 조치 - 즉 이익은 가시적이되 비용은 먼 미래로 전가할 수 있는 정책 -를 선호하는 경향이 있다. 둘째, 대중들이 예방적 환경정책을 광범위하게 지지하긴 하지만 그 지지가 그리 진지하지는 않다는 점을 정치인들이 예리하게 간파하고 있다는 것이다. 이어서 러디먼은 이 같은 추론 과정을 거치다 보면 미국의 양당 정치인들이 묵과하고 있는 지구온난화에 대한 숨은 진실과 마주할 수 있다고 말한다.

"현재와 미래의 온실가스 배출량을 예측된 미래 온난화의 '대부분'을 피할 수 있는 수준까지로 감축하려면, 거의 대다수가 견디기 힘들다고 느낄 만큼 가혹한 경제적 희생을 감수해야 한다. 즉 여행이나 난방을 위한 연료값이 훨씬 더 비싸지고, 가정이나 직장에서 온도조절장치를 훨씬 낮거나(겨울) 높게(여름) 설정해야 하고, 상당 비용을 투자해 발전소를 개선하거나 아니면 완전히 새로 대체해야 한다. 이러한 시도들은 경제나 삶의 질에 현저한 방해가 될 테고, 그것을 반기는 시민은 거의 없을 것이다. 우리는 현재 기술로서는 지구 온난화의 영향을 완화하는 데 필요한 노력을 기울일 만한 경제적 여력이 안 된다. 이 기저의 진실이 아무것도 하지 않는 것에 대한 변명이 될 수는 없겠지만, 현재의 논의를 좀 더 분명한 관점에서 바라보도록 해주기는 할 것이다"(William F. Ruddiman, 2017: 309~311).

이러한 이유들로 인해 부시 정부는 교토의정서에서 탈퇴하고, 대신 자발적인 온실가스 감축과 기술 개발을 통한 접근을 하겠다고 밝혔다. 이러한 결정의 배경에는 부시 정부 시기 두드러졌던 화석연료 기업과의 유착 관계가 작용했다. 부시 정부 당시 석유, 석탄, 천연가스 등 화석연료 기업들은 교토의정서 반대를 위한 강력한 로비 활동을 펼쳤고, 정부에 막대한 정치자금을 기부하며 교토의정서 탈퇴를 압박했다. 당시에는 화석연료 산업 관계자의 정부 진출도 다수 이뤄졌다. 부시 정부는 화석연료 산업 관계자들을 정부 요직에 임명했다. 대표적으로 부시 정부의 실질적 권력자로 불린 체니(Richard Bruce Cheney) 부통령은 세계에서 가장 큰 석유 채굴 기업들 중 하나인 할리버튼(Halliburton)의 CEO 출신이었다. 이들은 정부 정책 결정 과정에서 화석연료 산업의 이익을 대변했다.

미국의 이기주의, 오만, 환경과 지구 온난화로 삶이 달라지게 될 사람들에 대한 무관심을 잘 보여준 미국 정부의 이 결정은 트럼프 정부에 와서는 파리협정에서 탈퇴하는 것으로 다시 반복되었다. 탈퇴를 결정하게 된 이유도 지난 교토의정서와 크게 다르지 않았다. 트럼프 대통령은 협약이 미국의 산업, 특히 석탄 및 제조업에 피해를 줄 수 있으며, 일자리를 잃게 만들 것이라고 경고했다. 그리고 파리기후협약이 다른 국가들, 특히 중국과 인도와 같은 주요 온실가스 배출국에 대한 감축 의무가 약하다고 주장하며, 미국이 불공정하게 과도한 책임을 질 필요가 없다고 강조했다. 당시 탈퇴의 명분으로 트럼프가 내놓았던 주장은 다음과 같다: "파리 협정의 조건과 미국에 부과된 엄격한 에너지 제한을 준수하면 2025년까지 미국에서 최대 270만 개의 일자리가 사라질 수 있다. 여기에는 44만 개의 제조업 일자리가 감소하는데, 이는 우리에게 필요한 것이 아니다. 이는 우리에게 필요한 것이 아니다. 여기에는 자동차 일자리가 포함되며, 수많은 지역사회가 의존하는 필수적인 미국 산업이 더욱 파괴된다...파리 협정은 우리 경제를 훼손하고, 우리 노동자를 족쇄에 묶고, 우리 주권을 약화시키고, 용납할 수 없는 법적 위험을 부과하고, 우리를 세계의 다른 나라에 영구적으로 불리한 위치에 놓을 것이다"(https://trumpwhitehouse.archives.gov/briefings-statements/statement- president-trump-paris-climate-accord/).

연달아서 미국이 구속력 있는 국제환경협정에 반대하고 나선 데는 특히 공화당의 정치적 태도와 화석연료 산업의 로비가 크게 작용했다. 이러한 사례는 2000년 이후 미국의 민주주의가 크게 약화되었다는 것을 보여준다. 파리기후협약에서 탈퇴한 도널드 트럼프는 민주당이 일부 주에서 사용한 전자투표 기기를 조작했다고 비난하면서 선거 결과에 승복하지 않는 모습을 보인 바 있다. 이것뿐만이 아니었다. 트럼프는 명백하게 인종 차별주의를 표방하는 플랫폼에서 선거운동을 하고, 무슬림, 히스패닉계, 유색인종에 대한 분노를 자극했으며, 거리낌 없이 여성 혐오를 드러내는 말을 사용했다(David Robert Grimes, 2024: 332~333). 그의 이런 행동은 미국 사회에서 민주주의 규칙에 대한 의구심이 광범위하게 퍼져있기 때문에 가능한 것이었다. 미국 현대사 전문가인 토마 스네가로프(Thomas Snégaroff)는 미국이 여전히 세계 최대의 민주주의 국가임을 자랑하지만, 미국의 제도들은 점점 더 제대로 기능하지 못하고 합의를 도출하는 것도 힘들어한다고 지적한다. 대선 결과 불복, 국민의 이익을 섬겨야 할 의회의 입법 능력에 대한 의구심, 대법원 판결에 대한 이의 제기 등은 우려스러운 징후라는 것이다(Thomas Snégaroff et al., 2024: 142, 144).

한편으로, 트럼프가 기후위기 문제에 대해 회의론적 시각을 견지하고 있는 데는 그의 주된 지지세력 중 하나가 백인 복음주의 유권자라는 데서도 찾을 수 있다. 미국에서 복음주의 기독교의 주된 형태가 된 기독교 민족주의는 트럼피즘이 미국 우파 사이에서 시민 종교로 자리잡는 데 큰 영향을 미쳤다. 트럼피즘과 기독교 민족주의는 경쟁세력을 사악하고 악마적인 존재로 묘사하고 공격을 하는 공통점을 갖는다(Tim Alberta, 2024: 40, 360~361). 기후위기 대응에서도 트럼프는 그의 경쟁자였던 조 바이든(Joe Biden)이 파리기후협약에 재가입하고, 막대한 예산을 그린인프라 관련 사업에 투자하며, 2030년 온실가스 배출을 2005년 수준 대비 절반으로 감축하겠다는 목표를 재확인했던 것과 현격한 차이를 보였다. 트럼프는 "나처럼 매우 높은 지적 수준을 가진 많은 사람들은 기후변화 같은 것을 믿는 사람들이 아니다"라면서 미국 경제에 부정적인 결과를 가져온다는 이유를 들어 파리협약에서 탈퇴하였다(https://www.opinionnews.co.kr/news/articleView.html?idxno=33627).

이러한 사례는 일부 국가에서 기후변화에 대한 규제를 강화하고 적극적인 행동을 취하기보다는 정치적 이득이나 여론에 따라 적극적인 대응을 회피하는 것을 잘 보여준다. 다른 사례를 보면 많은 국가에서 회색 분지(palatable options)를 선택한 경우가 존재한다. 이는 보다 철저하고 효과적인 조치를 취하기보다는, 기후변화를 해결하기 위한 대안 중에서 상대적으로 약한 옵션(예: 소규모의 보조금이나 인센티브)을 선택하는 경우이다. 이러한 회피의 사례들은 기후변화 문제의 심각성을 저하시킬 수 있으며, 결국에는 문제를 더욱 악화시킬 수 있다. 미국과 같은 온실가스 배출의 비중이 큰 산업국가의 경우 이러한 정책 대응은 지구적 온실가스 협상에 파괴적인 영향을 미친다는 점에서 상당한 논란을 불러일으키고 있다.

9장.

'너무나 게으르고 탐욕스런'
: 기후변화협약과 지구온난화의 국제정치경제

세계적 환경 악화의 해결을 유난히 어렵게 만드는 요소로는 세 가지를 들 수 있다. 우선 강력한 근본 요인들이 배후에 자리하고 있다. 이는 인구의 점진적인 팽창, 부적절한 과학기술의 일상적인 사용, 부에 대한 보편적인 열망과 높은 소비 수준, 자연 의존적인 시장을 개선하려는 의지 부족 등의 요인들을 들 수 있다. 둘째, 광범위하고 복잡한 국제적 대응이 필요하다는 점 역시 환경의제 형성을 본질적으로 어렵게 만든다. 예를 들어, 지구 기후문제를 해결하는 데 필요한 일부 조치는 각 나라의 내정에까지 개입해야 되고 주권을 위협할 수 있다. 셋째, 지구 환경문제가 지닌 기술적 복잡성과 대응 노력에서 드러나는 정치적 취약성이 존재한다. 지구적 규모의 환경위협을 다루기 위해 요구되는 조치를 뒷받침해 줄 정치적 기반은 허약하고 또 힘이 분산되는 경향이 있다.

- 제임스 구스타브 스페스[64]

국제환경레짐과 글로벌 거버넌스

세계화는 과학기술의 발달과 개방 및 교류의 확산 등의 요인들로 인해 이전에 대부분의 사회관계들이 준거로 삼던 영토적 지리가 점차 그 중요성이 감소되는 현상이다. 이로 말미암아 사람들은 점차 수많은 연결망으로 이뤄진 단일공간으로서의 세계 속에서 활동하게 되었다. 이러한 세계화는 다양한 수준과 영역에 걸치는 복합적 현상인데, 특히 환경영역에서 두드러지게 나타나고 있다. 이는 환경문제가 그 속성상 국경을

64 James Gustave Speth(2005), pp.148~149.

초월하여 전 지구적인 성격을 띄기 때문이다. 예를 들어, 전 세계 도처에서 배출되는 오존층 파괴물질은 대기권 상층부의 변화를 가져와 다수 국가의 환경문제를 야기한다. 이는 한두 나라의 대응으로만 해결될 수 있는 문제가 아니다. 이러한 까닭에 해결을 위한 국제회의를 주최하고 광범위한 정책의 틀에 대한 합의를 도출하는 것이 필요하다(Timothy Doyle et al., 2002: 201~202). 그러나 서로 이해를 달리하는 국가들이 협력을 통해 환경문제의 해결책까지 제공하기는 어렵다.

환경문제의 이러한 특징 때문에 신자유주의적 제도주의를 내세우는 국제정치학자들의 이론에 의하면 국제환경문제의 해결을 위해서는 고도의 협력과 정책조정을 내용으로 하는 국제환경레짐이 필요하다고 할 수 있다. 신자유주의적 제도주의자들은 이기적인 국가들로 구성된 아나키적 국제체계에서도 국가들간의 협력은 이루어질 수 있으며, 이러한 협력을 위해 중요한 역할을 하는 것이 국제기구나 국제레짐(international regime)과 같은 국제제도라고 주장한다. 정치학에서는 특정 주제 영역과 관련된 규칙, 규정 및 기구를 지칭하는 용어로 레짐을 사용한다. 국제 관계 현상을 설명하기 위해 사용되는 레짐에 대한 가장 널리 통용되는 정의는 "국제 관계의 특정 영역에서 행위자의 기대가 수렴되는 암묵적이거나 명시적인 일련의 원칙, 규범, 규칙 및 의사결정 절차(a set of implicit or explicit principles, norms, rules and decision-making procedures around which actors' expectations converge in a given area in international relations)"이다(Stephen D. Krasner, 1983: 2). 스티븐 크래스너(Stephen D. Krasner)는 이러한 레짐의 정의를 당시 국제적 쟁점이었던 남북관계와 신경제질서(NIEO)를 설명하는데 사용했다. 크래스너를 비롯해 당시에 레짐 이론을 내세웠던 국제정치학자들의 원래 분석적 관심은 신현실주의(neorealism)의 주장에 반대하여 제도가 어떤 국제정치이론에서도 필수불가결한 요소라는 것을 강조하는데 있었다. 위의 정의에서 규범이라는 용어는 규정적인 내용이 포함된 모든 조항을 포괄하는 광범위한 범주를 가리키며, 규칙과 원칙의 구별은 규정된 행위의 특수성과 관련된다. 규칙은 더 구체적이며 전부 아니면 전무 방식으로 적용되는 것처럼 보이는반면, 원칙은 다양한 정책 옵션과 일치할 수 있는 보다 일반적인 행동 표준을 나타낸다(Farhana Yamin et al., 2004: 6~7).[65] 이러한 국제레짐은 특정의 문제영역

---

65 레짐이 다루는 문제와 관련된 규범을 규정하는 원칙과 규칙, 제도 및 의사결정 과정과 같은 보다 구조적인 측면을 다루는 요소는 종종 구분이 된다. 물론 실질적인 규칙과 규칙을 구현하고 강화하며 더욱 발전시키는 제도적, 절차적 '도구' 사이에는 긴밀한 상호 작용이 이뤄진다. 이에 대해서는 Farhana Yamin et al.(2004), p.7.

에서 국가들의 행위를 규율하는 제도로 국제협력의 중요한 형태이자 협력을 촉진하는 실체이다. 국제레짐은 점차 변화하며, 다양한 형태로 존재한다.

환경에 부정적 영향을 미치는 요소의 규제를 목적으로 하는 국제환경레짐은 법적 또는 정치적 구속력을 가진 국제조약(international treaties)의 바탕 위에 수립된 일련의 국제규제제도이다. 여기서 조약이란 국가 간에 서면 형태로 체결되고 국제법에 따라 관리되는 국제 협정(international agreement)을 의미하며, 단일 문서 또는 두 개 이상의 관련 문서로 구체화된다. 조약의 본질은 국제법의 적용을 받는 관련 당사자의 권리와 의무를 창출하는 국가 간의 서면 합의라는 것이다. 조약은 조약법을 뒷받침하는 기본 원칙인 '팍타 순트 세르반다(pacta sunt servanda)'에서 구속력을 얻는데, 이는 '약속(합의)은 지켜져야 한다'는 의미의 오래된 라틴어 법격언으로 국가는 선의에 기초하여 약속한 의무를 이행해야 한다는 것을 말한다. 조약은 규칙 제정에 대한 국가의 가장 명확한 동의 형태이며, 그러한 이유로 조약이 다루는 주제에 대한 가장 권위 있는 출처로 간주된다.[66]

이와 더불어 기후위기와 같이 급격한 세계화로 인해 초래되는 글로벌 쟁점의 해결에 기여할 수 있는 규칙과 절차를 어떻게 설정하고 유지하는가에 주안점을 두는 이론이 있는데, 이것이 바로 글로벌 거버넌스(global governance) 이론이다. 글로벌 거버넌스는 국가 간 혹은 정부 간 협조뿐만 아니라 국제비정부기구, 다국적기업 등 다양한 행위자들이 자발적 상호협조체제를 만들어 당면한 문제를 해결하고자 하는 의사결정 과정을 의미한다. 특히, 기후위기 같은 글로벌 환경문제를 해결하기 위해서는 국민국가 수준, 초국가 수준, 국가 하위영역 수준에서 다층 거버넌스가 유기적으로 작동될 필요가 있다.

기후위기의 맥락에서 글로벌 거버넌스는 위험 관리와 국제적 프로세스, 제도, 법적 체제를 의미한다. 위험 관리는 위험을 식별하고 평가한 후 이를 완화하고 적응할 방법을 찾는 것을 요구한다. 과학자들은 위험을 식별하고 평가하며, 완화와 적응은 재정적 및 경제적 영향을 미친다. 글로벌 거버넌스는 또한 여러 분야에서 법적 규제의 조정을 필요로 하며, 이는 국제 환경법과 국제 경제법을 모두 포함한다. 이로 인해 법적

66 법적 구속력이 있는 조약에는 다양한 법적 규범이 포함될 수 있지만, 모든 법적 규범이 당사자에 의해 법적 구속력이 있는 것으로 간주될 수는 없다. 반대로, 구두 합의, 일방적 행위, 양해각서나 진술, 심지어 회의록이나 서한 교환과 같은 구속력 없는 형태의 합의는 전체 또는 부분적으로 구속력 있는 법적 의무를 야기할 수 있다. Farhana Yamin et al.(2004), pp.13~14.

규제는 국제 협상, 규제 포획의 회피, 글로벌 기관 간의 조정을 의미하게 된다(Bradly J. Condon et al., 2013: 12~13). 글로벌 거버넌스에 대한 보다 자세한 내용은 이 책의 4부 2장에서 다루기로 한다.

국제환경레짐의 형성과 발전

1960년대 이후 환경에 대한 관심이 확산되고 국제적으로 환경문제를 해결하기 위한 집단적 노력이 행해지는데 이를 가리켜 환경혁명이라고 한다. 1972년에는 로마클럽 보고서인 '성장의 한계(The Limits to Growth)'가 발간되었고, 그린피스(Greenpeace)를 비롯한 국제환경NGO들이 창설되고 환경운동이 활성화되었다. 1972년 환경문제에 대한 국제적 해결책을 모색하기 위해 스톡홀름에서 '인간환경에 대한 UN회의(United Nations Conference of the Human Environment)'가 개최되었다. 이 회의에서는 109개의 권고사항을 포괄하는 '인간환경을 위한 행동강령'을 채택하고, 이어서 제 27차 UN총회에서는 지구 환경문제를 다루기 위한 UN 전문기구 수립에 대한 합의가 이뤄졌다.

이에 따라 국제기구 최초로 개도국(Nairobi, Kenya)에 본부를 둔 'UNEP(UN Environment Programme)'가 설립되었다. UNEP의 의무와 목표는 1992년 'UN 환경개발회의(United Nations Conference of Environment and Development)'에서 채택된 수정사항, 1997년 제19차 UNEP 집행이사회에서 채택된 '나이로비 선언(Nairobi Declaration)', 2000년 3월 31일 '말뫼선언(Malmö Ministerial Declaration)'에 근거를 두고 있다. UNEP는 환경 분야의 국제협력을 도모하고, 관련 정책을 추진하며, 지구 환경동향을 감시하고, 환경정보를 수집·보급하는 일을 하고 있다. UN활동이 환경 관련 사안에서 협력하도록 지원하는 UNEP는 1970년대 환경에 대한 지구적 의제 형성에 중요한 역할을 하였다.

유엔환경계획(UNEP)

사진 출처: https://www.unep.org/inc-plastic-pollution/session-3

케냐 나이로비에 있는 UNEP 본부 건물. 조기 경보 및 환경평가국(DEWA), 환경정책 집행국, 대륙별 지역사무소(6개, 아시아태평양지역은 방콕)와 국가별위원회를 두고 있다. UN총회에서 선정된 58개국으로 구성된 집행이사회(Governing Council)는 UNEP의 최고의사결정기관으로 예산을 산정하고 분배하며 환경 분야에서의 국제협력을 촉진한다. 지구환경장관포럼(Global Ministerial Environment Forum)은 환경 관련 정책과 사안을 토의하기 위해 매년(2년마다 정기회기, 사이에 격년으로 특별회기) 소집된다. 이 기간에 집행이사회도 개최된다. 지구시민사회포럼(Global Civil Society Forum)은 집행이사회/지구환경장관포럼과 연계하여 개최되는데 시민사회가 UNEP을 국가적, 지역적 관점에서 촉구하고 보완하는 기능을 수행한다. 2000년 5월 스웨덴의 말뫼(Malmö)에서 최초로 개최되었다.

스톡홀름회의 이후 다수의 국제환경레짐이 설립되었다. 국제환경레짐은 지구환경의 다양한 하부 영역인 기후, 오존층, 포경 및 어획, 해양, 산성비, 생물종 등에서 국제환경조약을 체결하고 그것의 준수를 통제한다. 대표적인 것이 '습지보호에 관한 람사협약'(1971), '세계 문화자연유산 보호협약'(1972), '멸종위기에 처한 야생동물의 국제무역에 관한 조약'(1973), '이동성 야생식물에 관한 협약'(1979), '월경성 장거리

대기오염 물질에 관한 협약'(1979) 등이다. 1987년 UNEP는 '우리 공동의 미래(Our Common Future)'(발간책임자: Gro Harlem Bruntland)라는 보고서를 통해 개발과 환경의 상관성에 대한 관심을 불러일으켰다. 비록 국제정치에서의 힘의 관계 때문에 레짐으로부터의 제약과 압력이 불평등하게 적용되는 것이 문제이기는 하지만 국제환경레짐은 국가의 환경정책에 일정한 제약을 가하여 지구 환경보전에 기여하고 있다.

리우 지구정상회의와 의제 21

1988년 유엔 총회에서 몰타의 제안으로 기후변화가 '인류의 공동 관심사'라고 선언하는 결의안이 채택됐다. 이로서 기후변화가 국제 정치 무대에 본격적으로 등장했다. 이렇게 된 데는 1988년 세계기상기구(WMO)와 UNEP에 의해 '기후변화에 대한 정부간 협의체(IPCC)'가 설립된 이후 유난히 더웠던 여름, 오존층 구멍 발견, 오존층을 파괴하는 물질에 관한 몬트리올 의정서의 채택 등 여러 요인이 복합적으로 작용했다. 1990년까지 IPCC는 기후변화 과학의 상태에 대한 첫 번째 평가보고서를 작성하여 많은 불확실성이 있음에도 불구하고 인간 활동으로 인해 대기 중 CO2 농도가 증가하고 기온이 상승하고 있다고 경고했다. 이 보고서는 기본 기후협약에 대한 협상이 지체없이 시작될 것을 권고한 1990년 11월 제2차 세계기후회의 각료 선언의 배경이 되었다. UN 총회는 이 권고에 따라 기후변화에 관한 기본 협약에 대한 협상을 공식적으로 시작했다. 이러한 협상을 수행하기 위해 UN 총회 산하에 정부간 협상 위원회(INC)가 소집되었다. 이어서 다수의 OECD 국가가 야심찬 국가 온실가스 감축 목표를 채택하고, IPCC의 보충 보고서가 발간되었다(Farhana Yamin et al., 2004: 22~23).

1992년 6월 3-14일까지 브라질의 리우데자네이로(Rio de Janeiro)에서 1972년 스톡홀름 유엔인간환경회의 20주년을 기념하여 '지구정상회의(Earth Summit)'라 불리는 'UN환경개발회의(United Nations Conference on Environment and Development: UNCED)'가 개최되었다. 이는 세계 185개국 대표단과 114개국 정상 및 정부수반, 1,500개 비정부기구와 7,000여명의 언론인이 참가한 역사상 최대의 고위급 국제회의라는 점에서 '지구정상회의(earth summit)'라고도 불린다. 리우회의에서는 국경을 초월한 국제적이고 전 지구적인 차원의 모든 환경문제를 다뤘고, 세계은행의 환경기금 재구성과 UN 지속가능개발위원회(UNCSD) 설치 등 제도적 개혁에도 합의를 했다.

리우회의에서는 ‘기후변화에 관한 기본협약(UN Framework Convention on Climate Change: UNFCCC)’과 ‘생물종의 다양성에 관한 협약(Convention on Biological Diversity: CBD)’ 두 협약이 체결되었다. 생물종의 다양성에 관한 협약은 생물종을 보호하기 위해 관련 법제 정비, 개도국 지원, 서식지 지정 등 다양한 대책을 추진하는 것이 주된 내용이다. 리우회의가 거둔 핵심 성과는 기후변화협약이라고 할 수 있다. 기후변화협약은 지구온난화 방지를 위한 화석연료의 사용규제와 산림 등 이산화탄소 흡수원의 보존관리를 내용으로 하는 국제협약이다. 1992년 6월 156개국이 서명하여 1993년 하반기부터 발효되었다. 모든 조약이 그렇듯 이 협약은 목적, 정의, 각국의 책무를 결정하는 토대가 될 원칙, 일련의 의무, 조약 내용을 실천하도록 도울 기관의 설립 등을 포함하고 있다. 협약 서문에서는 기후변화가 인류의 공동 관심사라고 밝히고 전 지구적 협상의 필요성을 강조하고 있다. 서문은 또 모든 국가는 주권을 갖고 있으나, 국내의 조치가 다른 나라 국민들에게 손해나 피해를 주지 않도록 해야 할 책무도 지닌다고 상기시키고 있다. 그리고 지구공동체를 개발도상국, 선진국, 구동구권 국가 등 세 그룹으로 나눈 다음 그에 따라 의무와 원칙을 할당하고 있다. 서문은 이들 그룹 중에서 대기 중 온실가스 집적에 가장 큰 원인을 제공한 것은 선진국들이며, 개발도상국들의 1인당 배출량은 아직 매우 낮다고 지적하고 있다. 이 협약은 당사국들이 문제의 결정적 증거를 기다리지 말고, 문제에 적극적으로 개입하거나 혹은 문제가 발생하지 않도록 미리 조치를 취해야 한다는 것을 포함하고 있는 예방원칙을 채택할 것을 권하고 있다(Joyeeta Gupta, 2005: 82~83, 86).

각국의 의무와 관련하여 협약은 모든 나라에 자국의 배출량과 흡수원 목록을 제출하고, 국가가 채택한 정책과 취한 조치들을 보고할 것을 촉구하고 있다. 또 모든 나라가 지속가능발전, 적응, 교육, 훈련, 국민의 인식과 관련해서 과학과 기술 분야에서 협력할 것을 권하고 있다. 그리고 협약 부속서 1에 열거된 선진국들이 2000년까지 온실가스 배출 규모를 1990년 수준으로 안정화시킬 것을 권고하였다. 부속서 1에 포함되지 않은 개도국에 대해서는 온실가스 감축과 기후변화 적응에 관한 보고, 계획 수립, 이행과 같은 일반적인 의무를 부여하였다. 이는 온실가스 배출에 역사적인 책임이 있으며 기술·재정 능력이 있는 국가들의 선도적 역할을 강조한 것이다. 기후변화협약에서는 의무사항을 모든 당사국이 부담하는 공통의무사항과 일부 회원국만이 부담하는 특정의무사항으로 구분하고 있다. 여기서 보듯이 기후변화협약에서는 기본 원칙으로 ① 공동의 그러나 차별화된 책임(Common But Differentiated Responsibilities:

CBDR) 및 능력에 입각한 의무부담의 원칙, ② 개발도상국의 특수사정 배려의 원칙, ③ 기후변화의 예측, 방지를 위한 예방적 조치 시행의 원칙, ④ 모든 국가의 지속 가능한 성장의 보장 원칙 등을 규정하고 있다. 이 중에서 개발도상국에 관련된 중요 조항은 기후변화협약 4조 7항에 규정되어 있다.

"개발도상국들이 협약에 따른 그들의 약속을 얼마나 효과적으로 이행하느냐는 재정 지원과 기술 이전에 관한 선진국들의 약속이 얼마나 효과적으로 이행되느냐에 좌우될 것이다. 또한 경제적, 사회적 발전과 빈곤 퇴치가 개발도상국의 최우선 과제라는 점이 충분히 고려될 것이다"(Joyeeta Gupta, 2005: 88).

리우정상회의에서는 '의제 21(Agenda 21)'이 채택되었다. 의제 21은 21세기에 전 지구적인 환경문제 해결을 위해 추진해야 할 과제를 제시한 것으로 지속가능발전, 책임의 공유와 차별화, 오염자 부담원칙이 주된 내용이다. 리우회의는 환경문제의 전 지구적 성격을 이해하는데 기여했으며, 전 지구적 환경보호를 성취할 수 있는 지침을 제시한 데 의의가 있다. 그러나 협약이 포괄적인 성격을 띠고 있는 데다 그 원칙이 모호하고 목표와 약속이 미약한 것은 리우 회의의 한계라고 평가된다(Joyeeta Gupta, 2005: 89). 한편, 이 협약을 위한 협상이 이뤄지는 과정에서 다수의 NGO들이 주변부로 밀려났고, 다국적 기업, 전쟁과 군국주의 등과 같은 쟁점들이 배제된 것도 리우회의의 또 다른 한계라고 할 수 있다.

교토의정서의 체결과 미국의 탈퇴

기후변화협약에 가입한 국가를 당사국(party)이라고 부르며, 이들 국가들이 매년 한 번씩 모여 협약의 이행방법 등 주요 사안들에 대하여 결정하는 모임을 당사국총회(COP: Conference of the Parties)라 부른다. 협약에 대한 최고 의사결정기구라고 할 수 있는 당사국 총회는 1995년 3월 베를린에서 처음 개최되었다. 1995년 3월 베를린에서 개최된 기후변화협약 1차 당사국 총회에서 2000년 이후의 온실가스 감축을 위한 협상그룹(Ad hoc Group on Berlin Mandate)을 설치하고 논의결과를 제3차 당사국 총회에 보고하도록 하는 '베를린 위임(Berlin Mandate)' 사항을 결정하였다.

기후변화협약의 실천을 위해 1997년 12월 일본의 교토에서 '교토 기후변화에 관한 유엔 기후협약 부속 의정서(The Kyoto Protocol to the United Nations Framework

Convention on Climate Change)'가 채택되었다. 의정서는 원래 국제법상 조약의 한 명칭으로 외교적인 회의에서 의정한 사항을 기록한 국제 공문서를 가리키지만, 또 다른 한편으로는 중요한 조약을 체결하면서 일정한 조항의 해석, 분쟁 해결 방법 따위와 같은 부수적인 문제를 다루기 위해 작성되는 경우도 있다. 이러한 의정서는 대개 타 조약에 부속된 조약이다. 교토의정서는 미국, 일본, 유럽연합(EU) 등 선진국이 2012년까지 이산화탄소 등 온실가스 배출량을 1990년에 비해 5.2% 감축하기로 하였다. 그러나 국가별 감축량과 다른 나라 온실가스 감축분을 사들이는 배출권거래제를 둘러싸고 난항을 겪었다.

교토의정서는 모든 선진국들이 고려하도록 권장 받는 정책 및 조치들의 메뉴를 제시하고 있다. 이 의정서에는 에너지 효율 정책, 흡수원과 저장소의 보호, 지속 가능한 산림정책, 조림 및 재식림, 지속가능한 농업, 재생 가능한 에너지의 연구와 사용, 탄소 격리, 환경적으로 건전한 기술, 시장 불완전성 및 그릇된 보조금의 점진적 제거, 관련 부문의 개선 독려, 교통 부문의 가스 배출 통제, 메탄가스 배출 통제 등이 포함되어 있다. 당사국들은 이런 분야에서 서로 협력해야 하고, 해운회사와 항공사들이 운영하는 국제교통에 사용되는 연료에 대한 정책도 개발해야 한다고 명시되어 있다.

교토의정서의 가장 중요한 항목은 채택된 목표치이다. 협상 결과 선진국들(Annex I)은 공동으로 2008년부터 2012년까지 6개 온실가스의 순 배출량(발생원에서 배출되는 양에서 흡수원에 의해 제거되는 양을 뺀 양)을 1990년도 배출 수준을 기준으로 5.2% 줄이기로 합의했다. 추가된 3개 온실가스의 기준연도는 각국이 원하는 바에 따라 1990년 혹은 1995년으로 할 수 있었다. 감축 목표 설정(제3조). 6개 대상 가스는 이산화탄소(CO_2), 메탄(CH_4), 아산화질소(N_2O) 외에 새로 추가된 불화탄소(PFC), 수소화불화탄소(HFC), 불화유황(SF6)이다. 의정서는 각 가스에 대한 개별적인 목표치를 설정하지 않고 이산화탄소로 환산된 모든 온실가스들의 종합적인 목표치를 설정하고 있다(Joyeeta Gupta, 2005: 101~102).

5.2%라는 숫자는 모두에게 의외였다. 많은 선진국들은 어떤 목표치도 설정되지 않을 것으로 예상했고, 많은 개발도상국들과 환경주의자들은 더욱 높은 목표치가 설정되기를 바라고 있었다. 어느 개발도상국 출신의 인사는 이렇게 간단히 말했다. "우리가 5.2% 줄이자는데 합의한 이유를 아무도 모르고 있다." 처음에 협상은 미국, 유럽연합, 일본이 조치를 취할 의향을 가지고 있느냐 하는 문제를 중심으로 진행되었다. 그러다가 노르웨이와 오스트레일리아, 아이슬란드가 가스 배출을 늘릴 수 있는 권리를

요구하자, 이 문제를 놓고 열띤 논의가 벌어졌다. 결국 이들 국가들에게는 제한된 범위 안에서 가스 배출을 늘릴 수 있도록 허용되었다. 양적 약속을 받아 내는 것이 아무런 약속을 받지 못하는 것보다는 낫다고 생각되었기 때문이다(Joyeeta Gupta, 2005: 102~103).

<표> 교토의정서에 따른 선진국의 약속

	약속(배출량의 변화 %)
유럽연합 국가, 불가리아, 체코, 에스토니아, 라트비아, 리히텐슈타인, 리투아니아, 모나코, 루마니아, 슬로바키아, 슬로베니아, 스위스	-8
미국	-7
캐나다, 일본, 폴란드, 헝가리	-6
크로아티아	-5
뉴질랜드, 우크라이나, 러시아	0
노르웨이	+1
오스트레일리아	+8
아이슬란드	+10

* 회계연도 2008~2012 기간의 약속: 기준연도 1990년(새로 추가된 3개 가스의 경우는 1995년)

출처: Joyeeta Gupta(2005), p.103.

교토의정서는 국가 간 연합을 통한 공동 감축목표 달성을 허용하고 있다(제4조). 즉, 각국이 공동이행(joint implementation), 청정개발체제(clean development mechanism: CDM), 배출권거래제(emissions trading) 등(제6조, 12조, 17조)으로 이뤄진 '유연성체제(flexible mechanism)'를 통해 목표치를 달성하는 것을 허용한다. 이는 시장원리에 입각한 새로운 온실가스 감축수단이라고 할 수 있다.

① **공동이행**은 다른 나라에서 온실가스 배출 프로젝트를 이행하고 자국의 할당량을 채우는 것을 허용한다. 개도국은 선진국들이 국내적인 책임을 회피하고, 비용 효율성 주장이 개도국의 정책과 우선순위를 왜곡한다고 비판하였다. 환경 NGO들은 생활방식을 개도국에 이전함으로써 실제로는 가스 배출이 증가할 것을 우려하였다.

② **청정개발체제**는 선진국이나 선진국 기업이 개도국의 지속가능개발 프로젝트에 투자하고 그 대신 배출 실적을 차지하는 것을 일컫는다. 그러나 프로젝트의 기준, 흡

수원의 사용을 둘러싸고 논란을 겪었다. 교토의정서는 온실가스 배출량을 줄이기 위한 국제적인 노력으로, 선진국들에게 온실가스 배출량 감축을 요구한다. 그러나 일부 산업체들은 이러한 요구에 따르기보다는 더 적은 규제가 있는 국가로 이동하거나, 환경규제가 느슨한 지역으로 공장 등을 이전하여 온실가스를 더 많이 배출하는 것을 선택할 수 있다. 이렇게 온실가스 배출을 줄이기 위한 규제를 회피하기 위해 어떤 국가나 기업이 환경규제가 적은 곳으로 생산이나 활동을 이전하거나, 환경규제가 느슨한 지역에서 활동하는 것을 말할 때 '탄소 덤핑 메카니즘(carbon dumping mechanism)'이라는 용어가 사용된다. 이것은 국제적인 온실가스 감축 노력을 저해하는 행위로 간주되며, 환경규제를 피하거나 회피하기 위한 전략으로 인식된다.

③ **배출권거래제**는 온실가스 감축의무 보유국가가 의무감축량을 초과하여 달성하였을 경우 이 초과분을 다른 국가와 거래. 의무를 달성하지 못한 국가는 부족분을 다른 국가로부터 구입하는 것을 허용하는 것을 말한다. 가장 큰 오염자가 많은 배출량을 할당받고, 온실가스 저감 기술을 개발할 경우 현금화가 가능한 데서 모순이 있다. '오염자 지불 원칙(polluter pays principle)'에도 위배된다고 할 수 있다.

교토의정서에 따라 당사국들은 일부 온실가스의 더 큰 감축과 다른 온실가스의 더 작은 감축을 상쇄(trade-off)할 수 있게 되었다. 이 설계의 어려움은 트레이드오프 대상인 온실가스가 대기 중 수명이나 조정 시간과 관련하여 매우 다른 특성을 가지고 있다는 점이다. 현재로서는 이러한 변화를 적절히 처리할 수 있는 단일 배출량 측정 지표가 없다. 따라서 현재 국제 기후 정책을 이끄는 솔루션 설계 모델의 유연성은 기후 영향에 대응하는 데 필요한 정확성과 구체성을 희생하는 대신에 그 대가로 주어지는 것이다(Tora Skodvin, 2012: 64).[67] 이런 메커니즘들이 결과적으로 온실가스를 상품화함으로써 대기와 자연자원을 이용하는 데 남북 간의 불평등을 고정시키고, 다국적기업들에게 많은 새롭고 해로운 이윤창출 기회를 제공하여 근본적으로 대기를 새로운 시장으로 만들었다는 비판도 제기된다(Joyeeta Gupta, 2005: 145).

---

67 배출량 지표의 특징이 기후변화와 관련된 위험을 관리하는 의사 결정자의 능력을 어떻게 결정하는지에 대해서는 Tora Skodvin(2012), pp.64~70. 이 글에서는 지표 문제를 해결하기 위한 두 가지 잠재적 수단, 즉 대체 배출 지표 개발과 국제 기후 정책을 위한 대체 솔루션 설계 모델 개발에 대해 설명하고 있다.

교토 당사국총회에서 미국은 자국 산업 보호와 의무감축국가에 개도국을 포함시키자고 주장하였다. 결과적으로 이 같은 미국의 행동은 국제적인 기후협상 과정에서 나쁜 영향을 미쳤다. 석유산업과 유착관계인 당시 부시(George Bush) 대통령은 의정서에 대한 미국의 서명을 말소하고자 했지만 받아들여지지 않았다. 2001년 3월 최대 온실가스 배출국인 미국은 자국의 경제에 심각한 피해를 줄 수 있고, 중국이나 인도 등 개발도상국들이 제외되어 있다는 이유를 들어 교토의정서에서 탈퇴했다. 공화당 소속의 조지 부시 대통령은 온실가스 감축이 미국경제를 위협한다는 기후변화 회의론자들의 주장을 반복하면서 교토의정서에서 발을 뺐는데 그 이면에는 화석연료 생산자와 미국 정치인들의 강력한 유착관계가 자리잡고 있다. 국제적인 환경협력에 대한 미국의 비협조적인 태도로 인해 교토의정서는 큰 타격을 입었다. 하지만 EU 국가들과 일본 등이 중심이 되어 협상을 계속하였다. 이들은 2001년 모로코의 마라케시(Marrakech) 회의에서 환경파괴를 막기 위한 개도국 지원 등 교토의정서의 일부 항목을 구체화하였다. 교토의정서는 2004년 10월 러시아가 비준해 '온실가스 배출량의 55%를 차지하는 55개국 이상의 비준'이란 발효조건이 충족되면서 2005년 2월 16일 발효되었다. 이에 따라 유럽에서는 2005년부터 이산화탄소 거래가 시작되었다. 세계 탄소배출권 시장 규모는 2003년 3억 3천만 달러에서 2004년 5억 7천만 달러, 2005년 100억 달러로 급격히 커졌고 2006년에는 3백억 달러에 이르게 되었다.

2007년은 교토의정서 채택 10주년이 되는 해였다. 온실가스 규제를 향한 포괄적인 각국의 참여를 전제로 차기 기후 협정의 초석이 마련되었다. 앨 고어(Al Gore) 전 미국 부통령은 다큐멘터리 영화 '불편한 진실(An Inconvenient Truth)'에 직접 출연해 지구온난화의 심각성을 대중에게 전도한 공로를 인정받아[68] IPCC와 더불어 10월 노벨 평화상을 받았다. 노벨위원회는 "1980년대 온난화 문제는 '흥미있는 가설'로 보였지만 최근 인류 평화에 악영향을 줄 수 있다는 점이 분명해지고 있다"며 "고어와 IPCC는 기후변화에 대한 대책 촉구를 위한 기반을 마련했다"고 평가했다. "인간이 만든 기후변화에 대한 지식을 축적하고 알렸으며, 이런 변화에 대처하기 위해 필요

---

68 앨 고어 전 미국 부통령은 2000년 대선에서 민주당 후보로 출마했다가 공화당 조지 부시에게 패배, 정치권을 떠났다. 고어는 전체 득표에서 부시보다 많은 표를 얻었으나 선거인단 수가 모자라 낙선했다. 앨 고어는 정계와 결별한 뒤 평소 관심 있었던 지구 온난화 문제에 본격적으로 뛰어들어 환경 문제를 전 지구적 아젠다로 끌어올렸다. 그는 대선 패배 직후 전 세계를 돌며 1,000회 이상의 강연을 펼쳤다. 강연 목표는 인간의 무분별한 화석 연료 소비로 인해 지구가 점점 더워지고 있다는 점을 세계인에게 각인시키는 것이었다. 지구 온난화 문제를 방기한다면 빙산이 녹아 섬나라가 물에 잠기고 생태계가 파괴된다는 그의 주장은 지속적으로 인용되면서 인구에 회자됐다. 그가 환경 운동가로

한 수단을 마련하는 기초를 닦았다"는 이유도 제시되었다(https://www.khan.co.kr/article/200710122222421).

2007년 12월 15일 폐막한 제13차 유엔기후변화협약 당사국 총회에서는 전 세계 190여 개국 정부 기업 대표 1만 여명이 15일간의 릴레이 협상 끝에 교토 의정서가 만료되는 2012년 이후의 기후변화 대처 기조를 정한 '발리 로드맵(Bali Roadmap/Program)'을 채택했다. 발리로드맵은 의무감축국에만 온실가스 감축 의무가 부여되던 교토의정서의 1차 이행시기(2008~2012년)와 달리 2차 이행 시기인 '2012년 이후의 체제'(Post-2012 체제)에서 한국을 포함한 개발도상국도 '측정가능하고 검증 가능한 방법의 자발적 감축'을 협상하도록 규정하고 있다. 여기서는 로드맵을 마련하여 온실가스 감축 방법과 목표를 확정하기로 하였다. 그러나 이 로드맵은 당초 명시될 예정이었던 온실가스 감축량이 포함되지 않아 "추상적이고 자의적인 수준을 벗어나지 못했다"는 비난을 받았다. 그러나 온실가스 감축 노력에 참여하려 하지 않았던 미국과 개발도상국 등의 적극적 참여 의사를 받아낸 것은 큰 진전으로 평가된다.

2009년 12월 코펜하겐에서 개최된 제15차 기후변화협약 당사국 총회에서는 선진국과 개도국, 선진국과 선진국 사이에 이견과 갈등이 노정되었고 논란 끝에 미국과 중국이 주도하여 법적 구속력이 없는 '코펜하겐 협정(Copenhagen Accord)'을 채택하는데 그쳤다. 구체적으로는 ▲지구평균 기온 상승폭을 산업화 이전 대비 2℃ 내로 제한하고 ▲선진국은 2010년 1월 말까지 2020년까지의 감축 목표를 제시하며 ▲개도국도 2010년 1월 말까지 실행방안을 담은 감축 계획을 제출하고 ▲선진국은 2010~2012년 총 300억 달러를 개도국에 긴급 지원하고 2020년까지 매년 1천억 달러를 지원하며 ▲법적 구속력이 있는 협정을 2010년 말까지 마련하기로 하였다(https://unfccc.int/resource/docs/2009/cop15/eng/l07.pdf).

세계적인 명성을 얻게 된 것은 2006년 다큐멘터리 영화 '불편한 진실'이 대중에게 소개되면서다. 그는 지구 온난화로 인한 환경 문제를 알리기 위해 지구 온난화가 가져온 재앙을 카메라에 담은 영화를 제작했다. 자신이 환경 강연을 하는 영상도 포함시켰다. 영화는 2007년 아카데미 장편 다큐멘터리상을 받으면서 작품성 면에서 세계인의 주목을 받았고, 상업적으로도 성과를 거뒀다. 앞서 쓴 같은 제목의 책도 불티나게 팔려 세계적 베스트셀러에 올랐다. 그는 같은 해 7월 지구 온난화 방지를 위한 환경 콘서트 '라이브 어스(Live Earth)'를 주최하면서 또 한 번 세계인의 주목을 받았다. 팝 가수 마돈나(Madonna), 록 밴드 본 조비(Bon Jovi) 등이 출연한 이 콘서트는 세계 7개 도시에서 동시에 열렸으며 전 세계에 중계돼 20억 명 이상이 시청한 것으로 전해졌다. 그의 기획력은 어떤 과학자보다 효과적으로 온난화 문제를 지구촌에 알린 것이란 평가를 받았다. https://www.khan.co.kr/article/200710122222421

파리기후협약과 그 이후

국제환경단체인 그린피스가 평가한대로 수십 년에 걸친 협의 끝에 마련된 '파리기후협약(Paris Climate Agreement)'은 국제사회가 함께 공동으로 노력하는 최초의 기후합의이다. 이 협약은 기후변화를 멈추기 위한 인류의 노력에 있어서 중요한 성과로 평가되고 있다. 파리협약은 지구의 평균 온도 상승을 2도 아래에서 억제하고, 1.5도를 넘지 않도록 노력하는 것을 목표로 내걸었다. 파리협약에는 이란, 터키, 에리트레아, 이라크, 남수단, 리비아, 예멘 등 7개국을 제외한 거의 대부분의 국가들이 가입했다. 미국은 트럼프 대통령 취임 후 파리협약에서 공식 탈퇴했지만 2021년 초, 조 바이든 미국 대통령이 취임 이후 파리협약에 즉시 복귀했다. 파리협약에 가입한 국가들은 온실가스 감축 목표를 제시해야 하고 감축 목표를 달성하기 위한 5년 단위의 기후변화 대응 기본 계획을 수립하기로 했다.

파리협약에서는 온실가스 감축에 있어서 유엔기후변화협약 제3조에 명시된 "공동의 그러나 차이가 나는 책임(common but differentiated responsibilities)"과 함께 당사국들의 개별 역량(respective capabilities) 및 국가별 상황(national circumstances)을 같이 고려해야 한다는 점을 전문에 포함시켰다. 교토의정서와 달리 파리협약은 장기적인 온도 목표를 제시하고 있다. 기본적으로 기후변화의 위협에 대한 세계적 대응의 강화를 목표로 하면서 산업화 이전 수준 대비 지구 평균 기온 상승을 2°C보다 훨씬 낮게(well below) 제한하고, 상승폭을 1.5°C 이하로 제한하기 위한 노력을 하겠다는 것이다. 이는 선진국이 주장한 2°C 이내 제한과 도서국가들과 기후변화 대응에 취약한 개도국들이 제안한 1.5°C 이내 제한을 타협한 결과였다. 이러한 장기목표를 제시하면서 형평(equity)과 공동의 그러나 차이가 나는 책임의 원칙을 반영하여 목표를 이행할 것을 재차 확인한 점은 개도국들의 입장을 충분히 고려한 것으로 평가된다. 파리협약은 제4조 1항에서도 온실가스 배출의 정점과 관련된 기준을 제시하였다. 즉, 당사국들은 21세기 중반까지는 온실가스 배출의 최고 정점에 이르러야 하며, 21세기 후반에는 생성되는 온실가스와 온실가스의 흡수가 균형을 이뤄 지구 온실가스가 일정하게 유지되는 상태가 되어야 한다고 규정하고 있다(박덕영 외, 2020: 50~52).

전문가들은 파리협약이 국제사회가 기후위기 대응에 박차를 가하도록 불을 붙였고, 전 세계 국가들이 힘을 모아 기후변화를 억제하기 위한 매우 유용한 프레임워크라는 점에 동의하고 있다. 각국이 정한 지난 10년간의 감축 목표와 대책을 수치화하고 계산한 최근 분석 결과를 보면, 파리협약의 목표가 달성 불가능한 것은 아니지만, 쉽지 않을 것으로 전망된다. 과학자들은 앞으로 10년간 온실가스 배출량을 최소 45% 줄여야만 파리협약의 목표인 지구의 평균 온도 상승을 1.5도보다 아래로 유지할 수 있다고 말한다. 각 나라들은 온실가스 감축 목표를 스스로 정할 수 있다. 하지만 파리협약에 참여한 모든 국가들이 국가별 목표를 달성하더라도 2030년 온실가스 배출량은 지금보다 1% 낮은 수준에 불과하며 이번 세기 말까지 지구의 기온은 2.1도에서 3도 폭으로 상승하게 된다. 이러한 기온변화는 우리가 살고 있는 지구 생태계에게는 매우 치명적이다(https://www.greenpeace.org/korea/update/17235/blog-ce-paris-climate-agreement-a-to-z/).

파리협약은 그 한계도 자명하다. 이와 관련하여, 정책연구소(Institute for Policy Studies)의 오스카 레이에스(Oscar Reyes)는 파리협약의 목표는 야심적이지만 달성될 가능성이 낮다고 지적한다. 레이에스는 파리 협약문이 수사만 많고 실제 행동에 대한 것은 적다며 7가지 문제점을 지적하고 있다. 문제점은 아래와 같다; 목표는 야심차지만 그들이 이 목표를 달성할 것 같지 않다; 온실가스(climate pollution) 감축에 대한 구속력이 없다; 개도국의 기후변화대응을 위한 새로운(혹은 추가적인) 재정 지원의 약속이 없다; 기후변화에 대한 배상(보상) 논의가 원천 봉쇄됐다; 손실과 피해(lose and damage)에서 보상에 대한 논의는 미국의 주도로 완전히 배제되었다; 이 문서는 석유, 가스, 석탄 생산자들로 하여금 화석연료를 그대로 두라고 이야기하지 않는다; 심각한 기후변화를 막기 위해 전 세계에 남아있는 화석연료의 80%를 땅속에 그대로 두어야 한다(즉 전 세계에 남아있는 화석연료의 사용을 20% 이하로 막아야 한다)고 과학자들은 이야기한다. 그러나 이번 문서에는 이와 관련한 어떠한 언급도 없다; 탄소거래라는 허점을 만들어 마지막 기후변화 대응의 기회를 위태롭게 했다; 국제 해운과 항공이 탄소 배출에 포함되어있지 않다(https://fpif.org/seven-wrinkles-paris-climate-deal/).

파리협약의 배출량 감축 목표는 과학자들이 기후변화로 인한 최악의 영향을 예방하기 위한 수단으로 추진하는 2도 기준선보다 훨씬 더 공격적이다. 하지만 실제로 1.5°C 목표를 달성하는 것은 많은 기후 운동가들이 바라는 것보다 더 큰 일로 그것은 세계가 2030년까지 화석연료를 태우는 것을 중단해야 한다는 것을 의미한다. 안타깝게도 파리협약 자체에는 그것이 일어날 가능성이 있다는 것을 암시하는 내용이 없다. 세계 최대 경제국들이 모두 극적으로 방침을 바꾸지 않는 한 1.5도 목표를 달성할 가능성은 그리 크지 않다(https://fpif.org/seven-wrinkles-paris-climate-deal/).

미국과 같은 대규모 온실가스 배출국은 교토의정서를 약화시키려고 시도하다 결국 탈퇴하였고, 2009년 덴마크의 코펜하겐에서 열린 유엔 기후회담에서는 협상의 진전을 무산시켰으며, 2011년 남아프리카 공화국의 더반(Durban)에서는 새로운 글로벌 목표에 대한 희망을 무너뜨렸던 역사가 있다. 이는 미국에서 정권이 바뀐다면 언제든지 기후협력에 동참하지 않을 가능성이 있다는 것을 의미한다. 기후위기를 일으키는 책임과 관련하여도 부유한 국가에 구속력 있는 목표를 설정했지만 이들 국가는 약속을 어겨도 처벌이 없다. 행동은 없고 약속만 하는 국가도 많다. 하지만 이 모든 약속이 이행된다 하더라도 세계는 여전히 평균 기온이 3도 이상으로 향할 가능성이 크다.

지구환경문제 해결의 저해 요인과 대안

지금까지 진행된 기후변화협약은 지구적 차원에서 환경문제 해결에 기여하리라는 기대를 받고 있다. 그러나 그 전망이 그리 밝지 않은 것도 사실이다. 글로벌 노스와 글로벌 사우스, 선진국과 개도국 간의 경제적 이해관계의 차이가 크고 이를 조율해 합의를 이끌어내는 글로벌 거버넌스 역시 제대로 작동하지 않고 있기 때문이다. 또한 이들 협약들을 주도하는 것은 글로벌 노스의 선진국들이고, 이들이 환경문제를 명분으로 기존의 세계 경제질서를 유지하고 강화하려는 의도가 담겨 있다는 비판도 존재한다. 그렇다면 기후위기는 누구에게 책임이 있는가? 역사적으로 선진국은 온실가스 방출에 90% 이상 기여하였다. 현재 세계 인구의 4%를 차지하는 미국이 전체 온실가스의 ¼을 방출하는데 이는 중국에 이어 세계 2위이다. 개발도상국 역시 그 책임에서 자유롭지 않다. 현재 중국과 인도를 포함해 개도국 전체의 온실가스 배출량은 전체의 50%에 육박하기 때문이다. 대부분 개도국들은 경제발전을 위해 온실가스의 의무감축 자체를 부정하고 있고 선진국이 재정 지원을 해줄 경우에만 자발적으로 감축하겠다는 입장을 내세우고 있다.

세계적 환경 악화의 해결을 유난히 어렵게 만드는 요소로는 세 가지를 들 수 있다. 우선 강력한 근본 요인들이 배후에 자리하고 있다. 이는 인구의 점진적인 팽창, 부적절한 과학기술의 일상적인 사용,[69] 부에 대한 보편적인 열망과 높은 소비 수준, 자연

---

69 이와 관련된 중국의 사례로는 미국의 과학사학자인 빅터 샤우(Victor Seow)의 <탄소 기술관료주의(Carbon Technology: Energy Regimes in Modern East Asia)>를 참조할 수 있다. 샤우는 만주 푸순 탄광의 사례 분석을 통해

의존적인 시장을 개선하려는 의지 부족 등의 요인들을 들 수 있다. 이와 같은 요인들은 너무나 강력해 미봉책으로는 해결되지 않는다. 둘째, 광범위하고 복잡한 국제적 대응이 필요하다는 점 역시 환경의제 형성을 본질적으로 어렵게 만든다. 예를 들어, 지구 기후문제를 다루기 위해 필요한 조치로 소비자들은 기꺼이 염화불화탄소(CFC)[70]를 방출하는 에어로솔 스프레이는 포기했지만, 과연 에너지를 방탕하게 소비하는 습관마저 버리기는 쉽지 않다. 그런 문제를 해결하는 데 필요한 일부 조치는 각 나라의 내정에까지 개입해야 되고 주권을 위협할 수 있다. 셋째, 지구 환경문제가 지닌 기술적 복잡성과 대응 노력에서 드러나는 정치적 취약성이 존재한다. 지구적 규모의 환경 위협을 다루기 위해 요구되는 조치를 뒷받침해줄 정치적 기반은 허약하고 또 힘이 분산되는 경향이 있다(James Gustave Speth, 2005: 148~149).

그렇다면 어떤 대안이 존재할까? 이에 대해서는 줄리아 애드니 토마스(Julia Adeney Thomas) 등이 <인류세 책: 행성적 위기의 다면적 시선(The Anthropocene: A Multidisciplinary Approach)>에서 개진한 주장이 설득력이 있다. 이들 학자들은 인류세를 위한 조정을 글로벌 노스와 글로벌 사우스로 구분하여 제안하고 있다. 우선 글로벌 노스, 그리고 최근에 경제발전을 이룩한 중국이나 브라질 같은 국가들이 자원과 쓰레기 처리장을 점점 더 많이 요구하는 중독적인 상황을 벗어나게 하려는 제안이 여럿 있다고 말한다. 그중 하나가 단순히 노동시간을 줄이는 것으로, 이의 목적은 소비시간을 늘리는 데 있는 것이 아니라, 공동체를 강화하고 생태복지를 증진할 활동시간을 확보하는 데 있다는 것이다. 또 다른 제안으로는 최소한의 보조금을 통해 빈곤층의 소득을 올리고 최고 소득층의 수입에 상한선을 두어 보편적인 기본소득을 보장하는 것이라고 한다. 이런 제안의 목적은 더 큰 평등을 도모하고 성장에 제동을 걸어 천

화석연료가 탄소 시대 동아시아의 정치질서 형성에 미친 영향을 규명한다. 저자에 따르면, 제국 일본에서 공산 중국에 이르기까지 확연히 다른 여러 정치체제 하에서도 모든 정권은 놀라울 정도로 유사한 경로를 따랐는데, 국제경쟁과 경제성장, 국가 안보, 자원 자립에 대한 국가주의적 집착 속에서 석탄 중심의 개발주의를 수용한 것이 바로 그것이다. 20세기 초 제국 일본의 만주 침략과 더불어 일본인 기술관료들에 의해 만들어진 탄소 기술관료주의, 즉 각종 기계 및 경영관리 수단을 통한 화석 연료의 대규모 활용을 이상화하는 기술정치 체제는 중국국민당과 중국공산당 치하에서도 비판 없이 답습되었다. 샤우는 이 책에서 탄소 기술관료주의 이야기는 동아시아를 배경으로 하지만, 서사의 궤적은 더 넓은 산업세계 전반을 포괄한다면서 조지 오웰의 <위건 부두로 가는 길>에 나오는 다음과 같은 구절을 인용하고 있다. "우리의 문명은 전적으로 석탄에 토대를 두고 있다. 그러나 사람들은 곰곰이 생각해 보기 전까지 이 점을 미쳐 깨닫지 못한다. 우리를 살게 하는 기계와 그러한 기계를 만드는 또 다른 기계들이 모두 직간접적으로 석탄에 의존하고 있다." Victor Seow(2024), p.47. 조지 오웰의 언급은 George Orwell(2010), p.31.

70 흔히 프레온가스라고 불리며, 주로 냉장고, 에어컨 등의 냉매, 에어로젤 스프레이, 폴리우레탄 단열재 등에 많이 쓰인다. 오존층 파괴의 주범으로 지목돼 2010년부터 사용이 금지됐다. 오존층 파괴 물질의 사용을 금지한 몬트리올의정서에는 현재 200여개 국가가 가입돼 있다. 하지만 CFC 가스 사용이 전면 금지된 2010년부터 2020년 사이 과거 널

연자원에 대한 압력을 줄이는 데 있다는 것이다(Julia Adeney Thomas et al., 2024: 261~262). 이밖에 이들은 최근 프랑스를 중심으로 대두되고 논의되는 개념인, 글로벌 노스가 경제적 생산 및 소비의 규모를 감축할 필요가 있다는 점을 강조하는 탈성장을 거론한다. 이윤과 성장을 추구하는 세계에 대한 근본적인 비판과 대안을 제시하는 탈성장론에 대해서는 이 책의 19장에서 보다 상세하게 다루기로 한다.

글로벌 사우스를 위한 다른 대안도 있다. 줄리아 애드니 토마스와 그의 동료들은 인도가 중국과 미국에 이어 세계 3위의 탄소배출국인 이유는 개인의 과소비 때문이 아니라 비효율적 자원 사용과 뒤처진 기술력, 경제적 빈부격차와 엄청난 인구 때문이라고 지적한다. 이런 통계를 보면, 개인적 선택 보다는 시스템 차원의 문제가 더 중요하다는 것이다. 식민주의가 끝났음에도 불구하고 글로벌 노스는 여전히 글로벌 사우스의 삶을 좌우하고 있다면서 이들은 글로벌 노스처럼 파괴적인 성장패턴을 답습하지 않으면서 복지로 가는 길을 창조하는 것이 필요하다고 언급한다(Julia Adeney Thomas et al., 2024: 265~267). 이와 관련해서는 글로벌 사우스 국가들이 글로벌 노스 국가들이 걸어간 성장 지향 경제와 고소비 사회의 루트를 추종하지 않는 대신 불평등을 줄이면서 삶의 질 향상을 목표로 하는 경제 보장(economic security)에 주력하는 것이 경제성장의 대체물이 될 수 있다고 보여진다(Nora Räthzel et al., 2019: 383).

줄리아 애드니 토마스의 지적대로 지구적 차원에서 환경문제 해결에 가장 어려운 도전은 모든 수준의 거버넌스에서 새로운 조처들을 적절하게 조율하는 일이라고 할 수 있다. 국제적 수준에서는 행성적 차원의 과잉을 억제하기 위해 합의를 이끌어 내고, 국제적 규범, 관행, 제도를 변화시키는 데 필요한 지원을 해야 하며, 국가 차원에서는 경제 및 사회제도를 재조정하여 탄력성을 구축해야 하고, 지역 차원에서는 최전선에서 벌어지는 각종 도전에 대응하기 위해 지역 공동체의 역량을 강화해야한다는 것이다(Julia Adeney Thomas et al., 2024: 271). 지구적 차원에서 그런 글로벌 거버넌스를 구축하는 과제와 관련해서는 이 책의 20장에서 다시 논의하기로 한다.

리 많이 쓰이지 않던 일부 CFC 계열 가스 배출량은 상대적으로 급속히 늘어나 2020년 역대 최고치를 기록한 것으로 나타났다. 직접 배출되는 형태로 CFC를 생산하는 것은 금지됐지만, CFC 대체소재를 만드는 공정에 여전히 CFC 계열 가스가 쓰이기 때문으로 보인다. https://zdnet.co.kr/view/?no=20230403160310 CFC 규제를 둘러싼 국제 갈등과 협력에 대해서는 Eric Dean Wilson(2023), pp.394~410 참조. 윌슨에 따르면 미국이 1996년 CFC 생산을 완전히 중단하게 된 것은 세계적 재앙을 피하려고 하지 않는다는 앨 고어(Al Gore)의 도발과 상원의 압력으로 인한 것이었다. 윌슨은 역대 미국의 대통령이 오염물질의 배출량을 줄이겠다고 약속하고, 공개적으로 기후문제 해결의 긴급함을 인정했지만, 다른 한편으로 공화당이든 민주당이든 특히 기업의 이해와 충돌할 때는 생태위기 문제를 뒤로 미뤘다고 비판한다. 그는 미국이 신뢰할 수 있는 것은 오직 자유시장 자본주의였다고 말한다. Eric Dean Wilson(2023), pp.444~445.

10장.

호모 사피엔스의 미래
: 과잉인구 지구 혹은 텅 빈 지구

> 다른 모든 조건이 똑같다고 할 때 늘어나는 인구 규모는 곧 배출되는 온실기체가 늘어난다는 의미이다. 이는 곧 기후변화가 빨라진다는 의미이며, 열대우림이 줄어든다는 의미이고, 교통정체가 심해진다는 의미이며, 보다 광범위하고 집약적인 농업이 이루어져야 한다는 의미이다.
>
> \- 폴 에얼릭[71]

지구적 변화와 지구 시스템: 압박받는 행성

국제 지구권-생물권 프로그램(International Geosphere-Biosphere Program: IGBP)은 파울 크뤼천(Paul J. Crutzen), 윌 스테판(Will Stepan)과 안겔리나 산데르손(Angelina Sanderson) 등의 학자들이 참가한 전 지구적인 기후변화 현상을 연구하는 프로그램이다. 1987년부터 2015년까지 운영되었던 이 프로그램은 지구의 생물학적, 화학적, 물리적 과정 사이의 상호작용을 지역적 및 전 지구적 규모에서 분석하고, 이러한 과정이 인간 사회와 시스템에 어떠한 상호작용을 하는지 연구하였다. IGBP는 지구에 생존하는 생물과 이를 둘러싼 환경 사이의 상호작용을 연구함으로써 생태계의 보전과 지속가능발전의 토대를 마련하려 하였다.

인류의 삶의 터전인 지구는 지구영역인 지권(lithosphere), 수권(hydrosphere), 기권(armosphere), 생물권(biosphere)의 네 가지 내권의 요소와 태양과 달 등 지구 밖 영역인 외권이라는 여러 구성요소들이 상호작용을 하는 일종의 시스템이다. 내권의 각 영역 간에는 지구시스템의 에너지원인 태양에너지, 지구내부에너지, 조력에너지에 의

71 Paul Ehrlich(2011), pp.309~310.

해 끊임없이 상호 작용을 하며, 지구 전체적으로는 에너지의 흐름과 물질의 순환이 일어난다. 이러한 지구시스템의 상호작용으로 다양한 기상 변화와 온갖 모양의 지형 변화 그리고 다양한 생명체가 살아갈 환경의 제공과 생명 활동이 가능하게 되는 것이다.

IGBP는 2001년 과학자, 정책 입안자, 자원 관리 전문가, 언론인 등 1,400명이 넘는 회원들이 참여한 가운데 암스테르담에서 역사적인 회의를 개최했다. 여기서 하나의 시스템으로서의 지구를 연구할 필요성에 초점을 맞추면서 '지구적 변화에 관한 암스테르담 선언(Amsterdam Declaration on Earth System Science)'이 도출되었다. 이 선언은 이제 인간이 자연의 거대한 힘을 압도하고 있으며, 인간이 초래한 변화들이 지구시스템 안에서 티핑포인트를 넘어서고 여타 복잡한 피드백 효과를 불러와 더 급격하고 놀라운, 그리고 파국적인 결과를 가져올 잠재력을 지니고 있다고 지적한다.

"지구 시스템(earth system)은 물리적, 화학적, 생물학적, 인간적 요소로 이루어진 하나의 자기 조절적 시스템으로 작동한다...지구의 지표면, 해양, 해안, 대기, 생물학적 다양성, 물의 순환, 그리고 생물지구학적 순환에서 인간이 초래한 변화는 자연적 변이를 넘어서는 수준이며, 이는 명백하게 확인할 수 있다. 인간이 초래한 변화는 그 규모와 영향력에 있어서 몇몇 거대한 자연의 힘에 비견될 정도다. 그리고 그 변화 중 많은 것들이 가속화되고 있다. 지구적 변화는 현실이며, 지금도 진행 중이다." (http://www.igbp.net/about/history/2001amsterdamdeclarationonearthsystemscience.4.1b8ae20512db692f2a680001312.html)

이어서 IGBP는 2004년 <지구적 변화와 지구 시스템: 압박받는 행성(Global Change and the Earth System: A Planet under Pressure)>이란 보고서를 발간하였다(Will Stepan et.al., 2005). 이 보고서에서는 그 속도가 점진적이기보다는 오히려 20세기 중반 이후 극적으로 증가한 다양한 영역에서 발생한 인간 활동 및 환경변화를 제시하고 이에 근거해서 지구 역사에 새로운 시대를 설정해야 한다는 주장을 피력했다. 인간이 촉발한 지구적 환경변화는 단순히 지구의 대기권과 기후를 변화시킨 것에 그치지 않았다는 것이다. 인간은 생물다양성을 지구적으로 감소시켰고 농업활동을 하면서 유출한 비료로 해양을 오염시켰으며, 바다로 가는 강의 흐름을 바꾸어놓았고, 전 세계에 걸쳐 자연 서식지를 변화시켰다. 인간이 지구 전체 환경에 미친 영향은 이밖에도 인구 증가, 농업을 위해 땅을 '길들이는' 일, 경제발전, 심지어 외국인 직접투자도 지구 시스템의 작용을 바꾸는 온갖 추동력 혼합체의 일부였다. 인간이 초래한 지구적 환경변화는 다차원적인 과정인 셈이다. 게다가 여러 차원들 사이의 상호작용, 그리고 국지에서 일정한 규모의 지역을 거쳐 궁극적으로 전 지구로 나아가는 누적효과는 지구 시스템 전체에 예상치 못한 결과를 가져온다는 것이 이 보고서의 핵심 주장이었다.

이와 같은 급격한 지구적 환경변화 속에서도 호모 사피엔스는 과연 생존하고 번성하면서 찬란한 문명을 계속 일굴 수 있을까? 이 장에서는 호모 사피엔스의 미래를 인구학(demography)의 견지에서 '과잉 인구 지구'와 '텅 빈 지구'라는 대칭되는 두 시각을 중심으로 살펴보고자 한다. 인구학은 사람 인구(human population)에 관한 학문인데, 여기서 인구는 시간적, 공간적으로 특정화된 개체(개인)들의 집합체를 가리킨다. 인구학은 인구의 정태적·동태적 측면 모두에 관심을 갖는다. 인구의 정태적 측면은 특정 시점에서의 인구 크기, 지리적 분포와 밀도, 인구 구성을 가리키고, 동태적 측면은 시간의 흐름에 따른 인구변동과 인구 과정을 지칭한다. 인구학은 인구의 다섯 가지 측면, 즉 크기, 분포, 구성, 인구 과정, 그리고 인구 변동 혹은 인구 과정에 영향을 미치는 사회경제적 요인들에 관심을 갖는데 이를 형식인구학이라 한다. 한편, 사회인구학은 출산, 사망, 이주와 같은 인구 현상들을 그 인구의 사회경제적 조건 및 이데올로기와 연관시켜 분석하는데 관심을 갖는다. 그리고 인구의 결정요인들을 사회학뿐만 아니라 경제학, 인류학, 진화론, 정치학, 역사학 등 학제적 접근방식으로 연구한다(이성용, 2022: 11~14).

그렇다면 미래의 인구는 어떻게 변화될까? 미래의 인구 변화는 다양한 요인에 의해 영향을 받으며, 이는 지역에 따라 크게 다를 수 있다. 유엔 인구 기금(UNFPA)과 다른 연구 기관들의 예측에 따르면, 몇 가지 중요한 트렌드를 강조할 수 있다. 전체적으로 볼 때 세계 인구는 앞으로도 증가세를 유지할 것으로 전망된다. UN의 예측에 따르면, 세계 인구는 2100년까지 약 109억 명에 이를 것으로 예상된다. 그러나 인구 증가율은 점차 감소하고 있으며, 글로벌 사우스 지역에서는 여전히 높은 출산율을 보이고 있지만, 많은 선진국과 일부 개발도상국에서는 출산율이 대체 출산율 이하로 떨어지고 있다. 아프리카와 일부 아시아 국가들은 여전히 높은 출산율을 보이는데 비해 유럽, 일본, 그리고 한국과 같은 국가들에서는 고령화와 출산율 감소가 주요 문제가 되고 있다.

맬서스의 인구 과잉 경고

1798년 영국의 정치경제학자인 토마스 맬서스(Thomas Robert Malthus, 1766~1834)는 익명으로 "인구의 원리가 미래의 사회발전에 끼치는 영향에 대한 소론(An Essay on the Principle of Population as It Affects the Future Improvement of Society)"이라는 논문을 발표했다. 이것이 훗날 사람들이 <인구론>이라고 부르는 책으로 발전했다.[72] 이 책은 당시 영국 사회, 특히 마르크스(Karl Marx)나 리카도(David Ricardo)와 같은 정치경제학자들에게 심대한 영향을 끼쳤다. 이 책에서 맬서스는 당시 학자들을 괴롭혔던 근본적인 문제인 "인간은 이제부터 점점 더 빠른 속도로 지금까지 상상하지 못한 발전을 향해 무한정 앞으로 나아갈 것인가, 아니면 행복과 고통 사이를 끊임없이 오가는 운명이 될 것인가"를 제기하였는데 맬서스의 대답은 후자였다. 맬서스가 이 책에서 강조한 핵심 내용은 "인간의 의무는 단지 자손 증식이 아니라 도덕적 행복을 증대시키는 데 있다는 것, 그리고 이를 실현할 전망이 보이지 않는다면 함부로 자식을 낳아서는 안 된다는 것을 사람들의 마음에 확실하게 각인시켜야 한다"는 것이었다(Thomas Robert Malthus, 2016: 502).

맬서스는 이렇게 주장을 하게 된 것이 "남녀 간 욕정의 소멸과 관련해서는 지금까지 어떤 진전도 전혀 이루지 못했기 때문"이라고 말한다. 사람들은 섹스를 매우 좋아했기 때문에 아이를 많이 낳았고, 그 결과 인구는 아무 제약 없이 늘 기하급수적으로 늘었지만, 농업과 식량생산은 산술급수적으로만 증가했다는 것이다. 맬서스는 "이러한 인구 증가와 지상에서의 생산 증가의 자연적 불균등은 내게는 극복할 수 없을 것처럼 보이는 심각한 어려움을 만들어 낸다... 어떤 기발한 평등도, 어떤 농업혁명도 궁극적으로는 그것의 압박을 제거할 수 없을 것이다...따라서 사회와 그 구성원들 모두가 편안하고 행복하고 비교적 한가롭게 살 가능성은 거의 없는 것처럼 보인다"고 주장하였다(Thomas Robert Malthus, 2016: 502). <인구론>의 2판에서 맬서스는 과잉인구의 문제에 빠지지 않는 여러 가지 방법을 제시하였는데 적극적 억제(positive check)와 예방적 억제(preventive check)가 바로 그것이다. 여기서 적극적 억제는 전

---

72 맬서스는 생전에 <인구론>을 6판까지 냈다. 1803년 2판에는 부제를 바꾸고 유럽 여러 국가를 다니면서 수집한 인구 관련 연구자료를 포함시키면서 그 분량이 대폭 늘어났다. 내용도 고드윈(William Godwin)과 콩도르세(Nicolas de Condorcet)를 자연 법칙을 내세워 비판했던 초판에 비해 이성과 진보에 근거를 둔 계몽주의를 어느 정도 받아들인 데서 차이가 있다고 평가된다. 이후 1806년 3판, 1807년 4판, 1817년 5판, 1826년 6판이 발간되었는데, 마지막판은 초판에 비해 글자수가 무려 5배에 달할 정도로 분량이 대폭 늘어났다..

쟁, 기근, 질병 등에 의해 인구 감소를, 예방적 억제는 결혼의 연기, 금욕적 결혼 생활을 통해 미래에 태어날 인구를 조절하는 것을 말한다.

"정도의 차이는 있지만, 모든 사회에 끊임없이 작용하여 인구를 생존자원 한도 내로 억제하는 일들은 크게 예방적 억제와 적극적 억제로 분류할 수 있다. 예방적 억제는 그것이 자발적인 것인 한에서 인간 고유의 것이며, 인간이 가진 미래를 예측하는 독특한 이성적 능력의 산물이다. 식물이나 이성능력이 없는 동물의 무한번식에 작용하는 억제력은 적극적 억제이거나 무의식적인 예방적 억제이다. 반면, 인간은 대가족을 거느린 이웃이 때때로 겪는 궁핍을 생각하고, 또는 자신의 현재 소비와 수입을 생각했을 때, 7~8명의 가족을 거느릴 경우, 각 구성원들에게 돌아가야 할 자원의 양을 계산하면서, 장차 태어날 자녀를 부양할 수 있을지 고민한다...문명화된 사회 구성원들 대다수가 자연적 본능이 명하는 여성과의 결혼을 미루고 고민하는 것은 바로 이러한 고려 때문이다... 적극적인 인구 억제 요인은 종류가 많으며, 악덕에서 생기거나 빈곤에서 생기거나를 막론하고 인간의 자연적 수명을 단축시키는 모든 원인을 포함한다. 비위생적인 직업, 과도한 노동과 혹한, 혹서에 따른 고통, 극도의 빈곤, 유아의 영양 실조, 대도시 환경, 온갖 종류의 방탕, 질병과 전쟁, 전염병과 기근 등이 이에 해당된다. 이상 인구증가 억제는 다시 도덕적 억제, 악덕, 빈곤으로 분류될 수 있다"(Thomas Robert Malthus, 2016: 24~25).

맬서스는 과잉인구로 인해 사회적 위기가 발생하고 이는 필연적으로 빈곤과 악덕(범죄, 전쟁 등에 의한 사망 유도)을 야기한다고 본다. 맬서스는 가난은 사회의 책임이 아니라 개인의 탓(부도덕성)이라고 주장했는데 이는 후에 영국 정부가 아일랜드 대기근에 적극적으로 대처하지 않게 만든 이론적 배경이 되었다. 맬서스가 이 책을 썼을 때, 영국은 당시 전 세계에 걸친 농업과 산업 혁명의 선두에 서 있었고 그것이 견인한 인구 폭발은 역전되지 않았다. 농업과 산업 혁명의 성과가 인구 폭발을 수월하게 뒷받침했기 때문이다. 맬서스의 주장은 후에 신맬서스주의자들에게 큰 영향을 끼쳤다. 한편으로는 맬서스의 이런 주장은 칼 마르크스의 시각에서는 자본주의적 생산 양식의 착취 구조를 은폐하고 교묘하게 책임을 노동계급에 전가하는 것이라서 마르크스주의자들로부터 비판을 받았다.

폴 에얼릭의 '인구폭탄' 이론

1950년대에 근대화 이론이 지배하면서 신맬서스주의(Neo-Malthusianism)가 확산되었다. 이들은 개발도상국의 인구는 과잉상태이고 인구감소가 있어야 사회와 국가의 발전이 가능하며 인위적인 산아 제한을 통해 출산율을 줄이는 것만이 빈곤에서 벗어나는 길이라는 점을 강조했다.[73] 대표적인 인물이 미국의 생물학자인 폴 에얼릭(Paul Ehrlich)이다. 나비의 개체군 동역학을 연구한 곤충학자인 에얼릭은 1968년 아내이자 공동 연구자인 앤과 함께 인도의 델리와 캘커타를 여행한 뒤 이들 도시가 직면한 문제는 우리의 문제이며, 그들과 우리 자신이 모두 생존할 수 있도록 도우려면 우리 모두는 우주선 지구에 있는 불우한 동료들의 곤경을 이해하는 법을 배워야 한다고 주장하였다. 귀국 후 에얼릭 부부는 인도 여행의 경험을 토대로 쓴 책인 <인구 폭탄(The Population Bomb)>을 발간했다. 이 책에서 그들은 저개발 국가들이 피할 수 없는 인구와 식량 위기에 직면해 있다면서, 매년 이들 국가에서 식량생산이 급증하는 인구를 따라가지 못하는 추세가 지속된다면 대량 기아가 계속되는 것은 불가피해 보인다고 지적하였다. 그러면서 에얼릭 부부는 이들 가난한 사람들 중 최소 천만 명이 1970년대에 매년 굶어 죽게 될 것이며, 대부분은 어린이라는 비관적인 전망을 내놓았다. 이는 금세기가 끝나기 전에 굶어죽을 인구에 비하면 극소수에 불과하며, 지금은 그 많은 사람들을 구하기 위한 조치를 취하기에는 너무 늦었다는 것이다.

"오늘날 식량이 부족하다. 그런 상황이 얼마나 오래 갈지에 대해서는 논란이 분분하다...낙관론자들의 말이 맞는다면, 지금과 같은 곤궁 수준이 앞으로 아마 20년 동안 지속될 것이다. 하지만 비관론자들의 말이 맞는다면, 엄청난 기근이 어쩌면 1970년대에, 확실하게는 1980년대에 곧 닥칠 것이다. 지금까지의 상황으로 비추어 볼 때, 비관론자들의 말이 맞는 것처럼 보인다"(Paul Ehrlich, 1968: 2~3).

---

73 신맬서스주의는 많은 학자들로부터 비판을 받았다. 이들은 출산율은 국가가 부유해짐에 따라 강제 없이도 자발적으로 떨어지는 경향이 있으며, 인간의 혁신 능력 향상으로 자원이 풍부해질 수 있다고 주장한다. 인간이 다른 자원의 공급을 늘리고, 과도하게 사용된 자원에 대한 대안을 발견하고, 자원 사용의 효율성을 개선할 수 있다는 줄리안 사이먼(Julian Simon)이 여기에 해당한다. 그러나 적지 않은 개발도상국에서는 인구 과잉이 정부의 개입을 필요로 하는 시급한 문제라고 확신하고 신맬서스주의적 인구통제정책을 실시하고 있다. 중국과 인도의 사례는 Chelsea Follett(2020) 참조.

에얼릭은 인구문제를 해결할 두 가지 해법이 있다고 결론을 내렸다. 하나는 출산율을 낮출 수 있는 방법을 찾는 '출산율 해법'이고, 다른 하나는 사망률을 높이는 방법 - 전쟁, 기근, 전염병 - 이 우리를 찾아오는 '사망률 해법'이었다. 그는 저개발국 정부든 선진국 정부든 출산율을 낮추기 위해 "우리의 의식구조를 바꿈으로써, 그러나 자발적으로 그렇게 하기 어렵다면 강압적으로라도" 체계적이고 보편적이고 심지어 권위주의적인 프로그램들을 시작해야 한다고 주장하였다. 그러나 그런다고 해도 장차 상황이 개선될 뿐이라고 경고를 하였다(Paul Ehrlich, 1968: 78~90). 에얼릭은 레이첼 카슨의 <침묵의 봄> 이래로 연기만 피우고 있던 대중 환경운동에 불을 지피는 데 기여했다. 살충제와 오염과 함께 인구도 주된 환경 의제로 부상했던 것이다. 맬서스의 이름처럼 그의 책 제목도 통속적인 용어가 되었고, 그 책의 가장 절박한 주장이 틀렸음이 드러난 뒤에도 여전히 널리 쓰이고 있다(Alan Weisman, 2015: 89).

맬서스와 에얼릭의 우울한 예측은 다행스럽게도 노먼 블로그(Norman Ernest Borlaug)가 주도한 이른바 '녹색혁명(Green Revolution)'에 의해 현실화되지 않았다. 1965년 경 블로그와 그의 동료들은 멕시코의 국제옥수수·밀연구소(Centro Internacional de Mejoramiento de Maíz y Trigo: CIMMYT) 에서 개발한 잡종들을 기근을 겪고 있던 인도와 파키스탄에서 시험 재배할 계획을 세웠다. 두 나라는 녹색혁명의 작물과 육종기술 덕분에 임박한 재앙을 피할 수 있었다. 역설적으로 식량 증산은 굶주리는 인구를 더 늘리는 결과를 초래한 사실도 존재한다. 그런데 수많은 사람들이 더 먹고살 수 있게 하는데 크게 기여한 노먼 블로그는 인구과잉에 관한 공포를 퍼뜨리는 에얼릭과 맬서스를 논박하지는 않았다.

이 점이 잘 나타난 것이 1970년 블로그가 행한 다음과 같은 노벨 평화상 수락 연설이다. "식량 생산이라는 과학적 힘과 인간의 번식이라는 생물학적 힘, 서로 맞서는 이 두 힘을 다스리는 인류의 능력은 최근 들어 경이로운 수준으로 발전해 왔다. 과학, 발명, 기술은 인간에게 식량 공급을 상당히, 때로는 눈부시게 늘릴 수 있는 재료와 방법을 제공했다...하지만 인류의 번식 속도를 효과적이고 인도적으로 줄일 수 있는 잠재력은 아직 충분히 쓰고 있지 않다...식량생산을 늘리기 위해 싸우는 기관들과 인구 억제를 위해 싸우는 기관들이 하나가 되어 공동의 노력을 펼칠 때까지, 굶주림에 맞서는 전투에서 영속성을 띤 진척은 결코 이루어질 수 없다" (https://www.nobelprize.org/prizes/peace/1970/borlaug/acceptance-speech/).

세계 인구의 증가 추세

현재 지구환경은 기후변화와 생물 다양성의 손실에서 물 및 영양소의 순환(hydrological and nutrient cycle)[74]과 천연자원의 고갈에 이르기까지 크고 우려스러운 변화를 보여주고 있다. 이러한 지구환경 변화는 미래 인간의 후생에 잠재적으로 큰 부정적인 결과를 초래할 수 있으며 지구 문명이 지속 가능한 경로에 있는지 또는 중요한 자연 자본을 고갈시켜 '너무 많이 소비'하고 있는지에 대한 질문을 제기한다. 경제 활동의 규모 증가가 유한한 지구에 어떤 영향을 미치는가? 이는 인구 증가, 도시화, 이주를 통한 공간 재분배(spatial redistributions through migration)를 포함한 주요 인구 통계학적 변화와 1인당 소득 및 소득 증가에 따른 육류 소비 증가와 같은 소비 패턴의 변화로 나타나고 있다. 그 중 대표적인 것이 인구 증가이다.

세계인구가 10억 명을 돌파한 것은 1800년경이다. 당시에는 산업혁명과 농업혁명 덕분에 사람들의 수명이 점점 더 길어지기 시작하던 때였다. 기근과 전염병이 힘을 잃으면서 결혼시기가 전보다 더 빨라지고 아이들을 더 많이 낳기 시작했다. 위생시설이 개선됐고 새로운 과학적 도약으로 기록될 천연두 백신의 발명으로 아이들의 생존율이 더 높아졌다. 빅토리아 시대는 인류역사에서 급속하고 지속적인 인구 증가를 목격한 최초의 시기라고 지적된다(Darrell Bricker & John Ibbitson, 2019: 31).

도시화도 자녀양육비, 주거비 등으로 출생률을 낮추는데 기여했다. 학교와 도서관에서 산아제한 방법을 알 기회가 더 많아지게 되었다. 1927년 세계 인구는 20억 명을 넘었고 당시에는 스웨덴처럼 인구성장을 안정되게 유지하거나 서서히 인구수를 늘릴 만큼만 아이를 낳았다. 2차 대전 후 제대군인원호법으로 더 잘 알려진 군인 재적응법(Servicemen's Readjustment Act) 덕분에 중산층이 만들어지고 출산율이 치솟았는데 이를 베이비붐이라고 한다. 개도국에게는 해외원조가 행해졌다. 그 덕분에 세계 인구는 1959년 30억 명, 1974년 40억 명으로 급증했다. 1800년대 초반 10억 명이었던 인류가 20억 명으로 늘어나는 데는 120년이 넘게 걸렸다. 하지만 20세기 이후 기술혁신과 경제성장 속도가 갈수록 빨라지면서 인구 증가 속도는 훨씬 빨라졌다. 1974년 40억 명, 1987년 50억 명, 2000년 60억 명, 2011년 70억 명, 2022년 80억 명의 증가추세에서 보듯이 1970년대 이후로는 세계인구가 12~13년마다 10억 명씩 늘었다.[75]

---

74 이는 화학원소나 분자가 지구의 생물권과 비생물권을 통해 움직이는 현상인 생물지구화학적 순환(biogeochemical cycle)을 가리킨다. 물, 탄소, 산소의 순환 등이 이에 속한다.

75 UN은 인구 문제의 심각성을 환기시키기 위해 1987년 50억 명 돌파 시점(7월 11일)을 '세계 인구의 날'로 기념하고 있다.

호모사피엔스는 걷잡을 수 없는 왕성한 생식력을 발휘함으로써 해마다 1억 3000만명이 넘는 신생아들(유니세프 추산)의 식의주를 제공해야하는 부담을 우리에게 안겨주고 있다. 인간이 지구를 가득 채우면서 숲은 사라지고 많은 동식물 종이 멸종되고 기후가 온난해지고 있다. 인류가 이 인구 폭탄의 뇌관을 제거하지 않는다면 우리는 가난과 식량부족, 국가 간 물리적 충돌, 환경 파괴가 점점 증대하는 상황을 맞이할 것이다. 이와 관련하여 현대판 맬서스주의자들은 사회적 빈곤이 인구의 급속한 증가에 의한 것이라 보고 출산의 제한을 제시한다.

UN은 그러나 21세기 이후 출산율이 크게 하락하고 있어 앞으로는 인구 증가 추세가 점차 둔화될 것으로 내다본다. 2020년 인구 증가율은 1950년 이후 처음으로 1% 아래로 떨어졌다. 유엔 인구 보고서는 앞으로 10억 명이 더 늘어난 90억 명이 되는 시점을 15년 후인 2037년으로 예상했다. 또 세계인구가 정점을 맞는 시기와 규모는 2086년 104억 명이며, 2100년까지 이 수준을 유지할 것으로 전망했다. 유엔은 "인구 증가세 둔화는 이번 세기 후반의 환경피해를 완화하는 데 도움이 될 수 있을 것"으로 기대했다. 세계인구의 규모와 연간 증가율은 다음과 같다.

<표> 세계인구의 규모와 연간 증가율

Global population size and annual growth rate: estimates, 1950-2022, and medium scenario with 95 percent prediction intervals, 2022-2050

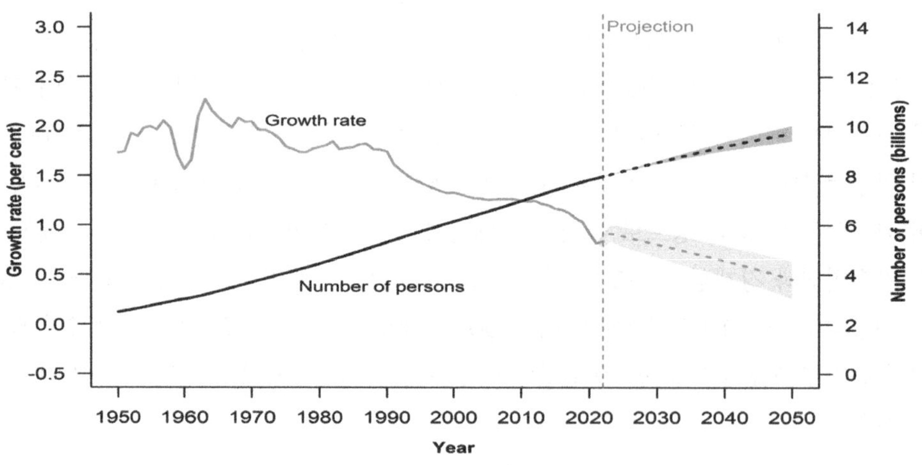

출처: UN Department of Economic and Social Affairs, Population Division, "World Population Prospects 2022" (https://www.un.org/development/desa/pd/sites/www.un.org.development.desa.pd/files/wpp2022_summary_of_results.pdf)

인구절벽

'인구절벽(demographic cliff)'은 세계적으로 손꼽히는 경제 예측 전문가인 해리 덴트(Harry Dent)가 2014년 발간된 동명의 저서이다. 덴트는 대부분의 경제학자들이 미국 경제가 쇠퇴한다고 보았던 1990년대에 오히려 베이비붐 세대가 가장 높은 지출 증가를 기록할 것이라고 정확하게 예측해서 주목을 받았다. 인플레이션은 평소보다 더 많은 수의 젊은 이들이 노동 시장에 진출할 때 상승하고, 많은 수의 노년층이 은퇴하고 주택 규모를 축소하며 지출을 삭감하면 감소한다는 것이다. 베이비붐 세대의 대규모 은퇴는 대규모 부채 축소를 야기해 실질적으로 디플레이션을 초래함으로써 앞으로 세계 경제를 약화시킬 것이라고 한다. 덴트에 의하면 인구절벽은 생산가능인구(15~64세)의 비율이 급속도로 줄어드는 현상을 말한다. 협의로는 40대 중후반 인구가 줄어 대대적인 소비 위축이 발생하는 현상으로 사용된다. 인구절벽은 한 세대의 소비가 정점을 치고 줄기 시작해 다음 세대가 소비의 주역으로 출현할 때까지 경제가 둔화되는 것을 말한다. 덴트에 따르면 인구절벽이란 '소비·노동·투자인구가 사라진 세상'이라고 할 수 있다(Harry Dent, 2015).

덴트는 2015년 10월 제16회 세계지식포럼에서 한국이 2018년경 인구절벽에 직면해 경제 불황을 겪을 가능성이 크다며 인구절벽의 해결 방안으로 이민 촉진과 출산·육아 장려책을 제시한 바 있다(<매일경제>, 2015년 10월 26일). 한국은 가임기 여성 한 명이 평생 낳을 것으로 예상되는 합계출산율이 2017년 4분기에 처음 1명을 밑돈 이후 6년만인 2023년 4분기에 0.65명을 기록한 초저출산 사회이다. 해당 수치는 경제협력개발기구(OECD) 회원국 평균인 1.58명(2021년 기준)의 절반에도 못 미친다. 이러한 인구 감소 양상은 2019년 정부가 내놓은 '장래인구특별추계'의 인구전망 가운데 '비관적 시나리오'에 가깝게 진행되고 있음을 보여준다. 통계청은 2019년에서 2021년 합계출산율을 0.86명으로 예상했고, 비관적으로 전망(저위추계)할 경우 0.78명이 될 것이라고 봤다. 그러나 2021년 이후 실제합계출산율은 정부의 예상치를 밑도는 것으로 나타났다.[76]

---

76 OECD 회원국 가운데 출산율이 1명 아래인 국가는 한국이 유일하다. 아이를 낳지 않는 기조에다 혼인건수는 줄고, 출산연령마저 높아져 저출산 추세는 당분간 계속될 것으로 보인다. 현실이 그렇다보니 한국의 인구 문제는 이제 인구절벽의 인구감소 시대를 넘어 '인구지진(age quake)'의 인구소멸 시대를 치달리며 위기감을 높이고 있다는 지적이 나오고 있다. 외신이 저출산 현상의 원인으로 공통으로 꼽는 것은 부동산 가격 상승, 살인적인 교육 경쟁, 정체된 임금, 결혼·양성평등에 대한 인식 변화 등이다. 세계경제포럼(WEF)이 2022년 7월 남녀평등이 얼마나 실현되고 있는지를

저출산과 고령화의 급속한 진행은 동전의 양면이라고 할 수 있다. 한국은 고령화 속도도 세계 최상위권이다. 총인구에서 65세 이상 인구가 차지하는 비율이 2018년에 14%를 넘으면서 고령사회(aged society)로 진입했고, 2024년 12월 20%를 넘어서며 초고령사회(post-aged society)로 들어섰다.[77] 국제 신용평가사들은 북한과 관련된 지정학적인 리스크 이외에 급속한 인구 고령화가 야기하는 장기적인 경제적·재정적 비용이 한국의 신용도에 부정적인 영향을 미칠 수 있다고 예상하고 있다. 이와 같은 고령화는 노동인구의 감소, 경제성장 둔화, 다음 세대의 부양능력 가중화 등이 그 문제점으로 지적된다. 해결방안으로는 강력한 결혼과 출산 장려 제도, 모성보호제도 강화, 2040 세대 삶의 질 개선 정책, 개방적 이민정책(미국식), 비혼출산을 광범위하게 인정해주는 결혼과 출산 분리 정책(유럽식) 등이 거론된다. 결혼과 출산 분리 정책의 대표적인 사례가 프랑스이다. 프랑스는 잘 정비된 가족정책을 구축해 아동수당, 양육비 지급, 세제 혜택 등 현금성 지원정책을 시행하고 양육 이외에 부모 취업, 주거, 보육비용을 국가 차원에서 지원·관리한다. 가족정책 실행기관으로 국가가족수당관리공단(CNAF)을 1967년 설립해 운영하고 있는데 가족수당을 받는 대상은 혼인 부부뿐만 아니라 동거 커플도 포함된다.[78]

정치적 측면에서 보면 인구 고령화는 전체 유권자에서 60대 이상이 차지하는 비율이 높아지면서 기성 정당들이 경쟁적으로 이들에 초점을 맞춘 공약을 제시하게 만들었다. 인구 고령화는 정치인의 고령화를 초래하고, 고령 유권자가 동질적 이해관계와 적극적 정치참여를 보일 때 이들을 주요 수혜자로 하는 정부의 재정지출과 정책으로 연결될 가능성이 높다(증세→조세저항→세대갈등). 이는 노인이 지배하거나 통제력의 우위를 점한 노인정치(gerontocracy)의 대두를 의미한다. 일본이 대표적 사례이다.

수치로 표시한 '젠더갭 지수(Gender Gap Index 2022)'를 발표했는데 조사한 146개국 중 한국은 99위에 그쳤다. <경향신문>, 2023년 2월 22일; <한겨레>, 2023년 2월 22일. 그러나 중요한 것은 저출산과 인구증가에 대한 단순한 이분법적 평가가 아니라 자연이 지탱해 줄 수 있는 한계용량, 종다양성의 보존, 인류의 생존과 후생 등을 고려한 적정인구를 정하고 이를 정책 수립 시 우선적으로 고려하는 것이다.

77 인구 고령화(population ageing)는 평균 수명의 증가, 출산율 저하로 65세 이상 고령자 인구의 비율이 점차 높아지는 현상을 말한다. UN의 기준에 따르면 전체 인구에서 65세 이상이 차지하는 비율인 고령자 인구 비율이 7% 이상이면 고령화 사회, 14% 이상이면 고령 사회, 20% 이상이면 초고령 사회로 구분된다. 한국의 경우 고령화 속도가 매우 빨라 2000년에 고령자 인구 비율이 7.2%에 이르러 고령화 사회로 진입한 데 이어 2018년에는 14.3%로 고령 사회로 진입했고, 2024년 12월 20%를 넘어서며 초고령사회로 진입했다.

78 프랑스는 1999년 동거가구의 권리를 보장하는 '시민연대협약'(PACS: Pacte civile de solidarité)을 도입했다. 시민연대협약은 결혼을 하지 않고 함께 사는 '동거' 커플이 법원에 사실혼 관련 서류를 제출하면, 법률혼 관계의 부부와 동

반면 한국은 전체 인구와 유권자에서 차지하는 비율만 높다. 빈곤율이 높지만 사회적 소통과 대화에 서툴고 정치적 이해를 대변해줄 조직도 취약하다. 정치인들은 이들을 단순한 '표밭'으로 간주해 선심성 공약을 남발할 뿐이다. 그러다 보니 지배이데올로기에 포획되어 계급이익에 반하는 정치성향을 표출하는 이가 적지 않다.

텅 빈 지구

대럴 브리커(Darrell Bricker)와 존 이빗슨(John Ibbitson)은 2019년 출간된 <텅 빈 지구: 다가오는 인구 감소의 충격(Empty Planet: The Shock of Global Population Decline)>에서 가까운 시기 안에 세계인구가 감소되기 시작할 것이라고 예측한다. 이는 21세기를 결정짓는 획기적 사건으로 일단 시작되면 절대 멈추지 않을 것이라고 주장한다. 따라서 우리가 직면하고 있는 것은 인구 폭탄이 아닌 인구 감소라는 것이다.

"21세기를 결정짓는 획기적인 사건 - 인간의 역사에서 가장 거대한 결정적 사건 가운데 하나 - 이 약간 시차는 있을지 몰라도 대강 30년 안에 일어날 것이다. 그것은 바로 세계 인구의 감소가 시작되는 때다. 인구 감소는 일단 시작되면 절대 멈추지 않을 것이다. 따라서 우리가 직면하고 있는 것은 인구 폭탄이 아닌 인구 감소 - 대대손손 무자비한 인간 무리의 도태 - 문제이다. 이전에는 이와 같은 상황이 일어난 적이 없었다"(Darrell Bricker & John Ibbitson, 2019: 14).

이들은 세계인구가 2040년과 2060년 사이 어느 시점에서 약 90억 명으로 정점을 찍은 뒤 점점 감소하기 시작할 것이라고 예측한다. 이미 일본, 한국, 스페인, 이탈리아, 동유럽 여러 나라 등 전 세계 20여개 나라의 인구가 줄고 있으며 2050년경 인구감소국은 30여개 나라로 늘어날 것이라고 전망한다. 그리고 진짜 놀라운 뉴스는 가장 큰 개발도상국들의 출생률이 떨어지면서 그 나라들의 인구수도 줄어들고 있다는 사실이

일한 세제 및 사회보장 혜택을 받을 수 있는 제도이다. 결혼과 단순동거의 중간 형태에 해당하는 제도로 각 개인의 호적에는 커플 관계가 기록되지 않고 독신으로의 지위가 유지되어 나중에 헤어질 때도 이혼을 하는 것처럼 까다로운 법적 절차를 밟지 않아도 된다. 시민연대계약을 맺은 계약결혼 커플은 동거 커플에 비해 법률적 재정적인 책임을 진다. 2000년대 중반 관련법의 개정으로 PACS 커플에게 보장되는 사회경제적 권리와 의무의 내용이 결혼 커플과 거의 유사한 수준으로 확대되었다. 이 제도는 기성 권위에 대항하는 젊은 세대의 일탈 욕구와 기존 권위로부터 소외된 성 소수자들의 인정 욕구에 국가가 반응하며 등장했다. 독일도 2001년 팍스와 비슷한 '생활동반자법'을 제정해 동거 커플에게 가족의 권리와 부양 의무, 채무 연대 책임 등을 부여했다.

라고 한다. 중국은 수년 안에 인구가 줄어들기 시작할 것이며, 금세기 중반쯤, 브라질과 인도네시아도 중국의 뒤를 따를 것이라고 한다. 심지어 곧 세계에서 가장 인구가 많은 나라가 될 인도도[79] 대강 한 세대 안에 인구수가 정체되다가 감소하기 시작할 것이라고 전망한다. 사하라 사막 이남 아프리카 지역과 중동의 일부 지역들의 출생률은 현재 하늘을 찌를 듯 고공행진하고 있지만 그 지역에서도 젊은 여성들의 교육 수준과 산아 제한에 대한 의식이 높아지면서 상황이 변하고 있다고 한다(Darrell Bricker & John Ibbitson, 2019: 15).

브리커와 이빗슨은 작금의 상황은 현재의 인구수를 유지하기 위해 필요한 여성 한 명당 평균 2.1명의 자녀라는 인구보충출생률(replacemeent level)을 회복시키는 목표를 이루지 못하고 있다고 지적한다. 이는 젊은 여성들의 교육수준과 산아제한에 대한 의식이 높아진 결과라는 것이다. 오늘 태어난 아이는 지금보다 더 도시화되고 범죄율이 낮고 환경적으로 더 건강하지만 나이든 사람이 더 많아진 행성으로 바뀐 지구의 모습을 보게 될 것이라는 것이 이들의 주장이다. 이들에 의하면 "우리는 아주 가까운 시일 내에 인구 감소의 충격이 전 세계적인 권력 투쟁에 영향을 끼치는 것을 볼 수 있을 거고, 앞으로 몇 십 년 뒤에 인구 감소는 전쟁과 평화의 본질을 규정할 것이다"(Darrell Bricker & John Ibbitson, 2019: 16~17).

인구 과잉과 풍요 속의 빈곤

지구 한편에서는 너무 많이 먹어서 비만이 걱정인 반면 다른 한편에서는 너무 많은 사람들이 굶주리고 있다. '풍요 속의 빈곤(poverty in the midst of plenty)'으로 지칭되는 이 같은 사태는 왜 벌어졌을까? 이에 대한 전통적인 설명은 인구과잉에서 그 이유를 찾는다. 세계 인구의 급속한 성장은 여러 형태의 전 세계적 문제들과 밀접한 관련이 있다는 것이다. 2022년 세계 인구는 80억을 넘었고, 곧 90억에 이를 것으로 예측되고 있다. 인구문제의 보다 큰 심각성은 가난한 지역의 인구증가율이 부유한 지역의 인구증가율을 압도하고 있다는 점이다. 1950년 저개발지역의 인구는 선진국 인구

79 유엔인구기금(UNFPA)의 '세계인구보고서'는 2023년 중반 인도 인구가 14억2천860만 명에 도달해 중국(14억2천570만 명)보다 300만 명가량 더 많아질 것으로 예측했다. UN은 다만 관련 자료의 불확실성 때문에 정확한 '추월' 시점은 예측하기 어렵다고 설명했다. 수십 년 간에 걸친 산아제한 정책으로 증가율이 점차 둔화해온 중국 인구는 2022년 처음으로 감소세로 돌아섰다. 한 자녀 정책은 이미 폐지됐지만, 결혼과 출산기피 현상이 심화하면서 인구감소 흐름은 더욱 빨라질 거란 전망이 나오고 있다. https://m.yonhapnewstv.co.kr/news/MYH20230421001100032

의 2배 정도였으나 오늘날에는 4배로 늘어났다. 이는 국제적 인구이동을 발생시키는 구조적 요인이기도 하다.

1994년 이집트의 카이로(Cairo)에서 사회개발의 핵심으로서 인구문제에 관한 광범위한 행동프로그램을 작성하기 위한 국제인구개발회의(International Conference on Population and Development, ICPD)가 개최되었다. 179개국과 수천 개의 비정부기구 대표가 참여한 이 회의에서 인구증가가 경제발전과 환경에 미치는 영향에 대한 논의들이 이루어졌다. 그 이전의 ICPD에서와 같이 급격한 인구증가가 사회경제적 발전에 걸림돌이 된다는 주장과 반면 사회경제적 발전이 출산율을 포함한 인구변동의 주된 결정 요인이라는 대립적인 시각 간에 논쟁이 전개되었다.

국제인구개발회의에서 잘 나타나듯이, 급격한 인구 증가가 사회경제적 발전에 걸림돌이 된다는 논의가 있는(인구변동 → 사회발전) 반면 사회경제적 발전이 출산율을 포함한 인구변동의 주된 결정 요인이라는(사회발전 → 인구 변동) 대립적인 시각이 존재한다. 인구와 발전 간의 이러한 논쟁을 이해하기 위해서는 무엇보다도 인구와 사회변동 간에 존재하는 관계를 정확히 이해하는 작업이 선행될 필요가 있다.

인구정책과 인권(human rights)의 문제는 과거 큰 주목을 받지 못했지만, 제2차 세계대전 후, 특히 1994년 카이로 국제인구개발회의 이후 인구정책을 둘러싼 핵심적인 이슈 중의 하나로 자리 잡고 있다. 단순히 공공의 이익(public good)이라는 추상적 논거에 기초하여 인구를 통제하는 대신 인구정책이 인간의 삶에 관한 문제라는 점에서 현대사회에서 인구정책을 설계하고 구체적으로 실행하는 과정에서 인권의 문제를 반드시 고려할 필요가 있다는 것이다.

회의에서는 UN의 인구정책을 둘러싸고 로마교황청과 보수 이슬람 지도자들이 연합하여 페미니스트들과 대립하였다. 이슬람 지도자들은 인구정책을 "가족제도에 대한 서구 제국주의의 공격"이라 비판하면서 반낙태, 반피임을 주장하는 교황청과 공조하였다. 그러나 여성이 출산을 자기 의지대로 통제하지 못하면 자기 인생을 통제할 수 없다는 페미니스트들의 주장이 반영되어 인구과잉이 전 세계적인 여성학대라는 좀 더 큰 문제의 한 단면에 불과하다는 점이 프로그램에 포함되게 되었다. 이는 여성이 인구 안정화와 경제개발이라는 목표에 있어 변화를 일으킬 수 있는 행위자라는 인식이 반영된 결과였다(Timothy Doyle et al., 2002: 209~213).

예컨대, 최근 한국 사회에서 저출산 문제 해결이 공익 차원에서 해결해야 할 중대한 사회적 이슈로 부각되고 있지만, 기본적으로 출산율 상승을 위해서는 개인들(특히, 여성)의 출산 관련 행위 조정이 반드시 필요하다는 점에서 불가피하게 인권 문제와 연결될 수밖에 없다. 특히, 인구정책은 이념적으로 다양한 정치적 지형이 존재하는 관계로 정책의 공감대를 높이기 위해서는 인구정책이 인권적 측면에서 어떠한 함의를 가지고 있는가에 대해서 이해할 필요가 있다. 인구정책 분야에서 상대적으로 새로운 이슈라고 할 수 있는 생명윤리의 문제 또한 기본적으로 인권과 직결되는 문제라고 할 수 있다.

국제인구개발회의의 최종 결과로 인구행동계획이 발표되었으며, 유엔인구기금의 향후 활동의 토대가 마련되었다. ICPD 인구행동계획에서 합의된 사항은 크게 4가지로 나눌 수 있다(https://www.unfpa.org/sites/default/files/event-pdf/ PoA_en.pdf).

1) 보편적인 교육: 전 세계 모든 나라에서 2015년까지 모든 사람들이 초등교육을 받을 수 있도록 한다. 여성이 중등 또는 고등교육을 받을 수 있는 권리(직업교육, 기술교육을 포함하여)가 보장되도록 각 나라 정부에 촉구한다.
2) 아동사망률과 영아사망률 감소: 각 나라는 유아와 5세 미만의 어린이의 사망률을 줄이기 위하여 노력하여야 한다. 이러한 노력의 구체적 목표는 2000년까지 현재(1994년) 수준의 1/3 또는 1000명 당 50-70명으로 사망률을 낮추어야 한다. 2015년까지 모든 국가에서 영아사망률을 신생아 1000명 당 35명 수준 이하로, 5세 미만 어린이 사망률을 신생아 1000명 당 45명 수준 이하로 유지해야 한다.
3) 모성사망률 감소: 1990년의 모성사망률을 기준으로, 2000년까지 1/2의 수준이 달성되어야 하며, 2015년까지 1/4 수준이 달성되어야 한다. 모성사망률의 국가간, 지역적, 사회경제적, 인종적 격차는 줄어들어야 한다.
4) 가족계획을 포함한 모자보건, 재생산건강, 생식건강의 확립: 가족계획을 위한 상담과, 산전관리, 안전한 분만과 주산기 관리, 불임 및 생식치료에 대한 적절한 제공 및 예방, 인공유산에 대한 방지, 인공유산 후 여성의 적절한 치료, 생식기관의 감염과 성매개질환, 기타 생식건강에 대한 적절한 치료, 성 문제·재생산건강·부모역할에 대한 적절한 교육, 상담의 제공 등이 필요하다. HIV/AIDS와 유방암, 불임, 분만에 대한 적절한 관리가 이루어져야 한다. 여성할례에 대한 적극적인 반대 및 철폐가 필요하다.

한편, 근본생태주의(deep ecology)자들의 한 부류인 신맬더스주의자들도 인구논쟁에 가세하였다. 이들은 지구상의 식량 생산원은 산술급수적으로 증가하는 반면 인구는 기하급수적으로 증가하기 때문에 인구증가가 식량제공 능력을 추월할 것이며, 그 결과는 대규모의 빈곤과 고통이 될 것이라는 맬서스의 주장을 이어받았다. 그러나 신 맬더스주의자들은 개발도상국에 대한 산아제한 정책을 정당화하고 기아와 가뭄으로 도움이 필요한 상황을 무시한다는 비판을 받았다. 가렛 하딘(Garet Hardin), 폴 에얼릭이 대표적 학자로 꼽힌다. 생태사회주의자인 데이비드 페퍼(David Pepper)는 '공유지의 비극(tragedy of the commons)'과 '구명선 윤리(lifeboat ethics)'를 내세우는 학자들을 비판하고 이들 주장이 강경보수, 우익, 파시스트적인 기원을 가진다고 주장하였다. 그는 산아제한을 주장하는 자들이 선진국의 자원 과잉소비나 자원의 불평등 배분문제는 거의 제기하지 않는다고 지적한다(Timothy Doyle et al., 2002: 210).

과잉 인구와 환경문제

비록 <인구폭탄>에서 향후 인구증가의 추세를 정확하게 예측하는데 실패했지만 폴 에얼릭은 그 후 자원고갈, 환경파괴를 다룬 다른 저서에서는 인구 과잉으로 인한 환경문제에 대해서 많은 이들이 수긍할만한 주장을 내놓았다. 그 대표적인 저서가 <진화의 종말(원저: The Dominant Animal)>이다. 이 책에서 에얼릭은 인간의 문화적 진화 유형과 인간 사회의 소비활동이 환경에 영향을 미치는 유형에서 지금까지 반복적으로 확인된 두 가지 핵심적인 관련 요인이 인구수와 인구수의 변화 양상이라고 지적한다. 그는 다른 모든 조건이 똑같다고 할 때 늘어나는 인구 규모는 곧 배출되는 온실기체가 늘어난다는 의미라고 말한다. 이는 곧 기후변화가 빨라진다는 의미이며, 열대우림이 줄어든다는 의미이고, 교통정체가 심해진다는 의미이며, 보다 광범위하고 집약적인 농업이 이루어져야 한다는 의미라는 것이다(Paul Ehrlich, 2011: 309~310).

여기서 알 수 있듯이, 심각하게 고려되어야 하는 것은 인구와 기후변화의 상관관계이다. 이는 기후변화에 대한 인구의 영향과 인구에 대한 기후변화의 영향을 모두 포함하는 복잡한 관계를 형성한다. 또한 인구와 기후변화의 관계는 발전, 과학·기술, 제도·정책, 문화 등의 요인들에 의해 매개되거나 조절될 수 있다(우해봉 외, 2024: 31). 급격한 인구증가가 환경의 지속가능성에 부정적 영향을 미치고, 기후변화는 인구, 특히 취약계층의 건강과 안전, 지속가능발전에 중대한 위험 요인이 된다.

에얼릭은 인구수의 급증은 1인당 소비가 급증하는 현상과 함께 나타난다고 한다. 환경과학자들은 모든 소비활동을 나타내는 대표적 수치로 에너지 사용 통계를 종종 이용하는데, 인간이 사용하는 전체 에너지량은 1850년 이후 약 20배 증가한 반면 인구는 거의 7배 증가했다는 것이다. 여러 대국 가운데 미국은 1인당 소비수준이 가장 높다. 미국은 많은 에너지를 소비할 뿐 아니라 미국에서 유용한 에너지를 생산하기 위해 사용하는 자원과 기술이 온실기체와 토지 이용 면에서 막대한 영향을 미친다. 소비를 줄이거나 청정자원과 기술로 전환함으로써 환경에 미치는 영향을 안전한 수준까지 끌어내릴 수 있지만 화석연료에 지급되는 보조금, 에너지 시스템을 바꾸는데 따른 예상 비용, 거대 에너지 회사들이 지닌 정치적 영향력 등을 고려할 때 대대적인 규모로 그러한 변화를 추진하는 것은 쉽지 않을 것이라는 것이다(Paul Ehrlich, 2011: 313~314).

세계 인구는 80억을 넘었고 조만간 90억을 돌파할 것으로 전망되고 있다. 80억 인구는 경제 활동을 통해 한 해 90조 달러가 넘는 부가가치를 생산하고 있다. 세계은행 집계에 따르면 2021년 세계 각국의 지디피를 합치면 96조 달러에 이른다. 인류가 생활 편의를 위해 닦은 도로는 지구 생태계를 60만 조각으로 쪼개놓았고, 인간이 만들어낸 인공물의 총량은 30조 톤에 이르는 것으로 과학자들은 추정한다. 30조 톤은 1㎡당 50㎏ 남짓의 인공물들로 지구 표면 전체를 뒤덮을 수 있는 규모다. 이 엄청난 경제를 떠받치기 위해 한 해 수백억 톤의 온실가스가 대기 중으로 배출된다. 글로벌탄소프로젝트(Global Carbon Project)가 최근 발표한 '글로벌 탄소 예산 2022' 보고서에 따르면, 전 세계에서 화석연료와 시멘트 사용으로 인해 배출되는 이산화탄소는 2022년 366억t으로 사상 최고치를 경신하였다. 토지 개발과 이용에 따른 배출량까지 포함하면 405억 톤으로 400억 톤이 넘는다. 50억 명을 돌파했던 1987년의 배출량 262억 톤에 비해 55%가 늘었다. 그 결과 인류의 생태자원 소비량(생태발자국)은 지구가 재생할 수 있는 자원의 양(생태용량)을 훨씬 넘어섰다(<한겨레> 2022년 11월 14일).

국제환경단체 세계생태발자국네트워크(GFN)는 생태용량을 생태발자국으로 나눈 뒤, 그 비율을 1년 캘린더에 적용한 '생태용량 초과일(Earth Overshoot Day)'을 매년 발표한다. 이는 인간이 사용하는 자연자원의 양이 지구가 1년 동안 회복할 수 있는 양을 초과하는 날이다. GFN에 따르면 2024년 기준으로 생태용량 초과일이 가장 빠른 국가는 카타르(2월 11일), 룩셈부르크(2월 20일), 아랍에미리트(3월 4일), 쿠웨이트(3월 5일), 몽골(3월 12일) 등이고 미국(3월 14일), 네덜란드(4월 1일), 한국(4월 4일)도 시기가 앞선 국가에 속한다(https://overshoot.footprintnetwork.org/newsroom/country-overshoot-days/). 이러한 생태적 과잉 지출은 삼림 벌채, 어업

붕괴, 담수 부족, 토양 침식, 생물다양성 손실, 기후변화와 극심한 가뭄, 산불 및 태풍으로 이어지는 대기 중 이산화탄소 축적을 포함한다는 점에서 매우 시급하게 다뤄져야 될 문제이다. 인류의 생태자원 소비는 1970년대 초반부터 지구의 재생 능력을 초과하기 시작해 해가 갈수록 용량 초과일을 앞당겨 가고 있다.

물론 이에 대한 대응이 전혀 이뤄지지 않고 있는 것은 아니다. 지금도 대기 중에 있는 온실가스를 저감시키기 위한 기술이 제시되고 있고, 기후변화협약 당사국총회 같은 국제적 기후 협력도 끊임없이 추진되고 있다. 문제는 경제적 이유에서, 그리고 무엇보다도 정치적 이유에서 기후위기에 대한 대응이 너무나 느리고 불충분하게 진행되고 있다는 점이다. 지구적 규모에서 온실가스를 획기적으로 감축하고, 기꺼이 이에 소요되는 투자비용을 지출하기는커녕 여전히 온실가스 배출 감축을 둘러싸고 타국에 책임을 떠맡기거나 온난화를 부인하는 일까지 일어나고 있다. 일부 국가에서는 아예 노골적으로 탄소중립에 역행하는 에너지 정책을 내놓기도 한다. 그런 와중에서 온실가스 배출은 꾸준히 증가하고 있다. 여기에 이미 우리가 대기권으로 배출한 온실가스의 양만 갖고도 상당한 기간 지구는 기후 악화가 계속될 것이 분명하다. 이러한 사실은 지금 우리 인류가 처한 상황이 결코 낙관적이지 않고 그러기 때문에 대담하게 기후재난을 최소화하기 위한 온갖 시도를 감행해야 한다는 것을 우리에게 알려준다.

11장.
기후위기, 지속불가능한 산업과 소비의 정치경제

> 우리는 소비자에서 벗어나 시민으로 되돌아가는 방법을 찾아야 한다. 우리는 적극적인 시민으로서 중요한 역할을 할 수 있다...내가 더 적극적이지 않으면, 더 적극적인 시민이 되지 않으면, 아무것도 변하지 않는다.
>
> - 맥신 베다[80]

자본주의 시장경제체제와 소비의 정치경제

자본주의는 16세기 이후 서유럽에서 형성, 발전되어 전 세계로 확산된 사회경제체제이다. 생산수단의 사적 소유, 시장 경제, 계급분리를 특징으로 한다. 무엇보다 생산수단의 사적 소유자인 자본가가 임금노동자를 고용하여 상품을 생산하고, 자유경쟁을 통하여 이윤을 축적, 생산력을 발전시킨다. 이러한 자본주의의 작동방식을 비판적으로 분석한 가장 유명한 사상가는 칼 마르크스이다. 일찍이 그는 고도로 발전한 서유럽의 자본주의가 자체에 내재하는 객관적 법칙성으로 인해 몰락하고 사회주의로 교체될 것이라 주장했지만 현실로 이뤄지지 않았다.

자본주의는 계급사회이기도 하다. 여기서 계급은 노동분업에서 동일한 위상을 광범위하게 공유하는 유사한 지위, 소득, 문화를 가진 개인들의 대규모 집단을 가리킨다. 마르크스에 의하면 한 계급은 소유와 권력에 대해 공통된 관계를 공유하며, 공통된 행태적 유형의 경향을 가지는 개인들로 구성된다. 이에 비해 미국의 주류학계에서는 계급보다는 계층이라는 용어를 자주 사용하는 경향이 있는 데 이 용어는 경제뿐만 아니라 여러 기준(직업, 지위, 재산, 소비, 생활양식 등)을 동원해 사회를 구성하는 범주(사회성층)를 밝힐 때 주로 사용 된다.

---

80 Maxine Bédat(2024), pp.333~334.

이러한 자본주의는 근대 자본주의로 변모하면서 대량생산과 대량소비의 축적체제를 구축하게 된다. 그것이 바로 공장식 대량생산 시스템인 테일러주의(Taylorism)와 포드주의(Fordism)이다. 여기서 테일러주의는 관리자가 작업양식을 비롯한 공정의 모든 단계를 통합하는 것을 특징으로 하는 데, 작업의 순서, 공정도, 표준 동작, 작업기준을 표준화하고 차등적 성과급을 도입한다. 포드주의는 자동차 생산공장의 컨베이어 시스템에서 유래한 것으로 조립라인 및 연속공정 기술을 이용해서 표준화된 제품을 대량생산하고 대량소비하는 것을 가능하게 하였다.[81] 이러한 공장식 대량생산 시스템은 싸고 풍부한 석유와 에너지에 기초하기 때문에, 자원고갈과 산업폐기물 문제가 발생하고 생태환경 위기를 초래할 수밖에 없다.

대량생산 시스템은 물화(Verdinglichung)가 진행되면서 나타난 소비사회와 발맞춰 발전하였다. 물화란 원래 죄르지 루카치(György Lukács)의 용어이다. 루카치는 근대 자본주의에 들어와 사람들 간의 관계가 물건 같은 성격을 띠는 것이 전체 사회의 지배적인 형식으로 되었다고 지적하면서 이를 물화라 일컬었다. 상품구조를 통해 발생하는 가치의 전도 현상은 추상적이고 주관적인 것들을 객관적으로 존재하는 것처럼 보이게 하고, 마치 처음부터 그러했던 것처럼 기원을 은폐한 채 자율성을 획득하게 만든다는 것이다. 계산가능성(Kalkulierbarkeit)에 바탕을 두는 합리화 원리가 지배하는 현실에서 주체는 주변세계에 대해 관조적 자세를 갖게 되고, 기계화된 부분으로서 기계적 체계에 무기력하게 제 자신을 끼워 맞춰야 하면서, 현 존재에게 일어나는 사건들에 하등의 영향력도 미칠 수 없는 방관자가 된다고 한다(György Lukács, 1986: 154~163).

---

81 포드주의에 입각한 대량생산 시스템이 잘 나타난 영화가 찰리 채플린이 제작과 감독, 각본을 맡은 <모던 타임즈(The Modern Times>이다. 산업사회에서 인간들은 자본주의 체제라는 기계의 톱니바퀴로 전락한 존재이다. 처음부터 영화는 양떼를 모는 장면과 공장에서 노동자들이 쏟아져 나오는 장면으로 화면을 분할해 보여준다. 목초지에서 양치기들의 신호와 채찍에 따라 이리저리 몰려다니는 양들과 거대 공장의 컨베이어벨트 앞에서 반장의 통제 아래 분업화된 노동에 종사하는 노동자들은 별반 다르지 않다. 자본가들은 생산성의 향상을 위해 노동자들에게 분업을 통한 노동을 강제한다. 그런데 문제는 노동자들이 자신에게 필요한 것을 넘어선 제품을 소유하고 다른 이의 것과 교환함으로써 삶의 질이 향상된다는 고전적 자유주의자 애덤 스미스의 주장이 현실에서는 좀처럼 실현되지 않는다는 점이다. 자본주의 체제하에서 임노동에 종사하는 사람들은 착취의 대상이 되고 그 과정에서 소외를 경험하기 때문이다. 자본주의에 대한 신랄한 비판을 담은 <모던 타임즈>를 읽는 두 키워드는 소외와 실업이다. 독일어로 '엔트프렘둥(Entfremdung)' 즉, 소외는 원래 이방인 혹은 타자를 만드는 작용을 의미하는 용어이다. 정치경제학에서는 탈취를 통해서든 매매를 통해서든 어떤 것이 그 소유자에게 외적인 것이 됨을 가리킨다. 칼 마르크스와 프리드리히 엥겔스는 이런 외화가 자본주의 체제 하에서는 적대적 성격으로 나타난다고 주장한다. 이들에 따르면 소외는 노동생산물로부터의 소외, 생명 활동으로부터의 소외, 인간의 '유적 존재(Gattungswesen)'에 대한 참여로부터의 소외, 그리고 집합적 노동에 종사하는 타자들로부터의 소외라는 다양한 측면을 지닌다고 한다. 무엇보다 임노동에 종사하는 노동자들은 자신들의 생산물에서 사회적으로 분리되어 있고 생산물에 대해 소유권을 갖고 있지도 않을 뿐만 아니라 사회적 활동에서 소외된다. Peter Osborne(2005), pp.83~89. <모던 타임즈>에 대해서는 홍익표(2016), pp.449~454.

독일의 철학자인 악셀 호네트(Axel Honneth)는 물화가 바로 '인정의 망각(Anerkennungsvergessenheit)'이라 말한다. "한쪽에는 인정에 민감한 인식의 형식들이 서 있고, 그 맞은편에는 선행하는 인정으로부터 나왔다는 자신의 기원에 대한 을 잃어버린 인식의 형식들이 서 있다"라는 것이다. "이러한 형식의 '인정 망각'을 우리는 루카치의 의도를 한 수준 높은 곳에서 지속하면서 '물화'라고 부를 수 있다. 그러므로 이것이 의미하는 것은 다른 사람에 관한 우리의 지식과 인식에서, 그 둘이 선행하는 공감과 인정에 얼마나 빚지고 있는지에 대한 의식이 상실되는 과정이다"(Axel Honneth, 2006: 67~68).

근대 자본주의에 들어서면서 대규모의 소비자들이 소비사회에 편입되었는데, 이들을 지배하는 가치는 물질적으로 풍요롭고 안락한 삶을 향유하는 것이었다. 자본주의 생산체제의 재생산을 위해 소비문화가 창출되었고, 수동적인 시민이 대량으로 양산되었다. 프랑스의 사회학자이자 철학자인 장 보드리야르(Jean Baudrillard)가 <소비의 사회(La Société de consommation)>에서 지적했듯이 이들 소비자란 개인주의적 경향을 지니며, 몰연대적이고, 몰역사적인 경향을 지닌다. "소비자인 한에서는, 사람은 다시 고립되고 뿔뿔히 떨어져서 기껏해야 서로 무관심한 군중이 될 뿐이다"(Jean Baudrillard, 1991: 113). 소비사회에서 개인들이 사회적 성공을 드러내는 기호이자 사회적 지위의 징표로 작용하는 것은 그들이 소비하는 제품과 서비스이다.

과시적 소비와 소비의 민주화, 디컨슈머의 대두?

주류라 불리는 신고전주의 경제학자들은 소비를 어떻게 설명할까? 일반적으로 이들은 소비를 경제 활동의 최종 목적으로 간주하며, 따라서 1인당 소비 수준은 경제의 생산적 성공을 가늠하는 중심 척도로 간주한다. 소비 행동에 대한 연구는 거시경제학과 미시경제학 모두에서 중심적인 역할을 차지한다. 미시경제학에서는 소비자들이 무엇을 살지 어떻게 결정하는가라는 문제에 초점을 맞춰 살펴본다. 이 문제를 구성하는 세 가지 구성요소는 선호, 재화와 용역의 가격, 예산이다. 재화와 용역을 소비하여 얻는 편익은 기호와 선호에서 오는 직접적인 결과이며, 상대적인 가격에 따라서 어떤 상품을 포기하는 것이 무엇인가를 알 수 있으며, 소비자가 자신의 소득으로 얼마나 구매할 수 있는 지는 예산제약선(budget constraint) 또는 예산선(budget line)이라는 개념을 통해 설명할 수 있다. 소비자는 선호, 가격, 예산을 가지고 최선의 결정을 내린다. 즉 소비자는 한계적 사고(marginal thinking)를 사용해 최적화를 추구한다(Daron

Acemoglu et.al., 2019: 95~100).

여기서 최적화의 형태는 무엇이 그 대상이 되느냐에 따라 달라진다. 그 대상이 효용이라면 최적화의 형태는 그것을 극대화하는 것이고, 비용이라면 그것을 최소화하는 것이다. 경제주체와 그들의 목적에 따라 제약하의 최적화 형태는 달라지게 된다. 소비와 저축이 관심의 대상이 된다면 소비자 혹은 가계라는 경제 주체를 분석 대상으로 하여 예산 제약 하에서 주관적인 만족도인 효용을 극대화하는 최적화 문제가 될 것이다. 우리가 소비행위를 제한할 수 있는 제약은 크게 경제적 제약(자원의 제약), 기술적 제약, 법적 제약, 사회문화적 제약으로 나누어 볼 수 있다. 이 중에서 사회문화적 제약은 태도, 매너, 예의범절, 사회적 규범, 관습, 종교, 복장 등에 걸친 제약을 의미한다. 소비자의 합리적인 선택에 관해 분석하는 이론을 소비자선택이론 또는 소비자최적이론이라 부른다. 가계는 예산 제약하에서 효용을 극대화함으로써 합리적인 소비를 선택하는데 이를 소비자균형이라고 한다(차은영, 2012: 1~15). 경제학자들은 소비 데이터를 사용하여 가계의 지출행동을 조사하고 위험에 대비한 준비 상태를 살펴보며 빈곤을 측정하는 연구를 수행한다. 이에 비해, 거시경제학자들은 총소비(aggregate consumption)에 관심을 갖는데, 총소비 지출의 역학을 통해 거시경제 변동과 경기순환을 이해할 수 있기 때문이다.

주류경제학의 역사에서 소비는 오랫동안 경제학자들로부터 큰 관심을 끌지 못했다. 이에 비해, 정치경제학자들은 자본주의의 팽창과 제국주의 침략의 요인으로 대규모 소비시장의 확보를 거론하고 분석하였다. 학자들의 관심이 생기게 된 데는 19세기 말과 20세기 초에 나타난 자본주의의 중요하고도 근본적인 변형 때문이었다. 비록 자본주의 체제의 기초 – 사적 소유의 법률, 기본적 계급구조, 시장을 통한 상품 생산과 배분 – 는 그대로였지만, 이제 자본축적은 대규모 주식회사의 내부에서 일어나도록 제도화되었다. 자본주의 발전의 초기 단계에서는 축적 과정의 중심적 역할을 개별 자본가가 맡았지만, 19세기 후반이 되자 이 축적 과정은 대규모 주식회사의 형태로 바뀌었다. 새로 출현한 경영자계급은 테일러주의에 입각한 과학적 경영을 추진했다. 이러한 제도적 변형으로 나타난 현상이 자본의 국제화와 자본가계급의 구조 변화였다. 자본가들의 대다수는 가만히 앉아서 부재소유권(absentee ownership)[82]만 보유하고

---

82 자신의 토지를 소유했으나 거주하지 않고 적극적으로 관리하지 않는 개인이나 기업을 가리켜 부재소유자라고 한다. 프랑스 구체제 하의 궁정귀족이나 아일랜드 소작농을 약탈하던 영국의 지주가 이에 속한다. 이와 관련된 책으로 베블런은 1924년 <최근의 부재소유권과 사업 기업(Absentee Ownership and Business Enterprise in Recent Times)>을 출간했다.

도 지위를 영구화시킬 수 있었다. 자본가들의 대다수는 이제 순수한 금리 수취 계급이 되었으며, 오직 소수만이 새로운 기업구조의 '관리자들을 관리'하는 기능을 수행함으로써 전체 자본가계급의 이익을 보호하는 역할을 맡게 되었다(E. K. Hunt, 2015: 643~644). 이러한 변화에 주목한 경제학자들이 당시 지배적인 영향력을 행사하던 고전학파 및 신고전학파와는 다른 새로운 이론을 제시하였는데, 그 대표적인 학자가 바로 소스타인 베블런(Thorstein Veblen, 1857~1929)이다.

19세기 말부터 일단의 경제학자들이 고전학파 및 신고전학파에 반발하기 시작했다. 제도학파로 불린 이들은 개인에게 영향을 주고 개인을 만든다고까지 할 수 있는 제도(institution), 즉 사회적 규칙을 분석해야 한다고 주장하였다. 제도학파의 탄생은 합리적이고 이기적인 개인이라는 개념에 의문을 제기하면서 명성을 얻은 노르웨이 출신의 미국 경제학자인 베블런으로 거슬러 올라간다. 그는 인간의 행동은 본능, 습관, 신념 등 여러 층의 동기에 기반을 두고 있고, 이성은 그중에서도 가장 마지막 층이라고 주장하였다. 인간의 합리성은 우리가 관찰하는 특정 개인을 둘러싼 공식적 규칙과 비공식적 규칙으로 이루어진 제도에 의해 형성된다는 것이었다. 그는 사회제도는 구성원들의 행동에 영향을 끼치는 것에 그치지 않고 그 구성원들의 본질을 변화시키고, 그렇게 변화한 구성원들이 다시 제도를 바꾸게 된다고 믿었다(장하준, 2023: 154~159).

베블런은 <유한계급론(The Theory of the Leisure Class)>에서 근대 자본주의 사회, 더욱 정확히는 유한계급 등장 이후의 인간 사회가 기업과 산업, 소유권과 기술, 제도와 기술발전, 금전적 직업과 산업적 직업, 노동기술과 판매기술 사이의 대립 위에서 있다는 이분법을 발전시켜왔다고 주장하였다(veblenian dichotomy). 베블런은 진화경제학적 경제학 방법론에 의존하였다. 그는 현실경제의 비목적론적인 변화과정에 초점을 두고 경제는 생물학적 세계와 비슷한 연속적, 점진적, 누적적 변화를 겪는다고 주장하였다. 이는 뉴턴 역학 위에 모형을 구축하고 균형분석 경로를 따른 신고전학파 경제학과 대비되는 점이다.

베블런이 제시한 가장 중요한 명제는 현대사회를 이해하는 핵심에 사회적 구분과 계층화의 인식이 자리한다는 것이다. 아이러니하게도 (소비, 유한, 돈과 무관한 습관 등을 통해) 높은 사회적 지위를 드러내는 것은 종종 재화와 활동의 쓸모없음을 통해서였다. 누군가가 가진 재화 자체의 효용 부재, 즉 쓸모없음은 지위를 보여주는 가장 두드러진 표지였다(엘리자베스 커리드핼킷, 2024: 18~19). 베블런은 사람들이 존경을 얻고 유지하려면 부나 권력을 소유하는 것만으로는 충분하지 않다고 한다. 권력은 입증되어야 하는데 존경은 증거에 근거해서만 주어지기 때문이다. 한 가지 방법은 베블런이 '과시적 소비(conspicuous consumption)'라고 부르는 것이다. 당신을 모르는 사람은 당신이 아무것도 할 필요가 없을 정도로 능력을 갖추고 있음을 알지 못하기 때문에 당신은 '시간의 비생산적 소비'를 입증해야 한다는 것이다. 여기에는 적절한 에티켓과 매너를 보여주는 것, 개인적 하인을 고용하는 것, 선탠, 그리고 과시적 소비가 있다.

대표적인 사례로 베블런이 드는 것이 여성들의 옷 소비이다. 여성들은 옷을 소비하는 것을 통해 비싼 가격, 새로움, 부적절성을 보여주려 한다는 것이다. 여기서 부적절성이란 유익한 목적에 부적합하며, 착용자가 어떤 생산활동도 할 수 없다는 것을 보여주는 것을 말한다. 너무 섬세해서 빨리 헤지는 옷도 여기에 해당한다. 이렇게 행동하는 이유는 특정 재화가 물질적 욕구를 충족시키거나 안락을 제공(효용)하기 때문이 아니라 그것을 살 능력을 보여주기 때문이다. 베블런은 신고전학파의 경제적 소비론에 대해 사회적 소비론을 제시했다고 평가된다.

베블런은 이른 경제발전 단계에서 재화를 인색하지 않게 소비하는 일, 특히 더 품격 높은 재화를 소비하는 일이란 이론상으로는 최저생활에 필요한 만큼을 넘어서는 모든 소비를 뜻하며, 보통 유한계급과 관계가 있다고 말한다. "재화를 비생산적으로 소비하는 일은 명예로운데, 첫째로 용맹함을 나타내는 표시이자 인간 존엄성에 따르는 특권이기 때문이며, 둘째로 그 행위 자체, 특히 더 가치 있는 물건을 소비하는 일이 근본적으로 명예로워졌기 때문이다"(Thorstein Veblen, 2019: 83, 77). 현대사회를 분석하는 용어로 베블런 효과(Veblen effect)가 있다. 이는 앞에서 설명한 대로 자신의 사회적 지위와 경제적 능력을 과시하기 위해 이른바 명품만을 소비하는 것을 가리킨다. 고가의 외제 자동차나 보석과 같은 상품을 구입하는 것이 이에 해당한다.

전통경제학은 소비자의 의사결정이 수요·공급법칙에 따라 독자적·합리적으로 이뤄진다고 봤다. 이런 관점에서는 명품에 열광하는 소비행위를 설명하기 어렵다. 하지만 행동경제학 등에서는 소비자의 의사결정에는 심리적인 영향이 차지하는 부분도 크다고 본다. 개인의 소비가 다른 사람에게 영향을 미친다는 것이다. 이를 네트워크 효과라고 한다. 베블런 효과 외에도 밴드왜건 효과(bandwagon effect), 스놉 효과(snob effect) 등이 여기에 속한다. 밴드왜건은 서커스나 퍼레이드 행렬의 맨 앞에 선 밴드들이 탄 마차다. 밴드왜건이 앞서나가면 이를 본 사람들이 따라가고, 그들을 보고 또 다른 사람들이 따라간다. 부유층을 중심으로 생기는 과시적 소비를 나중에 주위 사람들이 따라하게 되면 이는 밴드왜건 효과가 일어난 것이다(https://www.hankyung.com/article/2013121338221). 이에 비해 스놉 효과는 백로효과(白鷺效果) 혹은 속물효과라고도 불리는 것으로 다른 사람들이 어떤 상품을 많이 소비하고 있기 때문에, 자신은 그 재화의 소비를 중단하거나 줄이는 것을 말한다. 남들과 달라 보이려는 과시욕이 작동한다는 점에서 베블런 효과와 비슷하다.

닐 맥켄드릭(Neil McKendrick)은 베블런의 과시적 소비 개념에 토대를 두고 사회적 모방과 경쟁적 소비의 개념을 제시한다. 부유층이 소비탐닉을 하면 중간층이 이를 따라 하고 다시 하류층이 이를 따라 한다는 것이다. 맥켄드릭은 그의 동료들과 같이 쓴 <소비사회의 탄생: 18세기 영국의 상업화(The Birth of a Consumer Society: The Commercialization of Eighteenth-Century England)>에서 패션의 변화가 사회 변화의 지표이자 원인으로서 진지하게 고찰될 필요가 있다고 강조한다. 그는 잘 알려진 웨지우드(Wedgwood) 도자기와 잘 알려지지 않은 조지 팩우드(George Packwood) 면도용품에 대한 사례 비교연구를 통해서 우리가 독특하게 현대적이라고 생각하는 많은 마케팅 기법이 2세기 전에 의식적으로 그리고 널리 사용되었다는 점을 밝혔다(Neil McKendrick et.al, 1982). 한편, 영국의 사회학자인 콜린 캠벨(Colin Campbell)은 <낭만주의 윤리와 근대 소비주의 정신(The Romantic Ethic and the Spirit of Modern Consumerism)>에서 영국 사회에서 가장 금욕적이고 청교도적인 윤리를 지닌 중간계급 또는 상인계급이 어떻게 쾌락주의에 기반한 소비주의의 한 형태를 만들어냈는가를 분석하였다. 그는 근대 소비주의 정신의 특징으로 개인들이 제품과 연관된 의미로부터 구성한 자기환상적 경험으로부터 쾌락을 추구하는 것을 든다. 이와 직결되는 낭만주의 윤리는 사람들이 자신의 쾌락과 욕망을 점점 더 많이 자각하게 되는 감정주의적 생활방식을 가리킨다(Colin Campbell, 2010).

베블런이 <유한계급론>을 쓰고 한 세기 뒤, 기술의 대대적인 변화와 세계화는 우리가 일하고 생활하고 소비하는 방식을 바꾸었다. 산업혁명과 제조업의 발전은 중간계급을 창출하고 물질적 재화의 비용을 낮추어 과시적 소비가 보편화되는 결과를 가져왔다. 이와 동시에 유한계급은 새로운 엘리트로 대체되었다. 이를 미국의 도시·지역계획학자인 엘리자베스 커리드핼킷(Elizabeth Currid-Halkett)은 야망계급(aspirational class)이라고 명명한다. 이 엘리트는 능력주의[83] 및 지식과 문화의 습득에 바탕을 두며, 예전에 비해 경제적 지위로 뚜렷하게 정의되지 않는다. 이 새로운 집단과 더불어 일련의 새로운 규범과 가치가 나타났다(Elizabeth Currid-Halkett, 2024: 20).

커리드핼킷은 도시가 새로운 엘리트들의 소비습관을 관찰할 수 있는 지리적 렌즈라고 지적한다. 오늘날 도시들은 공유하는 가치와 이데올로기, 소비양상 등을 통해 지리적으로 근접한 소도시나 교외보다 서로 더 많이 연결된다. 도시는 야망계급의 소비 중심지이며 이들의 많은 행동과 현상이 펼쳐지는 곳이다. 이러한 도시 소비의 부상은 야망계급의 부유한 성원들이 유입된 결과다(Elizabeth Currid-Halkett, 2024: 257). 지위재의 구매가치를 높여주는 것은 도시생활의 밀도와 이질성, 높은 가시성이라고 할 수 있다. 지하철이나 미술관, 거리에서 멋진 보석이나 화려한 신발, 디자이너 핸드백을 들고 있는 다른 사람들을 보면 우리도 같은 물건들을 사고 싶어지는 동류집단 효과(peer effect)가 있다. 하지만 한편으로는 우리는 차이를 드러내기 위해 호사스럽고 과시적인 재화를 사기도 한다. 예를 들어, 크리스찬 루부탱의 5인치 힐은 엘리트 패션의 일원임을 보여주는 신호인 동시에 선명한 빨간색 밑창으로 '나를 봐요'라고 소리친다. 이 신발은 롤렉스 시계, 샤넬 핸드백, 포르쉐 자동차와 마찬가지로 자연스럽게 사람들 사이에 어울리면서도 돋보이는 수단이 된다.[84] 게오르크 짐멜(Georg Simmel)은 <대도시와 정신적 삶(Die Großstädte und das Geistesleben)>에서 도시로 이주한 사람들은 그곳에 모여 사는 인파에서 자신을 구분하는 방편으로 시각적으로 개성을 드러내며 별난 모습을 한다고 말한다. 이런 개성 드러내기와 구별짓기는 거리를 걸으며 서로를 스쳐지나가는 그 순간에 즉각적으로 이루어져야 하므로 옷은 가장 효율적인 수단이 되는 것이다(Elizabeth Currid-Halkett, 2024: 302~303).

---

83 능력대로 공정하게 보상받는다는 능력주의에 대한 비판은 마이클 샌델이 <공정하다는 착각(the tyranny of merit)>에서 행했다. 샌델은 재능(능력에 상당한 지분을 가진 단어)은 내 노력이 아니라 행운의 결과이고, 내 재능을 후하게 보상하는 사회에 산다는 것도 역시 우연의 산물이라고 주장한다. 능력에서 비롯된 혜택을 온전히 누릴 자격이 있다는 판단은 실수이자 자만이며, 이는 공동체에 필수적인 사회적 연대감을 약하게 만들고 불평등을 정당화한다. 능력주의 사회에서는 성공이 개인의 능력과 노력의 결과로 간주된다. 자신의 성공을 당연하게 여기고, 자신의 실패를 개인의 책임으로 돌리게 한다. 사회적 연대와 공동체 의식을 약화시키고, 운의 요소를 무시한다. 출생 배경, 가정 환경, 건강 상태 등은 개인이 통제할 수 없는 요소이다. 능력주의는 교육 시스템에도 부정적인 영향을 미친다고 언급한다. 샌델은 현대의 교육 시스템이 능력주의적 가치에 따라 학생들을 평가하고 분류하며, 이는 학생들에게 지나친 경쟁과 스트레스를 유발한다고 말한다. 샌델은 좋은 사회를 만들기 위해서는 기회의 평등과 결과의 평등보다는 조건의 평등이 필요하다는 것이다. 이는 막대한 부를 쌓거나 빛나는 자리에 앉지 못한 사람들도 고상하고 존엄한 삶을 살도록 한다. 그것은 사회적 존경을 받는 일에서 역량을 계발하고 발휘하며, 널리 보급된 학습문화를 공유하고, 동료시민들과 공적 문제에 대해 숙의하는 것 등으로 이루어진다. Michael Sandel(2020), pp.347~353.

84 여성은 옷을 신체적 특징을 부각하는 도구로, 남성은 신분 상징으로 사용하는 경향이 강하다. 화장품 역시 여성 자신을 아름답게 가꾸는 강력한 수단일 뿐만 아니라 화장품의 특정 색상은 보는 이의 시선을 끈다. Gad Saad(2024), p.103, p.99.

프랑스의 사회학자인 피에르 부르디외(Pierre Bourdieu)는 인류집단이 고유한 행동을 하고 느끼고 사고하는 방식을 문화라 보고, 구체적으로 이는 일상적인 의미에서는 한 개인이 가지고 있는 학문적, 예술적, 문학적 지식을 가리키고, 사회학적 의미에서는 다수에 의해 획득되고 공유되는 규범과 실천들인 가치들의 총체를 의미한다고 한다. 개인이 사회적 관계를 익히고 지배적 규범과 가치에 동화되는 사회화과정을 거치는 동안 획득하게 되는 하나의 성향을 부르디외는 '아비투스(Habitus)'라는 키워드를 통해 분석한다. 부르디외 사회학의 중심 개념 중 하나인 아비투스는 사회화를 통해 개인이 획득하는 영구적인 하나의 성향으로 구체적으로는 각자의 객관적인 생존조건에 의해 개인에게 내면화된 태도이자 지각하고 느끼고 행동하고 사고하는 경향을 말한다. 개인들은 사회관계를 재생산할 수 있는 성향들을 갖거나, 구별의 개념에 근거한 아비투스를 갖추게 된다는 것이다. 여기서 습득된 행동과 가치들이 자명한 것, 자연스러운 것, 거의 본능적인 것으로 여겨지는 내면화는 정치현상의 분석에도 확대하여 적용할 수 있다. 이러한 분석에 따르면 정치사회화는 특정 정치체제의 구성원들이 그들의 위치를 지속적으로 경험함으로써 습득한 가치와 행동규범을 자연스럽고 상식적인 것으로 받아들이는 과정에 다름 아니다.

독일의 정치학자인 울리히 브란트(Ulrich Brand)와 마르쿠스 비센(Markus Wissen)은 이 같은 특징을 지닌 생활양식을 제국적 관계를 통해 분석한다. 그들이 명명한 '제국적 생활양식(Imperiale Lebensweise)'은 자본주의 사회의 재생산에서 본질적인 계기로 북반구 주민의 정치적, 경제적, 문화적 일상 구조와 실천에 깊이 자리하고 있던 생산과 분배와 소비 규범을 가리킨다. 그런데 제국적 생활양식은 점차적으로 남반구의 신흥경제국에도 유입되었고, 중간계급과 하층계급에게까지 광범위하게 공유되었다. "인구 대다수의 재생산이 기능적인 제국적 관계에 여러 가지 방식으로 의존하게 되었다"라는 것은 제국적 생활방식이 헤게모니를 차지하게 되었다는 것을 의미한다. 자동차와 스마트폰 등을 구매하고 사용하는 것과 같이 자명하고도 반복적인 일과를 지닌 제국적 생활양식은 많은 사람들에게 주관적으로 충족된 삶의 가능성을 의미한다는 것이다. 그러나 제국적 생활양식은 남반구의 인간과 자연을 착취하고 자연 파괴의 대가를 외부에 전가시킴으로써 가능했다는 것이다. 나아가 제국적 생활양식은 남성중심주의와 유럽 중심주의, 인종주의와 식민주의까지 필수적 구성 요소로 삼고 있다고 지적한다(Ulrich Brand et.al, 2020: 78~80, 129).

우리 주변에는 더 많은 소비를 위해 맹목적으로 부를 축적하고 끊임없이 경쟁하는 것을 자연스럽게 여기는 호모 이코노미쿠스(homo economicus)가 너무 많다. 자본주의의 긴 역사를 통해 호모 이코노미쿠스들의 가치관과 생활양식이 대중들에게 상식의 지위를 차지하게 되었고, 일상적 실천으로 보편화되게 되었다. 자본주의 체제가 지속가능하기 위해서는 자연자원을 훼손하고 노동력을 착취함으로써 끊임없이 생산과 소비가 이뤄져야 했다. 무력을 사용하여 다른 나라를 식민지로 만든 것도 거대한 소비시장을 새로 확보할 수 있었기 때문이었다. 그런 까닭에 식민지의 운영은 자본주의 원칙에 입각해서 이뤄졌다.

19세기 제국을 건설한 대부분의 국가들이 이런 사례에 포함된다. 미국이 그 대표적인 경우이다. 1861~1965년의 남북전쟁은 남부의 낡고 전통적인 사회와 북부의 새로운 자본주의 세계가 맞붙은 싸움이었다. 산업화된 북부 입장에서 보면, 남부의 노예경제는 노예들이 임금을 벌지 못했던 탓에 북부 생산물을 위한 대규모 소비자 시장을 제공할 수 없었으며, 따라서 노예제에 반대할 경제적 이유가 충분했다. 북부가 승리한 것은 무엇보다도 기술·재정·산업 차원에서 남부보다 우월하고, 인구가 더 많고, 교통이 더 좋았기 때문이었다. 남북전쟁은 대규모 법인기업이 등장하고, 국가 통화와 전국적 은행체계가 창설되며, 월스트리트가 금융 중심지로 우뚝 서기 위한 길을 닦았다. 남북전쟁이 끝난 후 30여 년이 지나 미국은 세계 최고의 제조업 국가가 되었다. 대규모 이민 덕분에 인구가 거의 두 배로 늘어났고, 철도 노선도 세 배 이상 확대되었으며, 밀 생산과 철강 생산도 경이적으로 증가했다(Donald Sassoon, 2020: 376~377, 380~384).

19세기 후반 미국은 개선된 정보 전달(전신), 거리의 극복(철도), 새로운 동력(전기) 같은 위대한 경제적 돌파구가 열렸다. 그러다가 마침내 성장률이 빠르게 상승하기 시작하였다. 1870~1910년까지 미국이 세계 제조업에서 차지하는 비중은 23.3%에서 35.3%로 늘어났다. 평범한 미국인은 이전에 없던 규모로 물질적 풍요를 누릴 수 있게 되었다. 미국은 세계에서 가장 많은 백만장자와 가장 부유한 노동자를 둔 소비사회가 되었다. 미국인들은 1914년에 1인당 346달러의 소득을 올렸다. 다른 나라의 경우 영국은 244달러, 독일은 184달러, 프랑스는 153달러, 이탈리아는 108달러였다. 이 시기 소비자는 수많은 열풍에 휩싸였고, 대도시는 백화점과 같은 소비의 전당을 자랑했다. 1914년 무렵의 미국인들은 코카콜라를 마셨고, 포드 자동차를 몰았으며, 지하철을 탔고, 고층 건물에서 일했으며, '과학적 경영'을 중시했고, 질레트(Gilette) 1회용 면도기를 썼으며, 전기로 조명과 난방을 했고, 비행기로 여행을 다니거나 적어도 비행에 대한 기사를 읽었으며, AT&T가 제공하는 전화기를 썼다(Alan Greenspan, 2020: 346, 119~122).

현대사회의 소비에 대해 인상적인 주장을 펼친 학자는 J. B. 매키넌(J. B. Mackinnon)이다. 환경 및 경제문제를 연구하는 매키넌은 <디컨슈머(The day the world stops shopping)>에서 새천년이 시작될 무렵 소비는 인구수를 제치고 가장 심각한 환경문제로 대두했다고 지적한다. 우리 각자의 소비량이 총인구수보다 더 중요한 시기가 되었다는 것이다. 그에 따르면, 부유한 국가의 평균 소비량은 가난한 국가의 평균 소비량보다 열세 배 더 많다. 지금 인류는 지구가 재생할 수 있는 속도보다 1.7배 빠른 속도로 지구의 자원을 소모하고 있다는 것이다. 그는 일반적인 미국인처럼 소비한다면 다섯 배이고, 캐나다의 연간 쓰레기 생산량을 트럭에 실으면 지구 둘레를 열두 바퀴 돌 수 있다고 말한다. 그런데 그동안 이에 대처해온 방식은 소비를 줄이는 것이 아니라 녹색화하는 것, 즉 가솔린 자동차를 전기차로 대체하고, 석탄이 아닌 바람과 태양에서 얻은 에너지로 대체하며, 유기농 식품, 무독성 페인트, 재활용 컴퓨터, 고효율 텔레비전, 물 절약 식기세척기를 널리 사용하는 것이라고 한다.

"그러나 소비문화를 녹색화함으로써 물질 소비가 극적으로 줄어든 지역은 전 세계에 단 한 곳도 없다! 지구에서 가장 부유한 쇼핑객들은 실제로 녹색기술 덕분에 전만큼 진한 발자국을 남기지 않고 있다. 그러나 1인당 지구에 끼치는 피해는 여전히 선진국이 단연코 높은데, 이는 지금도 이들이 전 세계에서 소비를 가장 많이 하며 그 속도 또한 계속 빨라지고 있기 때문이다."

매키넌은 대부분 인류 역사에서 소비가 의혹의 대상이었기 때문에 모든 주요 종교와 정치세력을 대표하는 도덕적 지도자들이 우리에게 물질을 밝히지 말고 소비문화의 노예가 되지 말라고 충고했지만[85] 그러나 실제로 그렇게 하는 사람은 드물었다고 말한다. 소비를 향한 열정이 최대한도 아래로 떨어질 때마다 세계 지도자들이 나가서 소비하라고 노골적으로 말하는 것이 일상이 되었다는 것이다. 매키넌은 "역사 내내

---

85 이에 대한 종교의 가르침은 적지 않다 예를 들어, 신약의 <마태복음> 19장 24절에서 예수그리스도가 "부자가 천국에 가는 것은 낙타가 바늘구멍을 통과하는 것 보다 어렵다"라고 말한 것이 대표적이다. 불교의 핵심 진리인 사성제(四聖諦)에서는 욕심이 없으면 고통이 사라지고 올바른 수행생활로 열반과 해탈에 이를 수 있다고 가르친다. 이 중 하나인 집(集)성제는 그 고통이 바로 탐욕과 진노와 어리석음에서 비롯된다는 것을 의미한다.

우리에게 더 적게 소유하고 살라고 촉구한 모든 목소리에 우리가 갑자기 귀 기울인다고 가정해보자"고 제안한다. 어느 날 이 세상이 소비를 멈춘다면 무슨 일이 일어날까? 쇼핑 없는 최초의 하루가 몇 주에서 몇 달까지 이어지는 동안 우리는 물건을 만드는 방식을 바꾸고, 새로운 우선순위에 따라 우리의 삶을 구성하며, 소비욕구를 잃어버린 세계의 문화에 적합한 새로운 사업문화를 찾는다. 매키넌에 따르면, 디컨슈머들은 소비 집착에서 벗어나 간소함을 추구하고 내재적 가치에 집중하는 삶의 방식으로 기존 소비문화의 빈자리를 채울 것이라고 한다. 세상이 소비를 멈추는 날, 디컨슈머들이 만난 것은 녹색 경제, 새로운 시장, 변화된 삶이라는 것이다(J. B. Mackinnon, 2022: 16~18, 24).

글로벌 패스트 패션 산업, 지구환경을 훼손하고 온난화를 촉진하다

선진국들의 환경규제는 점차 강화되고 있다. 예를 들어 기후변화협약과 관련하여 자동차산업에서 배출기준 및 연비기준의 강화가 진행되고 있다. 기후정책은 다양한 형태로 통상정책과 결합하기도 한다. 예를 들어, 탄소중립 달성이 기후와 통상 정책의 우선순위에 놓이면서 기후정책과 통상정책의 연계는 '자국 산업의 보호·육성'과 '국제협력'이라는 두 방향으로 구체화되고 있다(https://www.kiep.go.kr/gallery.es?mid=a10102020000&bid=0003&act=view&list_no=11502&cg_code=). 이러한 현실에서 환경부담을 감내하는 국가에서 생산되는 제품이 이를 회피하는 국가들에서 생산된 제품에 비해 상대적 경쟁력이 떨어지는 환경덤핑(eco-dumping)이 발생한다. 그럼에도 무역관련 환경문제를 총괄할 수 있는 전 세계적 합의인 그린 라운드(green round)는 진척의 정도가 매우 느린 실정이다.

환경의 세계화를 주도하는 행위자는 초국적기업(transnational corporations: TNCs)이다. 초국적기업은 여러 국가들에서 상품을 생산하고 판매하는 기업으로 모회사와 자회사들로 구성되고 글로벌 네트워크를 형성하고 사업을 벌이는 기업을 가리킨다. 세계적으로 독과점을 형성하고 경쟁을 벌이며, 전략적 제휴와 외주(outsourcing), 하청(subcontract) 등 다양한 형태의 경영방식을 택하고 있다. 여기서 전략적 제휴는 독립기업을 유지하면서 서로가 필요한 부분에서 협정을 맺어 기업의 취약한 부분을 서로 보완하고 강화하는 방법으로 기술제휴, 조달제휴, 생산제휴, 판매제휴 등 다양한 형태가 존재한다. 외주는 자기 회사에서 만들 수 없거나 경쟁력이 없는 제품 혹은 부품 따위를 다른 회사나 전문가에 맡겨 만들게 하는 것을 말한다. 그리고 하청은 수급자가 맡은 일의 전부나 일부를 다시 제3자가 하수급인으로 맡는 것을 의미한다.

이들 기업의 활동을 둘러싸고는 다양한 평가가 존재한다. 투자, 일자리와 관련해서는 유치국의 투자를 늘리고 경제성장에 중요 역할을 한다는 견해가 있는 반면 초국적 기업의 투자는 대부분 국경을 넘는 인수, 합병이지 신규투자의 비중은 적다는 견해도 있다. 다른 국가로 생산기지를 이동하면 일자리가 감소한다는 주장이 있는 반면, 교차투자의 현실을 고려하면 중심부에서 초국적 기업의 유출입에 따른 순고용효과는 불확실하다는 반박도 있다. 이 중에서 민주주의와 환경에 미치는 영향과 관련해서는 부정적인 평가가 다수를 이룬다. 대표적 해외사례가 페루이다. 페루에서는 신자유주의 정책이 본격화된 이후에 광산 개발 등의 명목으로 원주민 공동체에 대한 파괴가 격화되고 자연환경이 오염되었다. 투자자-국가 소송제도(ISD)에 근거해서 국가가 투자 자본에 변상을 해야 하는 경우도 발생하고 있다. 영국의 BP가 나이지리아에서 유전개발을 하면서 인권탄압과 환경파괴 문제를 일으킨 것도 잘 알려진 사례이다.

지구적 규모에서 활동하는 지속불가능한 패션산업의 대표기업으로는 H&M과 나이키와 같은 거대기업을 들 수 있다. 미국의 나이키 본사에선 제품기획과 디자인 마케팅 업무만을 맡고 생산은 인건비가 싼 국가의 기업들에 하청을 준다. 1996년 3월 미국의 시사잡지 라이프(Life)는 '시간당 6센트(Six Cents an Hour)'라는 제목의 폭로기사를 게재했다. 나이키 축구공을 만드는 파키스탄의 12살 소년의 사진과 함께 이 소년이 하루 10시간 동안 가죽조각을 바느질로 이어붙이는 작업의 대가로 시간당 6센트를 받는다는 내용이었다. 그 결과 전 세계의 소비자단체가 나이키 제품 불매운동을 전개했다. 하청기업에서 벌어지는 일이라 책임이 없다고 발뺌하던 나이키는 주가가 하락하고 순이익이 반토막이 나자 기업책임부(corporate responsible department)를 사내에 신설하고 하청공장 노동자들이 주당 60시간 이상 일하지 않도록 새로운 규칙을 정했다(이완배, 2024: 110~113).

스웨덴의 스파(SPA·기획, 생산, 유통, 판매를 모두 도맡아 하는 업체) 브랜드인 H&M은 미얀마 납품 업체가 14살 아동까지 고용하고 있다는 폭로로 비판에 직면한 적이 있다. <패션 노예(Fashion Slaves)>의 저자인 몽아 캐른스틀랜드(Moa Karnstrand)와 토비아스 액커블롬(Tobias Andersson Akerblom)은 책에서 "패션기업 H&M의 미얀마 제조공장에서 14세 전후 청소년들이 하루 12시간씩 일하며 겨우 3달러를 받는다"고 폭로해 파장을 일으켰다. 저자들은 "서방은 저렴한 옷들로 모든 이들이 유행을 따를 수 있게 돕는다고 주장한다"면서 "하지만 의류업체가 어떻게 이런 옷을 생산하는지, 노예 공장과 아동 노동의 실태를 모르는 경우가 태반"이라고 비판했다. 이들은 이런 노동이 미얀마 국내법과 국제노동협약(International Labour Convention)을 모두 위반한 것이라고 밝혔다, 이러한 열악한 작업환경은 안전사고에도 취약함을 드러냈다. 2013년 4월 방글라데시 수도 다카 인근 사바르에서 지상 9층 라나플라자가 붕괴하면서, 1,136명이 사망 사고가 발생했다. 3층부터 입주해있던 의류제조공장 노동자들이 주된 피해자였다. 그들은 한 달에 4만원도 안 되는 저임금으로 혹사당하고 있었다. 그 후 H&M은 자사 제품 생산 공장의 안전을 강화하고 임금도 인상하겠다고 밝혔지만 그 이후에도 안전실태는 크게 개선되지 않은 것으로 밝혀졌다(이완배, 2024: 151~ 155).

이러한 현실을 영국의 지리학자인 로리 파슨스(Laurie Parsons)는 그의 저서인 <재앙의 지리학(원제: Carbon Colonialism: How Rich Countries Export Climate Breakdown)>에서 탄소 식민주의(Carbon Colonialism)라는 용어를 사용해 설명한다. 파슨스는 동남아시아의 여러 생산 공장에 대한 현장조사를 통해 글로벌 북반구의 기업들이 가난한 국가들로 공장을 이전하면서 환경오염과 기후붕괴를 함께 팔아넘기고 있다고 지적한다. 문제는 부유한 국가들이 그런 해외 생산의 폐단을 묵인하며 여전히 자국의 경계 안에서 배출된 탄소만을 집계하고 있다는 사실이다. 그는 "개별 국가 단위의 탄소 회계와 환경 규제는 각국에 자국의 생산 공정에서 발생하는 피해를 해결할 수 있는 기회 대신 국경 밖으로 이동시키는 방식으로 눈에 띄지 않게 감출 수 있는 기회를 제공한다"는 것이다(Laurie Parsons, 2024: 142~143).

"자연환경이 점점 더 많이 추출되고 포장되며 전 세계로 운송될수록, 국경은 더 이상 환경적 영향 또는 환경적 책임성의 경계를 가리키는 표식일 수 없다. 우리는 글로벌화 된 세계 및 환경에서 생활하고 있지만, 우리의 생각은 개별 국가 단위에 머물러 있다. 하나의 대륙에서 이뤄지는 추출과 환경쇠퇴는 또 다른 대륙에서 이뤄지는 소비를 부추긴다. 북반구가 누리는 경제적 이득은 남반구의 환경적 손실을 토대로 구축된다. 부유한 세계의 환경안보에 필요한 자금은 글로벌 남반구의 노동자들을 날로 심해지는 기후위험에 내몲으로써 발생한 기업의 이윤으로 충당된다. 이런 현실을 감안할 때, 우리는 최근 몇 년 동안 탄소 식민주의라는 용어가 출현하게 된 이유를 어렵지 않게 이해할 수 있다...식민지는 한 곳의 이익을 위해 또 다른 곳의 환경착취를 정당화하는 프레임이다. 현실에서 이것은 은폐로 나타난다"(Laurie Parsons, 2024: 143~144).

파슨스는 부의 창출에 관련된 환경 비용을 부를 축적하는 곳과 동떨어진 타지에서 지불하는 체계가 어떻게 작동하는 가를 캄보디아 벽돌 가마와 의류 하청 공장에서 일하는 노동자와 도시 빈민의 시선에서 밝히고 있다.[86] 물론 모든 패션기업이 환경과 인권에 반하는 활동을 하는 것은 아니다. 대표적으로 파타고니아(Patagonia) 케이스가 있다. 아웃도어 의류 기업 파타고니아에서 초기 직원 중 한 명이고, Our Footprint를 공동 창립했으며, 회사의 사내 철학자로 일하고 있는 빈센트 스탠리((Vincent Stanley)는[87] 2011년 가상 쇼핑이 활발한 날에 이 명제를 시험한 것으로 유명하다. 그는 크리스마스를 앞두고 전 세계에서 광란의 쇼핑이 시작되는 블랙프라이데이에 뉴욕 타임스에 독특한 광고를 신자고 제안했다. 이 광고는 파타고니아에서 가장 잘 팔리는 폴리스 스웨터의 사진 위에 "이 재킷을 사지 마세요(Don't Buy This Jacket)"라는 문구를 적었다. 나머지 문구도 똑같이 직설적이었다. "필요하지 않은 것을 사지 마세요. 무엇이든 신중히 고민하고 구매하세요." 광고는 이 재킷이 일으키는 환경 피해를 상세히 설명했다. 이 재킷 한 벌을 생산하고 운반하는 과정에서 45명의 사람들이 하루 동안 사용할 수 있는 물이 들어갔고 대기에 거의 10킬로그램의 이산화탄소가 배출되었다(J.B. Mackinnon, 2022: 145~146).

파타고니아의 일부 중역들은 실제로 이 광고로 인해 판매량이 하락하거나 심지어는 회사 전체가 무너질지도 모른다고 우려를 표명했다. 그러나 막상 파타고니아의 매출은 몇 달에 걸쳐 계속 늘어났다. 소비자에게 사지 말라고 부탁한 바로 그 재킷조차 판매가 줄지 않았다. 그 이후 수년간 파타고니아는 꾸준히 판매량과 매장 수가 늘었다. 파타고니아는 환경 피해를 줄인 기능성 원단 캐필린과 신칠라를 개발했으며 최초로 '겹쳐 입기(레이어링)' 개념을 선보여 디자인적으로나 기능적으로 아웃도어 업계를 선도하는 롤모델 기업으로 자리 잡았다. 또한 모든 면제품을 유기농 목화로 제작하고, 매출의 1퍼센트를 자연환경의 보존과 복구에 사용하는 '지구세(earth tax)'를 도입하기도 했다. 최근에는 고객들이 쓰레기를 늘리지 않도록 평생 수선을 책임지는 '원웨어(Worn Wear) 프로그램'을 만들었다(J.B. Mackinnon, 2022: 150).

---

86 파슨스의 책에 대한 리뷰는 예를 들어, Ewan Jenkins, "Review of Laurie Parsons. 2023. Carbon colonialism: How rich countries export climate breakdown", *Journal of Political Ecology*, 31(1) 참조.

87 빈센트 스탠리가 파타고니아에서 수행한 역할과 업무에 대해서는 https://www.patagonia.com/vincent-stanley/writer-2518.html 참조.

소비자에서 시민으로의 변화는 어떻게 가능한가?

지그문트 바우만은 그의 책인 <소비하는 삶 소비되는 삶(Consuming Life)>과 <소비사회와 교육을 말하다(On Education)>에서 소비사회에서 개인은 다른 어떤 정체성보다 '소비자'라는 정체성으로 규정된다고 지적한 바 있다. 그에 따르면, 소비사회는 과잉과 낭비, 폐기를 동력으로 한다. 따라서 기업은 소비자가 쉽게 사고 쉽게 버리도록 쉽게 만들고, 소비자는 이에 맞춰 쉽게 사고 버리는 구조가 반복된다. 문제는 돈을 쓰면 쓸수록 불행한 소비자가 되는 듯한 느낌을 지울 수 없다는 데 있다는 것이다.

"소비자 사회에서 소비의 핵심적인, 아마도 결정적인 목적은 욕구, 욕망, 바람의 충족이 아니라 소비자의 상품화 또는 재상품화다.[88] 즉 소비자 지위를 판매 가능한 상품의 지위로 끌어올리는 것이다... 소비자 사회 구성원은 그 자체가 소비상품이다. 그리고 그를 이 사회의 진정한 구성원으로 만들어주는 것이 소비상품으로서의 특성이다. 판매 가능한 상품이 되고 그러한 상태를 유지하는 것은 소비자의 관심의 가장 강력한 동기다...소비는 소비자의 상품화의 주요 메커니즘이다. 사회적으로 수행되고 국가가 관리하는 다른 많은 과제와 마찬가지로 이 과제는 규제가 철폐되고, 사사화되고, 소비자에게 '외주화되거나' '하청되어' 왔으며 남녀 개인이 돌보고 관리하고 책임질 일로 남겨졌다. 소비자의 행동을 추동하는 힘은 최적의 판매가, 더 높은 등급으로의 승격, 이런저런 성적표에서 더 높은 순위에 도달하며 더 높은 지위로 올라가는 것에 대한 개인의 추구이다"(Zygmunt Bauman, 2024: 97~98, 105).

"현대인에게 쇼핑을 할 수 없다는 것은 인간 존엄의 부재를 의미한다. 이 같은 상황에서 사회적 불평등은 언제 터질지 예상하기 어려운 지뢰밭을 낳는다... 소비지상주의는 우리를 유혹해 행동하게끔 자극한다. 더 정확히 말해, 강제의 주된 목적이 틀에 박힌 일상과 규율을 이끌어내는 것이라면, 유혹의 목적은 태만하지 않고 이윤 창출에 이바지하는 활동을 하도록 유도하는 것이다. 소비지상주의의 유혹에 굴복한 결과 우리는 자발적 노예가 된다. 최신 표현을 빌리자면 스스로 선택하고 적극적으로 실행하는 것을 전제로 한 '자기주도적(pro-active)' 노예화라고 할 수 있다. 이것은 아마

88 이 점에 대해 바우만은 <소비사회와 교육을 말하다>에서 소비주의 담론이 계속해서 벌이는 전쟁은 상점을 거치지 않은 - 또는 상품의 구매와 사용으로 중재되지 않은, 따라서 돌고 도는 화폐를 포함하지 않은 - 인간의 필요, 욕구, 갈망, 야심의 모든 충족과 대립한다고 말한다. Zygmunt Bauman(2016), p.179.

유혹의 덫에 저항하기가 이토록 어렵고 덫을 해체하기는 더더욱 어려운 이유일 것이다"(Zygmunt Bauman, 2016: 198).

현대사회에서 소비자는 "고립되고 뿔뿔이 떨어져서 기껏해야 서로 무관심한 대중이 될 뿐이다. 소비의 구조는 매우 유동적인 동시에 폐쇄적이다"(Jean Baudrillard, 1991: 113). 이런 까닭에 소비자는 개인주의적 경향을 지니며, 몰연대적이고 몰역사적인 경향을 지닌다. 전 지구적으로 기후위기에 직면한 인류에게는 대량생산과 무분별한 소비 패턴을 비판적으로 돌아보고 이를 바꾸어야 한다. 특히, 현재의 소비 패턴은 전 세계에 남아있는 환경자원과 지구가 제공하는 서비스를 파괴하고 불평등을 악화시키고 있는데서 더더욱 문제가 심각하다. 빈곤, 불평등, 환경의 위기는 서로 관련되어 있다. 또 모두 소비와 관련되어 있다(Annie Leonard, 2011: 316). 인류에게는 단지 커피숍에서 제공되는 선택지 중에서 의사결정을 하는 데 만족하는 것이 아니라, 농장과 공장 노동자들의 노동조건에서 국제무역협정에 이르는 모든 것에 관심을 갖고 영향을 미치려 노력하는 적극적인 시민이 필요하다. 우리는 소비자에서 벗어나 시민으로 되돌아가는 방법을 찾아야 한다. 우리는 적극적인 시민으로서 중요한 역할을 할 수 있다(Maxine Bédat, 2024: 333).

그렇다면 적극적인 시민이란 무엇일까? 정치과정에서 시민의 역할에 대해 연구한 미국의 정치학자인 러셀 달톤(Russell Dalton)에 따르면 가장 바람직한 형태의 시민은 슈퍼시민이다. 밀(John Stuart Mill), 로크(John Locke), 토크빌(Alexis de Tocqueville)을 비롯한 정치이론가들은 민주주의가 작동되려면 공중(the public: 공동체의 구성원으로서 자유롭게 정치에 참여하며 여론을 형성하고 공공담론에도 영향을 미치는 사람들의 집합을 가리킨다. 이들은 공공선에 관심을 갖고 그것에 관해 민주적으로 토의하는 능력을 지닌다)이 세련화(sophistication)되어야 한다고 주장했다. 여기서 세련화란 시민들이 대표의 행위에 영향력을 행사하거나 통제할 수 있도록 정치시스템의 방식에 대해 이해하고 있을 뿐만 아니라 다원주의, 표현의 자유, 소수자 권리와 같은 민주주의적 이상들에 대해 깊은 신념을 공유하는 것을 의미한다. 세련되고 공동체와 관련된 일에 적극적으로 관여하는 민주적 공중이야말로 민주주의 성공에 필수요건이라는 것이다. 바로 이런 공중을 '슈퍼시민'이라 부른다(Russell Dalton, 2010: 47~50). 일정한 자질을 지닌 시민이 민주주의의 성공에 필수요건이라는 주장은 루소(Jean-Jacques Rousseau)나 헤겔(Georg Wilhelm Friedrich Hegel), 토크빌,

밀의 저서에서도 발견된다.[89]

그린피스 등의 환경단체에서 일하면서 물건과 환경, 소비의 관계에 대해 조사한 애니 레너드(Annie Leonard)는 우리가 푹 빠져 있는 엉망진창 시스템에서 소비를 통해 길을 찾아나가려고 하는 것은 익숙한 막다른 골목이라고 언급한다. 많은 사람들이 단지 더 친환경적인 것을 사면, 저것 대신 이것을 선택하면 만사 오케이일 것이라고 만든다고 한다. 하지만 우리에게는 그보다 훨씬 많은 것이 필요하다는 것이다. 글로벌화된 공급망과 라벨에 '친환경'과 '자연적'이라는 편향된 주장이 너무 많은 것을 상기해보라는 것이다. 레너드는 '그린섬션(greensumption)', '의식적으로 소비하기(conscious consumption)'를 예로 들며, 소비할 때 좀 더 높은 수준에서 경각심을 갖고, 실천의 측면에서 덜 유독하고 덜 착취적이고 덜 오염시키는 제품을 고르고, 환경·건강·사회적 부정의와 관련된 제품은 피하자고 권유한다(Annie Leonard, 2011: 306~307).

이와 관련해서 윤리적 소비(ethical consumption)는 개인적이고 도덕적인 믿음에 근거해 내리는 의식적인 소비 선택이라는 점에서 설득력이 크다. 윤리적 소비는 반드시 당장 자신에게 경제적인 이득이 되지 않더라도, 장기적이고 이웃을 고려하며 자연환경까지 생각하는 관점에서 내리는 구매 선택이라고 할 수 있다.[90] 윤리적 소비에는 로치데일조합에서처럼 자신의 건강을 지키기 위한 소비자협동조합, 제3세계 국가 생산자의 인권을 고려한 공정무역, 동물학대 제품 불매, 재활용 제품 사용, 우리 고장 물품을 사용하는 로컬푸드 소비, 사회적기업 제품 소비 등이 모두 포함된다. 한겨레경제연구소는 한국에서의 윤리적 소비를 크게 건강, 환경, 사회의 세 영역으로 분류한다(https://www.hani.co.kr/arti/economy/heri_review/341285.html). 우선 건강은 '웰빙' 소비 트렌드가 속하는 영역이다. 당장의 욕구를 충족시키는 근시안적 소비에서 벗어나, 장기적으로 자신의 정신적·육체적 건강에 도움이 되는 소비를 해야 한다는 흐름이다. 환경 영역에는 저탄소·저에너지 제품 사용, 재활용 제품 사용, 동물보호 제품 소비 등 친환경 소비가 속한다. 나의 건강뿐 아니라 자연환경 전체의 건강을 생각하며 소비 의사결정을 내리는 흐름이다. 사회 영역에는 공정무역 등 인권이나 노동 문제를 고려한 소비가 포함된다. 건강, 환경, 사회로 이루어진 윤리적 소비는 미래 경제 발전의 모습인 지속가능발전과 연결되어 있다.

---

89 정치에 대한 대중교육의 중요성을 설파한 이들의 이론은 Dana Villa(2017), 2-5장 참조.

90 윤리적 소비의 정의와 역사에 대해서는 박지희 외(2010), pp.14~47를 참조했다.

빈곤, 불평등, 환경문제는 서로 관련되어 있는데서 '정의로운 전환' 역시 우리가 주목해야 한다. 노라 레첼(Nora Räthzel)과 데이비드 우첼(David Uzzell)은 <녹색 노동조합은 가능하다(Trade Unions in the Green Economy)>에서 기후변화와 관련된 불평등성의 문제에 주목하고 정의로운 전환을 내세운다. 이들은 자연이 전통적으로 노동자의 타자로 간주되었고, 환경을 보호하려는 이들은 고용과 노동조건을 보호하려는 이들의 반대진영으로 인식되었다고 지적한다. 이는 완전히 잘못된 이분법이라는 것이다. 이들은 노동자의 장기적 이해가 자연의 이해와 불가분하게 일치한다고 주장한다. 정의로운 전환이란 종종 상이한, 그리고 경합하는 정치적 목적을 위해 개인과 집단들에 의해 다중적이고 상충적인 방식으로 정의되는 개념이라는 것이다. 정의로운 전환은 사회에 이익이 되기 위한 정책의 비용이 그 정책 때문에 고통받는 이들에게 일방적으로 전가되면 안 된다는 생각을 옹호하는 공평성의 기본 원칙에 토대를 둔 개념이다(Nora Räthzel & David Uzzell, 2019: 268~269). 이는 대안적 일자리와 생계 수단을 만들고, 새로운 기술을 습득하고, 새로운 산업들로 바뀌는 전환에 그 초점을 맞춘다. 전통적인 노동조합의 사고와 정치는 경제성장과 공식경제 내부의(많은 경우 남성의) 완전고용이라는 정언명령을 무비판적으로 수용하는 경향이 있다. 이러한 경제성장의 대체물이 될 수 있는 것이 경제 보장(economic security)이다. 이는 자기 자신 속에서, 가족 속에서, 작업장 속에서, 지역 공동체 속에서의 기본적 보장을 가리킨다.[91] 경제보장은 재분배와 사회경제적 불평등의 감소에 관심을 갖는다(Nora Räthzel & David Uzzell, 2019: 249, 383).

---

91 이와 문제의식을 같이 하는 것이 기본소득(Basic Income)이다. 기본소득의 아이디어는 1516년 토머스 모어의 <유토피아>에서 그 기원을 찾을 수 있다. 이 책에서 모어는 사유재산재도가 엄연히 존재하고 있는 한 사회의 병폐를 완전히 치유시켜 사회의 건강이 회복되기를 바라는 것은 헛된 희망이라고 주장한다. 개인의 사유재산이 필요 없는 유토피아에서는 공동사업에만 모두가 열중하고 있는 만큼 공동의 이익과 목적을 위해 결합 된 공동사회국가라고 불리울 자격을 가진 나라라는 것이다. 이 책에 등장하는 라파엘은 "음식을 구할 유일한 방법이 도둑질밖에 없다면 이를 막을 형벌은 세상에 없다. 혹형 대신 만인에게 약간의 생계수단을 제공하는 것이 훨씬 더 적절하다"고 말한다. 기본소득에 대한 아래의 주장도 설득력이 높다. "산업사회 이전의 전통사회에서 공유지(commons)라는 것은 특정인에게 귀속된 사유물이 아니라 공동체 전체 구성원들에게 개방된 공공재였기 때문에, 오랜 세월 전승되어온 관습에 따라 사람들은 그것을 적절히 자유롭게 이용함으로써 아무리 가난한 살림살이일지라도 인간다운 품위를 지키며 최소한의 생존·생활을 영위하는 게 가능했다. 인류학자들은, 오늘날처럼 배타적인 경쟁 논리가 아니라 공유지를 기반으로 상부상조하며 살았던 옛사람들의 이러한 삶의 방식을 '도덕경제'라고 부른다… 사회 구성원 전원에게 아무 조건 없이 기초생활비를 지급하는 방안은, 기왕의 시장논리를 존중하면서, 대다수 민중에게 그들의 잃어버린 생존기반, 즉 '공유지'를 되돌려주고 '도덕경제'를 복원할 수 있는 가장 효과적이고 간단한 방법이 될 것이다." https://www.khan.co.kr/opinion/column/article/201404022050025 스위스 기본소득네트워크(BIEN)는 2013년 10월 4일 기본소득 보장을 헌법에 명시하자는 국민제안을 스위스 국민 13만 명의 서명을 받아 연방의회에 제출했다. 스위스는 일정 기간 안에 10만 명 이상이 국민제안을 하면 이를 반드시 국민투표에 부쳐야 한다. 이 국민제안에는 국가의 기본소득 보장 의무, 기본소득이 모든 시민이 건전하고 위엄있는 삶을 영위하는 데 기초가 된다는 취지, 기본소득의 수준과 재정 문제는 별도의 법으로 정한다는 원칙 등 크게 세 가지를 담았다. 2016년 6월 찬반 투표가 이뤄졌으나 76.9%의 반대로 무산되었다.

12장.

'풍요 속의 빈곤' : 빈곤, 기아, 식량의 국제정치경제[92]

세계인구가 증가함에 따라 식량 수요도 커지고 있다. 그럼에도 이용 가능한 농경지는 계속 감소할 것이며, 지속적인 도시화의 추진으로 많은 일급 농경지가 도시 지역으로 전환될 것이다. 여기에 세계의 중산층이 빠르게 증가하고 있으며, 육류, 유제품 및 영양 상태가 더 높은 식품에 대한 수요가 증가하고 있다. 불행히도 더 높은 기온, 가뭄, 더 극심한 사건, 해수면 상승 및 이산화탄소 수치 증가와 같은 기후변화의 영향으로 인해 식량 공급의 양과질이 감소하여 식량 생산을 늘리는 과제가 훨씬 더 어려워지고 있다.

- 라리트 쿠마르 외[93]

기아와 빈곤의 악순환

전 세계적으로 기아(famine)가 사라지지 않고 있다. 지구 한편에서는 너무 많이 먹어서 비만이 걱정인 반면 다른 한편에서는 너무 많은 사람들이 굶주리고 있다. 유엔 식량농업기구(Food and Agriculture Organization: FAO)와 세계식량계획(World Food Programme: WFP)에 따르면 현재 세계는 80억 인구 모두가 먹을 만큼 충분한 식량을 생산하지만, 매일 8억 2,800만 명이 굶주리고 그 중 40% 이상이 극심한 기아에 직면해 있는 것으로 추산된다. 그 중 매년 900만 명이 기아 관련 원인으로 사망한다고 알려졌다. 전 세계 인구 중 23억 명(세계 인구의 29.6%)이 식량에 대한 적절한 접근권을 갖고 있지 않다는 것이다. 현재 진행 속도를 고려할 때 2030년까지 기아 제로(Zero Hunger) 달성은 불가능할 가능성이 높다. 세계기아지수(Global Hunger

---

92 이 장은 "기후위기와 식량문제" 부문을 제외하고 진시원·홍익표(2015), pp.358~374를 대폭 수정·보완하였다.

93 Lalit Kumar et al.(2022), pp.49~79.

Index: GHI)에 따르면 2015년까지 여러 해 동안 기아퇴치의 진전이 있었지만, 그 이후에는 대체로 정체상태를 보이고 있다. 복합위기(기후위기, 분쟁, 인플레이션 충격, 팬데믹, 러-우전쟁 등)가 사회경제적 불평등을 심화시켰고 기아퇴치를 더디게 하거나 퇴보시켰다.

기아인구는 단지 아프리카와 아시아 국가들에 한정되지 않는다. 체제전환을 경험한 구 사회주의 국가에도 기아인구가 존재한다. 탈냉전 이후 일부 제2세계 국가들이 3세계로 편입되었고, 이들 국가에서 이전에 국가로부터 지원받던 수백 만 명이 시장경제로 전환과정에서 빈곤층으로 전락하였다. 북한 역시 대표적인 식량 부족국가이다. 북한은 후진적인 집단영농체제와 자연재해, 외부 지원 감소, 외화부족 등의 복합적 요인이 작용하여 1990년대 이후 식량난을 겪고 있다. 1990년대 중반 이른바 '고난의 행군' 당시에는 대규모 아사자가 발생한 것으로 알려졌다. 한편, 신자유주의가 전 세계적으로 확대·적용되면서 국가 간, 계급 간 불평등이 증가되는 과정에서 일부 선진국 국민들도 기아선상에 놓여있다.

기아와 만성적인 영양부족은 개인과 가족은 물론 국가 차원에서도 '빈곤의 악순환'으로 이어지고 있다. 이를테면 인도나 방글라데시 같은 나라에선 해마다 신생아의 30% 가량이 저체중인 상태로 태어나는데, 이들 상당수가 유년기를 넘기지 못하고 숨지거나 신체·정신적 성장이 더딘 것으로 나타났다. 이에 따라 성년이 돼서도 노동능력이 떨어지면서 자녀 역시 저체중아를 낳을 가능성이 높아지는 상황이 되풀이 되고 있다. UN아동기금(UNICEF)에 따르면 아이들이 세계 인구의 1/3을 차지하지만 하루 2.15달러 미만으로 생존하는 사람들의 절반을 차지하고 있다. 전 세계적으로 약 10억 명의 어린이가 '다차원적으로' 가난(부유한 국가에서도 어린이 7명 중 1명은 빈곤 속에 살고 있음)한 상태에 놓여있다. 영양가 있는 음식이나 깨끗한 물과 같은 기본적인 필수품이 부족하다는 것이다. 이들에게는 박탈과 배제의 위험이 증가할 가능성이 높다. 이런 현실은 전 세계 어린이 가운데 상당 비율이 빈곤선(poverty line) 아래서 생활하고 있다는 것을 보여준다. 빈곤선은 인간다운 생활을 위해 필요한 최소한의 소득수준을 가리키며, 복지 수준이나 경제안정성의 척도가 되기 때문에 대부분의 경우 해당국 정부가 그 기준을 정한다. 빈곤선 이하에서 생활하는 국민 비율을 계량화한 것이 지니계수, 센지수 등과 같은 각종 빈곤지수(poverty index)이다.

반면, 선진국에서는 전체 인구 중에서 과다한 체지방을 지닌 비만인구가 상당한 비율을 차지하게 되면서 사회적 문제가 되고 있다. 비만(obesity)은 각종 성인병을 유발할 뿐만 아니라 국가경제와 사회에 미치는 파장도 적지 않다. 이들 국가에서 비만은 의료비용과 일상생활에서 사용되는 지출을 증가시킬 뿐 아니라 의료보험 재정을 악화시키고 기업의 생산성 저하도 유발시킨다. 이러한 까닭에 관련국 정부는 '비만과의 전쟁'을 선포하고 트랜스지방 사용 규제와 웰빙 식생활 촉진을 포함하는 각종 정책을 추진하고 있다. 비만세(fat tax)가 대표적이다. 덴마크는 2011년 10월 세계 최초로 비만세를 도입해 2.3% 이상 포화지방이 함유된 식품에 지방 1kg당 16크로네를 부과하고 있다(<경향신문>, 2012년 1월 26일). 또한, 한국을 제외한 경제협력개발기구(OECD) 회원국들은 공공보험으로 비만 치료를 지원하고 있다.

<표> 기아의 세계적 분포

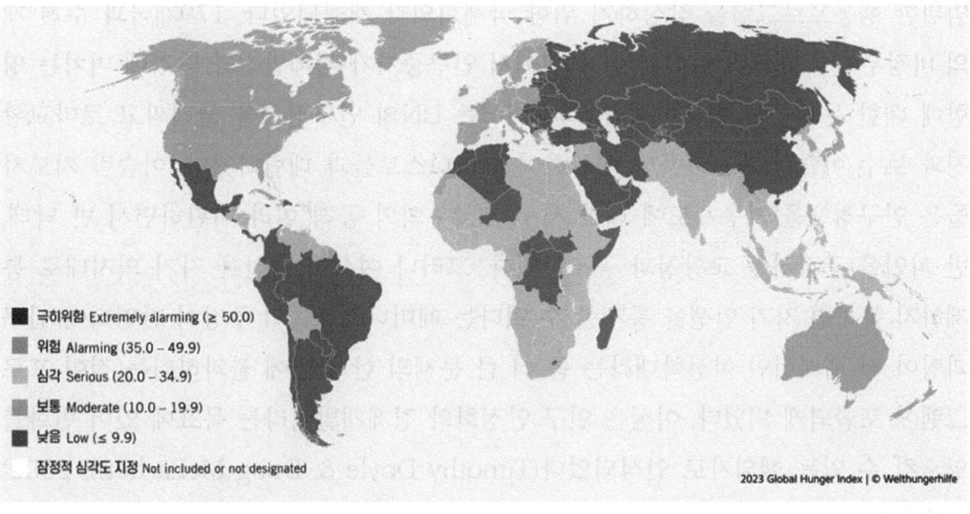

세계기아지수(GHI)는 기아의 정도를 세계적, 지역적, 국가별로 종합적으로 측정하고 변화 추이를 추적하기 위해 설계된 지수이다. 아일랜드의 NGO 컨선월드와이드(Concern Worldwide), 독일의 NGO인 세계기아원조(Welthungerhilfe) 그리고 미국의 연구기관인 국제식량정책연구소(IFPRI)가 협력하여 선진국을 제외한 전 세계 국가를 대상으로 측정해 매년 발표한다. 전체 인구 중 영양결핍 인구의 비율, 5세 미만 저체중 어린이들의 비율, 5세 미만 유아 사망율 3개의 지표를 조사해 산출한다.

‘풍요 속의 빈곤’: 구조와 원인

그렇다면 ‘풍요 속의 빈곤(poverty in the midst of plenty)’으로 지칭되는 이 같은 사태는 왜 벌어졌을까? 이에 대한 전통적인 설명은 인구과잉에서 그 이유를 찾는다. 세계 인구의 급속한 성장은 여러 형태의 전 세계적 문제들과 밀접한 관련 되어 있다는 것이다. 현재 세계 인구는 80억을 넘었고, 가까운 시일 내에 90억에 이를 것으로 예측되고 있다. 인구문제의 보다 큰 심각성은 가난한 지역의 인구증가율이 부유한 지역의 인구증가율을 압도하고 있다는 점이다. 1950년 저개발지역의 인구는 선진국 인구의 2배 정도였으나 오늘날에는 4배로 늘어났다. 이는 국제적 인구이동을 발생시키는 구조적 요인이기도 하다.

1994년 이집트의 카이로(Cairo)에서 사회개발의 핵심으로서 인구문제에 관한 광범위한 행동프로그램을 작성하기 위한 국제회의가 개최되었다. 179개국과 수천 개의 비정부기구 대표가 참여한 이 회의에서 인구증가가 경제발전과 환경에 미치는 영향에 대한 논의들이 이루어졌다. 회의에서는 UN의 인구정책을 둘러싸고 로마교황청과 보수 이슬람 지도자들이 연합하여 페미니스트들과 대립하였다. 이슬람 지도자들은 인구정책을“가족제도에 대한 서구 제국주의의 공격”이라 비판하면서 반 낙태, 반 피임을 주장하는 교황청과 공조하였다. 그러나 여성이 출산을 자기 의지대로 통제하지 못하면 자기 인생을 통제할 수 없다는 페미니스트들의 주장이 반영되어 인구과잉이 전 세계적인 여성학대라는 좀 더 큰 문제의 한 단면에 불과하다는 점이 프로그램에 포함되게 되었다. 여성은 인구 안정화와 경제개발이라는 목표에 있어 변화를 일으킬 수 있는 행위자로 인식되었다(Timothy Doyle & Doug McEachern, 2002: 209~213).

근본생태주의(deep ecology)자들의 한 부류인 신맬더스주의자들도 인구논쟁에 가세하였다. 이들은 지구상의 식량 생산원은 산술급수적으로 증가하는 반면 인구는 기하급수적으로 증가하기 때문에 인구증가가 식량제공 능력을 추월할 것이며, 그 결과는 대규모의 빈곤과 고통이 될 것이라는 맬서스의 주장을 이어받았다. 그러나 신맬더스주의자들은 개발도상국에 대한 산아제한 정책을 정당화하고 기아와 가뭄으로 도움이 필요한 상황을 무시한다는 비판을 받았다. 가렛 하딘 (Garet Hardin), 폴 에얼릭(Paul Ehrlich)이 대표적 학자로 꼽힌다. 생태사회주의자인 데이비드 페퍼(David Pepper)는 ‘공유지의 비극(tragedy of the commons)’과 ‘구명선 윤리(lifeboat ethics)’를 내세우는 학자들을 비판하고 이들 주장이 강경보수, 우익, 파시스트적인 기원을 가진다고 주장하였다. 그는 산아제한을 주장 하는 자들이 선진국의 자원 과잉소비나 자원의 불평등 배분문제는 거의 제기하지 않는다고 지적한다(Timothy Doyle & Doug McEachern, 2002: 210).

농산물 시장의 개방과 무역 자유화도 세계 식량문제와 밀접히 연관되어 있다. 세계화가 진척되면서 식량공급과 식량접근에 대한 전 세계적 조직의 확대가 이뤄졌다. 농화학기업과 종자기업이 통합되고, 농식품 가공과 무역기업이 연합하여 농업과 식량에 대한 자본의 지배가 강화되었다. 자본주의가 세계적으로 확산되기 전에 세계 대부분의 지역에서는 가족노동력으로 경작하고 그 수입으로 가족을 부양하는 소농(小農)이 지배적이었다. 일본의 농학자인 쓰노 유킨도(津野幸人)가 지적했듯이 자급적 소농은 자원순환적 사회를 이룰 수 있으며, 인간과 지구의 공존을 가능하게 한다(津野幸人, 2003). 그러나 자본주의가 확산되면서 농가와 지역 공동체에서 수행되던 농업이 대부분 외부의 생산 활동으로 대체되면서 자본주의 생산관계의 지배를 받게 되었다. 이 과정에서 농민층이 분해되고, 남아있는 소수의 농민은 위험이 높은 영농을 담당하는 도급노동자가 되었다. 농약, 비료와 부적절한 관개기술로 환경 역시 급속도로 파괴되었다. 자본주의의 전 세계적 확대는 지구적 수준의 식량문제와 환경문제 간에 부정적 파급효과를 미쳤다고 평가된다.

농업도 가격의 비교우위에 따라 국제적인 분업 체계 속에서 재배치되어 미국, 호주 등이 세계의 곡물 공급을 담당하고, 남반구는 커피와 카카오 같은 선진국의 기호식품을 재배하게 되었다. 이러한 재배치는 대부분의 농업이 생산과정에서 석유, 화학비료, 농약, 농기계에 의존하고 판매과정은 세계시장에 편입하게 되었음을 의미한다. 미국과 다국적기업이 주도한 재배치는 제3세계 저발전국가들에서 주요 식량의 국내 생산기반(농지, 농수 등)을 붕괴시키고, 식량소비 형태를 변화시켰으며, 다수확종자와 산업화된 농업경영을 통해 농업혁명을 추진하고 환금작물(cash crop) 생산에 매달리게 하였다. 이러한 변화는 최근의 세계화 과정에서 더욱 가속화되었다. 심지어 최근에는 달러 가치가 하락하고 이자율이 내리면서 원유를 시작으로 금속에 이어 곡물로 투기자본이 이동하면서 국제 곡물가가 폭등하는 현상도 발생하고 있다.

다른 한편으로 환경문제 대책이 식량가격 폭등을 불러온 점도 지적될 수 있다. 최근에 이산화탄소 등 온실가스 배출량을 줄이기 위해 대체에너지로 개발된 바이오연료가 확산되자, 식용작물 가격이 급격히 올랐다. 바이오연료 생산에 가장 적극적인 브라질은 곡물재배를 위한 개간으로 아마존의 열대림·습지를 파괴해 오히려 환경을 악화시킨다는 지적을 받기도 했다. 개발도상국의 높은 경제성장 등에 의해 곡물 수요가 급격히 늘어난 반면 이상기후, 지구 온난화 등으로 공급을 늘리는 데 한계가 있다.

식량을 둘러싼 국제 협력

2001년 11월 카타르 도하에서 개최된 제4차 WTO 각료회의에서 출범한 다자간 무역협상인 '도하개발아젠다(DDA)'에서 농업분야는 관세 및 보조금 감축의 세부원칙(modalities)을 설정하고 각국의 감축계획 제출을 목표로 협상을 벌이고 있으나 큰 진전은 못 보고 있다. 미국, 케언즈그룹(Cairns Group) 등 농산물 수출국은 수출보조의 폐지, 국내 보조금의 대폭 감축, 시장 접근의 대폭 개선을 추진하는데 비해, 유럽연합(EU), 일본, 한국 등 농산물 수입국은 점진적 자유화를 추진하는 한편 식량안보, 농촌개발, 환경보호 등 비교역적 관심(non-trade concerns)의 반영을 주장하면서 대립하고 있다. 농업 및 비농산물시장접근(NAMA) 분야에서도 DDA 협상은 전체 협상을 하나의 패키지로 간주하고, 일괄 타결방식(single undertaking)을 시도하고 있으나 주요국 간 입장 수렴에는 성공하지 못하고 있다.

이에 따라 미국은 다자간 무역협상보다 자유무역협상(FTA) 같은 양자 간 무역협상을 통해 자국의 이익을 실현하려 하고 있다. 경쟁적 자유화를 내용으로 하는 공세적인 통상정책을 추진하는 미국은 한·미 자유무역협정의 협상과정에서도 상당히 큰 폭의 농산물 개방을 요구하였다. 그 결과 쌀은 양허대상에서 제외했지만 쇠고기, 돼지고기, 고추, 마늘, 양파 등을 포함한 민감 품목의 세이프 가드, 관세할당(TRQ), 장기 이행 기간 등을 부여해 철폐키로 합의되었다. 다자 간, 양자 간 무역자유화는 선진국의 농업, 농촌은 다양한 형태의 보조금과 투자에 의해 유지되는데 반해 그럴 재정적 능력과 의지가 없는 대부분 개발도상국의 농업, 농촌은 해체적 위기상황에 직면하게 되었다는 비판을 받고 있다.

이런 까닭에 무역으로는 해결하기 어려운 농업의 다원적 기능 등 비교역적 관심사항에 관한 심도 있는 논의가 필요하다. 식량을 상품으로 보고, 식량안보를 세계화를 통한 교역자유화와 등치시키며, 농업을 비교우위의 경쟁력으로 내모는 추세는 위험을 내포하고 있다. 농업시장이 기본적인 인프라를 갖추지 못한 상황에서 국제경쟁에 개방되는 것은 빈곤퇴치와 식량안보, 그리고 환경문제에 장기적으로 부정적인 영향을 줄 수 있기 때문이다. 식량시장의 세계화가 가속화되고 각국의 식량수입이 증가되면 어떤 국가도 식량위기로부터 안전할 수 없다.

식량문제는 어떻게 세계의 모든 인구를 적절한 영양 수준으로 먹일 수 있는 식량을 생산할 수 있으며, 환경적으로나 경제적 측면에서 지속가능한 방법으로 그렇게 할 수 있는가의 문제이다. 그러나 다른 한편으로 식량문제는 세계 식량이 가난한 국가에까지 충분히 공급되고 가난한 사람들도 굶주리지 않을 수 있을까를 다루는 데서 분배에 관한 문제이기도 하다(Jack M. Hollander, 2004: 78~79). 인도 출신의 경제학자인 아마티야 센(Amartya Sen) 역시 기아의 원인은 자본주의적 시장경제의 본질상 수반되는 차별적 '권리 부여(entitlement)' 의 결과라고 지적한다. 그는 기아에 대해 다음과 같이 설명한다.

"경제가 급속히 성장하면 상이한 사회집단이라도 모두가 공통된 이익을 얻을 수 있습니다. 이런 의미에서 서로 다른 집단의 이해관계는 실질적으로 일치합니 다. 그러나 만약에 경제위기가 발생할 경우 어떤 집단에 속하느냐에 따라 사람들은 상당한 곤경에 빠질 수 있습니다. 사회는 경기가 상승할 때에는 연대하게 되나 그 반대로 하강할 때에는 분열합니다. 모든 상황이 파탄 나고 추락하기 시작하면 사회적 조화라는 허위의식도 산산이 부서지고 맙니다. 상승기에는 조화를 이루다가 하강기에는 분열한다는 문제는, 여러 위기의 연구에서는 물론, 최근 동아시아와 동남아시아가 자주 경험했던 훨씬 비극적인 파국에서 배울 수 있는 중요한 교훈 중 하나입니다. 그러나 심각한 기아사태가 발생하더라도 그 나라 국민 대부분이 넉넉히 먹고 사는 데 그다지 곤란을 받지 않는 경우도 있습니다. 실제로 기아사태는 인구의 5% 이상에게 피해를 입히지 않으며 결코 10%를 넘지 않지요. 이것이 바로 어째서 기아가 총 식량공급량이나 1인당 평균 국민 총생산 또는 국내 총생산 등 총계 개념만으로 분석될 수 없는지를 알려주는 한 가지 이유입니다. 인과관계를 정확히 분석하기 위해서는 서로 다른 사회집단에 속하는 각각의 '권리부여'에 주목해야만 합니다. '권리부여'는 식량과 그 밖의 필수품을 구매하고, 갑작스러운 권리의 박탈로부터 자신을 지키는 등 개개의 구체적 능력을 말하는 데 바로 여기에 분석의 초점을 모아야 한다는 것입니다. 어느 사회집단에서는 기아가 별다른 문제가 되지 않거니와 아무런 피해나 악영향을 받지 않지만 유독 몇 몇 집단의 '권리부여'는 전면적으로 붕괴할 수 있습니다."(Amartya Sen, 2008: 75~77)

세계의 식량 생산량은 수요를 초월한지 오래지만, 심각한 식량부족이 지속되는 상태인 기아는 여전히 해결되지 않고 있다. 대부분의 기아인구가 살고 있는 제 3세계가 세계 식량의 많은 부분을 생산하지만 그것의 대부분을 소비하는 사람들은 선진산업국가에 거주하고 있다. 중요한 것은 전 세계적으로 식량이 어떻게 분배되고, 또 사람들이 식량에 어떻게 접근하느냐를 살펴보는 것이다. 세계화의 진척으로 식량생산의 목표는 점차 생존 대신 이윤 창출로 대체되고 있다. 토지, 식량, 일자리, 소득 같은 경제문제에 만연하는 반민주적인 의사결정이 가족 단위에서 국제상업과 금융수준에 이르기까지 기아라는 끔찍한 비극을 만들어내고 있다(Frances Moore Lappé et.al., 2003: 16~19). 식량과 기아문제 극복을 위한 방안을 놓고 선진국과 개도국, 정부기구와 비정부기구 간에는 여전히 심각 한 견해차를 드러낸 채 뚜렷한 해결책을 못 찾고 있다.

기아의 근본 원인이 식량과 토지의 부족이 아니라 '민주주의의 부족'에 있다'는 지적 역시 설득력이 크다. 이는 기아에 대한 전통적인 견해가 기아를 초래한 역사적 맥락과 사회경제적 조건을 간과하고 있다고 비판한다. 과학기술의 발전에 힘입어 인구 당 식량생산이 증가함에도 불구하고 만성적인 기아인구의 해소에는 별다른 변화가 없다는 것이다. 중요한 점은 식량을 필요로 하는 사람이 돈을 주고 이를 구입할 수 없게 하는 분배의 왜곡이 기아문제를 초래했다는 사실이라고 한다. 프랜시스 무어 랩(Frances Moore Lappe)과 조셉 콜린스(Joseph Collins)는 제3세계에서 식량분배의 불평등이 아래와 같은 다섯 가지 요인에서 생긴다고 지적한다(Humphrey & Buttel, 1995: 335).

1) 2차 대전 이후의 식량생산의 증가분은 주로 도시의 중산계급이나 상층계급에 의해 소비되었다. 그 주된 원인은 농촌과 도시의 극단적인 수입 격차에 있다. 또 추가적인 요인으로 현재 일반화되어 있는 저식량가격정책에 있다. 이 정책은 노동자의 불만을 미리 막고 공업경영자가 임금을 저렴하게 묶어둘 수 있도록 고안되었다.
2) 상당한 양의 곡물이 가난한 사람들은 살 수가 없는 사치품으로 전용되고 있다.
3) 많은 곡물이 아직 대다수의 가난한 사람들은 살 수 없는 가축의 사육에 충당 되고 있다. 녹색혁명에서 수확된 쌀이 가축사료나 맥주 생산에 사용되는 것이 대표적이다.

4) 식용곡물은 농업용품이나 공업기계의 구입에 의해 생기는 대외채무의 지불에 필요한 외화획득의 수단으로서 수출용으로 전환된다.
5) 식량은 시장의 불완전성으로 때때로 덤핑가격으로 처리된다.

랩과 콜린즈는 이러한 현상의 원인을 식량의 생산이나 분배과정의 상업화와 그것이 만들어낸 경제권력이나 정치권력의 불공정성에서 구하고 있다. 국제적인 수준에서 식량분배의 왜곡을 일으키는 주범으로 흔히 거론되는 것이 바로 곡물 메이저이다. 현재 세계 각지에서 생산되는 곡물들의 상당량은 현지에서 소비되지 못하고 다국적 기업형태의 대규모 곡물기업인 곡물메이저로 집중되고 있다. 이들 곡물메이저로는 카길(Cargill), 아처 다니엘스 미들랜드(ADM), 붕게(Bunge), 루이 드레퓌스(Louis Dreyfus) 등이 있는데, 이들 4대 기업이 전 세계 곡물유통 물량의 70%가량을 장악하고 있다. 이밖에 마루베니(丸紅), 이토추(伊藤忠) 등 일본 종합상사가 20%, 스위스의 거대 자원 트레이더인 글렌코어(Glencore plc)가 5% 정도의 시장을 점유하고 있다.

이들은 막대한 자금력으로 세계 농산물 생산지와 미국 시카고 선물거래소에서 곡물을 사들이고, 이를 각국 정부와 기업에 판매해 엄청난 이윤을 거두어들이는 농업 분야의 공룡들이다. 이들 메이저가 손대는 것은 밀 같은 곡물만이 아니다. 이들은 씨앗에서부터 농약·살충제·가공 식품·생명공학에 이르기까지 식량과 관련된 분야 전체는 물론 선박 회사나 저장 시설까지 거느리고 있다. 대표적으로 카길은 아처 대니얼스 미들랜드과 함께 전 세계 곡물시장의 75%를 점유하고 있는 미국계 곡물 기업이다. 카길은 현재 전 세계 곳곳에 그 영향력이 안 미치는 곳이 없으며 다루는 상품도 곡물만이 아니다. 혹자는 이런 카길을 두고 '종자에서 슈퍼마켓까지'라고 표현한다. 카길은 자사를 아예 다음과 같이 홍보한다.

"우리는 여러분이 먹는 빵의 밀가루, 국수의 밀, 달걀프라이의 소금이며 토르티야의 옥수수, 디저트의 초콜릿, 청량음료의 감미료입니다. 우리는 또한 여러분이 먹는 샐러드 드레싱의 올리브유이며 여러분의 저녁 식탁에 오르는 쇠고기, 돼지고기, 닭고기입니다. 우리는 여러분이 입는 옷의 면이며 여러분 발밑에 깔린 양탄자의 안감, 여러분이 경작하는 밭에 뿌리는 비료입니다."

카길은 돈이 되는 것이라면 무엇이든 취급한다. 여러 나라에서 그 나라 농업을 파괴하면서 자기네 이익을 취하고, 막강한 정치력으로 미국 정부를 등에 업고 서 한 나라 농업 정책을 좌우하고 있다. 카길은 전 세계적인 영업을 하면서 이윤이 남을 가능성이 없다고 판단되는 경우, 잉여 식량이 굶주리는 사람들에게 돌아가지 못하고 폐기될 가능성이 높아진다는 점이다. 수요와 공급에 따른 가격 조절을 위해 식량이 버려질 수 있다는 것이다(Brewster Kneen, 2004).

대부분의 다국적기업은 자유무역체제로부터 이익을 획득할 수 있는 지위에 있다. 왜냐하면 자유무역은 자본 이동을 확대하고, 이에 따른 이윤을 가져다 줄 뿐만 아니라, 제도화에 필요한 경비를 절감함으로써 자본의 이동을 촉진하기 때문이다(Fred Magdoff et.al., 2006: 191). 카길 역시 자유주의를 추구하는 미국 정부와 대외 경제 정책을 공조하면서 성장하였다. 그 대표적인 사례가 바로 우루과이라운드의 농업 분야 협상이다. 이와 관련하여 인도의 에코 페미니스트이자 환경운동가인 반다나 시바(Vandana Shiva)는 "우루과이라운드의 농업 협상은 '카길 협상'으로 고쳐 불러야 마땅하다"라고 주장한다. 1990년대 초반 우루과이라운드 협상 때 미국을 대표해 협상을 주도했으며, 이라크 재건사업 농업부문 단장으로 활동한 바 있는 댄 암스터츠(Daniel G. Amstutz)는 카길의 부회장 출신이다. 미국 정부의 든든한 지원 덕분에 세계의 밥상을 지배하게 된 카길은 카길의, 카길에 의한, 카길을 위한 세계 식량 체계를 꿈꾼다고도 지적된다(Vandana Shiva, 2003).

기후위기와 식량문제

기후변화 혹은 기후위기는 식량을 재배하는 산업인 농업에 어떤 영향을 미칠까? 농업은 기후 의존적 산업이다. 즉, 농업은 기후변화나 기후위기에 가장 취약한 산업이라고 할 수 있다. 그런 까닭에 농업은 기후위기의 피해자이다(남재철, 2023: 76). 농작물은 기온이 올라가면서 성장 속도가 일반적으로 빨라지기 때문에 수확량이 줄어든다. 어린 묘에서부터 열매를 맺을 때까지 걸리는 시간이 줄어들면, 생체량과 열매를 키우는 데 필요한 시간 역시 줄어든다. 기온이 적정 범위를 벗어나면 작물이 받는 스트레스가 증가하고 작물은 이를 해소하는데 에너지를 소모하면서 성장이 지체된다. 벼의 경우 분얼되는 줄기의 수가 줄어들고 이삭에 달리는 알갱이의 수와 크기도 줄어들어 결과적으로 수확량이 감소한다(남재작, 2022: 206~207).

동시에 농업은 기후변화의 가해자이기도 하다. 농업 생산을 늘리기 위해 질소비료를 많이 사용할수록 수질 오염이 심해진다. 숲을 베어내면서 늘어난 농경지가 토양 유실을 가속화하면서 토양의 생산성이 떨어진다. 그럴수록 더 많은 비료를 사용해야 한다. 대규모 단일 재배가 늘어날수록 병해충의 공격에 취약해지고 농약의 사용량도 따라서 늘어난다. 수질 오염과 농약의 사용량이 증가할수록 생물의 종 다양성은 떨어진다. 가축 사육이 늘어날수록 인수공통감염병의 발생도 빈번하게 일어나면서 식량부족으로 약해진 사람들을 공격한다. 자연 생태계는 회복력을 상실하면서 식량 생산을 위해 노력할수록 상황은 더 나빠지는 단계에 접어든다(남재작, 2022: 211~212). 기후변화가 농업에 미치는 인식과 역할을 도표로 나타내면 다음과 같다.

<표> 기후변화가 농업에 미치는 인식과 역할

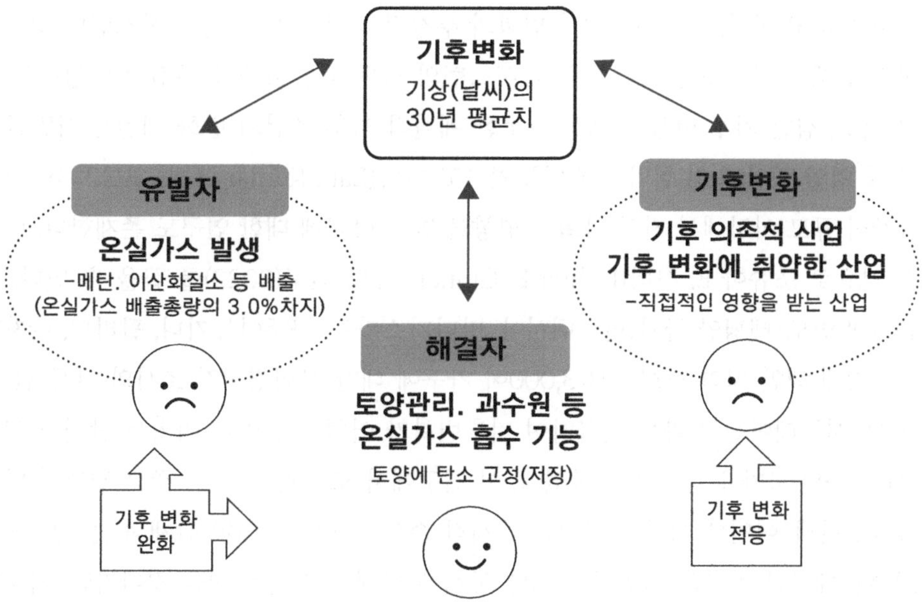

출처: 남재철(2023), p.77

기후변화와 기후위기는 농업 부문의 식량생산에 어떤 영향을 미칠까? 글로벌 수준에서 기후위기가 어업과 농업을 포함한 주요 식량 생산 부문에 미치는 영향에 대한 과학적 연구의 수는 그리 많지 않다. 대표적으로 라리트 쿠마르(Lalit Kumar) 등은 기후변화와 농식품 생산 간의 연관성에 대한 연구에서 2050년까지 97억 명을 초과할 것으로 예상되는 등 세계인구가 증가함에 따라 식량 수요도 커지고 있다는 사실을 지적한다. 그럼에도 이용 가능한 농경지는 계속 감소할 것이며, 지속적인 도시화 추진으로 많은 일급 농경지가 도시 지역으로 전환될 것이라고 말한다. 이는 이용 가능한 토지가 줄어 더 많은 사람을 부양하는 것이 더욱 큰 엄청난 과제가 된다는 것을 의미한다는 것이다. 여기에 세계의 중산층이 빠르게 증가하고 있으며, 육류, 유제품 및 영양 상태가 더 높은 식품에 대한 수요가 증가하고 있다. 불행히도 더 높은 기온, 가뭄, 더 극심한 사건, 해수면 상승 및 이산화탄소 수치 증가와 같은 기후변화의 영향으로 인해 식량 공급의 양과 질이 감소하여 식량 생산을 늘리는 과제가 훨씬 더 어려워지고 있다고 한다. 기후변화는 이미 세계 식량 생산에 영향을 미쳤는데, 주요 식량 작물의 생산성과 예상 수확량이 전 세계 모든 지역에서 감소했다는 것이다. 라리트 쿠마르 등은 기후변화로 인한 생물학적 스트레스(침습적 잡초, 해충 및 질병)도 농식품 생산에 영향을 미친다고 한다. 그러면서 기후변화의 부정적 영향은 농업 생산 시스템의 생물다양성과 생태계 서비스를 포함한 식량 시스템의 모든 구성 요소에 부정적인 영향을 미치고 있고, 심한 기후 현상과 예상치 못한 계절적 기후 조건의 변화 패턴은 사람들이 식량 및 영양 불안에 더 취약하게 만들었다고 한다(Lalit Kumar et al., 2022: 49~79).

국가적 규모 이하에서 지역 사회가 영향을 받는 방식에 대한 연구도 존재한다. 대표적인 것으로 조슈아 E. 신너(Joshua E. Cinner) 등의 연구(2022)를 꼽을 수 있다. 이들은 5개 인도·태평양 국가(인도네시아, 마다가스카르, 파푸아뉴기니, 필리핀, 탄자니아)의 72개 해안 지역 사회에서 3,000여 가구에 대한 사회경제적 조사와 부문 간 다중 모델 시뮬레이션 결과를 결합하여 기후변화가 어업과 농업에 미치는 잠재적 영향에 대한 하위 국가 분석을 수행하였다. 이 연구에서 도출된 세 가지 주요 결과는 다음과 같다. 첫째, 어업에 대한 전반적인 잠재적 손실은 농업에 대한 잠재적 손실보다 높다. 둘째, 대부분 지역은 어업과 농업에 동시에 잠재적 손실을 겪을 것이지만, 기후변화 완화는 이러한 이중 부담에 직면한 지역의 비율을 줄일 수 있다. 셋째, 잠재적 영향은 사회경제적 지위가 낮은 지역 사회에서 더 많이 발생할 가능성이 있다(Joshua E. Cinner et al., 2022).

일반적으로 개발도상국은 농업과 자급농에 대한 기후변화의 영향에 더 취약하다. 기후변화가 농업에 미치는 영향은 여러 가지 이유로 개도국에 불균형적으로 영향을 미칠 것이다. 기후변화는 열대 지역에 위치한 개발도상국의 전통적인 식물 품종의 생존 가능성에 더 큰 영향을 미칠 것이며, 이는 온대 지역에 위치한 선진국보다 더 큰 영향을 미친다. 이는 개도국에서 유전자조작생물(GMO) 씨앗에 대한 수요가 더 클 것임을 의미한다. 그러나 개도국에서는 인구의 더 많은 비율이 농업에 의존하고 있으며, 가장 가난한 사람들은 자급농에 의존하고 있다. 이들의 빈곤은 미래의 작물을 재배하기 위해 전통적인 식물 품종에서 씨앗을 수집하는 데 의존한다는 것을 의미한다. 그러나 기후변화로 인해 이러한 품종들은 점점 더 생산 불가능해질 것이고, 이에 따라, 개발도상국은 수확량을 증가시키고 기후변화에 적응할 수 있는 GMO 품종에 대한 접근이 더욱 필요해질 것이다. 문제는 이러한 GMO 품종에 대한 권리의 대부분이 몬산토(Monsanto) 같은 미국, 유럽, 일본의 기업들에 속해 있다는 점이다. 신자유주의 정책과 바이오산업 육성을 국가전략으로 삼았던 역대 미국 정권의 지원에 힘입어 성장한 몬산토는 여전히 세계 종자시장의 27%를 차지하고 있는 최대 종자회사이고, 세계 유전자 변형 특허의 90%를 갖고 있다. 따라서 개발도상국의 식량안보는 선진국, 특히 선진국의 민간 기업들로부터 기술에 대한 접근에 달려 있다고 할 수 있다(Bradly J. Condon et al., 2013: 14).

온실가스 배출에서 농업이 차지하는 비중은 주로 메탄과 아산화질소로 인한 것이다. 메탄은 지구온난화에 이산화탄소에 이어 두 번째로 크게 기여하는 물질이다. 농업 분야에서 메탄 배출량은 벼 재배가 22.7%, 장내 발효와 축산분뇨가 21.1%를 차지한다. 사료생산 과정에서 엄청난 양이 배출되고, 가공 및 운송, 소트림 등도 메탄이 발생하는 요인이다. 이산화탄소에 비해 메탄이 몇 배의 온실효과를 갖는지를 나타내는 수치가 온난화계수(GWP)이다. GWP가 100년간 비교 시 28배, 20년간은 84배이다. 이러한 우려에서 2021년 글래스고우에서 개최된 COP28에서 2030년까지 메탄 배출량을 2020년 기준 30% 이상 감축하겠다는 '국제메탄서약(Global Methane Pledge)'이 체결되었다(허북구, 2022: 70~75).

식량안보와 식량주권

전 세계적으로 식량생산 및 비축분이 감소하거나 제3세계 일부 국가들에서 기아가 확대되면서 식량위기에 대한 우려가 증가하고 있다. 이러한 현실에 직면하여 유엔식량농업기구는 1996년 11월 로마에서 '세계식량정상회의(The World Food Summit)'를 개최하였다. 187개국 대표들은 식량안전보장과 기아퇴치를 위해 노력하며 2015년까지 8억 명에 달하는 기아인구를 절반으로 줄인다는 '세계 식량안보 로마 선언(Rome Declaration on World Food Security)'과 구체적 행동강령인 '세계 식량 정상 행동계획'을 채택하였다(https://www.fao.org/4/w3548e/w3548e00.htm). 그러나

이 목적을 실현하기 위한 실질적인 조치는 취해지지 않았다.

식량과 기아문제를 위한 실천의 난항은 2002년 6월 로마에서 열린 '세계식량 정상회의: 5년 후'로 연결되었다(https://www.fao.org/4/y1780e/y1780e00.htm). 그러나 이 회의는 선진국과 개도국, 정부기구와 비정부기구 간의 심각한 견해차를 드러낸 채 6년 전 합의 내용을 다시 확인하는 수준에서 최종선언문을 채택하는 등 별 성과 없이 막을 내렸다. 다만 이 회의에 참가했던 92개국 비정부기구 대표들의 포럼에서 제시한 기아, 영양불균형 이슈들에 대한 인권중심적 접근법의 마련, 각국의 농업 및 식량정책을 자국 스스로 결정할 수 있는 권리인 식량안보(food security)의 확보, 농업에 대한 생태주의적인 모델의 구현은 미국 중심의 세계무역기구(WTO)의 신자유주의 흐름에 대한 대안으로 주목받았다.

2008년 6월 세계 식량위기 극복을 위해 열린 유엔 식량안보정상회의가 다시 개최되었다. 이번 회의는 40여 개국 정상들과 151개국 고위급 대표단이 참석해 3일부터 사흘간 진행됐다. 참석자들은 공동 선언문에서 "우리는 기아를 퇴치하고, 오늘과 내일의 전 인류의 식량을 보장할 것을 약속한다"고 선언하며 식량위기 타개를 위한 단기 및 중·장기 대처방안을 제시했다. 구체적 내용을 살펴보면, 우선 현재 식량 문제를 겪고 있는 국가에 대한 식량 및 재정 지원 등 긴급 대응책이 담겨 있다. 농업생산에 대한 직접적인 지원 필요성도 포함됐다. 식량 증산을 위한 기술 지원은 물론, 현지 풍토에 알맞은 씨앗과 비료, 동물 사료 등을 제공하고, 국제기구와 지역기구의 사업에 개발 파트너의 참여를 요청했다. 공동선언문은 "현 위기는 세계 식량 시스템들의 허약성과 충격에 대한 취약성을 분명히 보여줬다"며 식량·농업 시스템의 개선, 무역 장벽 완화, 시장 왜곡 정책 폐지 등의 중·장기적 대책도 제시했다(<연합뉴스>, 2008년 6월 3일). 그러나 이 회의 역시 지난 회의처럼 '정치적 선언'에 그치고 공동선언문 외에 구체적인 실행계획을 내놓지 못했다. 기아와 식량 관련 국제비정부기구들은 이 회의 역시 현재의 식량위기에 대한 무능한 위기관리를 보여줬고 이는 지난 30여 년 간에 걸쳐 농업 부문에서 추진됐던 시장규제 완화의 실패를 뜻한다고 비판하였다.

그동안 개최된 식량안보정상회의에서는 식량안보가 핵심 쟁점으로 논의되었다. 여기서 식량안보란 "모든 사람이 건강하고 행복한 삶을 위하여 영양상의 필요와 식품선호를 충족시키기 위해 안전하고 영양 있는 식료품에 언제든지 물질적으로 그리고 경제적으로 접근할 수 있는 상태"를 의미한다. 이 개념은 ① 이용 가능한 식량이 공급되는 정도인 이용가능성(availability), ② 필요한 식량을 구입할 수 있는 경제적 능력인

접근성(accessibility), ③ 언제 어디서나 식량을 구할 수 있는 유통구조 상태인 안정성(stability), ④ 인간의 건강을 해치지 않는 정도인 안전성(safety)을 기본요소로 한다. 여기서 식량안보를 측정하는 기준으로는 안정성 측면에서의 식량자급율(식량 소비량에 대한 국내 생산량의 비율), 비축율 및 외환보유액과 지속성 측면에서의 농경지 면적, 농업인력, 농업자본, 농업기술 등이 거론된다. 이 중 자급율과 비축율이 가장 중요하다(https://www.fao.org/4/y1780e/y1780e07.htm#P23_7867).

그렇다면 한국의 곡물자급률과 농경지 면적의 실태는 어떨까? 한국농촌경제연구원이 FAO의 농산물시장정보시스템(AMIS) 데이터베이스 자료를 토대로 산출한 한국의 곡물자급률은 2020~2022년, 3개년 평균 19.5%에 불과했다. 국내에서 소비되는 곡물 가운데 80% 이상이 외국산인 셈이다. 한국의 곡물자급률은 세계 최하위 수준으로, 줄곧 내리막길을 걸었다. 2015~2017년 평균 23%였던 곡물자급률은 급기야 2020~2022년 평균 20% 아래로 추락했다. 이와는 대조적으로, 대부분 국가는 자국에서 소비되는 곡물을 직접 생산하며 식량안보를 지켰다. 같은 기간 전 세계 곡물자급률은 평균 100.3%에 달했다. 호주의 곡물자급률은 327.9%로 가장 높았고, 캐나다(173.3%)와 미국(121.3%) 역시 높은 수준을 보였다. 이웃나라 일본은 27.7%에 그쳤지만 한국보다는 높았다. 경지면적 감소도 계속 진행되고 있다. 농경연이 FAO 자료를 분석한 결과에 따르면 2020년 기준 한국 국토면적 대비 경지면적 비중은 15.6%였다. 이 같은 비율은 2012년 17.3%, 2014년 16.9%, 2016년 16.4%, 2018년 15.9%로 지속 감소하는 추세다(<농민신문> 2023년 6월 8일).

현재 한국의 식량수요는 글로벌 식량체계에 절대적으로 의존하고 있다. 이에 따라 곡물수입액이 증가하면서 농산물 무역적자가 크게 증가하고 있다. 농경연이 UN의 국제무역 통계인 유엔 컴트레이드(UN Comtrade)를 분석한 결과 2021년 기준 한국 농축산물 무역수지 적자 규모는 254억 9900만 달러로, 전년 대비 51억 3100만 달러가 늘었다. 이 같은 농축산물 무역수지 적자는 중국(1238억100만 달러), 일본(573억 2200만 달러), 영국(369억 9000만 달러)에 이어 세계 네 번째로, 2017년 이후 한해도 거르지 않고 네 손가락 안에 들었다(<농민신문> 2023년 6월 8일). 또한, 가공식품 및 식료품가격 상승으로 가계수지가 악화되고 있는데 그 여파는 주로 저소득계층에서 크게 나타나고 있다. 2000년대 이후 만성적인 공급부족으로 세계 식량위기가 구조적으로 고착화되면서 식량자급률을 높여야 한다는 목소리가 사회적으로 점차 힘을 얻어가고 있지만 지금껏 한국의 정부들은 신자유주의 개방농정에 전념하면서 이런 지적을 소홀히 하고 있다. 자유무역협정을 통해 농축산물 수입을 더욱 확대할수록 국내 농업의 생산비는 폭등하고 실질적 농업소득은 줄어들면서 농민의 삶은 더욱 피폐해질 수밖에 없다.

외국농산물의 무차별한 수입을 핵심 내용으로 하는 신자유주의 개방농정은 식량안보를 저버리고 단지 글로벌 농식품복합기업의 이익에만 기여하는 데서 문제가 크다. 정치가와 정부가 농업의 다원적 기능에 무지하고, 농민의 삶에 무관심하며, 식량안보에 대한 대처가 안이하고 무기력할 때 국민들이 치를 재앙적 대가는 가늠하기 어려울 정도로 클 수 있다. 여기서 알 수 있는 것은 식량안보를 위해서는 국가적 혹은 국제적 수준에서 민주주의의 구축이 무엇보다 요구된다는 사실이다(Michael Windfuhr & Jennie Jonsén, 2005). 이와 더불어 식량을 생산하는 농지의 보전과 유지도 중요한 관건으로 꼽힌다. 농지의 공익적 기능, 환경보전, 농촌경관, 홍수 방지, 토양유실 방지, 수자원 확보 등 논의 다원적 기능을 통해 우리의 삶을 더욱 안전하고 풍요롭게 할 수 있기 때문이다. 식량을 상품으로 보고, 식량안보를 세계화를 통한 교역자유화와 등치시키며, 농업을 비교우위의 경쟁력으로 내모는 추세는 적지 않은 위험을 내포하고 있다.

한편, 식량안보가 농업 관련 산업과 녹색혁명형 농업에 근거한 개념인데서 한계가 있다는 지적이 제기되었다. 그 대안으로 제시되는 것이 식량주권(food sovereignty)이다. 식량주권은 농민의 정치적, 경제적 권리를 중시하고, 생태적인 유기농업, 지역 농식품체제에 근거하는 개념이다. 식량주권은 간혹 식량안보와 혼동되기도 하나 엄밀히 말해 식량안보와 식품안전을 아우르는 개념이다. 또, 식량주권은 농산물에 국한된 개념이 아니라 생태계가 유지되는 토지, 토양, 물, 바다, 종자, 가축 등 생물다양성의 존중에 기반을 둔 농촌 환경, 수산물, 자연환경, 전통음식은 물론 전통 문화, 전통언어를 포함한 개념이다. 식량주권은 '농민의 길(La Via Campensina)', '무토지 농민운동(Movimento dos Trabalhadores Rurais Sem Terra: MST)' 등 주변부를 중심으로 신자유주의적 세계화에 저항하는 농민운동이 내세우는 화두이기도 하다.

세계식량정상회의의 식량안보론에 대항해 식량주권이 처음 국제회의에서 논의된 것은 1996년 멕시코의 틀락스칼라(Tlaxcala)에서 개최된 제2차 '농민의 길' 세계총회에서였다. 이후 식량주권은 국제 농업토론에서 중요한 쟁점으로 떠올랐다(Peter M. Rosset, 2008: 218~219). 2007년 2월 아프리카 말리의 셀링게(Sélingué)에서 발표된 '니에레니 선언(Declaration of Nyéléni)'은 식량주권을 다음과 같이 정의하고, 투쟁대상이 어떤 것인지 밝힌다.

"식량주권은 생태적으로 건전하고 지속가능한 방식으로 생산된 안전하고 문화적으로 적합한 식량에 대한 민중들의 권리이며, 또한 민중들이 그들의 고유한 식량과 농업 생산체계를 결정할 수 있는 권리이다. 식량주권은 식량체계와 정책의 중심을 시장과 기업의 요구가 아니라 생산과 공급, 소비를 하는 사람들을 최우선으로 하며 동시에 다음 세대를 위한 것이다. 식량주권은 모든 민중에게 공정한 수입을 보증할 수 있는 투명한 무역과 소비자가 식량과 영양물을 관리할 수 있는 권리를 증진시킨다. 식량주권은 우리의 토지, 영토, 물, 종자, 가축, 생물의 다양성을 사용하고 관리하는 권리가 식량생산자에게 있다는 점을 보증한다. 식량주권은 남녀, 민중, 인종, 사회계급, 세대 사이에 불평등과 억압이 없는 새로운 관계를 의미한다... 우리는 무엇에 맞서 싸우고 있는가? 제국주의, 신자유주의, 신식민주의와 가부장제, 그리고 생명, 자원, 생태계를 빈곤하게 만드는 모든 체제, 그리고 이를 조장하는 국제금융기관, 세계무역기구, 자유무역협정, 초국적 기업, 국민에게 적대적인 정부; 세계 경제에서 생산비보다 낮은 가격으로 식품을 덤핑하는 행위, 건강 및 환경보다 이익을 우선시하는 기업에 의한 식품 및 식품 생산 시스템의 지배; 미래의 식량 생산 능력을 약화시키고 환경을 훼손하며 우리의 건강을 위험에 빠뜨리는 기술과 관행..."(https://nyeleni.org/DOWNLOADS/Nyelni_EN.pdf).

전 세계 인구의 식량주권과 독립성을 보장하기 위해서는 다원화와 공동체 중심의 식량생산 시스템을 구축해야 한다. 피터 로셋(Peter M. Rosset)은 식량주권은 인간이 자신의 식량생산과 농업활동을 결정할 수 있는 권리라고 말한다. 여기에는 국내에서 생산되는 농산품을 보호하고 규제할 수 있는 권리, 지속가능한 발전을 위한 교역의 권리, 자급자족 여부를 결정할 수 있는 권리, 자국 시장에서 덤핑 판매를 제한할 수 있는 권리, 어업공동체가 수산물자원을 우선적으로 이용할 수 있는 권리 등이 포함된다. 그리고 식량주권은 그 자체로 무역에 나쁜 영향을 주지 않는다. 오히려 올바른 무역정책 수립을 장려하고, 안전하고 건강하며 환경적으로 지속가능한 생산을 영위할 수 있는 권리를 보장하는 데 일조한다고 한다(Peter M. Rosset, 2008: 190).

기후위기를 비롯한 다양한 요인으로 인해 지구상의 적지 않은 인구가 식량위기에 직면해있다. 특히, 낮은 식량자급률을 기록하고 있는 한국과 같은 국가는 외부의 충격에 더욱 취약하다. 부적절한 식량정책이 국민들이 안전한 먹을거리에 접근하지 못하게 만들 수 있는 것이다. 이런 상황에서는 식량안보뿐만 아니라 지속가능한 농업과 식량주권을 실현하는 것이 필수불가결하다. 자유주의 시각에 매몰돼 식량문제를 단지 비교우위의 자유 시장 원리로 해결할 수 있다는 주장은 위험천만하기 그지없다. 여전히 개방 농정과 농업의 구조조정 등을 앵무새처럼 되뇌는 정치가와 관료들은 위기의 해법을 내놓기는커녕 오히려 위기를 더욱 악화시킬 뿐이다. 농업의 다원적 기능과 공공적 가치를 중시하고, 이에 기초해 식량안보와 식량주권을 아우르고 지속가능한 농업을 달성할 수 있는 국가적 전략과 정책을 비록 늦었지만 지금이라도 사회적 합의를 통해 추진해야 한다.

13장.

무엇이 환경도시를 만들었는가?
: 독일 프라이부르크의 사례

프라이부르크의 녹색정치

독일 남서부에 있는 오래된 대학도시인 프라이부르크(Freiburg)는 슈바르츠발트(Schwarzwald)라 불리는 독일 최대 삼림지대의 관문인 도시이다. 끝없이 계속되는 전나무 숲, 목초지, 오랜 민가와 성당을 중심으로 형성된 마을들이 인상적인 슈바르츠발트는 독일에서 손꼽히는 휴양지라서 매년 수백만 명의 관광객이 몰려든다.[94] 이에 못지않게 프라이부르크에 사람들의 관심이 집중된 데는 이 도시가 세계적인 환경도시로 널리 알려져 있기 때문이다. 프라이부르크는 오랫동안 환경 정책의 선두주자였으며 대담한 기후 보호 노력으로 국제적인 관심을 받아왔다. 1970년대 초부터 시는 고도로 통합된 방식을 사용하여 대규모 태양광 발전 용량, 광범위한 자전거 네트워크 및 효율적인 대중교통, 저에너지 건물 프로젝트 등 야심찬 환경정책을 추진해오고 있다(Ray Calvin, 2010; https://www.litterbins.co.uk/blogs/news/the-worlds-greenest-cities-freiburg-germany). 이렇게 된 데는 시민들의 환경에 대한 높은 관심과 성숙한 정치의식이 있었기 때문에 가능했다. 프라이부르크는 독일에서 녹색당에 대한 지지율이 가장 높은 도시 중 하나이다.

녹색당 실험이 성공적이게 된 데는 독일의 높은 민주주의 수준이 크게 작용했다. 독일은 의원내각제와 비례대표 선거제도, 연방제 등 선진 정치제도를 채택해서 운용하

---

94 '검은 숲'이라는 의미의 슈바르츠발트는 서쪽으로는 프랑스, 남쪽으로는 스위스와 국경을 접하고 있으며, 길이는 160km, 폭은 50km 정도의 넓이인 삼림지대이다. 검은숲이란 명칭은 2천 5백 년 전 이 지역에 정착한 켈트족이 붙였다고 하는 데, 전나무나 가문비나무 등과 같은 울창한 침엽수들이 하늘을 어둡게 가린데서 유래한다. 이전에는 주민들이 목재와 낙농으로 살림을 꾸려갔으나 지금은 수려한 풍광을 배경으로 각종 휴양시설과 스포츠시설이 갖춰진 독일에서 손꼽히는 휴양지이라서 매년 수백만 명의 관광객이 몰려든다. 뻐꾸기시계의 본향이고 파싱(Fasching)이라고 불리는 알레만인의 전통적인 카니발(사육제)이 유명하다.

고 있는데 이는 녹색당과 같은 소수정당이 의회에 활동하는데 유리한 환경이 되었다고 평가된다. 보수적인 정치성향의 바덴 뷔르템베르크(Baden-Württemmberg) 주에 위치한 프라이부르크는 오랫동안 사민당 출신 시장이 재직했고, 이어서 녹색당 출신인 디터 살로몬(Dieter Salomon)박사가 시의 녹색정치를 이끌었다. 1980년 창당된 녹색당은 생태, 지속가능발전 추구, NATO 탈퇴(1999년 포기)와 급진적인 토대민주주의 등을 내세운 데서 스스로를 '반 정당 정당(Anti-Parteien-Partei)'으로 지칭하였는데[95], 이는 원칙을 어기는 타협을 하지 않겠다는 점을 강조하며, 비폭력 시민운동의 전통과 정당의 역할을 접합하겠다는 이야기이기도 하다. 바로 이런 점이 녹색당이 다른 정당과 차별화되는 점이다.

독일 녹색당은 창당 40주년을 맞은 2020년, 코로나 팬데믹으로 인해 처음으로 온라인상에서 전당대회를 개최하고 네 번 째 강령을 채택했다. 첫 강령은 1980년 "녹색당-연방 프로그램"(자브뤼켄 강령), 둘째는 1993년 동맹90/녹색당의 "정치적 기본원칙", 셋째는 2002년 "미래는 녹색. 동맹90/녹색당 기본강령"(베를린 강령), 넷째 강령은 2020년 "존중하며 보호받기 위해...변화가 안정을 만든다"이다. 이는 독일 사회가 직면한 다양한 도전들에 대한 독일 녹색당의 새로운 시대인식과 지향점, 방침이라고 할 수 있다. 이 전당대회에서 녹색당은 기본 가치로 생태(Ökologie), 정의(Gerechtigkeit), 자기결정(Selbstbestimmung), 민주주의(Demokratie), 평화(Frieden) 등을 제시했다. 녹색당은 기후보호, 환경과 자연 보호, 에너지전환, 녹색경제와 관련한 정책을 통해, 독일을 친환경 녹색국가로 만들고자 노력하는 정당이라고 할 수 있다.

---

95 반정당 정당이라는 용어는 1982년 11월 10일자 <쥐트도이체자이퉁(Suddeutsche Zeitung)의 다음과 같은 기사에서 처음 사용되었다. "빌리 브란트에게 보낸 공개서한에서 (초기 녹색당의 지도자 중 한 사람인) 페트라 켈리(Petra Kelly)는 사회의 폭력 없는 구조개혁이 중요하다고 쓰고 있다. 그는 자신이 핵의 대재앙의 끝에 있음을 본다고 했다. 그래서 그는 반대자들의 '폭력 없는 저항'에 희망을 건다. 이러한 재앙을 앞두고 불행을 가져오는 많은 것들이 '합법화'되는 것처럼 보인다. 조그만 폭력을 감수하고서라도 사회와 국가의 엄청나며 부당한 폭력독점은 막아야 한다는 주장이 개개의 운동그룹에서 언제나 지지를 얻는 것처럼 보인다. 헤센에서 녹색당은 주위원회에서의 오랜 토론 끝에 프랑크푸르트 공항의 폭력적인 운동과는 거리를 두자는 사민당(SPD)의 제안에 응하지 않기로 했다. 녹색당은 다시 한번 반정당 정당으로서 그들의 성격을 드러내 보였다." Monika Sperr(1994), p.225. 페트라 켈리가 녹색당을 반정당 정당이라고 불렀을 때, 이는 무엇보다 원칙을 어기는 타협을 하지 않겠다는 점을 강조하며, 비폭력 시민운동의 전통과 정당의 역할을 접합하겠다는 이야기였다. 이는 '정치반대'를 정치의 도덕적 규범으로 삼은 헝가리 철학자 게오르기 콘라드(György Konrád)의 사상을 본뜬 것으로, 콘라드는 시민사회가 군인사회의 대안이라면 바로 그 시민사회를 작동시키는 도덕적 원칙을 '정치반대학'이라 했다. 정치반대학이라는 역설적 이름은 도덕적 원칙을 정교하게 다듬는 작업, 아울러 이를 수호하고자 정치를 제자리로 옮겨놓는 수단을 뜻했다. 페트라는 콘라드의 개념을 정당에 도입해, 녹색당이 최고의 도덕 기준을 수호하는 동시에 다른 정당의 기존 개념을 뒤집는 역할까지 맡기를 희망했다. Sara Parkin(2002), pp.232~233. 반정당으로부터 생태적 개혁정당 혹은 집권정당에 이르는 녹색당의 역사에 관해서는 Paul Tiefenbach(2001), pp.471~473; Silke Mende(2013), pp.277~319 참조.

환경수도가 되기까지

1970년대 이전만 하더라도 서독은 환경오염에 대한 규제가 제대로 갖춰진 국가가 아니었다. 제2차 세계 대전 이후 서독은 경제적 재건과 발전에 많은 노력을 기울였고 그 결과 서독은 국제적으로 경제 강국으로 성장할 수 있었다. 문제는 환경 분야였다. 서독은 환경 보호에 대한 인식이 부족했고, 산업 활동으로 인한 대기 오염, 수질 오염, 폐기물 처리 등의 문제가 심각했다. 이 때문에 슈바르츠발트 등에 있는 서독의 삼림 수목은 대기오염과 산성비로 인해 집중적으로 피해를 입게 되었다. 삼림 피해 면적은 1982년 7.7%, 1983년 34%, 1984년 50%, 1986년에는 53.7%로 점차 증가하였다. 이에 인해 프라이부르크 시민을 비롯한 독일 국민들은 충격을 받을 수밖에 없었다. 산성비 피해는 삼림뿐만 아니라 프라이부르크 시내의 옛 건축물과 조각품에도 나타났다.

이런 가운데 프라이부르크 시민들의 환경 위기감을 더욱 고조시킨 사건이 발생했다. 1970년대 초 발생한 제4차 중동전과 오일쇼크로 당시 서독 연방정부와 바덴-뷔르템부르크 주정부는 스무 번째 핵발전소를 프라이부르크 인근 라인강 상류 근처인 뷜(Wyhl)에 건설하려는 계획을 세웠다. 핵발전소 건설 예정지는 오랜 역사를 지닌 바덴 와인의 생산지였다. 바덴은 따뜻한 기후와 다양한 지형 조건을 가지고 있어 로마 시대부터 높은 품질의 포도를 재배할 수 있는 곳으로 알려져 있었다. 포도밭과 숲으로 이뤄진 이곳에 핵발전소가 건설되면 라인강이 방사능에 오염되고, 수온도 상승할 위험성이 있었다. 이러한 까닭에 이 지역의 농민들은 핵발전소가 들어서면 포도주 양조가 불가능하게 된다며 반대운동을 펼쳤고 여기에 동조하는 학생과 지식인들이 전국에서 가세하였다. 이는 기존의 행정기관, 정당, 법원 등 합법적 채널을 통한 의사전달이 실패해서 비폭력 시위의 형태로 운동방법이 바뀐 것을 가리킨다. 이 과정에서 뷜 반핵운동의 참가자들은 바덴-뷔르템베르크주의 지사가 핵발전소 건설을 맡은 회사 자문위원장이고 75% 주를 소유하고 있는 거대주주임을 밝혀냈다. 뷜의 반핵운동은 1976년 주선거에서 사민당-자민당 연정이 재선됨으로써 핵발전소 건설계획을 무산시키지는 못했지만 그럼에도 당시 높아진 환경의식이 프라이부르크시로 하여금 환경 최우선 정책을 추진하는 밑거름이 되었다고 평가된다.[96]

---

96 이들 정책의 기조에는 당연히 시민들의 환경의식 강화가 자리 잡고 있었다. 시민들의 환경의식이 강화된 데는 무엇보다 독일의 환경교육이 영향을 미쳤다. 독일은 1971년 연방정부가 환경계획을 수립해 일반 시민도 환경 친화적인 행동을 통해 환경 보호에 노력하도록 했으며 환경교육을 학습지도계획에 포함시켰다. 1980년 주 교육부장관 회의의 권고 사항인 '환경과 교육'이 의결됨으로써 환경교육이 학교교육에서 의무화되었다.

빌핵발전소 건설 반대에서 모아진 시민들의 힘과 검은숲의 고사 등에서 느껴진 환경에 대한 위기감은 프라이부르크시를 변화시켰다. 이미 프라이부르크는 1969년 슈바르츠발트의 피해를 줄이기 위해 자가용 승용차 이용 억제를 골자로 하는 '1차 종합교통시스템'의 개념을 수립한 바 있었다. 1970년에는 독일 최초로 자전거전용도로 건설을 포함한 '제1차 자전거도로망 계획'을 발표하고 2년 뒤 시 의회는 시내 전차를 확대키로 결정했다. 1973년에는 구시가지 내에 '보행자 전용구역'을 지정했다. 이어서 1979년에는 '제2차 종합교통시스템'의 개념이 결정돼 모든 교통수단과 보행자를 동일 선상에 놓고 평가하는 환경친화적인 교통정책을 시행하게 된다. 이러한 환경친화적 정책에 힘입어 프라이부르크는 1992년 독일환경원조재단이 BUND(독일환경자연보호연맹), NABU(독일자연보호연맹) 등 독일의 환경단체와 공동 개최한 지방자치단체 경연대회에서 151개 지자체 가운데서 1위를 차지하고 그 해의 '자연·환경보호에 있어서 연방수도'로 선정되었다. 심사기준은 환경관리 조직, 지역 보전 및 종 보호, 농업 상황, 자연형 하천 보존 비율, 지구 차원의 환경보호, 음용수 및 정수, 교통, 폐기물 처리, 에너지 절약, 환경영향평가, 환경단체와의 협력 등이었다(김해창, 2003: 10~12).

프라이부르크의 환경도시 만들기

프라이부르크의 환경도시 만들기는 크게 교통정책, 에너지 정책, 쓰레기 정책으로 구분하여 살펴볼 수 있다. 첫째, 프라이부르크는 지속가능한 교통정책을 통해 탄소배출 감축 및 시민 생활환경 개선을 이루고 있는 대표적인 친환경 도시로 평가받고 있다. 독일 프라이부르크 시의 교통 정책은 다음과 같은 특징이 있다. 먼저 프라이부르크시는 탄소 배출 감소를 위한 대중교통 활성화를 도모하기 위해 시가전차, 버스 등 대중교통 네트워크를 확충하고 친환경 교통수단 이용 장려를 위한 인센티브를 제공하고 있다. 1972년 프라이부르크시는 자동차 억제정책을 도입하는데, 이는 자동차로 인한 사고위험과 자동차에서 나오는 배기가스와 소음공해를 줄이기 위해 자동차 의존도를 최대한 낮추려는 것에 그 목표가 있었다. 이러한 방침에 따라 시는 시가전차 노선 확충, 시내버스 노선 정비, 자전거 도로망 확충, 보행자 전용구역 설치, 주택가 최고시속 30km 제한, 시내 중심 자동차 노선 축소 및 진입 제한, 주차요금 인상, 주택지구 주차우선권 제도 등 실질적인 교통정책을 실행해 나갔다.

예를 들어 1989년부터 시행된 모든 주택가 자동차 속도 30km 제한 결과 교통사고 발생 건수가 감소했고 사고내용도 경상이나 차량파손 정도로 변화하였다. 뮌스터 대성당을 중심한 반경 1.5km 내의 옛 시가지에는 자동차의 진입을 어렵게 하고 주차장 요금도 비싸게 책정한 대신 자전거 전용도로는 깔끔하게 정비하고 곳곳에 자전거 주차장을 설치하고 자전거 대여 시스템을 운영하였다. 이로 인해 시 지역 내에서 대중교통과 자전거 이용의 비율이 크게 증가하였다. 저렴한 티켓 한 장으로 기차, 시가전차, 버스 등 대중교통을 값싸고 편리하게 이용할 수 있도록 한 일종의 지역 교통 패스인 레기오카르테(RegioKarte)도 도입되었다. 이는 1996년에 프라이부르크와 인근 지자체에 있는 운수업체가 지역운수업체연합(RVF)을 구성해 레기오카르테를 공동 발매하는 것으로 이어졌다. 레기오카르테는 프라이부르크시뿐만 아니라 인근 지역인 에멘딩엔(Emmendingen) 및 브라이스가우-호흐슈바르츠발트(Breisgau-Hochschwarzwald) 지역에서도 유효하다. 월간 패스를 사용하면 모든 버스, 시가전차와 지역 열차를 원하는 만큼 자주 이용할 수 있다. 2024년 8월 기준 레기오카르테의 일반 성인 월간 구입 가격은 기본 카드는 74유로, 양도 가능 카드는 80.50유로이다(https://www.rvf.de/fahrkarten-tarife/monatskarten-abos/regiokarte-erwachsene#%C3%9Cbertragbar).

둘째, 에너지 정책은 '태양의 도시' 건설을 향한 시도로 나타났다. 프라이부르크 시의회는 1981년부터 시 에너지공급의 원칙을 심의해 에너지 자치 구상의 공감을 얻어냈다. 1986년에는 에너지 자립을 기본으로 한 '시 에너지 공급 기본 컨셉'을 통과시키게 된다. 이는 에너지 절약정책, 에너지 효율화정책, 에너지 다양화정책으로 구성된 이 컨셉은 프라이부르크 시의 에너지정책뿐만 아니라 환경보전정책의 바탕이 되었다. 프라이부르크의 에너지 정책의 핵심 요소는 재생 가능 에너지, 에너지 효율성, 지역 에너지 생산 및 소비, 시민 참여와 교육 등으로 이뤄진다. 우선, 프라이부르크는 태양광, 풍력, 바이오매스 등 재생 가능 에너지의 활용을 적극적으로 추진하고 있다. 특히 태양광 발전이 큰 비중을 차지하며, 시내 곳곳에 설치된 태양광 패널을 통해 많은 전력을 생산하고 있고, 그런 점에서 '태양의 도시(solar city)'라고도 불린다. 에너지 사용량을 줄이는 것도 중요해서 고효율 건축물, 에너지 절약형 가전기기 등의 사용을 장려하고 있으며, 이와 관련된 규제와 인센티브를 제공하고 있다. 또한 에너지를 현지에서 생산하고 현지에서 소비하는 로컬 에너지 시스템을 강조하고 있다. 시민들이 에너지 절약과 재생 가능 에너지 사용의 중요성을 이해하고 실천할 수 있도록 다양한 교육 프로그램과 캠페인을 운영하고 있다.

프라이부르크는 다양한 규모의 태양광 패널을 시내 곳곳에 설치했는데 주거지, 상업지, 공공건물, 학교 및 대중교통 시설 등 다양한 장소에서 태양광 패널을 볼 수 있다. 그 대표적 사업이 독일의 프로축구 1부 리그인 분데스리가에 소속된 SC 프라이부르크의 공식 경기장인 드라이잠 경기장에 태양광 발전 시설을 설치한 것이다. 이는 태양에너지 모듈 1천개를 5개 1구좌 1만 마르크씩 시민들에게 공개 모집해 판매한 후 생산 전기를 전력회사에 되팔고 그 이익을 출자자에 배당하는 등 시민참여형으로 사업이 진행되었다(김해창, 2003: 55~64). 한편, 프라이부르크시는 쓰레기매립지에서 발생하는 메탄가스를 중요한 에너지원으로 이용해 발전하고 있다. 즉, 아이헬부흐(Eichelbuch) 매립지에서 발생하는 메탄가스를 4km 떨어진 란트바서(Landwasser) 발전소로 보내 광역열병합발전을 해 프라이부르크의 전력 수요 일부를 충당하고 있다. 옛 군부대 부지에 건설되어 2005년부터 가동을 시작한 란트바서 발전소는 처음에는 총 500여 명의 시민 주주가 투자에 참여했고, 운영은 지역 시민들이 주주로 참여한 협동조합 방식으로 이루어지고 있다. 태양광 패널로 구성되어 있는 란트바서 발전소는 생산된 전력을 발전소 인근 지역의 약 25,000가구에 공급할 수 있다(https://greencity.freiburg.de/pb/1593413.html).

헬리오트롭(Heliotrop)이라 불리는 태양주택, 보방(Vauban)의 생태마을 조성. 솔라공장 설립도 시의 에너지 정책의 주된 사례로 꼽힌다. 헬리오트롭은 태양을 따라 동쪽에서 서쪽으로 움직이는 주택으로, 회전하거나 기울어져 태양 에너지를 최대한으로 많이 포착하거나 더운 날에는 단열면으로 그늘을 만든다(https://visit.freiburg.de/attraktionen/heliotrop2). 이를 통해 주택 내부에서 태양 에너지를 최대한으로 수용할 수 있어, 전기와 난방비용을 절감하고 친환경적인 생활을 할 수 있다. 주택 에너지 소비량의 약 세 배를 생산한다. 또한, 헬리오트롭 주택은 단순히 태양 에너지를 수용하는 것뿐만 아니라, 디자인 면에서도 혁신적이다. 이러한 주택은 전통적인 주택과는 다르게 독특한 모양과 구조를 가지고 있으며, 주변 환경과 조화를 이루며 자연에너지를 최대한 활용한다.

보방 마을은 성공적인 도시 재생 사업으로 세계적으로 널리 알려져 있다. 보방 마을은 2차 세계대전 이후 독일이 통일되기 전까지 프랑스군이 주둔하던 곳이었다. 1989년 동서독 장벽이 개방되고 그 다음해 통일이 이뤄지면서 이 병영지는 1992년 7월에 프랑스로부터 독일연방으로 반환되었다. 그 후 독일 연방정부와 프라이부르크 시는 이 토지의 이용방법을 놓고 2년간에 걸쳐 협의를 계속하였다. 최종적으로 프라이부르크시는 독일연방으로부터 34ha의 토지를 2,000만 유로에 사들였다. 이렇게 된 데는 당시 프라이부르크가 극단적인 주택난을 겪고 있었던 사정이 배경으로 작용했다. 프라이부르크는 대학 당국이 매년 규모를 키워가던 인기 있는 대학도시이고, 연금생활자가 노후를 보내기에 알맞은 휴양도시여서 학생이나 사회적 약자를 위한 저렴한 방은 전혀 여유가 없는 상황이었다. 이미 프라이부르크는 뷜 핵발전소 건설 반대운동과 더불어 주거 및 사회활동 장소들을 둘러싼 수많은 시위로 잘 알려진 도시였다. 그런 점에서 프라이부르크는 68혁명 당시의 사회운동 및 학생운동의 불씨가 다른 도시에서는 찾아볼 수 없을 정도의 규모와 정열로 남아있었던 곳이었다(村上敦, 2009: 20~23).

당시에 프라이부르크 대학교 건축학과 학생이던 보비 그라츠(Bobby Glatz)가 프랑스군이 병사로 사용하던 낡은 건물을 자신들이 입수해 그 건물을 자신들의 손으로 개축해서 싼 임대주택과 분양주택을 대량으로 공급하자는 아이디어를 내놓았다. 이것이 큰 반향을 불러일으켜서 1991년에 '스스로 조직하고 속박당하지 않는, 주거를 제공하기 위한 이니셔티브'라는 단체가 설립되었다. 이 단체는 머리글자를 딴 약칭이자 여성의 이름이기도 한 주지(SUSI)라 불렸는데 비영리적 활동을 통해 조합원이나 공공의 복리에 이바지함을 목표로 하는 협동조합(e.V.)의 운영방식을 택했다. 주지 협동조합은 시의회에서 병사 일부를 사회주택으로 활용하는 안이 통과되자 주택을 구매, 개축, 판매, 임대하기 위해 1993년 유한책임회사(GmbH)를 설립했다(村上敦, 2009: 24~25, 28~29).

강제철거에 맞서던 보스니아 난민, 홈리스, 대안을 꿈꾸는 청년들이 만든 주지는 새로운 대안을 만들었다. 보방 마을 사람들은 다음과 같은 몇 가지 원칙을 세웠다. "기존의 건물을 최대한 이용하며, 모두가 도시재생에 기여한다. 또한 난민을 포함하여 모두가 사회 활동에 적극 참여한다." 1992년 시의회는 마침내 4개의 주둔지에 이들을 위한 주거 프로젝트와 6개 병영건물에 대학생들이 거주하는 것을 승인하였다. 그로부터 2년 후 보다 큰 규모의 단체 '포럼 보방'이 만들어지면서 교섭력도 더 커지게 된다. 시정부는 1930년대 만들어진 낡은 장교클럽 건물을 당시 화폐 1마르크, 약 700원에 시민들에게 넘겨주었다. 시의회는 거주민들의 의견을 받아 건축 공모를 하고 건축가들은 설계를 하는 동안에도 주민들과 소통을 계속하였다. 이 과정을 통해 시민의식은 보다 높아졌는데 지금도 주민들 중 70%는 자가용을 원치 않고 대중교통, 자전거를 이용한다. 1996년부터 마을재생이 시작되어 2006년에 끝내려 했으나 실제로는 2015년이 되어서야 마지막 빌딩이 완성되었다(https://www.hani.co.kr/arti/opinion/column/815396.html).

셋째, '쓰레기 제로'에의 도전이 이뤄졌다. 1986년 프라이부르크 시는 환경보호국을 설치해 쓰레기 리사이클을 추진하는 등 폐기물 문제에 적극 대처하기 시작했다.[97] 아이헬부흐 매립지가 거의 차자 주민들에게 분리수거 방법을 주지시키고, 홍보활동을 강화했고, 쓰레기 량의 절반을 차지하는 건설폐자재 처리를 위해 리사이클회사를 만들었다. 리사이클한 뒤 남은 산업폐기물은 매립료를 비싸게 징수하는 것으로 방침을 바꿨다. 1992년부터는 쓰레기는 모두 리사이클 한다는 '쓰레기 제로' 작전이 추진되었다(김해창, 2003: 75~80). 현재, 프라이부르크시에서 폐기물 및 도시청소는 ASF(Die Abfallwirtschaft und Stadtreinigung Freiburg GmbH)가 담당하고 있다. 프라이부르크 시가 53%의 지분을 소유하고 있는 회사인 ASF는 도시를 대신하여 잔류 폐기물, 유기 폐기물 및 폐지를 수집 및 처리하고, 3개의 도시 재활용 센터와 아이헬부흐 매립지에 환적 및 재활용 센터를 운영하고 있다(https://greencity.freiburg.de/pb/1593413.html).

다른 국가의 환경도시 사례

독일의 프라이부르크 이외에도 환경보호와 지속 가능한 발전을 위해 다양한 전략과 정책을 시행하고 있는 환경도시들은 적지 않다. 이러한 도시들은 미래의 지속 가능한 발전 모델을 제시하고 있으며, 전 세계의 다른 도시들이 따라야 할 좋은 사례가 되고 있다. 이들 도시들은 재생 가능 에너지, 녹색 교통 시스템, 친환경 건축, 효율적인 자원 관리 등을 통해 환경문제를 해결하고 있다. 전 세계적으로 널리 알려진 대표적 환경 도시로는 다음과 같은 사례가 있다.

우선 북유럽의 도시들이 있다. 덴마크의 코펜하겐은 2025년까지 세계 최초의 탄소중립 도시가 되는 것을 목표로 하고 있으며, 전체 전력의 50% 이상을 재생 가능 에너지에서 공급받고 있다. 자전거 도로가 잘 발달되어 있으며, 시민의 약 62%가 자전거

97 이렇게 된 배경에는 1982년 함부르크시의 선천이상아 발생율이 당시 서독 평균 2배로 알려지면서 독일사회가 받았던 충격이 자리 잡고 있다. 역학조사 결과 그 원인이 주변 화학공장과 쓰레기 소각로에서 배출된 다이옥신으로 밝혀지자 이에 대한 경계심이 확산되었고 독일 전역에서 쓰레기 소각로 폐지운동이 전개되었다.

를 이용해 통근한다. 지속 가능한 도시 계획과 녹색 건축물에 대한 강력한 규제를 적용하고 있다. 스웨덴의 스톡홀름에는 하마비 쇼스타드(Hammarby Sjöstad)와 같은 친환경 주거 단지들이 있다. 이 도시는 대중교통의 전기화를 추진하고 있으며, 자전거 인프라를 확장하고 있다. 매우 효율적인 재활용 시스템과 폐기물 관리 시스템을 운영하고 있는 것으로도 잘 알려져 있다.

스웨덴의 예테보리(Göteborg)는 석유에 의존하지 않는 에너지정책이나 환경을 배려하는 상품, 서비스를 선택적으로 이용하는 녹색소비자(green consumer) 운동이 정착되어 있다. 이런 예테보리도 고도성장기였던 1960~1970년대에는 대기오염 거리로 악명이 높았다. 석유와 석탄으로 난방을 했던 각 가정의 굴뚝에서 나오는 유황을 비롯한 연기가 대기를 오염시켰다. 이에 시당국은 폐열을 이용하는 지역난방 시스템을 추진하여 정유공장이나 쓰레기소각장 등에서 나오는 폐열을 가정의 난방이나 온수로 사용하게 하였다. 교통기관을 정비하여 부유입자상물질(SPM)과 이산화탄소를 줄이는 정책도 실시하였다. 시내 중심부에 '환경지대'를 설정하고, 환경기준치에 미치지 못하는 대형 트럭이 그곳에 들어오지 못하도록 한다던지, 시에 위치한 자동차 회사 볼보에게 철도 이용, 여과장치 부착, 대체연료 사용 등을 통해 배기가스 저감을 하도록 한다던지, 거래처를 선택할 때 상대기업의 환경항목을 체크해 계약을 하는 '녹색조달'을 추진하는 정책도 추진되었다(井上智彦, 2004: 171~178).

브라질의 꾸리치바(Curitiba)는 급속한 인구 성장과 산업단지 건설 등으로 도시환경 파괴를 경험하였다. 이에 자이메 레르네르(Jaime Lerner) 전 시장 주도로 도시환경 개선을 위한 창조적인 노력이 행해졌다. 독창적인 통합교통망 건설(완벽한 버스 중심 교통망 구축, 사회적 요금 제도의 채택, 보행자 전용도로), 폐기물정책('쓰레기 아닌 쓰레기' 정책, 쓰레기 구매 프로그램), 하천 및 공원녹지정책(하천보호지대 확보하여 공원으로 개발, 식생보호 조치), 문화정책(역사와 문화유산 보존과 재활용), 교육정책('지혜의 등대' 사업, 파벨라 지구 어린이들을 위한 유아 및 청소년 통합 프로그램: PIAs) 등이 그것이다. 특히, 꾸리치바는 빠르고 효율적인 BRT(Bus Rapid Transit) 시스템을 운영하고 있고, 환경친화적인 도시 계획을 시행해 있으며, 많은 녹지 공간을 조성하고 있다. 시민 참여형 재활용 프로그램도 활성화되어 있다. 꾸리치바의 사례는 박용남의 <재미와 장난이 만든 꿈의 도시 꾸리찌바>에 구체적으로 소개되어 있다(박용남, 2009). 이 책에서 저자는 남미의 한 변두리 도시인 꾸리찌바가 어떻게 환경친화적으로 지속가능하게 바뀌게 됐는지를 도시교통의 청사진, 도시환경 개선을 위한 창조적인 노력들, 시민을 존경하는 여러 실험들을 중심으로 소개하고 있다. 꾸리치바가 주는 몇 가지 교훈도 눈여겨볼만 하다. 이와 관련하여 저자는 장기적 비전과 계획의 중요성, 환경과 개발의 조화, 주민참여와 교육의 중요성, 선진기술의 활용, 사회적 통합 등을 제시하고 있다.

쿠바의 아바나는 사회주의 국가의 도시라는 점에서 독특하다. 이에 대해서는 요시다 타로(吉田太郎)의 <생태도시 아바나의 탄생>이 자세하다. 1990년대에 쿠바는 소련의 붕괴와 1959년 혁명 이후 계속되고 있는 미국의 경제봉쇄라는 이중고 때문에 석유부터 일상용품에 이르기까지 모든 물자를 공급받지 못하는 비상사태에 직면했다. 농업국인 쿠바는 사탕과 커피라는 환금작물을 수출하고, 쌀과 밀을 수입하는 국제분업 체계에 편입되어 있었기 때문에 국내 식량 자급률은 40퍼센트 밖에 되지 않았다. 이런 위기상황에서 아바나 시민이 선택한 비상수단은 도시를 '경작'하는 것이었다. 농약이나 화학비료조차 없이 맨손으로 시작한 도시농업은 10년을 지나자 유기농업으로 채소를 완전히 자급하는 데까지 발전했다. 시 전체에는 가정텃밭, 개인 농가, 기업농장, 협동조합농장, 자급농장(Autoconsumos) 등 8천 곳이 넘는 도시농장과 텃밭이 있고, 수만명의 시민들이 이를 경작하고 있다(吉田太郎, 2004: 17~18).

아바나에는 '수도 공원 프로젝트'이란 이름으로 1천 7백만 그루의 나무를 심은 새로운 녹지공원이 조성되었고, 석유가 부족해 움직이지 않았던 차 대신 자전거가 거리를 누비고, 수입할 수 없게 된 의약품을 대신해서 도시의 채소농장에서 허브가 자라고 있으며, 태양전지와 바이오가스 같은 자연에너지가 시민의 생활을 뒷받침하고 있다. 쿠바는 시민의 단결과 참여에 힘입어 식량위기에서 벗어날 수 있었다. 여기에는 당시 피델 카스트로(Fidel Alejandro Castro Ruz) 정권의 행정개혁도 힘을 보탰다. 카스트로 정권은 이전까지의 중앙집권적인 관료국가 체제를 개혁하고, 관청을 반으로 줄이는 철저한 행정개혁을 추진하면서 부분적으로 시장과 경쟁원리를 끌어들이는 자본주의 사회로의 이동을 시험했다.[98] 그렇다고 시장 중심의 자유방임 정책을 실시하는 게

---

98 피델 카스트로는 "식량문제가 최우선이다"라고 비상시국 선언을 하고, 아울러 "도시 내에서 경작하지 않아 방치되어 있는 땅은 모두 없앤다"는 격문을 발표했다. 도시농업을 추진하기 시작한 일은 시민들에게 국유지를 빌려주는 것이었다. 이와 아울러서 토지정책, 유통정책, 가격, 세제정책, 생산자 동호회의 조직화, 기술의 확립 그리고 시민을 위한 기술지도 등의 지원책이 농업부, 아바나 시정부, 보급조직, 연구기관, 비정부기구 등 여러 관계조직의 완벽한 연계망 아래 치밀하게 실시되었다. 吉田太郎, (2004), pp.77~78. 요시다 타로는 이후 발간된 다른 저서에서 쿠바야말로 지구환경의 제약 안에서 생활하면서 어떻게 지속가능성을 유지할 것인가와 관련해 가장 모범적인 사례라 할 수 있는 국가라고 지적하였다. 이에 대해서는 吉田太郎, (2011), pp.29~31.

아니라 사회주의 정책, 즉 의료와 교육은 무상으로 제공하고 기초생활물자는 배급으로 염가로 공급하는 정책은 남겨두었다. 이런 사회전환을 지지해주는 것으로 요시다 타로는 세 가지를 거론한다. 첫째, 어린이와 노인, 여성 등 약자를 무엇보다도 중요하게 여긴다는 인간주의적인 철학, 둘째, 라틴아메리카에서 가장 잘 짜여진 교육연구기관과 우수한 연구자와 기술자들이 만들어내는 환경친화적인 '적정기술(appropriate technology)'[99], 셋째, 행정기관과 비영리기구(NPO) 사이의 동료의식과 열린 대화에 기초한 합의 형성 그리고 철저한 지방분권이라는 사회제도(吉田太郎, 2004: 21~22).

99 적정기술의 개념은 실천적 경제학자이자 환경운동가인 미하엘 슈마허(Ernst Friedrich Schumacher)가 1960년대에 만들어낸 '중간기술'(intermediate technology)이라는 용어에서 시작되었다. 당시 슈마허는 세계적 빈부 양극화 문제를 고민하던 중 간디의 자립경제 운동에서 영감을 받아, 저개발국의 개발 성장이 성공하기 위해서는 중간 규모의 기술이 필요하다고 주장했다. 이후 활동가들은 '중간'이라는 용어가 미완의 기술 혹은 첨단기술보다 열등하다는 느낌을 줄 수 있다고 생각해서 적정기술이라는 용어를 쓰기 시작했다. 적정기술은 1960년대와 1970년대에 붐을 일으켰다. 당시 제3세계에 대한 공적 원조에 있어 과학기술의 중요성과 효용성이 부각되면서 적정기술 전수를 위한 활동이 활발하게 이루어지기 시작했다. 특히 슈마허는 1966년 직접 중간기술개발집단(Intermediate Technology Development Group, ITDG, 현재의 Practical Action)을 설립하고 그 활동을 이끌었다. 미국에서도 정부 차원의 적정기술 관련 기관과 부서가 만들어졌는데 대표적인 예가 1976년 카터 행정부가 설립한 국립적정기술센터(National Center for Appropriate Technology, NCAT)다. 그러나 1980년대에 들어서면서 적정기술이 당시 제3세계의 경제구조가 야기하는 문제를 해결하는데 효과적이지 않다는 비판이 제기되었다. 김용수, "적정기술의 과거, 현재 그리고 미래", https://unesco.or.kr/category/unesco_newsletter/issue_cookie/

3부

동북아적·한국적 맥락에서의 환경과 정치

14장 경제성장과 환경파괴의 동조화
: 동북아의 경우

15장 동북아 환경문제의 실태
: 취약한 규제와 낮은 수준의 협력

16장 토건국가에 포박된 한국과 일본의 정치경제

17장 '4대강 사업이 남긴 것들'
: 강한 물질주의와 선거경쟁의 정치

18장 '오지 않은 미래'
: 한국에서 환경정치 실험은 왜 실패했는가?

14장.

경제성장과 환경파괴의 동조화
: 동북아의 경우

동북아 국가들의 고도 경제성장

동북아시아는 지난 세기 후반부에 들어와 세계에서 유례를 찾아볼 수 없는 급속한 경제성장을 이룩하였다. 그 선두주자는 일본이었다. 일본은 특정 산업의 경쟁력을 향상시킬 목적으로 정부가 시장에 개입하여 보호주의를 내용으로 하는 강력한 '전략적 무역정책(strategic trade policy)'을 추진하였다. 이에 힘입어 일본은 1960년대부터 1970년대 초에 걸쳐 연평균 약 10%의 성장을 달성할 수 있었다. 뒤이어 한국과 대만 등 이른바 신흥공업국(NIEs)과 태국, 말레이시아, 인도네시아 등 동남아국가연합(ASEAN) 회원국, 그리고 중국이 차례로 앞선 국가들을 좇아 고도성장을 이룩하였다. 이는 서구의 선진공업국들이 몇 세대에 걸쳐 이룬 과정을 불과 한 세대에 걸쳐 압축적으로 달성한 것으로 세계의 주목을 받았다.

1960년대부터 본격화한 한국의 경제성장 전략은 일본의 전략을 모방한 것이었다. 일본 방식은 보호주의 혹은 전략적 무역정책으로 불린다. 통상산업성(通商産業省, MITI)을 사령탑으로 하는 일본의 수출주도형 무역정책은 특정 산업에 국가가 개입하여 산업제조업과 대기업의 경쟁력을 향상시키려 했다. 특별보조금을 지급하고, 은행대출을 주선해 적절 연구개발 자금을 보장하며, 수입상품 관세를 인상하고, 외국특허 상품은 일본 생산을 금지시킨 것이 주요 내용이었다. 일본은 중상주의(mercantilism) 전략에 입각해 높은 경제성장을 달성한 대표적인 국가이다. 박정희도 경제성장을 최우선적인 정책순위로 설정하고 정치 행위를 통해 이를 지원했다. 2차 대전 후 '관세 및 무역에 관한 일반협정(GATT)'으로 대변되는 자유무역체제하에서 관세 및 비관세 장벽을 주요 정책으로 하는 보호주의 혹은 전략적 무역정책을 채택해 성공을 거둔 일본이 바로 벤치마킹 대상이었다. 구체적으로 박정희 정권은 값싼 노동력을 바탕으로 한 노동집약적 수출공업화 전략을 채택했다. 이를 위해선 노동자의 저임금과 장시간 노동을 유지해야 했다. 이에 출범 직후부터 노동운동을 철저히 통제했다. 대신에 소수의 재벌을 집중적으로 육성했다. 온갖 특혜 덕분에 재벌들은 대기업으로 성장했고, 문어발식으로 확장할 수 있었다. 정경유착은 그 당연한 결과였다. 그러나 이들 대기업들은 사회적 책임을 거의 방기했다.

유종성은 그의 책인 <동아시아 부패의 기원(원제는 Democracy, Inequality and Corruption: Korea, Taiwan and the Philippines Compared)>에서 미국의 경제학자인 대니 로드릭 등의 선행 연구(Dani Rodrik et al., 1995)에 기초해 한국과 타이완, 필리핀 3국의 부패의 기원을 분석한다. 한국과 타이완의 경제 성장 성공 요인을 살펴본 로드릭 등은 소득 불평등 또는 토지 소유 불평등과 교육 수준과 같은 초기 조건이 개발도상국의 장기적인 경제 성장률과 매우 높은 상관관계가 있다고 주장한다. 1960년을 기준으로 한국과 타이완은 개도국 가운데 이례적으로 토지 소유와 소득 분배의 불평등 정도가 낮았고, 당시 소득 수준에 비교해서 볼 때 상대적으로 높은 교육수준을 가지고 있었다는 것이다(유종성, 2016: 129~133). 이 두 초기 조건이 1960년에서 1985년까지 이후 25년간의 경제 성장률을 예측하는 능력이 매우 컸다. 가령, 한국과 타이완의 경우는 이 두 초기 조건이 향후의 높은 경제 성장률의 90% 가까이를 설명한다는 것이었다.[100]

민주주의 국가와 선거가 있는 권위주의 국가들에서 왜 경제적 불평등이 부패를 증가시키는지를 주인-대리인-고객(principal-agent-client) 모델에 입각해 분석한 이 책에서는 독립 초기 한국과 타이완, 필리핀 세 국가 모두 불평등 수준이 높았으나, 이후 토지개혁 정책의 성공과 실패가 이들 국가 간 불평등의 차이를 초래했다고 한다. 한국과 타이완의 전면적인 토지개혁은 토지 귀족을 해체하고, 부와 소득에 있어 대단히 평등한 관계를 만들어 낸 반면, 필리핀은 토지개혁에 실패했다는 것이다. 이러한 토지개혁의 성공과 실패에는 미국의 개혁 압력뿐만 아니라 북한, 중국 본토로부터의 공산주의 위협과 같은 외생적 요인들이 크게 영향을 미쳤다. 한국의 경우, 토지개혁이 지주계급을 해체시켜 국가 자율성을 제고했을 뿐 아니라 급격한 교육의 확대를 가져와 이것이 4.19학생혁명은 물론 능력주의 관료제를 확대, 발전시키는 강한 압력으로 작용했다는 것이다(유종성, 2016a: 148-164). 이 책은 한국의 경제성장에 초석을 쌓는 데

---

100 이에 입각해 유종성은 박정희의 공로는 고작 10%밖에 안 되는 셈이라고 지적한다. 로드릭의 표현을 빌면, "기적이라고 할 만한 것은 전혀 없다"는 것이다. https://www.pressian.com/pages/articles/141571

에 결정적인 역할을 한 요인이 무엇인가에 대한 설득력 있는 연구로도 평가된다.

찰머스 존슨(Chalmers Johnson)은 국가 주도 산업화에 성공한 동아시아 국가의 역할과 성격을 규정하기 위해 '발전국가(developmental state)'란 용어를 사용했다. 그에 의하면 저발전의 구조적 조건 속에 처해 있던 라틴아메리카의 국가들이 '약탈국가'로 전락한 반면, 한국을 비롯한 대만, 싱가포르 등 아시아 국가들은 눈부신 경제성장을 바탕으로 튼튼한 중간층을 형성하는 데 성공했고, 그 결과 민주주의 발전을 이루었다는 것이다(Adrian Leftwitch, 1995: 400~402). 앨리스 암스덴(Alice H. Amsden)은 한국 정부가 전략적으로 선도산업(target industry)을 지정한 후, 이를 발전시키기 위한 각종 지원과 특혜를 제공하였다는 점을 강조한다. 예를 들어, 반도체 산업의 초기 발달 단계에서 정부는 연구 개발 및 산업 인프라 구축을 위한 자금을 지원하였고 이 정책이 한국의 경제발전에 크게 기여했다는 것이다(Alice H. Amsden, 1989). 프레드릭 데요(Frederic C. Deyo) 역시 정치로부터의 자율성을 지닌 개발도상국가의 정부기관이 발전적 전략산업에 대한 정부 보조금, 수입/수출 라이선스, 차별적 규제, 하도급 체제, 환율통제, 그 밖의 지원 조치 및 통제와 같은 개입정책을 채택한 것을 긍정적으로 평가한다(Frederic C. Deyo, 1987). 암스덴과 데요의 주장은 경제발전에 있어 국가의 개입을 중시하는 찰머스 존슨의 발전국가론과 유사한 맥락에서 피력된 것이다.

한국의 금융외환위기와 일본의 '잃어버린 30년'

18년이라는 긴 기간 동안 집권한 한국의 박정희 정권은 일본의 경제성장 전략을 모방한 정책을 추진했다. 앞에서 설명했듯이 일본 방식은 보호주의 혹은 전략적 무역정책으로 불린다. 통상산업성을 사령탑으로 하는 일본의 수출주도형 무역정책은 특정 산업에 국가가 개입하여 산업제조업과 대기업의 경쟁력을 향상시키려 했다. 특별보조금을 지급하고, 은행대출 주선으로 적절 연구개발 자금을 보장하며, 수입상품 관세를 인상하고, 외국특허상품은 일본 생산을 금지시킨 것이 주요 내용이었다. 일본은 중상주의 전략에 입각해 높은 경제성장을 달성한 대표적인 국가이다. 박정희도 경제성장을 최우선적인 정책순위로 설정하고 정치 행위를 통해 이를 지원했다. 2차 대전 후 GATT로 대변되는 자유무역체제하에서 관세 및 비관세장벽을 주요 정책으로 하는 보호주의 혹은 전략적 무역정책을 채택해 성공을 거둔 일본을 벤치마킹 대상으로 삼아 박정희 정권은 노동집약적 수출공업화 전략을 채택했다. 그리고 대외경쟁력을 유지하기 위해 노동자와 농민들을 저임금과 저곡가로 가둬뒀는데 그 결과 노동운동과 농민운동을 철저히 통제했다. 그 반면 재벌들에게는 온갖 특혜가 주어졌고 덕분에 재벌은 문어발식으로 몸집을 불릴 수 있었다.

경제성장을 달성하기 위해 박정희 정권은 경제개발계획을 추진하였는데, 이는 박정희 정권이 처음 시도한 것이 아니었다. 기원은 이승만 시대로 소급되며, 최초로 이를 추진한 것은 장면 정권하에서였다. 그러나 군부쿠데타로 장면 정권은 붕괴하고 이 계획은 쿠데타세력이 이어 받아 추진하게 된다. 여기에는 당시 미국의 대한정책의 노선 변화도 크게 영향을 미쳤다. 경제개발계획에 대한 구체적인 분석은 박태균이 쓴 <원형과 변용: 한국 경제개발계획의 기원>에서 찾을 수 있다. 박태균에 따르면 무상원조의 감소, 물가안정의 달성, 성장률 저하 등의 상황에서 경제개발계획의 필요성에 대한 사회적 공감대가 형성됐지만, 경제개발계획의 주도세력, 경제정책, 특히 환율정책의 내용, 대기업에 대한 생각, 외자에 대한 생각 등에서 커다란 차이가 존재했다고 한다. 저자는 이런 차이에 근거하여 당시 확산된 경제개발론을 '민간 주도형' '국가 주도형' '사회민주주의형'으로 유형화한다. 차이 속에서도 공통점에 주목한 저자는 전통적 공개념, 식민지 교육의 유산, 제국주의에 종속된 식민지 경제체제의 경험 등과 같이 내부적인 요인은 물론 한국 지식인과 관료들이 1950년대에 해외유학, 연수 및 출장을 통해 학습한 서구의 후진국 경제개발론과 아시아 다른 국가들의 경제개발계획 수립 경험 등 다양한 요인의 상호작용을 강조한다(박태균, 2007).

국가의 자율성과 국가의 개입을 성공적인 경제성장의 핵심요소로 파악하는 발전국가론에 입각해보면 한국의 박정희 정권은 대내·대외적 이익집단으로부터 독립적이고 자율적이어서 한국 경제의 장래를 공평무사하게 계획하고 집행 했고 그 결과 경제성장을 달성했다고 할 수 있다. 과연 그럴까? 남북대치와 미소냉전 상황에서 군사쿠데타 세력은 작전통제권뿐만 아니라 경제원조와 군사원조라는 수단을 지닌 미국 정부의 심대한 간섭을 받았고, 대내적으로는 광범한 민중을 지지기반으로 갖지 못했다. '국가정보원 과거사건 진실규명을 통한 발전위원회'가 조사해 발표한 '부일장학회 등 헌납사건', '경향신문 매각사건' 등과 같은 여러 의혹사건에서 드러났듯이 박정희 정권은 독재적이었고 부패했다(김수행 외, 2007: 16~25). 그런 점에서 볼 때 한국의 발전국가는 정치적·경제적·사회적 시민권을 박탈하는 등 민주주의를 억압함으로써 가능했다. 사회적 불평등이 커졌고, 계층 간, 지역 간, 산업부문 간 갈등이 빈발했다. 그리고 광범하게 환경을 파괴하고 무분별하게 생태계를 훼손했다.

1993년 집권한 김영삼 정권은 세계화를 국가전략으로 내세웠다. 여기서 세계화는 다양한 영역과 수준에서 발생하는 복합적 현상이 아니라 단지 경제 영역에서 자유화를 의미하는 것으로 협소하게 이해되었다. 이에 따라 김영삼 정권은 경쟁과 효율성을 높이고 국가경쟁력을 강화 시킨다는 명분으로 경제협력개발기구(OECD) 가입, 금융시장과 농업시장의 개방, 교육과 노동 시장의 개혁을 이해당사자들과의 합의과정을 제대로 거치지 않은 채 일방적으로 추진하였다. 단기투기자본을 규제하고 기업들의 무분별한 차입을 제어하는 제도적 장치를 갖추지 못한 상태에서 1994년부터 1995년에 걸쳐 급격하게 자본시장을 개방한 결과는 1997년 말에 금융외환위기로 나타났다.

금융외환위기는 한국에 신자유주의 정책이 본격적으로 도입되는 계기가 됐다. 국제통화기금(IMF)은 구제금융의 대가로 한국 사회의 신자유주의적 재편을 핵심 내용으로 하는 지원조건을 부과했다. 한국 정부는 IMF의 지원을 받는 조건으로 대기성자금 지원협약을 맺었고, 지원조건으로 통화·재정정책 의 긴축적 운영과 금융산업의 구조조정 및 무역과 자본시장 자유화, 그리고 노동시장의 유연화 등 구조조정 프로그램에 합의했다. 이에 따라 김대중 정권은 재벌·금융·공공·노동 4대 부문의 구조조정과 시장개방을 추진했다. 이는 일부 부실한 기업과 사업이 정리되고 소수주주권이 강화되는 등의 성과를 거두었지만, 재벌의 유착구조와 금융지배는 제대로 개혁하지 못했다. 금융부문에서도 과잉투자나 재무구조 문제가 다소 나아졌지만 금융기관의 소유·지배·경영 구조는 그다지 개선되지 않았고 많은 금융기관들이 외국 자본에 함부로 매각되었다. 특히 노동시장에서 IMF의 요구에 따라 정리해고제를 조기 실시하고 파견근로제를 도입한 것은 노조에 대한 자본의 반격이란 점에서 전형적인 시장만능주의 정책이었다. 다만 신자유주의 정책의 도입으로 인한 폐해를 줄이고자 고용보험제도를 강화하고 국민기초생활보장제 등의 복지제도를 확충하는 조치가 있었다.

한국이 겪은 금융외환위기는 발전국가가 지닌 문제점이 온존하는 상태에서 급속한 시장개방 조치가 주된 요인으로 작용한 것이었다. 중상주의에 기반을 둔 발전국가를 긍정적으로 평가하던 일부 학자들은 이제 입장을 바꿔 아시아 모델에 내재하는 도덕적 해이(moral hazard)와 '연고자본주의(crony capitalism)'가 금융외환위기의 원인이 되었다고 주장하고 나섰다. 금융외환위기를 초래한 당사자이기도 한 통제되지 않는 비대한 경제권력은 IMF가 지원조건으로 요구한 개혁의 대상이었음에도 불구하고 오히려 더욱 강해지고 비대해졌다. 국가와 시민사회에 대한 권력의 비대칭성은 금융외환위기 이후 더욱 뚜렷해졌다. 김대중 정권과 노무현 정권 시기에도 재벌의 방만한 경영에 대한 민주적 통제는 제대로 이뤄지지 않았고, 어떤 경우에는 이들과 유착하기까지 했다. 민주화 역시 경제권력의 집중에 기여했다. 발전국가 하에서 정부와 유착해 막대한 혜택을 받고 급성장한 재벌 대기업들은 민주화가 되면서 더 이상 권위주의 정부에 의존하지 않게 되었다. 이들은 노골적으로 국가의 시장으로부터의 퇴진을 주장하면서 국가에 압력을 가하기 시작했다. 이는 한국에서의 민주주의 이행이 정치영역에만 국한된 협소한 것이었기 때문이었다. 이행이 가져다 준 공간에서 재벌들은 더 큰 자율성을 주장하기 시작했고 이는 곧 현실화되었다. 전경련과 재벌연구소들, 재벌 친화적인 보수언론들은 자율적인 시장경제의 우월성과 국가개입의 비효율성을 강조하는 담론을 생산하고 확산시켰다.

신자유주의의 확산이 초래한 가장 중요한 변화는 정치를 약화시키고 경제에 대한 종속을 심화시켰다는 점이다. 시장의 경제권력이 비대화하면서 정치는 활동영역이 협소해지고 권력은 약화되었다. 기업가들뿐만 아니라 정치인들까지도 정치논리가 아니라 경제논리를 우선시하게 되었고 일반 대중들은 이들 논리를 내면화하게 되었다. 정치의 공간이 축소되고 역할이 무력화된 곳에서는 무한경쟁의 시장만 남게 되었다. 이러한 변화는 정치를 통해 다양한 사회문제를 해결하는 것이 점차 어려워지고 있다는 것을 의미한다. 사회구조와 시장의 왜곡을 바로잡을 수 있는 힘이 약화되었고, 이로 말미암아 심각한 문제들이 부상하기 시작했다. 이런 현상을 우리는 '경제에 침식된 정치'라 부를 수 있다. 원래 침식(erosion)이란 용어는 풍화, 용해, 마식, 운반 등의 자연 요인에 의해 지각의 암석과 토양이 느슨해지며 닳아 없어지고 동시에 다른 장소로 이동되는 제 현상을 가리킨다. 신자유주의가 위력을 발휘하면서 변형된 경제와 정치의 관계를 묘사하는 데 우리는 이 용어를 사용할 수 있다(홍익표, 2019: 44~46).

정치의 쇠퇴 현상은 '비즈니스 프렌들리'를 내세운 이명박 정권 시기에 들어와 이전보다 더욱 뚜렷이 나타났다.[101] 이명박 정권은 출자총액제한제를 풀고 법인세를 인하했으며, 수출대기업 위주의 고환율·저금리 정책을 추진했다. 기업체 세무조사를 축소했고, 금산분리 완화를 시도했으며, 연구개발과 에너지산업에 수십조 원의 직접자

101 이러한 현상은 보수세력들로부터 '좌파 정권'이란 비판을 받은 노무현 정권에서도 마찬가지로 나타났다. 노무현 정권은 동반성장을 내걸고 사회복지 지출을 다소 늘리는 등의 개혁정책을 실시하기도 했으나, 실제로는 부동산과 중소기업, 비정규직 노동자 문제에 제대로 대처하지 못하면서 오히려 사회적 약자들의 삶을 악화시켰다는 비판을 받았다. 정권 말기에는 노동자와 농민단체, 학계 등의 반대에도 불구하고 한미 FTA를 밀어붙였다. 이는 신자유주의가 금융외환위기 이후에도 보수와 개혁정권 모두에게 국가와 사회를 지배하는 이데올로기로 착근되었음을 잘 보여준다.

금을 지원했다. 그러나 이들 조치로 투자 확대, 일자리 창출, 경제성장이란 선순환 구조가 정착되리라는 애초의 기대는 충족되지 않았다. 이명박 정권은 정부가 대기업을 도와줘서 먼저 성장을 이루게 되면 그 혜택이 중소기업과 국민들에 게 돌아갈 것이라 주장했지만, '고용 없는 성장'에서 보듯이 성장의 적하효과(trickle down effect)는 별반 이뤄지지 않았다. 오히려 재벌기업들은 북한의 세습체제를 능가하는 세습지배구조와 불법 상속 증여, 문어발식 족벌경영, 비자금 조성과 정경유착, 중소협력업체와의 불공정 계약, 일감 몰아주기 및 주가 띄우기, 영세자영업자 영역까지 파고드는 '통 큰' 사업 등으로 서민경제를 위협하고 양극화를 심화시키는 데 기여하였다. 이 밖에도 이명박 정권은 줄곧 법과 원칙을 강조해왔지만 재벌에게만은 사면권을 남발하면서 예외를 인정했다. 이러다 보니 대기업이 중소기업, 노동자 등 약자들과 맺고 있는 불공정한 관계에 대한 관심이 증가하고 이를 개선하라는 요구가 분출되었다.

18대 대선에서 과거 여당의 노선과 정책에 비추어 다소 파격적이라 할 경제민주화와 보편적 복지를 공약으로 준비하고 준비된 여성대통령을 슬로건으로 내걸고 당선된 박근혜 대통령도 그리 다르지 않았다. 박근혜 정권 역시 재벌들과 깊숙하게 유착관계를 맺고 비리를 저질렀다. 대통령의 배후 실세인 최순실은 '미르재단'과 'K스포츠재단'을 만든 후 대통령과 청와대 경제수석과 공모해 대기업들이 이들 재단에 774억 원을 출연하도록 했다. 이재용 삼성전자 부회장의 경영권 승계를 돕는 대가로 딸 정유라의 승마 지원을 받기도 했다. 이는 적극적인 기업 편들기 정책을 폈고 그 대가로 노골적으로 재벌들로부터 통치자금과 선거자금을 갈취한 부친인 박정희 정권과 그 계승 정권인 전두환, 노태우 정권의 행태를 고스란히 본뜬 것이다. 1997년 15대 대선 당시 집권여당이던 한나라당의 이회창 대선 후보측이 국세청과 공모해 전경련 회원사로부터 대선자금으로 167억 원을 거둔 것도 비슷한 사례이다. 정치에 대해 거리를 두고 다양한 정치세력이나 시민들과 소통을 하지 않은 채 고질적인 정경유착 행태를 반복하면서 소수의 최측근들이 비밀리에 국정을 좌지우지했던 박근혜 정권은 결국 탄핵으로 종말을 맞았다(홍익표, 2019: 50~56, 162).

한편, 태평양전쟁에서 패배한 일본에서는 전후 연합군 최고사령부에 의해 일본이 국제사회에 군사적 위협이 되지 않도록 전후배상, 재벌해체, 반독점정책 등의 경제정책들이 추진되었다. 그러나 동서냉전이 시작되면서 이러한 정책은 바뀌어 일본의 안정과 경제회복을 최우선 목표로 하면서 배상취소, 재벌보호, 공직추방의 취소, 닷지 라인(ドッジ·ライン, Dodge Line)[102] 등의 정책이 채택되었다(Choi Woondo, 2020:

257~260). 미국의 정책결정자들은 일본을 공산주의의 확산을 막는 '자유세계'의 보루로 만들려는 목적으로 제재를 풀고 재건을 지원하기 시작하였다. 이렇게 된 데는 1949년 중국 대륙의 공산화가 가장 큰 요인으로 작용하였다. 한국전쟁도 일본의 전범기업들이 다시 부활하는 계기가 되었다. 북한의 남침으로 한국전쟁이 발발하자 미군은 한국과 거리가 가까운 일본을 전쟁의 병참기지로 삼았는데, 이러한 전쟁특수로 일본경제는 다시 성장할 수 있는 토대를 마련하게 되었다. 태평양전쟁의 전후 처리를 위해 체결된 1951년의 샌프란시스코 강화조약(Treaty of Peace San Francisco)으로 최고사령부의 경제제재는 완전히 해제되었다.

전후 일본이 고도성장을 달성할 수 있었던 요인은 여러 가지이다. 무엇보다 냉전 시기 미국이 제공한 안보 우산과 경제적 지원이 대표적이다. 그리고 앞 절에서 언급한 대로 2차 대전 후 '관세 및 무역에 관한 일반협정'으로 대변되는 자유무역체제 하에서 관세 및 비관세장벽을 주요 정책으로 하는 보호주의 혹은 전략적 무역정책을 채택한 것도 또 다른 요인으로 꼽을 수 있다. 일본 정부는 제조업 중심의 경제구조를 구축하고, 통상산업성을 사령탑으로 하는 수출주도형 무역정책을 추진하였다. 제철, 자동차, 조선업과 전자산업 등의 산업에 대한 지원과 규제, 금융지원 등을 통해 기술혁신을 이루고 대외경쟁력을 높인 일본 정부의 정책은 성공적인 것으로 판명되었다. 정부의 보호무역 정책으로 미국과 세계시장에서 일본 제품의 장악력도 점차 커져갔다.

그 결과 일본은 1980년대까지 고도성장을 구가할 수 있었다. 주식시장의 경우 도쿄증권거래소의 주요 주가 지수인 닛케이지수(日経指数)가 1983년 1만 엔 수준에서 1989년 말 거의 3만 9000엔 수준까지 올랐다. 1989년 당시 도쿄증권거래소의 상장사 시가총액이 세계 1위를 기록했고, 전 세계 시가총액 순위 1위에서 5위까지 기업이 모두 일본 기업이고 20위 내 기업 중 14개가 일본 기업일 정도였다. 고도성장을 구가하던 일본은 1990년대 이후 '잃어버린 30년(失われた30年)'이라 불리는 경제침체를 겪었다. 그 계기가 되었던 것은 1985년의 플라자합의(Plaza Accord)였다. 당시 미국의 레이건 정부는 이른바 쌍둥이 적자로 불리는 재정적자와 무역적자의 폭이 급증하자 달러 강세를 누그러뜨리는 환율조정 조치를 취하기로 하였다. 그 해 9월 영국, 프랑스, 독일, 일본 등 G5 국가 재무장관들은 뉴욕의 플라자호텔에 모여 미국의 압력을

102 닷지라인은 연합군 최고사령부가 전후 일본 경제의 안정을 위해 취한 정책으로 국가 예산 균형과 재정·금융 부문의 긴축, 고정환율제 도입 등이 주된 내용이다. 최고사령부의 경제고문이던 디트로이트 은행가 조셉 닷지(Joseph Dodge)에서 이름이 유래했다. 보다 자세한 것은 Grant Madsen(2018), pp.162~182.

받아들여 자국의 통화가치 절상을 추진했다.[103]

플라자합의의 주된 타깃은 일본과 독일이었다. 특히, 엔저를 등에 업고 엄청난 대미 무역 흑자를 기록하던 일본의 엔화 환율은 플라자합의로 인해 미국 달러에 대한 엔화 환율이 1년 만에 240엔에서 150엔대로 조정됐다. 세계 경기 둔화, 경쟁국 대비 높은 통화 절상률, 후발 개도국의 추격 등의 요인은 이른바 '엔고(円高)시대'를 초래했다. 엔고시대는 1차(1985~1988), 2차(1990~1995)로 분류되는데, 1차는 세계경제와 일본경제가 호황이었던 데 비해, 2차는 세계경제가 둔화되고 일본 거품이 붕괴되었던 시기였다. 1차에는 엔화, 마르크화, 프랑스프랑화 등 주요 통화의 동반 절상이 이뤄진 데 비해 2차에는 엔화 절상 압력에 집중되었다. 엔고는 수출액을 떨어트리면서 그 여파로 기업의 채산성을 악화시키고 설비투자 능력을 감소시켰다. 1차 엔고시대가 도래하자 일본은 경기 부양을 위해 양적 완화 정책을 펼쳤지만, 늘어난 통화는 투기자본으로 흘러들어 부동산, 주식, 미술품 가격을 들썩이게 했고 결국 거품경제를 만들어낸다. 1990년 일본 부동산 전체 가치가 2,000조 엔을 넘는다는 계산이 나왔는데, 이는 무려 미국 전체 지가의 4배에 해당하는 것이었다.

이 시기에는 오랫동안 일본 정치경제에서 중추적 역할을 한 토목과 건설사업에서도 공공사업을 매개로 관료와 정치인, 토건업자들 간에 유착관계가 더욱 밀접해졌다. 해안선을 메우고 강을 곧게 펴거나 댐을 건설하면서 토사침적과 수질악화 등 환경훼손도 동반되었다. 이것뿐만이 아니었다. 장기 집권해온 자민당 정부는 경제적 성과를 과시하기 위해 건설 실적을 부풀리는 등 통계를 조작하였다. 이 점은 이들과 유착관계를 맺고 있는 대기업들도 다르지 않았다. 유착, 가격조작, 뇌물은 오랫동안 건설 등 업계를 특징지어온 요소이다(Gavan McCormack, 1998: 63~64).

자산 거품 붕괴 이후 부실 채무가 누적되고 이로 인한 기업과 은행의 부채 및 대출 조정이 지속되면서 장기 불황이 시작되었다. 그 여파는 30여년 넘게 이어졌다. 일본의 2000~2022년 경제성장률은 0.6%를 기록했고, 1인당 국내총생산(GDP)은 20위권으로 추락하였다. 이를 극복하기 위해 2012년 말 아베 신조 전 총리는 양적 완

---

103 플라자 합의에도 불구하고 미국의 쌍둥이 적자(twin deficits), 즉 막대한 재정적자와 무역적자는 해소되지 않았다. 대일 무역적자도 바뀌지 않았다. 이에 미국은 1987년 2월 파리에 프랑스, 서독, 일본, 캐나다, 미국, 영국의 재무장관을 불러들여 루브르 합의(Louvre Accord)를 체결하였다. 참가국들은 환율을 안정시키기 위해 외환시장에 공동 개입을 하고 내수 부양을 위한 강력한 정책을 실시하는 것이 주요 내용이었다. 이 합의로 일본에서는 금리가 인하되고, 부동산 담보대출이 완화되었다. 그러나 일본 중앙은행은 팽창하고 있던 자산거품을 차단하기는커녕 오히려 재할인율을 더 인하하는 등 잘못된 정책처방을 내놓았고 이는 거품붕괴의 결정적 요인이 되었다.

화 정책을 폈지만 그로 인해 일본의 국가부채는 국내총생산의 2.5배까지 늘어났다(https://www.hani.co.kr/arti/international/japan/1166728.html). 이러한 초장기 불황을 '잃어버린 30년'이라고 부른다. 이를 초래한 것은 내부적으로는 일본 자민당의 장기 집권 과정에서 심화된 정부·기업·정당 간의 유착과 부패구조, 외부적으로는 플라자 합의였다. 일각에서는 플라자 합의를 '일본에 대한 미국의 경제적인 원폭투하'라고 평하기도 한다. 한편 당시 한국은 여전히 원화의 가치가 낮았기에 일본 엔화와 비교하여 가격 경쟁력을 갖추어 수출 경쟁력이 커짐으로써 큰 수혜를 보았다.

중국의 경제 성장과 배출 폭증

중국은 1970년대 말부터 국가 주도의 경제발전을 추진하였다. 이 시기는 1950년대와 1960년대에 시행된 사회주의 계획경제의 많은 부분이 철폐되거나 변모되는데서 중국 경제의 대전환기라고 칭할 수 있다. 중국 공산당은 당 지배가 위협받지 않는 상태에서 국제무역과 투자를 촉진하는 정치·경제체제를 개혁할 방법을 찾았다. 이를 추진한 세력은 급진적 평등주의를 추구하는 열성적 공론가가 아니라 대중 동원을 불신하고 경제보상제도와 다른 실용적 정책들을 부활시키고자하는 문화혁명의 희생자들이었다. 이들 가운데 두드러진 인물이 덩샤오핑(鄧小平)이었다. 1978년 12월 화궈펑(華國鋒)을 제치고 최고 실력자가 된 덩은 '4대 현대화(농업, 산업, 과학과 기술, 국방)'를 기치로 내걸었다. 그는 중국이 가난하고 낙후되었다는 것을 공개적으로 시인했으며 인민의 삶을 향상시킬 수 있다면 외국기술을 받아들이지 않을 이유가 없다고 보았다. 이어 새로운 정책들이 급속히 도입되었다. 집단농업이 점진적으로 해체되었고, 사적 부문이 다시 살아나면서 등록된 사기업 수가 증가하였으며, 산업개발의 속도를 내기 위해 외국투자를 끌어오기 위한 정책이 마련되었다(Patricia Buckley Ebrey, 2001: 357~359).

이러한 정책은 조반니 아리기(Giovanni Arrighi)가 말했듯이 중화인민공화국을 탄생시킨 혁명 전통을 포함해서 토착적 전통에 기반한 발전과정에 의해 창출된 것이지, 워싱턴 컨센서스(Washington Consensus)의 제도적 주창자인 세계은행, IMF, 미국과 영국의 재무부 등이 주장한대로 1980년대 이래 중국이 그들의 신자유주의 정책 처방을 채택한 덕택은 아니었다. 외국 자본은 그 과정에 늦게 끼어든 것이며, 어떤 방면에서는 이 과정을 떠받치고 있지만 다른 방면에서는 침식하고 있다고 지적한다. 외국 자본, 중국 노동자, 기업가, 정부 관료의 만남을 중개한 것은 화교 자본이었다. 덩샤오핑 치하에서 중국이 대외무역과 투자를 개방하고 홍콩, 마카오 등을 '일국양제(一国两制)' 모델에 맞춰 회복하려는 노력에서 화교들은 좋은 조력자로 판단되었다. 외국 기업들에 비해 화교들은 현지 관습과 언어에 대한 친숙성, 기부를 통해 강화한 친족 관계와 공동체 연대의 이용, 중국 공산당 관료들로부터 받는 특혜적 대우라는 강점을 갖고 있었다(Giovanni Arrighi, 2009: 483~484, 487~488). 중국은 수출 지향 공업화와 자국 중심적인 국민경제의 장점을 결합해 높은 속도의 경제성장이라는 성과를 거둘 수 있었다. 그 결과 국내 시장이 형성되고 어느 정도 농촌 지역의 생활수준 향상도 이룰 수 있게 되었다(Giovanni Arrighi, 2009: 496).[104] 중국의 경제개혁 정책이 어떻게 시작됐으며, 그 성과는 무엇이며, 특히 환경영역에 어떤 영향을 미쳤는지를 자세히 살펴보면 다음과 같다.

중국의 경제성장을 위한 돌파구가 된 것은 경제특구 정책이었다. 그 단초는 1978년 4월부터 5월까지 홍콩과 마카오에 파견된 정부 시찰단이 제안한 '수출기지(出口基地)' 설치안이었다. 그 내용은 광둥성(廣東省)의 바오안현(寶安縣: 현재의 선전시)과 주하이현(珠海縣: 현재의 주하이시) 두 현을 성의 직할시로 바꾸어 가공무역과 관광업을 전문으로 하는 대외 수출기지로 개발하는 것이었다. 광둥성 공산당 제2서기인 시중쉰(習仲勳)도 광둥성을 홍콩 및 마카오와 연계시켜 발전시켜야 한다는 구상을 갖고 있었다. 중앙정부가 광둥성에 충분한 결정권을 허용하고, '융통성 있는 조치'와 '특수한 정책'을 실행한다면 이 두 가지의 우세를 충분히 살릴 수 있다는 것이 광둥성 지도부의 판단이었다. 1979년 7월 공산당 중앙과 국무원은 광둥성의 선전시(深圳市), 주하이시, 산터우시(汕頭市)와 푸젠성(福建省)의 샤먼시(廈門市)를 '수출특구'로 지정했다(조영남, 2016: 182~193).

여기에는 두 가지 요인이 작용했다. 첫째, 선전지역에서 중국인들이 불법적으로 강(선전하)을 건너 홍콩으로 이주하는 것이 골칫거리였다. 덩샤오핑은 이 문제가 정책의 문제로써 군의 엄격한 관리로만 해결할 수 없다고 보고 있었다. 등소평은 광둥성 당위원회가 제출한 중앙정부가 성에 상당한 수준의 결정권을 허용하고 융통성 있는

---

104 이를 아리기는 '중국 개혁의 아담 스미스적 특징'이라고 부른다. 이러한 조치로는 개혁의 점진주의와 노동의 사회적 분업을 확대하고 향상시키려는 국가적 조치, 교육의 거대한 확대, 자본가의 이익을 국익에 종속시키는 것, 자본가 간 경쟁의 적극적 장려, 그리고 국내 시장의 형성과 농촌지역의 생활수준 향상 등이 있다. Giovanni Arrighi(2009), p.496.

조치와 특수한 정책을 허용하는 요구에 대해 긍정적으로 화답했다. "광둥과 푸젠이 특수한 정책을 실행해 화교의 자본과 기술 설비 공장을 이용해도 자본주의로 변하지 않는다. 만약 광둥과 푸젠의 8000만 명이 먼저 부자가 되면 나쁠 것이 없다. 특구로 부르는 것이 좋겠다. 중앙은 돈이 없고 정책을 줄 수 있을 뿐이니 스스로 알아서 해봐라. 목숨 걸고 혈로를 하나 뚫어 봐라". 1980년 5월 당 중앙이 경제특구 설립을 최종적으로 결정했다. 경제특구는 외자 이용, 기술 도입, 경제를 발전시키며 네 가지 현대화를 촉진했고 이는 급속한 경제성장의 견인차가 되었다. 대표적으로 선전시는 비약적 발전을 이뤄 1979년부터 2007년까지 33.8%의 GDP 성장률을 기록했다. 같은 시기 중국 전체 성장률인 9.9%보다 무려 세배가 넘는 속도였다. 중국의 경제성장을 이끈 요인은 공산당 중앙과 국무원의 관심과 적극 지원, 광둥성과 푸젠성 지도자들의 적극적 태도와 타당한 정책 실시, 홍콩과 마카오와 인접한 지리적 이점, 경제특구로서의 특혜. 외환 자율적 사용, 투자결정권, 합작기업이나 외국인 단독투자기업에 소득세 우대세율 적용, 수출로 획득 외화 전액 보유 등을 들 수 있다. 경제특구는 중국의 대외개방 척후병이자 국제시장 연결 통로 대외무역 전진기지 개혁정책의 시험장으로 평가된다(조영남, 2016: 196~198).

개혁개방 이후 중국의 경제성장률과 대외무역 성장률은 매우 빠른 속도를 기록했다. 개혁개방 초기인 1980년대에는 연평균 약 10%의 높은 성장률을 기록하며 세계에서 가장 빠르게 성장하는 경제로 떠올랐다. 이러한 추세는 1990년대를 거쳐 2000년대 후반까지 이어졌다. 2008년 글로벌 금융위기와 2020년 코로나 팬데믹의 여파로 경제성장률이 다소 둔화되었지만 그럼에도 여전히 다른 주요 경제국들보다는 높은 성장률을 유지하고 있다. 중국의 대외무역도 개혁개방 이후 급격히 증가했다. 1980년대와 1990년대 중국의 연평균 수출입 성장률은 15-20%에 이르렀다. 특히, 2001년 WTO에 가입한 이후 중국의 대외무역은 급격히 증가해 2000년대 초중반 무역 성장률은 20-30%에 이르렀다. 중국은 글로벌화에 적극적으로 대응하여, 다수의 국가와 자유무역협정(FTA)을 체결하고, '일대일로(一帶一路)'와 같은 글로벌 경제 프로젝트를 추진하고 있다. 이를 통해 중국은 세계 2위 경제 대국으로 부상하였다.

문제는 중국의 고도 경제성장이 많은 경제적 성과를 가져왔지만, 동시에 심각한 환경문제를 야기했다는 사실이다. 물론 중국의 환경문제는 개혁개방 이전에도 존재했다. 중국 당국은 대약진 운동과 문화대혁명을 추진할 때도 자연 '파괴' 의지를 노골적으로 드러냈다. 잘 알려진 바와 같이 중국공산당은 자연을 '격퇴'의 대상으로 보고 말 그대로 '자연과의 전쟁'을 선포했다. 돌격대가 돼서 목초지와 황무지를 개간하는 '전투'에 임하라고 명했다. 1976년 마오쩌둥이 사망한 후로는 '조국을 푸르게', '나무를 심어 국토를 푸르게 만들자' 등 국민을 계몽하는 내용의 선전 포스터를 발행하기도 했다. 그러나 사실 정부 관료 대다수의 속내는 환경보호와 경제발전이라는 두 과제가 양립할 수는 없다는 것이었다. 개혁개방을 시작한 덩샤오핑을 비롯한 정치지도자들은 이후 무분별한 산업화를 추진했고 그 결과 중국은 세계에서 대기·수질·토양오염이 가장 심각한 국가라는 오명을 얻었다(The Fairbank Center for Chinese Studies, 2018: 245~246). 급속한 공업화 및 도시화 과정에서 여러 환경문제가 나타나게 된 것이다.

중국의 공식적인 환경정책결정 체계는 전국인민대표대회나 국무원 산하의 조직인 성·자치구 및 직할시 정부, 환경보호부(环境保护部),[105] 국무원의 유관 부처 및 위원회 세 개의 조직이 관여해 왔다. 이들 조직은 예방을 위주로 한 예방과 치유의 결합, 오염자 부담, 법적·제도적 관리 강화라는 3대 정책체계를 근간으로 정책과 조치들을 시행하고 있다(전형권, 2010: 60~62). 그러나 중국은 '중국 특색의 사회주의 건설'을 표방했지만 중국체제 내에 도입된 경제적인 인센티브는 사실상 미국 등 자유시장 국가를 모방하고 있다. 또한 각종 환경문제에 대처하기 위한 정책적 처방의 근저에는 중국 실정에 맞지 않는 시장지향적 기제가 깔려 있다. 그럼에도 대부분의 경우 중국 경제는 시장원리와 일치하지 않는 방식으로 계속 운영되고 있다. 예를 들어, 중공업, 설비, 기간산업 및 자원개발 등의 분야에서는 대형 국유기업들이 중요한 역할을 차지하고 있고 이러다보니 이들이 중국에서 최대오염자가 될 수밖에 없다. 그런 점에서 중국에서 환경악화는 시장실패라기 보다는 정부정책이 인센티브 기제를 왜곡한 결과 나타난 정부실패에 더 큰 원인이 있다고 평가된다. 여기에 중국의 행정체계가 지닌 비효율적인 요소들도 정부실패를 부추기는 한 요인이다. 지방정부의 비협조도 존재하는데, '쑹화(松花)강 오염사건'[106]의 경우 지방정부는 해당 지역 오염유발 기업과 금권적

---

105 환경보호부는 환경문제를 총괄하는 국무원 산하의 부서로 2008년 세워졌다. 그 전신은 국가환경보호총국(国家环境保护总局)이다. 2018년에 생태환경부(生态环境部)로 그 명칭이 바뀌었다.

106 이는 2005년 11월 중국 지린성(吉林省)에 위치한 화학공장에서 발생한 폭발사고로 쑹화강이 오염되면서 강에 유입된 맹독성 화학물질이 주변 생태계를 훼손하고 그 여파가 중국 국경을 넘어 러시아 연해주까지 미쳤던 사건이었다. 당시 쑹화강의 오염띠는 135㎞까지 넓어졌고, 하얼빈시 환경당국은 쓰팡타이 취수장에서 수질을 검사한 결과, 발암물질인 니트로벤젠 농도가 ℓ당 0.4943㎎으로 나타나 안전표준을 28.08배 초과했다고 밝힌바 있다. https://www.hani.co.kr/arti/international/china/82731.html

인 결탁을 맺고 이들 기업을 비호하였다(전형권, 2010: 70~71, 73).

대내외적으로 잘 알려진 중국의 대표적 환경문제는 극심한 대기오염이다. 중국 대기오염의 주된 원인은 저품질의 미처리 석탄을 태울 때 나오는 연기를 들 수 있다. 석탄을 이용한 화력 발전소 및 공업단지에서 주로 배출되는 황산화물(SO2) 및 질소산화물(NOx) 등의 오염물질은 호흡기 질환을 일으키며, 산성비를 유발하기도 한다. 베이징과 상하이 등의 대도시에서는 시야 확보가 어려울 정도로 초미세 농도가 높아진 결과 한 때 고속도로가 폐쇄되고, 항공기 운항과 스포츠 경기가 취소되는 사태가 빚어지기도 했으며, 호흡기 질환을 호소하는 수많은 사람들이 병원으로 후송되기도 했다. 상황이 이 지경에 이르자 대중들은 중앙정부를 향해 대기오염 방지 및 통제계획을 통한 적극적인 조치로 문제해결에 나설 것을 촉구했다. 이에 반응해 정부도 초미세먼지 농도가 기준치 2배 이상으로 측정된 도시의 수를 정부 웹사이트에 실시간으로 공개하는 등의 조치를 실시했다. 주요 오염원인 석탄 사용을 줄이고 원자력, 수력, 풍력, 태양열 등 비화석 에너지원의 비중을 늘리겠다는 계획도 발표되었다(The Fairbank Center for Chinese Studies, 2018: 231~235).[107] 이는 고무적인 조치이기는 하지만, 그럼에도 중국의 환경문제가 대기오염뿐만이 아니라 수질오염, 토양오염, 생태계 파괴, 기후변화, 해양오염의 영역에서 광범위하게 발생하고 있고 문제의 심각성과 복잡성이 크기 때문에 해결에는 긴 시간이 걸릴 것으로 보인다.

세계적으로 지구온난화의 파국적 귀결에 대한 인식이 확산된 것은 21세기 들어서부터였다. 2000년 이후의 이산화탄소 배출량은 무려 1990년대 증가율의 3배에 달한다. IPCC가 제시한 최악의 시나리오를 넘어서는 새로운 국면은 2060년까지 4도 상승이라는 쪽으로 세계를 이끌고 있다. 어떤 기준으로 살펴보아도 이것은 문명에 심각한 영향을 끼치지 않고 인류가 적응할 수 있는 수준을 훨씬 넘어서는데 이를 스

---

107 세계 최대 온실가스 배출국인 중국은 2030년 온실가스 배출량이 정점을 치고 감소세로 돌아서도록 하고 2060년 탄소중립을 달성한다는 목표를 세워놓고 있다. 이는 '1+N' 정책 체계와 함께 에너지, 산업, 교통·운송, 건설 분야의 탄소중립 방향을 수립하는 것이 주요 내용이다. 여기서 중국의 탄소중립 마스터플랜에 해당하는 '1'은 탄소중립 달성 업무 의견이며, 'N'은 2030년 이전 탄소배출 정점 행동방안과 중점 업종의 정책조치 등으로 구성된다. 여기서 알 수 있듯이 중국은 다양한 분야에서 탄소중립 방향을 제시하고 있으며, 이를 위해 저탄소 산업 육성과 재생에너지 사용을 확대하려고 노력하고 있다. 그러나 중국은 탄소중립 추진 과정에서 국제사회의 요구보다는 자국의 현 상황을 고려한 점진적 감축을 추진할 전망이며, 향후 재생에너지 비중을 확대할 것으로 예상되나 단기간 내 의미 있는 전환은 어려워 보인다. 오종혁 외(2022). 2024년 8월, 중국 국무원은 "2025~2030년 제 15차 5개년 계획기간 중 온실가스 집약도와 온실가스 배출량을 모두 관리하는 이중 관리 시스템을 시행할 것"이라고 밝혔는데, 이는 정부가 주도하여 보다 적극적인 온실가스 저감정책을 실시하겠다는 계획이라고 할 수 있다. https://www.esgeconomy.com/news/articleView.html?idxno=7390

웨덴의 생태학자인 안드레아스 말름(Andreas Malm)은 '2000년 이후의 배출폭증(emissions explosion)'이라고 부른다. 이와 관련하여 말름은 두 가지 기초사실을 지적한다. 첫째, 이 폭증은 중국, 단 하나의 나라에 집중되어 있다. 2000년과 2006년 사이 이산화탄소 배출의 전 지구 증가량의 55%가 바로 중국에서 발생하였다. 2007년에 이 수치는 3분의 2에 달했다. 2004년에 중국은 세계에서 화석연료를 가장 많이 채취하는 나라가 되었다.[108] 그 2년 후 중국은 미국으로부터 최대 배출국의 자리를 빼앗았다. 둘째, 이 폭증은 세계화와 어떤 관계가 있는 것으로 보인다는 것이다. 1980년대 초부터 2008년까지 세계무역은 생산량 증가에 비해 훨씬 더 빠르게 매년 8% 증가했다. 특히 해외직접투자(foreign direct investment: FDI)가 폭발적으로 증가했는데, 이 경향은 중국에 집중되었다. 2008년에 FDI의 주요 목적지인 이 나라에는 러시아와 인도에 흘러 들어간 자금을 합친 것의 거의 2배에 달하는 자금이 유입되었고, 그 2년 후에 중국은 독일을 제치고 제조업 생산품 최대 수출국의 위치를 차지했다(Andreas Malm, 2023: 507~508).

경제성장과 환경훼손의 동조화

앞에서 살펴본대로 동북아시아 국가들이 지난 세기 후반부에 들어와 이룩한 급속한 경제성장은 시장에 대한 정부의 적극개입과 더불어 저임금 노동력과 상대적으로 약한 환경규제에 힘입은 데서 그 부작용 역시 큰 것이었다. 권위주의 정부는 각종 억압적 국가기구와 지배 이데올로기를 동원하여 강력한 노동통제를 행하였고, 반대세력을 정치적으로 억압하였다. 일부 동아시아 국가에서 '민주주의로의 이행(transition to democracy)'이 시작된 1980년대 중반까지 동아시아 국가들의 민주주의는 상당히 지체될 수밖에 없었다. 이들 지역에서 경제성장으로 인한 부작용은 무엇보다 환경영역에서도 두드러졌다. 동아시아에서 경제가 성장함에 따라 자연자원의 이용량이 증가하고, 생산 및 소비과정에서 오염물질의 배출이 동반 증가하면서 환경이 오염되고 생태계는 급속히 파괴되었다. 동아시아 내에서도 이 같은 '경제성장과 환경훼손의 동

---

108 말름은 <화석자본: 증기력의 발흥과 지구온난화의 기원(Fossil Capital: The Rise of Steam Power and the Roots of Global Warming)>에서 석유 및 석탄과 같은 화석 연료가 어떻게 글로벌 경제 체제에 뿌리를 내리게 되었는지를 분석하고, 이는 기후변화의 주요 원인으로 자리 잡게 되었다고 주장한다. 또 다른 논문에서는 영국 면직물 산업에서 석탄과 증기력의 도입이 어떻게 자본주의 발전과 연계되었는지를 다룬다. 특히 산업 혁명을 중심으로 물을 동력원으로 사용하던 시기에서 증기력으로 전환된 과정을 분석한 바 있다. Andreas Malm(2023).

조화(coupling)'는 무엇보다 고도의 경제성장을 이끌면서 심각한 환경문제를 공유하게 된 소지역인 동북아에서 더욱 뚜렷하게 나타나고 있다.

경제성장과 환경훼손의 동조화는 동북아 국가들이 동양의 전통적인 자연관과 단절하고 서양의 기계적 자연관에 기초한 성장 패러다임을 채택한데 주요 원인이 있다. 이들 국가에서는 인간의 물질적 풍요를 위해 인간과 자연을 분리하여 자연을 지배하고 통제하는 지식과 기술이 장려되었고 국가정책도 이에 기반해 수립되었다. 이에 힘입어 이들 국가는 급속한 경제성장을 이루고 서구 선진국 '따라잡기'에도 어느 정도 성공할 수 있었지만 급속한 환경오염과 생태계 파괴는 의도적으로 방치되었다. 각국의 사정이 이러하니 인접한 국가들의 환경협력이 제대로 이뤄지지 않는 것은 당연하였다. 예를 들어 중국에서 발생한 환경오염물질이 짧은 시간에 한반도와 일본열도에 도달하여 여러 피해를 불러일으키거나, 반폐쇄해인 황해와 동해의 폐기물 투기로 인한 오염으로 인해 인접국들 간에 갈등이 발생해도 이를 해결할 지역 내 제도나 레짐은 존재하지 않았다.

이런 상황은 1990년대에 들어와 전 지구적 규모에서 전통적인 지리, 정치, 경제, 문화적 경계와 장벽이 점차 약화되거나 제거되고 통합과 연계가 심화되는 세계화가 진척되고 미국과 소련 두 진영 간에 약 반세기에 걸친 대치 상태인 냉전구조가 종식되면서 점차 변화하기 시작하였다. 전쟁의 위험이 감소되면서 전통적인 군사·안보의 중요성이 상대적으로 감소한 반면에 지구온난화와 같은 환경문제가 다수의 국가와 그 구성원들에게 심각한 피해를 줄 수 있다는 인식이 확산되었다. 일부 학자들은 과학기술의 발전과 산업사회의 발달이 초래한 환경위기와 같은 계산 불가능하고 통제 불가능한 새로운 위험이 지배하는 위험사회(risk society)의 도래를 지적하고, 그것이 현대사회의 존속 자체를 위협하고 있다고 경고하고 나섰다(Ulrich Beck, 1986). 정치가들 역시 환경문제를 환경의식의 고조로 파급되는 효과에 대처하려는 정치전략으로 사용하기 시작했다. 환경문제는 국제정치의 중요한 협상의제로 대두되었고, 환경과 관련된 각종 국제회의가 개최되기에 이르렀다. 1992년 브라질의 리우데자네이루에서 개최된 유엔환경개발회의(UNCED)는 국경을 초월한 전 지구적인 차원의 모든 환경문제를 다룬 최초의 회의였다.

일반적으로 환경문제는 하나의 하부영역에서 발생하여 점차 주변으로 확산·심화되는 특징을 지닌다. 예를 들어 지구온난화는 사막화, 해수면 상승, 생물종의 다양성 감소, 삼림파괴라는 다른 환경문제와 연쇄되어 있다. 환경문제는 복합성을 지닐 뿐만 아니라 국가 간의 경계를 초월하여 다른 국가들에 영향을 미치면서 국제적으로 새로운 긴장과 갈등을 발생시키기도 한다. 이와 관련하여 일부 학자들은 환경안보(environmental security)의 중요성을 제기하고 있다(현인택 외, 2005: 18~20). 예를 들어 기후변화, 자원고갈 등과 같은 환경문제는 직간접적으로 해당 지역에 사회불안, 집단폭력, 국가 간 분쟁 또는 불안정화를 조성함으로써 안보를 위협한다는 것이다. 이에 따라 전 세계적으로 혹은 지역적으로 환경문제가 분쟁을 야기하거나 평화를 증진한다는 안보적 맥락에서 환경문제를 이해하고 대처하려는 노력이 행해지고 있다. 이는 안보위협의 다양화에 따라 안보에 영향을 미치는 정치·군사적 위협은 물론이고 경제, 환경, 에너지, 사회 등 모든 분야에서 야기되는 위협에 대처하는 종합적인 안보개념이 부각되고 있음을 의미한다.

1990년대 초반 국제환경외교가 활성화되고 환경협력이 본격적으로 진행되면서 동북아 국가들도 이러한 변화의 흐름에 따라 나섰다. 그러나 동북아 국가들은 유럽에서처럼 지역에서 발생한 환경문제의 시급성에 관련 국가들이 인식을 같이하고 지역 전체를 포괄하는 환경협력에 적극적으로 나선 것이 아니었다. 이들 국가들은 내부로부터의 직접적인 동인이 아니라 탈냉전과 세계화가 가져다 준 활성화된 국제환경협력이라는 외부적 요인에 의해 당위적 차원에서 분산적으로 협력사업을 시작했을 뿐이다(추장민 외, 2005: 1~2). 분명한 것은 내부의 직접적인 동인 없이 추진되는 협력은 적극적인 협력을 기대하기 어렵고 따라서 뚜렷한 효과를 얻을 가능성도 높지 않다는 점이다.

여기에 더해 울리히 벡(Ulrich Beck)이 언급한대로 "민주주의와 사회에 대한 책임을 방기하고 단기이득의 극대화라는 공리만을 좇아 작동하는 고삐 풀린 자유시장체제"[109]는 환경문제 해결을 더욱 어둡게 하고 있다. 이를 추동하는 이념이 바로 신자

---

109 이 말은 벡이 2008년 3월 내한했을 때 한 '위험에 처한 세계 - 비판이론의 새로운 과제'를 주제로 한 강연에서 했다. 벡 교수에 따르면 "자유시장체제 단 하나의 적"은 "민주주의와 사회에 대한 책임을 떨쳐버리고 단기이득의 극대화라는 공리만을 좇아 작동하는 고삐풀린 자유시장체제 그 자체"다. 그는 "국가적이고 지구적인 투기장에서 신자유주의적 정치학에 대한 하나의 대안적 선택지가 존재한다"며, 그것은 "시민사회를 국가와 연결하는 것이고 이는 국가와 같은 세계시민적 형태(유럽연합과 같은)를 생성하는 것을 뜻한다"고 말했다. 고삐 풀린 투자가 전 지구적으로 환경을 파괴하고 시장을 불안정하게 만들지만, 종국에는 자고 있는 소비자 거인이 깨어나 세계화된 자본을 무력화하고 국가와 시민운동의 힘을 키우게 될 것이라는 의미다. 기후변화에 대해서도 같은 얘기를 하는데, 벡 교수는 기후변화가 단지 허리케인, 가뭄, 홍수 차원의 문제가 아니라며 "그것은 갑자기 그것 이상의 것이 되었다"고 했다. "역사상 처음으로 세계 모든 인류를 위협하는 하나의 미래가 눈앞의 현실이 되었다. 살아남고 싶다면 우리는 배제당한 사람, 문화, 민족, 종교, 지역 등을 모두 끌어들여야 한다. 기후변화의 정치는 필수적으로 포괄적이고 지구적이다. 그것은 세계시민적인 현실정치다. 국가적 현실정치가 여전히 지배적이지만 그것은 퇴보하고 있으며 효력을 잃어가고 있다." <한겨레>, 2008년 3월 31일.

유주의이다. 1980년대 후반 이후 전 지구적으로 맹위를 떨치고 있는 신자유주의는 이를 추종하는 각국 정부로 하여금 환경 관련 예산을 축소시키고, 기업들은 환경 관련 설비들의 가동을 줄이면서 환경투자를 감소하게 하였다. 경제성장을 명분으로 부동산시장 및 환경 관련 제도들을 탈규제화하는 경우도 다반사였다(최병두, 2000: 121~122). 이러한 경향은 최근에 미국발 금융시장의 위기가 초래한 전 지구적 규모의 경제위기로 인해 더욱 강화되는 측면이 있다. 이는 그 어느 때보다 환경에 대한 관심을 약화시키고 적절한 환경정책의 수립과 국가 간 협력을 어렵게 하고 있다.

부인할 수 없는 점은 전 지구적 혹은 지역적 수준에서 환경문제가 점차 심각해지고 있다는 사실이다. 경제성장이나 자유시장이 환경문제 해결의 답이 될 수도 없다. 경제적 효율성과 국제경쟁력 확보라는 미명하에 환경회의론을 내세우고, 국제환경협력을 미루는 것 역시 전 지구적으로 영향을 미치는 환경문제를 더욱 악화시킬 뿐이다. 지금은 환경문제를 심각하게 여기고 이의 해결을 위해 다수의 국가들이 참여하는 국제협력의 필요성이 그 어느 때 보다 필요한 때이다. 이 점은 압축적 성장의 결과로 서구의 선진공업국보다 더욱 심각한 환경문제를 갖게 된 동북아 국가들에게 더욱 절실히 요구된다고 할 수 있다. 환경문제를 방치할 경우 동북아의 환경안보와 지역평화는 흔들리고 애써 이룩해 놓은 경제번영도 지속되지 못할 것이기 때문이다.

이러한 문제의식에 입각해서 다음 장에서는 급속한 경제성장에 따른 동북아시아의 환경문제와 국제협력을 살펴보려 한다. 구체적으로는 동북아에서 환경문제가 대두한 원인을 개괄해 보고, 그 상세한 실태를 대기오염, 기후변화, 해양오염, 토지황폐화, 생물다양성 감소로 구분하여 검토해보려 한다. 우리는 동북아 국가들이 처한 환경문제의 원인과 현실을 냉정하게 돌아봄으로써 그 해결을 위한 적실성 있는 대안을 모색할 수 있다. 동북아 국가들이 개별 국가 차원에서 벗어나 공동으로 환경규제나 환경정책을 행하지 않고는 직면한 환경문제를 해결하거나 완화시킬 수 없다는 점에서 동북아 환경문제에 대한 구체적인 분석이 지니는 중요성을 찾을 수 있다.

15장.
동북아 환경문제의 실태
: 취약한 규제와 낮은 수준의 협력

급속한 경제성장을 이룩한 동북아시아 국가들은 환경오염의 정도가 심한데도 불구하고 관련 규제와 정책은 취약하다고 지적된다. 이는 미국 예일대 환경법·정책센터와 컬럼비아대 국제지구과학정보센터가 세계경제포럼에서 2년마다 발표하는 각국의 환경성과지수(Environmental Performance Index: EPI)를 보면 잘 드러난다. 이 지수는 환경, 기후변화, 보건, 농업, 어업, 해양 분야 20여개 평가지표를 활용해 국가별 지속가능성을 평가한 것이다. EPI는 평가 시마다 평가지표, 지표별 가중치, 평가대상 국가가 변경되는 데서 일관성 및 신뢰성 문제가 지적되지만 그럼에도 국가가 환경정책 목표에 얼마나 근접했는지를 알게 해주고, 관련 주요 지표에 대한 각 국의 상태를 비교해볼 수 있게 한다는 점에서 가치는 있다. 지금까지의 지표를 분석해보면 동북아 국가들은 일본을 제외하고 대체로 낮은 점수를 기록하고 있다.

가장 최근의 것은 2024년에 발표되었다. 2024 EPI는 11개 쟁점 범주(issue categories)에 걸친 58개의 성과 지표를 사용하여 기후변화 성과, 환경 건강 및 생태계 활력에 대해 180개 국가의 순위를 매겼다. 2024 보고서의 동북아 국가별 순위와 점수를 보면 일본이 27위(61.7점), 한국 57위(51.0점), 타이완 59위(50.3점), 몽골 144위(37.0점), 중국 154위(35.5점) 등을 기록했다. 이 중에서 기후변화 영역에서는 일본 13위(59.7점), 타이완 49위(48.4점), 한국 58위(47.0점), 중국 107위(39.8점), 몽골 177위(17.6점)의 순위를 보이고 있다(https://epi.yale.edu/downloads/2024-epi-report.pdf). 이런 결과를 통해 우리는 국가의 부가 전반적인 환경성과를 예측하는 강력한 지표이지만, 동시에 환경성과지수가 높은 국가가 반드시 경제적 측면에서 더 뛰어난 성과를 보이는 것은 아니라는 것도 알 수 있다. 전반적으로 볼 때, EPI는 동북아 국가들이 당면한 환경문제의 심각성이 매우 클 뿐만 아니라 협력의 필요성도 시급하다는 점을 명징하게 보여준다고 할 수 있다. 아래에서는 주요한 동북아의 환경문제를 하부영역별로 구분하여 그 실태를 살펴보기로 한다.

대기오염

동북아에서는 인구와 자동차가 증가하고, 급속한 경제성장에 따른 에너지 소비가 늘어나면서 대기오염물질 배출도 급증하고 있다. 동북아 국가들은 지리적으로 인접해있고, 기후적으로도 계절적 순환이 이뤄져서 오염물질들이 쉽게 국경을 넘어 이동한다. 이 과정에서 인접국 대기에도 아황산가스(SOx)와 먼지(TSP), 질소산화물(NOx) 등의 오염물질이 지속적으로 증가하여 생태계에 적지 않은 피해를 끼치고 있다. 이렇게 대기오염물질이 국경을 넘어 다른 국가에 피해를 주는 것을 월경성 대기오염(transboundary air pollution)이라 한다.

동북아에서 최대 규모의 대기오염물질 배출국은 최근 들어와 제조업 지배력이 이전보다 쇠퇴하고는 있지만 그럼에도 저렴한 노동력 비용뿐만 아니라 낮은 세금 및 관세, 강력한 비즈니스 생태계 등에 힘입어 여전히 '세계의 공장(world's factory)'으로 불리는 중국이다(https://www.investopedia.com/articles/investing/102214/why-china-worlds-factory.asp). 경제성장률에 비해 에너지 소비 증가율이 높고 에너지 효율은 낮은 중국은 경제성장 과정에서 에너지 소비량이 막대하게 증가하고 있고, 엄청난 양의 대기오염물질을 배출하면서 세계 최대 온실가스 배출 국가라는 오명을 갖게 되었다. 중국의 탄소 배출량은 이제 미국을 추월하여 전 세계 배출량의 약 30%가 넘는다. 세계 탄소배출 1위 국가인 중국은 GDP와 탄소배출 추이가 동조화되어 있는데, 2019년 중국 GDP는 1997년 대비 12배가량 늘어난 989,515억 위안을 기록했으며, 동 기간 중국 탄소 배출량은 약 3.5배 늘어난 104.3억 톤을 배출하였다(김수한 외, 2022).

중국의 막대한 탄소 배출량은 고탄소 에너지·산업 구조에 의한 것이다. 2019년 기준 중국의 부문별 탄소배출 규모를 보면 전력이 전체의 48%를 점하고 있으며 산업과 수송이 각각 28%와 10%로 뒤를 잇고 있다. 중국의 에너지원별 전력 생산 비중의 경우, 석탄이 61.1%, 석유 19.1%, 천연가스 7.3%로 화석연료를 사용한 전력 생산이 전체의 87.5%에 달한다. 바이오·수력·태양광·풍력 등 신재생 에너지 생산은 9.8%이며 원자력이 2.7%를 점하고 있다(김수한 외, 2022). 여기서 볼 수 있듯이 중국은 여전히 석탄에 크게 의존하고 있는데, 이는 중국의 풍부한 석탄 자원과 기존 석탄 화력 발전

인프라 때문이다. 중국은 세계에서 가장 큰 수력발전소인 삼협댐을 포함하여 다양한 수력발전소를 운영하고 있으며, 수력 에너지는 상당한 비중을 차지하고 있다. 정부의 정책적 지원 덕분에 풍력과 태양광 발전 등 재생에너지 비중이 점진적으로 증가하는 추세를 보이고 있으나, 석탄이 여전히 가장 큰 비중을 나타내고 있다.

이는 불충분한 설비의 발전소에서 석탄이 연소하는 과정에서 다량의 아황산가스가 발생한다는 점에서 심각한 문제라 할 수 있다. 아황산가스는 대기순환에 따라 중국뿐만 아니라 남북한과 일본 등 인접국에도 직접적인 영향을 미친다. 물론 대기오염 문제는 중국에만 국한되지 않는다. 한국 역시 급격한 도시화에 따른 폐기물 발생, 자동차 배기가스 등으로 인구과밀지역의 아황산가스와 질소산화물의 배출량, 휘발성유기화합물 오염도가 세계 최하위권을 기록하고 있다. 북한은 석탄 위주의 에너지소비, 에너지이용설비의 노후화, 대기오염저감 기술의 낙후 등의 요인에서 대기 오염이 야기되고 있으나 경제난으로 인해 이에 제대로 대처하지 못하고 있다. 국제에너지기구(International Energy Agency: IEA)의 통계자료에 따르면 북한의 2016년 총에너지 공급량(Total Primary Energy Supply)은 8.8 Mtoe로 같은 해 남한 282.4 Mtoe의 약 3%에 불과하다. 하지만 북한은 대기오염에 의한 사망률이 인구 10만 명당 약 238명으로 172개국 가운데 가장 높아 대기질 관리가 잘 되지 않고 있을 것이라고 예상할 수 있다(여민주 외, 2019: 318).

보다 최근의 자료로는 다년간의 위성 관측을 통해 북한의 도시적·국가적 규모의 대기질 변화를 분석한 논문(Heesung Chong et al., 2023)이 있다. 이에 따르면, 2005년부터 2018년까지 북한은 가공되지 않은 천연 상태의 에너지인 1차 에너지의 공급(Primary Energy Supply: PES) 과정에서 남한보다 이산화질소(NO2) 6,7배, 이산화황(SO2) 17.8배, 일산화탄소(CO) 20.6배를 기록했다. 게다가 북한은 대기 중 부유하는 고체 및 액체 입자를 가리키는 에어로솔[110]도 2011년부터 2018년 기간 남한보다 PES당 24.3배 더 큰 AOD(Aerosol Optical Depth)를 보였다. 심각한 CO 및 에어로솔 오염은 광범위한 바이오연료 연소를, 높은 수치의 SO2 오염은 산업의 강력한 석탄 의존성을 나타낸다(https://www.sciencedirect.com/science/article/pii/

110 에어로솔은 황사발생에 따른 모레먼지, 화재나 고온 불완전연소에 의한 블랙카본, 미세먼지 등으로 구성되어있다. 에어로솔에 의해 발생하는 태양에너지의 흡수와 산란의 효과는 지구의 기후변화에 직접적으로 매우 중요한 영향을 미칠 뿐 아니라 구름 및 강수와 관련된 물리과정에 관여함으로써 간접적인 기후변화 효과를 야기하기도 한다. 에어로솔은 기후변화뿐만 아니라 인간의 활동이나 건강에도 큰 영향을 미친다. https://datasvc.nmsc.kma.go.kr/resources/common/pdf/NMSC-SCI-ATBD-AOD_v1.0.pdf

S0160412022006353).

몽골은 인구의 45%가 거주하는 수도 울란바토르가 세계에서 가장 오염된 도시 중 하나로 지적되고 있다. 2019년 기준으로 몽골의 대기질은 연평균 62μg/m³를 기록하였는데, 몽골보다 오염의 정도가 높은 국가는 파키스탄과 방글라데시 두 나라 뿐이다. 몽골 대기오염의 원인으로는 사막화와 삼림 벌채, 이주 등이 지적된다. 전국적으로 이뤄지는 대량 채굴로 인해 공기 중 미세 입자 물질 수치가 높아지고, 과도한 방목과 같은 인간 활동으로 인해 주로 발생하는 사막화가 토지 침식과 가뭄을 초래하고 있다. '게르'라고 하는 전통적인 몽골 주거지에서는 겨울철 난방을 위해 원석 석탄과 나무, 가축분뇨 등을 태우는 데 이 과정에서 배출되는 연기와 안개가 대기를 오염시킨다(https://www.iqair.com/mongolia?srsltid=AfmBOopjmNebvvU3_wFl2PHI3sL6QKyC60ZYojKedI63TJkJn2ZfdxiB; 이혜경, 2020: 43~45).

대기오염물질은 산성비로 연결된다. 산성비는 화석연료를 연소할 때 배출되는 아황산가스, 질소산화물 등이 대기 중에서 화학반응에 의하여 황산염, 질산염 등 산성물질로 변하여 비와 함께 지표면에 떨어지면서 발생한다. 산성비는 토양의 산성화를 통해 수목과 생물의 성장을 억제해 죽게 하며, 호수의 수소이온농도를 저하시켜 바닥으로부터 유해금속이 용출함으로써 물고기를 폐사시킨다. 인체에도 호흡장애, 눈이나 피부의 통증을 유발한다. 이에 대한 우려에서 2000년 정부간회의에서 동아시아 산성비 모니터링 네트워크(Acid Deposition Monitoring Network in East Asia: EANET)를 정부간기구로 출범하는 것을 결정하기에 이르렀다. 이 기구의 설립 목적은 동아시아의 산성비 문제에 대한 공동의 인식을 구축하고, 산성비에 의한 환경피해를 줄이기 위한 정책결정과정에 중요한 정보를 제공하며, 회원국 간 산성비 이슈 관련 협력을 증진하는데 있다. 이에 따라 네트워크 센터(Network Center)가 산성비 관련 모니터링 자료를 취합하고 분석하여 연간 보고서를 발간하고, 산성비문제와 관련된 연구를 추진하고, 협력과 정보 교환을 하고 있다(이혜경, 2020: 6~8).

기후변화

기후변화 역시 동북아에서 심각한 환경문제이다. 기후변화는 화석연료의 소비로 인해 주로 발생하는 이산화탄소(CO2)·메탄(CH4)·아산화질소(N2O) 등의 온실가스(greenhouse gases)가 대기중으로 방출되는 지구복사에너지를 흡수하여 대기온도를 상승시키면서 발생한다. 온도상승은 해수면 상승을 초래하고, 다시 강수량의 양과 패턴을 변화시켜, 가뭄, 홍수 등의 기상이변을 일으키면서 인류를 비롯한 지구상 생물의 생존을 위협하고 있다. 온실가스 중에서 지구온난화에 기여하는 비율이 가장 높은 이산화탄소의 경우 중국은 미국을 제치고 세계 1위의 배출국이며, 일본, 한국도 상위권에 위치하고 있다. 2023년 발간된 유럽연합 집행위원회(EU Commission)의 국가별 온실가스 배출 보고서(2022년 측정치)에 따르면 중국 29.16%, 일본 2.20%, 한국 1.35%, 타이완 0.57%, 북한 0.15%, 몽골 0,12%를 각각 기록하고 있다(https://edgar.jrc.ec.europa.eu/report_2023#emissions_table).

이 통계에 의하면 동북아의 온실가스 배출량은 전 세계 배출량의 33.5%를 차지하고 있다. 동북아 지역은 연평균 기온과 주변 해역의 해수면 온도의 상승폭도 세계 평균보다 더 빠르다. 세계기상기구(WMO)가 공개한 '아시아 기후 현황 보고서'에 따르면, 2023년 동북아시아 지역의 연평균 지표 기온은 1991~2020년 평균보다 섭씨 1~2도 높았다. 이는 아시아 연평균 지표 기온인 0.91도 보다 높은 것으로, "세계 평균보다 빠르게 온난화가 진행되고 있는 아시아"에서도 특히 온난화가 빠른 지역이라고 보고서는 설명했다. 또 1850~1900년 산업화 이전과 대비한다면 이미 섭씨 2도 이상 상승했다는 것을 의미한다(https://www.net-zero.kr/news/articleView.html?idxno=1142). 동북아 지역의 급격한 온난화는 이 지역에서 태풍으로 인한 집중호우와 가뭄, 한파 등의 '극한 기후 현상(extreme climatic phenomena)'으로 이어지고 있다.

문제가 심각함에도 동북아 국가들은 온실가스 감축과 에너지 협력에 상이한 입장을 보이면서 적극적으로 나서지 않고 있다. 기후변화에 적극적으로 행동한 일본과 달리 중국과 한국은 감축의무를 피하거나 연기시키기 위한 협상정책을 만드는데 신경을 쓰고 있다는 비판을 받기도 했다. 기후변화협상에서 줄곧 중국은 배출감축 책임은 선진국들에 있다는 입장을 유지해왔다. 그런 책임에는 기술이전이 뒤따라야 한다는 것이다(Joyeeta Gupta, 2005: 186). 세계 제1의 이산화탄소 배출국 중국은 그 동안 구속력 있는 협정 채택보다는 선진국의 개도국 지원과 개도국의 자발적 탄소배출감축 약속에 대한 검증 등에서 자국의 의견을 반영하는데 집중하였다. 중국의 배출수준과 기후변화의 시급성 측면에서 중국은 보다 전향적인 대책을 마련할 필요가 있다.

최근 들어와 중국이 이 점을 인식하여 기후위기 대응을 위한 대내외적 노력에 보다 유연한 태도를 보이는 것은 고무적인 현상이라 할 수 있다. 대표적으로, 저탄소 발전 정책으로 중국은 석탄 소비량 감축, 화석연료의 청정화, 재생에너지 발전 세 가지를 중점적으로 추진하고 있다. 그 일환으로 2021년 3월 열린 '중앙 재경위원회'에서 '14·5 규획' 기간 신재생에너지 중심의 신형 전력 시스템 구축을 강조하였다. 이는 높은 수준의 전기화와 높은 수준의 저탄소화를 실현하는 것이 주요 내용이다. 특히, 2025년까지 발전 부문 이외의 재생에너지 이용 규모를 6,000만 톤(tce)이상으로 증대하고 비화석에너지의 전기에너지 전환 비중을 95%로 확대할 것이라고 제시하였다(최원석 외, 2022: 43, 73~74). 2021년 영국 글래스고에서 열린 제26차 UN기후변화협약 당사국총회에서 일부 개도국들이 강하게 반대하던 국가감축목표(NDC) 공통 이행기간에 대해 미국과 5년의 이행 기간 설정에 합의함으로써 협상 돌파구를 마련할 수 있었던 것도 이러한 변화의 한 사례이다. 반면, 같은 회의에서 발표된 '국제 메탄 감축 서약'에 중국이 동참하지 않은 것은 기후위기 대응을 위한 길에 여전히 중국이 걸림돌로 작용하고 있다는 것을 보여준다. IPCC에 따르면 메탄은 20년 단기 온실효과가 이산화탄소보다 약 30배 큰 기체다.

해양오염

동북아에 위치한 동해, 황해, 동중국해, 남지나해 등은 육지로 둘러싸인 반폐쇄해(semi-enclosed sea)이다. 이들 해안에는 대부분의 공해유발 산업단지가 자리잡고 있다. 여기에 더해 대규모 간척사업이 벌어지고 있고, 폐기물 투기나 기름유출 사고 등으로 급속히 해양오염이 진행되고 있다. 특히 황해는 평균 수심이 44m에 불과하고 최대 수심도 100m로 수심이 얕은 대륙붕구조이고 삼면이 육지로 둘러 싸여 해수순환이 활발하지 않은 반폐쇄성 지역해이기 때문에 오염에 취약하다. 황해로는 중국과 남북한의 주요 하천이 유입되고, 황해 연안 공장지대에서 배출되는 산업폐수와 밀집도시에서 나오는 생활폐기물 등으로 오염이 가중되고 있다(최광수, 2005).

2009년 6월 완공된 중국의 산샤댐이 양쯔강을 가로막은 이후 황해는 적조와 해파리떼가 창궐되면서 머지않은 미래에 어장이 궤멸될 가능성까지 거론된바 있다. 또한 중국 남쪽의 풍부한 강물을 북쪽으로 돌리는 남수북조 운하 공정과 발해만의 오염 문제를 해결하기 위해 계획 중인 산뚱반도 대운하가 완성된 이후 황해의 오염은 더욱 가속되고 있다고 지적된다. 선박의 연료 소비로 인해 대기 및 수면 오염이 발생하고, 황해의 수질 문제를 악화시키는 요소로 작용할 수 있다. 구체적인 환경 영향 평가서(EIA)가 필요하고 현지 생태 상태와 오염 수준을 지속적으로 모니터링한 바탕 위에서 폐수 배출, 준설 물질 처리 등에 대한 엄격한 관리와 규제가 요구된다. 초대형 유조선

기름 유출사고 역시 황해를 오염시키는 데 2007년 12월 충남 태안 앞바다에서 좌초한 허베이 스피릿호 사고가 대표적인 사례이다. 기름유출사고는 생태계를 파괴시키면서 어민들의 해산물 생산에 큰 차질을 빚게 한다.

이밖에 육상폐기물과 핵폐기물의 해양투기 등도 국제문제화하고 있다. 이 문제는 이미 1993년에 그린피스가 블라디보스토크 남동쪽 약 1백90㎞ 해상에서 러시아 함정이 방사성 액체 핵폐기물을 흘려보내는 것을 적발하면서 국제문제화 했다. 나중에 밝혀진 것에 따르면 이미 러시아는 구소련 시절 30년 동안 북한과 인접한 동해의 6곳을 포함, 오호츠크해 등 10곳에 핵폐기물을 버려왔다. 사람 분뇨와 축산폐수, 준설토, 오폐수 찌꺼기 등의 육상폐기물 역시 동해와 황해의 해양투기장에 버려지고 있다. 바다에 버려지는 오폐수 찌꺼기의 카드뮴과 크롬 등 중금속 함유량도 상당량에 이르고 이 때문에 이곳에서 잡힌 수산물의 각종 중금속 잔류량은 식품 기준치를 초과하는 경우가 많다. 이 사건을 계기로 한국은 쓰레기 해양 투기를 막기 위해 1972년 체결된 런던협약을 1996년 개정한 런던의정서에도 뒤늦게 가입을 했다. 그 후 런던의정서 준수그룹 위원을 배출하고 각종 회의들에 활발하게 참여하고는 있으나 해양투기 규제에 대한 국제사회의 기대에 부응하는 수준에는 못 미치고 있다.

2011년 3월 후쿠시마 핵발전소 폭발사고 이후 12년 만인 2023년 8월 24일부터 일본이 해양에 방류하고 있는 후쿠시마 오염수 역시 해양오염의 대표적 사례이다. 후쿠시마 핵발전소 사고는 안전성의 강화를 경시한 채 경제적인 이익만을 추구하는 전력회사와, 원자력마피아의 일원으로써 개인의 출세 및 조직의 권한확대에만 몰두한 관료들의 자세가 최대원인이라고 지적된다. 후쿠시마 핵발전소 사고 수습이 지지부진한 이유 역시 도쿄전력과 일본 정부가 늘 미시적이고 단편적인 대책에만 급급해 최악의 사고를 고려한 전체적인 예방대책을 경시했기 때문이다(山本義隆, 2011). 상황이 그런데도 일본 정부와 도쿄전력은 발전소 폐로를 위한 공간을 마련하고 누출 사고를 방지하기 위해 앞으로 수십 년간 오염수 방출이 필요하다고 주장하고 후쿠시마 제1원전에 저장돼 있는 오염수 133만t을 방사성 오염수 처리시설인 ALPS로 정화 처리해 바다로 방류하는 계획을 강행하였다. 일본이 오염수를 굳이 바다에 버리는 것으로 결정한 것은 싼 비용 때문으로, 해양 방출은 수증기 방출이나 수소 방출, 지하 매설이나 지층 주입 등 다른 방안들에 비하면 10배에서 100배가량 싼 것으로 알려졌다. 일본 정부와 도쿄전력은 오염수는 처리와 희석을 거쳐 국제 기준보다 더욱 안전한 상태로 방류되며 환경에 미치는 영향도 무시해도 될 만큼 미미하다고 주장하였다. 이에 대해서는 오염수 분석을 위한 표본 채취가 절대적으로 부족해서 일본이 제공하는 부실한 정보로는 오염수의 안정성을 확인할 수 없다는 비판이 제기되었다. 현재 나온 모든 연구는 삼중수소에 노출되면 생명체는 유전적 변형이 일어난다는 비판도 이어졌다. 국제원자력기구(IAEA) 보고서를 근거로 후쿠시마 오염수가 안전하다고 주장하고 있지만 IAEA는 오염수 해양투기가 해양 생태계에 미치는 영향과 인간의 건강에 대한 영향에 대해 분석하지 않았다는 것이다(https://www.ohmynews.com/NWS_Web/View/at_pg.aspx?CNTN_CD=A0003005970).

오염수 해양방류에 대한 인접국과 국제기구의 대응은 서로 다르게 나타났다. 중국은 일본의 오염수 방류에 관한 입장이 일관되고 명확하다며 일방적인 해양 방류 행동에 단호히 반대한다고 여러 차례 밝혔다. 중국 외교부 대변인은 "우리는 바다가 전 인류 공동 재산이라는 점을 다시 말하고 싶다"며 "일본 정부는 국제사회 우려에 전면적으로 응해 진실한 태도로 주변국과 충분히 협상하고, 책임을 지는 방식으로 오염수를 처리해야 한다"고 밝혔다. 이어 "국제사회는 장기적이고 유효한 모니터링 계획을 추진해야 하고, 일본 주변국 등 이해관계자의 실질적인 참여가 보장돼야 한다"고 밝혔다. 그리고 영국 런던에서 열린 제45차 런던협약·제18차 런던의정서 당사국 총회에서도 중국은 일본 오염수 방류에 대해 반대 입장을 밝혔다(<한겨레>, 2023년 10월 6일). IAEA도 해양방류를 권고하고 지지하는 것으로 이에 개입했다. IAEA 특별팀은 일본을 방문해 후쿠시마 오염수 해양 방류 계획이 '충분히 현실적'이라는 취지의 중간보고서를 발표한데 이어 2023년 7월 최종보고서에서 방류 결정은 IAEA가 하지 않았고 따라서 방류에도 책임이 없다는 내용을 포함시켰다.

이에 비해 일본과 가장 인접한 국가인 한국의 집권여당과 정부는 일본의 후쿠시마 핵발전소 오염수 해양 방류 방침에 반대 입장을 표명하지 않고 "오염수 방류에 계획상의 과학적·기술적 문제는 없는 것으로 판단했다"는 입장을 밝혔다(https://www.khan.co.kr/politics/politics-general/article/202308221737001). 하지만 정부는 줄곧 방류에 사실상 찬성하는 행보를 보였다. 문화체육관광부는 일본 후쿠시마 핵 오염수의 위험성을 괴담이자 가짜뉴스라고 규정한 내용의 홍보책자 9만부를 전국에 배포하였다. 이 같이 후쿠시마 오염수가 무해하다는 일본 정부의 주장을 옹호한 것은 국내 정치권에도 큰 논란을 불러 일으켰다.[111] 한국의 야당인 민주당은 일본의 오염수 방

111 일본의 <아사히신문>은 2023년 8월 16일 "한·일 관계의 개선을 가속할 생각을 강조하는 윤 대통령"이라는 기사에서 "윤석열 정권과 여당 내에서는 당면한 현안인 도쿄전력 후쿠시마 제1원전의 처리수 방출이 불가피하다면 차라

류 결정을 "바다를 훼손하는 국제 범죄"이자 "대한민국 주권 침해 상황"으로 규정하고 모든 야당과 시민사회, 국민과 힘을 합쳐 총력 대응하는 행동으로 나아가겠다고 했다(https://www.khan.co.kr/politics/politics-general/article/202308221610001). 후쿠시마 핵오염수를 둘러싼 국가 간, 국내 정당 간 갈등은 투기로 인한 해양오염문제를 공동으로 규제하고 관리하기 위한 지역협력 체제의 부재에서도 그 원인을 찾을 수 있다.

토지황폐화

토지황폐화는 중국의 동북부 지역과 몽골에서 특히 문제가 된다. 이는 사막화, 부적절한 농지사용, 벌채, 과잉방목, 자연재해가 그 원인으로 지적된다. 몽골의 사막화는 지구온난화와 과잉 방목으로 인해 점점 빠른 속도로 진행되고 있다. 몽골 정부에 의하면, 2008년말 현재 한반도의 7.5배에 이르는 국토의 약 90%가 사막화지역으로 변했으며, 동북아시아 황사 발생량의 50%가 몽골에서 발생하고 있다. 또한 지구온난화로 인한 건조화의 영향으로 684개의 강과 760여개의 호수가 사라지고 있다(<연합뉴스>, 2009년 12월 29일). 중국은 지난 20~30여 년 간 동북부 반 건조 아습윤 지역의 농업과 목축 교차지대에서 사막화가 가장 심각하게 진행되고 있다. 사막화는 국경을 넘어 이동하는 모래와 미세먼지 폭풍인 황사를 발생시킨다. 황사는 내몽골 고원과 고비사막이 주 발원지로 최근 들어와 발생일수가 증가추세이며 농도도 강해지고 있다. 황사는 호흡기질환, 안질, 심혈관계질환 등 건강을 위협하고, 농작물 성장을 저해하며 산업생산활동과 서비스산업에 피해를 끼친다. 현재 관련 국가들은 황사 모니터링 네트워크와 조기경보 네트워크를 구축하는 한편 사막화 방지를 위한 조림사업을 추진 중이다(강광규 외, 2004).

동북아에서는 각종 토지오염으로 인해 토지황폐화가 빠르게 진행되고 있다. 이는 인구규모가 큰 동북아 지역에서 식량부족의 위험을 높이는 요인이라는 점에서 우려할 만하다. 더군다나 이런 문제가 중국과 같은 국토면적이 매우 넓은 국가에서 광범위

리 총선에 악영향이 적을 조기 방출을 요구하는 목소리가 나오고 있다"면서 "그 의향은 일본 측에도 비공식적으로 전해지고 있어 일본 정부 판단에도 영향을 미칠 것 같다"고 보도했다. <연합뉴스> 2023년 8월 17일. 한국정부가 총선 악영향을 의식해 조기방류를 요청했다는 아사히신문의 보도는 국민혈세로 오염수가 과학적, 기술적으로 문제없다며 투기 정당성을 홍보하고, 비판과 반대를 괴담으로 치부한 정부여당의 태도와 더불어 적지 않은 사회적 갈등을 초래했다.

하게 진행되는 경우 해당 지역에 미치는 부정적 파급효과는 매우 클 수밖에 없다. 실제로 중국에서는 무분별한 화학비료 사용과 산업 폐기물 등으로 인한 심각한 농경지 오염이 나타나고 있다. 이와 관련하여 2010년 2월 23일 중국 국무원 발전연구중심 농촌경제연구부 한쥔 부장은 기자회견에서 중국에서 사용되는 질소 비료의 양은 세계 평균의 두 배 이상이며, 경작지 면적의 10% 이상이 중금속 등 각종 공업폐기물로 오염돼 있다고 밝힌 바 있다. 같은 달 초 중국 환경보호부가 처음 발표한 환경 오염원에 관한 전국 규모의 센서스에서도, 농촌의 오염원이 전체 폐수의 43.7%로 수질 악화의 주요 요인으로 나타났다. 하지만 토지가 황폐해지더라도 13억 인구를 먹여 살리기 위해서는 화학비료를 집중적으로 사용할 수밖에 없다는 데 중국이 처한 딜레마가 있다(<한겨레>, 2010년 2월 25일).

이런 문제는 인접한 북한에서도 발견된다. 전체 면적의 80%가 산지로 동북아의 다른 국가에 비해 경지면적이 적은 북한은 중공업 위주의 공업화 정책으로 공업단지 주변의 토지가 오염된데 더해 1970년대 중반부터 실시한 '다락밭 개간사업'과 '새땅찾기 운동' 등과 같은 각종 자연개조사업으로 인해 상당수의 토지가 황폐화되었다. 여기에다가 토지를 집약적으로 이용하는 사회주의적 집단영농체제 역시 토지오염에 기여하였다. 이는 다시 홍수와 가뭄 등 각종 자연재해의 피해를 크게 하면서 농업생산의 감소로 이어지는 등 악순환을 이루고 있다. 이 점은 UNEP이 북한의 국토환경보호성의 협조 하에 공동작업해 발표한 북한의 환경실태에 대한 최초의 종합적인 보고서인 '북한: 환경실태 보고서(Democratic People's Republic of Korea: State of the Environment Report)'에서도 확인할 수 있다. 이 보고서는 북한의 지속가능한 발전을 달성하는 데 장애가 되는 주요 환경 문제를 식별하고 부정적인 환경 추세를 상쇄하기 위해 취할 수 있는 정책 설정 및 옵션을 제공하는 목적으로 작성되었다. 이 보고서에서 북한 정부가 UNEP 지침에 따른 협의 과정을 통해 확인한 다섯 가지 주요 환경 문제는 산림 고갈, 수질 악화, 대기 오염, 토지 황폐화, 생물 다양성이다(UNEP, 2016).

생물다양성 감소

생물다양성(biodiversity)은 생물종의 다양성과 그 종들이 살아가는 서식처의 다양성을 아울러 일컫는 용어이다. 이는 생태학적 기능을 수행하고 생물학적 자원을 제공하는데서 지속가능한 발전에서 불가결한 요소이다. 생물다양성의 가치는 추정하기가 쉽지 않지만 최근에는 생태, 생물자원, 사회, 경제를 포괄하는 다양한 가치를 지닌다고 평가되고 있다. 예를 들어 생물은 인간이 필요로 하는 식품과 의약품 등 유익한 생산물을 제공하며, 식물, 토양, 물의 생태학적 균형은 수원지를 제공해주고 토양침식과 홍수를 막아준다. 또한 이산화탄소 분해를 통한 온실효과 감소와 쓰레기처리에도 상당 부분 기여한다. 일반적으로 종의 수는 열대지방이 온대지방보다 많다. 동아시아는 다양한 지리 및 기후적 특성으로 다양한 동식물이 서식하고 있다. 그러나 인구밀도가 높고 오래된 문화와 문명 때문에 광대한 자연환경이 인간의 필요에 맞게 파괴되고 개조되어 왔다. 이 지역에서는 급속한 산업화와 도시화로 인한 환경오염, 밀렵과 불법 수확 및 거래, 관리 소홀로 바이오매스(biomass)가 감소하고 있다. 바이오매스는 어느 시점에 임의의 공간 내에 존재하는 특정한 생물군의 양을 중량이나 에너지량으로 나타낸 것으로 생물량이라고도 불린다. 급격한 도시화와 산업화로 인해 자연 서식지가 대규모로 파괴되고 있는데, 이는 동북아시아의 많은 지역에서 공통적으로 나타나는 현상이다. 도로와 철도 건설 등 기반 시설 확장은 서식지를 단편화시켜 동물의 이동경로를 방해하고, 생태계 연결성을 감소시킨다. 도시가 확대되고 산업단지가 새로 조성되면서 산림 면적이 감소되고 있는데, 이는 다양한 생물종의 서식지를 잃게 만든다.

그 대표적인 사례로 한국의 이명박 정부가 추진했던 4대강 사업을 들 수 있다. 4대강사업은 홍수예방과 수질관리를 명분으로 이명박정부가 국민적인 여론 수렴은 물론이고 기본적인 경제성 평가, 타당성 조사 없이 강행했던 사업이다. 전문가들은 이로 인해 하구 습지가 소실되거나 건조화되면서 수생태계의 먹이 사슬이 교란되고, 생물 서식지의 감소로 종 다양성이 감소할 것이라고 경고하였다. 4대강에서 서식하는 섭금류, 백로류, 수면성 오리류의 감소가 심각하게 우려되며, 지류와 연결된 저수지의 수위를 높여 가시연꽃과 같은 수생 식물의 멸종을 불러올 수 있다는 것이다(<프레시안>, 2010년 3월 23일). 국제자연보존연맹(IUCN) 등의 국제기구가 동북아에서 급속한 도시화와 무분별한 개발로 많은 동물들이 멸종위기에 있다고 판단해 조사와 보호활동을 벌이고 있음에도 알려진 모든 생물 종의 개체수와 서식지는 최근 들어와 오히려 더욱 격감하고 있다. 이 사례에서 보듯이 생물다양성과 종의 보전을 위한 대책을 수립하고 시행해야 할 정부가 경제성장과 개발정책을 채택하고 서식지를 파괴하는 경우도 흔하게 발견되고 있다.

그리스 서아티카 대학교(Univ. West Attica)의 생물학과 교수이자 그린피스 자원활동가인 리아 팻사부디(Lia patsavoudi)에 따르면 기후변화는 전염병의 전파 및 확산과 밀접한 상관관계를 갖고 있다. 미국 국제개발처(USAID)에 따르면, 신종 또는 재발성 전염병 중 75%는 동물로부터 비롯된 '인수 공통 바이러스'인데, 코로나19뿐만 아니라 사스(SARS), H5N1 조류독감, 인플루엔자A(H1N1)가 여기에 속한다. 문제는 기후변화와 그로 인한 서식지 파괴로, 야생동물들의 행동 습성이 변하고 새로운 지역으로 이동하는 매개 동물들이 증가하고 있다는 사실이다. 사람의 손길이 닿지 않은 넓은 자연 서식지는 사람과 야생동물의 공간을 분리하고 서로 간의 감염을 막는 역할을 한다. 야생동물의 다양성은 전염병의 확산을 막는 '희석 효과'를 가진다. 종 다양성이 높을수록 숙주가 될 수 있는 동물의 개체 수가 줄어들기 때문이다. 그런데, 라틴 아메리카의 아마존이나 그란차코에서 보듯이 벌목, 채굴 및 도시 개발 같은 이유로 산림이 파괴되면서 인간이 자연에 무분별하게 개입하면 생물의 다양성은 감소되고 야생 동물은 다른 지역으로 내쫓기게 된다. 동아시아에서도 급격한 도시화와 경제성장을 위해 다양한 생물종이 서식하는 야생 지역이 계속 파괴되고 있다. 중국과 같은 국가들에서는 대체 식자재로서 이들 야생 지역에 살던 동물을 포획해 시장에서 거래하는데, 이 과정에서 사람들이 매개 동물과 접촉하고 감염될 확률도 증가하게 된 것이다. 팻사부디는 세계보건기구(WHO)가 기후변화로 인해 전염병이 전파되는 과정과 감염 행태가 바뀔 것이라고 밝힌 데 주목해야 한다고 언급한다. 우리는 기후변화와 전염병의 복잡한 인과관계를 이해하고, 해당 지식을 통합모델에 적용해 최대한 예측하며 기후변화가 바이러스 전파와 전염병 확산에 어떤 영향을 미칠지 파악해야 한다는 것이다(https://www.greenpeace.org/korea/update/13106/blog-ce-pandemic-alarm-climate-change-covid-19/).

16장.
토건국가에 포박된 한국과 일본의 정치경제[112]

개번 맥코맥의 토건국가 이론

토건국가(construction state)는 오스트레일리아의 역사학자로 동아시아 전문가인 개번 맥코맥(Gavan McCormack)이 1996년 발간한 저서 <일본, 허울뿐인 풍요(The Emptiness of Japanese Affluence)>에서 처음 사용하였다. 그에 의하면 토목과 건설은 오랫동안 일본 정치경제의 핵심이었다. 전후 일본의 고도성장이 지속된 수십 년 동안 토건부문은 중추적인 역할을 하였으며, 공공사업이 토건부문의 중심이 되어 왔기 때문에 토건업자들과 관료, 정부 간에는 항상 밀접한 관계가 유지되었다. 그 결과 국가예산의 거의 절반에 이르는 어마어마한 공공투자자금이 건설업계에 유입되었는데 이는 상대적인 토지 면적을 감안하면 무려 미국의 30여 배에 달하는 것이었다. 심지어 냉전이 최고조에 달한 시기에 일본은 미국의 국방예산보다 더 많은 돈을 공공사업에 지출했다. 어떻게 이런 일이 가능했을까? 그 까닭을 맥코맥은 일본 정치경제의 유착체계에서 찾고 있다.

“이는 전후 장기간 지속된 일당지배체제하에서 대규모의 부패를 통해 민중을 착취하는 유착체계가 성립되었기 때문이며, 흔히 토건국가라 불리는 이 유착체계에서 건설이라는 행위는 권력의 재생산과 이윤의 분배과정에 부수하여 일어나는 것일 따름이다. 토건국가는 대규모의 ‘나눠먹기 체계’가 되었으며 그 수혜자는 수백만에 달하고 있는데 이들은 여타 국가의 마피아에 필적할 만한 악몽 같은 존재들이다. 미국에서 냉전시대 정치경제의 핵심구조의 성격과 특징으로 종종 군산복합체라는 용어가 사용된 것과 마찬가지로 토건국가라는 표현은 일본을 잘 묘사하고 있으며, 냉전 종식 후

---

112 이 장의 일부는 홍익표(2019) pp.554~566, pp.112~127을 수정·보완하였다.

아직까지도 일본의 토건국가 체계가 약화될 기미는 별로 보이지 않고 있다"(Gavan McCormack, 1998: 63).

이러한 토건국가 체계가 어떻게 움직이는지 살펴보면 다음과 같다. 우선 건설성은 공식적으로 인정되는 카르텔에 속한 회사들에게 발주를 할당한다. 이들 건설회사는 정기적인 수주가 보장되며, 경쟁을 걱정할 필요가 없다. 유착, 가격조작, 뇌물은 오랫동안 건설업계를 특징지어온 요소이다. 공시수주 가격은 초기에 이미 부풀려지기 때문에, 통산 1~3%에 이르는 상납금을 징수당한 후에도 충분한 이윤을 남길 수 있다. 이 돈은 지방 및 중앙 수준의 정치조직을 유지하는 데 쓰인다. 또 건설회사들은 적절한 절차를 밟아 건설성 퇴직관료들에게 안락한 일자리를 마련해주거나 인사들이 국회나 지방의회에 출마할 경우 선거운동을 도와줌으로써 재·관·정(財·官·政)의 공동이익이라는 마법의 고리를 완벽하게 형성한다. 건설성은 적절한 종합건설회사가 공공사업 공사를 수주하도록 함으로써 자민당의 금고에 자금이 흘러들어가게 하였으며, 이러한 자금은 중앙과 지방의 선거 및 기타 정치적 비용을 대는 데 사용되었다. 정치가들의 능력은 자신들의 선거구에 얼마만큼의 공사 일감과 돈과 일자리를 유치할 수 있는가, 또 소속 정당에 얼마나 많은 정치 자금을 끌어올 수 있는가로 평가되었다. 이러한 체계가 이른바 토건국가를 창출했던 것이다(Gavan McCormack, 1998: 63~65).

이러한 것이 가능했던 것은 일본의 경제가 서구의 경제모델과 구별되는 독특한 시스템을 갖고 있기 때문이었다. 1980년대 말까지 일본의 급속한 경제성장을 가능하게 한 요인 중 하나로 지적되는 이 시스템은 재무성과 통상산업성(通商産業省, MITI)의 지도 아래 시행되는 각종 차별적 규제들과 여러 기업이 뭉쳐 하나의 기업집단처럼 행세하는 '케이레츠(系列)' 체제 등을 말한다(Robert Z. Lawrence, 1987: 517~524). 이 시스템 아래에서 정부와 대기업, 은행들은 서로 지분을 보유하고 공식적으로는 독립적이지만 서로 긴밀히 협력하는 관계를 맺는다. 이는 두 가지 유형이 있는데, 수평 케이레츠는 금융 케이레츠라고도 하며, 주요 은행을 중심으로 회사 간에 형성된 교차 주식 보유 관계가 특징이고, 수직 케이레츠는 산업의 공급업체, 제조업체 및 유통업체를 파트너십으로 연결한다(https://www.thoughtco.com/intro-to-the-japanese-keiretsu-economics-system-1148018). 예를 들어, 일본의 은행은 케이레츠 기업들에게 무분별하게 대출을 제공했고 그 덕분에 이들 기업이 해외로 사업을 공격적으로 확장할 수 있게끔 만들었다. 정부는 각종 규제 정책들을 통해 외국 기업의 국내 진출을 차단하였다. 미쓰비시(三菱), 미쓰이(三井), 스미토모(住友), 이토추(伊藤忠), 마루베니(丸紅) 같은 종합상사(総合商社)가 동일한 집단에 속해있는 케이레츠들에게 해외에서 구입한 원자재와 제조상품을 독점적으로 넘기는 일본 특유의 유통시스템도 외국기업들의 일본 시장 진출을 가로막았다. 한편, 이들과 밀착된 언론은 자국 제품의 우수성을 홍보하고 이를 소비하는 것을 애국심과 결부시킨 기사를 속속 내놓았다. 그 결과는 경제 호황이었다. 1980년대 내내 주가가 급증하고, 부동산 가격이 폭등했으며, 기업들은 평생고용을 약속했다. 그러나 호황의 이면에는 부패와 담합, 조작, 뇌물이 자리잡고 있었다. 팽창하던 버블경제는 1990년부터 붕괴하기 시작했다. '잃어버린 30년'이라 불리는 일본의 장기불황은 그렇게 만들어졌다.[113]

개번 맥코맥은 일본에서 토건국가는 성장동력이자 사회통합 기제였고, 변형된 케인스주의이며, 대다수 국민이 혜택을 누린 강력한 포퓰리즘 체제라고 지적한다. 무엇보다 일본의 정치가와 건설업계와 관료들은 이권과 영향력이라는 '철의 삼각형'으로 묶여 있다는 것이다. 건설회사들은 소위 '건설족' 정치인들에게 돈을 주었고 이들을 위해 선거시에 표를 모아주었으며, 그 대신 건설성 관료들이 결정하는 대로 공공건설사업 중 일부 공사를 할당받았다. 관료들은 우호적인 회사들에게 사전에 입찰가격에 따라 공사계약을 나누어 주었고 종국에는 선거에 출마하였다. 이들은 공공자금으로 초대형 건설사업을 주도하는 과정에서 부적절한 사익을 취하지만 그 결과엔 절대 책임지지 않는다. 토건국가는 단기적이긴 하나 일자리를 창출해서 소득을 이전하고 지역경기에 붐을 일으키는 효과를 가져왔다. 일본에서 토건국가는 성장동력 이자 사회통합 기제였지만, 그러나 토건국가의 폐해 역시 무척 큰 것이었다. 토건국가로 인해 정치가 썩고 경제가 투기화하며 국토와 환경이 끊임없이 파괴되었다. 특히 돈의 상당 부분이 조세에 기반을 둔 국가의 경상세입과 특별적자국채로 조달됨에 따라 누적적자가 천문학적인 수준에 이르렀다. 중앙정부와 지방정부를 합친 일본의 국가채무는

---

113 일본 경제가 거품에 취해 있던 1989년, 일본의 경제학자 데루오카 이쓰코(暉峻淑子)는 <풍요로움이란 무엇인가(豊かさへ もうひとつの道)>라는 책을 내놓았다. 에즈라 보겔(Ezra Feivel Vogel)이 10년 전 내놓은 <재팬 애즈 넘버원(Japan as Number One: Lessons for America)>(1979)의 기억이 여전히 선명하던 시대에 일본 사회의 문제점을 지적하는 데루오카의 책은 큰 관심을 모았다. 데루오카는 이 책에서 "일본의 풍요로움이란 것은 실은 뿌리가 없는 사상누각에 불과하다"고 밝혔다. 세계에서 가장 잘 사는 국가에 살고 있는 일본 시민들은 정작 전혀 '삶의 풍요로움'을 느끼지 못하며 사회에서 언제 배제당할 지 몰라 불안에 떨고 있다는 것이다. 그러나 일본 사회는 이 책이 던진 질문에 답을 찾는 데 실패했고 이후 '잃어버린 30년'이라 불리는 장기불황에 빠지고 말았다. https://www.hani.co.kr/arti/international/japan/1166728.html

GDP의 150%를 훌쩍 뛰어넘게 되었다(Gavan McCormack, 1998: 68~75).

원래 전후 일본의 정치경제를 분석하기 위해 만든 용어인 토건국가는 이웃 나라 한국의 정치경제를 고찰하는 데 있어서도 적용 가능하다. 일본과 같이 한국에서도 토건사업이 산업화의 중요한 대상이 되고, 경제의 중요한 부문을 차지하고 있기 때문이다. 한국 역시 토건사업에 국가 역할을 집중시키면서 국가지배의 정당성을 창출하는 경향이 있다. 특히, 한국에서는 국가가 각종 개발공사를 설립해 대규모 사회간접자본의 건설과 관리를 전담케 하고 있다. 이들 개발공사와 토건업체, 정치권 간에는 복합적 유착관계가 존재한다. 이와 관련하여 홍성태는 다섯 가지 유착관계가 '토건국가 복합체'를 이루고 있다고 말한다.

"첫째, 정치권과 토건업체 사이의 '정경유착'이다. 이것은 너무나 잘 알려진 사실이며, 또한 16대 대선의 불법자금 수사에서 그 일단이 잘 드러났다. 둘째, 정치권과 개발공사 사이의 '정관유착'이다. 이것이 유착인 까닭은 개발 공사의 불합리하고 불필요한 개발사업을 정치권이 순전히 정치적인 셈속에서 용인해 주기 때문이다. 대표적인 예로 세계 최대의 갯벌파괴사업인 새만금간척사업을 들 수 있다. 셋째, 개발공사와 토건업체 사이의 '관경유착'이다. 토건업체는 더 많은 사업을 따내기 위해 개발공사를 상대로 치열한 로비전을 벌이고 있으며, 막대한 금액의 뇌물을 관리자들에게 바치곤 한다. 2004년에 주택공사 사장과 수자원공사 사장이 뇌물수수로 구속된 사건이 그 좋은 예이다. 이 세 가지 핵심 유착관계를 둘러싸고 학계와 언론이 각종 개발사업을 합리화하는 구실을 한다. 예컨대 학계는 환경영향평가를 비롯한 각종 영향평가를 엉터리로 해주고, 언론은 가장 큰 광고주인 개발공사와 토건업체에게 유리한 방식으로 보도한다"(홍성태 편, 2005: 25~27).

토건국가의 문제는 단순히 국가경제의 파탄만 초래하지 않는다. 이는 크게 다섯가지로 정리할 수 있다. 첫째, 부패의 문제이다. 이것은 쉽게 말해서 정경유착을 통한 민중의 착취를 뜻한다. 정경유착이란 정치권과 경제계의 '검은 거래'이다. 그런데 이러한 정경유착에서 토건업체가 정치권에 전하는 돈은 모두 납세자의 주머니에서 나온 것이다. 둘째, 토건국가는 정경유착과 민중의 착취를 위해 자연을 대대적이고 지속적으로 파괴한다. 셋째, 토건국가가 파괴하는 것은 자연만이 아니다. 그것은 자연과 일체로 존재해온 지역사회와 문화를 송두리째 파괴한다. 이를 위해 한편에서는 보상금이라는 경제적 수단으로 주민을 매수하여 지역사회를 분열시키고, 다른 한편에서는 개발독재 시대의 국가주의 공익론을 내세워 주민을 협박하기도 한다. 토건 국가에서는 경제성과 환경성이 없는 것으로 입증된 사업을 필요한 사업이라고 우기며 강행하고, 엉터리 환경영향평가서를 제출하여 자연파괴 사업을 강행하며, 지역 주민들을 매수하고 협박하여 문화파괴 사업을 강행하는 일을 언제나 쉽게 볼 수 있다. 넷째, 토건국가는 커다란 위험을 내장하고 있는 현대의 고도기술을 이용하기에 갈수록 커지는 여러 자연재해에 대처하기에 턱없이 부실한 사회체계를 만든다. 이것은 물론 개발독재의 직접적 산물이기도 하다. 다섯째, 토건국가는 비대한 토건업으로 말미암아 왜곡된 산업구조의 개혁을 가로막는다. 그 결과 사회 전체의 발전이 지체되고, 파국의 위험이 자라나게 된다(홍성태 편, 2005: 23~24).

전후 일본의 정치경제와 무분별한 국토개발

고도성장기에 확립된 일본의 전통적인 정치경제모델은 발전주의에 기반한 관료 주도의 성장 메커니즘과 정·관·업 체제로 상징되는 후견주의(clientelism) 사이의 균형을 토대로 하고 있었다. 전통적인 정치경제모델은 고도성장 과정에서 이념·정책·제도 사이의 상호작용을 통해 더욱 견고한 시스템으로 발전하였다. 첫째, 발전주의 기반 성장 메커니즘은 발전주의 이념과 정책을 연계하는 제도적 기반을 필요로 하였다. 발전주의는 통상산업성으로 대표되는 선도기관이 성장 산업의 육성을 위한 지원과 보호를 제공하고, 사양산업의 신속한 퇴출을 촉진하는 산업정책의 효과적 실행을 가능하게 하였다(Chalmers Johnson, 1982; Ziya Öniş, 1991:111~112).

발전주의 이념과 정책을 매개하는 또 하나의 제도적 기반은 이른바 '55년 체제(55年体制)' 수립과 함께 형성된 자민당 지배의 연속성이다. 자민당 장기 지배는 전통적인 정치경제모델의 다른 한 축인 후견주의의 특징을 보인다. 정·관·업 체제는 자민당 정치와 불가분의 관계를 갖는다. 자민당은 55년 체제의 수립 이후 고도로 조직화된 유권자 집단에게 특혜를 제공하는 방식으로 충성을 확보함으로써 장기 집권을 하였다. 자민당은 또한 대내외적 위기에 직면할 때마다 정책 혁신을 통해 지지층을 오히려 확대하는 전략을 병행하였다. 자민당의 전략은 정권 교체로 인해 발생할 수 있는 행위자 간 안정적 관계를 근본적으로 훼손하지 않는 가운데, 새로운 지지 집단을 확보함으로써 정치적 안정을 달성하는 데 기여하였다고 평가된다(이승주, 2022: 75~77).

일본 정부는 1950년 국토종합개발법을 제정했는데, 이는 "국토를 종합적으로 이용, 개발 및 보전하고 산업 입지의 적정화를 도모해서 사회복지 향상에 이바지한다”(제1조)는 것을 목적으로 삼고 있다. 여기에서는 개발에 덧붙여 국토의 보전을 언급하기는 했으나, 오늘날의 의미에서 환경보전에 대한 구체적인 방안은 전혀 없었다(帶谷博明, 2010: 54). 이어서 1962년 내각회의에서 결정된 전국종합개발계획은 거점 개발을 핵심으로 하는 것이었다. 거점 개발 방식이란 대도시 이외의 지역에 몇 개의 대규모 개발 거점을 설정하고, 이 개발 거점 주변에 중규모, 소규모 거점을 설치·연결시켜 연쇄반응이 일어나는 것처럼 경제를 발전시키는 것을 의도한 개발방식을 말한다. 그러나 이는 중화학 콤비나트를 인구가 집중하는 도시 근교에 설치하려 했기 때문에 지역주민의 반대운동을 초래했다. 대기오염과 수질오염 등 해당 지역에 심각한 산업공해를 일으켜 지역사회에 외부불경제를 초래하는 한편 해당 지역과의 산업적 연관성이나 경제적 연결고리도 희박했기 때문이다. 지역간 격차 시정에 실패한 1차 종합개발계획 대신 등장한 것이 신전국종합개발계획(1969)이다. 대규모 개발 방식을 핵심으로 하는 신전국종합개발계획은 국토를 마치 하나의 거대한 도시로 보고 그 효율적 이용을 위해 지역분업을 실행한다는 것이었다. 1972년 다나카 가쿠에이(田中角榮) 총리가 야심적으로 제시한 개발정책인 ‘일본열도 개조론’도 이 틀의 연장선상에 있다고 할 수 있다(帶谷博明, 2010: 56). 이 역시 전후 일본의 고도경제성장이 인구의 과밀·과소 현상을 초래했다는 진단을 내리고 이를 해소하기 위해 공업지역의 재배치, 도시집중 인구를 분산하기 위한 신도시 건설, 효율적인 교통망 건설을 추진하는 것이 그 내용이었다. 그러나 이 역시 지가상승을 부추겼고 투기를 자극하면서 실패로 끝났다.

보수 지배의 정치구조 하에서 지방자치의 민주적 활성화를 가로막는 재정제도 역시 지역주민들의 생활환경을 악화시키고 여러 공해로 인한 피해를 빈번하게 발생시킨 요인이었다. 일본에서 중앙정부와 지방정부의 재정관계는 수직적인 불평등 관계였다. 지방세는 총세수의 1/3에 불과하나 지방정부의 지출은 정부 총지출의 2/3를 차지했다. 즉 세입은 중앙으로 집중됐지만 지출은 지방으로 집중됐던 것이다. 지방정부는 이런 불균형적인 재정구조하에서 주민의 의사보다는 중앙정부의 통제를 따를 수밖에 없으며, 재원 확보를 위해 각종 특혜 조건을 내걸고 경쟁적으로 산업을 유치하였다. 따라서 지역개발이 추진될수록 환경오염은 더 확산되었다. 지역개발은 공해방지시설이나 지역경제의 유기적인 발전을 위한 투자가 제대로 이뤄지지 않고 공해유발효과는 매우 큰 것으로 나타났다(홍성태, 2016: 84~87).

여기서 잘 나타나듯이 발전주의 국가 일본이 전후 급속한 경제성장을 달성한 이면에는 무분별한 국토개발이 있었다고 볼 수 있다. 일본의 토건국가는 환경파괴를 가속화시켰다. 대표적으로 해안선을 메우고 강을 곧게 펴거나 콘크리트를 바르는 사업은 토사침적과 유량 감소로 인한 수질 악화, 옹벽의 붕괴 등의 문제를 초래했고, 환경오염의 징조인 적조현상을 일으켰다. 천여 개가 넘게 건설된 댐들은 전후 토건국가가 이룬 가장 중요한 업적으로 선전되었지만 그 대부분은 본래 목적인 수자원 보전과 관리 능력이 점차 저하되는 등 대부분 쓸모없는 것이 되었다. 건설자금을 조달하느라 국가채무가 증가했고, 누적된 부채를 상환하는 일도 계속되고 있다(Gavan McCormack, 1998: 78~80). 결론적으로 맥코맥은 일본이 성취한 것은 화려한 공허, 일종의 '태평양의 포템킨'이라고 해야 할 것이며, 북부의 삿포로(札幌)에서 남부의 가고시마(鹿児島)에 이르기까지 도시화되고 산업화된 일본의 거대한 문명의 벨트는 아무리 엄청나다 해도 속이 텅 빈 구조물이라고 보는 것이 타당하다고 지적한다. 그런 까닭에 '성장'이라는 프로젝트 그 자체를 재고해야 하며 또한 일본뿐 아니라 지역적, 전 세계적 차원에서 사회적 행복이라는 잣대를 사용해서, 성장에 대한 강박관념에 가까운 집착이 야기하는 실제적인 인간적·사회적·환경적 비용을 산정하는 새로운 분석의 틀을 발견해야 한다고 주장한다.

2007년에 발간한 <종속국가 — 미국의 품에서 욕망하는 지역패권(Client State — Japan in the American Embrace)>에서 맥코맥은 일본이 코이즈미와 아베 총리 시기를 거치면서 토건국가에서 신자유주의 국가로 바뀌고 있다고 지적하였다(Gavan McCormack, 2008: 104~109). 이들은 나라의 재정위기가 심화되어가는 가운데 고소득자의 소득세율과 법인세율을 내리고 공공부문에 대한 투자를 줄였으며, 노동자의 해고를 자유롭게 하였다. 두 전 총리는 경제기적을 낳고 사회에 일체감을 부여하며 지난날의 영광을 주도했던 '관료주도형 자본주의 발전국가' 자체를 해체하고자 했으며, 그 대신 규제완화와 민영화를 통해 미국식 신자유주의를 추구하는 '작은 국가'를 기획했다는 것이다. 다른 한편으로 자위대의 이라크 파병과 같이 대미 의존도를 높이고 애국심과 국가의 자존심을 한층 강조하여 네오내셔널리즘을 널리 침투시키려고 하였다. 그래서 헌법과 교육기본법을 개정하고 케인스류의 토건국가를 하이에크류의 신자유주의에 기초한 미국형 원리로 치환하였는데 이에 대해서는 민주당도 기본적으로 의견이 다르지 않다.

지금까지 일본이 전후 급속한 경제성장을 달성한 이면에는 일본 정치경제의 유착구조가 자리 잡고 있다는 점을 살펴보았다. 이 유착구조 하에서 환경파괴를 가속화시킨 무분별한 국토개발이 추진되었다. 이러한 토건국가 일본의 사례는 일본 정치가 성숙한 민주주의에 토대를 두고 있지 않다는 사실을 잘 보여준다. 많은 학자들이 지적했듯이 스스로 쟁취하지 않고 미국이라는 외부행위자로부터 이식된 일본의 민주주의는 여러 가지 흠결을 갖고 있다. 정치와 종교의 융합, 자민당의 장기 집권, 세습 문화, 득표율과 의석수 간 괴리가 큰 병립형 선거제도, 낮은 수준의 언론자유와 빈번한 여론 조작 등이 대표적이다. 이렇게 된 데는 나서기를 싫어하고 권력을 따르며 권위에 쉽게 순응하는 일본 특유의 집단주의 문화,[114] 무책임한 패전 처리, 1960년대 말의 급진적 학생운동 조직이었던 '전공투(全共闘)' 운동의 쇠퇴 후 확산된 탈정치화 현상 등이 요인으로 작용하였다. 우치다 다쓰루(内田樹)와 시라이 사토시(白井聡)는 전후 일본의 대표적인 '다테마에(建前)'[115]가 평화주의와 민주주의라면서 이 나라의 지배권력은 평화와 민주, 그 어떤 가치도 진심으로 추구한 적이 한 번도 없다고 지적하고 있다. 전후 일본은 민주국가가 되었다고들 얘기하지만 허구라는 것이다. 일본을 패전으로 이끈 무리가 그대로 머물렀고, 계속해서 후계자들이 권력의 자리를 지키면서 현재까지 이어지고 있기 때문에 이런 나라에 진짜 민주주의 따위는 있었을 리가 없다고 말한다(内田樹 외, 2019: 28, 106, 108~109).[116] 일본의 사례에서 우리는 역동적 민주주의 정치가 결여된 곳에서 사람들은 기득권층들의 부패행위에 대해 관용적이며, 정치 참여에도 소극적이고 수동적일 수밖에 없다는 점을 알 수 있다.

박정희 개발독재의 배경인 일본제국

잘 알려졌듯이 박정희는 쿠데타로 집권한 후 이로 인한 취약한 정통성을 상쇄하고자 경제개발계획을 통한 경제성장을 추진하였다. 박정희 정권은 경제성장과 국민통합이라는 국가목표를 수립하고 국가가 독점적으로 소유한 모든 물리력을 동원해 그

---

114 이에 대해 일본의 정치학자인 마루야마 마사오(丸山眞男)는 권위신앙이 일본인의 내부에 깊이 잠재되어 있다고 말한다. 복종자는 권력에 반항했을 때 주어지게 될 벌에 대한 공포의식 때문에 권력을 따를 뿐만 아니라, 반항하는 것 자체를 악으로 생각하게 된다는 것이다. 이러한 일본인의 정치의식에 대해서는 丸山眞男(2011), pp.363~369.

115 겉으로 내세우는 명분이나 표면상의 모습 또는 방침. 이에 비해 혼네(本音)는 속마음을 가리킨다. 마을공동체 내에서 규율을 어긴 자에게 가하는 제재행위인 무라하치부(村八分)에서 유래했다. 민폐를 꺼리고 사회적 시선(世間)을 의식해야하는 일본의 집단주의 문화와 관련이 있다.

116 비슷한 논지의 저서로는 우치다 타츠루·시라이 사토시의 <속국 민주주의론>과 서경식·다카하시 데쓰야의 <책임에 대하여>를 참조할 수 있다. 内田 樹 외(2018); 서경식 외(2019).

목표를 달성하려 하였다. 국가/민족주의는 이 과정에서 정치적 권위와 질서를 제공한 이데올로기였다. 이를 가리켜 개발독재라고 한다. 이러한 개발독재는 그 역사적 뿌리가 일본제국의 괴뢰국인 만주국으로 거슬러 올라간다. 박정희는 일본 학교와 군대에서 지식을 주입받고 가치관이 형성된 인물이다. 박정희가 갖고 있던 식민지 조선인으로서의 콤플렉스는 일제 시기에는 일본인과의 동일시로 나타났고, 불법적으로 권력을 찬탈한 이후에는 자국민을 일본제국의 충성스런 신민처럼 만들려는 시도로 연결되었다. 국가기관이 노골적으로 국민에게 국가에 대한 충성을 강요하고 그 여부를 감시하는 것은 일제강점기에 식민지 조선인들을 신민으로 만든 후 '멸사봉공(滅私奉公)'을 강요하고 이에 저항하는 사람들을 처벌했던 것의 재판이었다.

일례로, 모든 국민들이 강제로 복창해야 했던 '국기에 대한 맹세'는 일제시기에 복창하던 '황국신민서사'를 모방한 것이었다. 전 국민이 의무적으로 참여해야 했던 '정례 반상회의 날'은 일제가 주민 통제를 목적으로 조직했던 애국반상회가 그 기원이다. 일제가 총력전체제를 구축하기 위해 바꿨던 '국민학교'란 명칭도 그대로 남았다. 학생들에게는 '국민정신'을 함양한다는 명분으로 '국기에 대한 맹세'를 복창하고 국민교육헌장을 강제로 암기하게 했다. 오후의 국기 하강식 때는 모든 사람이 걸음을 멈추고 국기에 대한 경례를 해야 했다. 박정희 정권이 추진했던 새마을운동 역시 조선 총독부가 1932년부터 전개한 관제농민운동이었던 조선농촌진흥운동을 모방한 것이었다.[117] 새마을운동의 최고 지도자인 박정희뿐만 아니라 새마을운동을 주도했던 관료들이나 마을 청장년들이 모두 농촌진흥운동의 경험자들이었다. 황군장교 출신인 박정희 체제는 무려 18년 동안이나 지속됐다. 박정희의 권위주의적 통치는 한국 사회와 정치를 규정지었고, 대다수 한국인들의 가치와 규범으로 자리 잡았다. 그것이 절정에 달한 시기는 유신체제 7년 동안이었다(홍익표, 2018: 211~212).

강상중과 현무암이 냉전을 기화로 반공이라는 이름 아래 부활한 '제국의 귀태(鬼胎)' 들을 통해 만주제국의 역사와 그 유산을 밝힌 책인 <기시 노부스케와 박정희: 다카키 마사오, 박정희에게 만주국이란 무엇이었는가>에 따르면 박정희를 군인으로 변

---

117 농촌 지역에서 전시총동원 체제는 농촌진흥운동을 통해서 구축될 수 있었다. 식민지 권력의 농촌마을에 대한 지배력 강화는 식민지 시기에는 식민정책의 효율성을 보장하는 토대가 되었으며, 해방 이후에는 대한민국 정부의 농촌사회에 대한 효율적인 지배의 기반으로 기능했다. 김영미(2009), p.235. 만주국에서 군인과 경찰로서 제국의 방공전사로 복무한 조선인들은 일제·만주국의 농촌지배 전략을 체득한 이들이었다. 박정희 정권하에서 이는 북한체제와 경쟁할 수 있는 농촌사회체제 수립 방안으로 새마을운동을 추진하는 것으로 나타났다. 허은(2022), pp.68~82, pp.392~399.

신시키고, 기시 노부스케(岸信介)를 정치가로 단련시킨 것이 모두 만주제국이라는 일본제국의 분신이었다. 기시 노부스케는 만주국과 일본의 상공성에 근무하면서 총력전체제의 핵심인 '경제신체제 확립'을 이끈 인물이다. 패전 후 A급 전범으로 수감되었던 기시 노부스케는 이후 외무대신, 내각총리대신으로 있으면서 정부주도형 모델에 입각해 전후 고도경제성장의 틀을 주조하고, 자유민주당을 창당해 '55년 체제'라 불리는 보수합동체제를 수립했으며, 미·일 안보조약 개정을 주도했다. '쇼와의 요괴(昭和の妖怪)' 라고 불린다. 이 책에서 저자들은 다음과 같이 말한다.

"다카키 마사오(1942년 오카모토 미노루로 개명) 즉 박정희에게 만주체험은 분명 운명적 의미가 있었을 것이다. 그것은 만주인맥을 중심으로 하는 친일파가 훗날 독재자의 권력을 공고히하는 아성이 된 데 그치지 않는다. 만주제국에서 시행한 통제경제의 실험은 한국의 개발독재에 커다란 그림자를 드리우고 있기 때문이다. 박정희가 추진했던 병영국가적인 국력배양과 총력안보라는 '한국적 민주주의'에는 만주제국의 유산이 고동치고 있는 것이다. 그리고 이 유산을 낳은 주인공이 만주국 산업부 차관으로 '만주국 산업개발 5개년계획' 을 주도한 기시 노부스케였다...기시 노부스케가 한국에 기울인 관심은 반공주의적 동맹관계의 구축이라는 눈앞의 현실정치에 따른 것이었다. 더욱이 거기에는 만주국의 미완의 혁명을 박정희와 한국에 실현해가리라는 기대도 담겨있었다"(강상중·현무암, 2012: 12~13, 23).

박정희는 1961년 11월 12일 미국 방문길에 일본에서 개최된 환영회에서 "일본에서 젊은 우리가 하고 있는 것을 보면 미숙한 부분도 있을 것이다. 그러나 젊은 육군 군인들이 군사혁명을 일으킨 것은 구국의 념에 불탔기 때문으로, 메이지 유신 때 지사의 마음으로 해 볼 것이다"라고 말했다. 이어 그는 기시의 고향 출신으로 메이지 유신의 정신적 지주이자 정한론(征韓論)[118]의 원조로 통하는 요시다 쇼인(吉田松陰)을 존경한다면서, 국가건설과 한일관계 정상화를 위해 도와 달라고 호소했다(https://www.hankookilbo.com/News/Read/201503231367012932). 1962년 10월 이케다 하

118 정한론은 조선을 정벌하고 조공을 바치도록 해야한다는 주장으로 1850년대 초 조슈번(長州藩)과 사쓰마번(薩摩藩)의 정치가와 무사들이 주장했다. 이들의 스승이 요시다 쇼인이다. 정한론과 대동아공영론은 후에 일본 제국주의 침략의 이론적 토대가 되었다. 메이지유신의 주역인 사이고 다카모리(西鄕隆盛)를 비롯해 이토 히로부미(伊藤博文), 테라우치 마사타케(寺内正毅) 등에 영향을 미쳤다. 아베 신조(安倍晋三) 전 수상이 가장 존경한다고 밝힌 인물도 요시다 쇼인이다.

야토(池田勇人) 수상에게 "극동의 안녕평화와 자유진영의 단결이라는 견지에서 한일 양국의 국교정상화가 조속히 이룩돼야 한다는 요망이 증대"하고 있다는 편지를 보냈다. 그 해 11월 김종필 중앙정보부장은 오히라 마사요시(大平正芳) 일본 외상을 만나 청구권 문제를 마무리 짓는데, 여기서 교환된 것이 '무상 3억불, 유상 2억불, 민간차관 1억불+α'를 골자로 한 '김·오히라 메모'이다. 당시 막후에서 회담을 성사시킨 인물이 일본 정계의 거물인 오노 반보쿠(大野伴睦) 일본 자민당 부총재였다. 그러나 1964년 불평등한 내용의 대일 청구권 문제가 알려지면서 박정희 정권은 '6.3사태'로 불리는 학생들의 한·일협정 반대투쟁에 직면하였다. 1965년 2월 20일, 시이나 에쓰사부로(推名悅三郎) 일본 외상이 방한, "양국 간 오랜 역사 중 불행한 시간이 있었음은 참으로 유감스러운 일로써 깊이 반성한다"고 언급한 후 기본조약에 가조인하였다. 그러나 협정문에는 식민지배의 불법성을 인정하는 내용은 포함되지 않았다.

1965년 6월 22일 박정희 정권이 야당과 학생들의 반대에도 불구하고 졸속으로 체결한 '대한민국과 일본국 간의 기본관계에 관한 조약(이하 한 한·일기본조약으로 표기)'은 한·일 양국이 외교·영사관계를 개설하고, 1910년 8월 22일 및 그 이전에 대한제국과 일본제국 간에 체결된 모든 조약 및 협정이 무효임을 확인하며, 일본측은 한국정부를 한반도에서 유일한 합법정부로 인정한다는 것이 핵심내용이다. 기본조약과 더불어 부속협정인 ① 어업에 관한 협정, ② 재일교포의 법적 지위 및 대우에 관한 협정, ③ 재산 및 청구권에 관한 문제의 해결과 경제협력에 관한 협정, ④ 문화재 및 문화협력에 관한 협정도 체결되었다. 이 중에서 중요한 청구권협정은 일본이 3억 달러 무상자금과 2억 달러 장기저리 정부차관의 공여에 합의하는 내용이었다. 그러나 청구권협정은 식민지배 배상 청구가 아니라 샌프란시스코 조약 제4조 한·일 간 재정적, 민사적 채권 채무관계의 해결을 위한 것이어서 상당한 문제를 갖고 있었다. 협정의 해석과 인식에는 양국 간에 차이가 내재하는데, 강제징용 피해자 개인 청구권 포함 여부, 3억 달러 성격, 보상·배상 차이(일본은 배상금이 아닌 경제협력자금 내지 독립축하금 주장), 일본 기업의 배상 당위성 등이 바로 그것이다. 이는 한·일 간에 훗날 과거사와 독도 분쟁의 빌미가 되었다. 한·일기본조약은 군부쿠데타를 상쇄할 정당성을 경제성장에서 찾으려 했던 박정희 정권과 동아시아 냉전체제에서 반공산주의 군사협력이 필요했던 미국의 이해가 부합한 결과였다. 경쟁 열위에서 체결된 불평등 협정이었던 까닭에 청구권, 어업, 문화재 반환 문제서 일본측에 지나친 양보를 했고, 가해국과 전범기업에 면죄부를 주었다고 평가된다. 이후 한일관계와 동북아 국제질서는 한일

기본조약과 부속협정에 기반을 두고 전개되는데, 이를 '65년 체제'라 지칭한다. 이는 미국은 군사안보, 일본은 경제적 측면에서 한국을 후견하는 체제를 의미한다.

개발독재, 토건국가와 개발공사

1961년 5·16 군사쿠데타를 통해 집권한 박정희는 집권 기간 내내 물리력을 동원해 대단히 폭력적인 방식으로 정권을 유지했다. 독재자 박정희는 '경제 개발'을 목표로 내걸고 이를 명분으로 노동자와 농민, 학생, 야당을 억압하고 통제했다. 경제개발 자금을 마련하기 위해 한일국교정상화, 베트남 파병이 강행되었다. 군사독재체제인 유신체제는 대통령에 사전적 긴급조치권을 초헌법적으로 부여하였다. 시민권은 지켜지지 않았고 민주주의와 법치주의는 변질되었다. 1960년대 후반부터는 민족중흥, 민족문화, 국난극복사 등 다양한 '한국적인 것'이 발명되어 추진되었다. 앞 절에서 언급한대로 국가/민족주의에 입각해 국가 주도로 정치적 권위와 질서를 제공하고 경제성장과 국민통합을 추구하는 것을 개발독재라고 부른다.

박정희의 개발독재는 놀라운 고도성장을 구가했다. 정부 주도로 경제개발 및 자원 동원, 집행을 위한 전체 계획을 수립한 박정희 집권 동안의 경제성과는 가히 경제적이다. 쿠데타가 일어난 1961년 82달러이던 1인당 국민소득은 박 전 대통령이 사망한 1979년 1636달러로 20배로 불어났다. 수출은 4천만 달러에서 150억 달러로 급상승했다. 이 기간 한국의 연평균 성장률은 9.3%에 이르렀다. 이런 실적은 국제적으로 비교해보더라도 유례를 찾기 힘든 것이었다(https://www.hani.co.kr/arti/economy/economy_general/8056.html). 문제는 이러한 고도성장이 '이중의 착취'를 통해 이뤄졌다는 점이다. 첫째, 박정희의 개발독재는 '저임금-저곡가체계'로 불리는 노동자와 농민에 대한 폭넓은 착취체계를 통해 이루어졌다. 둘째, 그것은 자연을 마구잡이로 이용하고 파괴하는 착취체계를 통해 이루어졌다(홍성태 편, 2005: 14).

박정희 개발독재의 특징은 난개발과 부동산 투기를 조장하여 부동산 중산층을 양산하는 방식으로 경제성장을 추진했다는 점이다. 이 과정에서 핵심적 사회간접자본을 빠르게 대규모로 생산해 공급하기 위해 설립된 것이 각종 개발공사이다. 그 중에서 핵심적 사회간접자본을 공급하기 위해 설립된 여섯 개발공사의 역할이 두드러진다. 그 설립 시기를 보면, 한국전력공사(1961년 한국전기주식회사 발족), 대한주택공사(1962년 설립, 2008년 한국토지공사와 합병해 한국토지주택공사로 출범), 한국수자원공사(1967년 한국수자원개발공사 설립), 한국도로공사(1969년 설립), 농업기반공사(1970년 농업진흥공사 발족), 한국토지공사(1975년 토지금고로 출발, 2008년 대한주택공사와 합병해 한국토지주택공사로 출범)의 순으로 나타난다. 이 중에서 한국전력은 그 뿌리가 조선말인 1880년대로 거슬러 올라가며, 농업기반공사는 일제 때 처음 만들어진 수리조합으로 거슬러 올라간다. 그러나 두 공사가 개발공사로서 모습을 갖추게 된 것은 박정희의 개발독재 때이다. 개발공사는 제정된 법에 따라 개발사업을 추진한다는 형식을 취했지만 그 법의 내용은 개발공사가 일방적으로 사업을 밀어붙일 수 있도록 하면서 개발지역 주민의 권리를 극도로 억압하는 것이었다. 최고 권력자인 박정희가 국정목표를 제시하면, 마치 군사작전을 펼치듯이 개발공사는 일사불란하게 움직였다(홍성태 편, 2005: 15~17).

1972년 박정희 정권하에서 새로 수립된 도시기본계획은 개발공사가 주도하는 대규모 아파트단지 건설을 가능하게 했다. 그 일환으로 같은 해 주택건설촉진법이 공표되었는데, 이로 인해 주거단지 개발 절차가 유연해지고 용적률 300%의 5층 이상 주택 건설이 허용되었다. 한국수자원공사가 택지를 조성하고 공공기금과 AID차관으로 대한주택공사가 건설한 동부이촌동단지에 이어 1974년과 1977년에는 각각 반포와 잠실에 초대형 아파트단지가 건설되었다. 이 단지도 정부가 소유주로부터 토지를 매입해 택지로 개발한 후 대한주택공사에게 건설 책임을 부여했다. 한편, 압구정동에 현대가 건설한 아파트단지는 1970년대 대규모 아파트 건설에 민간기업이 참여한 대표적 사례이다(Valérie Gelézeau, 2007: 35~40). 이어서 1980년대에는 대형화되고 고층화된 건물에 대한 규제가 전반적으로 더욱 완화되었다. 아파트 지구 이외의 주거지역에 건물의 높이와 용적률을 제한하던 종래의 도시계획법이 바뀌면서 또 한 번의 도시 밀집화가 가능해졌다. 건설부는 1981년부터 1995년까지 15년간 주택 5백만 호 건설계획을 공포하기에 이르렀다. 이는 중동전쟁으로 사업침체를 겪고 있던 재벌 계열의 건설회사들에게 절호의 기회를 제공했다.[119] 1989년에는 서울도시개발공사가

119 공유수면 매립을 통한 택지 조성과 아파트단지 건설로 이들 민간기업은 엄청난 개발차익을 얻었다. 강남 건설의 과정과 그 특징은 한종수 외(2016), pp.49~90 참조. 한편, 급격한 통화팽창이 불러온 인플레이션, 하늘 높이 치솟는 물가상승률, 갑자기 몸집이 불어난 유동성 자금의 일부가 흘러 들어간 곳이 강남 지역에 솟아오르던 아파트단지들이었다. 특정 상류층에 국한되었던 아파트 투기도 그 특성과 규모 면에서 이전보다 훨씬 폭넓은 계층에서 이뤄지기 시작했다. 아파트의 평균 매매가는 가파른 상승곡선을 그렸고, 아파트에 투자했던 이들은 엄청난 시세차익을 거뒀다. 박해천은 이를 '아파트 게임'이라 칭한다. 박해천(2013), pp.22 ~61. 이는 박정희 정권이 내세운 새마을운동 "잘 살아보세"라는 표어처럼, 아파트를 사면 중산층이 될 수 있다는 신화, 즉, 아파트를 사고팔아 차익을 누리지 않으면 더 나은 삶으로 나아갈 수 없다는 '아파트 새마을 운동'과도 유사하다. https://www.hani.co.kr/arti/society/society_general/777892.html 투기의 먹이사슬과 부동산 계급에 대해서는 손낙구(2008), pp.74~77 참조.

창설되었는데, 이 기관은 서울시 토지 내의 주거지 개발과 더불어 일산, 분당, 평촌 등 서울 인근에 신도시 건설을 추진했다(Valérie Gelézeau, 2007: 42~43, 48~49).

박정희 정권의 강남 개발은 본격적으로 토건국가 체제가 형성된 계기였다. 한강 연안 곳곳에서 추진된 공유수면 매립 지구에서는 아파트 대단지가 건설되어 강남의 아파트 단지 건설 붐을 선도했다. 그 대표적 사례인 잠실지구는 개발 과정에서 유신시대 박정희식 개발의 특징이 뚜렷하게 드러난다. 택지 조성 과정에서 토지 소유자의 권리를 심각하게 침해하는 국가의 횡포가 있었고, 주택 건설 방식은 군사 직진식이었으며, 임대주택이 아닌 분양주택을 공급하여 지지층을 광범위하게 확보하려는 정치적 의도가 숨어 있었다(전강수, 2012: 9~38). 강남발 투기 열풍이 번지면서 전 국토가 투기장이 됐다. 헌법에도 명시된 '쾌적한 주거권'을 안정적으로 보장해야 하는 정부가 이를 돈벌이용 투기 수단으로 변질시킨 것이다. 한편, 박정희 정권 수뇌들은 투기를 통해 대선자금을 조성하였다. 당시 서울시가 강남의 대규모 주택단지 개발을 통해 생긴 막대한 차익은 청와대에 상납되어 1971년 대선 등의 정치자금으로 이용됐다. 이후 박정희 정권은 부동산 투기 억제로 정책을 바꿨으나, 그조차도 주거용 토지에 대해서는 세율이 낮았고 조세 중과 대상이었던 토지의 범위는 한정적이었다(https://www.hani.co.kr/arti/society/society_general/777892.html).

국가가 가장 강력하고 거대한 개발의 주체로서 역할을 하는 것을 개발국가라고 한다면 이러한 개발국가의 가장 타락한 형태가 바로 토건국가라 할 수 있다. 토건국가는 정경유착과 부패, 자연파괴라는 폐해를 갖고 있다. 각종 재벌은 계열 건설회사를 정경유착의 핵심고리로 이용하였는데, 공공연하게 이들 회사로 하여금 비자금을 관리하게 한 사례는 매우 많다. 개발국가는 각종 개발사업을 통해 일부 기업과 사람들에게 불로소득이라 할 막대한 개발이익을 얻게 만들었고 이를 통해 많은 사람들이 적극적으로 발전주의를 수용하도록 하였다. 여기서 알 수 있는 것처럼 토건개발국가는 발전주의와 밀접한 관련이 있다. 발전 혹은 개발은 사전적 의미로 더 낫고 좋은 상태나 더 높은 단계로 나아감을 의미한다. 즉, 발전은 정치, 경제, 사회 등 영역에서 바람직한 방향으로 사물의 상태뿐만 아니라 본질까지 변화하는 것을 의미한다.

찰머스 존슨(Chalmers Johnson)은 발전국가를 정치적 영향으로부터 차단된 중립적인 관료조직이 산업정책을 통해 적극적으로 경제성장과 발전을 추구하는 국가로 본다(Chalmers Johnson, 1999). 이는 일본을 모델로 한 동아시아 국가들의 괄목할만한 경제성장을 설명하는 데도 널리 사용되었다. 조명래는 한국의 개발국가가 이러한 발전국가의 일반적 특성에 더해 경제성장을 위해 국토환경에 심대한 영향을 줄 각종 개발사업을 끊임없이 기획·추진하는 데 정책의 우선순위를 두고 국정 전반을 이끌어 간다고 지적한다. 그런 점에서 한국의 개발주의는 경제성장을 지배적인 논리와 가치로 설정하는 반면 국토개발은 이로부터 철저히 분리해 경제적 가치 창출의 도구 내지 수단으로 설정하는 것으로 제도화되어 왔다고 한다. 여기서 보듯이 경제발전을 추구하는 국가 주도의 이념은 발전주의로, 그리고 국토개발을 경제적 가치 창출의 도구 내지 수단으로 취하는 이념은 개발주의로 칭하는 것이 타당하다.

조명래는 개발주의가 주류 발전론의 원리를 충실히 따르는 것이지만, 삶의 터전인 국토환경을 경제개발의 철저한 수단과 도구로 간주하고 있어 강한 반환경적 경향을 띤다고 지적한다. 그는 건설 활동을 둘러싸고 정치인, 관료, 전문가, 투자자, 기업가, 소비자들은 복잡한 먹이사슬을 만들고, 이를 통해 끊임없이 새로운 개발 프로젝트를 만들고 추진하는 가운데 스스로 '개발의 세력화'를 도모한다는 점을 강조한다(조명래 외, 2005: 16, 25~28). 최근에는 겉으로는 보전과 환경의 가치를 강조하면서 실제로는 개발을 더 부추기고 있는 현상인 신개발주의(neo-developmentalism)가 나타나고 있다. 신개발주의는 개발주의가 윤색·포장된 것으로 환경을 그 자체의 내재적 가치보다는 경제적 가치나 개발 이익을 창출하는 대상으로 간주하여 더욱 깊숙이 시장과 자본의 메커니즘으로 포섭함으로써 치명적인 자연 파괴와 환경오염을 초래한다(조명래 외, 2005: 38).

개발주의는 개별 국민들의 의식과 생활양식에도 깊이 영향을 미쳐, 이들을 부동산 투기에 나서거나 개발을 부추기는 정치인과 정당을 지지하도록 하고 있다. 기업가들뿐만 아니라 정치가들 역시 자연과 교감하거나 조화롭게 어울릴 수 있는 능력이 결여된 생태맹(生態盲)들이 다수를 차지하고 있다. 이런 까닭에 성장과 개발의 가치에 몰두하면서 사회불평등, 환경문제를 무시하는 것이 흔하게 목격된다. 나아가 정부와 기업이 실제로는 환경에 악영향을 끼치면서도 겉으로는 친환경 이미지를 내세우는 행위인 녹색분칠(greenwash)을 하기도 한다. 토건사업임이 분명한데 '21세기 미래형 선진일류국가를 지향하는 녹색성장을 위한 국가적 핵심정책'이라 강변하는 것이 그것이다. 이는 환경의식의 고조로 파급되는 효과에 대처하려는 정치전략이라고 할 수 있다.

토건국가에서는 토건업체와 개발공사, 정치권 사이에 유착관계가 형성되고 이 과정에서 지대추구(rent-seeking)가 빈번해질 수 있다. 국가가 각종 개발공사를 설립해 대규모 사회간접자본의 건설과 관리를 전담케 하고, 강력한 규제와 처벌, 촉진 권한을 갖고 있는 한국의 경우에 각 경제주체들은 정부의 제도나 정책에 따라 엄청난 이익을 얻을 수 있다. 비좁은 국토에 수도권에 인구와 자원이 집중된 한국에서 정부 주도의 대규모 토건사업은 엄청난 지대를 발생시킨다. 일본과 마찬가지로 한국에도 토건사업을 주도하는 정치인과 관료들에게 책임을 지울 수 없는 구조가 정착되어 있다는 점 역시 지대 추구행위를 촉진하는 요인이다. 토건국가에서는 수단과 방법을 가리지 않고서라도 지대추구행위가 성공한다면 예상되는 부의 이전도 크리라 전망되기 때문에 정부를 상대로 치열한 로비활동이 벌어지게 마련이다. 이 과정에서 정치권과 경제계의 '검은 거래'가 발생할 가능성이 매우 높다. 그러나 특혜적 제도나 정책에 따른 과다한 이득을 의미하는 지대에 접근하는 것은 학연, 지연, 혈연 등의 연고주의에 기댄 권력관계에 상응해 이뤄진다. 정부예산을 둘러싼 지대추구 활동에 대한 민주적 통제뿐만 아니라 한국 사회 전체의 민주화가 필요한 까닭이다.

사회 민주화의 걸림돌, 토건국가

이명박 정권이 추진한 각종 토건사업을 강하게 비판했던 당시 반대세력이었던 민주당도 막상 선거경쟁에서 이겨 정권을 잡자 토건사업을 이어갔다. 대표적인 사례가 2019년 1월 기획재정부가 발표한 23곳, 24조 원 규모의 예타 조사 면제 사업이다. 사업의 명분으로는 기업과 일자리의 수도권 집중이 지속되고 연구개발 투자 또한 수도권에 편중돼 지역경제의 활력이 저하되는 등 수도권과의 격차가 심화되고 있다는 점이 거론되었다. 그러나 반발도 만만치 않다. 철도·도로 등 대규모 토목사업이 주로 예타 면제로 선정됐고, 그 규모도 이명박 정권이 추진한 4대강 사업과 비슷하다는 점이 그것이다. 이러한 조치가 침체된 경기를 토건사업으로 부양 할 목적으로 추진하는 사업이며, 2020년 총선을 겨냥한 나눠먹기식 지역 선심 정책이고, 경제적 타당성이 부족한 사회간접자본(SOC) 사업의 무분별한 추진으로, 1990년대 '잃어버린 30년'에 빠져들었던 일본의 전철을 밟는 것이라는 비판도 나왔다.

거의 모든 지자체들도 지역경제를 살린다는 명분을 앞세워 철도·공항·도로 등 토건공사와 산업단지 유치, 대규모 관광개발에 사활을 걸고 있다. 그 과정에서 수요예측치가 부풀려진 토건사업은 넘치도록 많았다. 예를 들어, 전남 무안공항의 경우 애초 수요예측치에 비해 실제 이용객 비율은 5%에도 못 미치는 것으로 나타났다. 그럼에도 같은 호남권인 새만금국제공항이 사업에 포함되었다. 신공항은 총선과 대선 등을 앞두고 무분별하게 공약으로 발표된 것이 대부분이다. 문제는 대규모의 국세가 투입되는 사업임에도 불구하고 경제적 타당성 검토와 전문가들의 객관적 검증은 제대로 이뤄지지 않았다는 점이다. 전국 단위 광역교통망이 연결이 강화되는 추세에서 지방공항의 이용자가 급감하리라는 가능한 예상도 기획과정에서 반영되지 않았다.

예타는 그렇지 않아도 그동안 수요 예측이 부풀려진 경우가 많았는데 이제는 예타조차 지역균형 발전 등의 논리를 앞세워 생략한 것은 이런 사업이 단순히 고용창출과 경제성장 제고라는 경제논리 외에도 소외된 지역에 대한 보상과 선거경쟁 이용이라는 정치논리에 따른 것 이라는 의심을 자아내고 있다. 이것뿐만이 아니다. 여러 정권에서 추진된 각종 토건사업으로 인해 격심한 찬반 논란 및 사회적 갈등도 계속 이어지고 있다. 여기에 더해 지자체들도 도시계획을 과장하고 거짓 사업성 평가로 각종 사업을 추진하면서 예산 낭비를 하는 일이 발생하고 있다. 최소운영수입보장(MRG) 제도에 따라 민자사업자에게 막대한 돈을 물어주면서 지자체들이 신규사업을 못하거나 시민복지 지원금을 줄이는 사례도 흔하게 발견된다.

토건국가를 개혁하지 않고 한국 사회가 선진화를 이루는 불가능하다. 토건국가가 극성을 부리면서 나타난 참여와 소통을 배제한 밀어붙이기식 정책 집행과 국가운영, 계급 간, 지역 간 불평등의 확대, 녹색분칠로 위장한 환경 파괴, 부패와 독과점 체계의 고착화, 민주주의와 공공성의 후퇴 등 그 폐해는 이루 말할 수 없을 정도로 크고 많다. 토건 부문에 집중된 거대한 예산과 투자를 환경과 복지로 돌려 성장 잠재력을 재구축하는 것은 토건국가의 설득력 있는 대안이라 여겨진다. 그러나 토건국가 개혁이 바람직한 방향으로 추진되기 위해서는 무엇보다 단지 인간의 물질적 풍요를 위해 인간과 자연을 분리하여 자연을 지배하고 통제하는 서양의 기계적 자연관에 기초한 성장 패러다임에 대한 성찰이 선행될 필요가 있다. 그리고 토건국가 개혁을 위한 구체적 대안은 그 내용이 어떠하든지 간에 궁극적으로는 환경친화적 민주주의와 환경정의와 부합되어야 한다. 토건국가가 초래한 복합적 문제들을 다룰 수 있는 높은 반응성과 책임성은 결국 각종 자유와 권리가 보장된 민주적이고 개방된 사회에서 가능하기 때문이다. 정부나 기업의 활동을 감시하고 문제 해결을 촉구하는 시민사회 행위자들의 역할이 중요함은 말할 나위도 없다. 이와 아울러서 사회적 약자인 계층, 세대에 더 큰 비용과 부담을 야기하는 토건국가의 현실을 고려해 환경편익과 부담이 공평하게 배분되는 분배적 정의에 기초한 정책 대안이 모색되어야 한다.

17장.

'4대강 사업이 남긴 것들'
: 강한 물질주의와 선거경쟁의 정치

이명박 정권의 4대강 사업

한국의 역대 정권들은 예외 없이 토건사업을 공약으로 내걸고 추진했다. 문제는 제대로 된 평가 없이 국가예산을 투입해 추진한 대규모 토건사업이었다. 이는 특히 이명박 정권 시기에 두드러지게 나타났다. 이 시기에는 60조 3,109억 원 88개 사업에 이르는 공공 건축 및 토목 사업 등이 예비타당성조사(예타)를 받지 않고 추진되었고, 이 가운데 국방과 복지 사업 등을 뺀 토건 사업이 49조 원을 웃도는 것으로 나타났다. 이명박 정권은 '재해예방' 등에도 예타 면제를 허용하는 조치를 취한 후 4대강 사업과 '광역 발전 30대 선도프로젝트 사업' 등을 밀어붙였다. 이들 사업들은 비용(cost) 대비 편익(benefit)을 가리키는 비시(B/C)값이 0.4 안팎에 불과했다. 4대강 사업과 맞물려 추진된 2조 2,500억 원짜리 아라뱃길경인운하 사업의 경우엔 예타를 통과했지만, 경제성을 가늠하는 수요예측이 실제보다 크게 부풀려져 추진됐다. 운하의 물동량은 애초 수요예측치에 견줘 5%에 불과한 실정이다. 예타 면제 사업은 지역적으로도 편중되어 42%가 영남에서 이뤄졌다(<한겨레>, 2013년 10월 28일).

이명박 정권의 '4대강 살리기' 사업은 '한반도 대운하' 공사에서 비롯되었다. 2005년 당시 이명박 서울시장은 경부운하 건설계획을 발표했다. 그는 2007년 한나라당 대통령 후보로 선출된 후 경부운하에 호남운하, 새만금운하, 충청운하를 덧붙이고 이를 북한까지 연결하는 한반도 대운하를 대선공약으로 내걸었다. 대선 승리 후 이명박 정권은 한반도 대운하가 물류비를 1/3로 줄여 물류혁명을 이루고, 내륙에 물류단지와 공단을 개발하여 국토균형발전을 이루며, 중국 관광객을 대거 유치해 관광수입을 올리고, 일자리 30만 개를 창출해 국민소득 4만 달러를 달성할 '한반도 국운 융성의 길'이라고 내세웠다. 이 주장에 대해서는 한반도대운하가 경제성이 없고, 보와 갑문

건설로 인해 자연환경을 훼손한다는 비판이 대두되었다. 2008년 3월에는 전국 115개 대학 2,374명의 교수들로 구성된 '한반도 대운하를 반대하는 교수모임'이 출범했고, 국민의 70% 이상이 반대하는 것으로 나오는 여론조사 결과가 잇달아 발표되었다. 4월 총선에서 한나라당은 운하 공약을 뒤로 감추었지만 5월부터 시작된 촛불시위에서 한반도 대운하는 주된 쟁점으로 떠올랐다.

반대와 비판이 봇물을 이루자 당시 이명박 대통령은 2008년 6월 기자회견에서 "국민이 반대한다면 대운하를 추진하지 않겠다"고 밝혔다. 이후 한반도 대운하 사업은 '4대강 물길 잇기', '4대강 하천정비' 등으로 이름을 바꿔 불리다가 2008년 12월에 '4대강 살리기' 사업으로 재탄생하였다. 당시 한승수 총리는 착공식 치사를 통해 "4대강 살리기 사업은 단순한 건설공사가 아니라 경제를 살리고 균형발전을 촉진하며, 환경을 복원하고 문화를 꽃피우는 한국형 뉴딜사업"이라고 밝혔다(<한겨레>, 2008년 12월 29일). 2009년 10월에는 4대강 살리기 사업의 핵심사업인 보 건설공사가 본격적으로 착수되었다. 이 과정에서 타당성 조사와 환경영향평가협의 등 통상 몇 년이 소요되는 사업절차는 제대로 추진되지 않았다. 나중에 밝혀진 수자원공사 보고서에 따르면 정부는 4대강 사업에 대해 예비타당성조사·환경영향평가·문화재지표조사 등을 생략하기 위해 치밀하게 준비했다.

집권여당이 절대다수 의석을 차지하고 있던 국회에서 관련 법안을 서둘러 통과시킨 후 강행된 4대강 사업은 정치권뿐만 아니라 한국사회 전체에 상당한 논란을 초래했다. 이렇게 된 데에는 4대강 사업이 대다수 국민들의 식수공급원인 4대강을 대상으로 한 공사라는 점에서 많은 이들이 관심과 이해관계를 갖고 있기 때문이었다. 그럼에도 이를 추진하는 측에서는 설득력 있는 명분을 제시하고 제대로 된 공론과정을 거치지 않았다. 오히려 대통령과 정부는 추진과정에서 일방통행식 밀어붙이기로 일관하였다. 집권 여당 역시 이에 별다른 제동을 걸지 않고 청와대의 지시에 맹종하는 모습을 보였다. '통법부'와 '거수기'라는 비판이 제기된 것은 그 당연한 결과였다.

정치체제의 차이를 떠나 정당은 여론을 조직하고 통치권력과 정책결정자에게 대중의 요구를 전달한다. 무릇 정당이라면 이익을 표출(articulation)하고 집약(aggregation)하는 기능을 수행해야 한다. 즉, 국민 개개인이나 집단이 정치체제에 대한 요구를 표현하고, 이들에 의해 제기된 요구를 정책으로 결합하는 역할을 해야 한다. 이를 통해 정당은 다양한 사회적 갈등을 조정하고 완화하며, 민주적 경쟁의 제도화에 공헌하게 되는 것이다. 그러나 한반도 대운하와 4대강 살리기 사업을 둘러싸고 빚어진 사회적 논쟁과 갈등에 대해 한국의 정당들, 특히 집권여당은 별다른 역할을 수행하지 못했다. 4대강 사업에 대한 민심의 동향을 집약해 정책으로 연결시키려는 노력은 전혀 행해지지 않았다. 독선적인 토건정책에 대해서는 한 번도 제동을 걸지 않았다. 오직 여당 소속 의원들이 한 일이라고는 청와대가 일방적으로 추진하는 4대강과 종합편성채널(종편) 등의 정책에 수동적으로 동원되는 것뿐이었다. 이를 우리는 '동원된 정치'라 지칭할 수 있다. '동원된 정치'는 특히 대통령 소속 정당이 국회 내에서 다수의식을 자지힐 때 흔히 나타닌다.

이명박 정권 이전 정권에서는 먹는 물의 공급원을 하천에 의존하고 있는 점을 고려해 4대강 주변을 적극적으로 개발하거나 친수공간으로 활용하는 것을 억제하고 홍수예방 및 수질개선에 역점을 두어왔다. 4대강 사업에 대해 야당과 종교단체, 환경단체 등은 대선공약인 한반도대운하사업을 이름만 바꿔 추진하는 것으로 사전환경성검토, 문화재지표조사 등을 졸속으로 강행하면서 예산(정부발표로는 22조 원)을 낭비하고 생태계를 파괴하고 있다고 비판하고 나섰다. 4대강 사업에 대한 감사 역시 감사원이 이의신청을 한 당사자이자 피감기관인 국토부가 발주하도록 했으며, 다시 국토부는 용역을 4대강 사업 시공사에게 발주하고 용역결과는 2010년 12월 4대강 사업 예산이 날치기로 통과된 뒤인 2011년 1월에야 뒤늦게 제출되었다.

친정부노선을 고수하는 한기총(한국기독교총연합회) 등 일부 개신교를 제외한 천주교, 불교, 원불교, 개신교도 적극적으로 4대강 사업 반대운동을 펼쳤다. 이들은 강은 생명의 근원이며 인간의 삶과 역사·문화의 터전일 뿐만 아니라 이 땅의 후손들에게 물려주어야 할 살아 있는 자연유산으로 생명을 가진 강은 모든 종교에서 어머니와 같은 존재라며 4대강 사업으로 인해 뭇 생명들이 고통받고 신음하고 있다고 주장한다. 사업과정에서는 건설사들의 담합 논란이 벌어지고, 군대가 투입되었으며, 불도저와 포크레인으로 모래톱과 습지가 훼손되면서 희귀종을 포함한 다양한 동식물들이 떼죽음을 당했다. 준설과 보 설치로 홍수방지와 수질개선 효과도 기대하기 힘들며, 경제적 타당성도 없다는 지적도 연이어 제기되었다.

'세계습지네트워크' 크리스 로스트론 의장과 각 대륙별 대표 9명은 서한을 보내 물길 직선화와 강바닥 준설, 구조물 설치, 제방 보강을 특징으로 하는 4대강 사업의 중단을 요구했다. 이들은 유럽, 미국, 일본의 과거 사례를 토대로 "강에 대한 수많은 토목사업은 결국 홍수와 침식, 수질 악화, 생태계 변화, 생물다양성 감소를 가져올 것"이라고 지적했다. 세계 최대의 환경단체인 '지구의 벗(Friends of Earth)'은 2010년 10

월 23일 말레이시아 페낭에서 개최된 총회에서 4대강 사업 중단과 사업에 대한 재검증을 한국 정부에 촉구했다. 지구의 벗은 세계 주요 환경문제를 다룬 특별 결의문에서 4대강 사업이 강생태계를 대규모로 파괴하고, 16개의 보와 2개의 댐은 수질을 악화시키며, 공사 과정에서 식수원 오염이 우려된다고 경고했다. 또 한국인의 70%가 이 사업을 반대하고, 종교인과 지식인, 시민사회가 대대적인 반대 운동을 벌이고 있다는 점을 들며 4대강 사업의 중단을 촉구했다(<경향신문>, 2010년 10월 25일).

선 세계 습지 선문가들 역시 "4대강 사업의 핵심인 새로운 댐, 보의 건설과 준설은 결코 '복원'이라고 할 수 없고, 오히려 대대적인 생물다양성 손실과 환경 비용만 초래할 것이다"라는 주장을 개진했다. 세계적 과학저널인 사이언스(Science) 지는 2010년 3월 26일 "Restoration or Devastation"이란 제목의 4대강 사업에 관한 특집 기사를 실었다. 이 기사에서 지형학의 권위자인 UC 버클리 대학의 마티아스 콘돌프(G. Mathias Kondolf) 교수는 이 사업의 발상이 '하천 관리에 관한 시대에 뒤떨어진 사고방식(outdated thinking about watershed management)'을 반영하고 있다면서 유럽과 미국에서 개발계획을 세우는 사람들이 이제는 강들에 굽이쳐 흐르고 넘쳐흐를 수 있는 공간을 제공하는 데 역점을 둔다고 강조했다(Science, Vol.327, no.5973: 1568~1570). 외국의 많은 하천전문가들은 인공시설물을 최소화하고 강에게 원래의 공간을 돌려주는 것이 선진적인 하천관리 방식이라고 지적한다. 이런 흐름과는 정반대로 대규모 보 건설과 준설을 특징으로 하는 한국의 4대강 사업은 홍수 증가, 강물 및 지하수 수질 저하, 지하수위 변동에 따른 토지 침수 등의 위험을 내포하고 있었다.

2013년 7월에는 4대강 사업 추진과정에서 진행된 정부의 초법적인 행위와 업체의 비리와 담합 사실이 감사원이 발표한 '4대강 살리기 사업 설계·시공 일괄입찰 등 주요 계약 집행실태' 감사 결과로 밝혀졌다. 감사원에 따르면 국토부는 이명박 전 대통령의 대운하 중단 선언(2008년 6월) 이후인 2009년 2월 "사회적 여건 변화에 따라 운하가 재추진될 수도 있으니 이에 대한 대비가 필요하다"는 대통령실의 요청에 따라 대운하 재추진에 문제가 없도록 4대강 사업의 마스터플랜을 수립했다. 이에 따라 현대건설, 대우건설, 삼성물산, GS건설, 대림산업으로 구성된 경부운하 컨소시엄이 그대로 4대강 사업에 참여하는 바람에 대형 건설사들이 컨소시엄을 통해 낙찰 예정자를 사전 협의하는 등 손쉽게 담합을 저지를 수 있었던 것으로 감사원 감사결과 드러났다. 건설사들의 호텔 회동 등 담합 정황이 포착됐는데도 국토부는 별다른 제재 없이 2011년 말까지 준공하기 위해 사업비 4조 1천억 원 규모의 1차 턴키공사를 한꺼번에 발주해 담합을 사실상 방조한 것으로도 조사됐다. 특히 대운하 추진안을 고려하느라 당초 계획보다 보의 크기와 준설 규모를 확대함으로써 수심 유지를 위한 유지관리비 증가, 수질관리 곤란 등의 부작용이 우려된다고 감사원은 지적했다(<연합뉴스>, 2013년 7월 10일).

당시 이명박 대통령이 대운하를 추진하지 않겠다는 국민과의 약속을 깨고 4대강 사업을 대운하를 위한 위장 사업으로 지시한 문건도 공개됐다. 2013년 10월 2일 민주당 '4대강 불법비리 진상조사위원회' 소속 의원들이 공개한 국토교통부 비밀 내부문서에 따르면 이 전 대통령은 지난 2008년 12월 2일 청와대 집무실에서 "4대강 가장 깊은 곳의 수심이 5~6m가 되도록 굴착하라"고 지시했다. 당초 국가균형발전위원회에서는 4대강 수심을 2~3m 수준으로 굴착해야 한다는 보고를 했지만 이 전 대통령이 대운하 재추진을 위해 더 깊게 굴착하라는 지시를 내렸다. 감사원은 당시 이명박 대통령이 2008년 12월 2일과 이듬해 2월 16일에 걸쳐 4대강 사업구간 최소 수심은 3~4m, 최대 수심은 5~6m를 유지하라는 지시를 내렸다고 밝혔다. 이 전 대통령은 2009년 2월 16일에도 "하상준설(최소 수심)은 3~4m 수준으로 추진할 것"을 지시했다. 최소 수심 3~4m는 유람선이 다닐 수 있는 최소 수심으로, 사실상 대운하에서 선박이 다닐 수 있는 최소 수심을 유지하라는 지시를 내린 것으로 볼 수 있다는 주장이다. 또 문서에는 국토부가 4대강 사업 준설, 보 건설 계획을 수립하면서 뱃길복원, 선박운행 등 대운하 추진을 염두에 두고 있었던 내용이 담겨 있다. 이 전 대통령은 그럼에도 홍보 계획을 수립해 4대강이 대운하가 아니라는 메시지를 전달하게 했다고 민주당 측은 주장했다. 게다가 국토부는 4대강 사업이 실질적 수자원 확보 효과가 없고, 상수원으로 활용도 곤란하며 수질악화가 우려된다는 부작용을 이 전 대통령에게 보고한 것으로 나타났다(<세계일보>, 2013년 10월 2일).

샌드라 포스텔(Sandra Postel)과 브라이언 릭터(Brian Richter)는 <생명의 강(Rivers for Life)>에서 최근 약 100년 사이에 인류사회가 수행해 온 대대적인 하천개조의 결과, 하천은 지금까지 생명의 진화에서 수행해왔던 역할과 경제가 의존해왔던 생태계 서비스를 제대로 수행할 수 없게 되었다고 지적한다. 200여 년에 걸쳐 댐과 제방을 쌓고 하천의 직선화를 줄기차게 추진해온 미국이 20세기 말부터 환경에 끼치는 손실이나 안전상의 위험을 고려해 쌓았던 댐을 허물거나 수량 조절을 강과 강 자체의 수요에 맞추려는 대전환을 시작했다는 것이다. 그들은 하천 본래의 유황(일년 혹은 여러 해에 걸친 고수위와 저수위의 변동패턴)을 조사하여 유황이 생태계의 주요한 과정에 많은 영향을 미친다는 증거를 확보하였다. 인간에 의해 과도하게 관리되고 있는 하천을 복원시키기 위해서는 유황을 어느 정도까지 재현해야 한다. 미주리강 댐과 둑을 헐거나 댐, 저수지를 통한 수위 조절을 자연 상태에 가깝게 복원하고, 수만 헥타르의 사유지를 매입하고 공유지를 활용해 습지와 범람원을 복구시키는 것은 그런 체험적 사실 때문이라는 것이다(Sandra Postel & Brian Richter, 2009: 17~20).

4대강 사업이 남긴 것들

이명박 정권이 추진한 각종 토건사업을 강하게 비판했던 당시 반대세력이었던 민주당도 막상 선거경쟁에서 승리해 정권을 잡자 토건사업을 이어가 논란이 된 바 있다. 대표적인 사례가 2019년 1월 기획재정부가 발표했던 23곳, 24조 원 규모의 예타 조사 면제 사업이다. 사업의 명분으로는 기업과 일자리의 수도권 집중이 지속되고 연구개발 투자 또한 수도권에 편중돼 지역경제의 활력이 저하되는 등 수도권과의 격차가 심화되고 있다는 점이 거론되었다. 그러나 반발도 만만치 않게 제기됐다. 철도·도로 등 대규모 토목사업이 주로 예타 면제로 선정됐고, 그 규모도 이명박 정권이 추진한 4대강 사업과 비슷하다는 점이 밝혀졌다. 이 조치가 침체된 경기를 토건사업으로 부양할 목적으로 추진하는 사업이며, 2020년 총선을 겨냥한 나눠먹기식 지역 선심 정책이고, 경제적 타당성이 부족한 사회간접자본(SOC) 사업의 무분별한 추진으로, 1990년대 '잃어버린 10년'에 빠져들었던 일본의 전철을 밟는 것이라는 비판도 나왔다.

예타는 그렇지 않아도 그동안 수요 예측이 부풀려진 경우가 많았다. 거의 모든 지자체들도 지역경제를 살린다는 명분을 앞세워 철도·공항·도로 등 토건공사와 산업단지 유치, 대규모 관광개발에 사활을 걸고 나서고 있다. 그 과정에서 수요예측치가 부풀려진 토건사업은 넘치도록 많았다. 예를 들어, 전남 무안공항의 경우 애초 수요 예측치에 비해 실제 이용객 비율은 5%에도 못 미치는 것으로 나타났다. 그럼에도 같은 호남권인 새만금국제공항이 이 사업에 포함되었다. 신공항은 총선과 대선 등을 앞두고 무분별하게 공약으로 발표된 것이 대부분이다. 문제는 대규모의 국세가 투입되는 사업임에도 불구하고 경제적 타당성 검토와 전문가들의 객관적 검증은 이뤄지지 않았다는 점이다. 전국 단위 광역교통망이 연결이 강화되는 추세에서 지방 공항의 이용자가 급감하리라는 가능한 예상도 기획과정에서 반영되지 않았다.

그러던 것이 정권교체 후에도 예타를 지역균형 발전 등의 논리를 앞세워 생략한 것은 이 사업이 단순히 고용창출과 경제성장 제고라는 경제논리 외에도 소외된 지역에 대한 보상과 선거경쟁 이용이라는 정치논리에 따른 것이라는 의심을 자아냈다. 이것뿐만이 아니다. 여기에 더해 지자체들도 도시계획을 과장하고 거짓 사업성 평가로 각종 사업을 추진하면서 예산 낭비를 하는 일이 발생하고 있다. 최소운영수입 보장(MRG) 제도에 따라 민자사업자에게 막대한 돈을 물어주면서 지자체들이 신규사업을 못하거나 시민복지 지원금을 줄이는 사례도 흔하게 발견된다. 선거가 있을 때마다 각종 개발사업을 공약으로 내놓는 것은 여야가 그리 다르지 않다. 예를 들어, 2024년 4월 총선 당시 여당인 국민의힘은 총선의 키를 쥔 수도권을 겨냥해 철도·고속도로 지하화, 광역급행열차 도입을 선거공약으로 내걸었다. 여기에 당의 비대위원장이 추진하는 경기도 인접 도시(김포·구리·고양 등)의 서울 편입, 신도시 재개발·재건축 규제 완화도 있었다. 여기엔 교통·인프라 격차 해소라는 명분이 걸렸지만, 2008년 총선의 '뉴타운 열풍'처럼 주민들의 개발욕구를 자극해 표를 얻으려는 의도가 깔려 있었다 (<경향신문> 2024년 3월 14일).

4대강 사업은 윤석열 정부 들어와 이른바 '기후대응댐' 사업으로 이어졌다. 그 주요 내용은 다음과 같다. 2024년 7월 30일 환경부는 기후위기로 인한 극한 홍수와 가뭄, 국가전략산업의 용수 수요 등에 대비해 댐 14곳을 짓겠다고 발표했다. 기후대응댐 후보지(안)은 총 14곳으로, 다목적댐 3곳, 홍수조절댐 7곳, 용수전용댐 4곳이다. 권역별로는 한강권역 4곳, 낙동강권역 6곳, 금강권역 1곳, 영산강·섬진강권역 3곳이다. 다목적댐을 추진하는 것은 14년 만이고, 전국 곳곳에 여러 개 댐을 추진하는 것은 2001년 이후 20년 만이다. 환경부는 이 댐들을 '기후위기 대응댐'이라고 이름 붙였다. 환경부는 "극한 홍수와 가뭄, 그리고 미래 용수 수요 증가에 대비하기 위해 지난해 5월부터 유역별로 홍수의 위험성과 물 부족량 등을 과학적 데이터에 기반하여 평가한 후 국가 차원에서 추진할 필요가 있는 기후대응댐 후보지(안)을 도출하였다"면서 "지방자치단체에서도 홍수 방어 등을 위해 적극적으로 기후대응댐 건설을 건의해 옴에 따라 댐별로 적정성을 면밀히 검토하였고 필요한 댐들은 후보지(안)에 반영하였다"고 밝혔다. 환경부는 또 "기후대응댐을 통해 댐별로 한 번에 80~220mm의 비가 오더라도 이를 수용할 수 있는 홍수 방어 능력을 확보할 수 있다"면서 "기후대응댐을 통해 새롭게 공급되는 물은 연간 2.5억톤으로, 이는 220만 명의 시민이 사용할 수 있는 규모이며, 이를 활용하여 극한 가뭄과 국가 전략산업 등 새로운 물 수요에 적극 대응할 계획"이라고 밝혔다(https://n.news.naver.com/article/047/0002441519?cds=news_edit).

하지만 환경단체들은 환경부의 발표를 규탄하는 성명을 발표하면서 적극 반발하고 있다. 세종보에서 환경부의 수문재가동 중단과 물정책 정상화를 촉구하며 100여 일 가까이 농성을 하고 있는 '보철거를위한금강낙동강영산강시민행동'(87개 시민사회단체 연대체)은 성명을 통해 "물정책에 관한한, 최악의 정부다. 윤석열 정부의 무지와 무능함으로 인해 우리나라의 물정책은 나락으로 빠져들고 있다"면서 다음과 같이 비판을 가했다. "환경부는 신규댐 후보지 14곳을 발표하면서, '기후대응댐'으로 소개했다. 작년과 올해의 강우 피해 사례를 들먹여 국민들을 겁박하면서, 기후위기 대응을 핑계로 우리 국토에 제2의 4대강사업을 진행하겠다는 심산이다. 이는, 윤석열 정부 2년 동안 물정책의 실패를 자백하는 것에 불과하다. 윤석열 정부는 홍수를 대비한다면서 전국의 지류 지천에서 준설을 강행했지만, 비 피해가 줄기는커녕 매번 지적됐던 막무가내식 준설의 무용함만이 입증됐다. 댐 추가 건설은 홍수 원인에 대한 진정성 있는 반성에서 시작된 것이 아니라, 책임 회피와 분위기 전환용 꼼수에 불과하다."

녹색연합은 '환경부의 무능함을 자임하는 기후대응댐 후보지 발표를 규탄한다' 제하의 성명을 통해 "결론적으로 평하자면 이번 발표는 기후위기 대응과 적응을 핑계로 4대강 사업을 정당화하고 이를 중심에 둔 물 관리 정책으로 회귀하겠다는 선언"이라고 비판했다. 녹색연합은 우선 "환경부가 14곳 댐을 기후대응댐으로 명명하면서 유의미한 과학적 논거들을 완전히 생략했다"면서 이같이 밝혔다. "과학적 데이터를 기반으로 후보지를 도출했다고 적시하고 있지만, 그 평가 기준과 준거들이 없다. 하물며 주요 댐 후보지를 설명자료로 내놓으면서 저수용량에 따른 예상 물 공급량 같은 기본적인 예측 수치만 붙였다. 해당 지역에 필요 용수량이 얼마나 필요하고 부족량이 어느 정도인지 그리고 고질적인 가뭄지역과 해당지역의 상관관계가 어떠한지도 개연적 설명이 부족하다. 무엇보다 다목적 댐이라고 구분해 놓고 홍수에 어떻게 해당 댐이 대응할지에 대한 과학적 설명이 없다." 환경운동연합도 '15년 만의 신규 댐 건설 발표, 관성적 토건주의에서 벗어나지 못한 환경부의 기후문맹적 발상' 제하의 성명을 발표했다. 환경운동연합은 환경부의 신규 댐 건설 후보지 발표에 대해 "기후위기를 볼모로 하여 토건 산업을 살리기 위한, 관성적 토건주의에서 벗어나지 못한 기후문맹적 발상을 그대로 답습하는 것으로밖에는 보이지 않는다"면서 다음과 같이 지적했다.

"환경부가 댐 신설의 효과로 가장 먼저 언급한 홍수 방어 능력은 홍수 피해 발생 원인의 진단부터 잘못되었다. 환경부는 댐 신설의 필요성을 강조하며 전국의 수해 피해가 마치 그간 댐을 짓지 않았기 때문인 것처럼 표현했지만, 최근 발생한 대부분의 수해 피해 사례는 제방의 관리 부실과 과도한 하천 공간 활용, 내수 배제 불량이 원인이었다. 또한 신규 댐의 총저수용량을 보더라도 홍수 방어에는 턱없이 부족하다. 환경부가 스스로 밝히듯 저수량 수백만 톤 규모, 하루 약 200mm 강우 수용 수준의 홍수 방어용 댐은 기후위기 시대에 큰 의미를 갖기 어렵다. 예측하기 어려운 폭우 발생이 잦은 상황에서 300mm 이상의 폭우가 내린다면 환경부가 계획한 댐들은 오히려 저수용량을 감당하지 못하는 또 다른 재앙으로 다가올 수 있다... 환경부는 기후위기 대응을 위해 댐을 짓겠다고 주장하지만, 환경부의 계획 속에는 기후위기로 인해 가속화되는 생물다양성 붕괴 위기에 대한 이해가 없다...이번 환경부의 계획에 포함된 수입천댐의 상류는 환경부 지정 멸종위기 야생생물 2급인 열목어의 국내 최대 서식지로, 수입천댐이 지어질 경우 수몰되어 서식처를 온전히 유지하기 어려울 위기에 처할 것이다"(https://n.news.naver.com/article/047/0002441519?cds=news_edit).

이러한 사례는 4대강 사업으로 대표되는 토건국가의 유산이 지금까지도 청산되지 않고 계속 이어지고 있음을 잘 보여준다. 정부는 극한 홍수와 가뭄, 그리고 미래 용수 수요 증가에 대비하기 위해 유역별로 홍수의 위험성과 물 부족량 등을 과학적 데이터에 기반하여 평가한 후 국가 차원에서 추진할 필요가 있는 기후대응댐 후보지(안)을 도출하였다고 주장한다. 과연 그럴까? 댐 설치가 기후 대응을 위한 조치일까? 토건공사는 다량의 시멘트를 필요로 한다. 각종 토건공사에서는 시멘트에 자갈과 모래, 물, 혼화재를 섞은 콘크리트를 건물, 교량, 도로 등의 건축 구조물의 주요 재료로 사용한다. 이는 강도와 내구성, 유연성, 비용 효율성, 불연성, 재활용 가능성 등에서 매우 뛰어난 건축재료이지만 동시에 제조과정에서 생성되는 시멘트와 거의 같은 양의 이산화탄소가 배출되는 단점이 있다. 시멘트 1톤을 생산할 때 이산화탄소는 약 0.8~1톤이 배출된다. 시멘트 생산은 화학적 반응과 연료 연소 과정에서 상당한 양의 이산화탄소를 배출한다. 즉, 시멘트 제조의 주요 원료인 석회석(CaCO3)은 고온에서 분해되어 산화칼슘(CaO)과 이산화탄소를 생성하는데, 이 과정에서 발생하는 이산화탄소는 전체 배출량의 약 50-60%를 차지한다. 그리고 시멘트 제조 공정에서 필요한 고온을 유지하기 위해 석탄, 천연가스, 석유 등의 화석 연료가 사용되는데, 이 연료의 연소 과정에서 발생하는 이산화탄소는 전체 배출량의 약 40-50%를 차지한다. 한국시멘트협회는 2022년 말 기준 국내 시멘트사의 누적 생산량이 20억 톤을 넘었다고 밝힌 바 있다(https://www.h2news.kr/news/articleView.html?idxno=12587). 시멘트 제조과정은 전 세계 이산화탄소 배출량의 약 8% 정도를 차지한다고 추정되고 있다. 그런 까닭에 콘크리트는 대표적인 '기후 악당'의 하나라고도 불린다.[120]

이러한 '기후위기 대응댐' 건설 계획은 법적·절차적 근거가 없고 효과도 미미할 것이라는 의견이 많다. 과학적 근거 제시도 없이 대규모 생태파괴가 불 보듯 한 토건 사업을 정부가 추진하는 것이다. 이는 문재인 정부 시절 여러 부처가 나누어 갖고 있던 수량, 수질, 재해 관리 기능을 환경부에 몰아서 일원화한 이후 환경부가 전통적으로 해왔던 환경과 생태를 보존하는 역할에서 개발하고 파괴하는 쪽으로 나가고 있음을 보여주는 사례이기도 하다. 환경부는 '국가 주도 댐 건설 중단'을 선언했다가 '14개 댐 건설 선언'을 한다거나 4대강 재자연화를 추진하다 정부가 바뀌자 이를 폐기하는 이해 못할 행태를 보이고 있다.

이들 시민사회 단체에서는 기후변화로 수온이 날로 뜨거워지는 시대에 녹조를 대량으로 발생시키는 댐을 만드는 것은 매우 부적절한 정책이라고 비판한다. 녹조는 이상 증식한 부유성 단세포 녹조류가 하천 표면을 뒤덮으면서 수중에서의 태양빛을 차단하게 되어 다세포 조류의 광합성을 크게 방해하는 현상이다. 이러한 녹조는 4대강 사업으로 설치된 보에 물을 가둬놓으면서 매년 폭염이 이어질 때 대량으로 발생하고 있다. 예를 들어, 2024년 7월 31일 대구환경운동연합과 안동환경운동연합, 낙동강네트워크 등은 안동댐과 영주댐에서 채수한 사료를 분석한 결과 안동댐에서 남조류 세포수가 ㎖당 110만 개, 영주댐에서 190만 개가 넘어 조류경보상 대발생에 해당된다며 위험성을 경고했다. 무더위가 기승을 부리기 때문에 녹조는 더욱 심각해질 수밖에 없고, 주민들은 더욱 위험한 상황에 놓일 수밖에 없기 때문에 주민 대피가 필요하다고 촉구했다. 이날 회견에서도 "세계적으로 많은 나라에서 ml당 10만 셀을 넘어가면 레저 활동과 물가에 가지 못 하도록 하고 있다"며 "안동시와 정부 당국은 녹조발생 일주일이 지났는데도 아무런 조치를 하지 않고 있다. 댐의 녹조 상황을 직시하고 시민들의 안전을 위한 조치를 촉구한다"고 강조했다. 이어서 녹조 독이 에어로졸 상태로 떠다

---

120 콘크리트는 이산화탄소를 흡수해 가두는 정반대의 성질도 갖고 있다. 이 과정은 탄산화(carbonation)라고 불리며, 콘크리트의 주요 성분인 시멘트가 공기 중의 이산화탄소와 반응하여 탄산칼슘(CaCO3)을 형성하는 화학 반응이다. 이 과정은 콘크리트의 수명 동안 천천히 진행된다. 이런 성질을 활용하면 콘크리트가 자연환경에 미치는 영향을 줄일 수 있다. 일부 건설사와 원자재 업체들이 저탄소 콘크리트를 개발하여 시장에 공급하고 있지만 가격 경쟁력이 그리 높지 않아 널리 사용되지 못하고 있는 실정이다.

니면서 일상적으로 마시는 공기 속에 포함돼 댐 주변에 사는 사람들과 방문자들은 흡입하게 될 가능성이 높아 댐 방문을 즉시 금지시켜 줄 것을 요구했다(<오마이뉴스>, 2024년 8월 6일). 여기서 알 수 있듯이 심각한 녹조로 인해 전국의 대부분 댐은 식수원은 물론이고 농업용수와 생공용수로도 쓰지 못할 상황이 되고 있다. 4대강 사업 이후 하천 생태계에 심각한 문제가 생기고 있는 것이다.

기후위기 대응댐 계획이 최상위 물관리 계획인 국가물관리기본계획의 범위 내에서 수립되었어야 하는데 그렇지 않았다는 비판도 제기되었다. 국가물관리기본계획은 2030년 최대 가뭄 기준 물 부족량을 연간 6백 6십만 톤 정도로 제시하고 있는데, 14개 댐으로 확보하겠다는 수자원은 무려 2.5억 톤으로 42배나 된다. 국가물관리기본계획은 정밀한 지역별 물 수지 분석을 통해 확립된 것인데 이것과 맞지 않는 수자원을 확보하겠다는 것은 논리상 타당하지도 않고 물관리기본법을 위반하는 행위라는 것이다. 물관리기본계획의 범위를 벗어나는 새로운 정책을 수립하기 위해서는 공론화 과정을 거쳐서 정책 타당성을 검토한 뒤 국가물관리위원회에 심의·의결을 요청하여야 하는데 이를 지키지 않았다는 것이다. 그리고 이번에 건설 계획이 발표된 댐들은 실효성이 매우 낮다는 평가도 존재한다. 댐은 저수용량이 커야 물공급량도 많고, 갑작스런 홍수로 불어난 물을 담아놓을 공간도 확보할 수 있다. 그런데 환경부가 건설 예정이라고 발표한 14개 댐의 저수용량을 다 합쳐도 3.2억 톤이라는 것이다. 이러한 토건공사의 남발은 여전히 정부의 대책이 댐을 건설하거나 아니면 강바닥을 준설하는 식의 타성적인 수준에 머물러 있음을 나타낸다. 환경부가 본래의 가치를 스스로 무시하고 토목 세력의 욕망을 받쳐주는 역할을 하고 있는 것이다(https://n.news.naver.com/article/607/0000002102?cds=news_edit).

토건국가의 문제점은 국제적인 평가에서도 드러나고 있다. 미국 예일대 환경법 및 정책센터에서 공개한 2024년 국가별 환경성과지수(Environmental Performance Index, EPI) 순위에서 한국은 180개국 중에서 57위를 차지했다. 2024년 평가는 기후변화와 생태계 건강성 등 3개 분야, 11개 환경 이슈에 대해 58개 성과 지표를 사용해서 각국이 주요 환경 문제를 얼마나 잘 해결하고 있느냐를 평가했는데 한국은 51점(100점 만점)을 얻었고, 1위는 에스토니아로 75.3점을 얻었다. 3개 분야별 평가 중에서 첫 번째 기후변화 분야에서 한국은 58위(47점)를 차지했다. 기후변화 분야에서는 기후변화 완화라는 1개 이슈를 11개 지표를 사용해 평가했다. 두 번째 환경보건 분야에서는 4개 이슈를 13개 지표로 평가했는데, 한국은 45위(57.9점)를 차지했다. 미세먼지·오존 오염도 등의 지표로 평가한 대기질 이슈에서 한국은 76위(44.5점)에 그쳤다. 위생과 음용수 이슈에서는 21위(91.1점)으로 비교적 좋은 평가를 받았다. 이에 비해, 생태계 활력도 분야에서는 6개 이슈를 34개 지표로 평가했는데, 한국은 전체 88위(49.9점)를 차지, 다른 두 분야에 비해 낮은 평가를 받았다. 특히, 생물다양성과 서식지 이슈에서는 한국은 140위(32.8점)에 머물렀다(https://www.esgeconomy.com/news/articleView.html?idxno=6738).

이런 조사 결과는 취임 이후 줄곧 '원전 최강국' 기조로 핵 산업 부흥에 매진하고 있고, 개발제한구역(그린벨트)의 대규모 해제를 시사하며 이로 인해 지역 경제가 살아날 것이라고 주장하고 있는 정부의 퇴행적 환경정책으로 말미암은 것이다. 윤석열 정부는 신규 핵발전소 건설계획을 백지화하기는커녕 수명이 다해가는 노후 핵발전소의 수명 연장을 추진하였고, 후쿠시마 방사성 오염수 해양 투기가 계속 진행되는 동안 침묵과 무능으로 일관했다. 일상으로 다가온 기후재난 속에서도 온실가스 감축이라는 시대적 소명을 달성하기 위해 노력하기보다 오히려 재생에너지 목표를 축소하였다. 온실가스 최대 배출원인 석탄발전소 폐쇄와 전환과정에서 발생하는 사회적 문제해결에 대한 의지도 찾아볼 수 없었다. 지난 환경정책을 되돌아보고 잘못을 시정하고 시대적 소명에 맞춰 새로운 전환을 모색해야 하지만 오히려 원전 생태계를 복원했다는 등 자화자찬만 늘어놓았다.[121] 기후위기와 기후정의는 시민들, 특히 사회적 취약계층의 삶의 질과 밀접히 연결된 너무나 중요한 문제이다. 이를 제대로 돌보지 않고 대비를 게을리할 때 우리 사회가 치를 대가는 이로 가늠할 수 없을 정도로 막대할 것이다.

'기후 악당'으로까지 불리는 한국에서 환경오염과 생태계 파괴는 더욱 심화되고 있다. 이는 환경을 단지 경제적 가치나 개발 이익을 창출하는 대상으로 간주하고 이를 상품화하는 각종 토건사업을 벌인 결과이기도 하다. 토건국가를 개혁하지 않고 한국 사회가 선진화를 이루는 불가능하다. 토건국가가 극성을 부리면서 나타난 참여와 소통을 배제한 밀어붙이기식 정책 집행과 국가 운영, 계급 간, 지역 간 불평등의 확대, 녹색분칠로 위장한 환경파괴, 부패와 독과점 체계의 고착화, 민주주의와 공공성의 후퇴 등 그 폐해는 이루 말할 수 없을 정도로 크고 많다. 토건 부문에 집중된 거대한 예산과 투자를 환경과 복지로 돌려 성장 잠재력을 재구축하는 것은 토건국가의 설득력 있는 대안이라 여겨진다.

---

121 이러한 평가는 대표적으로 https://kfem.or.kr/environment/?idx=21736354&bmode=view에서 확인할 수 있다.

그러나 토건국가 개혁이 바람직한 방향으로 추진되기 위해서는 무엇보다 단지 인간의 물질적 풍요를 위해 인간과 자연을 분리하여 자연을 지배하고 통제하는 서양의 기계적 자연관에 기초한 성장 패러다임에 대한 성찰이 먼저 이뤄질 필요가 있다. 그리고 토건국가 개혁을 위한 구체적 대안은 그 내용이 어떠하든지 간에 궁극적으로는 환경친화적 민주주의와 환경정의와 부합되어야 한다. 토건국가가 초래한 복합적 문제들을 다룰 수 있는 높은 반응성과 책임성은 결국 각종 자유와 권리가 보장된 민주적이고 개방된 사회에서 가능하기 때문이다. 정부나 기업의 활동을 감시하고 문제 해결을 촉구하는 시민사회 행위자들의 역할이 중요함은 말할 나위도 없다. 이와 아울러서 사회적 약자인 계층, 세대에 더 큰 비용과 부담을 야기시키는 토건국가의 현실을 고려해 환경편익과 부담이 공평하게 배분되는 분배적 정의에 기초한 정책 방안 역시 모색될 필요가 있다.

계급에 반하는 투표와 개발공약

다음으로 살펴볼 주제는 집합적 투표의 결과 수립되고 시행되는 환경파괴정책이 어떤 것이 있고, 그 특징은 무엇인가이다. 유권자들이 대표자나 공직자를 선출하는 절차인 '선거'는 투표라는 유권자들의 선택행위를 통해 진행된다. 한국에서는 선거 때마다 거의 모든 정당이 기후 관련 다양한 공약을 내걸지만 막상 선거 이후에도 이 주제에 관심을 갖고 지속적으로 공약을 지키려 애쓰는 정치가나 정당들은 매우 드물다. 이와 관련하여 한 시민사회운동가는 진정성과 전문성을 갖고 공약을 이행할 '기후정치인'과 능동적인 '기후유권자'가 필요하다며 다음과 같이 지적하고 있는데, 공감되는 바가 적지 않다.

"최근 '기후총선' '기후투표' 이야기가 많이 나오고 있지만 그 핵심에 '기후정치인'이 있다. 정당마다 선거 때면 다양한 공약을 내세우지만, 진정성과 전문성을 갖고 이들 공약을 이행할 정치인이 없다면 기후 문제 해결은 요원하다...더 많은 기후정치인이 국회에 진출하는 것이 중요하다. 또 기후총선에서 놓치지 말아야 할 것은 '진짜를 찾아내는 일'이다. 그동안 정치권의 기후공약은 '그린워싱'이라는 비판을 받아왔다. 앞에선 기후위기를 말하지만 다른 한편에선 국제공항·고속도로 건설 같은 대규모 토건 공사를 공약하고, 온실가스를 줄이기 위해 석탄화력발전소 폐쇄가 시급한데도 탈

석탄법은 국회에서 논의조차 되지 못했다. '원전 최강국 건설을 통한 탄소중립' 공약처럼 또 다른 환경파괴를 낳는 에너지정책을 걸러내는 일 역시 중요하다. 이 과정에서 기후정치인만큼이나 중요한 역할을 해야 하는 이들이 '기후유권자'이다. 지금까지 유권자는 정당과 후보자가 차려놓은 공약에 찬성 혹은 반대를 보내는 역할만 해왔다. 하지만 인류 최대의 위기라는 기후위기 앞에서 이런 수동적인 역할은 말이 되지 않는다"(https://www.khan.co.kr/opinion/contribution/article/202403042043005).

기후선거와 기후유권자 관련해서는 녹색전환연구소와 더가능연구소, 로컬에너지랩이 결성한 '기후정치바람'이 2023년 12월 전국의 시민 1만 7,000여명을 대상으로 진행한 설문조사결과를 참조할 수 있다. 이 조사는 전국 17개 시도에 각 1,000명씩 총1만 7,000명에게 170개가 넘는 문항의 질문을 한 것인데, 각 시도별 1,000명을 국회의원 선거구와 최대한 가깝게 블록을 나누어 구성한 까닭에 누가 기후유권자인지, 과연 기후를 기준으로 투표를 할 건지, 또 구체적으로 어떤 기후 공약에 반응하는지를 알게 해주는 데서 그 의의가 있는 것이었다. 조사결과를 보면 우선 용어의 인지도에서는 ESG를 아는 사람은 40%가 안 되었고, RE100에 대해서는 약 30% 정도만 알고 있었다. 다음으로 여러 가지 한국 사회의 도전 과제 중에 어떤 것이 중요하냐고 했을 때 기후위기는 저출산, 고령화 다음으로 순위가 높았다. '기후대응 공약이 마음에 드는 후보에게 투표하겠는가?'라는 질문에는 60% 정도가 '평소의 정치적 견해와 다르더라도 투표를 진지하게 고려하겠다'고 답변했다. '얼마나 심각하게 생각하는가?'라는 민감도와 함께 인지도, 그리고 투표의향을 함께 물은 결과 투표성향은 60% 정도이고 그 중에서 인지도와 민감도를 더 따져보면 3분의 1 정도가 기후유권자라고 부를 수 있는 그룹이었다(기후정치바람, 2024: 107~108, 113~114).

여기서 기후유권자는 기후의제에 대해 알고, 민감하게 반응하며, 기후의제를 중심으로 투표를 고려하는 유권자를 의미하고, 그 조작적 정의는 기후정보지수 3.8점 이상, 기후민감도 지수 25.6점 이상, 기후투표(정당) 의향을 가진 유권자를 가리킨다. 눈에 띄는 결과는 2030 남성 중에서 기후대응이 당장의 일자리에 미칠 악영향을 걱정하는 경우가 많았고, 에너지 자립도에 연동하는 전력차등 요금제에 대해서는 수도권보다 비수도권이 찬성이 높았다는 점이다. 당장 산업과 일자리가 취약한 지방에서는 반기후 산업이라도 유치하기를 원하는 것으로 나타났다(기후정치바람, 2024: 63~65, 107~108).

이 주제와 관련하여 우리가 주목할 필요가 있는 키워드는 '계급 투표'와 '계급에 반하는 투표'이다. 계급 투표 혹은 계급에 반하는 투표란 무엇이고, 이는 환경파괴정책과 어떤 관련성이 있을까? 이에 대해 알아보기 위해서는 우선 투표란 무엇이고 정치적으로 어떤 의미가 있는지 살펴볼 필요가 있다. 투표는 개인이나 집단이 특정 사안에 대해 찬성이나 반대 등의 의사표시를 하는 것을 의미한다. 투표에는 다양한 유형이 존재한다. 그중에서 정치적으로 중요한 것은 유권자들이 대표자나 공직자를 선출하는 절차인 '선거'로, 이는 투표라는 유권자들의 선택행위를 통해 진행된다. 다수 유권자의 투표 결과에 의해 정책결정 권한을 가진 후보자가 선출되고, 정통성을 지닌 정부가 구성된다는 점에서 선거는 유권자와 정부를 연결해주는 대의제 민주주의의 핵심적인 제도이기도 하다. 투표와 관련해 학자들이 특히 관심을 갖고, 여전히 논쟁의 대상으로 삼으려는 것은 "누가, 왜, 어떻게 투표하는가?"라는 문제, 즉 투표행태이다. 유권자들의 투표행태를 둘러싸고는 다양한 이론이 경합한다(전용주 외, 2009: 14~20). 가장 선구적인 연구는 미국 컬럼비아 대학교의 폴 라자스펠드(Paul F. Lazarsfeld)와 동료들이 행한 사회학적 접근법이다. 이들은 유권자의 선호가 그들이 속한 사회집단이나 사회적 네트워크에 의해 영향을 받는다고 주장하였다.

전국의 유권자들을 대상으로 투표선택의 이유를 분석한 미시간 대학교의 앵거스 캠벨(Angus Campbell)과 동료들은 사회심리학적 접근법을 동원해 유권자들이 정당에 대한 귀속감, 쟁점에 대한 태도, 후보자에 대한 태도에 따라 투표를 한다고 밝혔다. 이들은 이 세 가지 태도를 연결해주는 개념인 정당일체감(party identification)이 후보나 정책을 선택하는 데 가장 큰 영향을 미친다고 하였다. 이밖에도 정당, 후보자, 정책 등에 대해 합리적 수준의 정보를 가진 유권자들이 자신의 투표결과가 가져올 혜택과 비용을 계산한다는 합리적 선택 이론(rational choice theory), 투표 결정을 위한 판단의 '인지 지도'나 '인지 지름길' 같은 기준을 강조하는 인지심리학(cognitive psychology) 이론, 인간의 개별적 행동을 제약하고 집합적 행동을 만들어내는 정치제도를 중시하는 신제도주의(new institutionalism) 등이 대두하였다.

이 중에서 합리적 선택이론은 정당의 이념, 정책, 공약, 쟁점, 후보자에 대해 충분한 수준의 정보를 지닌 유권자가 자신의 투표결과가 가져올 혜택과 비용에 대한 평가에 근거해 투표를 하는 경향이 있다고 주장한다. 경제학자인 앤서니 다운스(Anthony Downs)의 영향을 받은 합리적 선택이론은 인지심리학 이론이나 신제도주의에 의해 비판을 받았지만 같은 경제학자인 브라이언 캐플란(Bryan Caplan)에 의해서도 비판을 받았다. 캐플란은 유권자들이 무지보다도 더 나쁜 상태에 있다고 하면서, 유권자들이 비합리적인 선택을 하는 배경에는 네 가지 편향성이 있다고 지적한다. 첫째, 일반 대중들은 민간의 이윤추구행위가 공공의 이익을 어떻게 가져다주는지에 대해 전혀 이해하지 못하는 성향이 있다. 둘째, 일반 대중들은 외국과의 교역이나 교류가 가져다주는 혜택에 대해 과소평가하는 성향이 있다. 셋째, 일반 대중들은 경제적 번영을 생산이 아니라 고용과 동일시하는 성향이 있다. 넷째, 일반 대중들은 앞으로의 경제사정이 현재보다 더 나빠질 것이라는 성향을 갖고 있다. 캐플란은 유권자들의 비합리성으로 인해 일종의 공유자원인 민주주의는 사회적으로 해를 끼치는 정책들을 생산한다면서 이를 시장으로 대체하여야 한다고 주장한다(Bryan Caplan, 2008: 2~7, 368~376). 민주주의에 대한 부정적 견해와 대안으로서의 시장 주장은 쉽사리 동의하기가 어렵다. 그러나 일반 대중들이 항상 합리적 투표를 하지 않는 경우가 많으며, 이런 현상에는 다양한 배경이 있다는 캐플란의 주장은 설득력이 크다.

한국인들의 투표행태에 대해서도 그동안 다양한 연구가 행해졌다. 1987년 민주주의로의 이행이 시작되기 전 권위주의 통치시기에 유권자들의 투표행태는 '여촌야도(與村野都)'나 '민주 대 반민주'라는 균열구조를 중심으로 설명되었다. 1987년 이후에는 지역주의가 추가되었고, 최근에는 세대와 이념, 가치 등이 선거에 미치는 영향이 새로운 연구주제로 부상했다. 그러나 앞에서 언급한 서구의 맥락에서 만들어진 투표행태에 관한 이론들을 역사적 맥락과 정치·사회·문화적 조건을 달리하는 한국에 그대로 적용하는 것은 한계가 있다. 물론 압축적 산업화가 초래한 사회균열과 세계화의 압력, 정보화로 인한 변화와 같은 요인은 서구와 그리 다르지 않다고 평가된다. 그러나 한국적 특수성이 함께 고려되어야 한다. 분단상황에서 비롯된 협소한 이념적 스펙트럼, 봉건적 유교국가와 식민지 경험과 관련된 권위주의 정치문화, 밖으로부터 이식되고 위로부터 부과된 불완전한 정치제도는 서구의 그것과 다르다.

예를 들어, 대통령제하에서는 승자독식의 원칙이 적용되어 대통령 일인에게 대부분의 권력이 집중되며, 대통령제의 핵심인 행정부, 사법부, 입법부 간의 견제와 균형이 제대로 이뤄지지 못하고 있다. 정당은 사회적 균열과 갈등을 조정하고 다양한 계층, 지역들의 요구를 취합하여 정책에 반영하는 역할을 제대로 수행하지 못하고 있다. 여전히 개인적 이해관계와 지도자에 따른 이합집산을 하는 등 낮은 제도화 수준을 보여준다. 민주적 사회관계에 영향을 미치는 가치체계인 민주주의 문화 역시 허약하다. 권위주의, 집단주의 문화가 잔존하고 시장주의가 득세하는 실정이다. 이런 한국적 특수성은 유권자들로 하여금 계급에 근거하는 투표를 가로막는 요인이 되고 있다.

이런 점에서 보면 한국인들의 투표행태와 관련하여 관심을 끄는 현상은 '계급[122]에 반하는 투표'라 할 수 있다. 예를 들어, 가난한 유권자들이 부자감세와 노동시장 유연화를 추진하는 정치인과 정당을 지지하고 투표하는 것을 주변에서 우리는 흔히 목격한다. 최근에는 이와 상반되게 소득수준이 높은 일부 유권자들이 진보성향의 정당을 지지하는 현상도 나타나고 있다. 또 다른 한편으로는 각종 선거에서 여러 정당 후보에게 나누어 투표하는 분할투표(split ticket voting)도 늘어나고 있다. 이런 투표성향은 정당으로 하여금 지지자와 유리된 정책을 채택하게 하고 민주주의의 이름으로 민주주의에 반하는 정책을 추진하게 하고, 정치적 무관심과 혐오, 유권자들의 정치적 퇴장을 조장할 수 있다는 점에서 주목되는 현상이다.

이론적으로 계급에 반하는 투표 현상은 노동계급의 계급의식 보수화를 설명하는 분석틀로도 설명할 수 있다. 노동계급의 계급의식 보수화를 설명하는 이론에는 계급 구성 접근법과 물적 조건 접근법이 있다. 첫째, 계급 구성 접근법은 자본주의 발달과 함께 산업구조와 생산방식이 변화하게 되면서 노동계급 내에서 상대적으로 계급의식이 높은 노동자들이 집중되어 있는 부문이 쇠퇴하는 반면에 계급의식이 낮은 노동자들이 집중되어 있는 부문이 성장한다고 본다. 마르크스 이론의 준거가 되었던 전통적 프롤레타리아(traditional proletariat)는 주로 비숙련 육체노동자들로서 높은 계급의식을 지녔지만, 산업화의 진전과 함께 상대적으로 쇠퇴의 길을 걷게 되었고, 새롭게 등장하고 성장하는 부문의 노동자들은 상대적으로 자본계급에 대한 적대성과 노동계급 내 연대성의 경험이 약하여 계급의식 수준이 상대적으로 낮다는 것이다.

그 이유에 대해서 계급형상(class imagery) 이론은 전통적 프롤레타리아는 작업장과 공동체에서 자본계급에 의한 지배관계와 착취관계를 직접적으로 경험 함으로써 자본계급과 노동계급의 대립구도로 사회관계를 이해하는 계급모형(class model)을 지닌다고 한다. 반면에 성장 부문의 노동계급은 상대적으로 높은 숙련을 지니고 일정한 정도 직무수행과 관련된 자율성과 권한을 행사하며 그에 따른 차별적 보상을 받게 되면서 사회구성원들이 지위와 소비수준의 등급에 따라 분류되는 지위모형(status

---

122 여기서 계급(class)은 단지 생산수단에 대한 공통된 관계를 공유하는 집단이라기보다는 근대화가 초래한 사회의 분화과정에서 형성된, 유사한 지위, 소득, 문화를 가진 개인들의 대규모 집단이라는 느슨하고 포괄적인 의미로 사용했다. 스테판 에젤은 신마르크스주의와 신베버주의의 계급이론을 혼합해 계급군을 대재산 소유자인 지배계급, 소재산과 조직적, 문화적 자산에 기반을 둔 이질적이고 팽창하는 중간계급, 육체노동력을 팔며 어느 정도 국가에 의존하는 종속계급의 셋으로 구분하였다. Stephen Edgell(2001), pp.86-121.

model) 혹은 금전모형(money model)으로 사회를 보게 되어 계급의식이 발달하기 어렵다는 것이다(조돈문, 2011: 306~310).

둘째, 물적 조건 접근법은 노동자들의 물질적 조건의 개선이 노동계급 계급의식 발달에 부정적 영향을 미친다고 한다. 여기에는 '부르주아화론(embourgeoisiement)'과 '풍요노동자론(affluent worker)'이 있다. '부르주아화론'은 칼 마르크스가 지적하였다. 그는 1848년의 혁명적 투쟁이 유럽 대륙을 휩쓸었지만 1850년대 들어 농업 위기가 극복되고 산업발달로 노동자들의 물적 조건이 크게 개선되면서 노동자들의 계급의식이 하락하고 혁명투쟁 발발 가능성이 약화되었다고 분석하였다. 부르주아화론은 2차 대전 이후 선진자본주의 국가들이 안정적 경제성장을 구가하던 시기에 실질임금이 상승하면서 노동자들은 경제, 사회, 정치, 문화적으로 중간계급에 동화되었다는 점을 강조한다(조돈문, 2011: 310~312).

반면에 '풍요노동자론'은 노동자들의 임금수준이 전국 평균보다 훨씬 높아서 상대적으로 풍요로운 생활을 즐기더라도 중간계급의 세계관을 받아들이는 것은 아니라고 한다. 그 대표적인 것이 존 골드쏘프(John H. Goldthorpe)와 데이비드 로크우드(David Lockwood) 등이 행한 1950년대와 1960년대 초에 영국 의 루톤(Luton)시에 거주하는 고임금을 받는 육체노동자들의 정치적 태도와 행동에 대한 사례 연구인 <풍요 노동자>이다. 당시에 널리 받아들여지던 학자들의 견해와는 달리 영국의 다른 도시보다 더 많은 경제성장의 혜택을 받은 루톤의 노동자들이 중간계급의 사회적 삶에는 동화되지 않고 있다는 점을 이들은 현지조사를 통해 밝혀냈다. 물질적 풍요에도 불구하고 대부분 노동자들은 노동계급의 '부르주아화론'과는 상반되게 노동당에 대한 충실한 지지자로 남았다는 것이다(John H. Goldthorpe et al., 1968). 노동자들의 생활수준 향상보다는 사회구성원 들의 상대적 불평등 수준이 중요하다고 보는 견해에 따르면 사회적 개방성과 계급이동 가능성이 낮은 사회일수록 사회적으로 배제된 집단들은 시장기회 증대에도 불구하고 박탈감과 소외감을 심하게 느낀다고 한다. 이러한 이론은 노동계급의 거의 모든 부문에 걸쳐 보수화가 전개되고 있는 한국에서도 적용해볼 수 있다.

이러다보니 각종 선거에서는 유권자들, 특히 중상위계층의 부를 증진시켜줄 온갖 개발공약이 무수히 쏟아지고 있다. 개중에는 수십조 원이 드는 사업도 즐비하고 환경영향평가와 예비타당성도 통과하기 어려운 설익은 정책이 분명한데도 무리하게 내건 것도 적지 않다. 2024년 4월 총선을 앞두고 격전지로 분류된 선거구일수록 각종 지역개발정책이 발표됐다. "동서 6축 고속도로의 마지막 구간인 ○○ 고속도로가 제대로 추진되도록 하겠다"거나 "2조 6천억 원을 투입하여 독일의 아우토반과 같은 초고속도로 건설을 추진할 것이다", "서울과 부산, 대구, 대전 등 주요 도시 경부선과 광주선 지상 구간까지도 지하화하겠다"라는 정책과 공약이 서둘러 발표되었다(http://manifesto.or.kr/?p=9785). 자원 배분의 우선순위를 따진 다음에 여러 가지 중장기적인 플랜을 세워서 사회인프라가 건설되어야 하는데, 그런 과정 없이 오직 유권자들의 자산을 증식시킬 수 있는 개발공약이 여야 가리지 않고 나온 것이었다. 자신을 중산층이라고 생각하는 사람들의 비율이 유독 높은 국가인 한국에서는 이들의 욕망을 자극하는 방식의 정치가 너무나 당연시되고 있다. 주택재개발로 들어선다는 신축 브랜드 아파트, 대형 쇼핑센터, 광역급행철도 등의 이슈 아래서 재개발로 쫓겨나는 원주민들의 삶, 파괴되는 자연환경, 사회불평등의 심화와 같은 문제는 별반 부각되지 않고 묻히는 일이 비일비재하다. 자세히 들여다보면 이들 개발공약으로 생긴다는 이익이 자신의 계급이익과는 별 상관이 없는데도 개발을 부추기는 정당과 정치인들을 지지하는 유권자가 꽤 많다. 사정이 이러다보니 개발공약을 통해 지지를 이끌어내고 정치적 정당성을 구축하려는 시도는 대한민국에서 거의 모든 정치인들이 준봉하는 '마법의 부적'이 되었다.

한국 사회에 깊이 뿌리 내린 물질주의 가치

환경문제가 심각하고 이로 인한 피해가 분명함에도 지역 주민 대다수가 이에 반대하지 않는 경우도 있다. 이들은 탄소 중립을 위한 공약보다는 공항과 고속도로 건설 같은 대규모 토건 공사 공약을 내놓은 정당과 후보를 선호한다. 대표적인 사례가 좁은 국토와 낮은 항공 수요를 고려하지 않고 우후죽순격으로 건설되고 있는 공항들이다. 이들은 해당 지역 정치인들이 지역 숙원 사업이라는 명분을 내세운 것들인데, 대부분 예비 타당성 조사를 면제받고 건설되다 보니 상당수의 지방공항들이 적자를 기록하고 있다. 심지어 활주로 이용률이 1% 안팎에 불과한 공항도 다섯이나 있다. 이들 공항을 허브공항으로 삼는 저비용항공사(LCC) 수도 미국과 더불어 세계 1위이다. 저비용항공사는 기체 결함에 따른 결항·운항지연 등의 사례가 잦은데 그 이유는 저비용항공사가 대형항공사(FSC)에 비해 운항시간이 더 길고 정비 비용은 낮기 때문이다. 그런데도 건설 중이거나 신규 건설을 추진하는 공항이 군공항·사설공항을 제외하고도 추가로 10곳에 달한다(https://www.joongang.co.kr/article/25305197). 이러다 보니 온실가스를 줄이기 위해 석탄화력발전소 폐쇄가 시급한데도 탈석탄법은 국회에서 논의조차 되지 못했다. 앞에서 언급한 것처럼 '원전 최강국 건설을 통한 탄소중립' 공약처럼 또 다른 환경파괴를 낳는 에너지정책에 대해서도 별다른 반대가 없다. 왜 이렇게 됐을까? 이는 한국에서 탈물질주의보다 물질주의적 가치관을 강하게 지닌 유권자들의 수가 더 많은 데서 그 이유를 찾을 수 있다.

투표와 같은 집합적 행동을 설명하는 데 있어 탈물질주의 이론은 일부 유권자들의 행태를 근내사회를 주도하는 물질주의적 가치에 정면으로 도전하는 탈물질주의적 가치를 가진 것으로 평가하는 것이다. 미국의 정치학자인 로널드 잉글하트(Ronald Inglehart)는 세대 간 가치 변화 가설에 입각해 작성한 '유럽의 조용한 혁명(The Silent Revolution in Europe)'에 대한 논문에서 후기 산업 사회의 대중이 경제적, 물리적 안정과 같은 물질주의적 목표에 최우선 순위를 두는 것에서 점점 더 자기표현과 삶의 질에 중점을 두는 것으로 변화하고 있다고 주장했다. 역사를 통틀어 대부분의 사람들에게 생존은 불안정했고, 그들은 생존의 필요성에 최우선 순위를 두어야 했지만 선진 산업 사회에서 전후 시대의 경제적 기적과 복지 국가의 출현은 전후 세대의 많은 사람들이 생존을 당연하게 여기며 성장하는 상황을 낳았다는 것이다. 이들은 소속감, 자기표현, 선택의 자유와 같은 탈물질주의적 가치에 점점 더 높은 우선순위를 둔다고 잉글하트는 주장하였다. 사람들의 기본적 가치는 하룻밤 사이에 바뀌지 않기 때문에 1차 세계 대전, 대공황, 2차 세계 대전의 불안정을 경험한 사람들은 계속해서 물질주의적 가치를 강조할 것이지만, 전후 세대는 점차 탈물질주의적 가치로 변화할 것이라고 하였다(Ronald Inglehart, 1971, 991~1017; Ronald Inglehart, 1977: 262~267). 일반적으로 탈물질주의자로 분류되는 사람들은 민주주의, 소수자 보호, 인권 존중, 환경보전 등의 이슈에 대해 민감한 까닭에 이들 가치를 중시하는 사회운동과 정당의 주된 지지기반이 된다.

2017년 발간된 <한국 사회, 어디로?>에 실린 장덕진의 '데이터로 본 한국인의 가치관 변동'은 경험적 연구자료를 갖고 잉글하트의 탈물질주의 이론을 검증한 논문이다. 이 논문에 따르면 1인당 국내총생산(GDP)이 증대되면 가치관이 역동적으로 변해서 조금 더 세속적으로, 그리고 조금 더 자기표현에 능동적인 형태로 나아간다는 잉글하트의 주장과는 다르게 한국은 세속합리성은 높으나 자기표현적 가치가 낮은 상태를 계속 유지한 특이한 사례라고 한다. 잉글하트를 따라서 각국의 탈물질주의자 비율을 비교해본 결과 미국, 일본 등 다른 선진국들은 45% 수준인데 반해 한국은 14% 수준에 그쳤다. 저자는 그 원인을 전쟁의 경험, 이념적 대립, 정치나 제도에 대한 낮은 신뢰 같은 것들이 쌓여서 만들어낸 불안에서 찾았다. 이에 대해 저자는 다음과 같이 말한다.

"왜 한국에서는 환경보호, 관용, 평등, 참여, 인권 같은 가치에 대한 지지가 늘어나지 않는 것일까? 물론 전쟁의 경험을 빼놓을 수 없다. 탈물질주의적 가치의 대척점에 있는 물질주의적 가치는 성장과 안보를 무엇보다 강조한다. 한국은 끔찍한 전쟁을 겪었을 뿐 아니라 아직도 북한이라는 위험천만한 군사력과 대치상태에 있다. 그러니 안보를 우선시하는 경향이 강한 것은 이해가 된다. 다른 한편으로는 '한강의 기적'을 얻은 대신 치러야 할 대가일 수도 있다...빠른 성장은 필연적으로 거품을 동반하는데, 한국의 경우 이 거품은 자산의 80%를 차지하는 부동산으로 주로 몰려있다. 성장이 둔화된다는 것은 거품이 꺼진다는 것이고, 거품이 꺼지면 자산의 80%인 부동산이 주저앉는다. 한국인들은 그것이 거품이든 무엇이든 계속해서 성장해야 할 이유를 가지고 있는 것이다. 성장은 안보와 더불어 물질주의적 가치의 핵심축이다"(장덕진, 2017: 310~311).

<표> 5개국 물질주의자 대 탈물질주의자 비교

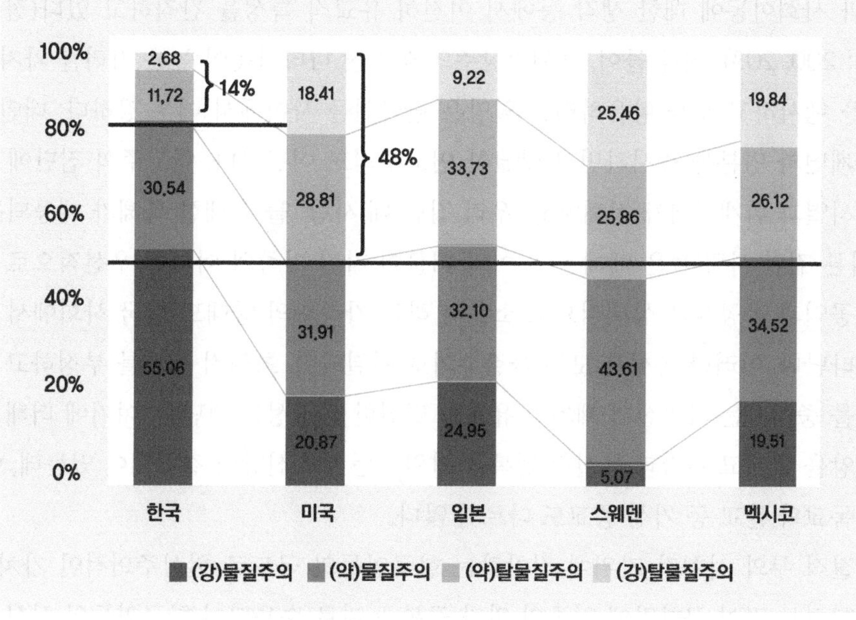

출처: 장덕진(2017), p.309.

위에서 살펴본 대로 한국전쟁과 경제성장의 경험이 한국 사회에 물질주의적 가치가 깊이 뿌리내리는데 지대한 영향을 미쳤다고 할 수 있다. 그러나 역사적으로 거슬러 올라가면 한반도가 갖고 있는 지리적이고 지형학적 특징에서 발원하는 한국인들의 특징도 언급될 수 있다. 한반도는 그리 넓지 않은 국토에 평야는 적고 대부분이 산지인 척박한 곳이다. 그런 곳에서 우리의 선조들은 밭이나 논을 갈아 농사를 지으면서 삶을 영위해왔다. 이러한 농경문화의 특징은 집약적인 노동력이 필요한데서 공동체 내의 상호관계를 중시하는 규범을 발전시켰지만 동시에 경쟁을 강화하고 세속석 가치를 우선시하는 태도도 확산시켰다. 오래 생존하고 더 안정적인 삶을 누리기 위해서는 이웃보다 더 많은 물질적 부와 사회적 지위를 소유해야 한다는 극도로 현실주의적인 태도가 자리 잡았고, 이는 각종 전쟁과 재난을 겪으면서 더욱 강고해졌다.

적지 않은 비율의 한국인들이 여전히 유교적 가치를 중시하고 이를 삶 속에서 지키려하는 것 역시 한국사회에 물질주의자가 많은 이유로 거론된다. 동북아 국가들 중에서 내 삶이 유교적 가치와 관련되어있다고 생각하는 사람들의 비율은 한국이 가장 높다. 유교적 전통과 관습은 가정과 학교의 일상생활에서 보이지 않는 방식으로 여전히 힘을 발휘하고 있다. 한국사회가 20세기 들어서 표면적으로는 근본적인 변동을 겪었음에도 불구하고 한국인들은 정치적·사회적 권위에 대한 태도, 대인관계의 방식, 교육열과 사회이동에 대한 생각 등에서 여전히 유교적 특성을 간직하고 있다(정수복, 2007: 200, 203). 예를 들어, 출세지상주의에서 잘 나타나듯이 높은 자리를 차지해서 권력을 행사하고 부를 향유하려는 열망은 한국인들 사이에서 매우 강하다. 대인관계에서 체면과 명분을 중시하면서 발달한 연고주의도 여전하다. 연고주의 집단에 들어가면 서열과 위계질서가 정해지고 '우리 집단 내 사람' 들에 대한 특혜가 제공되는 반면 '다른 집단 사람'들은 배제된다. 이와 더불어 자기 가족의 이익을 우선적으로 추구하고 공익과 공공성은 상대적으로 소홀히 하는 가족주의 양태도 한국 사회에서 뚜렷이 나타난다. 이러한 특성은 모두 물질주의로 귀결되며, 초월적 세계를 부정하고 현세적 삶을 중시하는 가치신념 체계인 유교와 밀접한 상관성을 지닌다. 여기에 더해 현실의 재앙을 없애고 건강과 물질적 행복을 기원하는 무속신앙이 결합되어 있는데, 이 점은 기독교와 불교 등 기성 종교도 다르지 않다.

물질적 부와 사회적 지위에 집착하는 한국인들의 극도로 현실주의적인 가치관과 잘 부합하는 것이 구한말에 일종의 위기 극복 논리로 수용되어 한국인들의 심성 깊이 자리 잡은 사회진화론(social darwinism)이다. 사회진화론의 창시자는 허버트 스펜서

(Herbert Spenser)이다. 그는 다윈의 진화론을 범우주적인 법칙으로 확대할 수 있다고 보았고, 사회도 적자생존의 원칙에 적용된다고 보았다. 생물이 진화하면서 몸의 기능이 분화하거나 통합하는 것처럼, 사회도 발전하면서 그 기능이 분화하거나 통합한다는 것이다. 이는 당연하게도 진화의 목표에 도달한(혹은 근접해 있는) 개체 혹은 집단이 그렇지 못한 이들에 비해 우월하다는 관념으로 연결되었다. 바로 적자생존과 약육강식의 논리였다. 스펜서는 사회진화론의 원동력을 경쟁이라고 했다. 사회에서 모든 성원들은 생존경쟁을 하는데, 이 과정에서 오직 최적자만이 살아남는다는 것이다(최적자생존(survival of the fittest). 그는 지적열패자(the inferior intelligence)가 도태되는 것은 생물계에서의 자연도태와 다름없는 것이라고 하였다. 스펜서의 이론은 당시 자본주의가 발달된 영국 사회에서 자본가들의 이기심과 무한 자본축적 행위를 정당화시켜주는 이론으로 주목을 끌었다.[123]

구한말에 유길준과 신채호, 박은식 등에 의해 일종의 위기 극복 논리로 수용된 사회진화론은 대한제국이 일제의 식민지로 전락한 후 변용을 겪게 된다. 민족개조론, 일선동화론, 내선일체론이 바로 그 변종이었고, 장지연, 최남선, 이광수 등이 그 대표자였다. 이들은 식민지로 전락한 조선의 현실에 절망하고 아시아 국가 중에서 강대국이 된 유일한 국가인 일본을 찬양하고 나섰다. 약육강식 논리를 수용하고 일본과의 공영을 내세우면서 파쇼 일본의 정책에 협력하였고, 백인종에 대항하는 황인종의 단결을 주장하였다. 변용된 식민지의 사회진화론은 해방 후 남한 보수지배세력의 정신적 토대를 형성하게 된다. 그들에게 공동체는 별로 중요하지 않았다. 제국주의의 식민지배 논리인 사회진화론이 급속히 확산되면서 이를 내재화한 보수세력은 단지 인간의 자기보존 본능과 이기주의를 미화하는 데만 관심을 쏟았다. 공동체가 간직해 온 가치를 우선시하고 관계적 의무와 책임을 중시하며 때로는 불가피한 현실에 대해 타협적인 자세를 보이는 전통적 보수는 한국에서 굴절되고 변형되었다(홍익표, 2019: 191~195). 사회진화론은 지난 세기 말의 금융외환위기로 본격적으로 유입되고 확산된 신자유주의와 결합해 한국 사회에 더욱 위력을 발휘하고 있는데 이는 일종의 변형된 사회진화

---

123 스펜서의 사회진화론은 진화론을 자의적으로 해석해 무리하게 사회 분석에 적용시킨 데서 한계가 분명하다. 사회란 다양한 행위자들 간에 수직적, 수평적으로 복잡하게 관계가 얽혀 있는 공간이란 점에서 보면 사회진화론처럼 단순히 힘을 통한 지배 - 피지배 관계로 사회를 해석하는 것은 너무 일방적이고 단순하다. 사회에 대한 관계적이고 구조적인 사고가 결핍되어 있는 사회진화론은 그러나 최근 인류 역사에는 적지 않은 영향을 미쳤다. 사회진화론은 다윈의 조국인 영국보다 후발 자본주의 국가인 미국에서 더욱 각광을 받았다. 사회적 진화론이 자유방임주의와 경쟁의 중요성을 부각시킨 이론이라 해석되었기 때문이다.

론이라고 부를 수 있다. 이는 자본가들이 앞장서 유포했지만 압축적 근대화 과정과 신자유주의의 확산 과정에서 경쟁으로 내몰린 대중들도 이를 내면화하였다. 국가도 노골적으로 이를 강제하였다. 일반 대중들에게 널리 퍼진 각자도생(各自圖生)의 사고와 능력주의가 바로 그것이다.

능력주의는 능력대로 공정하게 보상받는다는 것을 신봉하는 것을 의미한다. 이에 대해서는 여러 학자들이 비판적으로 분석한 바 있다. 대니얼 마코비치(Daniel Markovits)는 <엘리트 세습(The Meritocracy Trap)>에서 능력주의는 거짓이며 불평등의 원인이라고 지적한다. 현대 엘리트는 값비싼 교육을 통해 인적 자본을 축적하고 이를 대물림하는데서 능력주의는 엘리트 신분제를 양성하는 신카스트 제도라는 것이다. 예를 들어, 탁월한 교육의 특권은 부유한 학생들이 누리고, 윤택한 직업의 특권은 교육 수준이 높은 노동자들이 누린다. 여기서 좋은 교육과 좋은 직업이라는 두 가지 특권은 서로를 뒷받침하고 같이 성장한다(Daniel Markovits, 2020: 439). 이러한 능력주의는 결국 부패를 유발하고 불평등을 확대하는데 기여한다는 것이 마코비치 주장의 요지이다. 마이클 샌델(Michael J. Sandel)은 <공정하다는 착각(The Tyranny of Merit)>에서 능력에 상당한 지분을 가진 단어인 재능은 내 노력이 아니라 행운의 결과이고, 내 재능을 후하게 보상하는 사회에 산다는 것도 역시 우연의 산물이라는 점을 강조한다. 능력에서 비롯된 혜택을 온전히 누릴 자격이 있다는 판단은 실수이자 자만이며, 이 오만은 공동체에 필수적인 사회적 연대감을 약하게 만들고 불평등을 정당화한다는 것이다. 마코비치처럼 샌델은 능력주의가 사회적 불평등을 심화시키고 계층이동을 어렵게 한다고 주장한다. 능력주의 사회에서는 성공이 개인의 능력과 노력의 결과로 간주되며, 자신의 성공을 당연하게 여기고, 자신의 실패를 개인의 책임으로 돌리게 한다고 한다. 사회적 연대와 공동체 의식을 약화시키는 것이 능력주의라는 것이다. 능력주의는 교육시스템에도 부정적인 영향을 미치는데, 샌델은 현대의 교육 시스템이 능력주의적 가치에 따라 학생들을 평가하고 분류하며, 이는 학생들에게 지나친 경쟁과 스트레스를 유발한다고 말한다.[124]

---

124 능력주의의 어두운 면은 무엇이며, 능력주의는 과연 정의로운가에 대해서는 Michael J. Sandel(2020), pp.190~199. 샌델은 책의 결론에서 다음을 강조한다. "좋은 사회를 만들기 위해서는 기회의 평등과 결과의 평등보다는 조건의 평등이 필요하다. 이는 막대한 부를 쌓거나 빛나는 자리에 앉지 못한 사람들도 고상하고 존엄한 삶을 살도록 한다. 그것은 사회적 존경을 받는 일에서 역량을 계발하고 발휘하며, 널리 보급된 학습문화를 공유하고, 동료시민들과 공적 문제에 대해 숙의하는 것 등으로 이루어진다. 민주주의는 서로 다른 삶의 영역에서 온 시민들이 서로 공동의 공간과 공공장소에서 만날 것을 요구한다. 이로써 우리는 우리의 다른 의견에 관해 타협하며 우리의 다름과 함께 더 불어 살아가는 법을 배울 수 있다." Michael J. Sandel(2020), pp.348~349.

이는 한국의 현실에도 그대로 적용할 수 있다. 박권일은 <한국의 능력주의>에서 한국 사회의 능력주의가 갖는 문제점을 지적하며, 능력주의가 사회적 불평등을 해소하기보다는 오히려 심화시키고, 개인의 정신 건강과 사회적 연대감을 약화시킬 수 있다고 비판한다. 이러한 능력주의를 신봉하는 사람들은 탈물질주의자보다 물질주의자일 가능성이 높다. 그에 따르면 한국의 능력주의는 다음과 같은 특징을 갖는다. 첫째, 시험을 통한 지대추구의 정당화이다. 한국은 지위와 권한의 상당수가 공개경쟁시험 결과에 따라 결정된다는 점에서, 지위와 권한이 실질적 기여나 업적에 따라 조정되는 다른 나라와 확연히 구별된다. 여기서 문제는 모든 지대추구가 아니라 승자독식과 부익부 빈익빈을 낳는 지대추구이다. 그리고 문제는 모든 시험이 아니라 고시와 같은 지대추구적 시험이다. 대표적으로, 대학 진학 이후의 학습잠재력을 측정하기 위해 개발된 대학수학능력시험은 어떤 사회적 기여나 성취의 지표가 아닌데도 수능점수가 대학 졸업 후 일자리의 등급, 나아가 사회적 '신분'을 결정할 정도로 결정적이다. 어떤 생산적 기여 없이도 합격자에게는 불합격자는 도저히 따라올 수 없는 보상이 주어지는데, 그것은 특정한 업무를 다룰 수 있는 자격일 수도 있고 무형의 권위나 위세일 수도 있으며, 우월한 사회자본일 수도 있다(박권일, 2021:123~128).

박권일은 한국 능력주의의 가장 큰 특징이 시험을 통한 지대추구와 승자독식의 제도화라고 하면서 능력주의가 현실에서 크게 두 가지 방식으로 표현된다고 한다. 하나는 특정한 기준이나 시험에 통과한 소수에게 특권을 집중시키는 것이고, 다른 하나는 저능력·무능력자로 지목된 이들을 배제하거나 차별하거나 모욕하는 것이라고 한다(박권일, 2021: 134~136, 170~171). 능력주의는 계급차별을 인종차별처럼 만드는데, 이를 얼마나 억제할 수 있는가는 그 나라의 법과 제도, 시민의 가치관에 달려있다. 그런데 문제는 한국이 보통 선진국이라 불리는 국가처럼 세속합리성은 강하지만 자기표현 가치(self-expression values)는 매우 낮다는 점이다. 달리 말하면, 경제성장, 사회질서 유지, 안보에 집착하면서도 사회적 신뢰와 소수자와 이방인에 대한 관용은 지나치게 낮다고 지적된다.

지금까지 살펴본 대로 한국사회에는 물질적 부와 사회적 지위에 집착하는 극도로 현실주의적인 가치관이 팽배해있다. 이는 시민사회 행위자들로 하여금 공익과 연대의 가치보다는 특수이익을 추구하고 배타적 태도를 갖도록 추동한다. 그리고 환경보호와 지속 가능한 사회를 목표로 다양한 정책과 가치를 표방하는 대안정당이 뿌리내리는 것을 어렵게 한다. 다음 장에서는 한국에서 환경정치의 제도화를 방해하는 요인이 무엇인지 구체적으로 알아보기로 한다.

18장.

'오지 않은 미래'
: 한국에서 환경정치 실험은 왜 실패했는가?

기후위기시대의 환경문제와 환경운동

현재 인류는 아직까지 한 번도 있어 본 적이 없는 위기에 처해있다. 이는 인류가 처한 위기가 그 범위에서 일부 지역과 국가에 국한된 것이 아닌 지구 전체에 걸친 것이고 그 정도도 인류의 생존을 위협할 정도로 심각한 것이기 때문에 그렇다. 미증유의 기후위기는 자본주의 체제로부터 구조적으로 비롯된 것이다. 자본주의 체제는 시장경쟁을 통해 최대 이윤을 얻으려고 하는 과정에서 자연자원을 개별 상품으로 해체시킨다. 이러한 체제의 토대에는 17세기 과학혁명 이래의 기계론적 자연관, 즉 자연을 오로지 자연과학적인 연구 대상으로 간주하고 그 실험결과의 총합체로 보는 자연관이 자리 잡고 있다. 이에 따라 근대 국가는 자연을 개발하여 인류의 물질적 풍요를 이루는데서 그 정당성을 갖게 되었다. 경제성장을 추진한 것은 그 당연한 결과였다. 그러나 그 대가는 만만치 않은 것이었다. 경제성장 과정에서 자연자원의 이용량이 증가하고, 생산 및 소비과정에서 오염물질의 배출이 급격하게 증가하면서 환경이 오염되고 생태계는 파괴되었다. 지구상의 모든 국가가 지속적인 경제성장을 추구한 결과 지구생태계가 훼손되고 부존자원은 한계에 달하게 되었으며, 일각에서는 인류가 파멸의 길로 들어섰다는 경고가 잇따라 나오기 시작했다.

경제적 세계화 역시 기후위기에 부정적 영향을 미쳤다. 세계경제의 개방과 통합이 이뤄지면서 교통, 산업, 농업 등 다양한 부문에서 온실가스 배출을 증가시켜 기후변화를 가속화하고 있다. 글로벌 공급망과 물류 시스템은 에너지 소비를 늘리고 제품의 탄소 발자국을 증가시킨다. 특히, 경제적 세계화는 국가 간 환경 규제의 불균형을 초래하고 있다. 글로벌 사우스의 개발도상국은 환경규제가 느슨해 환경오염에 더 취약성을 노정시키고 있다. 경제적 세계화로 인해 다국적 거대기업들은 천문학적인 이익을 얻고 있지만 이에 비례해 이들이 탄소발자국을 획기적으로 줄이고 친환경 기술과 재생 가능 에너지의 개발에 전면적으로 나서고 있는 사례는 제한적이다. 국제관계에서 권력의 비대칭 현실을 감안할 때 대부분의 국가는 이들 거대 기업을 제대로 통제하지 못한다. 그나마 지구환경 보호와 관련해서 긍정적인 역할을 하는 것은 세계시민사회 영역에서 활동하고 있는 다양한 환경 관련 비정부기구들이다.

잘 알려진 사례가 환경보호와 평화를 목표로 하는 국제 비정부 기구인 그린피스(Greenpeace)이다. 1971년 창설 이후 반세기가 넘는 기간 동안 그린피스는 기후변화, 해양 보호, 산림 보호, 독성 물질 제거, 지속 가능한 농업 등을 포함한 다양한 환경문제 해결을 위해 활동하고 있다. 자연 보호와 지속 가능한 발전을 목표로 1961년 설립된 세계자연기금(World Wide Fund for Nature: WWF)은 글로벌 네트워크를 통해 생물 다양성 보존, 기후변화 대응, 해양 및 담수 생태계 보호, 산림 보호, 지속 가능한 식량 시스템 구축 등의 환경 보호 프로젝트를 진행 중이다. 1969년에 설립된 지구의 벗(Friends of the Earth)은 환경 보호와 사회 정의를 목표로 하는 국제 비정부 기구로 기후변화, 에너지, 생물 다양성, 농업, 물, 경제 정의 등을 포함한 다양한 환경 및 사회 문제를 국제적인 캠페인과 로비 활동을 통해 해결하려고 노력하고 있다.

오랜 기간 변치 않았던 근대국가의 의무는 외부의 위협으로부터 국민을 보호하고 법률의 제정과 집행을 통해 사회의 질서와 안정을 유지하며, 국가 예산을 편성하고, 공공 서비스와 인프라에 재정을 배분하는 일이었다. 이러한 국가의 의무는 국경을 초월해 다양한 수준에서 각종 환경문제가 발생하고 있는 기후위기 시대에 들어와서는 그 토대가 흔들리고 있다고 지적된다. 시민사회(civil society) 영역의 환경운동은 종종 정책 및 법률, 공공 캠페인, 법적 대응, 국제적 압력, 정보 공개 요구, 대안 제시 등의 형태로 국가와 대립하거나 협력하면서 환경 보호를 위한 중요한 역할을 수행하고 있다. 이러한 환경운동 역시 기후위기 시대에 들어와서 많은 변화를 보여주고 있다. 환경운동을 "환경위기를 극복하기 위해 시민사회에서 자발적으로, 지속적으로, 집합적으로 조직되는 제도 안과 밖의 모든 집합행동"(구도완, 1996: 70)이라고 정의할 때 기후위기 시대의 환경운동은 재난의 폭과 정도가 그 이전과 비교할 수 없을 정도로 커진데서 구성과 조직, 동원하는 자원도 바뀔 수밖에 없다. 환경운동이 사회운동의 한 부류이고, 사회운동은 시민사회 영역에서 발생하는 집합적인 행위라고 볼 때 기후위기는 국가와 자본과 더불어 시민사회에도 일정한 영향을 미치고 있다고 할 수 있다.

그렇다면 시민사회란 무엇인가? 비국가 영역의 성격을 독특하게 표현한 용어인 시민사회는 1960년대 말에 세계적 규모로 발생한 일련의 저항운동과 이를 계기로 전개된 신사회운동(new social movements)을 배경으로 학자들 간에 논의가 시작되었다. 당시에 인권, 환경, 여성, 평화, 소비자 영역에서 새로운 형태의 사회운동이 분출하였고 이들 간에 네트워크가 자발적으로 결성되었다. 시민사회는 1980년대에 들어와 권위주의 체제 하에서 정치적 반대세력들이 민주화운동을 전개하면서 다시 한 번 주목을 받게 되었다. 예를 들어 헬무트 안하이어(Helmut Anheier)와 메리 칼도어(Mary Kaldor) 등은 라틴아메리카의 사상가들이 시민사회가 독재정권에 대한 저항으로 기업가, 교회단체, 노동운동을 통합시킬 수 있는 용어였고, 하나의 사회세력으로서 신뢰가 떨어진 정당과 구분될 수 있었으며, 대중영합적 정치인들의 교묘한 대중동원과도 구분되어있기 때문에 시민사회를 전략적으로 사용하였다고 지적한다(Helmut Anheier et al. eds., 2004: 22~23). 이는 1990년을 전후한 동유럽의 체제전환을 설명하는데도 사용되었다.

일반적으로 시민사회는 공공정책과 정책결정에 관심과 참여 유도, 투명성과 정보의 유용성 제고, 공공서비스의 질 제고, 사회정의, 권익과 법의 지배에 기여하는 데서 민주주의의 발전에 긍정적인 방향으로 작용한다. 그러나 동북아에서는 국가의 능력이 여전히 강하고 시민사회 발달이 취약하다고 평가된다. 이는 동북아 국가들이 외부로부터 이식되거나 아래로부터 반대세력의 동원에 의해 민주주의로 이행하였지만 공고화의 수준은 그리 높지 않은 현실과 관련이 있다. 여기에 당과 국가권력이 사회의 핵심 분야를 점유하고 명령을 통한 중앙집권적 지시와 계획이 이뤄지는 사회주의 국가도 존재한다. 중국의 경우 최근에 국제현안에 대한 공론장을 점차 확대하고는 있지만 여전히 모든 외교정책은 당과 국가의 중앙에서 결정되고 있다. 한국과 대만은 1980년대 이후 민주주의로 이행하면서 어느 정도 민주적 정치제도와 경쟁구조로 변화하였지만 사회경제, 사회문화 영역까지 걸치는 최대주의적 관점에서는 민주주의의 내용이 여전히 불충분하며 민주화 수준도 별반 높지 않다. 그러다보니 이들 국가들은 환경 관련 정책을 정치가와 관료들이 일방적으로 결정한 후 강압력과 보상금을 앞세워 밀어붙이는 일이 흔하다. 결정과정에서 정보가 공개되고, 시민의 자유로운 참여가 보장되며, 정책 집행의 민주적 통제가 이뤄지는 환경 민주주의[125]는 존재하지 않는다.

환경운동은 시민사회에서 발생하는 집합행위인 사회운동의 하위 범주이다. 사회운

---

125 환경정책의 성공을 위한 조건으로서의 민주주의에 대해서는 Martin Jänicke(1996), pp.71~83.

동은 크게 구사회운동과 신사회운동으로 구분된다. 노동운동으로 특징되는 구사회운동은 후기산업사회에 들어와 지식과 정보를 바탕으로 중요한 의사결정을 독점하는 세력에 대항하는 광범위한 새로운 운동세력에 의해 추진되는 신사회운동과 여러 가지 점에서 구분된다. 신사회운동은 구서독의 사회과학자들에 의해 창안된 개념으로 지적된다. 왜냐하면 이들 운동은 독일정치에 관심을 갖고 관찰했던 학자들이 포착해낸 독일 사회의 급격하고도 새로운 진전을 표현하고 있으며, 또한 독일에서 발생한 운동들이 신사회운동의 개념이 지적하고 있는 특성들을 뚜렷이 보여주고 있기 때문이다. 서독에서는 1970년대에 시민사회의 운동단체들이 확산되고 전국적 연합단체들이 성장하면서 이들 간에 포괄적인 네트워크가 구축되었다. 이들의 정치행위와 수사들 또한 그 운동들이 여타의 이익집단이나 이전의 사회운동과는 다르다는 것을 주창하고 있었다. 이러한 현상들은 서독뿐만 아니라 대부분의 선진 산업국가들에서도 나타나고 있었다(Russell J. Dalton & Manfred Kuechler eds., 1996: 19).

진 코헨(Jean Cohen), 클라우스 오페(Claus Offe), 알랭 투렝(Alain Touraine), 알베르토 멜루치(Alverto Melucci) 등과 같은 이론가들은 신사회운동이 가치지향, 운동주체, 운동 방식, 조직 형태 등에 있어서 노동운동으로 대표되는 오래된 사회운동과는 다르다고 평가한다. 신사회운동은 국가권력을 지향하기보다는 시민사회의 자율성에 근거한 운동정치 또는 저항정치의 특징을 보여주고 있다는 것이다. 시민권운동, 반전운동, 학생운동, 반문화적 지향을 비롯하여, 지역운동, 여성운동, 환경운동, 평화운동이 1970년대 부터 전개되었다. 그러나 1980년대 중반 이후 동원능력 감소. 환경보호, 군축, 여성의 동등한 권리, 분산화 등의 요구사항은 정치적인 사안으로 전화되면서 운동조직들은 제도화되었다.

신사회운동이 갖는 공통점은 다음과 같다. 첫째, 신분, 분배, 지배의 문제 등이 아닌 소외의 경험과 도덕적인 비판, 생활양식과 삶의 질, 생존에 대한 물음이 전면에 대두되었다. 둘째, 대체적으로 전후세대, 중간층에 의해 수행. 특히 양질의 학교교육을 받은 집단, 고정된 직업을 갖지 못하거나 서비스 직종에 종사 집단들에 의해 수행되었다. 이들은 문제 당사자들이나 주변화 된 계층들과 그 때 그 때 동맹을 맺었다. 셋째, 이데올로기적으로 동질적인 새로운 의미체계를 형성하지 않았다. 오히려 탈물질주의적인 가치를 추구하면서 그리고 세속화되고 다원적으로 분산된 문화의 터전 안에서 특수한 것에 대한 권리를 강조하며 다방면에서 하위문화적인 삶의 스타일을 만들어냈다. 넷째, 이들은 자율적인, 탈중심적인 그리고 풀뿌리 민주주의적인 조직원리를 강조하였다.

이 운동을 노동운동 등 이전의 운동과 다른 새로운 운동이라고 하는 이유는 이 운동의 사회적 위치, 목표, 조직형태 그리고 행위수단에서 찾을 수 있다. 이 운동들에서는 운동의 일관성, 법칙성, 조직성을 찾아보기 어렵고, 운동의 이슈, 조직, 정치적 성격, 발전방향과 전망에서 상당히 이질적이고 분산적이며, 가변적이다. 그러나 노동운동, 여성운동, 환경운동이 기존의 운동과는 전혀 다른 것이 아니라, 문제를 보는 시각이 달라졌다는 점에서 새로운 운동이라 이름이 붙여졌다. 이중에서 환경운동은 신사회운동의 한 유형이라고할 수 있다. 일반적으로 환경운동은 환경재난이 빈발하면서 남다른 환경의식을 갖게 된 지식인, 전문직 노동자, 학생들이 반환경적 정책을 추진하는 정부나 기업에 대항하여 환경운동 단체를 구성하고 다양한 형태의 직접행동을 전개하는 특징을 갖는다. 이러한 환경운동은 국경을 넘어 전 세계적 환경재난이 일상화된 기후위기 시대에 들어와서는 전 세계적 협력과 동반자 관계를 구축하여 환경 문제를 해결하려 노력한다.

환경운동의 지연된 출발과 국가의 통제

전근대적 가치와 근대적 가치가 혼재하고 보수 기득권세력의 헤게모니가 강고한 사회에서 시민사회의 역할은 한계를 지닐 수밖에 없다. 권위주의 정권에 의한 압축적 산업화의 추진으로 시민사회의 물적토대가 먼저 구축되고, 이에 근거해 1980년대 중반 이후 민주주의 이행이 이뤄진 한국에서는 어느 정도 자율적 시민사회 공간이 형성되었다고 평가된다(권혁태 외, 2003: 127~130). 환경운동 역시 1980년대 후반 산업화가 초래한 공해문제에 대한 관심으로 출범해 리우 지구정상회의 참여를 계기로 환경운동의 영역과 수준을 넓히면서 발전했다. 현재 시민사회 내의 환경운동단체들은 정부정책에 대한 압력 행사, 기업활동에 대한 감시, 환경교육 및 캠페인 전개 등을 행하고 있다(김선미, 2009: 146~148). 그러나 권위주의 정권 하에서 압박이 가해지면서 환경운동은 활동이 위축되었다. 집회와 시위의 권리를 제약하고 노조와 사회운동가들을 탄압했던 이명박 정부 시기가 대표적이다.

동북아에서는 일본을 제외하고 시민사회의 발달이 미약하다. 이는 동북아 환경협력에서 공동체적 이익을 고려하는 상호 협력과 부조를 모색하고 나아가 국가 간 갈등을 통제하는 시민사회의 역할이 미약하다는 것을 의미한다. 이 같은 시민사회의 '연대의 논리'가 미성숙하다보니 동북아에서는 공동의 이익을 위해 다양한 형태의 협력을 창출하는 자발적 연결망과 결사체들도 발전되지 못했다. 이는 동북아에서 로버트 퍼트남(Robert D. Putnam)이 규정한 '사회적 자본(social capital)', 즉 시민사회 행위자들 간에 자발적 협력을 촉진시키는 신뢰와 호혜성의 규범, 시민적 참여의 연결망이 제대로 축적되지 못한 것을 가리킨다(Robert D. Putnam, 2000: 281). 여기에다 신자유주의적 세계화의 압력은 시민사회 내의 행위자들로 하여금 공익과 연대의 가치보다는 특수한 이익을 추구하고 배타적 자세를 갖도록 추동하고 있다.

그렇다면 한국의 환경운동은 언제 시작되었고 그 특징은 무엇인가? 한국의 환경운동은 1980년대에 들어와 본격적으로 나타나기 시작했다. 1970년대 이전에 한국에서 사회운동으로서의 환경운동은 존재하지 않았다. 물론 1970년대에는 고도 경제성장 과정에서 국민생활을 직접적으로 위협하는 오염이 심화·확대되고 있었고 그 피해도 전국에 걸쳐 대규모화되고 있었다. '발전국가'가 주도한 경제성장은 정치적·경제적·사회적 시민권을 박탈하는 등 민주주의를 억압함으로써 가능했으며, 이로 인해 사회적 불평등이 커졌고, 계층 간, 지역 간, 산업부문 간 갈등이 빈발했다. 특히, 경제성장은 광범하게 환경을 파괴하고 생태계를 훼손했다. 이 점에 대해 1982년 설립된 한국공해문제연구소는 <공해연구> 창간호에서 다음과 같이 지적하고 있다.

"지난 20년간 한국경제는 눈부신 외형적 성장을 하였다. 이는 산업구조에 있어서도 각 부문의 구성비를 크게 바꾸었고, 수출도 천문학적인 증대를 이룩하였다. 고도성장을 가능하게 한 요인은 외자에 의지한 수출주도형 경제정책이었다. 그러나 이는 값비싼 대가를 치르게 되었다. 대외의존과 빈부격차의 심화, 그리고 생활환경의 파괴가 바로 그것이다. GNP 위주의 성장은 기업활동의 과정에서 당연히 부담되어야 할 경제적 비용의 일부를 기업이 수출경쟁력 강화라는 미명하에 부담하지 않음으로써 인간생활을 해치는 외부불경제(폐기물, 매연, 폐수, 오염 등)의 누적 = 공해를 심화시켰다. 이러한 공해의 대표적인 형태로는 수질오염, 해양오염, 대기오염, 농약오염이 존재한다...공해를 감수한 대가로 얻은 경제의 외형적 팽창은 우리에게 건강하고 쾌적한 생활을 향유할 기본적 권리마저 빼앗아 갔다"(한국공해문제연구소, 1982: 5~8).

광범위한 규모에 걸쳐 환경문제가 나타나고 있음에도 불구하고 환경운동이 전개되지 않은 까닭은 한국에서 시민사회가 취약한데 비해 강한국가가 존재했고, 오랫동안 권위주의 체제가 지배하였기 때문이다. 여기서 권위주의란 위계적이고 불평등한 사회에서 소수의 집단이 지배질서를 유지하고 재생산하기 위해 여타의 다른 구성원들에게 강압력을 동원해 복종을 강제하는 체계를 의미한다. 자의적인 통치로 인해 최소 기준의 민주주의는 준수되지 않고 시민들의 권리는 제대로 보장되지 않는다. 환경운동이 자리잡고 전개되기 위해서는 자유로운 정치활동의 공간이 마련되어야 하지만 극단적인 권력의 집중이 이뤄지고 획일적인 통치이데올로기가 존재하는 강한 권위주의 국가였던 한국에서는 이를 기대할 수 없었다. 환경운동 조직이 뿌리를 내리게 된 시기는 시민사회의 일부 기구가 제한적인 수준에서나마 자율성을 소유하고 느슨한 형태의 다원주의가 존재하게 된 1980년대 후반이었다.

압축적 산업화와 광범위한 환경오염, 민주주의 이행과 제도화의 정도에 따라 동북아 환경운동은 두 루트로 구분할 수 있다. 한국, 일본, 대만, 몽골은 흠결있는 민주주의 체제하에서의 환경운동 루트를 밟고 있고, 중국과 북한은 강한 권위주의 체제하에서 국가 주도의 환경정책이 추진되고 시민사회 내의 환경운동은 극도로 통제되거나 아예 존재하지 않는 국가들이다. 한국에서는 1980년대 중반 이후 민주주의 이행으로 비록 제한적 수준이나마 자율적 시민사회의 공간이 개방되었고 이를 토대로 환경운동이 비로서 모습을 갖추기 시작했다. 이러한 환경운동이 전개된 바탕에는 그 때까지 이뤄진 급속한 경제성장 과정에서 수많은 환경문제가 발생하면서 이에 대한 대중들의 우려가 점차 확산된 것이 놓여있었다. 권위주의 정권이 위로부터 경제발전 계획을 수립하고 추진하기 시작한 1960년대 초부터 각종 환경운동이 활성화되기 시작한 1980년대 후반까지 주요 환경문제 및 환경운동을 살펴보면 아래와 같다.

<표> 1960~80년대 한국 환경사건 및 환경운동 주요 사건[126]

1960년대

1962 2월 울산공업단지 기공식

1963 11월 공해방지법 제정

1965 5월 부산 감천화력발전소 인근 주민 매연분출 가처분 명령 신청

1966 3월 박대통령 여천공업단지 조성 지시

1969 울산공단 주변 삼산평야 농작물에 공해 피해 발생

---

126 울산환경운동연합·울산광역시(2007), pp.284~287, "환경사건 및 환경운동 일지"를 정리

1970년대

1970 5월 마산수출자유지역 착공

1971 울산 삼산평야 주민 공해대책위원회 구성

1972 전남 여천군 광양지역 주민의 피해 보상 및 이주 대책 요구/ 경남 진해 연안 김양식 어민 15명 진해화학에 손해배상 청구 소송 제기

1972 9월 남해안에 적조현상 발생 시작

1974 4월 경남 울산군 온산면 일대 500만평 비철금속단지로 지정/ 여천종합화학기지 지정

1977 7월 여천 남해화학 가동으로 주변 지역 농작물 피해 발생

12월 환경보전법 제정(공해방지법 대체)

1978 3월 전남 담양군 고은석씨 일가족 6명 미나마타병 유사증세 보도/ 고려대 의대 차철환 교수팀 "고씨 일가 국내 첫 수은중독에 의한 공해병 환자"라고 주장

4월 고리핵발전소 첫 가동

5월 국내 최초의 민간 환경운동 단체인 낙동강 보존회 창립, 낙동강하구둑 건설 반대운동 전개

12월 여천군 삼일면 낙포리 마을에서 눈병, 피부병 환자 708명 발생, 공해대책위원회 구성

9월 대학 내 첫 공해서클 '공해연구회' 창립

1980년대

1980 1월 환경청 발족

2월 영광핵발전소 기공식

1981 12월 한국공해문제연구소 창립

1983 1월 소비자문제를연구하는시민의모임(소시모) 발족

2월 공문연, 울산·온산공단 공해 피해 실태 조사

4월 낙동강하구둑 공사 착공

6월 영산호수질오염방지대책위원회(영산호보존회 전신) 창립

1984 6월 공문연 등 '반공해선언' 첫 채택

9월 대학생 중심 반공해운동협의회(반공협) 결성

12월 공문연, 울산공단 피해 어민 중금속 중독 현황 조사

1985 1월 한국일보 '온산공단 어민 500여명 이따이이따이병 증세' 보도/ 공문연 '온산괴질에 대한 조속한 대책을 촉구한다'는 특집기사 제작 배포

6월 원주소비자협동조합(뒤에 원주한살림소비자협동조합) 창립

7월 온산공해병대책위원회 구성

10월 환경청, '울산·온산공단 주민 이주 대책' 발표

1986 6~10월 소시모, 유엔통합자료를 근거로 제1차 위해농약 사용 실태조사

9월 공해반대시민운동협의회(공민협) 발족

1987 7월 구로지역주민공해대책위원회 결성

10월 반공협, 공해추방운동청년협의회(공청협)로 개편

1988 1월 조선일보, '연탄공장 부근 탄가루 공해 주민 진폐증 첫 발견' 보도

4월 한살림공동체소비자협동조합 창립

5월 동아일보, 문송면군 수은 중독 사건 첫 보도

6월 평택 매향리 미군사격장 소음공해대책위원회 결성/ 영근회(핵폐기물처리장 설치 결사반대투쟁위원회) 창립

9월 공민협·공청협 통합, 공해추방운동연합(공추련) 발족

12월 경남 양산군 고리핵발전소 1호기 인근에서 무단 투기 핵폐기물 발견

1989 1월 서울민사지법, 박길래씨가 강원산업을 상대로 낸 손해배상청구소송에서 원고 승소 판결(한국 최초로 공해병 환자 인정)

3월 매향리 주민 1000여명 미공군 사격장 관제탑 점거시위

4월 전국핵발전소추방운동본부 결성(최초의 반핵연대체)

6월 환경과공해연구회 창립

9월 핵발전소 11·12호기 건설 반대 100인 기자회견 및 100만인 서명운동본부 발대식

10월 한살림모임 창립 및 한살림선언 발표

녹색당의 창당

1980년대 중반 이후 한국은 정치적 개방이 이뤄지며 민주주의로 이행하였고, 1990년대 이후 환경운동이 확산될 수 있는 공간이 형성되었다. 이 시기에는 산업화와 도시화로 인한 환경문제가 심각해지면서 환경보호에 대한 인식이 높아지기 시작한 때이기도 했다. 1990년대에는 환경운동이 더욱 조직화되고, 다양한 시민단체가 설립되었다. 이 시기에 환경문제를 정치적으로 해결하려는 것이 필요하다는 주장도 나타나기 시작했지만 1990년대 내내 이를 공식적인 환경정당 창당으로 연결하려는 시도는 행해지지 않았다. 그러다가 2004년 한국 최초의 환경정당인 녹색사회민주당이 창당되었다. 이 당은 환경보호 및 지속 가능한 발전을 주요 목표로 삼고, 환경문제에 대한 정치적 대안을 제시하고자 하였다. 다양한 환경단체와 운동이 연대하여 정책을 제안하고, 지역 단체와의 협력을 통해 지방선거 및 국회의원 선거에서도 환경 이슈를 중심으로 한 정치적 시도를 하였다. 그러나 녹색사회민주당은 내분과 지지율 저조로 인해 활동이 위축되었고 큰 정치적 영향력을 발휘하지 못한 채 2006년 결국 해산되었다. 녹색사회민주당의 해산은 한국에서 환경정당이 뿌리를 내리는 일이 얼마나 어려운가를 보여준 사례라 할 수 있다.

이어서 2012년에는 녹색당이 다시 창당되었다. 녹색당은 환경 보호, 지속 가능한 발전, 사회적 정의 등을 주요 목표로 삼고 활동을 시작했다. 녹색당은 생태주의와 성소수자 운동, 여성주의가 신좌파적 연대를 구성하였다. 녹색당이 내건 핵심 정책은 생태적 지혜, 사회정의, 직접·참여·풀뿌리 민주주의, 비폭력 평화, 지속가능성, 다양성 옹호, 지구적 행동과 국제연대였다. 여기서 보듯이 한국 녹색당의 강령은 환경보호와 지속 가능한 사회를 목표로 하는 다양한 정책과 가치를 포함하고 있다. 아래는 녹색당의 강령 전문이다(https://www.kgreens.org/platform).

"우리는 '녹색당'이라는 작은 씨앗입니다. 이 씨앗을 싹틔워 인류가 지구별의 뭇 생명들과 춤추고 노래하는 초록빛 세상을 만들려고 합니다. 우리는 작은 도토리 하나가 만드는 떡갈나무 혁명이며, 여러 무늬와 색깔을 가진 자유로운 사람들의 연합입니다. 우리는 지구별의 생명을 지키는 지구의 아이들입니다. 우리는 정의롭고 평화로운 세상으로 향하는 나침반이자 등대이며, 녹색전환의 씨앗을 심는 농부입니다. 우리는 보이는 것과 함께, 공기의 순환이나 에너지의 흐름, 그리고 생명의 고동처럼 보이지 않는 것들의 변화를 중요하게 여깁니다.

우리는 공동체 돌봄과 살림경제, 협동과 연대의 경제 속에서 대안을 발견합니다. 우리는 성장과 물신주의, 경제 지상주의를 넘어서는 정당이며, 화석연료와 핵에너지를 넘어선 태양과 바람의 정당, 문명사적 전환을 만드는 녹색정당, 반정당의 정당입니다. 따라서 우리의 대안정치는 기성정당과 같을 수 없습니다.

우리는 보편적 인권을 넘어 생활정치·다양성 정치·녹색정치를 통해 소수자와 생명과 자연을 옹호합니다. 우리는 고난과 어려움 속에서도 웃음과 낙관을 잃지 않으며, 비폭력과 평화의 힘을 통해 세상을 바꿀 것입니다".

녹색당은 국회의원 선거와 지방선거에 후보를 출마시키며 정치적 영향력을 확대하려 노력했다. 그러나 다수제 민주주의 제도를 채택한 한국에서 신생정당이자 소수당인 녹색당은 선거경쟁에서 성과를 내기가 어려웠다. 녹색당은 거의 모든 선거경쟁에 참가했다. 이들 선거경쟁에서 녹색당이 거둔 득표율은 다음과 같다: 2012년 제19대 국회의원 선거(비례대표 득표율 0.48%), 2014년 제6회 전국동시지방선거(광역자치단체 득표율 0.75%), 2016년 제20대 국회의원 선거(비례대표 득표율 0.76%), 2018년 제7회 전국동시지방선거(0.70%), 2020년 제21대 국회의원 선거(0.21%), 2022년 제8회 전국동시지방선거(0.23%). 거듭된 시도에서 비록 성과는 못 거두었지만 그럼에도 녹색당은 다양한 캠페인을 통해 대중의 환경인식을 높이고, 탈핵 운동, 미세먼지 문제, 기후변화 대응 등의 환경정책에 대해 비판과 대안을 제시한 유일한 정당이었다.
환경정당 실험에도 나섰다. 그 결과 2012년 녹색당이 창당되었다.

2024년 제22대 국회의원선거에서 녹색당은 정의당과 선거연합을 구성하고, 공동공약 1호로 지방대부터 무상교육, 탈핵, 탈석탄 정책을 제시하였다. 그러나 다양한 정파로 구성된 당은 내부 갈등과 탈당사태를 겪으면서 지지율이 정체되었다. 22대 총선에서 녹색정의당은 후보를 낸 모든 지역구에서 낙선하였고 정당득표율도 2.14%를 기록하여 봉쇄조항을 넘지 못했다. 원외정당이 된 녹색정의당은 전국위원회를 열어 선거연합정당 해산 안건을 심의·의결해 해산하고 각각 총선 이전처럼 별개의 정당으로 되돌아갔다. 이 자리에서 녹색정의당은 향후 과제도 설정하였다. 이날 발표된 과제는 새로운 리더십과 대중 정치인의 발굴과 육성, 총체적인 당조직의 재정비, 전통적 진보정당 지지층 회복을 위한 전략 도출, 온라인 활동력 강화를 위한 전략수립, 선거제도 개혁에 관한 대안 모색 등이었다(<한겨레> 2024년 4월 27일).

한국에서 녹색당 실험은 왜 성공하지 못했을까?

그렇다면 한국에서의 녹색당 실험은 왜 성공하지 못했을까? 이는 다양한 수준과 영역에서 복합적 요인이 존재한다. 이들 요인은 환경문제에 대한 접근방식과 소수정당에 포용적인 제도, 그리고 환경의식 및 환경행동이라는 세 요인으로 크게 나누어서 고찰해 볼 수 있다. 첫째 요인은 본질적 요인으로 환경문제에 대한 피상적 접근, 둘째는 제도적 요인으로 합의제 민주주의 제도의 미비, 셋째는 특정 계급과 세대에게 깊게 뿌리 내린 반환경 의식과 소극적 환경행동이다. 이들 요인은 서로 유기적으로 연결되어, 환경정치의 제도화를 방해하고 있다. 이를 살펴보면 다음과 같다.

(1) 환경문제에 대한 피상적 접근

환경문제를 대하는 대다수 한국인들의 지배적 특성은 자본주의의 근본적이고 구조적인 문제를 보지 않는다는 것이다. 자본주의와 환경문제의 긴밀한 관련성을 간과하고 환경문제를 대하는 게 흔하다. 이를 언급할라치면 시대착오적인 좌파의 주장으로 매도당하기 십상이다. 그러다보니 환경문제를 초래한 구조적 요인과 환경문제의 심층적 특징을 돌아보지 않으며, 자본주의를 넘어선 대안을 제시하지도 못하고 있다. 우리 주위를 둘러보면 자유시장이라는 만병통치약이 뒷받침된 환경문제에 대한 회의론을 지닌 사람이 적지 않다. 정치가들이 자유시장, 친기업 개혁을 앞세워 환경규제를 무력화하는 것은 지금껏 반복되고 있다. 나아가 신자유주의를 옹호하는 사람들은 환경오염은 국지적인 문제에 불과하며 기술의 발전을 통해서 충분히 극복할 수 있다는 주장을 내놓기도 한다. 그들은 환경규제 강화 정책에 대해 기업경쟁력을 악화시키고 경제발전을 저해한다는 이유로 반대하고 있다. 그러나 기후위기를 비롯한 환경문제는 전 인류의 생존 자체를 위협할 수 있는 중대한 문제이고, 단순히 기술적 접근이나 시장 중심 정책을 통해 해결하기에는 너무나 광범위하고 복잡하다.

그렇다면 왜 자본주의가 중요할까? 자본주의는 16세기 이후 서유럽에서 형성, 발전되어 전 세계로 확산된 사회경제체제로 생산수단의 사적 소유, 이윤획득을 위한 시장에서의 상품 생산과 거래, 자본가와 노동자로의 계급분리를 특징으로 한다. 재화의 사적 소유권이 중요하기 때문에 자본주의는 사적 소유권을 기반으로 한 경제 체제이기도 하다. 여기서는 생산수단의 사적 소유자인 자본가가 임금노동자를 고용하여 상품을 생산하고, 자유경쟁을 통하여 이윤을 축적하며 생산력을 발전시킨다. 상품 또는 용역의 가격, 투자, 분배 등이 모두 시장경제를 통해 이루어지는 자본주의 체제는 그 자체에 내재하는 객관적 법칙성(이윤율저하, 불균형, 집중의 법칙)을 갖고 있다.

문제는 에릭 홉스봄(Eric Hobsbawm)이 말한 바대로 자본주의가 지닌 폭력성이다. 홉스봄에게 폭력은 단순히 전통적인 전쟁과 테러를 의미하는 것이 아니라 자본의 탐욕과 이윤 축적이 빚어내는 자본주의체제에 내재해 있는 폭력을 의미한다. 이와 관련하여, 존 벨라미 포스터(John Bellamy Foster)는 <생태계의 파괴자 자본주의(Ecology Against Capitalism)>에서 자본수의와 생태학은 서로 대립한다고 지적한다. 포스터는 최단 시간에 최대 이윤을 얻으려고 살아 있는 행성을 개별 상품으로 해체시키는 자본주의 생산관계가 대규모 환경파괴의 원인이라고 지적한다(John Bellamy Foster, 2007). 그렇다면 자본주의 생산관계에 대한 재조정과 전환 없이 환경파괴를 억제하고 해결할 수 없는 것은 자명하다.

환경문제에 대한 피상적 접근은 일찍이 아르네 네스(Arne Næss)가 지적하였다. 환경혁명 시기에 기존의 환경운동을 환경 개량주의라고 비판하며 등장한 네스는 이전 생태운동의 지배적인 경향을 인간중심주의이고 현재의 문명과 사회를 전제로 한 '피상적인 것(shallow)'이라 단정하였다. 그는 인간 중심적 세계관을 탈피하여 자연과 더불어 조화를 이룰 것을 주장하면서 근대 문명 비판을 지향하는 심층적 운동을 근본생태론(deep ecology)이라 명명하였다. 근본생태론은 생을 영위할 권리가 모든 생명체에게 동일하게 주어져 있다는 생명중심주의적 평등(biocentric equality)의 실천을 주장한다(Nina Witoszek et al., 2017: 209~217).

그리고 자본주의의 근본적 구조를 문제시하지 않는다는 것은 머레이 북친(Murray Bookchin)이 주장했듯이 사회적 시각에서 환경/생태문제를 보지 않는 다는 것을 가리킨다. 북친은 자연의 역사를 다종다양한 생명형태가 서로 관계하면서 함께 진화한 것으로 본다. 그에 따르면 인간은 다종다양한 위계구조를 만들어내어 제1의 자연인 자연을 인간사회인 제2의 자연과 단절시키고 양자를 대립시켜 환경을 파괴하고 인간의 자유를 억압한다는 것이다. 북친은 '생태문제는 곧 사회문제'라는 인식 아래 "인간에 의한 자연지배는 인간에 의한 인간지배로부터 비롯된다"는 것과 "위계질서와 지배에 대한 비판과 해체가 현 생태위기를 해결할 수 있는 유일한 길이다"라고 주장을 한다(Murray Bookchin, 1997).

한국인들, 특히 정치인과 언론인들이 늘상 입에 떠올리는 자유민주주의 역시 시장경제체제에 그 토대를 두고 있는 용어라는 점에서 환경의 정치화를 이루는데 방해 요인으로 작용하고 있다고 볼 수 있다. 자유민주주의의 반환경적 속성에 대한 고찰이 별반 없다는 주장이다. 이와 관련하여, 캐나다의 정치학자인 C.B. 맥퍼슨(C.B. MacPherson)은 17세기부터 19세기 홉스부터 로크까지 이르는 영국 정치사상의 저변에 흐르는 배타적이고 양도 가능한 권리를 내용으로 하는 소유적 개인주의(posessive individualism)라는 아이디어가 자유민주주의의 뿌리라고 한다. 그는 <자유민주주의의 삶과 시대(The Life and Times of Liberal Democracy)>에서 자유민주주의에서 자유 개념의 양면성, 즉 시장경제의 자유와 자기발전적 자유가 상충함을 밝히고, 전자의 극복을 통해서 진정한 자유민주주의의 확립을 모색할 수 있다고 썼다. 맥퍼슨에 따르면 , 자본주의 시장경제의 본성은 이윤의 극대화를 추구하는 것이며, 이윤을 극대화하기 위해서는 나의 이윤추구 과정에 남의 힘을 내 목적에 맞도록 이용함이 불가피하다고 언급한다. 맥퍼슨은 이러한 논리를 '힘의 전이'라고 하며, 자유민주주의 사회에서 '힘의 전이'가 생기는 것은 시장 경제의 구조에서 오는 불가피한 현상이라고 말한다(C.B. MacPherson, 1979). 맥퍼슨의 비판은 능력과 업적에 따라서 분배가 결정되는 자유주의 경제 체제가, 인간의 존엄성과 자아실현이라는 민주주의의 이념을 제대로 구현하기 어렵다는 것을 강조하는 것이다. 이렇듯 자유민주주의에 대한 비판적 고찰 없이 환경문제 해결을 꾀하는 것은 그 한계가 사뭇 자명하다.

환경문제에 대한 피상적 접근을 잘 보여주는 사례는 너무나 많다. 예를 들어, 에너지 전환에서 한국은 화석연료를 고집하는 등 세계적 추세와 동떨어진 희귀사례로 분류되는 국가이다. 이는 한국의 정책결정자들이 여전히 환경문제에 대한 심층적 이해가 결여되어 있고, 환경문제의 현실을 민감하게 바라보지 않으며, 바람직한 미래에 대한 대안도 갖고 있지 않음을 의미한다. 그리고 한국 사회의 기득권층은 철저하게 물질적 이익을 우선시하는 경향이 있는데, 특정 지역의 유권자들에게 나타나는 계급투표 사례라던가 인사청문회마다 나타나는 부동산 투기와 탈세, 위장전입, 그리고 지연과 혈연, 학연에 의한 폐쇄적이고 배타적인 기득권 네트워크 등은 이 점을 잘 보여준다. 그렇다면 일반대중들은 다를까? 그들 역시 상류층의 화려한 삶을 선망하고 모방하려 한다. 때로는 부동산 투기에 뛰어들거나 과시적 소비에 나서는 사람도 적지 않다. 한국 사회에는 여전히 지배이데올로기에 길들여진 적지 않은 개인들이 존재하는 것도 사실이다. 이들은 정치적 영역에서도 반민주주의자, 반환경주의자, 반노동주의자, 반복지주의자, 반평화주의자인 정치인과 정당을 지지하면서 권위주의적 퇴행을 지탱하는 세력이 되기도 한다. 이들 다수는 능력주의를 신봉하고 성공의 길로 이끈다는 자기

계발에 몰두하는 한편 자기착취에 시달린다고 지적된다.

(2) 합의제 민주주의 정치제도의 미비

앞에서 살펴보았듯이 동아시아 국가들의 정치는 강한 국가와 취약한 시민사회, 권위주의의 장기 지배라는 공통의 특성을 갖고 있다. 일본을 제외한[127] 동아시아 국가들은 20세기 중반에 들어와 서야 뒤늦게 산업화를 추진하였던 까닭에 자본계급과 노동계급이 광범위하게 형성되고 이들 간에 사회경제적 지위 사다리를 오르내리는 것을 뜻하는 사회분화 역시 미약한 수준에 머무를 수밖에 없었다. 뒤늦게 형성된 자본계급과 노동계급 역시 비대칭적 권력관계라서 북유럽과 같은 계급타협이 이뤄질 수 없었고 따라서 '동의의 정치'도 행해질 수 없었다. 전후에도 이들 국가에서는 불법적 쿠데타든 아니면 합법적인 선거경쟁이든 권력을 장악한 지배세력은 예외 없이 강압에 의한 통치를 밀어붙였고, 이와 동시에 이데올로기적 국가기구를 동원해 지배에 대한 순응을 이끌어내려는 시도도 병행해서 추진되었다.

동아시아 국가들에서 권위주의 붕괴와 해체를 더디게 만드는 요인들은 다음과 같다: 산업화로 인한 사회분화 부재, 부르주아 등 민주화 추진세력의 미약, 위로부터의 산업화로 형성된 부르주아는 정경유착으로 오히려 민주화를 제약, 노동자 계급 운동과 정치세력화가 억압을 받음, 사회혁명의 부재, 노동계급과 자본계급은 비대칭적 권력관계로 북유럽 같은 계급타협에 입각한 동의의 정치 토양이 미형성.

강한 국가와 취약한 시민사회, 짧은 민주화의 역사와 낮은 민주주의 제도화의 수준은 권위주의 정치가 창궐하기 좋은 기반이다. 동아시아 국가들에서 나타나는 근대로의 특수한 이행 경로에서도 이 점이 뚜렷이 나타난다. 권위주의 정치가 장기간 유지되는 과정에서 민중 부문에 의한 '아래로부터의 참여'는 지속적으로 억압되거나 탈정치

127 일본은 1853년 페리의 내항에 이어 다음 해에 미국과 교전 없는 '교섭조약'을 체결했다. 이는 사법권과 관세자주권의 제한, 행정권의 사실상 제한 등을 포함한 데서 불평등조약이었다. 그렇지만 일본은 이로 인한 위기를 내정개혁의 기회로 삼아 메이지유신에 성공했다. 그리고 그 덕에 국가권력을 장악한 새로운 개혁주체가 비교적 짧은 기간에 조약을 개정하여 대외적 자율성을 확보하고 근대화를 효과적으로 추진할 수 있었다. 백영서·미야지마 히로시 외(2009), pp.43~44. 그러나 이러한 일본의 후발 근대화는 그 정신적 토대로 신정적 천황제를 구축하고 이에 기초해 정치와 종교의 일치, 권력의 집중과 신민화를 추구한데서 유럽과는 그 성격이 다른 것이었다. 다만 유사한 것은 폭력을 수반한 공격적 제국으로의 전환이라할 수 있는데, 그 첫 번째 대상은 인접국인 조선이었다. 제국주의 열강의 침략에 직면한 조선은 지배층의 무능 및 외세의존적 사고로 말미암아 이에 적절하게 대응하지 못하고 식민지로 전락했다. 이러한 대외인식은 지금도 기득권층 인사들에게서 흔히 발견된다.

화가 추진된 반면에 관료와 기업, 군부, 전문가집단은 과잉정치화 되었다. 배제와 차별, 억압과 공포가 횡행하고, 타율과 복종이 강제되는 등 권위주의가 사회 도처에 뿌리를 내렸다. 역사적으로 민주주의는 배제와 차별, 여기서 파생 되는 불평등에 대한 자율적이고 집합적인 투쟁을 통해 시민들의 권리를 확대하고 제도화함으로써 발전되었다는 사실에 기초해볼 때 동아시아 지역에서의 민주화는 지체되거나 굴절된 형태로 전개될 가능성이 컸다.

그렇다면 한국에서 유독 권위주의가 강한 까닭은 무엇일까? 먼저 거론할 수 있는 것은 한국이 서유럽에 비해 상대적으로 짧은 민주주의 역사와 높지 않은 민주주의 수준을 지녔다는 사실이다. 반면 권위주의를 가능하게 했던 제도와 문화는 역사가 길고 한국 사회에 깊게 뿌리내렸다. 이와 관련하여 언급할만한 점은 지금까지 한국은 유럽의 68혁명처럼 문화의 전복 시도가 아예 부재했다는 것이다. 68혁명 시기에는 성해방과 더불어 신성모독과 권력에 대한 풍자와 저항이 이뤄졌다. 모든 권위와 전통에 도전했던 것이 68혁명이었다. 당시 68혁명의 참가자들은 부모와 교사의 권위 및 지배적 성도덕에 반대했다. 이들이 저항했던 대상은 나치즘 치하에서 교육받고 경력을 쌓은 사람들이었다. 대신 저항자들은 부모세대에 의해 파괴되고 탄압받으며 기피된 사람들과 자신들을 동일시하였다. 그리고 저항운동은 독일의 저명한 극작가인 게오르크 뷔히너(Karl Georg Büchner)의 문장을 변형한 "인간에게 평화를, 제도에게 전쟁을!"이라는 구호에서 잘 드러나듯이 반제도주의 경향도 갖고 있었다(Alfred Krovoza, 2008: 181~182).

우리 사회에 만연한 약육강식 논리와 불신, 혐오의 감정이 권위주의를 강화시킨다는 점도 지적되어야 한다. 이는 무엇보다도 현재 한국 사회에 만연한 무한경쟁의 공포감과 극한의 스트레스에서 나온다(유서연, 2017). 역사적 사례를 보면 이러한 공포와 불안이 팽배할 때 우리가 살고 있는 사회가 분열되고 비민주적 행태를 보이는 절대적 권력자를 추종하는 한편 약자를 배제하고 억압하는 세력이 등장한 경우가 많았다. 사회불안이 권위주의적 지도자에 대한 무조건적 복종으로 나타난 대표적 사례는 1930년대의 독일이다.

앞 장에서 살펴보았듯이 한국을 비롯한 대부분 국가에서는 다수제 정치제도의 결함으로 녹색전환이 제도화되지 못하고 있다. 환경정치의 성공을 위해서는 민주주의의 심화를 위한 정치제도의 개혁이 필요하다. 개혁의 핵심 내용은 기존의 다수제 정치제도를 합의제 정치제도로 바꾸는 것이다. 합의제 민주주의(consensual democracy)

는 네덜란드 출신의 미국 정치학자인 아렌드 레이파트(Arend Lijphart)가 체계화한 용어이다. 레이파트는 합의제 민주주의가 다원화된 시민사회에 부합하는 민주적 메커니즘을 대표한다고 한다. 레이파트는 기존의 다수제 민주주의(majoritarian democracy)가 배제의 원칙들에 입각하기 때문에 비민주주의적이라고 지적한다. 레이파트는 다수제 민주주의의 대표적 모델로 웨스트민스터 모델(Westminster model)을 든다. 다수 지배(majority rule)를 본질로 하는 웨스트민스터 모델은 영국과 같이 다수대표제의 선거제도를 채택하고, 강력한 양당제도를 갖추었으며, 다수당이 단독 내각을 구성하는 국가에서 채택된다. 레이파트는 웨스트민스터 모델이 집행권의 집중, 권력의 융합과 내각의 우세, 불균형의 양원제, 양당제도, 한 차원의 정당제도, 선거에 있어서의 최다득표제, 일원제의 집권화된 정부, 불문헌법과 의회주의, 순전한 의회 민주주의라는 상호 연관된 요소로 구성된다고 한다(Arend Lijphart, 1984: 4~9).

정부구성과 의사결정방식을 기준으로 보면 한국의 정부형태는 다수제의 특징을 지니고 있다. 집행부, 그중에서도 대통령에 집중된 권력, 강력한 양당제도, 다수대표제의 선거제도 등은 다수제를 구성하는 내용들이다. 이를 살펴보면 다음과 같다. 우선 현재의 대통령중심제 정부형태는 행정부, 사법부, 입법부 간에 견제와 균형이 제대로 이뤄지지 못하고 대통령 1인에게 대부분의 권력이 집중되고 있는 특징을 지닌다. 대통령과 국회의원 선거제도 역시 다수대표제를 채택한데서 비례성의 수준이 높지 않다. 또한 대의제 민주주의의 핵심 기구인 의회와 정당도 낮은 제도화 수준을 보이고 있다. 의회는 다른 권력기관에 대해 온전한 자율성을 지니지 못하면서, 다른 한편으로는 견제와 균형의 역할을 수행하지 못하고 있고, 정당 역시 사회적 균열과 갈등을 조정하고 다양한 계층과 집단, 지역들의 요구를 정책에 반영하는데 실패하고 있다.

민주주의 이행 이후에도 대부분의 한국 정당들은 장기간 지속되지 못하고 구성원들은 각 계파 지도자들과 사적인 연결망을 형성하고 개인적 이해관계와 지도자에 따라 이합집산을 보이고 있는 실정이다. 정당체계는 협소한 이념적 스펙트럼을 지녔고, 정당의 조직과 지지기반은 대단히 허약하다. 점차 다양해지는 시민사회의 요구를 표현하고 정책으로 결합하는 등 정당에 요구되는 기능도 제대로 수행하지 못하고 있다. 이러한 현실은 한국의 정당들이 아직도 시민사회와 국가를 연결시키는 매개역할(linkage role)을 제대로 수행하지 못하고 있다는 점을 잘 보여준다. 심지어 일부 정치인들은 해묵은 지역주의를 부추기고 시대착오적 색깔론으로 유권자를 자극하는 실정이다. 이와 같은 '대표의 실패'는 정치에 대한 일반 대중의 무관심과 혐오를 확산시키고 정치참여율을 저하시키는 요인으로 작용하고 있다.

급속한 산업화의 추진과 장기간에 걸친 권위주의적 지배를 거치면서 한국에서는 계층, 지역 간 불평등이 심화되었고, 최근에는 여기에 세대와 젠더 갈등 등이 중첩되는 복잡한 사회구조를 형성하고 있다. 이는 민주적 합의와 사회통합을 이끌어낼 수 있는 메커니즘과 정책이 부재하다는 것을 의미한다. 다원화되고 복잡한 갈등구조를 지닌 사회에서 합의 메커니즘이 제대로 작동되기 위해서는 특히 민주적 사회문화가 기저에 형성되어야 한다. 한국의 사회문화는 가부장적인 위계질서를 존중하는 권위주의, 배타적이고 복종을 강조하는 집단주의를 중심으로 하고 여기에 개성과 개인의 행복을 최우선 가치로 여기는 개인주의가 병행하여 복합적인 문화체계를 형성하고 있다. 이러한 점은 한국 사회가 배타적 집단주의를 극복하고, 다원주의와 관용, 합의를 내용으로 하는 새로운 민주적 사회문화를 형성하며, 민주적이고 포용적인 정치제도를 정착시키는 것을 통해서만 비로소 사회균열과 갈등을 치유하고 사회통합을 달성할 수 있다는 것을 의미한다. 이와 관련하여 '강제로 부여된 민주주의(oktroyierte Demokratie)'에서 시작하였으나, 철저한 '학습 민주주의(lernende Demokratie)'의 시행을 통해 '민주적 시민사회(demokratische Bürgergesellschaft)'로 변화하고, 비록 완전하지는 않지만 동서독 통합도 이루어 낸 독일의 사례는 우리에게 시사하는 바가 크다.

레이파트가 강조했듯이 다수제 민주주의는 소수집단이 정치과정에 대한 광범위한 접근과 참여에서 제외되기 쉽다. 이런 까닭에 "반대보다는 합의를 강조하고, 배제시키기보다는 포함시키고, 근소한 과반수에 만족하는 대신에 지배하는 다수자의 규모를 최대화하려고 노력하는 민주주의 체제인 합의제 민주주의"가 필요하다는 것이다. 그에 의하면 합의제 민주주의는 다수자와 소수자 사이의 권력분담(sharing), 권력기관 간의 권력분산(dispersal), 권력의 공정한 배분(distribution), 권력의 위임(delegation), 권력에 대한 공식적 제한(limit)이라는 장치를 통해 다수자의 지배를 견제하는 것을 목표로 한다는 것이다.

여기서 권력의 분담은 모든 중요한 정당간의 광범위한 연합을 통해 행해지며, 권력분산은 집행부와 입법부, 입법부의 양원, 그리고 여러 소수정당 사이에서 이뤄진다. 권력의 배분은 비례대표제를 통해 소수정당의 대표성을 보장하는 것으로 나타나며, 권력의 위임은 영토적으로 조직된 실재에게 자치권을 부여함으로써 달성된다는 것이다. 그리고 권력에 대한 제한은 까다로운 개정 조건을 갖는 성문헌법과 소수자의 거부권이라는 장치로 대표된다고 한다. 직접 민주주의의 한 수단인 국민투표 역시 스위스에서처럼 국민발안(popular initiative)과 결합될 경우에는 소수자에게 선거로 형성된 다수 세력의 의사에 반해 주장을 펼 수 있는 기회를 부여할 수 있다(Arend Lijphart, 1984: 23~30; Arend Lijphart, 1999: 31~47).

합의제 민주주의는 협의제 민주주의(consociational democracy)보다 더 광범위한 개념으로 사용된다. 레이파트에 의하면 합의제 민주주의 개념이 협의제 민주주의에 관한 1977년 저서에서 고취되었고 또 그것과 관련이 있지만 각각의 의미는 결정적으로 다르다고 한다. 즉 1977년 저서에서는 협의제 민주주의를 논의의 출발점으로 삼은 후 다수 지배와 대비시켰지만 1984년 저서에서는 다수제 모델에 대한 분석에서 출발하여 그것으로부터 논리적으로 반대모델인 합의제 모델을 도출해냈다는 것이다. 레이파트가 초기 저작에서 사용했던 협의제 민주주의는 대연합, 분할된 자치권, 비례성 및 소수자 거부권을 특징으로 한다.

이러한 합의제 민주주의는 정치적 갈등뿐만 아니라 노사문제와 같은 사회갈등을 조정하고 이를 통합으로 이끄는 데 있어서 가장 적절한 형태의 민주주의로 평가된다. 녹색당 같은 소수정당이 원내로 진입하는 것도 유리하다. 대부분의 서유럽 국가들이 채택하고 있는 의회 민주주의 정부형태도 어느 정도는 합의제 민주주의적 요소를 갖고 있다고 할 수 있다. 의회 민주주의에서는 권력이 특정인이나 기관에 집중되지 않고 적절히 분산되며, 높은 비례성과 민주성을 갖는 선거제도나 의회제도를 갖고 있는 경우도 흔하다. 그러나 의회 민주주의 정부형태가 위에서 열거한 합의제 민주주의의 특성을 모두 소지하고 있는 것은 아니며 국가별로 편차도 크다. 예를 들어 레이파트가 분류했듯이 같은 의회 민주주의 정부형태 내에서도 웨스트민스터 모델이라 이름 붙인 다수제 모델에 가까운 영국에서부터 다수자를 견제하는 합의제 모델을 갖는 스위스와 벨기에까지 다양한 형태가 존재한다.

합의제 민주주의에 보다 가까운 정부형태를 채택하고 있는 대표적 국가로는 스위스, 네덜란드와 벨기에 등을 들 수 있다. 스위스는 권력과 책임의 제도적 분배를 내용으로 하는 연방제와 공동참여의 집단지도체제를 갖는 연방위원회를 중심으로 하는 합의제 정부를 운영하고 있다. 스위스의 민주주의 체제는 상이한 균열에 근원을 두는 이질적 정치세력 간에 상호조정을 통해 협력을 행하고 합의를 도모하는 데서 콘코르단츠 민주주의(Konkordanzdemokratie)라고도 불린다. 예를 들어 연방정부, 칸톤(Kanton)과 게마인데(Gemeinde)는 적절하게 권력을 공유하지만 다른 한편으로는 보충성 원칙에 입각해 서로 긴밀한 협력 체제를 유지하며, 연방하원과 상원의 공동회의인 연방회의(Bundesversammlung)에서 선출되는 연방내각(Bundesrat) 역시 합의제 원칙에 입각해 운영된다(Wolfgang Ismayr Hg., 1997: 445~477).

역사적으로 지배세력 간의 협의와 조정, 타협에 기초한 독특한 정치문화를 발달시켜온 네덜란드는 1917년 종교 및 사회집단 지도자들의 평화협약에서 비례대표선거제도와 보통선거, 유권자의 투표 의무 등을 골자로 하는 협약을 맺으면서 합의제 민주주의 골격을 갖추었다. 양원제의 의원내각제에서 법률안을 발의하고 심의하는 등 실질적인 권한을 지닌 하원은 봉쇄조항(threshold) 없이 비례대표에 의한 직접선거로 구성되며, 상원은 12개의 프로방스(province)에서 간접선거로 구성된다. 집행부도 노동당과 기민당과 같은 어느 한 정당이 다수를 차지한 적이 한 번도 없이 늘 연립정부로 운영되고 있다(Frank Hendriks et al. eds., 2001: 6~7). 지리적으로 구분되는 지역과 상이한 문화공동체를 지닌 벨기에 역시 1970년대부터 점차 지방분권과 연방으로 변화되어 오다 1993년 헌법 개정을 통해 연방국가가 되면서 합의제 민주주의 제도를 갖는 국가가 되었다(Wolfgang Ismayr Hg., 1997: 355~380). 이들 국가의 사례는 다수제 민주주의 제도를 지닌 한국이 정치개혁을 할 경우 참조할만한 선례로 평가된다. 물론 이 과정에서는 한국적 맥락을 고려하는 것과 더불어 이들 서유럽 국가의 사례에 대한 면밀한 검토가 선행되어야 하고 그 바탕 위에서 가장 타당하고 적실성있는 제도를 광범위한 정치적 합의를 통해 채택하는 것이 중요하다.

(3) 반환경 의식과 소극적 환경행동

한국에는 적지 않은 환경주의자가 존재하고 수많은 환경단체가 활동하고 있다. 환경문제에 대한 일반대중의 관심도 점점 커지고 있다. 환경문제를 자신의 선거공약으로 내세우는 정치인들도 증가추세를 보이고 있다. 이전보다 환경의식 수준이 점차 높아지고 있지만 그럼에도 환경에 대한 관심이 행동으로 연결되는 일은 많지 않다. 특정 계급과 지역, 세대에게는 아예 반환경적 사고가 뿌리 깊게 내려있다. 중요한 것은 환경행동(environmental action), 즉 환경에 대한 관심이 행동으로 연결되는 것이다. 환경에 대한 관심이 행동으로 나타날 때 비로소 환경문제 해결에 가시적 효과를 가질 수 있다. 일반적으로 사회학자들은 환경에 대한 관심이나 태도가 그 개인의 사회경제적 지위나 특성, 이데올로기 혹은 가치관에 의해 영향을 받는다고 본다. 환경의식의 차이에 영향을 주는 사회적 특성으로는 성(gender), 연령 같은 인구학적 변인과 교육, 소득, 직업지위 같은 계급이나 사회경제적 지위와 종교 및 정치 이데올로기가 대표적이다. 그러나 환경에 대한 관심이나 환경에 대한 지식은 친환경적인 행동을 위한 필요조건일 수는 있지만 충분조건은 아니다. 즉 환경의식이 높다고 곧 환경적으로 건전한 행동으로 전환되는 것은 아니다. 이 양자 간에는 많은 개인적, 집단적 맥락에 특수한 요인이 개입된다(한국환경사회학회 편, 2004: 249~258, 234~240).

환경행동은 크게 개인적 행동과 집합적 행동으로 나누어 살펴볼 수 있다. 전자는 개인이 환경친화적 삶을 영위하는 것을 말한다. 물과 같은 자원의 절약, 전기나 가스 같은 에너지의 절약, 제로 웨이스트(zero waste) 실천, 환경친화적 상품의 구매 그리고 반환경적 상품 회피 등 개인적 차원에서 환경악화를 방지하고 환경을 보호하는 행동을 의미한다. 그리고 환경문제를 유발하는 기업을 고발하고 불매운동에 동참하거나 당국에 민원을 제기하는 행위가 있다. 환경 관련 공약이나 정책 때문에 특정 정당이나 후보를 지지하거나 반대하는 경우도 있다. 후자는 주로 환경 관련 시민사회단체에 가입해서 조직적으로 환경운동을 전개하거나 환경보호운동이나 환경에 관련된 항의운동에 참여하는 것을 가리킨다. 특히 환경오염을 유발하는 제품에 대해서는 원료 수급, 제조, 포장, 운송, 사용, 재활용 혹은 폐기로 이어지는 전과정평가(life cycle assessment)를 통해 해당 정보를 정확히 알 필요가 있다. 에너지와 광물의 자원 사용과 이로 인한 대기, 수계, 토양으로의 환경 부하량을 정량화하고 환경에 미치는 영향을 정확히 평가한 수치를 근거로 할 때만 환경행동도 제대로 전개될 수 있다. 대표적인 전과정평가로는 유럽복합재산업협회(EuCIA)에서 개발된 탄소복합재 전용 전과정평가 기법이 있다.

환경행동에 영향을 주는 요인은 환경행동의 종류나 사회계층에 따라 국가별로 차이가 있다. 그러나 높은 환경지식이 높은 환경의식을 낳고, 환경의식이 곧바로 높은 수준의 환경행동으로 전환되지는 않는다. 많은 연구결과는 환경의식과 환경행동 간에는 격차가 있다는 결론을 내리고 있다. 또 이들은 전적으로 환경지식이나 정보에서 유래하지는 않는다. 개인적 가치, 상황적 맥락, 하부구조 결핍, 경제적 유인 등이 지식, 감정이나 태도보다 더 중요한 역할을 수행하는 것으로 나타난다(한국환경사회학회 편, 2004: 258~264). 여기서 중요한 것은 사회구성원 중에 환경지식뿐만 아니라 환경 감수성(environmental sensitivity)을 골고루 갖춘 환경주의자를 많이 양성하는 것이다. 여기서 환경감수성이란 개인이 자기 자신과 세계에 대해 느끼는 것을 감지하는 능력으로 자연환경과 환경문제, 그리고 쟁점에 대한 공감(empathy)을 가리킨다. 이는 환경 교육의 선행 필수 조건이자 환경행동을 취할 때 개인의 의사결정을 강화시키는 최소한의 변인이라고 지적된다.

제2장에서 언급했듯이 우리 주변을 둘러보면 '생태맹'이라 불릴만한 사람들이 의외로 많은 것을 알 수 있다. 생태맹이란 생태계의 작동 원리와 자연환경에 대한 이해가 부족하고 자연과 교감할 수 있는 능력 또는 자연과 어울릴 수 있는 감수성이 결핍된 사람을 말한다. 자연환경과 생태계에 대한 몰이해는 제대로 된 환경·생태교육의 부재로 인해, 그리고 교감 능력과 감수성의 결핍은 반생태적인 환경에서 거주하게 된데서 그 원인을 찾을 수 있다. 이러한 생태맹들은 물질적 이익을 우선시하고 그런 까닭에 선거에서 경제성장, 개발사업을 내세우는 정치인과 정당을 지지하는 경향이 있다. 생태맹들은 평범한 시민들뿐만 아니라 사회적으로 높은 지위와 부, 권력을 가진 사람들에게도 적잖게 발견된다. 박정희식 한강의 기적을 체험했고 치열한 경쟁사회를 뚫고 살아온 60대 이상의 기성세대들은 반생태적 사유를 드러내는 경우가 많다. 이런 사람들은 생태계의 복잡성, 상호 연결성 및 생물 다양성의 중요성을 이해하지 못하고, 이로 인해 지속가능하지 않은 방식으로 자원을 함부로 사용하고 환경에 해를 끼치는 행동을 할 가능성이 높다. 그런 까닭에 생태맹은 환경문제를 더욱 악화시키고, 지속 가능한 발전을 저해할 수 있으며, 생태계의 건강과 인간의 복지에 부정적인 영향을 미칠 수 있다.

앞에서 계급에 반하는 투표와 환경파괴 정책의 상관성을 살펴보았는데, 여기서 언급했듯이 한국 사회는 탈물질주의보다 유독 물질주의가 팽배한 특징을 보이고 있다. 그 까닭을 우리는 1960년대 이후 겪은 압축적 근대화가 사회구성원들에게 크게 영향을 끼친 데서 찾을 수 있다. 짧은 기간에 압축적으로 산업화와 도시화를 이룬 한국 사회는 그 구성원들에게 끊임없이 반복되는 극단적인 경쟁을 강요하고 있다. 이런 현상은 금융외환위기가 발생한 1997년 이후 한국 사회가 신자유주의적으로 재편되면서 더욱 심해지고 있다. 그 결과 대부분의 한국인들은 극심한 시장경쟁에 내몰린 채 높은 스트레스를 받고 장시간 일하다 보니 정치에 참여해 자기 삶에 영향을 미치는 조건을 바꾸려 한다거나 시민사회운동에 가입해 중요한 가치를 실현하려는 행위에 거리를 둘 수밖에 없게 되었다. 이는 특히 젊은 세대에게 두드러지게 나타나는데 그들에게 불평등한 사회에서 고단하고 초라한 삶을 위로하는 것은 '작은' 물질적 소비행위를 과시하거나 SNS에서 맛집과 여행 취향을 자랑하는 것 등 몇 개밖에 남지 않았다.

한국 사회에는 이를 통해 성공하는 사람이 극소수라는 사실을 잘 알면서도 부동산과 주식, 코인, 복권 등을 통해 '대박'을 터트려 계급사다리를 올라가려는 사람들이 도처에 넘쳐난다. 자산과 직업, 학벌만이 다른 사람을 천편일률적으로 평가하는 기준이다. 다양한 삶의 방식과 취향, 선호는 중요하지 않고, 오직 돈만이 타인을 평가하는 획일적 기준이 되었다. 이에 속하지 않는 사람을 '낙오자'로 낙인찍고 집단에서 따돌리는 일은 너무 흔하다. 천민자본주의는 한국 사회를 특징짓는 키워드 중의 하나이다. 이러한 사례는 한국 사회가 얼마나 물질 중심의 사회인지를 잘 보여준다.[128] 다른 사회적 가치는 도외시한 채 오직 시장경쟁에서 통용되는 능력만을 중시하는 풍조도 마찬가지이다. 지난 이명박 정부 이후 대통령과 장관을 비롯한 한국사회의 지도자들이 보여준 것은 불법과 도덕적 흠결이 아무리 많아도 수단과 방법을 가리지 않고 부를 축적하고 정치권력을 장악하면 그만이라는 사실이었다. 그 이후 그렇게 성공한 사람이 능력있는 사람으로 여겨지는 사회적 풍토가 널리 자리잡게 되었다. 이와 관련하여 젊은 세대 가운데는 능력주의(meritocracy)를 내재화한 사람의 비율이 유독 높다. 그러나 능력주의는 공동체에 필수적인 사회적 연대감을 약하게 하고 불평등을 정당화하며 부패를 유발하는 단점이 있다(Daniel Markovits, 2020; Michael J. Sandel,

---

128 이러한 현실은 한국 사회가 전형적인 물화 중심 사회라는 것을 나타낸다. 악셀 호네트는 2005년에 출간된 <물화, 인정이론적 탐구(Verdinglichung, Eine anerkennungstheoretische Studie)>에서 인간의 삶과 실천의 변함없는 전제들에 대한 전도현상으로 '물화'를 제시하고 이를 인정이론적으로 재정식화하였다. 물화는 원래 죄르지 루카치(György Lukács)의 용어이다. 루카치는 근대 자본주의에 들어와 사람들 간의 관계가 물건 같은 성격을 띠는 것이 전체 사회의 지배적인 형식으로 되었다고 지적하면서 이를 물화라 일컬었다. 상품구조를 통해 발생하는 가치의 전도현상은 추상적이고 주관적인 것들을 객관적으로 존재하는 것처럼 보이게 하고, 마치 처음부터 그러했던 것처럼 기원을 은폐한 채 자율성을 획득하게 만든다는 것이다. 이러한 주장은 칼 마르크스가 <자본론> 1권에서 행한 상품 분석의 연장선상에서 펼쳐진 것이다. 루카치는 인간들은 그것들이 자신들에게 어떤 이익을 가져올 것인가 하는 자기중심적 손익계산의 관점에서만 인지하는 것을 더 이상 피할 수 없게 되었다고 한다. 상품교환의 확장이 물화의 지속과 확산의 사회적 원인이라는 것이다. 상품교환의 주체들은 눈앞의 대상들을 잠재적 이익을 가져올 수 있는 물건들로만 지각하고, 상대방을 이 일을 가져올 거래의 객체로만 여기며, 결국에는 자신들의 능력을 가치증식의 기회계산에서 추가적인 자원으로만 고려하도록 서로에게 요구한다는 것이다. 계산가능성(Kalkulierbarkeit)에 바탕을 두는 합리화 원리가 지배하는 현실에서 주체는 주변세계에 대해 관조적 자세를 갖게 되고, 기계화된 부분으로서 기계적 체계에 무기력하게 제 자신을 끼워 맞춰야 하면서, 현 존재에게 일어나는 사건들에 하등의 영향력도 미칠 수 없는 방관자가 된다고 한다. György Lukács(1986), pp.154~163. 호네트는 이러한 물화가 바로 '인정의 망각'이라 본다. 호네트는 '물화'라는 용어가 한 때는 자본주의 비판에서 필수적 어휘였는데, 지금은 이론언어의 위치에서 망각되었다고 지적한다. 요즘에는 물화라는 병리학적 개념보다는 그저 민주주의의 부족과 사회정의의 결핍을 지적하는 데 만족한다는 것이다. 그러면서 호네트는 물화가 사람들이 상호관계를 인정하지 않을 때 발생한다고 주장한다. 이는 노동자와 자본가 간 관계를 비롯해 남녀 관계 등 다양한 상호관계에서 일어난다. 여기서 벗어나기 위해서는 단순히 인정이 아니라 관계를 맺고 있는 다양한 사람들의 경험을 인정하고 다양성 속의 인정이 이뤄져야 한다고 강조한다. Axel Honneth(2006), pp.67~68. 이와 같은 호네트의 인정투쟁 이론은 급격히 변화하는 한국 사회에서 발생하는 다양한 대립과 갈등을 비판적으로 분석하고 그 안을 제시하기 위한 이론적 자원 중의 하나로 활용될 수 있다. 아울러서 그의 물화 개념은 한국 사회에서 왜 사람들이 공동의 이익과 공공선보다는 개별적이고 단기적인 이익에만 집착하는지에 대해서 설명해준다.

2020). 한국 사회에서는 이에 대한 숙고와 성찰이 부족하다. 워낙 배금주의(拜金主義)가 지배하는 사회다 보니 환경과 생태와 같은 가치는 별반 중요하지 않게 된 것이다. 다양한 삶의 가치가 존중받지 않고 반생태적 가치관을 내재화한 사람들이 많아지게 된 것은 다 까닭이 있는 것이다.

한국인들 대다수는 높은 경쟁과 배제로 특징되는 경제와 교육시스템 하에서 성장했기 때문에 타인의 처지에 대한 공감능력이 높지 않다. 타자에 대한 관용의 정도가 낮다 보니 사회적 감수성도 떨어진다. 그 중 하나가 바로 생태적 감수성이다. 그런 까닭에 작금의 경제모델과 교육모델은 개인적으로나 집단적으로나 지속가능하지 않으며 따라서 바람직하지 않다. 그럼에도 이런 모델은 한국 사회에 깊게 자리 잡고 사람들에게 막강한 영향력을 미치고 있다. 그렇다면 어떻게 해야 할까? 생태맹을 극복하기 위해서는 무엇보다도 교육을 통해 생태계에 대한 이해를 높이고, 지속 가능한 생활방식을 채택하며, 환경보호와 자원의 지속 가능한 사용에 대한 인식을 강화하는 것이 중요하다. 이는 개인의 생활 습관 변화에서부터 정책 수준의 결정에 이르기까지 다양한 차원에서 이루어져야 함은 물론이다.

결국 관건은 우리가 직면한 환경문제를 어떤 관점에서 바라보고, 이에 어떻게 대처해 나가느냐 하는 점으로 보인다. 환경위기를 초래한 원인의 기저에는 인간의 환경에 대한 가치관이나 태도가 있기 때문이다. 이는 장기적인 측면에서 온전한 환경/생태교육을 통해 함양될 수 있다. 현실이 불만족스러울수록 더욱 우리는 타당하고 적실성 있는 교육을 지향해야 한다. 환경과 관련해서는 환경에 대한 올바른 가치관 및 태도를 기르고, 환경과 인간 간의 관계를 이해하게 하며, 환경문제에 대한 탐구 및 문제해결을 추구하는 교육이 여기에 해당한다. 기후위기 상황을 고려하면 환경교육은 여기에 머물러서는 안 된다. 끝없이 생산과 소비를 강요하면서 파국을 향해 달려가는 자본주의체제를 단지 지속가능하게 하는 데서 만족하지 말고 이를 생태적으로 전환하는 실현 가능한 기획을 강구하고 실행하는 데까지 이르러야 한다.[129]

---

129 기후위기 시대에 걸맞은 환경교육과 지속가능발전교육의 방향과 내용에 대해서는 홍익표(2024), pp.345~401 참조.

4부

무엇을 어떻게 할 것인가

19장 성장사회를 넘어 녹색전환으로

20장 책임국가의 역할과 그린 글로벌 거버넌스

4부.
무엇을 어떻게 할 것인가

생태계 전체가 무너지고, 대규모 멸종의 시작을 앞두고 있는데 당신들은 돈과 영원한 경제성장이라는 꾸며낸 이야기만 늘어놓는다. 어떻게 그럴 수 있는가?

- 그레타 툰베리 [130]

아는 것만으로는 충분하지 않다. 또한 적용해야 한다. 원하는 것만으로는 충분하지 않다. 또한 실행해야 한다.

- 요한 볼프강 폰 괴테 [131]

일찍이 칼 세이건(Carl Edward Sagan)이 지적했듯이 인류는 광대한 우주의 무대 속에서 하나의 극히 작은 점에 지나지 않는 지구라는 행성에서 찰나의 순간을 살아가는 존재이다(Carl Edward Sagan, 2001: 26~27). 그런데도 지금까지의 역사가 그러하듯이 인류는 경계를 나누고 인종과 종교와 이데올로기가 다르다는 이유로 서로 싸우고 죽이는 일을 계속해오고 있다. 부자나 강자가 탐욕을 충족시키려고 다른 사람들을 수탈하고 착취하며 소외시키는 일도 흔히 일어난다. 워낙 이런 일이 잦다 보니 탐심을 경계하라는 말이 여러 종교 경전의 주된 메시지로 기록이 되어있을 정도이다. 그런데 더욱 큰 문제는 비록 우주달력에서 보자면 지극히 짧은 시간이지만 그래도 인류가

---

130 이 언급은 그레타 툰베리(Greta Thunberg)가 2019년 9월 23일 미국 뉴욕 유엔본부에서 열린 '기후 행동 정상회의(Climate Action Summit 2019)'에서 세계 지도자들의 책임을 추궁하며 했다. 전문은 https://www.npr.org/2019/09/23/763452863/transcript- greta-thunbergs-speech-at-the-un-climate-action-summit 참조.

131 이 말은 요한 볼프강 폰 괴테의 소설인 <빌헬름 마이스터의 편력시대(Wilhelm Meisters Wanderjahre)>의 제3부 "마카리에의 문고에서"에 나온다. Johann Wolfgang von Goethe(2016), p.464. https://www.projekt-gutenberg.org/goethe/meisterw/ mstw401c.html도 참조할 수 있다.

여태껏 살아왔고 지금도 살고 있으며 앞으로도 살아가야 하는 소중한 공간인 바로 그 지구를 인류가 파괴하고 훼손시키고 있다는 사실이다. 지구는 "가슴 시리도록 아름답고 귀한 세상"이자 우리가 알고 있는 한, "유일한 생명의 보금자리"이다(Carl Edward Sagan, 2004: 33~34).

그런 지구의 기후지표가 최근 들어와 급속히 악화되고 있다. 대기 중 이산화탄소를 비롯한 온실가스의 증가가 에너지 불균형을 초래하여 대기와 해양을 빠른 속도로 가열시키고 있다는 것은 이제 부인할 수 없는 객관적 사실이 되었다. 대기와 해수면 온도가 역대 최고치를 갱신하고 있으며 이로 인한 부작용이 심각한 정도에 이른 사례는 너무나 많다. 그러다보니 과학자들뿐만 아니라 일반 대중들까지도 단순히 기후변화라는 용어보다 더 긴급하고 심각한 상황을 나타내는 기후위기라는 용어를 광범위하게 사용하게 되었다. 이제 기후위기는 생태계, 인간의 생활, 경제, 그리고 지구 전체의 건강과 안정성에 대해 직접적이고 중대한 위협을 가하고 있다. 심각한 기후위기로 인류가 대량절멸의 위험에까지 봉착해 있다는 경고도 적지 않다. 지난 세기부터 지구상에 존재하는 동물들의 개체수와 서식 면적은 눈에 띄게 감소하고 있고, 그러다 보니 급기야 과학자들은 '인류세의 생물학적 멸종'을 언급하기에 이르렀다.

분명한 사실은 현재 인류가 전례 없는 생태적 위기를 겪고 있고 이를 극복하지 못한다면 인류의 생존이 위협에 처할 것이라는 점이다. 과연 인류는 생존하고 문명을 유지하기 위한 지혜를 발휘할 수 있을까? 우리는 무엇을 어떻게 해야 할까? 물론 지금도 대기 중에 있는 온실가스를 저감시키기 위한 기술이 개발되고 있고, 기후변화협약 당사국총회 같은 국제적 기후 협력도 끊임없이 추진되고 있다. 문제는 경제적 이유에서, 그리고 무엇보다도 정치적 이유에서 기후위기에 대한 대응이 너무나 느리고 불충분하게 진행되고 있다는 점이다. 지구적 규모에서 온실가스를 획기적으로 감축하고, 기꺼이 이에 소요되는 투자비용을 지출하기는커녕 여전히 온실가스 배출 감축을 둘러싸고 타국에 책임을 떠맡기거나 아예 온난화를 부인하는 일까지 일어나고 있다. 일부 국가에서는 아예 노골적으로 탄소중립에 역행하는 에너지 정책을 내놓기도 한다. 그런 와중에서 온실가스 배출은 꾸준히 증가하고 있다. 여기에 이미 우리가 대기권으로 배출한 온실가스의 양만 갖고도 상당한 기간 지구는 기후 악화가 계속될 것이 분명하다. 이런 현실을 돌아보면 한 해 평균 약 360억 톤의 온실가스를 내뿜어야 지탱되는 지금의 자본주의 시장경제체제는 더 이상 지속불가능하고 지구의 운명에 그리고 인류의 삶과 운명을 지탱하는 지구의 능력에 커다란 피해를 줄 것이 분명하다. 사정이 그런데도 모든 측면에서 석유문명에 기반을 둔 체제를 바꿔야 한다는 목소리는 소수 이상주의자들의 급진적 주장으로 치부될 뿐 별다른 반향을 얻지 못하고 있다. 오히려 정책결정 권한을 지닌 일부 엘리트들에서는 기후위기를 부정하고 기후변화를 막기 위한 행동이 불필요하다는 목소리가 멈추지 않고 나오고 있다.

지금 우리 인류가 처한 상황은 매우 비관적이다. 이러한 상황이지만 그럼에도 불구하고 우리는 힘을 합해 기후위기에 대응하는 집단지성을 도출해야 하고, 대담하게 기후재난을 최소화하기 위한 온갖 시도를 감행해야 한다. 그것 말고 다른 대안은 존재하지 않는다. 이 점에 기초해서 이 책의 4부에서는 기후위기의 영향을 최소화하고 지속 가능한 미래를 위한 길이 무엇인가에 대해 고찰해보기로 한다. 이 글에서는 기후위기가 인간 활동으로 인한 지구의 기후변화로 인해 발생하는 다양한 문제들을 의미하며, 정치적, 경제적, 사회적 차원에서 긴급한 행동을 요구한다는 점에 주목하고자 한다. 이 점에 입각해보면 기후위기 문제를 다루는 데 있어서는 과학기술적 접근 못지않게 사회적 상호작용을 연구의 대상으로 하는 사회과학적 접근이 요구된다는 것을알 수 있다. 그 중에서 정치학은 권력과 자원의 배분, 정책의 결정, 갈등의 조정 등을 분석하는 학문이라는 점에서 기후위기의 정치를 다루는 데 있어 핵심적 위치를 차지하고 있다. 여기서는 기후위기가 낡은 유형의 경제성장과 이에 기초한 기존 체제, 생활양식으로부터 비롯된 것이라는 점에 착안하여 주된 논의를 기후위기의 정치, 특히 탈성장과 녹색 전환, 그린 글로벌 거버넌스에 초점을 맞춰 전개하고자 한다.

19장.
성장사회를 넘어 녹색전환으로

성장과 발전, 자연스럽고 당연하며 마땅히 그래야 할

세상에는 성장(growth)이나 발전(development)을 자연스럽고 당연하며 마땅히 그래야 할 과정으로 생각하는 통념이 존재한다. 이러한 관념은 널리 받아들여져서 '상식'의 지위를 획득하게 되었다고 할 수 있다. 이렇듯 발전이나 성장이 안토니오 그람시가 사용한 헤게모니(hegemony)[132]의 지위를 갖게 된 까닭은 이 단어의 의미가 대부분의 사람들이 기대하고 희망하는 긍정적인 내용을 담고 있기 때문이다. 누군가 발전이라고 말할 때 우리는 이 단어가 더 낫고 좋은 상태나 더 높은 단계로 나아감을 의미하는 것이라고 생각하기 쉽다. 대부분의 사전에도 그런 의미로 기재되어 있다. 프랑스어 데블로프망(développement)에서 유래된 발전은 캠브리지 사전에 의하면 "누군가 또는 무언가가 성장하거나 변화하고 더욱 발전하는 과정"을 가리킨다. 사회적으로도 발전은 존재하게 되거나 새로운 것 또는 더 진보된 것을 창조하는 과정을 의미하는 것이라고 받아들여진다. 일상어에서는 발전이 기술, 능력, 품질 등을 향상시키는 것이라는 의미로 사용된다(https://dictionary.cambridge.org/dictionary/english/

---

132 이탈리아의 마르크스주의 이론가이자 정치가인 안토니오 그람시(Antonio Gramsci)는 마르크스의 경제환원론에 반대하여 시민사회를 다양한 조직들이 자율성을 가지고 활동하는 영역으로 인식하였다. 감옥에서 집필한 방대한 노트(Quaderni del carcere)에서 그람시는 서유럽에서 부르주아 지배의 재생산이 이뤄지는 것은 노동계급에 대해 경찰과 군대를 동원한 국가의 억압 때문이 아니라 노동자들의 적극적인 동의 때문이라고 보았다. 한 사회집단은 통치권력을 얻기 전에 이미 '지도'를 행할 수 있으며 또 행해야 한다는 것이다. 그람시가 말한 서구 선진사회의 계급지배 메커니즘인 헤게모니는 지배(위기상황 시 강제력에 의해 표현)의 의미와는 상반되는 영향력, 지도력, 동의의 의미로 사용된다. 레닌과 베네데토 크로체(Benedetto Croce)의 영향을 받은 헤게모니 이론에 따르면 한 정치적 계급의 헤게모니는 그 계급이 사회 내의 다른 계급을 설득하여 자기의 도덕적, 정치적, 문화적 가치들을 받아들이도록 하는 데 성공한 것을 의미한다. Anne Showstack Sassoon(1987), pp.119~125. 그람시에게 있어서 시민사회는 이러한 헤게모니가 작동함으로써 사회의 재생산에 결정적인 기능을 하는 영역을 가리킨다. 역사상 가장 성공적인 경우는 18세기 프랑스 부르주아지로 혁명 전 이들은 사회의 전체 구성원들로 하여금 그들의 가치인 자유, 평등, 소유권 등을 받아들이도록 하는 데 성공했기 때문에 권력 장악이 정당하게 보일 수 있었다.

development). 여기서 알 수 있듯이 발전은 성장, 향상, 진보, 성숙, 개방, 전개, 확장 등과 같은 온갖 긍정적인 의미가 내포된 단어임을 알 수 있다. 이러한 의미를 지닌 발전의 하위 범주로는 정치발전, 사회발전, 경제발전 등이 있고, 한글로 개발이라 번역되는 것까지 포함하면 국토개발, 기술개발, 제품개발 등을 거론할 수 있다. 여기서 뒤의 개발은 자연환경이나 자연자원을 착취하고 이용하는 것을 통해 이익을 내는 행위나 과정을 지칭하는 데서 공통점을 찾을 수 있다.

이 중에서 우리가 이 장에서 검토하려는 것은 경제발전이다. 그렇다면 경제발전이란 무엇일까? 이에 대해 많은 사람들이 생각하는 것은 경제가 성장하거나 변화하고 더욱 발전하는 과정일 것이다. 국가의 산업과 부의 증가를 가리키는 것이라고도 답할 수 있다. 여기서 경제가 무엇을 의미하느냐에 대해서는 학자에 따라 다양한 정의가 있다. 이 중에서 다수의 학자들이 동의할 수 있는 정의는 경제가 돈, 직업, 기술, 국제무역, 세금 등을 비롯해 우리가 재화와 서비스를 생산하고, 그 과정에서 만들어진 수입을 분배하고, 그 결과 나온 생산물을 소비하는 것을 의미한다는 것이다(장하준, 2023: 27~35). 사회과학의 한 분과학문인 경제학은 이러한 경제를 다루는 학문이라고 할 수 있다. 물론 경제학에 대한 접근법은 학자에 따라 분석 대상과 전제가 다르기 때문에 경제에 대한 정의도 매우 다양할 수밖에 없다.

예를 들어, 주류경제학이라 일컬어지는 신고전학파 경제학을 추종하는 학자들은 경제가 합리적이고 이기적인 개인들로 구성되어 있다고 생각하고, 일반균형(general equilibrium) 상태에서 모든 시장은 가장 효율적인 자원배분을 하고 모든 사람의 효용을 극대화한다고 주장한다. 이러한 경제학의 정의는 신고전학파 경제학의 창시자인 알프레드 마샬(Alfred Marshall)에서 연원하는 것이다. 마샬은 <경제학 원리(Principles of Economics)>에서 경제학은 부의 축적에 대한 연구이지만 다른 보다 중요한 측면에서는 인간의 일상생활을 연구하는 학문이라고 말했다. 여기서 부의 축적을 연구한다는 것은 영국의 경제학자 라이오넬 로빈스(Lionel Charles Robbins)가 언급했듯이 인간들이 합리적으로 선택(rational choice)한다는 것, 즉 희소성을 지닐 수밖에 없는 수단을 사용해 최대의 효과를 거둘 수 있는 방법을 의도적이고 체계적으로 계산해서 선택을 한다는 것을 의미한다(https://www.britannica.com/money/economics).

합리적 의사결정을 강조하는 이 이론에 대해서는 그러나 물질적 부를 넘어서는 선호, 자선, 공정성, 신뢰, 보복, 주변 사람에의 순응을 간과한다는 비판이 행동경제학, 사회경제학, 제도경제학 등에서 제기되고 있다(Daron Acemoglu, 2019: 441~457).[133] 여기서 이들 접근법을 다 설명하고 그 장단점을 고찰하는 것은 이 책의 주제와 멀리 떨어진 것이라서 하지 않으려 한다. 다만 자연과학과 달리 사회를 탐구하는 사회과학이 객관적이고 가치중립적이라고 주장하는 것은 비판의 여지가 크다는 점을 지적하고자 한다. 그 중에서도 주류경제학이 내세우는 경제이론들은 매우 복잡하고 변화하는 현실을 일정한 수식과 그래프를 통해 단순하게 정립한 것이라서 문제가 크다. 나아가 성장 중심적 사고와 시장 메커니즘에 대한 과도한 신뢰는 환경문제를 비롯한 사회문제에 대한 효과적인 해결책이 되지 못한다. 그리고 기존 체제의 불평등한 구조를 그대로 수용한 채 가능한 선택만 고려하는 것은 한계가 분명하다는 점을 밝히고 경제발전에 대한 논지를 전개하기로 한다.

경제발전은 조금 더 구체적이고 체계적으로 살펴볼 수 있다. 발전경제학 분야의 선구적인 학자로 알려진 마이클 토다로(Michael P. Todaro)는 스티븐 스미스(Stephen C. Smith)와 공동 저술한 <경제발전(Economic Development)>에서 경제발전에 대한 이론과 정책을 체계적으로 분석하고 있다. 토다로와 스미스에 의하면 경제발전에 대한 전후의 고전적 문헌은 선형성장단계설 모델(linear-stages-of-growth model), 구조변화의 이론과 모델, 종속이론, 신고전파이론이라는 네 가지 주요한 그리고 때로는 경쟁적인 사고의 가닥이 우위를 차지하고 있다. 그리고 이들 이론 모두로부터 절충적으로 이어지는 접근법이 존재한다(Michael P. Todaro et.al., 2012: 120). 2차 대전 이후 1950년대와 1960년대의 이론가들은 발전과정을 모든 국가들이 반드시 거쳐야 하는 경제성장의 일련의 연속적인 단계로 간주하였다. 저축, 투자, 해외원조의 적절한 수량 및 결합이 개도국으로 하여금 선진국이 역사적으로 답습했던 경제성장의 경로를 따라 전진하도록 하는 데 필요한 모든 것이라는 내용이었다. <경제성장의 단계(The Stages of Economic Growth)>(1960)를 쓴 월트 로스토우(Walt W. Rostow)가 이 모델의 가장 영향력 있는 옹호자이다.

---

133 이른바 '주류 정통경제학(mainstream orthodox economics)'의 교리에서 완전히 탈피하여 연구와 정책 개입을 위한 자신들만의 접근법을 개척한 경제학자들에 대해서는 Robert Pollin et al.(2023)을 참고할 수 있다. 이들은 기후위기, 글로벌 불평등, 빈곤, 계급투쟁, 성과 젠더의 불평등, 전면적 금융 불안정, 제국주의, 그리고 국가 주도 개발전략 등의 문제들을 독창적이고 인상적인 방식으로 전면에 내세운다.

린든 존슨(Lyndon B. Johnson) 정부 시기 대통령 특별보좌관을 지내면서 냉전 시기 미국의 제3세계 전략을 입안한 로스토우는 이 책에서 경제성장은 ① 전통적 사회, ② 도약을 위한 선행조건 단계, ③ 도약단계, ④ 성숙에의 전진단계, ⑤ 대중적 대량소비 단계 등 일정한 연속적 단계를 거쳐 이뤄진다고 설명한다. '로스토우의 도약 모델(The Rostovian take-off model)'이라고 불리는 데서 알 수 있듯이 로스토우의 경제성장 이론은 특히 제3단계인 도약기에 그 초점이 맞춰져있다. 이 시기는 농업생산의 혁명적 증대와 특정 분야의 급격한 발전이 성장을 주도하며, 내부적 자본축적 및 기술혁신과 함께 외부자본 및 기술도입이 성장의 주요 요인이 된다. 이 단계의 가장 두드러진 특징은 국가소득의 10% 또는 그 이상의 생산투자율 증대, 높은 성장률을 지닌 하나 또는 그 이상의 제조업 분야 발전, 성장을 촉진하는 정치, 사회, 제도적 체제의 출현을 들 수 있다(Walt W. Rostow, 1961: 4~21).

로스토우의 경제성장 이론은 넓은 범주에서 미국 주류 사회과학자들의 근대화론에 속하는 이론이기도 하다. 미국의 역사학자인 마이클 레이섬(Michael E. Latham)은 <근대화라는 이데올로기: 케네디 시기의 미국의 사회과학과 국가건설(Modernization as Ideology: American Social Science and 'Nation-Building' in the Kennedy Era)>에서 '근대화'가 1950년대 이후 본격화한 냉전 상황에서 특히 혁명세력의 팽창을 봉쇄하고자 하는 정책 결정자들에게 강한 호소력을 지녔다고 말한다. 냉전 초기의 산물인 근대화론은 전 세계적 변화의 본질 및 그것과 미국의 관계에 대한 근본적인 몇몇 가정에 기초했다. 예를 들어, 사회과학 도구로 무장하고 그것이 지닌 합리적이고 분석적 힘에 대해 자신에 차있던 이론가들인 로스토우, 루시안 파이(Lucian W. Pye), 대니얼 러너(Daniel Lerner), 가브리엘 알몬드(Gabriel Almond), 제인스 콜먼(James Coleman) 등은 그들이 '전통'과 '근대'라고 이름 붙인 사회에 어떤 차이가 있는지 비교 분석할 필요가 있다고 주장하면서 한 사회가 하나의 조건에서 다른 조건으로 이동하기 위한 필수 요건을 밝히려 했다. 그렇게 진행된 연구들은 '근대화'가 경제조건, 정치구조, 사회가치체계 등이 완전히 결합된 일련의 변화라는 종합적인 결론을 도출하였다. 이러한 근대화론의 핵심 개념은 다음과 같은 몇 가지 중복된 가정에 집중된다. (1) 전통과 근대사회는 명백히 이분법적으로 구분된다. (2) 경제, 정치, 사회변화는 통합되어 있으며 상호 의존적이다. (3) 발전은 보편적이고 단일한 경로를 따라 근대사회로 나아가는 과정이다. (4) 후진국 사회의 발전은 선진국 사회들과의 접촉을 통해 극적으로 가속화될 수 있다. 이들 이론가들은 역사 발전 단계의 정점에 서구의, 산업화한, 자본주의적 민주주의 국가 - 특히나 미국 - 를 위치시켰다(Michael E. Latham, 2021: 21~23). 그러나 이와 같은 근대화론은 비서구의 구조적 문제를 간과한데서 처음부터 실패 가능성을 안고 있는 이론이기도 했다.

토다로와 스미스가 말한 선형단계 접근법은 1970년대에 두 종류의 대립되는 학설에 의해 대체되었다. 첫 번째는 '전형적인' 개도국이 급속한 경제성장을 발생시키고 지속시키는 데 성공하기 위해 겪어야 할 구조변화의 내부과정을 그리려는 시도 하에 현대적 경제이론과 통계분석을 사용하였다. 두 번째인 종속이론은 보다 급진적이며 정치적이다. 종속이론은 저발전을 국제·국내의 권력관계, 제도적·구조적 경제의 경직성, 그리고 그에 따른 국가 내부와 국가 간 이중경제와 이중사회의 확산으로 간주한다. 발전에 보편적인 경로가 있다는 개념에 직접 도전하며 초국가적 경제관계가 산업화된 중심부를 부유하게 만들고 주변부는 착취적인 세계 자본주의에 계속 종속시킨다는 점을 강조한 세계체제론 역시 이 범주에 포함된다(Michael E. Latham, 2021: 24).

1980년대의 대부분과 1990년대에는 네 번째인 신고전학파의 반혁명으로 자유시장, 개방경제, 비효율적 공기업 사유화의 바람직한 역할을 강조하였다. 이 이론에 따르면, 발전의 실패는 종속이론가들이 설명하는 것처럼 착취적인 외부 및 내부 요인 때문이 아니고 오히려 발전의 실패는 주로 과도한 정부의 간섭과 경제에 대한 규제의 결과라는 것이다. 신고전학파 성장이론에 지대한 기여를 한 학자는 로버트 솔로(Robert Solow)이다(Michael P. Todaro et al., 2012: 120~142). 현재 세계적으로 널리 통용되는 경제성장 개념은 전통적 신고전학파 성장이론의 영향을 주로 받은 것이다. 이 성장이론에 따르면 산출량 증가는 인구증가와 교육을 통한 노동의 양과 질의 증가, 저축과 투자를 통한 자본의 증가, 그리고 기술향상이라는 요소들의 결과이다. 다시 말해, 경제성장은 자본축적, 인구 및 노동력 증가, 기술진보 세 가지 구성요인이 일차적인 중요성을 갖는다.

우리가 상식으로 알고 있는 경제성장은 특정 국가에서 일정 기간 동안 생산된 재화와 용역의 증가분을 말한다. 전통적으로 경제성장률은 실질 GDP(gross domestic product), 즉 1년간 한 국가의 영토 내에 있는 외국인과 내국인들의 경제활동, 가계, 기업, 정부가 생산활동에 참여하여 만들어 낸 부가가치 또는 최종 생산물의 합계를 이전 년도와 비교하여 산출해 낸다. GDP의 개념은 어느 나라 국적을 가진 사람들이 생산활동에 참여했느냐에 상관없이 그 나라 안에서 만들어낸 모든 것을 계산한 것이다. 그러나 이러한 GDP는 시장을 통하지 않고 거래되는 재화나 서비스를 포함하지 않는

데서 한계가 있다. GDP는 그 나라의 환경·노동 시간·여가 등과 같은 삶의 질을 제대로 알려주지 못하며, 총량 개념으로서 그 나라의 소득분배나 빈부격차를 알려주지 못하는 한계도 있다.

조지프 스티글리츠(Joseph E. Stiglitz)와 아마르티아 센(Amartya Sen) 그리고 장 폴 피투시(Jean-Paul Fitoussi)가 참여한 '경제실적과 사회진보의 계측을 위한 위원회(The Commission on the Measurement of Economic Performance and Social Progress)'가 작성한 보고서는 GDP 측정방식이 지니는 문제점을 더 명확하게 지적하고 있다. 이들에 따르면 GDP는 가장 광범위하게 이용되는 경제활동 지표로서 국제적 지표가 있고, 통계적 기반과 개념적 기초도 매우 튼튼하다. 그러나 실제로는 시장가격에 기초한 계산이 경제이론이 주장하는 것처럼 그리 간단한 문제가 아니다. 첫째, 정부가 제공하는 무상 의료보험, 가계에서 이뤄지는 육아 등과 같은 일부 재화와 용역은 가격이 존재하지도 않는다. 둘째, 시장가격이 매겨져 있다 하더라도 시장가격과 사회가 부여하는 가치 사이에 괴리가 존재한다. 특정한 품목의 생산 혹은 소비가 사회 전체에 영향을 미칠 수 있는 경우에 개인이 그 물품에 지불해야하는 가격과 그 품목이 사회 전체에서 갖는 가치가 다를 수 있다. 가격과 수량 등의 개념은 시간이 지남에 따라 변화한다. 정보통신 기술은 질적인 변화가 급속도로 이뤄지고, 의료, 교육, 연구, 공용서비스는 생산물의 질적 측면이 복합적이고 다차원적이라서 그것을 측정하는 일이 쉽지 않다. 감가상각, 소득의 국제적 유출입, 물품의 생산가격과 소비자 가격의 차이 등을 감안한다면 생산이 확대되어도 소득은 줄어들 수 있다(그 역도 성립한다). 이들 학자는 생산보다는 소득과 소비에 주목해야 한다고 주장한다. 소득과 소비는 재산과 함께 고려하고, 가계의 관점을 강조하는 것(부문 간 소득 이전 파악)이 요구된다는 것이다. 그리고 소득 소비, 재산의 분배를 좀 더 부각시키고, 소득의 측정을 비시장적 활동으로까지 확대하는 것이 바람직하다는 것이 이들의 주장이다(Joseph E. Stiglitz et al. 2011: 55~64). 그렇다면 성장과 발전은 어떤 차이가 있는 용어일까? 토다로는 이에 대해 다음과 같이 설명한다.

"발전은 순수하게 경제적 현상은 아니다. 궁극적인 의미에서, 발전은 인간의 자유를 확대하기 위해 삶의 물질적 및 금전적 측면 이상의 것을 포함해야만 한다. 따라서 발전은 전체 경제 및 사회체제의 재조직 및 방향 전환을 수반하는 다차원적 과정으로 인식되어야 한다. 소득과 산출량의 향상 이외에도, 발전은 전형적으로 대중의 태도와 심지어는 습관과 신념은 물론 제도, 사회, 그리고 행정구조의 근본적인 변화를 수반한다. 마지막으로, 발전은 보통 국가 차원에서 정의되지만, 발전의 보다 광범위한 실현은 국제적인 경제 및 사회체제의 수정도 필요로 할 수 있다"(Michael P. Todaro et al., 2012: 119).

경제발전과 경제성장에 대한 비판이론

위의 지적에서 알 수 있듯이 경제발전은 경제성장보다 포괄적인 의미로 총생산량(GDP)의 증가뿐만 아니라 자본축적, 기술진보, 산업구조의 변화 등 경제외적인 요소와 질적인 문제까지 포함하는 용어라 할 수 있다. 낮은 국민소득 때문에 시장이 협소한 저발전국은 저임의 노동력, 국가가 조성한 자본, 값싼 토지를 단순 생산과정과 결합하여 저가의 경쟁력 있는 상품을 만들고 다른 국가에 수출하는 수출주도형 경제성장 전략을 채택한다. 이 전략은 경제학에서 개발주의라고 부를 수 있는 오래된 지적 전통에 뿌리를 두고 있다. 개발주의 전통의 이론적 저술은 16세기 말에서 17세기 초 조반니 보테로(Giovanni Botero), 안토니오 세라(Antonio Serra) 등의 이탈리아 르네상스 학자들에게서 시작되었다. 정부가 제조업 활동을 장려해야 한다고 강조한 이들의 주장은 이후 19세기에 활동한 알렉산더 해밀톤(Alexander Hamilton)과 프리드리히 리스트(Friedrich List)로 대표되는 중상주의자(mercantilist)들로 이어졌다. 이러한 개발주의 전통은 1950년대와 1960년대에 앨버트 허시먼(Albert O. Hirschman), 사이먼 쿠즈네츠(Simon Kuznets), 아서 루이스(Arthur Lewis), 칼 군나르 뮈르달(Karl Gunnar Myrdal) 등에 의해 그 현대적 모습을 갖추게 되었다. 이들에게 경제발전이란 더 고급스러운 생산능력(productive capability), 즉 기술과 조직을 사용하고 또 새로이 개발해서 생산할 수 있는 힘을 취득하는 것이다(장하준, 2023: 138~141).

동아시아에서 이 전략을 채택하여 성공한 대표적 국가가 일본과 한국이다. 이들 국가는 선형성장단계설을 입증하는 사례라고 지적된다. 통상산업성(通商産業省, MITI)을 사령탑으로 하는 일본의 수출주도형 무역정책은 특별보조금 지급, 은행대출 주선으로 적절한 연구개발자금 보장, 수입상품 관세 인상, 외국특허상품의 일본 생산 금지 등과 같은 특정 산업과 대기업에 대한 국가 개입을 통해 경쟁력을 향상시킴으로써 경제성장을 달성할 수 있었다. 한국 역시 1960년대에 박정희 정권에 의해 일본과 유사한 성장정책을 추진하였다. 그 결과 한국은 GDP와 대외교역량 등에서 비약적인 성장을 달성했다. GDP의 경우 한국이 기록한 성장률은 1960년대 8.4%, 1970년대 9.0%, 1980년대 9.7%였다. 산업구조도 1차 산업 중심에서 2·3차 산업 중심으로 빠르게 개편되었다(http://nationalatlas.ngii.go.kr/pages/page_521.php). 1960년대 이후 한국의 GDP 및 제조업의 실질성장률은 다음과 같다.

<표> 한국의 국내 총생산 및 제조업 실질 성장률 추이

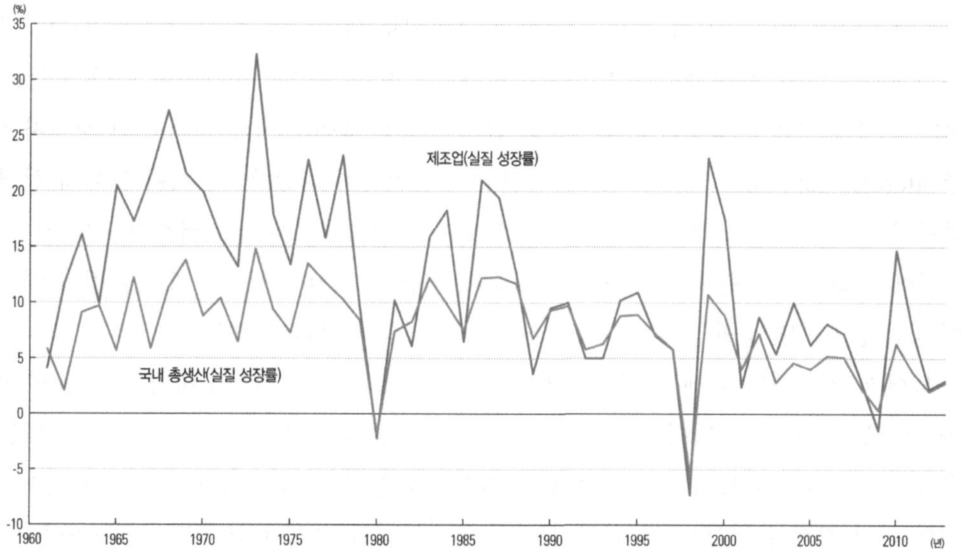

출처: http://nationalatlas.ngii.go.kr/pages/page_521.php

그러나 한국의 집권세력은 불균형 성장 전략과 선 성장 후 분배 원칙을 채택하였다. 불균형 성장 전략은 선별적 산업지원정책을 통해 추구되었는데 이는 공업 분야 중에서도 특정한 중점 육성분야를 설정하여 전후방 연관효과를 최대한으로 살리려는 것이었다. 이에 따라 지역별 산업투자는 주로 수도권과 영남권에 편중되게 되었다. 이러한 전략 하에서 정부는 1960년대부터 1970년대 초까지는 노동집약적 수출산업을 중점적으로 지원하였으며, 1970년대 중반 이후에는 중화학공업에 대한 비중을 높여 갔다(이종원 외, 1998: 140~141). 이 과정에서 적지 않은 한국인들은 성장주의를 내면화하게 되었다. 권위주의 정부는 경제성장을 추구하는 과정에서 경제성장이야말로 국가를 발전시키는 길이고 이에 매진할 때 머지않아 선진국에 도달할 수 있다는 점을

국민들에게 반복적으로 주입시켰다. 각종 이데올로기적 국가기구가 이를 위해 위로부터 동원되었다.[134]

그렇지만 성공적인 경제성장은 적지 않은 폐해와 부작용을 동반하는 것이었다. 국가 주도의 성장 전략으로 한국 정부는 최대의 고용 및 성장효과를 달성할 수 있었지만, 그러나 이는 인권과 민주주의를 억압하고, 사회적 약자들의 희생에 토대를 둔 것이었다. 그 결과 사회적으로 빈부격차가 커지면서 계층 간, 지역 간, 산업부문 간 갈등도 깊어졌다. 예를 들어, 집권세력은 분단상황과 경제발전을 명분으로 특정 지역을 배제하고 소외시키는 분할·지배 전략을 사용하기도 하였는데, 이는 민주주의로의 이행 이후에도 한국 사회의 정치지형을 결정하는 주요한 균열로 이어지고 있다(홍익표, 2019: 291). 그리고 성장과정에서 자리 잡은 도덕적 해이(moral hazard)와 정실자본주의(crony capitalism)는 후에 금융외환위기의 원인이 되었다. 이 책의 앞에서 설명했듯이 경제성장으로 인한 부작용은 무엇보다 환경영역에서 두드러졌다. 경제가 성장함에 따라 자연자원의 이용량이 증가하고, 생산 및 소비과정에서 오염물질의 배출이 동반 증가하면서 환경이 오염되고 생태계는 급속히 파괴되었다.

앞에서 지적했듯이 세상에는 경제성장을 자연스럽고 당연하며 마땅히 그래야 할 과정으로 생각하는 통념이 존재한다. 이는 경제성장이 모든 사람에게 이익을 준다는 주장이 사람들에게 널리 받아들여지고 있다는 것을 보여준다. 이와 관련하여 세계은행의 선임 경제자문위원으로 일한 경제학자인 윌리엄 이스터리(William Easterly)는 우리가 가난한 나라의 경제성장에 관심을 두는 이유는 경제성장을 통해 빈민들의 삶의 질을 향상시킬 수 있기 때문이라고 지적한다. 무엇보다도 경제성장은 빈민들을 배

---

134 지주형은 국가주도 수출기반 불균형 성장의 경험이 현대 한국에서 성장주의의 내면화와 극단화를 초래했다고 지적한다. 첫째, 식민지 경험과 전쟁, 그리고 북한과의 체제 경쟁 속에서 국민경제의 성장이 생존과 후진국 탈피에 필수적이라는 인식이 지배적이 되었다. 이를 위한 국가주도 성장의 경험은 경제부처를 성장기계로 만들었다. 특히 기획재정부는 경제성장에서 가장 큰 가치를 두고 교육, 환경, 노동 등에 대한 예산 배분을 통제한다. 그럼으로써 성장주의를 제일의 노선으로 확립하고 유지하는데 결정적인 역할을 하고 있다. 둘째, 수출주도 불균형 성장은 한국경제에서 대기업과 중화학공업의 비중과 권력을 크게 높였고 이들을 성장에 대한 강력한 이해관계자 집단으로 만들어냈다. 반면에 노동, 공공복지, 환경, 생태 등 성장주의를 견제할 수 있는 다른 집단, 제도, 가치들은 약화되었다. 이는 노동시장의 이중구조와 매우 높은 수준의 환경비용 및 온실가스 배출을 초래했을 뿐 아니라, 한국의 성장주의가 제어되지 않고 극단화될 수 있는 토양을 만들었다. 셋째, 경제성장과 국민생활의 연동은 대중을 성장에 중독시켰다. 1987년 민주화 이후 국민들이 경제성장의 과실을 본격적으로 향유하면서 대중의 욕망을 불러일으키는 소비주의 문화가 발전했다. 동시에 교육, 주거, 의료 등 사회복지의 부족함 때문에 더 많은 화폐에 대한 욕구가 생겨났다. 게다가 경제성장 둔화에 따른 실직과 자영업 실패 등을 복지제도가 완충해주지 못하기 때문에 성장은 더욱더 절실한 것이 되었다. 지주형, "한국의 성장주의 이데올로기, 그 내면화의 역사", <월간참여사회>, 2021년 11월호(https://www.peoplepower21.org/magazine/1832371?cat=392&paged=0)

고픔과 질병으로부터 해방시킨다는 것이다. 예를 들어, 랜트 프리쳇(Lant Pritchett)과 래리 서머스(Larry Summers)는 경제성장과 유아사망율의 변화 사이에 강한 상관관계가 존재한다는 사실을 증명한 바 있다. 마틴 라발리온(Martin Ravallion)과 샤오후아 첸(Shaohua Chen)의 연구에 따르면 빠른 경제성장은 빠른 빈곤 감소를 가져왔으며, 경기 후퇴는 빈곤 증가를 초래한다. 데이비드 돌라(David Dollar)와 아트 크라이(Aart Kray)는 1인당 국민소득 1%의 성장은 빈민층 소득의 1% 증가를 유발한다는 사실을 발견했다. 이들의 연구 결과는 평균적으로 경제성장이 소득 재분배보다 빈민층을 위한 구원의 열쇠로 작용할 수 있다는 것을 암시한다(William Easterly, 2008: 22~33).

그러나 현실에서는 경제성장이 자본주의의 상위계급이나 사회적 기득권층들의 이익에는 들어맞지만 하위계급이나 사회적 약자들에게도 혜택을 주는 지는 명백하지 않다. 오히려 경제성장이 소득 불평등을 초래하고 환경오염과 같은 각종 사회문제를 유발한다는 비판도 만만치 않다. 대표적으로 온실가스인 이산화탄소(CO2)의 배출은 경제성장 과정에서 증가하며, 이로 말미암아 온실효과가 나타나고 평균기온이 상승한다. 물론 이산화탄소 배출과 경제성장 사이의 연관성에 대해서는 학자별로 엇갈린 주장이 존재한다. 경제성장과 이산화탄소 배출 사이의 관계가 긍정적이라거나, 아니면 부정적이고, 또 처음에는 긍적적이지만 나중에 부정적으로 바뀐다는 주장들이 바로 그것이다. 경제성장의 초기 단계에서는 오염 배출량이 증가하지만 1인당 소득이 일정 수준을 넘어서면 배출이 감소한다는 내용의 환경 쿠즈네츠 곡선(Environmental Kuznets Curve: EKC)의 존재에 대해서도 다양한 평가가 존재한다(Guglielmo Maria Caporale et.al., 2021). 그럼에도 이산화탄소의 배출은 국가와 지역별로 차이는 있지만 여전히 지구적 수준에서는 증가하고 있으며, 이는 경제성장을 중시하는 개발도상국에서 더 분명하게 나타나고 있다. 이런 추세라면 이번 세기말까지 지구 평균 온도는 최소 1.5°C에서 최대 5°C 가 상승할 것으로 예측되고 있다.

<표> 1인당 GDP 대 탄소 강도*

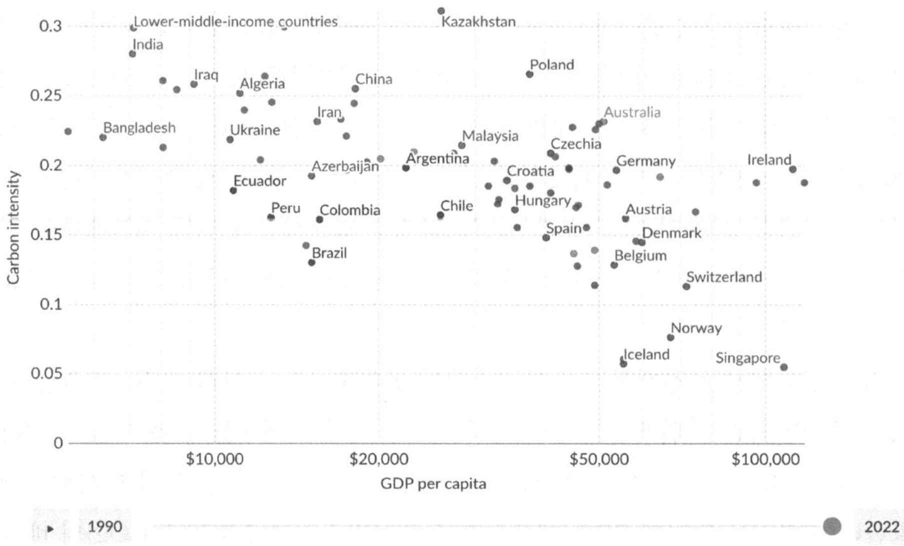

* 탄소강도(carbon intensity)는 에너지 소비 단위당 배출되는 CO_2의 양을 나타낸다.

출처: https://ourworldindata.org/grapher/carbon-intensity-vs-gdp

경제성장을 자연스럽고 당연하며 마땅히 그래야 할 과정으로 생각하는 통념에 대한 설득력 있는 비판은 일본에서 활동하는 미국인 정치학자이자 평화운동가인 더글러스 러미스(C. Douglas Lummis)가 <경제성장이 안되면 우리는 풍요롭지 못할 것인가?(経済成長がなければ私たちは豊かになれないのだろうか)>에서 개진했다. 러미스는 경제성장이 무엇인가 되묻고, 모두가 풍요로워질 것이라는 믿음은 실현 불가능하다고 답한다. 그는 '가난함'이나 '부유함'은 기본적으로 경제적인 개념이 아니라 정치적인 개념이라는 점을 강조한다. 지난 100년간 자본주의가 눈부시게 발전했지만 빈곤은 사라지지 않았으며, 오히려 절대 빈곤은 더욱 늘어났다는 것이다. 그는 전통적인 빈곤(자급자족사회)과 절대 빈곤을 '착취하기 쉬운 형태로 전환시킨 것'이야말로 경제성장의 정체라고 말한다. 러미스는 파이의 크기를 늘려 빈국과 빈자들에게 돌아갈 몫도 키우자는 감언이설에 속지 말고, 진정한 풍요를 위해 경제성장을 줄여나가도 사람들은 최소한의 것만으로도 별 탈 없이 살 수 있다고 주장한다. 발전시켜야 할 것은 경제가 아니라는 것이다. 인간사회에서 경제와 시장의 요소를 조금씩 줄여나가고 경제 이외의 것들을 발전시켜 나가자는 것이다.

"20세기 후반에 들어서 이 경제발전 이데올로기는 주류가 되면서 상당히 성공을 거두었다. 착취를 당하는 나라에서도 이데올로기로서 정착이 됐다...바깥에서 자본이 들어와 자연을 파괴하고 전통적인 문화를 바꾸고 착취한다. 그런데 그것을 '발전'이라고 부르면 그것은 그 사회의 자연스럽고 당연한, 마땅히 그래야 할 과정이라는 식으로 생각하게 된다. 내정 간섭이 아니라 발전, 착취가 아니라 발전, 폭력적인 변화가 아니라 발전, 어떤 문화, 어떤 사람들이 내재적으로 가지고 있었던 능력을 해방하는 것과 같은 뜻이 된다"(C. Douglas Lummis, 2002: 69~71).

"경제발전은 빈부의 차이를 없애는 것이 아니라 빈곤을 이익이 나는 형태로 고쳐 만드는 '빈곤의 합리화'이다...빈부의 차이는 정의의 문제라고 생각한다. 정의란 정치용어이다. 빈부의 차이는 경제활동으로 고칠 수 있는 게 아니다. 빈부의 차이를 고치려고 한다면 정치활동, 즉 의논하고 정책을 결정하여, 그것을 없앨 수 있는 사회나 경제구조로 바뀌지 않으면 안된다(C. Douglas Lummis, 2002: 91~92).

러미스는 1997년 발간된 <래디컬 데모크라시(Radical Democracy)>[135]에서 민주주의를 가로막는 발전에 대해 보다 구체적으로 언급하고 있다. 그에 따르면 경제발전이란 말은 보편적이지 않은 특수한 말로, 대부분의 다양한 생활방식들을 파괴하고 그것을 유럽에서 만들어진 특수한 역사적 관행으로 대체하는 것을 의미한다. '경제발전'은 유럽식 관행의 발전을 의미한다. 러미스에 따르면, 경제란 한 사회에서 권력을 조직하고 동시에 권력의 배치를 은폐하는 특수한 방식을 가리키며, 그런 점에서 경제는 정치적이라고 말한다. 경제 과정들을 통해 문화가 사라지거나 재구성되었고, 환경은 파괴되거나 개조되었으며, 노동은 관리되고, 부는 누군가에게로 이전되고, 재화는 분배되고, 계급이 형성되고, 민중은 관리를 받게 된다. 경제발전은 민중의 삶과 노동에서 핵심적인 부분에 대한 지배 형식을 확립하고 강화하는 과정이라는 점, 부와 권력의 불평등을 만들어낸다는 점에서 민주주의를 가로막는다는 것이다. 러미스는 사람들이 정치적인 목표와 정치투쟁에 관심을 두지 않게 만들고 그 관심을 '경제적인' 목

135 이 책과 저자에 대해서 미국의 작가이자 문예평론가인 수전 손택(Susan Sontag)은 "러미스는 전 세계 어디에서나 사회와 민주주의의 실천에 대해 글을 쓰는 가장 사려 깊고 명예로우며 현 시대에 의미 있는 지식인 중 한 명이다. 그의 활동 범위는 국제적이기 때문에 그의 정신도 국제적이다. 급진적 민주주의는 모든 사람이 관심을 가져야 할 것에 대한 명확하고 독립적인 사고의 모델이다"라는 찬사를 표했다. https://www.ecobooks.com/books/radicaldemocracy.htm

표로만 대체한다는 점에서 경제발전은 반민주적이라고 말한다(C. Douglas Lummis, 2024: 116~121).

경제성장에 대한 비판 이론 역시 다양한 관점에서 제기되고 있다. 이들 이론은 공통적으로 경제성장의 한계와 부작용을 강조한다. 예를 들어, 경제성장은 소득 불평등을 심화시킨다는 주장이다. 이는 경제성장의 혜택이 공정하게 분배되지 않고, 불평등이 심화되면 사회적 불안과 갈등을 야기할 수 있다는 점을 강조한다. 이러한 주장은 경제성상은 지속 가능하지 않으며, 자원고갈, 환경오염, 기후변화 등의 문제를 야기하여 미래세대의 삶을 위협한다는 주장과 맞물려 있다. 경제성장에 대한 대표적인 비판 중 가장 널리 언급되는 것은 환경과 관련된 것이다. 이는 경제성장이 환경파괴, 자원고갈, 기후변화 등 심각한 환경문제를 가져온다고 주장한다. 이러한 주장은 1972년 로마클럽의 보고서인 <성장의 한계(The Limits to Growth)>에서 본격적으로 제기되면서 대중들에게 널리 알려지기 시작했다. 이 보고서에서 도넬라 메도우스(Donella Meadows) 등의 학자들은 경제성장이 무한정 지속될 수 없으며, 자원고갈과 환경파괴로 인해 지구의 생태적 한계를 초과할 수 있다고 경고하였다(Donella H. Meadows, 1972). 로마클럽의 선구적인 주장은 지금도 경제활동이 자연생태계의 수용능력 내에서 이뤄지도록 조절해야 한다는 허먼 데일리(Herman Daly)와 같은 생태경제학자들에게 큰 영향을 미쳤다. 환경과 경제를 상호 의존적인 시스템으로 보는 데일리는 전통적인 경제성장 모델이 환경과 자원의 한계를 무시하고 있다고 비판하면서, 경제 성장이 멈추고 자원의 투입과 산출이 일정한 상태를 유지하는 경제 시스템인 '안정 상태 경제(steady-state economy)'를 통해 자원의 지속 가능한 사용, 환경 보존, 경제적 형평성 등의 목표를 추구해야 한다고 주장한다(Herman Daly, 1993: 811~816).

경제 성장이 사회적 불평등을 해결하지 못하며, 그런 까닭에 경제성장이 아닌 인간의 능력과 자유를 중심으로 한 새로운 발전 패러다임이 필요하고 말한 아마르티아 센 같은 학자 역시 대표적인 비판이론가이다. 센은 개인이 자신의 삶을 스스로 선택하고 결정할 수 있는 자유가 발전을 위한 필수적인 조건이라고 주장한다. 이는 센이 자유를 기회로서의 자유와 과정으로서의 자유를 포함하는 포괄적 의미로 이해하고 있다는 것을 보여준다. 센에게 있어 발전이란 단순히 소득이나 재화의 증가가 아닌, 교육, 건강, 자유, 참여 등 다양한 측면에서 개인의 능력(capability)을 향상시키는 것을 의미한다. 센의 능력 접근은 1999년 발간된 저서인 <자유로서의 발전(Development as Freedom)>에 개진되어 있다. 이 책은 발전의 개념을 재정의하고, 인간의 실질적

자유와 능력을 중심으로 한 발전모델을 제시하고 있다.

"자유가 발전을 통해 촉진되는 것이라면, 우리는 어떤 특정한 수단이나 도구가 아니라 바로 이 최상위의 목표(자유)에 초점을 맞추어야 할 것이다. 실질적인 자유의 확장이라는 관점에서 발전을 바라보면, 그 과정에서 두드러진 역할을 하는 몇몇 수단이 아니라 발전의 최종적 목표(인간 자유의 확장)에 관심을 집중하게 된다. 발전을 위해서는 부자유의 주요한 원인이 제거되어야만 한다. 그것들은 가난, 독재, 빈약한 경제적 기회와 체계적인 사회적 박탈, 공공시설의 방치, 억압적인 정부의 불관용 혹은 과도한 활동 등이다...'도구적' 관점에서 보면 실증적 연구에서 다섯 가지 유형의 자유를 주로 연구한다. 그것은 정치적 자유, 경제적 용이성, 사회적 기회, 투명성 보장, 안전보장이다. 이 서로 다른 유형의 권리와 기회는 한 개인의 일반적 역량을 증진시키는 데 도움을 준다. 이것들은 또한 서로를 보완해야만 한다"(Amartya Sen, 2013: 41~42, 49).

무엇보다 이 책은 사회적 선택 이론을 통해 사회가 어떻게 자원을 배분하고 어떤 가치를 중시할 것인지에 대한 논의를 제시한다는 점에서 불평등 문제를 새로운 시각에서 접근한 <불평등의 재검토(Inequality Reexamined, 1992)>와 함께 발전과 불평등, 빈곤, 자유, 정의 등의 사회문제를 분석한 센의 대표적 논저로 평가된다.

탈성장의 경로와 방안

전 지구적 차원에서 성장에 대한 논쟁이 벌어지게 된 계기는 1972년 로마클럽의 보고서인 '성장의 한계'의 발간이었다. 1970년 여름, 매사추세츠 공과대학(MIT)의 국제 연구팀은 지속적인 세계적 성장의 의미에 대한 연구를 시작했다. 그들은 이 행성에서 성장을 결정하고 상호 작용하여 궁극적으로 제한하는 다섯 가지 기본 요인, 즉 인구 증가, 농업 생산, 재생 불가능한 자원 고갈, 산업 산출량, 오염 발생을 조사했다. MIT 팀은 이 다섯 가지 요인에 대한 데이터를 글로벌 컴퓨터 모델에 입력한 다음 모델의 동작을 테스트하여 인류의 미래에 대한 대체 패턴을 결정했다(https://www.clubofrome.org/publication/the-limits-to-growth/). 이 보고서는 지구의 생물물리학적 한계와 기하급수적 인구 증가에 주목하고 산업사회의 토대에 의문을 제기하였으며 제로성장을 제안하였는데, 방법론적 그리고 정치적인 이유에서 많은 논쟁을 불러일으켰다. 대표적으로 제3세계 학자들은 이 보고서를 부자 나라들이 불평등을 고

착시켜 자연자원에 대한 그들의 접근권을 유지하려는 목적으로 만든 것으로, 또는 맬서스주의 이론의 부활로 인식했다(Pablo Solon, 2021: 70~71). 이 보고서의 긍정적인 점은, 성장은 재생불가능한 원재료의 채굴에 의존한다는 점을 모두에게 환기했다는 데에 있다. 이 보고서는 이후 여러 차례에 걸쳐 수정·보완되었는데, 특히 2012년 40주년 기념판본에서는 시스템의 수용능력을 초과하거나 생태발자국이 지속가능한 수준을 넘어버렸기 때문에 이대로라면 제로성장으로 안착하는 것은 불가능하고 당장 성장을 줄여나가야 한다고 보았다(Pablo Solon, 2021: 71).

비슷한 시기에 경제는 이 행성의 생물용량이 초과된 지점 이전에 존재했던 상황으로 돌아가기 위해 축소되어야 한다거나, 사람이 아닌 기계에 중심 역할을 부여하는 산업사회의 타율성에 문제를 제기하고 소비주의와 소비주의가 갖는 상상력의 토대를 거부해야 한다는 주장이 제기되었다. 이러한 주장은 화석연료를 이용한 생산의 확대 및 온실가스 배출의 증가로 인한 지구온난화가 중요한 문제로 대두하면서 각종 탈성장론으로 이어졌다. 그러나 탈성장론은 단순히 '마이너스 성장(negative growth)'을 촉구하는 것으로 협소하게 받아들여져서는 안 되며 이윤과 성장을 추구하는 세계에 대한 근본적인 비판과 대안의 제시에 방점이 찍혀야 하는 이론이다. 그런 이유에서 일부 성장비판론자들은 '포스트성장(post-growth)', '비성장(a-growth)', '반성장(anti-growth)', 또는 '성장 중독 깨기' 같은 용어를 선호하기도 한다(Pablo Solon, 2021: 73~74).

영국의 경제인류학자인 제이슨 히켈(Jason Hickel)에 따르면 탈성장이란 GDP를 줄이는 것이 아니라 전적으로 다른 경제, 애초에 성장이 필요 없는 경제로 전환하는 것을 가리킨다. 이를 통해 끝없는 자본축적이 아니라 인간 번영을 중심으로 조직되는 포스트 자본주의 경제가 가능해진다. 경제의 모든 영역이 항상 성장해야 한다는 불합리한 신조에서 벗어나면, 우리의 필요를 위해 성장시켜야 할 분야(청정에너지, 필수 공공서비스 등)와 탈성장해야 할 분야(화석연료, 무기 등)를 결정할 수 있다. 또한 더 많은 상품 판매를 위해 제품을 단기간에 고장 나게 만드는 '계획적 노후화(planned obsolescence)'[136], 무절제한 소비를 자극하는 광고 등 순전히 이윤을 극대화하기 위

136 매출 늘리기에 필사적인 기업들은 의도적으로 비교적 짧은 기간이 지나면 망가져 교체가 필요한 제품들을 생산하려 애쓴다. 이 관행은 1920년대에 미국 기업 제너럴 일렉트릭에 의해 처음 개발되었다. 당시 제너럴 일렉트릭이 이끄는 전구 제조업체들은 카르텔을 만들어 백열등의 수명을 평균 2,500시간에서 1,000시간 또는 그 이하로 줄이는 모의를 벌였다. 효과는 기가 막혔다. 판매가 올라갔고 이윤이 치솟았다. 이 아이디어는 다른 산업들에서도 재빨리 채택되었고, 오늘날 '계획적 노후화'는 자본주의 생산 전반에 널리 퍼진 특성이 되었다. Jason Hickel(2021), p.275.

해 고안한 경제 부문을 축소할 수 있다. 그러면 결국 사람들이 불필요한 노동의 고역에서 벗어나기 때문에 주당 노동시간을 줄여 완전고용을 유지할 수 있고 소득과 부를 보다 공정하게 분배할 수 있으며 보편적 의료보장, 보건위생, 교육, 적정 임금, 저렴한 주거와 같은 공공재에 투자할 수 있다는 것이다(Jason Hickel, 2019: 873~884; Jason Hickel, 2021: 270~311).

물론 이러한 공공재를 갖추는 데는 재정이 필요하고 경제성장이 도움을 줄 수 있다. 여기서 히켈이 말하고자 하는 것은 인간복지를 향상하는데 있어 실제로 중요한 개입은 높은 수준의 GDP를 필요로 하지 않는 다는 점이다. GDP와 인간 복지 사이의 관계는 효과가 급격히 감소하는 포화곡선을 따라 움직인다. 고소득 국가들이 이미 한참 전에 도달한 어떤 특정 지점을 지나면, 더 많은 GDP가 인간 번영에 더해주는 것이 있다 해도 조금일 뿐이라는 것이다. 히켈은 1인당 GDP가 상대적으로 낮음에도 매우 높은 수준의 인간복지를 달성하고 있는 나라들을 사례로 드는데, 여기에는 북유럽국가들뿐만 아니라 중남미의 코스타리카도 포함된다. 코스타리카는 환경에 최소한의 부담을 가하면서도 높은 수준의 복지를 제공하는 역량 측면에서 세계에서 생태적으로 가장 효율적인 경제로 자리매김하고 있다. 코스타리카를 포함한 이들 국가는 관대하고 보편적인 복지체계와 아울러 사람들이 열정을 표현할 수 있는 기회, 협력, 공동체, 인간적 연결을 통해 의미 있는 삶을 영위한다는 공통점이 있다고 한다. 고속도로, 마천루, 쇼핑몰, 큰 저택과 자동차는 '발전'의 상징이지만 이 중 어느 것도 인간 진보의 핵심 지표에 관한 한 코스타리카의 어부나 농부들보다 이점을 제공하지 않는다는 것이다(Jason Hickel, 2021: 235~245).

경제성장은 더 이상 해결책이 아니다. 오히려 성장 자체가 문제이다. 이러한 문제의식에서 세르주 라투슈(Serge Latouche)는 새로운 세대에게 미래를 열어 주려면, 우리가 성장의 상상계를 문제 삼아야 하고, 어떤 값을 치르더라도 경제 종교, 진보 종교, 발전 종교를 포기해야 한다고 말한다. 다른 형태, 다른 방식의 경제에 기초한 노동이 절실하며, 문화와 행복, 인간 복지에 대한 새로운 시각을 채택해야 한다는 것이다(Serge Latouche, 2014). 또 다른 성장비판론은 독일의 경제학자 니코 페히(Niko Paech)에 의해 제기되었다. 급진적 성장비판자라고할 수 있는 페히는 <성장으로부터의 해방(Befreiung vom Überfluss)>에서 탈성장 논의에 대해 세 가지 가설을 내세운다. 첫째, 성장 없이는 안정될 수 없는 우리의 경제 시스템은 광범위한 환경파괴의 결과로 얻어진 것이다. 효율성의 증가와 인간의 창의력으로 인해 그동안 수많은 물질적 성과를 이룩했다고 해석하는 것은 자기기만일 뿐이다. 이는 현대 삶의 특징이라 할 수 있는 세 가지 유형의 '탈경계 현상'을 근거로 설명할 수 있다. 오늘날 소비 사회의 구성원들은 세 가지 관점에서 분수에 넘치게 살고 있다. 우선 자신의 능력 이상의 물건을 소유한다. 이 물건들은 현재 지불할 수 있는 능력의 한계를 무시한다. 그 다음 자신의 신체적 능력의 한계를 초월하며, 마지막으로 각자 속한 공간과 지역에 존재하는 자원의 한계를 넘어선다. 둘째, 기술적 혁신을 통해서 경제성장과 환경파괴를 서로 분리하려는, 즉 경제는 성장시키고 환경파괴는 감소시키려는 시도는 실패할 것이 확실하다. 오히려 환경을 더욱 크게 훼손하는 결과를 초래할 수 있다. 셋째, '탈성장 경제'라는 대안을 따른다면 어쩔 수 없이 산업 생산량을 대폭 축소해야 한다. 그러나 이는 공급의 경제적 안정성을 촉진할 것이며, 포기가 아니라 오히려 행복감의 상승을 가져올 것이다. 오늘날 우리는 자극이 넘쳐나는 소비 사회에서 스스로를 분산시키며 살고 있다. 소비 사회는 우리의 자원 중에서 가장 한정된 것, 즉 시간을 좀먹는다(Niko Paech, 2015: 10~11).

프랑스의 경제학자이자 생태운동가인 주느비에브 아잠(Geneviève Azam)은 탈성장이 실제로 성장의 반대나 마이너스 성장이 아니며, 경제학 연구에 근거하고 경제학에서 기원했지만 사실 경제학적 개념은 아니라면서 탈성장이 의미하는 것은 다음과 같다고 말한다.

- 생물물리학적 제약과 생태계의 재생 역량에 조응하여 자연자원과 에너지의 소비를 줄이는 것
- 성장과 발전 이데올로기의 기반과 반대되는 새로운 정치적·사회적 전망을 수립하는 것
- 자율적이고 검약하는 사회를 이루고자 하는 사상, 경험과 전략들의 여러 조류가 함께하는 다중적이고 다양한 사회운동을 추진하는 것
- 성장을 넘어 나아가고 무절제를 거부하는 다양한 방식
- 다시 한 번, "어떻게 성장할 것인가?" 대신에 "어떻게 우리가 함께 그리고 자연과 더불어 살 것인가?"라는 정치적이고 민주적인 질문을 제기하는 운동(Pablo Solon, 2021: 74~75).

마티아스 쉬멜처(Mathias Schmelzer)와 크리스토프 아기똥(Christophe Aguiton) 등의 학자들은 탈성장이 다양한 관점에서 현대 사회의 성장동학을 분석하는 다양한 성장 비판의 종합으로 이해할 수 있다고 하면서 탈성장의 주요 성장 비판론을 생태적, 사회경제적, 문화적, 반자본주의적, 페미니스트적, 반산업주의적, 남반구-북반구 비판 등 일곱 가지 형태로 구분해 살펴보고 있다.

<표> 탈성장의 성장 비판의 주요 형태

성장 비판	경제 성장은…
생태적 비판	… 인간 생활의 생태적 기반을 파괴하고 지속 가능하게 변화시킬 수 없다.
사회경제적 비판	… 우리 삶을 잘못 측정하여 모든 사람의 웰빙과 평등을 가로막는다.
문화적 비판	… 일하고 생활하고 서로 및 자연과 관계를 맺는 데 소외된 방식을 만들어낸다.
자본주의 비판	… 자본주의적 착취와 축적에 의존하고, 그에 따라 움직인다.
페미니스트 비판	… 젠더화된 초과 착취에 기반하며, 재생산을 평가절하한다.
산업주의 비판	… 비민주적 생산력과 기술을 낳는다.
남반구-북반구 비판	… 자본주의 중심부와 주변부 사이의 지배, 추출, 착취 관계에 의존하고, 그것을 재생산한다.

출처: Mathias Schmelzer et.al.(2023), pp.97~98.

한계에 다다른 기후위기와 불평등 문제의 원인은 '끊임없는 경제성장'과 이를 동력으로 하는 자본주의 자체에서 찾을 수 있다. 자본주의는 화석 연료 중독과 더불어 성장에 대한 숭배(fetishization of growth)[137]로 특징되는 체제이다. 기후위기의 폐해는 모든 사람에게 공평하게 가해지지 않는다. 그리고 사회불평등은 공동체 유지에 필

137 오스트레일리아의 경제학자인 클라이브 해밀턴(Clive Hamilton)은 <성장 숭배(Growth Fetish)>에서 현대 사회에서 성장의 역할을 더 많이 조사할수록, 성장에 대한 우리의 집착은 점점 더 물신숭배로 보인다고 말한다. 그는 성장 숭배와 마케팅 사회가 우리가 직면한 문제에 대한 답이 되기는커녕 우리 사회 질병의 중심에 있다고 주장한다. 이는 우리의 사회적 우선순위와 정치 구조를 타락시켰고, 젊은이와 노인들 사이에 심각한 소외감을 조성했다는 것이다. Clive Hamilton(2004), pp.3~5.

요한 사회적 자본을 훼손할 뿐만 아니라 개개인의 삶의 질도 뚜렷하게 저하시킨다. 불평등한 사회에 사는 사람들은 자신의 삶에 대해 더 좌절하고, 걱정하고, 불안감과 불만을 느끼는 경향이 있다. 문제는 성장주의라고 할 수 있다. 이는 인간의 필요와 행복, 사회적 목적을 충족시키는 것이 아니라 성장 그 자체 또는 이윤추구만을 위해 성장을 추구하는 행위를 가리키는 용어이다. 성장주의는 사회적 약자들의 노동력을 착취하고 유한한 자연자원을 소비하는 데서 그 한계도 명확하다. 이러한 문제의식에서 탈성장론이 제기되었다.

프랑스의 환경 저널리스트인 에르베 켐프(Hervé Kempf)는 그의 책인 <지구를 구하려면 자본주의에서 벗어나라!(Pour sauver la planete, sortez du capitalisme)>에서 테크놀로지가 생태문제를 해결해줄 수 있을 거라고 믿는 것, 그것은 본질적으로 소비재의 축적을 통해 정당화되는 생활방식을 지속하기를 원하는 것이며, 막판에 몰린 다음 세대가 온실효과를 유발하는 가스 배출 증가를 막기 위한 결정을 지금보다 훨씬 더 악화된 조건 속에서 내리게 하는 것이라고 지적한다. 거꾸로, 테크놀로지가 해결책을 제시할 거라는 생각을 거부한다는 것은, 사회를 그 목표에서뿐만이 아니라 그 토대에서까지도 변화시키기를 원한다는 의미라고 한다(Hervé Kempf, 2012: 176~177). 켐프는 <부자들이 지구를 어떻게 망쳤나(Comment les riches détruisent la planète)>에서 전 세계 수백만 명이 참여하는 시민들의 노력에도 불구하고 지구의 생태적 상황은 점점 더 악화되고 있다고 말한다. “우리는 모두 같은 배에 타고 있다”는 환경론자들의 강조에도 불구하고, 환경을 약탈함으로써 계속 이익을 얻고 있는 세계의 경제 엘리트들, ‘자본주의의 노멘클라투라’[138]는 결과적인 재앙으로부터 그들을 보호해주는 ‘구명보트’에 접근할 수 있다고 한다. 확대되는 생태 위기는 자본주의 지배 형태가 민주적 사회운동을 방해함으로써 생겨난 사회 위기와 밀접하게 연결되어 있기 때문에 효과적으로 대처할 수 없다는 것이다. 켐프는 뒤얽힌 생태적 위기와 사회적 위기를 동일한 재난의 양면으로 보지 않으면 이해할 수 없다고 주장한다. 이는 탐욕 외에는 추진력이 없고, 보수주의 외에는 이상이 없으며, 기술 외에는 꿈이 없는 지

---

138 노멘클라투라(Nomenklatura)는 현실 사회주의 국가의 중앙집중적 계획경제체제에서 경제적 자원 및 사회적 지위와 같은 희소자원을 배분하는 권력을 지닌 특권 집단을 가리킨다. 구소련과 동유럽 국가들에서 노멘클라투라의 존재는 이들 국가에서 공식적인 계급 이데올로기와는 별도로 실제로 심각한 사회 불평등의 문제를 갖고 있었다는 사실을 잘 보여준다. 이 책에서 에르베 켐프는 이 용어를 자본주의 체제의 경제 엘리트를 지칭하는 용어로 사용한다. “자본주의의 노멘클라투라는 최고 부유층의 사치스러운 소비 규칙들을 받아들이고 그것을 중산층에게 퍼뜨린다. 그리고 중산층은 그들만의 방식으로 이 규칙들을 재생산하며, 그 규칙들은 다시 일반 민중이나 빈곤층에 의해 모방된다.” Hervé Kempf(2012), p.109.

배적인 사회 계층이 조종하는 시스템에서 비롯된다는 것이다(Hervé Kempf, 2008).

탈성장이론에 대한 비판도 존재한다. 일본의 경제학자인 카키노 사과(柿埜真吾)는 신자유주의의 입장에서 탈성장론이 실은 사회주의·공산주의의 부활을 주장하는 눈에 띄는 레토릭, 가면이라고 지적한다. 경제성장을 멈추고 전체 파이를 줄이고 약자를 더욱 가난하게 만드는 함정이라는 것이다. 그는 자본주의보다 공산주의 쪽이 환경파괴를 낳는 것은 과거의 소련이나 현대의 중국을 보면 분명하며 또한 기상 관련 재해로 인한 사망자는 경제성장과 함께 크게 감소했다고 주장한다. "인류는 한때 자연과 조화를 이룬 멋진 생활을 보내고 있었는데 자본주의와 경제성장 탓에 자연스럽게 복수되고 있다"는 이야기는 사실에 반한다는 것이다(柿埜真吾, 2021). 그러나 이런 주장들은 자본주의에 대한 단편적이고 편향적 시각에 입각해 자본주의가 초래한 환경파괴에 대해 면밀하게 고찰하지 못하는 한계가 있다.

이와 관련해서는 사이토 고헤이(斎藤幸平)의 주장이 더 체계적이며 설득력이 있다. 고헤이는 전기자동차(EV)나 지오엔지니어링(geoengineering)에 의한 기후조작과 같은 그린 자본주의(green capitalism)의 기만을 폭로한다. 그는 높은 생활수준과 환경오염의 개선이 양립할 수 있다는 사고는 환상이라고 지적한다. 선진국이 경제성장과 기술개발로 환경문제를 해결했다는 것은 사실이 아니며, 선진국이 실제로 한 것은 자원 채굴과 쓰레기 처리 등 경제발전에 부딪히는 부정적 영향이 적지 않은 부분을 글로벌 사우스로 이전시킨 것이라고 말한다. 지구 규모의 이 위기를 극복하는 것을 진지하게 생각한다면 질리지 않는 탐욕을 나타내는 자본주의를 버려야 하고, GDP로 표현되는 지속적인 성장이라는 논리를 부정할 필요가 있다는 것이다. 느려지는 탄소 발자국을 유럽과 미국의 1970년대 수준으로 되돌리기 위해서는 일을 줄이고 생산 소비를 줄여야 한다고 그는 주장한다(斎藤幸平, 2024; https://wired.jp/article/sz-can-slowing-down-save-the-planet/).

우리 주변에는 더 많은 소비를 위해 맹목적으로 부를 축적하고 끊임없이 경쟁하는 것을 자연스럽게 여기는 호모 이코노미쿠스(homo economicus)가 너무 많다. 대중들에게 상식의 지위를 차지하고 일상적 실천으로 보편화된 호모 이코노미쿠스의 가치관과 생활양식이 바뀌지 않는다면 노동력을 착취하고 자연을 파괴하는 행태도 버젓이 지속될 것이다. 독일의 정치학자인 울리히 브란트(Ulrich Brand)와 마르쿠스 비센(Markus Wissen)은 이 같은 특징을 지닌 생활양식을 제국적 관계를 통해 분석한다. 그들이 명명한 '제국적 생활양식(Imperiale Lebensweise)'은 자본주의 사회의 재생산에서 본질적인 계기로 북반구 주민의 정치적, 경제적, 문화적 일상 구조와 실천에 깊이 자리하고 있던 생산과 분배와 소비 규범을 가리킨다. 그런데 제국적 생활양식은 점차적으로 남반구의 신흥경제국에도 유입되었고, 중간계급과 하층계급에게까지 광범위하게 공유되었다. “인구 대다수의 재생산이 기능적인 제국적 관계에 여러 가지 방식으로 의존하게 되었다”는 것은 제국적 생활양식이 헤게모니를 차지하게 되었다는 것을 의미한다. 자동차와 스마트폰 등을 구매하고 사용하는 것과 같이 자명하고도 반복적인 일과를 지닌 제국적 생활양식은 많은 사람들에게 주관적으로 충족된 삶의 가능성을 의미한다는 것이다. 그러나 제국적 생활양식은 남반구의 인간과 자연을 착취하고 자연 파괴의 대가를 외부에 전가시킴으로써 가능했다는 것이다. 나아가 제국적 생활양식은 남성중심주의와 유럽 중심주의, 인종주의와 식민주의까지 필수적 구성요소로 삼고 있다고 지적한다(Ulrich Brand et al., 2020: 78~80). 이 책의 2장에서 살펴보았듯이 환경문제의 심각성을 제대로 인식하지 못하고 자연과 교감할 수 있는 능력 또는 자연과 우리 자신이 조화롭게 어울릴 수 있는 감성이 결핍된 사람인 ‘생태맹’(우석훈, 2009: 236)들이 도처에 넘쳐나는 것은 다 까닭이 있는 것이다. 그러다 보니 환경문제가 공론장의 영역에서 별반 의제화되지 않고 정치인들과 관료들도 환경 관련 정책을 의사결정 과정에서 우선시하지 않는다.

녹색전환이란 무엇이고 왜 필요한가?

기후위기는 인류가 공동으로 해결해야 할 가장 시급한 문제이다. 2018년 인천에서 열린 제48차 기후변화정부간협의체(IPCC) 총회에서 발표된 보고서에서는 온실가스 배출이 현재 수준으로 계속되면, 지구기온 상승폭은 2040년께 1.5도를 넘어설 것으로 예측했다. 보고서는 현재 지구 온도가 10년마다 약 0.2도씩 올라가고 있으며, 현재 각 국이 발표한 온실가스 감축안을 지켜도 2100년에 지구기온이 3.5도나 올라간다고 지적했다(<한겨레>, 2018년 8월 13일). 지구의 평균 기온 상승을 산업혁명 시기 때보다 2도 이내로 제한하는 2015년의 파리기후협약의 목표가 달성돼도 지구온난화를 막을 수 없다는 잿빛 전망도 나오고 있다. 현재 지구 기온은 산업혁명 전보다 1도 올랐고, 매 10년마다 약 0.17도 상승하고 있는데 이런 추세에서 온실가스 방출이 억제된다 해도, 이미 진행 중인 삼림 훼손과 빙산 해동 등이 상호 작용해 기온 상승을 지속시킬 것이라는 주장이다.

기후위기를 막을 시한이 이미 지났다는 과학자들의 충격적인 경고도 제기되었다.

이미 지구의 기후위기 상황을 되돌릴 수 없는 시점인 '티핑 포인트(climate tipping point)'를 지났다는 주장이다. IPCC는 지구 평균기온이 산업혁명 이전 수준보다 섭씨 1.5도 이상 오를 경우를 인간이 지구 기후를 통제하기 불가능해지는 티핑 포인트로 지적했다. 아울러 이들은 2030년까지 1.5도 목표를 달성하지 못한다면 인류는 티핑 포인트에 도달하리라고 내다봤다. 하지만 팀 렌튼(Tim Lenton), 요한 록스트룀(Johan Rockström), 슈테판 람스토르프(Stefan Rahmstorf)를 비롯한 유럽의 과학자들은 이미 인류가 일련의 변화 지점을 넘었다면서 그 근거로 북극의 해빙이 빠른 속도로 줄어들면서 영구 동토층이 이미 이산화탄소와 메탄을 방출하기 시작했고, 1970년 이후 아마존 열대우림의 17%가 사라져 건조가 심화하는 티핑 포인트에 도달했다는 점 등을 들었다. 이 같은 변화들은 상호작용을 통해 급격한 '폭포 효과(cascading effect)'를 일으키면서 지구의 기후위기를 더 가속화하게 된다는 것이다(https://www.nature.com/articles/d41586-019-03595-0).

잊지 말아야 하는 점은 인류가 자연에 영향을 줄 수 있지만, 그 영향을 통제할 수는 없다는 사실이다. 인류가 일으키는 기후변화가 임계 수준을 넘어가면 인류는 자연환경을 통제할 수 없는 파국에 빠지게 된다. 기후문제는 인구, 에너지, 식량, 물, 생물다양성 문제등과도 긴밀하게 연결되어있다. 기후문제의 복잡성은 우리 삶의 모든 면에 적용된다. 이는 단순하게 개별적인 위험 때문에 발생하는 것이 아니라 위험이 더해질 때마다 피해가 비선형적으로 증폭되는 '퍼펙트 스톰(perfect storm)'으로 나타난다(조천호, 2019: 125, 143).

정확한 과학적 산출을 둘러싸고 논쟁이 존재하는 개념이기는 하지만 지구가 기후위기 상황을 되돌릴 수 없는 시점인 티핑 포인트에 가깝거나 혹은 이를 넘어섰다는 주장은 지금 인류가 처한 환경위협이 매우 실제적이며 그 수준이 매우 높다는 사실을 우리에게 알려준다. 분명한 것은 기후위기와 같은 환경위협이 인류에게 가하는 피해는 예상을 뛰어넘을 정도로 막대하므로 글로벌 수준에서 이에 대응하는 정치적이고 경제적인 긴급 행동이 필요하다는 점이다. 기후위협이 긴박하게 돌아가자 스웨덴의 그레타 툰베리(Greta Thunberg)를 시작으로 청소년들이 "생태계 전체가 무너지고, 대규모 멸종의 시작을 앞두고 있는데 당신들은 돈과 영원한 경제성장이라는 꾸며낸 이야기(fairytales of eternal economic growth)만 늘어놓는다. 어떻게 그럴 수 있느냐"(https://www.npr.org/2019/09/23/763452863/transcript-greta-thunbergs-speech-at-the-un-climate-action-summit)며 세계 지도자들의 책임을 추궁하며 '미래를 위한 금요일(#FridayforFuture)'이라 불리는 학교파업으로 대응하기에 이르렀다. 이는 독일, 영국, 호주 등 130여 개국에서 160여만 명의 청소년들이 '기후를 위한 학교 파업'에 동참하는 것으로 나타났다. 그러나 '글로벌 기후위기 비상행동(global climate strike)'에 호응하고 나선 사람들은 전체 인구에 비해 극히 일부에 불과하다.

심각한 문제는 인류가 처한 사정이 긴박함에도 여전히 대다수 정부와 기업은 기후위기를 애써 외면하거나 이에 침묵하고 있다는 사실이다. 노골적으로 기후위기를 부인하고 온난화를 부추기는 성책을 서슴지 않게 추진하는 정치인도 여전히 흔하다. 단연코 도널드 트럼프(Donald John Trump) 미국 대통령이 대표적 인물로 꼽힌다. 부동산 개발 업자 출신인 트럼프는 지구온난화를 사기라고 주장해왔다. 대통령 후보 시절에는 버락 오바마(Barack Obama) 대통령의 기후액션플랜(CAP)을 철회할 것이라고 밝혔고, 대통령에 취임하자 환경 주무 부서인 환경보호청(EPA) 예산을 대폭 삭감하고 반환경주의자를 수장에 앉혔다. 2017년 6월에는 파리기후협약의 탈퇴를 선언했다. 2020년 1월에는 반세기 동안 환경정책의 근간이 돼온 국가환경정책법(NEPA)을 대규모 인프라 사업 추진 시 환경영향평가 부담을 대폭 줄이는 방향으로 개정하겠다고 선언했다. 2019년 말 기준 트럼프 행정부가 추진하고 있는 각종 환경규제 뒤집기나 후퇴 사례는 무려 95건에 이른다(<경향신문>, 2020년 2월 8일).

환경문제는 세계화가 본격적으로 진척되면서 더욱 심화되고 있다. 세계화는 특히 환경영역에서 두드러진다고 할 수 있다. 환경문제는 그 속성상 국경을 초월하여 전 지구적인 성격을 띤다. 온실가스인 이산화탄소를 흡수하고 저장하는 데 결정적인 역할을 하는 아마존 유역의 열대우림은 최근 들어 화재와 개발로 급격히 훼손되고 있다. 전 세계 도처에서 배출되는 오존층 파괴물질은 대기권 상층부의 변화를 가져와 다수 국가의 환경문제를 야기한다. 한파와 폭설, 가뭄, 강한 태풍 등이 바로 그것이다. 이는 티모시 도일(Timothy Doyle)과 머그 맥케이건(Doug McEacherm)이 정확히 지적했듯이 한 두 나라의 대응으로만 해결될 수 있는 문제가 아니다. 이러한 까닭에 해결을 위한 국제회의를 주최하고 광범위한 정책의 틀에 대한 합의를 도출하는 것이 필요하다. 그러나 해결책까지 제공하기는 어렵다(Timothy Doyle et al., 2002: 201~203).

그렇다면 기후위기를 비롯한 메타위기에 처한 인류가 이에 대응하기 위해서는 무엇이 필요할까? 이와 관련하여 최근 흔히 언급되기 시작한 용어가 녹색전환(green transition)이다. 녹색전환은 사회의 다양한 부문에서 환경친화적이고 지속 가능한 방식으로 관행, 기술, 정책의 변화를 추구하는 것을 의미한다. 이는 기후변화 완화, 생태계 보호, 자원 효율성 증대, 그리고 지속 가능한 발전을 목표로 다양한 전략과 활동을 포함하는 용어이다. 학술적 의미에서 녹색전환(또는 환경적 전환)은 지구환경의 역사적, 지리적, 지질학적 전환, 또는 생태적 위기의 심화 과정을 지칭하거나 또는 이러한 사회생태적 전환에 조응하기 위한 담론(패러다임)과 인간사회의 전환을 의미하기도 한다. 또 다른 학자들과 기구들은 녹색전환(green transformation)이란 용어를 사용한다. 예를 들어, 세계은행, OECD, UNEP 등에서는 녹색성장을 경제성장 촉진을 위해 환경이 미래 인류의 번영에 필요한 자원과 서비스를 제공하도록 보장하는 것과 결합하는 것을 의미하는 것으로 사용한다. 이러한 정의는 녹색 전환의 긍정적 효과를 강조하는 특징을 지닌다. 녹색전환은 좁은 의미와 넓은 의미로 나누어 볼 수 있다. 좁은 의미에서 녹색성장 개념, 즉 경제의 녹색 전환을 지향하는 개발과 연결되고, 더 넓은 의미에서는 경제의 '녹색화'와 별도로 사회적, 환경적 영역의 변화도 의미하는 지속 가능한 발전이라는 개념과 공존한다. 학자들은 이 용어를 대체로 경제 성장과 환경보호 사이에 균형(합의)을 이루는 것을 목표로 하는 행위로 정의하며, 문명 발전이 허용하는 수준에서 현재와 미래 세대 모두의 높은 삶의 질을 보장하는 동시에 이용 가능한 자원의 효과적이고 합리적인 사용을 목표로 하는 것으로 본다(Katarzyna Cheba et.al., 2022).

한편 녹색성장을 보다 근본적인 변화를 추구하는 과정으로 보는 견해도 있다. 인류세의 도래와 이에 함의된 지구적 생태위기를 벗어나기 위하여 지구환경과 인간사회의 기존 경향에 대한 전면적인 대전환이라는 견해가 바로 그것이다. 사회기술적 변화로 추동되는 좁은 의미의 transition의 개념을 넘어서는 의미로의 전환은 지구환경의 경향과 인간사회의 경향이 서로 동조하고 있음을 인식하고, 지구 생태환경의 거대한 전환을 위하여 인간사회의 근인류세를 위한 근본적 재구성을 추구한다는 것이다. 달리 말해, 녹색전환은 서구적 근대성에 함의된 사회/자연의 이원론과 이에 의해 정당화된 인간에 의한 '자연의 지배' 개념에서 탈피할 수 있는 패러다임의 전환, 그리고 이러한 근대성에 근거를 두고 추동된 자본주의적 산업화 과정에서 구축된 자본축적의 메커니즘에서 벗어나기 위한 현실 사회구조의 전환을 포함한다고 말한다(최병두, 2020: 23~25).

녹색전환은 녹색국가(green state)와 녹색정치(green politics)로의 전환을 의미한다. 여기서 녹색국가란 다음과 같은 특징을 지닌 국가이다. (1) 환경보호를 최우선으로 하는 국가: 녹색국가는 환경보호를 국가 정책의 핵심 목표로 삼고, 지속 가능한 발전을 위해 노력하는 국가를 의미한다. 환경규제를 강화하고, 재생 가능 에너지 개발, 탄소 배출 감축, 생태계 보호 등에 적극적으로 투자한다. 그리고 환경 문제 해결을 위해 시민 참여를 장려하고, 환경 교육을 강화한다. (2) 녹색 경제를 추구하는 국가: 환경친화적인 산업과 기술을 육성하고, 녹색 일자리를 창출하여 경제성장과 환경보호를 동시에 달성하는 국가이다. 친환경 기술 개발, 녹색 산업 투자, 녹색 소비 촉진 등을 통해 지속 가능한 경제성장 모델을 구축한다. (3) 기후변화에 적극적으로 대응하는 국가: 기후위기의 심각성을 인지하고, 온실가스 감축 목표를 설정하고, 기후위기 적응 정책을 수립하여 적극적으로 대응하는 국가를 말한다. 국제적인 기후변화 협약에 적극적으로 참여하고, 기후변화 대응 기술 개발에 투자한다. (4) 환경정의를 실현하는 국가: 환경문제로 인해 발생하는 불평등과 불공정을 해결하고, 모든 사람이 환경 혜택을 공평하게 누릴 수 있도록 노력하는 국가를 가리킨다. 취약계층의 환경 권리를 보호하고, 환경정의를 위한 정책을 추진한다.[131]

여기서 알 수 있는 것처럼 녹색은 환경보전, 인권존중, 민주주의, 사회적 정의, 복지지향 등을 추구하는 이념과 가치이자 이들 과제를 달성하기 위한 정치적, 사회적, 경제적 관계의 재구성을 목표로 한다. 보다 엄밀히 말하면, 생태위기 현상의 원인과 처방책을 근대적 사회체계 속에서 찾으면서 근본주의적 문제의식과 현실주의적 문제해결 노력을 결합시키고자 하는 노력을 총칭하여 녹색으로 구분할 수 있다. 이 안에서도 개량주의적 환경주의(environmentalism)에 가까운 옅은 녹색(light green)에서부터 근본주의적 생태주의(ecologism)에 가까운 짙은 녹색(dark green)까지 스펙트럼이 다양하다(정규호, 2006: 18~19). 한편, 녹색국가는 앞에서 언급했듯이 이러한 이념과 가치가 실현될 수 있도록 노력하는 국가를 지칭한다. 이는 인간중심적 지배와 권력관계를 공고히 하여 물질적 가치의 생산을 극대화하는 것을 최우선적인 역할로 설정하며, 그 결과 국가체제 아래서 사회적 강자에 의한 약자의 지배가 관철되는 동시에 그 연장선으로 인간에 의한 자연환경의 억압과 착취가 유기적으로 관철되는 근대국민국가와 구별된다(바람과 물 연구소 편, 2002: 29). 녹색국가는 인간사회와 자연환경의 유기적 연관관계를 강조하고, 비정치화된 것들을 정치화시킴으로써 민주화를 심화시

131 그러나 한국에서는 이론과 현실 간의 괴리가 여전히 크다. 예를 들어, 녹색전환의 파고 앞에 한국 정부의 대응은 미미하거나 소걸음이라는 평가를 받고 있다. 이는 관련 예산에서부터 고스란히 드러나는데, 부처별로 뿔뿔이 흩어져 있는 탓에 녹색 전환 대응 지원 예산의 총규모와 그 수준을 한눈에 파악하기도 어렵다고 한다. 기후위기 위험은 갈수록 커지고 산업과 일자리에 미칠 파장은 가늠조차 힘든 상황이나 정부 조직과 체계는 옛 산업사회에 머물러 있다. <한겨레> 2024년 3월 5일.

키며, 정치영역을 국가로부터 시민사회와 공동체, 가족의 영역으로 확대시킨다.

녹색국가와 대칭되는 개념으로는 발전국가(developmental state)를 들 수 있다. 발전국가는 국가 주도 산업화에 성공한 동아시아 국가의 역할과 성격을 규정하기 위해 만들어진 용어로 찰머스 존슨(Chalmers Johnson)이 처음 사용했다. 발전국가론자들은 저발전의 구조적 조건 속에 처해 있던 라틴아메리카의 국가들이 '약탈국가'로 전락한 반면, 한국을 비롯한 대만, 싱가포르 등 아시아 국가들이 발전국가로 성장할 수 있었던 역사적 경험을 높이 평가한다. 발전국가 한국은 눈부신 경제성장을 바탕으로 튼튼한 중간층을 형성하는 데 성공했고, 그 결과 민주주의 발전을 이루었다는 것이다. 그러나 발전국가는 정치적·경제적·사회적 시민권을 박탈하는 등 민주주의를 억압하고, 광범하게 환경을 파괴하고 생태계를 훼손함으로써 가능했다.

한편, 녹색정치는 넓은 의미로는 환경적 이념을 실현하기 위한 제반 정치행위와 과정을 가리키나 좁은 의미로는 좀 더 근본적인 생태주의 이념을 사회 운용의 기본원리로 실현하기 위한 정치행위를 지칭한다. 앤드류 돕슨(Andrew Dobson)은 녹색정치를 자연보전주의(conservationism)나 환경주의(environmentalism)와 혼동해서는 안 된다고 경고한다. 여기서 환경주의란 환경악화 심각성을 인식하나 성장의 한계를 인정하고 산업주의를 제거하려 하지 않고, 인간 이외의 존재가 지닌 본질적 가치를 인정치 않고 기술에 의한 환경문제 해결을 믿는다. 환경주의와는 구분되는 생태주의에 기반을 두는 녹색정치는 기존의 중앙집권적이고 일국중심적이며 정당중심적인 경향을 벗어나 풀뿌리적이며 다수준적이고 다경로적인 경향을 띈다. 원론적인 수준에서 녹색정치는 1) 기존의 선거중심 정치를 거부하고, 운동중심적으로 접근하거나, 2) 기존 정당을 녹색화하고, 3) 녹색당을 만들어 정당정치에 적극적으로 참여하는 세 가지 전략을 채택한다(Andrew Dobson, 1993; Timothy Doyle et al., 2002).

기후위기에 대응하는 글로벌 거버넌스와 정책의 부상에 따라 세계 국가들은 녹색전환을 국가전략화하고 최우선 정책과제로 강조하고 있다. 디지털 전환(digital transition)과 녹색 전환은 오늘날 세계 국가들이 미래 경쟁력과 지속가능발전을 위한 방향으로 주목하고, 국가전략화하고 있는 핵심 과제이다. 이러한 디지털 전환과 녹색 전환이라는 두 개의 전환, 이 두 전환의 결합을 의미하는 '트윈 트랜지션(twin transition)'은 세계 국가들의 경제발전 전략과 기술혁신 전략의 핵심화두가 되고 있다. EU의 '녹색, 디지털 트윈트랜지션(twin green and digital transitions)' 중국의 '디지털화 녹색화 쌍전환(数字化绿色化双转型)' 등은 이러한 추세를 반영한 담론이라고 할 수 있다(차정미, 2023).

녹색전환이 필요한 이유는 다음과 같다. 무엇보다 전 세계적으로 기후변화의 영향이 심각해지고 있으며, 이는 이상 기후, 해수면 상승, 생태계 붕괴 등 다양한 문제를 초래하고 있는데, 녹색전환을 통해 온실가스 배출을 줄임으로써 기후변화를 완화할 수 있다. 천연자원의 남용과 오염은 생태계와 인간 건강에 심각한 위협이 되고 있는데, 녹색전환을 통해 환경을 보호하고 생태계의 지속 가능성을 유지할 수 있다. 나아가 녹색 전환은 재생 가능 에너지, 친환경 기술 등 새로운 산업 분야에서 경제적 이점이 있을 뿐 아니라, 지속 가능한 발전을 통해 모든 사람이 건강하고 풍요로운 삶을 누릴 수 있는 사회를 만드는 데 기여한다.

녹색전환은 지속 가능한 미래를 위해 필수적이며, 환경과 경제, 사회 전반에 긍정적인 영향을 미치는 중대한 변화 과정이다. 녹색전환을 구성하는 주요 요소로는 재생 가능 에너지로의 전환, 자원 효율성과 재활용, 친환경 기술 혁신, 지속 가능한 농업과 식량 시스템 등을 들 수 있다. 대표적으로 화석 연료에 의존하는 기존의 에너지 시스템을 태양광, 풍력, 수력 등 재생 가능한 에너지 원천으로 대체하거나 생산과 소비 과정에서 자원의 효율적 사용을 극대화하고, 재활용을 통해 자원 순환을 촉진하는 것을 들 수 있다. 친환경 기술과 혁신을 통해 환경오염을 줄이고, 에너지와 자원을 효율적으로 사용하는 방법을 개발하거나,[132] 지속 가능한 농업 방법과 식량 시스템을 통해 토양, 물, 생태계를 보호하고, 지속 가능한 식량 공급을 지원하는 것도 이에 포함된다. 친환

132 대표적인 것이 이산화탄소를 포집하고 저장하고 활용하는 기술인 CCUS(Carbon Capture Utilization and Storage)이다. 이름에서 알 수 있는 것처럼 CCUS는 화석연료를 사용할 때 발생하는 이산화탄소를 포집하여 압축·수송 과정을 거쳐 땅속에 저장(Storage or Sequestration)하는 기술과, 포집한 탄소를 필요한 곳에 활용하는 기술을 모두 포함하는 개념이다. 이는 CCS(Carbon Capture and Storage)와 CCU(Carbon Capture and Utilization)로 나누어진다. CCS는 포집한 CO_2를 지하 깊은 곳에 저장하는 기술이다. 파이프라인이나 선박을 이용해 운반한 CO_2를 고갈된 유전·가스전 등 지하 800m 이상 깊이의 육지와 바다의 깊은 땅속에 주입 및 저장한다. 주입된 CO_2는 시간이 지나며 용해되거나 광물화가 된다. CCU는 포집한 CO_2를 활용해 새로운 부가가치를 만드는 기술이다. 포집한 CO_2를 활용해 새로운 부가가치를 만드는 기술로, 포집한 CO_2를 활용하여 연료, 화학물질, 건축자재 등 새로운 제품을 만드는데 활용한다. https://media.skens.com/1049 가장 보편적으로 사용되는 방법은 연소 공정 이후에 배출된 가스에서 탄소를 포집하는 연소포집이다. 이는 습식 혹은 건식 흡착제를 이용해 이산화탄소를 흡착 탈착하여 분리 및 최소화하는 방법이다. 이렇게 분리한 탄소는 인계점 이상의 온도와 압력을 가진 초인계상태로 만든 후 안전한 장소에 저장을 해야 한다. 가장 주목받는 장소로는 현무암층, 석탄층, 심부염수층, 지하매설이 있다. 한편, 광물화 기술을 사용하면 탄소를 탄산칼슘으로 전환하여 친환경 건축자재나 제지 생산 공정의 도포제 등으로 사용할 수 있다. 액화공정을 통해 만들어낸 이산화탄소의 온도를 떨어트리면 드라이아이스를 생산할 수 있는데, 이는 스마트팜 농장에서 작물을 잘 자라게 하는데 사용된다. 이 기술을 사용하면 그레이수소와 불화수소가 아닌 저탄소수소인 블루수소의 생산도 가능하다. 현재 CCUS 기술을 성공적으로 상용화한 국가는 노르웨이와 미국이다. 문제는 경제성을 담보할 정도로 기술 수준이 높지 않고, 공장 가동을 위해 필요한 재생에너지를 확보하는 것도 쉽지 않다는 점이다. 그런 까닭에 CCUS를 이용한 이산화탄소의 감축은 아직 저조한 비율에 머물러 있다.

경 교통수단과 지속 가능한 도시 계획을 통해 탄소 배출을 줄이고, 생활의 질을 개선하는 것도 언급할 수 있다.

녹색전환, 지속가능발전과 생태적 전환

녹색전환을 지속 가능한 방식으로 변화를 추구하는 과정을 의미한다고 할 때 비교·분석의 대상이 되는 개념이 바로 지속가능발전(sustainable development: SD)이다. 녹색전환이라는 용어는 아직 학술적 개념어로 체계화되지 않았으며, 또한 학계나 대중적 합의를 이루지는 않았다. 녹색전환이라는 용어는 학술적 및 정책적으로 다양한 맥락에서 사용되고 있지만, 어떠한 경우든 이 용어는 지속가능발전에 비해 널리 사용되지 않고 있을 뿐 아니라 후자의 개념보다 더 모호하게 규정되고 있다(최병두, 2020: 23~25). 그런 점에서 아직까지는 지속가능발전이 대중들뿐만 아니라 학자들에게도 보다 흔히 사용되고 있다.

지속가능발전 개념은 헤르만 데일리가 지적했듯이 인류의 경제활동이 자연계와 어떻게 관계를 맺어야 하는지에 대한 우리의 시각을 반영하고 있으며, 동시에 그것을 변화시킬 수 있는 잠재력을 갖고 있다. 인류의 경제활동은 유한하고, 성장하지 않으며, 물질적으로 닫혀있는 생태계 속에서 이루어진다. 그래서 데일리는 경제활동에 대한 요구가 생태계가 투입 원재료를 재생하고 산출 폐기물을 흡수할 수 있는 수준, 즉 생태적으로 지속 가능한 수준에서 제한되어야 하며, 그것이 지속가능발전의 조건이라고 주장한다. 이러한 시각의 변화는 미래로 나가는 진보의 도정에서 양적 팽창(성장)이라는 경제 규범을 질적 향상(발전)으로 대체하는 과정을 수반한다는 것이다. 그러나 대다수 경제적, 정치적 기관들은 전통적인 양적 성장에 토대를 두고 있기 때문에 이러한 변화를 받아들이려 하지 않는다고 한다(Herman E. Daly, 2016: 11~12).

지속가능발전은 지난 세기 말부터 수많은 사람들의 입에 오르내리는 용어가 되었지만 막상 '지속가능성'과 '발전'이라는 개념이 정확히 무엇을 의미하는 지에 대해서는 광범위한 공감대가 존재하지 않는다. 가장 많이 언급되는 1987년 세계환경발전위원회(WCED)가 인류가 나아가야 할 미래 기본전략 보고서로 발표한 '우리 공동의 미래(Our Common Future)'에서 제시된 정의도 마찬가지이다. 브룬트란트(Gro Harlem Brundtland)가 의장으로 있던 WCED가 광범위한 공청회를 거쳐 발간한 이 보고서에서는 지속가능발전을 '미래세대의 욕구를 충족시킬 수 있는 능력을 위태롭게 하지 않고 현 세대의 욕구를 충족시키는 발전'을 의미한다고 했다. 여기에는 두 가지 핵심적인 개념이 포함되어 있다. ① 욕구의 개념, 특히 세계의 가난한 사람들의 필수적인 욕구. 여기에 일차적인 우선권이 부여되어야 한다. ② 기술과 사회조직의 상태가 현재와 미래의 욕구를 충족시킬 수 있는 환경의 능력에 미치는 한계의 개념(세계환경개발위원회, 2005: 87). WCED의 보고서에 의하면 지속가능발전이란 세대 간 형평성에 기초하여 미래세대의 필요를 충족시키면서 현세대의 필요도 동시적으로 충족시키는 발전을 의미하는 것으로 지속성, 형평성, 효율성에 토대를 둔 용어라고 할 수 있다. 그러나 이러한 정의는 '지속가능한'이라는 단어의 의미만 어느 정도 설명하고 있지 발전이 정확히 무엇인지는 언급하고 있지 않다. 우리는 앞의 절에서 발전이라는 단어가 수많은 해석이 가능하고 그런 이유에서 이를 둘러싸고 학자들 간에도 적지 않은 논쟁이 있다는 사실을 살펴본 바 있다. 그럼에도 WCED의 보고서는 지속가능발전의 강조를 통해 발전과 환경의 상관성에 대한 관심을 환기시켰고, 국제적인 경제, 인구, 식량, 에너지, 제조업, 도시 등에 대해 상세하게 분석하고 변화를 위한 권고사항을 제시했다는 점에서 그 의의를 발견할 수 있다.

9장에서 설명했듯이 지속가능발전이 전 지구적 수준에서 환경문제 해결을 위한 기본원칙으로 널리 알려지게 된 계기는 1992년 6월 브라질 리우데자네이로에서 개최된 UN환경발전회의(The United Nations Conference on Environment and Development: UNCED)이다. 지구 환경 보전 문제를 논의한 이 회의에서는 지구 환경질서의 기본원칙을 규정한 '리우선언'과 환경실천계획인 '아젠다 21(Agenda 21)'을 채택하였다. 또한, '기후변화에 관한 기본협약(UN Framework Convention on Climate Change: UNFCCC)'과 '생물종의 다양성에 관한 협약(Convention on Biological Diversity: CBD)'을 체결하였다. 이 회의에서 채택된 21세기에 전 지구적인 환경문제 해결을 위해 추진해야 할 과제인 '아젠다 21'에는 지속가능발전이 기본원칙으로 권고되었다.

리우정상회의는 환경과 발전의 문제를 조화시키기 위한 세계전략의 방향을 설정하고, 지구환경보호를 위한 기본적 원칙과 대책을 제시하였다는 데 그 중요성이 있다. 그러나 선진국과 개도국간의 대립으로 인해 리우회의는 많은 문제들에서 합의에 이르지 못했다. 1997년 리우회의 5주년을 맞아 열린 제19차 유엔환경특별총회의 결정에 따라 2002년 9월 남아프리카 공화국의 요하네스버그에서 '지속가능발전에 대한 세계정상회의(World Summit on Sustainable Development: WSSD)'가 개최되었다. '리우+10'으로 더 잘 알려진 이 회의에서는 다시 한 번 전 세계 정상과 NGO 대표자 등이 참여하여 인류 삶의 질 향상과 세계 인구 증가에 따른 자연자원 부족의 문제를 논의했고, 환경에 대한 존중을 고려한 발전을 달성하기 위해 취해야 할 일련의 활동과 조치를 포함하는 '정치 선언 및 실행 계획(Political Declaration and Implementation Plan)'을 채택했다(https://www.un.org/en/conferences/environment/johannesburg2002). 그러나 요하네스버그 정상회의는 미국의 불참[133] 등으로 인해 더 뚜렷한 성과는 거두지 못했다.

1992년 리우 UN환경개발회의에서 채택된 '아젠다 21'은 지속가능발전을 비롯해 책임의 공유와 차별화, 오염자 부담원칙이 기본 원칙으로 권고된 데서 중요하다. 이는 2015년 제70차 UN총회에서 지속가능발전목표(SDGs)가 인류공동의 새로운 목표로 채택되는 것으로 이어졌다. 경제성장과 사회통합, 환경보호 등 주요 이슈를 포함하는 SDGs는 주요 목표가 17개, 세부 목표는 169개에 달한다(https://sdgs.un.org/goals). 그러나 이에 대한 비판적 시각도 만만치 않다. 아젠다 21의 경우 개도국들은 방만한 선진국의 소비행태가 지속가능한 발전의 가장 큰 장애요인이라 주장하였다. 비정부기구들은 선진국의 환경책임론, 환경보호자금의 부담, 환경기술의 이전문제 등을 둘러싼 선후진국간의 이견으로 리우회담이 실질적으로 실패에 그쳤다고 비판했다. 다국적 기업의 공해수출을 규제하고 군비축소를 하는 것이 환경보호를 위한 핵심쟁점인데도 이들은 논의의 대상에서 아예 빠졌다. 인류의 생존 터전인 지구를 보전하기 위해서 한계용량을 넘어서는 경제성장을 제한해야 할 필요성을 인정해야 함에도 불구하고 지속가능한 발전이라는 개념으로 기존 경제성장 우선 논리를 위장하고 있다는 비판도 제기되었다. 한편, SDGs에 대해서는 주요 목표가 너무 많아서 과연 제대로 달

---

133 당시 가장 큰 온실가스 배출국이던 미국은 자국 산업 보호와 의무감축국가에 개도국을 포함시키자고 주장하면서 국제적인 기후협상 과정에서 나쁜 영향을 미치게 되었다. 석유산업과 유착관계인 조지 W. 부시 대통령은 의정서에 대한 미국의 서명을 말소하고자 했고, 이 요구가 받아들여지지 않자 2001년 3월 교토의정서에서 탈퇴하였다. 후에 가디언(The Guardian)은 그린피스가 미국 정보공개법에 따라 입수한 미 국무부 내부 문건을 인용해 조지 W. 부시(George Walker Bush)가 교토의정서 서명을 거부한 데에는 부분적으로 세계에서 가장 강력한 석유 회사인 엑손모빌과 다른 산업계의 압력에 따른 결과라고 보도했다. 가디언의 이 기사에는 2001년과 2004년 사이에 미국 국무부 차관보인 폴라 도브리안스키(Paula Dobriansky)와의 회의에 앞서 제출한 브리핑 자료에서 부시행정부가 기후변화 정책 결정에 도움을 준 엑손모빌의 '적극적인 참여'에 감사를 표하고, 회사가 수용할 수 있는 기후변화 정책에 대한 조언을 구했다고 나와 있다. https://www.theguardian.com/news/2005/jun/08/usnews.climatechange 미국의 이러한 행태는 도널드 트럼프 대통령 1기에 파리 기후협약과 세계보건기구(WHO) 탈퇴로 다시 반복되었다. 트럼프는 선거유세 과정에서 "기후변화는 날조된 것"이라거나 "기후변화는 미국의 사업을 방해하려는 중국의 사기극"이라는 주장을 해왔다. 이는 주된 정치자금의 제공자인 석유기업의 이해에 부응하고, 당선에 결정적 공헌을 한 중동부의 쇠락한 공업지대인 '러스트 벨트(Rust Belt)'의 자동차·철강·석탄 산업에 종사하는 백인 노동자층에게 약속한 '굴뚝산업 부흥'을 이루려는 의도로 평가된다.

성될 수 있는지 의문이 제기되고 있다. 실제로 글로벌 경제침체와 코로나 팬데믹 등을 겪으면서 글로벌 북반구와 남반구 간에 그리고 지역과 국가, 계층 간에 그 달성 정도가 크게 차이가 나타나고 있다(김태균·우창빈 엮음, 2023).

지속가능발전의 핵심은 '지속가능성'이라는 개념이다. 지속가능성 개념에 대해서는 학자별로 다양한 해석이 존재한다.[134] 역사적으로 살펴보면 지속가능성은 18세기 말부터 19세기 초엽 독일에서 사용된 '지속적 산출(nachhaltige Produktion)'에서 연원한다. 당시 독일은 후발산업화로 인구가 급증하고 경제규모가 팽창하면서 삼림자원이 점차 고갈되고 있었다. 숲을 비롯한 자연에서 이념과 사상으로서의 '독일정신'이 배태되었다고 믿고 있던 독일인들에게 숲의 파괴는 큰 충격으로 받아들여졌다. 후발산업화로 숲이 파괴되는 상황에서 삼림의 생산성이 지속적으로 유지될 수 있도록 과학적인 삼림자원 추출률을 발견하고 준수함으로써 지속적인 경제기반을 확보할 필요성이 제기되었다. 이후 지속가능성의 개념은 유럽뿐만 아니라 미국으로도 전파되었다. 여기서 보듯이 지속가능발전은 자연자원에 대한 현명한 사용과 이에 바탕한 '지속적 경제성장'에 그 핵심을 두고 있는 용어이다. 이러한 이유에서 지속가능발전이라는 개념에는 기존의 경제성장 우선 논리를 위장하고 있다는 비판이 따라붙게 되었다.

중세부터 근대에 이르기까지 독일인들은 자연에서 정체성을 찾았다. 성스러운 숲을 받들어 예배를 드린 게르만족의 영향을 받은 중세 독일인들은 숲이 일상생활을 영위하는 세속적 질서와는 다른 질서가 지배하는 신비한 공간이라 여겼다. 숲과 산과 강, 대지 등으로 이뤄진 자연은 근대에 들어와 이념과 사상으로서의 '독일 정신'이 배태된 것으로 인식되었다. 내면성, 근원성, 전투적 열광, 심오한 사색 등으로 특징되는 독일인의 성격이 형성된 데는 자연의 매개물이 있었다. 예를 들어, 음악은 자연의 모방이 아니라 자연 그 자체, 자연의 보편적 언어라고 본 독일인들은 음악이 민족적 감정의 현현이고 민족 전체의 조화로운 감정의 표현이라고 보았다. 이 점은 근원적으로 독일적인 것, 게르만적인 것을 추구하면서 자연에 접근한 리하르트 바그너(Wilhelm Richard Wagner)의 악극에서 잘 나타난다. 이는 나치에 의해 민족우월주의의 환상과 결합되면서 정치적으로 악용되었다. 나치는 열등인종으로 낙인찍힌 사람들을 추방하거나 학살하는 대신에 '가치 있는 혈통이라는' 독일 민족의 입식지에는 유기농

---

134 지속가능성 개념에 대한 더 다양한 해석은 Stefanie Baumert & Kathleen Schlütter (Hrsg.) (2013), Iris Pufé(2017) 참조.

법을 도입하고 게르만적 풍경을 복원하며, 인공숲을 조성하는 등 상반된 정책을 추진했다. 나치는 숲이나 농촌으로 떠나는 집단도보여행을 하는 청소년단체인 반더포겔(Wandervogel)을 히틀러 유겐트로 흡수했고, 이전의 자연보호 운동을 계승해 제국자연보존법(Reichsnaturschutzgesetz), 삼림황폐방지법 등을 만들었다.[135]

독일에서 유래한 용어인 지속가능발전은 자연자원에 대한 현명한 사용과 이에 바탕한 '지속적 경제성장'에 그 핵심을 두고 있다. 지속가능발전은 현 세대에서 자원과 환경의 개발이 과도하게 이루어지게 되면 후세대의 후생에 위협이 될 것이란 우려 하에 모든 분야의 정책 수립 시 우선적으로 고려할 중심개념이라 강조한다. 그러나 이 개념은 너무 포괄적이어서 자연내재적인 가치나 전 지구적 재분배의 필요성을 간과한다는 비판도 받았다. 지속가능성에 대한 데이비드 트래비스(David Travis)의 다음과 같은 비판은 지속가능발전이 자본주의의 필연성에 토대를 두고 있다는 점을 지적하는 데서 설득력이 크다.

"지속가능성 문제에 대해 발언하는 많은 사람은, 현재의 우리 경제 체제가 내재적으로 지속 불가능한지 아니면 지속 가능한 지에 대한 질문 또는 현재 우리 경제 체제의 사회적이고 경제적인 관계가 실제로 바뀔 수 있는지 아니면 없는지에 대한 질문은 교묘하게 꺼린다...노동과 자연에서 이윤을 추출하는 것은 자본주의의 실체 중 어

---

135 독일의 자연보호운동은 1900년경 처음 시작되었다. 새로운 운동은 처음에는 소규모 천연기념물 보호에 중점을 두었지만 1920년대에는 점점 더 넓은 지역이 자연보호활동의 대상으로 포함되었다. 그러나 이를 위해서는 토지 소유자와 협상 과정에서 새로운 법률과 정부의 적극적인 재정 지원이 필요했지만 바이마르 공화국에서는 둘 다 부재했다. 이는 자연보호운동을 펼치던 사람들이 바이마르공화국과 거리를 두게 되는 계기가 되었다. 이 후 자연보호운동은 헤르만 괴링(Hermann Göring)과 같은 국가사회주의자들의 환심을 사게 되었고 '국가사회주의운동의 특별한 임무'로 자리 잡게 되었다. 그 결과 1935년 6월 26일 제국자연보존법이 채택되었다. 소유자와의 갈등 문제는 제국자연보존법 제24조에서 "이 법에 근거하여 취해진 법적 조치는 보상을 받을 권리를 구성하지 않는다"라는 규정을 삽입함으로써 해결되었다. 제국 전체에 걸쳐 자연보호구역 지정이 잇따랐고 곳곳에 자연보호 담당자가 임명되었다. 이들은 이제껏 겪어보지 못한 강력한 자연보호활동에 열광했고 전쟁 초기까지 거의 도취한 상태로 행동했다. 그러나 제국자연보존법에 규정된 대로 경관에 중대한 영향을 미치는 사업을 실행하는 데 있어 이들 자연보호주의자들의 참여는 종종 무시되었으며, 그 결과 제국노동청이 이끌었던 프로젝트에서 나타나듯이 강을 곧게 펴거나 습지의 배수공사를 통해 귀중한 자연 지역을 파괴하기도 하였다. 전후 서독에서 환경 보호론자들은 제국자연보존법이 폐지되면 법적인 공백이 생길 수 있기 때문에 이 법이 지속되어야 한다고 주장했고 이로 인해 법적 갈등이 계속되었다. 이러한 갈등의 근저에는 제국자연보전법이 이념에 영향을 받은 전형적인 나치법으로 분류될 수 있는지의 여부를 둘러싼 논란이 자리잡고 있었다. 이 갈등은 1958년 연방헌법재판소가 제국자연보존법의 지속적인 타당성을 인정하는 판결을 내리면서 해소되었다. 제국자연보존법은 한스-디트리히 겐셔(Hans-Dietrich Genscher)가 연방정부의 첫 번째 환경 프로그램으로 시작한 입법 계획의 일부로 통과시킨 1976년 연방자연보존법으로 그 효력을 잃었다. http://www.umweltunderinnerung.de/index.php/kapitelseiten/geschuetzte-natur/59-das-reichsnaturschutzgesetz

떤 우발적인 부분이 아니다. 그것이야말로 자본주의를 작동하게 만드는 핵심이다...자본주의의 옹호자들은 일반적으로 자본주의는 가치중립적이고 쉽게 변화 가능해서 소비자의 '가치들'을 자유롭게 반영한다는 견해를 취한다. 그럴 경우 자본주의는 경제적 도구의 한 형태일 뿐, 그 이상이 아니다...사후적 임시방편보다 중요한 것은 체제 전체를 민주적이고, 지속 가능하고, 비착취적인 것으로 대체하는 게 더 생산적일 것이다..."(Ian Angus ed., 2012: 149~151, 155)

지속가능발전은 크게 적극적인 견해와 소극적인 견해로 나누어 볼 수 있다. 소극적으로 보는 견해는 각종 계획과 공공의사결정에 있어서 환경에 대한 관심의 비중을 높여 환경파괴와 자원고갈의 속도를 늦추면서 지속적인 성장을 도모할 수 있다고 본다. 이는 기술적인 발전이 환경문제를 해결할 것이라는 낙관론이라 할 수 있다. 적극적인 견해는 지속가능발전이 자연이 지탱해 줄 수 있는 한계용량 범위 내에서의 개발을 의미하는 것이며 더 나아가서는 현재의 한계용량을 확대하기 위해 노력하는 적극적인 '환경창조'라는 입장이다. 지속가능발전이라는 개념은 성장과 보전의 단순한 조화가 아닌 '한계용량의 범위 내'라는 제약조건하에서 경제, 사회, 환경의 조화로운 발전과 보전을 의미하는 것이며 이러한 한계의 범위를 확대시키기 위한 노력을 포함하는 적극적인 개념으로 볼 필요가 있다(Lester W. Milbrath, 2001).

한편, 환경문제를 해결하고 나아가 협력을 진척시키는 열쇠는 국가를 생태적으로 전환(ecological transformation)시키는 데서 찾을 수 있다. 이를 지칭하는 국가가 녹색국가이다. 녹색국가는 생태적으로 지속가능한 사회를 지향하면서 생태적 합리성을 준거로 정치, 경제, 사회의 전체적인 변화를 지향하는 국가를 의미한다. 이는 기존의 발전국가, 복지국가, 기업가적 국가와는 국가활동의 핵심과제와 작동논리에서 차이가 있다. 녹색국가는 인간중심적 지배와 권력관계를 공고히 하여 물질적 가치의 생산을 극대화하는 것을 최우선적인 역할로 하며 그 결과 국가체제 아래서 사회적 강자에 의한 약자의 지배가 관철되는 동시에 그 연장선으로 인간계에 의한 자연계의 억압과 착취가 유기적으로 관철되는 근대 국민국가와 다르다. 어떤 민주주의와 환경사상에 기초하느냐에 따라 녹색국가는 다양한 유형으로 구분된다. 예를 들어, 문순홍은 환경주의자들의 참여를 바탕으로 환경을 효율적으로 관리하면서 경제성장과 환경보전의 조화를 지향하는 약한 녹색국가와 시민사회의 참여를 보다 활성화하면서 국가의 사회적 성격을 강화하고 대안적 경제, 사회적 구조를 지향하는 강한 녹색국가로 분류한다.

(문순홍, 1999). 그런 점에서 녹색국가는 민주주의와 생태주의에 기반을 두고 작동하는 국가라고 할 수 있다. 이런 속성을 지닌 녹색국가는 대내적으로는 보다 진전된 환경정책을 입안해 집행하고, 대외적으로는 초국적 환경문제의 해결을 위한 국제협력에 보다 적극적으로 나설 가능성이 높다.

피터 뉴얼(Peter Newell)이 지적했듯이 환경문제는 이제 전 세계의 정치적 의제로 확고히 자리 잡았다. 주요 UN 정상회담과 심지어 세계에서 가장 강력한 G8 회의에서도 환경 문제, 특히 기후변화가 자주 등장한다. 이제 '환경'은 세계 정치의 실천과 교육에 있어서 일상용어의 일부가 되었다. 보다 급진적인 녹색 입장에서 나오는 주요 글로벌 문제에 대한 녹색 정치와 관점에 대해서도 마찬가지이다. 전쟁, 빈곤, 사회적 불평등 또는 기후위기 등 세계 정치를 휩쓸고 있는 다양한 위기에 대한 근본적인 원인과 잠재적 해결책을 이해하고 설명하는 데 녹색 사고가 잠재적으로 기여함에도 불구하고, 세계 정치 문제에 대한 녹색 관점은 거의 명확하게 표현되거나 통합되지 않았고 아직 견인력을 얻지 못했다는 평가를 받고 있다(Peter Newell, 2019: 1~20).

앤드류 돕슨(Andrew Dobson)은 생태주의 시각에 입각한 정치를 강조한다. 그는 생태주의를 지구의 유한성이라는 보편적인 조건을 심각하게 받아들이고 성장과 기술에 의문을 제기하며 그 틀 안에서 어떤 종류의 정치, 경제, 사회적 관행 들이 가능하고 바람직한가를 묻는 것과 연관시킨다. 생태주의는 비인간적 자연세계와의 관계에서 그리고 사회, 정치적 생활양식에서 근본적 변화를 추구한다는 것이다. 이에 따르면 환경에 대한 녹색적 관심은 정치, 사회, 경제생활의 모든 것을 재구성하도록 유도하는 것을 목적으로 한다(Andrew Dobson, 1993). 다른 한편으로 환경문제가 지닌 복잡성과 불확실성의 문제들을 다룰 수 있는 높은 반응성과 책임성은 주요한 자유와 권리가 보장될 때 가능한 점에서 녹색국가는 민주주의에 기반을 둔 국가이기도 하다. 이런 국가는 권위주의와 전체주의 같은 비민주적 국가에 비해 단순한 시민적·정치적 권리나 경제적 권리를 넘어 깨끗한 환경에의 권리나 평화의 권리와 같은 집단적이고 연대적인 권리를 충족하는데 필요한 자원을 더 갖고 있다. 특히 일반 시민들의 광범한 직접 참여와 민주적 통제가 보장된 참여민주주의나 시민들 사이의 토론과정에서 일어나는 '심의적 전환(deliberative turn)'을 통해 공공의 합의 도출을 강조하는 심의 민주주의가 활성화된 국가는 환경문제 해결에서 더 큰 성과를 거둘 수 있다고 평가된다.

보다 근본적인 관점에서 존 벨라미 포스터(John Bellamy Foster)는 '생태혁명(ecological revolution)'을 거론하고 있다. <환경과 경제의 작은 역사>, <생태계의 파

괴자 자본주의>, <마르크스의 생태학: 유물론과 자연> 등의 저서에서 마르크스의 비판적 관점에 입각해 환경 문제를 탁월하게 분석한 포스터는 <생태 혁명: 지구와 평화롭게 지내기>에서 자본축적체계 전체를 유지하려는 사회적 관계 자체와 인류와 지구의 관계를 근본적으로 변화시킬 대규모 사회적 변혁을 주장하고 있다. 전 지구적 생태 재앙이 사회적 약자들에게 가중되면서 재앙 자본주의에 대항하는 생태 혁명의 투쟁이 분출하고 있다는 것이다. 저자는 남반구의 진보적인 생태적 변화, 즉 쿠바의 농업 방식과 차베스 정권 하의 베네수엘라의 공동체적 교환(사회주의적 시간 회계방식) 도입, 모랄레스 정권 하의 볼리비아의 사회주의 흐름 등에서 생태혁명의 가능성을 찾는다(John Bellamy Foster, 2007; John Bellamy Foster, 2010).

한편, 더글라스 토거슨(Douglas Torgerson)은 녹색국가가 기반하는 민주주의로 공론장에서 심의와 담론을 고양시키는 것을 포함한 적극적인 참여를 중요 요소로 수반하는 민주주의를 제시한다(Douglas Torgerson, 1999: xi-xii). 이에 비해 최소주의적 기준의 민주주의에 속하는 대의제 민주주의는 환경 불평등과 갈등을 해결하는 데 한계가 있다. 대의제 민주주의가 추구하는 자유와 권리는 개인주의에 입각한 것으로 환경훼손을 초래하는 무분별한 소비와 이기적 행동을 규제하기 힘들다. 환경 관련 정책 역시 정치가, 관료, 전문가들에 의해 폐쇄적이고 편의주의적으로 결정되는 경향이 있다(Andrew Dobson, 1996: 124~138). 민주주의의 복원과 확장, 심화를 통한 환경친화적 민주주의 프로젝트의 구축은 환경정의와도 밀접한 관련이 있다. 사회구성원, 특히 취약계층과 약자들의 권리를 보장하고 삶의 질을 향상시키는 것은 민주주의, 특히 정치제도뿐만 아니라 경제, 문화 등 다양한 수준과 영역에 걸치는 최대 기준의 민주주의를 통해 실현 가능하기 때문이다.

그렇다면 녹색민주주의(green democracy)란 무엇일까? 존 배리(John Barry)는 환경의 위기와 관련하여 여러 취약점을 갖고 있는 자유민주주의가 참여민주주의의 강화와 과학에 대한 민주적 통제와 같은 점진적인 개혁의 과정을 통해서 상당한 성과를 기대할 수 있다고 주장한다. 배리는 환경위기의 책임이 정부권력과 시민단체의 전문가집단의 무책임한 결정에 기인한 바가 크다면서 환경문제와 관련된 정책결정에 있어서 심사숙고의 과정을 강화하라고 말한다. 정보의 공개, 공청회 및 주민토론의 활성화, 역할 강화, 대의기구 대표의 참여 등이 그것이다(John Barry & Marcel Wissenburg eds., 2001). 이를 보다 구체적으로 살펴보면 다음과 같다. 무엇보다도 배리는 환경 문제 해결에 있어 시민의 적극적인 참여가 필수적이라고 주장한다. 그는 환경 정책 결정 과정에서 투명성과 책임성을 높이기 위해서 시민들이 직접 참여하고 목소리를 낼 수 있는 기회를 제공해야 한다고 강조한다. 그리고 배리는 환경 문제 해결에서 공정성과 정의의 중요성을 강조한다. 그는 환경 피해가 사회적, 경제적 약자에게 불균형적으로 영향을 미친다는 점을 지적하며, 이러한 불평등을 해소하기 위한 정책이 필요하다고 주장한다. 이어서 배리는 지속가능발전이 환경 민주주의의 핵심 요소라고 본다. 그는 경제성장과 환경보호가 상충하는 것이 아니라, 상호 보완적일 수 있다고 주장한다. 지속 가능한 발전을 위해서는 장기적인 관점에서 환경과 경제를 통합적으로 고려하는 정책이 필요하다는 것이다. 배리는 환경 민주주의를 실현하기 위해서는 기존의 정치 및 경제 제도를 혁신해야 한다고 주장한다. 그는 환경문제를 해결하기 위해 새로운 거버넌스 모델과 정책 도구가 필요하다고 강조하는데, 예를 들어, 지역 사회의 참여를 촉진하는 제도적 장치나, 환경 영향을 고려한 경제정책 등이 포함될 수 있다는 것이다.

이러한 주장은 과학에 대한 민주적 통제가 민주주의와 생태주의의 선택적 친화를 가능케 한다는 울리히 벡(Ulrich Beck)의 주장과 상통한다고 할 수 있다. 벡은 위험 사회는 과학과 기술의 발전이 새로운 형태의 위험을 초래하며, 이러한 위험은 전통적인 방식으로 관리하기 어렵다는 점을 강조한다. 그러면서 벡은 과학이 대중의 윤리적 통제를 받아야 한다고 주장하는데, 이는 과학 연구와 기술 개발이 사회적, 윤리적 기준에 따라 이루어져야 함을 의미한다(Ulrich Beck, 1997; Ulrich Beck, 2010). 과학자와 기술자들이 단순히 기술적 가능성만을 추구하는 것이 아니라, 그 결과가 사회에 미치는 영향을 고려해야 한다는 것이다. 여기서 윤리적 통제는 대중의 참여를 통해 이루어져야 한다. 이는 시민들이 과학과 기술의 발전 과정에 대해 이해하고, 그 과정에 참여할 수 있는 기회를 제공받아야 함을 의미한다. 대중의 참여는 과학 연구의 투명성과 책임성을 높이는 데 기여할 수 있다는 것이다. 벡은 과학이 무책임한 실험과 기술 개발로 인해 사회가 '실험실 사회'로 전락할 수 있다고 경고하는데, 이는 과학과 기술이 사회적, 윤리적 고려 없이 무분별하게 발전할 경우, 예측할 수 없는 위험과 부작용을 초래할 수 있다는 것을 말한다.

이러한 벡의 주장은 최근 들어와 세계적인 관심사로 떠오른 인공지능(AI) 기술의 발전을 보더라도 설득력이 크다. AI 기술의 발전은 인간에게 많은 가능성을 열어주지만 다른 한편으로 기술접근성과 격차, 일자리 감소, 사회적 상호작용 감소, 프라이버시 침해, 알고리즘의 편향성과 불공정, 사이버 공격 위험 등과 같은 부작용도 초래될 수 있다. AI 시스템이 잘못된 결정을 내렸을 때, 그 책임을 누구에게 물어야 하는지 명확하지 않은 경우가 많고, 이는 법적, 윤리적 문제를 야기할 수 있다. 이러한 사례에서 알 수 있듯이 과학은 단순히 기술적 가능성만을 추구하는 것이 아니라, 그 부작용을 최소화하기 위한 윤리적 기준과 규제, 대중의 참여와 감시가 필요하다.

한편, 또 다른 학자들은 생태민주주의라는 용어를 선호한다. 이들은 인류가 핵발전, 핵무기, 화학물질, 기후변화 등 수많은 환경문제를 일으켜 자연의 순환 시스템을 파괴하고 있는 상황에서 현재의 정치과정에 참여하지 못하는 미래세대는 물론 비인간 존재의 권리를 인정하고 이들의 대리인이나 후견인들이 정치과정에 참여해야 한다고 주장한다. 이들에 따르면 생태민주주의는 사회경제적 약자와 미래세대는 물론 비인간존재의 내재적 가치를 인정하고 이들이나 이들의 대리인 혹은 후견인들이 이들의 권리와 복지를 실현하기 위해 소통하고 숙의하고 행동하는 정치라고 정의할 수 있다. 이러한 정의에서 알 수 있듯이 생태민주주의는 인간 이외의 존재도 인간의 필요와 상관없이 그 자체로서 내재적 가치를 갖고 있다는 윤리적·도덕적 토대 위에 있고, 현세대가 아직 태어나지 않은 미래세대의 권리와 복지에 대해서도 책임이 있으며, 미래세대와 비인간존재의 필요에 대해 숙고하고 이들이 보내는 신호를 듣고 이해하고 이를 현세대 인간들과 소통하는 것이 필요할 뿐만 아니라 가능하고, 강권을 동원하는 것이 아니라 생각이 다른 사람들과 토론하고 숙의하며 변화를 위해 행동하는 점에서 인간 중심의 민주주의와 차이가 있다. 이러한 점에서 생태민주주의는 평등, 미래세대, 생태적 지속가능성, 생명, 협동, 숙의, 자치와 같은 가치를 지향한다고 할 있다(구도완, 2018: 99~101),

기후위기에 대응하는 데 있어 기존의 대의제 민주주의 체제는 단기적 시각, 이해관계의 충돌, 정보의 비대칭성, 글로벌 문제에 대한 대응 한계, 사회적 불평등 등 여러 가지 한계를 가지고 있다. 주로 선거 주기에 맞춰 운영되는 대의제 민주주의 체계 하에서 정치인들은 선거승리라는 단기적인 목표에 집중하는 경향이 있는데, 이는 장기적인 계획과 지속적인 노력이 필요한 기후위기 대응과는 조응하지 못할 수 있다. 미국의 도널드 트럼프 정부나 한국의 윤석열 정부의 사례에서 보듯이 선거 결과에 따라 정부가 교체되면, 이전 정부의 기후 정책이 폐기되거나 수정될 수 있는데 이는 일관된 기후 정책 추진을 어렵게 만들기도 한다. 트럼프는 기후변화에 대한 회의론에 입각해 경제성장과 일자리 창출을 우선시했으며 전임 행정부 시절 도입된 여러 환경 규제를 철폐하거나 완화했고 국제 기후 협력에 소극적 태도로 일관했다. 다른 한편, 대의제 민주주의에서는 다양한 이해관계자들이 존재하며, 이들은 자신의 이익을 위해 로비 활동을 벌인다. 특히, 화석 연료 산업과 같은 거대 이익단체들은 강력하고 효과적인 기후 정책의 채택을 방해할 수 있다. 상이한 이해관계와 정치제도, 리더십을 갖고 있는 각국이 국제 협력이 필수적인 기후위기와 같은 글로벌 문제에 효과적으로 대응하기 어렵고, 국제 협정이 체결되더라도 각국의 정치적 상황에 따라 이행이 지연되거나 무산될 수 있다. 다음 장에서는 기후위기를 둘러싼 갈등과 협력의 정치를 글로벌 차원에서 고찰해보고, 기후위기에 효과적으로 대응하기 위해서는 어떤 접근이 타당하고 적실성이 있는지 살펴보기로 한다.

20장.
책임국가의 역할과 그린 글로벌 거버넌스

생태적 결손국가와 책임국가

한국을 비롯한 동아시아 국가들은 지난 수십 년에 걸쳐 급속한 경제성장을 이룩했다. 이로 인한 부작용은 무엇보다 환경영역에서도 두드러지고 있다. 경제가 성장함에 따라 자연자원의 이용량이 증가하고, 생산 및 소비과정에서 오염물질의 배출이 동반 증가하면서 환경이 오염되고 생태계는 급속히 파괴되었다. 그럼에도 경제성장을 우선시하고 각종 토건사업이 추진되는데서 보듯이 환경 입법과 정책은 매우 취약하다고 평가된다. 동북아 국가들은 비록 체제와 이념이 다르지만 개별 국가의 속성은 전형적인 '생태적 결손국가(ecological deficit state)'의 특징을 갖고 있다. 이들 국가들은 하향식으로 국가가 주도하여 하향식으로 급속한 경제성장을 추진하고 이 과정에서 광범위한 영역에서 환경훼손을 하는 국가라 할 수 있다. 국가는 경제성장을 달성하는 것이 선진국이 되는 길이라고 주장하며, 이를 위해 국민총생산, 1인당 국민총생산, 교역량과 같은 경제지표들이 강조된다. 이 과정에서 경제성장을 방해한다고 판단되는 노동, 복지, 환경 등의 영역에서의 활동에 대해서는 억압적 국가기구에 의해 폭력이 가해지는 것도 생태적 결손국가의 또 다른 특징이다. 이런 점에서 생태적 결손국가는 민주적 가치와 규범에 대한 믿음에 바탕을 두고 기본권, 균형과 견제가 제도화된 민주주의가 아니라 위계적이고 불평등한 사회에서 소수의 집단이 지배질서를 유지하고 재생산하기 위해 여타의 다른 구성원들에게 강압력을 동원해 복종을 강제하는 권위주의 체계와 높은 친화성을 갖고 있다.[136]

---

136 일반적으로 권위주의는 보다 엄격하게 책임지지 않고 견제 받지 않는 권력, 혹은 권력집단에 의한 비민주적 통치형태와 이를 뒷받침하는 사상체계를 가리킨다. 그렇다면 대다수의 정치학자들이 공통으로 도출한 권위주의의 속성은 무엇일까? 그리고 권위주의는 민주주의와 어떤 상관관계를 갖는가? 이와 관련하여 지금까지의 연구를 검토해보면 대다수의 학자들은 위계질서, 계층성, 억압, 착취, 배제, 차별, 경쟁, 제한된 다원주의, 지배, 복종, 순응 등을 권위

세계 2위의 인구대국이자 최대 오염배출국인 중국의 경우 1970년대 말 이후 추진한 개방과 세계경제에의 통합이 정치가들로 하여금 성장주의를 우선시하게 했고 일반 대중들에게는 물질주의적 가치관을 내재화시켰다. 이는 과도한 화석에너지에 의존하는 산업구조를 강화시키면서 막대한 오염물질을 배출시키고 있다. 여기에 중국은 경제성장으로 인한 전력수요를 충당하기 위해 향후 15년간 4400억 달러(약 518조원)를 투입해 최소 150기의 원자로를 추가 건설한다는 계획을 2021년 발표하기도 했다.[137] 이는 중국을 제외한 전 세계 국가들이 지난 35년 동안 지은 핵발전소보다도 많은 수다(https://www.sisajournal.com/news/articleView.html?idxno=227294). 중국 정부는 최근 들어와 탄소중립 목표를 세우고 환경규제를 강화하고 있으나, 여전히 성장 위주의 경제정책에 매몰된 데서 그 효과는 한계가 있다고 평가된다. 환경 NGO 활동도 정부에 종속되어 있고, 일반 대중들의 환경보호에 대한 인식도 낮은 수준에 머무르고 있다. 전후 일본은 토건업자들과 관료, 정부 간에 유착관계가 형성되어 상당 부분의 국가예산이 공공투자자금으로 투입되는 토건국가(construction state)적 특성이 강하다. 여기에 코이즈미와 아베 총리 시기에는 규제완화와 민영화를 통해 미국식 신자유주의를 추구하는 '작은 국가'를 기획했다.

한국과 북한은 정부가 경제를 계획하고 자원배분을 조정하면서 하향적으로 산업화를 추진한데서 발전국가의 특성을 갖고 있다. 여기에 한국은 토건사업이 산업화의 중요한 대상이 되고 경제의 중요한 부문을 차지한다는 점에서 일본과 그리 다르지 않다.

주의의 공통된 속성으로 도출하고 있음을 알 수 있다. 구성원들의 권리가 존중되지 않고, 타자가 배제와 차별을 당하며, 민주적 절차가 경시된다는 점에서 권위주의는 반민주적이라고 평가된다. 민주주의는 광범위한 참여와 규칙적 경쟁, 그리고 이 둘이 완전하게 이루어지고 있음을 보증하기에 충분한 수준의 시민적·정치적 자유를 최소한의 기준으로 요구한다는 점에서 그렇다. 아울러서 권위주의는 개인주의나 이에 바탕을 둔 다원주의보다는 집단주의, 국가주의와 친화성을 지닌다고 할 수 있다. 권위주의의 특징과 유형, 역사적 경로에 대해서는 홍익표(2018), pp.50~62 참조.

137 중국은 60%가 넘는 석탄 중심의 화력 발전을 줄이기 위해 핵발전을 주요 대안으로 삼고 급격히 늘리고 있다. 지난 10년간 중국의 핵발전량은 약 400% 늘었다. 중국 정부는 2030년까지 핵발전소의 발전 능력을 현재의 2~3배로 늘릴 계획이다. https://www.hani.co.kr/arti/international/international_general/1122405.html 공식적으로 중국이 핵발전에 박차를 가하는 근거로 내세우는 것은 탄소중립 목표 달성을 위해 재생 가능 에너지와 함께 핵발전을 병행하겠다는 전략이다. 시진핑 중국 국가주석은 2020년 9월 UN총회 연설 중 "2030년까지 탄소 배출량 정점을 찍고, 2060년까지 탄소중립을 실현하도록 할 것"이라고 선언한 바 있다. 이에 더해 중국은 소형모듈원자로(SMR)를 선박 위에 올려 해상에서 원자력 발전을 하는 '해상 핵발전' 건설에도 몰두하고 있다. https://www.sisajournal.com/news/articleView.html?idxno=227294 핵발전은 그 효율성과 경제적 가치에도 불구하고 방사능 관련 위험과 환경에 미치는 영향으로 논란이 크다. 핵폐기물 처리에 대해서는 아직 명확한 해결방안이 없다. 체르노빌과 후쿠시마 사건은 핵발전소에 대한 관리부실이라는 작은 사건이 큰 재앙으로 연결된 것인데, 여전히 일부 국가는 이들 재앙에서 별다른 교훈을 얻지 못하고 있는 것으로 보인다. 한국은 이미 핵발전 밀집도 세계 1위, 개별 핵발전부지별 밀집도 및 규모 세계 1위, 핵발전 규모 대비 30km 반경 인구수 세계 1위인 국가인데도 핵발전 비율을 늘리려 하고 있다. 아울러서 상용화는커녕 실증도 되지 않은 기술이고 안전성 문제도 큰 SMR은 기후위기의 대안이 되지 못한다.

이 같은 속성은 동북아 국가들로 하여금 세계경제에의 통합을 통한 경제성장(중국), 토건사업을 주축으로 한 개발과 사회통합(일본, 한국) 같은 개별적이고 특수한 이익을 우선시하도록 추동하고 있다. 동북아 국가들이 사막화방지를 위한 협력에는 적극적으로 나서지만 온실가스 저감을 위한 협력에는 소극적 태도를 보이는 주된 이유도 여기서 찾을 수 있다(홍익표, 2012: 183).

생태적 결손국가가 하향식으로 급속한 경제성장과 광범위한 환경훼손을 이끄는 국가를 의미한다면 이와 상반되는 국가는 온전한 생태국가이다. 여기서 생태국가는 단지 인간뿐만 아니라 다양한 생물종, 그리고 이들과 연결되어 있는 자연환경을 존중하며 이러한 생태주의 이념에 기초해 조직되고 작동하는 국가를 말한다. 대표적으로 생물종의 다양성과 그 종들이 살아가는 서식처의 다양성을 아울러 일컫는 생물다양성은 생태국가가 중시하는 핵심 가치 중의 하나이다. 아울러서 생태국가는 자연환경의 훼손이 인간에 의한 인간지배와 인간에 의한 자연지배에서 비롯되었다고 보고 환경문제를 해결하기 위해서 위계질서와 지배에 대한 근본적 비판과 조정을 지향한다. 이런 맥락에서 생태국가는 생명세계를 상품화하는 시장논리에 기인하는 사회불평등을 완화하려는 정책을 핵심 아젠다로 삼는다.

국제사회는 정치, 경제, 군사안보 등 다양한 영역과 국가, 초국가, 국가하위행위자 등 다양한 수준에서 국가를 비롯해 수많은 국가 이외의 행위자들 사이에 복잡한 상호작용이 전개되는 공간이다. 비록 국제사회가 점차 상호의존되고 통합됨에 따라 국가 이외의 행위자들 간의 관계가 중요해졌지만 그럼에도 여전히 국가는 국제사회의 핵심행위자로 활동하고 있다. 이 점에 착안해본다면 국제관계 영역에서 생태적 결손국가와 대칭되는 국가는 '책임국가(ensuring state)'라고 할 수 있다. 책임국가는 앤서니 기든스(Anthony Giddens)가 그의 저서 <기후변화의 정치학(The Politics of Climate Change)>에서 사용한 용어로 기후변화 문제와 관련해 일을 촉진하는 자(faciliator)이자 가능성을 열어주는 자(enabler)로서 활동하는 국가를 일컫는다. 기후변화 정책을 선도하는 사회의 여러 다양한 집단들이 충분한 역량을 발휘하도록 격려하고 자극하는 국가이자, 분명한 성과를 이루어내서 국민들뿐만 아니라 다른 나라의 지도자들에게도 충분한 신뢰를 받는 국가를 가리킨다. 이와 관련하여 기든스는 다음과 같이 말한다.

"오늘날 국가는 '가능성을 열어주는 국가'여야만 한다. 국가의 가장 중요한 역할은 다종다양한 집단들이 공동의 문제들에 대해서 최대한 역량을 발휘하여 최선의 해결책을 찾도록 돕는 일이다. 그런 집단들 대다수가 아래에서 위로 향하는 상향식 의사결정 방식으로 움직인다는 점도 잊지 말아야 한다. 그렇지만 가능성을 열어주는 국가 개념만으로는 국가의 역할을 정의하기에 부족함이 있다. 국가는 밀어주는 데 그치지 않고 결과를 이끌어내기도 해야 한다. 이런 국가의 역할은 무엇보다 기후변화에 대한 대응책을 마련하는 일에서 가장 분명하게 드러날 수 있다. 책임을 다하는 국가는 가능성을 열어주는 국가보다 더 강력한 역할을 수행하는 국가를 뜻한다. 그 진정한 의미는 항상 공공선을 추구하며, 그런 활동이 국민들에게 명확하고 분명히 인정받을 수 있는 방식으로 운영되도록 책임을 다하는 국가라는 것이다"(Anthony Giddens, 2009: 105~106).

여기서 알 수 있듯이 책임국가로서의 국가의 주된 기능은 일을 촉진시키는 촉매 역할이다. 하지만 기후변화와 에너지 안보에 관한 한 국가는 보증인의 역할에도 힘써야 한다. 그러면서 기든스는 기후변화에 대응하는 일은 신속해야 하며, 그러려면 정부 자체에서, 그리고 국가와 시장, 시민사회의 상호관계에서 혁신이 있어야 한다고 주장한다. 기든스는 국가가 주역을 맡아야 하는 중요한 일들을 다음과 같이 정리하고 있다.

- 시민들이 미래를 먼저 생각하도록 돕는다.
- 한 사회가 직면한 다른 리스크들을 함께 고려하면서 기후변화와 에너지 문제를 다룬다.
- 정치적, 경제적 통합을 도모한다.
- '오염자 부담 원칙'을 제도화하도록 정부가 시장에 개입해야 한다.
- 기후변화 대책을 막으려는 산업계의 요구를 물리쳐라.
- 기후변화 문제를 항상 최우선의 정치 의제로 삼는다.
- 저탄소 경제로 나아가기 위해 적절한 예산 계획을 세운다.
- 실제로 일어난 기후변화에 적응할 수 있게끔 대비한다.
- 기후변화 정책의 국지적, 지역적, 국가적, 국제적 측면들을 통합하라(Anthony Giddens, 2009: 135~139).

이밖에 기든스는 기후변화정책이 다른 가치나 정치적 목표들과 긍정적인 방향에서 융화되는 정치적 수렴(political convergence)과 지구온난화에 대응하여 발전한 경제적, 기술적 혁신들이 기존의 기술들에 비해서 경쟁우위를 갖는 경제적 수렴(economic convergence), 그리고 지구온난화에 기여하는 바가 미미한 가난한 나라들이 앞으로 온실가스 배출이 늘어난다 해도 앞으로 일정 기간 동안은 개발에 매진하는 개발 절박성(development imperative)을 책임국가를 특징짓는 용어로 제시하고 있다. 기후변화와 기후위기에 대응하는 바람직한 국가에 대해서는 상이한 시각을 갖고 있는 학자별로 다양한 주장이 존재한다. 중요한 것은 이 중에서 공통분모를 도출하고 이를 현실 정치에서 구현되도록 이에 상응하는 정책과 제도를 마련하는 일이다.

한국은 온실가스 배출 순위가 세계 상위권인 국가이다. 세계 각국의 탄소 배출량을 추적하는 국제과학자그룹 '글로벌카본프로젝트'(GCP)가 2022년 공개한 자료에 따르면 한국은 2021년 화석연료 사용과 시멘트 생산 과정 등에서 6억 1600만t 가량의 이산화탄소를 배출했다. 2년 연속 세계 10위 기록이다. 한국의 2021년 배출량은 세계 배출량의 1.67%에 해당하며 영국(3억 4700만t), 프랑스(3억 600만t)보다도 많다. GCP가 1950년대부터 추적한 한국의 누적 온실가스 배출량도 2021년 기준 242억 600만 이산화탄소상당량톤((tCO_2-eq)으로 세계에서 18번째로 많다. 하위 100개 국가를 합친 것보다 기후위기 기여도가 더 크다. 한국이 경제발전 '후발 주자'라는 이유로 1990년대 이후 급증한 온실가스 배출량을 줄이려는 노력에는 미흡했던 것이 누적 배출량에 반영됐다. 영국, 독일, 일본 등은 1990~2020년 연간 탄소 배출량을 꾸준히 줄여왔다. 반면 한국은 같은 기간 연간 배출량이 139% 증가했다(https://www.khan.co.kr/world/world-general/article/202211151655001).

이미 널리 알려진대로 한국은 국제 기후변화 대응행동 연구기관들로부터 '기후 악당' 선두 국가로 지목된 바 있다. '기후 악당 국가'는 기후변화 대응에 가장 무책임하고 게으른 국가를 말한다. 기후변화 전문 온라인 언론인 <클라이밋 홈 폼>이 기후행동추적(Climate Action Tracker·CAT)의 분석 결과를 인용해 한국을 사우디아라비아, 호주, 뉴질랜드와 세계 4대 기후 악당의 하나로 꼽았다. CAT는 기후분석(Climate Analytics), 에코피스(Ecofys), 새기후 연구소(NewClimate Institute) 등 3개 국제 기후변화 연구기관이 2009년 공동으로 설립한 독립적인 연구기관 컨소시움으로, 해마다 32개 주요 온실가스 배출국가의 '감축 행동'을 추적해 분석 결과를 발표하고 있다. 한국이 기후 악당 국가로 지목된 이유로는 1인당 온실가스 배출량의 가파른 증가 속도, 석탄화력발전소 수출에 대한 재정 지원, 2020년 온실가스 감축목표 폐기 등이 지적됐다(https://www.hani.co.kr/arti/society/environment/768994.html).

2023년 두바이에서 개최된 제28차 UN기후변화기본협약 당사국총회에서 한국은 기후위기 해결을 방해하는 국가에 수여하는 '오늘의 화석상(fossil of the day prize)' 3등을 수상했다. 오늘의 화석상은 세계 150개 나라의 2000개가 넘는 기후환경 운동 단체의 연대체인 기후행동네트워크(Climate Action Network-International)가 총회 기간 기후협상 진전을 막기 위해 '최선'을 다한 나라들에 날마다 1~3위를 선정해 수여하는 상이다. 한국이 불명예를 안게 된 것은 오스트레일리아(호주) 바로사 가스전에 참여하며 바다를 오염시키고 원주민들의 권리를 침해했기 때문이다. 바로사 가스전은 한국 에스케이이앤에스(SK E&S)와 호주 에너지기업 산토스, 일본 발전회사 제라 등이 지분을 나눠 투자한 곳이다. 한국 정부가 당사국총회에서 운영하는 '한국관'에서 '블루수소' 양해각서(MOU)를 체결한 것도 선정 이유 중 하나로 지적됐다. 기후행동네트워크는 "한국 전시관은 화석연료 산업을 위한 안전한 공간으로 활용되고 있으며, 블루수소 관련 새로운 양해각서 체결을 촉진하고 있다"며 "이로 인해 더 많은 가스 추출과 더 많은 혼소발전[138]을 하게 한다"고 했다(https://www.hani.co.kr/arti/society/environment/1119383.html).

기후협상 진전에 앞장서지 않는 데서 보듯이 한국의 기후변화 대응 성과는 '매우 저조하다'는 평가를 받고 있다. 국제 평가기관 저먼워치, 뉴클라이밋 연구소, 클라이밋액션네트워크(CAN) 인터내셔널이 2023년 12월 8일 발표한 기후변화대응지수(CCPI)에 따르면, 한국은 2022년보다 4순위 하락한 64위(매우 저조함)를 기록했다. 한국보다 낮은 순위인 국가는 화석연료와 이해관계가 깊게 얽힌 산유국 3국(아랍에미리트, 이란, 사우디아라비아)으로, 사실상 한국보다 기후위기 대응을 못한 국가는 없는 셈이다(https://www.mediatoday.co.kr/news/articleView.html?idxno=314593).

한반도는 기후위기에 매우 취약한 국가로 밝혀졌지만 기후위기에 대비한 정책은 부실하기 그지없다. 지난 30년 대기온도는 기온 상승폭(1.22)이 전 세계 평균(0.84) 대비 1.5배, 수온도 전 세계 평균(0.52)에 비해 2배 이상(1.12) 상승했다. 경기와 인천

138 혼소발전이란 두 종류 이상의 연료를 연소시켜 전기를 생산하는 것을 가리킨다. 예를 들어, 수소·암모니아 혼소발전은 석탄이나 액화천연가스(LNG)와 같은 화석연료에 수소와 암모니아를 섞어 연소시키는 기술이다. 수소와 암모니아는 탄소를 배출하지 않는 친환경 에너지원이기 때문에 혼소발전을 통해 이산화탄소 배출을 줄일 수 있다. 현재, 자동차 및 선박용 내연기관, 가스터빈, 석탄화력 보일러, 제철제강용 공업로 등에서 선구적으로 활용되고 있다. 그러나 상용화를 위해서는 수소의 경우 타 연료 대비 높은 기술적 난이도와 낮은 상업성이라는 문제가 해결되어야 한다. 암모니아 혼소 시에도 기존 연료를 사용하던 수준의 NOx를 발생시켜야 하고 이산화탄소 발생량은 혼소율 만큼 저감해야한다. 이후경 외(2021), pp.84~106.

에서 감귤이 주렁주렁 열릴 정도로 농작물 재배 한계선도 계속 올라오고 있다. 최근 들어와서는 슈퍼태풍을 비롯해 극한 기후현상이 자주 나타나고 있다. 왜 한국은 기후변화 문제와 관련해 일을 촉진하는 자이자 가능성을 열어주는 자로서 활동하는 책임국가가 되지 못하는가? 책임국가는 기후변화 정책을 선도하는 사회의 여러 다양한 집단들이 충분한 역량을 발휘하도록 격려하고 자극하는 국가이자, 분명한 성과를 이루어내서 국민들뿐만 아니라 다른 나라의 지도자들에게도 충분한 신뢰를 받는 국가를 가리킨다. 한국이 기후변화 정책에서 선도적 역할을 하지 못하는 이유는 한국이 생태적 결손국가이기 때문이다. 앞에서 살펴보았듯이 생태적 결손국가는 국가가 주도하여 하향식으로 급속한 경제성장을 추진하고 이 과정에서 광범위한 영역에서 환경훼손을 하는 국가라 할 수 있다. 정치가와 관료들이 경제성장에 매몰되어 있다보니 이를 방해한다고 판단되는 노동, 복지, 환경 등의 영역에서의 활동에 대해서는 국가기구에 의해 압박이 가해지는데 이는 한국의 두 거대정당 간에 큰 차이가 없다.

무엇이 필요할까? 본질적 변화를 위해 필요한 것은 환경 민주주의와 코스모폴리타니즘(cosmopolitanism)이다. 우선 기존의 정치 및 경제 제도를 혁신해야 한다. 이는 기후위기 같은 중차대한 문제에 대비하기 위해서는 새로운 거버넌스 모델과 정책 도구가 필요하다는 것을 말한다. 나아가 과학기술 만능주의에 함몰되지 않고 민주주의와 생태주의의 선택적 친화를 가능케 하는 정치가 구현되는 것을 가리킨다. 환경민주주의는 환경문제와 관련된 정책결정에 있어서 보다 넓은 참여가 보장되고 심사숙고의 과정이 강화되는 것을 강조한다. 이를 위해서는 정보가 투명하게 공개되어야 하고, 공청회 및 주민토론이 활성화되어야 한다. 이런 특징은 참여민주주의나 심의민주주의의 요소가 더해져야 환경민주주의가 온전히 작동될 수 있다는 것을 보여준다.

환경문제의 지구적 속성을 감안해 필요한 또 다른 하나는 코스모폴리타니즘이다. 최근 철학과 사회과학에서 많은 주목을 받고 있는 개념인 코스모폴리타니즘은 집단, 공동체, 네트워크, 정치 조직, 문화 및 문명이 여전히 다양성을 유지하지만, 이들 사이의 벽이 여기저기서 다리로 대체되고 있는 것을 가리킨다. 존 어리(John Urry)는 이를 일상적인 다리 역할을 하는 실천들로 구성된 체계라고 하면서 광범위한 이동성, 다른 민족과 문화에 대한 개방성, 사회적 성찰 및 대안적 미래 상상, 사회적 다원성과 발달된 시민사회, 정치적 소통과 공공 담론을 제공하며, 종종 먼 거리를 가로지르는 다중의 상호작용을 그 핵심 내용으로 지적한다(John Urry, 2011: 100~101).

그렇다면 이러한 코스모폴리탄 다리 건설과 기후변화 사이에는 어떤 연결점이 있을까? 기후과학자 마이크 훌메(Mike Hulme)는 세 가지 측면을 제시한다. 첫째, 점점 더 코스모폴리탄화된 과학과 미디어(여행도 포함하여)가 기후변화의 본질을 글로벌 문제로 이해하게 만들었으며, 오늘날의 환경 이슈로 자리 잡게 했다. 비정부기구(NGO) 역시 그들의 코스모폴리탄적 사회 실천을 통해 이러한 기후변화에 대한 이해를 발전시키고 심화시킨다. 또한 사람들은 여행, 웹캠, 인터넷, TV 등을 통해 다른 지역의 날씨를 경험할 수 있게 되었고, 다른 지역의 날씨는 일상적으로 접할 수 있는 정보가 되었다. 우리는 날씨가 '이상하다'고 느끼는 동시에, 그것이 코스모폴리탄화되었다고도 말할 수 있다. 둘째, 기후변화라는 개념 자체가 많은 경계를 허물며 일종의 공통된 세계를 형성하는 데 기여하고 있다. '외부', '출구', '타인'이라는 개념이 줄어들고 있다. 이로 인해 코스모폴리타니즘이 사회적 힘으로서 확장되고 심화된다. 기후변화는 그 과학, 정치, 미디어를 통해 새로운 형태의 이동성, 개방성, 반성성, 다원성, 공공 영역을 창출함으로써 코스모폴리타니즘에 기여하고 있다. 셋째, 훌메는 더 이상 현재 세계 기후가 자연스러운 기후로 되돌아갈 수 있는 안정적인 '자연' 기후라는 것은 존재하지 않는다고 지적한다. 코스모폴리타니즘의 일부는 모든 기후가 자연과 사회 세계의 혼합물이라는 것을 인식하는 것이다. 모든 날씨는 인간의 영향을 받은 것이며, 이는 각 사회에서 발생하는 모든 일이 현재와 특히 미래의 날씨에 기여한다는 것을 의미한다(John Urry, 2011: 101~102).

환경민주주의와 코스모폴리타니즘은 기후위기 시대를 사는 우리가 현재의 위기를 돌아보고 지속가능한 미래를 구축하기 위해 요구되는 과제이기도 하다. 그런데 작금의 한국 사회를 둘러보면 고탄소 생활을 만들어내고 재생산하는 사회적 관행과 시스템을 성찰하고 근본적 변화를 모색하지 않고 있다. 정치현실도 마찬가지이다. 그런 점에서 지금까지 걸어왔던 환경파괴의 발걸음을 돌려 새로운 생태사회의 길로 향하는 것은 요원해 보인다. 우리는 혹시 자기가 한 일이 뭔지 모르고 탐욕의 대가를 두려워하지 않는 멍청이들의 지배를 받고 있지 않은가? 장프랑수아 마르미옹(Jean-Francois Marmion)은 전쟁을 부추기고, 실수를 키우고, 진실을 가로막고, 희망을 배반하고, 발밑을 황폐하게 하는 멍청이들이 인간이라고 하면서도 어리석음과 지혜는 쌍둥이처럼 붙어 있고, 동전의 앞뒷면과 같으며, 몇 번이고 되풀이된다고 주장한다. 환경 재앙의 암흑에 둘러싸인 한계 상황에서 우리가 진화의 오수관을 피해갈 만큼 충분히 지혜로운지 되돌아봐야 한다는 것이다(Jean-Francois Marmion, 2021: 13~14). 인류절멸의 위기에 처한 지구, 그중에서도 기후위기에 더욱 취약한 국가인 한국이 과연 제대로 길을 걸어가는데 필요한 지혜를 발휘할 수 있을까?

그린 글로벌 거버넌스의 현실과 전망

21세기 글로벌 환경문제는 환경혁명으로 국경을 넘어 발생하는 환경문제에 대한 관심이 처음 생겨나고 이에 대한 국제적 행동과 협력이 모습을 드러내기 시작했던 1970년대 초반에 비해 그 범위가 더욱 확대되었고 심각성의 정도도 더욱 커졌다. 국제체제가 더 이상 개도국과 선진국과 같은 단순한 구분으로만 특징지워지지 않을 정도록 복잡해지고 파편화되었다. 프랑크 비어만(Frank Bierman)이 지적한대로 국제환경정책에서도 제도적이고 기구적인 파편화가 진행되었다(Frank Bierman, 2006: 238). 이와 관련하여 파멜라 체이섹(Pamela S. Chasek) 등은 글로벌 환경정책이 일련의 분리되고 불균등한 레짐들로 파편화되어 있다면서 그로 인해 의제의 상충, 비일관성, 제한된 자원에 대한 경쟁이 초래되었다고 말한다. 국제체제가 복잡해지면서 이해당사자와 국가, 국제기구, 국제비정부기구, 기업, 재단, 주정부, 도시 등 잠재적으로 영향력 있는 행위자의 수가 증가했고, 그리고 그 결과 하향적인 체제 전체에 작동하는 정책을 만들기가 어렵다는 것이다(Pamela S. Chasek et al., 2017: 320~321).

이러한 특징은 글로벌 환경문제의 속성에서 비롯된 것이다. 흔히 지적되는 글로벌 환경문제의 가장 중요한 특징은 그것이 중요한 경제적, 정치적 이익과 밀접히 연관되었다는 점이다. 국가를 비롯한 다양한 행위자들은 서로 다른 목적과 이익을 추구한다. 예를 들어, 중요한 경제적 이익이 개입되면 거부 국가의 의지가 더 강해지거나, 강력한 국내 행위자들의 로비가 작용할 수 있으며, 무임승차에 대한 우려도 높아지고, 협상 당사자들 사이의 신뢰관계 형성도 어려워진다. 그리고 환경문제에 대처하는 것은 문제의 원인이 되는 경제적, 정치적, 문화적 행위들을 바꾸는 것, 즉 적응(adjustment)을 의미하는데 이는 혜택뿐만 아니라 비용도 수반한다. 그밖에 환경문제의 범위, 정도, 영향, 시간적 차원 등에 대한 과학적 복잡성과 불확실성이 신뢰를 떨어트리고 협력을 약화시킬 수도 있다(Pamela S. Chasek et al., 2017: 244~246).

신자유주의적 제도주의 이론에 의하면 이와 같은 특징을 지닌 국제환경문제의 해결을 위해서는 고도의 협력과 정책조정을 내용으로 하는 국제환경레짐이 필요하다고 할 수 있다. 신자유주의적 제도주의자들은 이기적인 국가들로 구성된 아나키적 국제체계에서도 국가들간의 협력은 이루어질 수 있으며, 이러한 협력을 위해 중요한 역할을 하는 것이 국제기구나 국제레짐과 같은 국제제도라고 주장한다. 이와 더불어 기후위기와 같이 급격한 세계화로 인해 초래되는 글로벌 쟁점의 해결에 기여할 수 있는 규칙과 절차를 어떻게 설정하고 유지하는가에 주안점을 두는 이론이 있는데, 이것이 바로 글로벌 거버넌스(global governance) 이론이다. 글로벌 거버넌스는 국가 간 혹은 정부 간 협조뿐만 아니라 국제비정부기구, 다국적기업 등 다양한 행위자들이 자발적 상호협조체제를 만들어 당면한 문제를 해결하고자 하는 의사결정과정을 의미한다. 특히, 기후위기 같은 글로벌 환경문제를 해결하기 위해서는 국민국가 수준, 초국가 수준, 국가 하위영역 수준에서 다층 거버넌스가 유기적으로 작동될 필요가 있다. 이를 위해서는 국가가 국경 안팎에서 글로벌 지역 간 연결(telecoupling)된 환경 문제를 효과적으로 해결할 수 있는 방법이 강구되어야 한다(Andrea Lenschow, 2015). 그렇다면 거버넌스란 무엇이고, 왜 중요한가? 기후위기에 대응하는데 있어 거버넌스는 어떤 역할을 수행하는가? 그리고 그린 글로벌 거버넌스는 어떻게 가능한가?[139]

거버넌스(governance)는 '키를 조정한다(steer)'와 '항해한다(pilot)'는 의미를 갖는 그리스어 'kubernan'에서 유래되었다. 플라톤이 통치체제의 디자인을 지칭하는 의미로 사용한 이 그리스어 단어는 조정, 규칙제정, 항해의 의미를 지닌 중세 라틴어 'gubernare'의 어원이 되었다. 이 용어는 정부(government)의 동의어로 사용되어 왔다. 여기서 거버넌스는 통치행위나 방식, 통치기구나 기능을 의미한다. 통치한다는 것은 권위를 가지고 지배하거나 통제하는 것, 정부를 장악하는 것이다. 그러나 1980년대에 들어와 학자들은 거버넌스를 정부와는 구별되는 의미로 시민사회 행위자들을 포함하는 의미로 사용하게 되었다(Anne Mette Kjær, 2007: 13). 어원에 비춰보면 "한 조직 혹은 사회가 스스로의 방향키를 조정하는" 거버넌스는 단일의 키잡이가 아니라 많은 행위자들을 포함하고 있다. 이런 특징들을 포함한 가장 포괄적인 내용들과 가장 보편적인 응용력을 담고 있는 것은 '글로벌 거버넌스 위원회'에 의해 제시된 다음과 같은 거버넌스의 개념이다. "거버넌스는 공공 및 사적 개인들과 제도들이 공공목적을 달성하기 위해 자신들의 공통적인 업무를 관리하고, 자원을 통제하고 권력을 행사하는 무수한 방법들의 집합이며, 갈등적인 이해들이나 다양한 이해관계들이 수용되면서 상호협력적인 행동이 취해질 수 있다"(Thomas G. Weiss, 2000: 795).

139 학계에서 글로벌 거버넌스가 인기 있는 분석대상으로 대두하게 된 요인과 그 특징, 다양한 시각에 대해서는 Injy Johnstone(2022) 참조. 이 중에서 그린 글로벌 거버넌스에 대한 개괄적 소개로는 Peter Newell(2019)을 참조할 수 있다. Global Green Politics에서 뉴얼은 민주적 결핍과 열악한 책임 수준, WTO, 세계은행, IMF와 같은 글로벌 신자유주의 기구로의 권력 집중, 그리고 그들의 발전 실패에 초점을 맞춘 글로벌 거버넌스 체제에 대한 녹색 비판을 소개하고 있다. Peter Newell(2019), pp.139~171.

거버넌스는 정부 혹은 통치와 직접적으로 관련된 개념이다. 거버넌스는 새로운 통치과정과 관련된 정부의 의미 변화, 기존의 질서정연한 규율의 변화된 조건, 사회가 통치되는 새로운 방식을 지칭한다. 통치는 일종의 제도라면 거버넌스는 하나의 과정이라 할 수 있다. 특히 거버넌스 개념이 최근에 와서 부각된 배경은 정부의 위기 혹은 통치능력(governability)의 위기에 있다 하겠다. 이는 정부의 중앙집중적 권위의 상실, 정 부정책의 효과성과 효율성의 저하, 이에 따른 공공 및 사부문의 파트너십 네트워크의 중시 등을 들 수 있다. 정보화와 세계화가 지배하는 사회는 더욱 복잡하고 다양화되었으나 이에 대한 정부의 통제나 규제의 역량에는 뚜렷한 한계가 드러나고 있다. 한편으로는 국가의 권력과 책임이 지역과 지방으로 확산되어 가는 지방화라는 아래로부터의 압력도 거버넌스의 선택을 불가피하게 하고 있다. 전통적인 정부체제의 입헌적, 공식적 이해에 대한 도전으로서 무수한 이해당사자들이 정부정책 결정에 참여케 되었다(주성수, 2000: 126~131).

물론 국가에 대한 전통적 견해는 국가가 개념적으로나 경험적으로 여타 부문으로부터 분리되어 있고 권력의 중심에 있다고 간주한다. 국가가 시장에 개입하고 기업소유구조를 변화시키며 이질적인 사회집단 간에 부를 재분배하거나 공공서비스를 확대 또는 축소하고 있으며, 이러한 점에서 국가는 강력한 제도들의 집합이라는 것이다. 거버넌스 관점은 국가개념과 국가능력의 이러한 원천에 대해 이의를 제기한다. 국가는 '동년배 중 제일인자(primus inter pares)'의 역할을 행위자라는 것이다. 국가는 자체의 목적을 달성하기 위해 다른 사회행위자를 동원한다는 것이다. 이 견해는 국가를 단 일체로 보지 않고 훨씬 많은 제도적 분절화와 불일치가 존재하며, 제도 내부와 그 사이에 긴장과 모순이 있다고 가정한다. 또한 이 견해는 국가 통제 자원이 대부분의 사회행위자들에게 점점 덜 중요해 진다고 본다(Jon Pierre et al., 2003: 113~117).

거버넌스의 다양한 개념들은 모두 공통의 사회적 목적을 추구하는 데 있어서 네트워크의 역할에 상당 부분 초점을 맞춘다. 이들 네트워크는 정부 간 또는 조직 간의 네트워크일 수도 있고, 초국가적이거나 혹은 국가-사회의 경계를 넘나드는 신뢰와 상호성의 네트워크일 수 있다. 거버넌스 이론은 제도의 변화에 관심이 있으며, 독립변수로서 인간행위에도 관심을 갖는다. 제도란 반복적이고 상호적인 관계를 규율하는 절차를 구성하는 공식적 및 비공식적 규칙, 행위의 약속과 규범이라 정의할 수 있다. 제도적인 관점에서 거버넌스는 시민과 공직자가 행동하고 정치가 벌어지는 틀, 시민 사회의 정체성과 제도를 형성하는 틀에 영향을 미치는 것을 의미한다. 그런 점에서 거버넌스를 정치게임의 규칙을 정하고 관리하는 것으로 볼 때 핵심 개념들은 정통성, 효율성, 민주주의, 책임성이다. 규칙이 안정적이기 위해서는 정통성과 효율성이 확보되어야 하고 제도와 과정이 민주적이어야 하기 때문이다(Anne Mette Kjær, 2007: 18~28).

탈냉전과 세계화 이후 지구환경에 대한 위협, 빈곤퇴치의 문제, 지구적인 무역협정 등의 문제가 전면에 대두되었다. 그렇다면 이러한 문제의 해결에 기여할 수 있는 규칙과 절차를 어떻게 설정할 수 있을까? 글로벌 거버넌스는 국가 간 혹은 정부 간 협조뿐만 아니라 비정부기구, 다국적기업, 세계 자본시장, 세계 언론매체 등의 다양한 세력들이 자발적 상호협조체제를 만들어 당면한 문제를 해결하고자 하는 의사결정과정을 의미한다. 글로벌 거버넌스라는 용어가 대두한 데는 국가 주도의 경제 및 사회 발전 모델에 대한 불만, 특히 1970년대와 1980년대 국제기구 연구를 지배했던 현실주의적이고 자유주의 제도주의 이론에 대한 국제관계학자들의 불만이 바탕에 깔려있다. 이들 이론들은 세계화 시대에 비국가 행위자의 수와 영향력 면에서의 엄청난 증가와 기술발전의 의미를 적절하게 포착하지 못하는 한계를 갖고 있었다(Thomas G. Weiss, 2000: 796). 냉전 종식과 세계화의 진척으로 안보, 군사 및 정치 이슈에서 경제, 문화, 인권, 환경 등으로 국제관계의 이슈가 확산 또는 강화되었다. 이는 더 이상 국가가 자국의 문제를 국가 간의 외교, 군사 관계로 해결할 수 없고 다양한 행위자들과 상호관계, 협력이 필요함을 말한다. 이 때 적절한 분석의 틀로 등장한 것이 글로벌 거버넌스이다(김석준 외, 2000: 20~21).

다층 거버넌스(multi-level governance)는 유럽의 거버넌스에 대한 연구에서 제시된 개념이다. 이는 연구의 대상이 정부 간 정책결정과정에서부터 초국가적 수준, 국가 수준, 국가하위수준 등으로 옮겨감을 의미한다. 국가중심이론과는 상반된 입장에서 다층 거버넌스를 주장하는 학자들은 유럽연합(EU)의 정치가 개별 국민국가를 단위로 구획되고 질서화된 정치를 뛰어넘어 다양한 이해당사자들이 정책결정과정에 참여하는 다층 거버넌스로 특징될 것이라고 지적한다(Liesbet Hooghe & Gary Marks, 2001). 이미 유럽연합 내에서는 국가와 정부가 정책결정권을 유럽집행위원회나 유럽사법재판소, 유럽의회 등의 초국가기구들과 공유하고 있다는 것이다. 이는 국가가 더 이상 국내정치와 국제관계를 연결하는 배타적이고 독점적인 연결고리가 아니며, 한 국가의 정부 역시 더 이상 결정과정을 독점적으로 통제하고 조정할 수 없다는 것을 의미한다. 이들의 견해에 따르면 유럽연합은 유럽, 국가, 지역 차원의 행위자와 단체,

네트워크를 포함하고 겹쳐지는 복합체라 할 수 있다.

거버넌스는 국가 혹은 정부에 의한 수직적 통치개념을 뛰어넘어 정부를 포함해 기업, NGO 등 사회의 각 주체가 함께 참여하여 현안과 문제를 해결, 관리하는 새로운 사회·정치적 패러다임이다. 네트워크, 상호호혜, 권한분산, 자율과 평등, 소수자 보호, 조정과 합의, 상호협력을 강조하고 선호하는 데 특징이 있다. 국제관계이론에서는 글로벌 거버넌스가 제시된다. 지구환경에 대한 위협, 빈곤퇴치의 문제, 지구적인 무역협정 등 급격한 세계화로 인해 초래되는 문제의 해결에 기여할 수 있는 규칙과 절차를 어떻게 설정할 수 있을까? 글로벌 거버넌스는 국가 간 혹은 정부 간 협조뿐만 아니라 비정부기구, 다국적기업, 세계 자본시장, 세계 언론매체 등의 다양한 행위자들이 자발적 상호협조체제를 만들어 당면한 문제를 해결하고자 하는 의사결정과정을 의미한다.

글로벌 거버넌스는 다양한 영역에서 행해질 수 있는데, 이 중에서 환경거버넌스(environmental governance)는 이러한 거버넌스의 개념을 환경 분야에 적용한 것이다. 여기서, 환경거버넌스란 일반적으로 환경적 자원의 사용을 촉진하거나 한정지우는 제도적 편제의 수립, 재설정, 변화를 통해 환경협력을 추구하고 환경갈등을 해소하는 것을 의미한다. 글로벌 차원에서 환경 거버넌스의 중요성이 부각되는 것은 세계 공동체가 빈곤과 불평등에서 생물다양성 손실과 기후변화와 같은 환경적 문제에 이르기까지 얽힌 위기에 직면해 있기 때문이다. 많은 국가에서 정치 및 사회 기관은 포용성, 평등, 사회적 응집력, 거버넌스 시스템에 대한 신뢰를 뒷받침하는 방식으로 인구의 즉각적 또는 장기적 요구를 충족하지 못하고 있다. 소외되고 취약한 집단은 공공기관과 의사 결정 과정에서 지속적으로 낮은 수준의 대표성과 참여를 겪고 있다. 소외된 집단이 정치적으로 참여하고 완전한 시민권을 행사하려는 목소리와 행위는 종종 억압된다. 세계적, 지역적, 국가적, 지방적 환경 거버넌스 시스템의 부족으로 인해 생물다양성 손실과 환경 파괴, 오염, 기후변화라는 다중적 환경위기가 더욱 심화되고 있다(https://www.undp.org/nature/our-work-areas/environmental-governance).

한편, 적지 않은 환경문제를 갖고 있는 동북아에서도 환경협력모델로 제시되는 것이 다층거버넌스이다. 다층거버넌스에 입각한 협력은 다양한 수준에서 환경문제의 이해당사자들을 정책 결정과정에 참여시킴으로써 합의들을 조정하려는 노력을 가리킨다. 국가와 정부의 통치능력의 위기와 세계화와 지방화로 인한 밖과 아래로부터의 압력이 배경이 되어 출현한 거버넌스는 공동의 목적을 추구하기 위해 국가와 사회의 경계를 넘나드는 연결망을 중시하는 데서 시민사회와 밀접한 관련을 지닌 개념이다.

시민사회는 공공정책과 정책결정에 대한 관심과 참여를 유도하고 투명성과 정보의 유용성을 제고시키는 데서 거버넌스에 큰 역할을 담당한다. 세계화로 새로운 비국가 행위자의 영향력이 증가하고 정보통신기술이 발전하는 데 힘입어 동북아에서도 여러 수준에서 새로운 연결망들이 형성되는 현실을 고려하면 환경협력의 대안으로서의 거버넌스는 어느 정도 설득력이 있다.

그러나 환경 거버넌스는 당위적 차원에서 장기적 목표로 언급할 수는 있지만, 국가와 시장의 능력이 여전히 강하고 시민사회 발달이 미약한 동북아에서는 한계를 지닌다고 할 수 있다. 동북아 국가들은 시민사회에 내재된 역동성을 조직화하여 제도정치에 투입시키는 민주주의로의 전환이 제대로 이뤄지지 않았고 그런 까닭에 국가와 시장을 감시하고 견제하는 역할을 수행하는 시민사회가 골고루 발달하지 못했다. 이와 더불어서 동북아는 국가, 민족, 계층, 성 등 다양한 사회적 범주에서 불평등의 정도가 심한 지역이라는 점도 거버넌스 구축의 전망을 밝지 않게 한다. 사회적 불평등이 큰 지역에서는 환경오염과 생태계 파괴가 약소국과 소수민족, 취약계층에 더 큰 비용과 부담을 야기시킨다. 이런 점에서 시급한 것은 환경편익과 부담을 공평하게 배분하는 환경정의를 반영하는 제도와 정책을 구축하는 것이다. 아울러 이는 최대 기준의 민주주의를 통해 사회구성원, 특히 취약계층과 약자들의 권리를 보장하고 삶의 질을 향상시키려는 노력과 상호연관되어 있다.

이러한 동북아 국가들의 사례에서 알 수 있듯이 파편화된 주권국가 체계에서 지구 거버넌스를 달성하는 것은 어렵다. 국제관계이론에서 자유제도주의는 이를 국제관계에서 해결되어야 할 가장 중요한 문제로 간주한다. 자유제도주의자들은 근대화와 세계화에 대응하는 국가의 무능력에 대해 관심을 갖고 이를 연구했다. 이들은 공동의 문제를 풀기 위해서 초국가적 협력이 필요하다거나 세계정치가 베스트팔렌체제의 역사가 보여주었듯이 더이상 국가의 배타적인 영역이 아니라는 주장을 펼쳤다. 초국적 기업, 국제비정부기구 같은 행위자들간에 거미줄처럼 엮인 다양한 상호작용의 채널이야말로 이들 학자들의 관심사였다. 국가자율성은 상호의존에 포위당했다는 것이다 (John Baylis et al., 2017: 533, 170~171). 과연 그럴까?

이러한 자유제도주의의 주장에 대해서는 여러 가지 비판과 이견이 존재한다. 우선 현실주의자들의 비판을 살펴보자. 고전적 현실주의 이론을 정립한 학자인 한스 모겐소(Hans Morgenthau)는 '권력에 따라 정의된 국제이익'을 강조했다. 무엇이 국제정치의 궁극적인 목적이건 간에 권력은 항상 직접적인 목표라는 게 그의 주장이었다. 이러한 고전적 현실주의는 구조적 현실주의와 신현실주의로 발전하였다. 대표적으로 케네쓰 월츠(Kenneth Waltz)는 아나키 상태야말로 국가가 안보를 극대화하게 만드는 자조(self-help)의 논리를 만들었다고 하고, 존 미어샤이머(John J. Mearsheimer)는 아나키적 자조체제가 국가가 자국의 상대적 권력 지위를 극대화하게 만든다고 주장한다. 아나키적인 국제체제와 국가의 중심적인 역할, 사회과학적 연구에 대한 합리주의적 접근 같은 이들 주장의 핵심 내용은 이른바 신자유주의자들에 의해서도 수용되었다. 국제관계이론으로서의 신자유주의는 강력한 자유주의 국가와 국제기구의 노력을 통한 자유무역과 자본주의의 확산은 개방적이고 시장 기반의 국제경제 시스템을 만들어낸다고 하면서, 이를 위해서는 국제관계에서 국제 협력, 인권, 민주주의, 법의 지배와 같은 국제규범이 중요하다고 주장한다. 여기서 자유제도주의와 신자유주의가 차이를 드러내는 대목은 아나키상태는 지속적인 협력의 형태가 불가능함을 의미하지는 않는다는 주장이다. 신자유주의자들은 국제레짐을 중요시하는데, 그들에 의하면 이러한 레짐의 창출은 정보를 공유하고, 상호성을 강화하며, 규범에서의 이탈을 처벌하기 쉽게 함으로써 협력을 촉진한다고 한다(John Baylis et al., 2017: 172).

그러나 이러한 신자유주의자들의 주장은 2000년대에 들어와 점차 국제이론과 관행으로서 그 적실성이 의문시되고 있다. 자유주의에 입각해 국제질서를 유지하려는 미국의 시도는 받아들여지지 않고 오히려 시간이 감에 따라서 미국의 패권적 지위는 눈에 띄게 약화되고 있다. 대통령과 집권 정부가 바뀜에 따라 차이는 있지만 변화하는 세계질서에서 미국이 추구하는 것은 미국의 통제권 유지와 시장의 보호에 그치고 있고 아예 여기서 더 후퇴하여 자국중심주의를 내세우면서 소극적 국가이익의 달성만을 꾀하는 지경까지 보여주고 있는 형편이다. 상호이익을 위한 협력이 아니라 상대적 이익만을 추구하는 국가의 모습은 2차 대전 후 오랜 기간 유지되어왔던 미국의 외교 행태에서 멀리 떨어진 것이다.

이 점은 지구환경문제를 대하는 미국의 태도에서도 잘 보여진다. 교토의정서와 파리협약, 유네스코에서 탈퇴 및 재가입을 반복한 것이 대표적이다. 공화당 소속의 조지 부시 대통령은 온실가스 감축이 미국경제를 위협한다는 기후변화 회의론자들의 주장을 반복하면서 교토의정서에서 발을 빼는 데 그 이면에는 지구적 쟁점을 둘러싼 협력보다는 화석연료 생산자와의 강력한 유착관계를 우선시하는 것이 자리 잡고 있었다. 평소 기후위기가 허구라고 주장해 온 도널드 트럼프는 미국 대통령에 당선되면서 2017년 6월 파리협약 탈퇴를 선언했고, 첫 임기 때인 2019년 11월 유엔에 탈퇴를 공식 통보했다. 석유, 석탄, 가스 생산을 확대하고 관련 규제를 완화하는 것을 내용으로 하는 트럼프의 환경 관련 정책은 석유산업과 석탄산업 로비스트 출신이 맡고 있다. 유럽기후재단(European Climate Foundation)이 지원하는 기후분석 사이트인 '카본 브리프(Carbon Brief)'에 따르면 트럼프의 두 번째 당선으로 2030년까지 미국의 온실가스 배출량은 추가로 40억 톤이 늘어날 것으로 예상된다고 한다(https://www.khan.co.kr/article/202411090839001).

상황이 이러다보니 이제 다시 인류가 국제체제의 아나키적 특성과 국가이성 및 자조가 강조하는 시대를 살게 되지 않을까 하는 우려도 나오고 있다. 국가 중심 질서로의 후퇴는 코로나 팬데믹이 유행하던 시기에 전 세계적으로 나타난 바 있다. 앞으로도 기후위기나 팬데믹, 식량파동 등 글로벌 위기가 닥치면 국가들은 '베스트팔렌의 성채'로 다시 들어갈 가능성이 있다. 문제는 점차 그 규모와 심각성이 커지고 있는 지구적 쟁점을 해결하는 데 있어서 국가중심주의는 별반 도움이 되지 않는다는 점이다. 신자유주의적 제도론의 주장처럼 국가간의 경제적 혹은 안보적 상호의존이 확대되는 만큼 갈등과 경쟁을 통한 문제해결은 서로 간의 피해를 확대시키기 때문에 국가들은 결과적으로 협력을 통한 상호이익을 추구하는 것이 바람직하다. 이와 더불어 국제기구는 정보를 제공하고 투명성을 증진시키고 감시를 용이하게 만들고 기대의 일치를 이끌어냄으로써 참가자들에게 혜택을 주며 그 결과 국가 간의 협력이 강화되는 측면도 있다(진시원·홍익표, 2015: 405). 다자적 국제질서의 틀을 형성하고 국가를 비롯한 다양한 행위자들이 협력을 통해 지구적 문제를 해결하는 것이 가장 바람직한 방안이지만 중심적인 권위의 부재라는 불확실한 국제정치 영역의 특징으로 인해 이것도 그리 쉽지 않다. 여기에 더해 세계정치에서 강대국인 미국과 중국은 기후위기에 대응하는 책임국가가 되지 않고 있다.

'사슴사냥의 우화'는 국가 간 협력의 어려움을 잘 보여준다. 케네쓰 월츠(Kenneth Waltz)가 <인간, 국가, 전쟁(Man, the State, and War)>에서 인용하면서 널리 알려진[140]

---

140 이 책의 6장에서 월츠는 국제정치를 '자동적 조화의 부족'을 가리키는 아나키 상태의 영역으로 묘사하면서, 이러한 견해의 지적 선구자로서 루소를 거론한다. 여기서 루소는 자연상태에 대한 홉스의 가정과는 달리 시기심과 자존심이라는 악덕이 사회의 산물이며 사회가 설립되기 이전의 인간에게는 존재하지 않는다고 주장한다. 월츠는 인간이 협력을 강요받는 상황에서 갈등이 발생한다고 지적하고 이를 설명하기 위해 루소의 사슴사냥의 우화를 제시하였다. 다섯 명의 배고픈 남자들이 식량을 찾기 위해 힘을 합쳐 수사슴을 사냥하는데 동의하였지만, 막상 사냥 중에 통통한 토끼가 달려오면 각 사람은 다른 사람을 속이고 토끼를 사냥해 자신의 배고픔을 해결하려 한다는 것이다. 협동적 행동에서는 모두가 목표에 동의하고 프로젝트에 대해 동등한 관심을 갖고 있더라도 다른 사람에게 의존하지 않고 개별적 이익을 추구하는 일이 생긴다는 것이다. 사슴 사냥의 사례를 확장하면 전체 국가체계에서 발생하는 갈등을 설명할 수 있다. Kenneth Waltz(1959), p.169.

이 우화의 원출처는 루소(Jean-Jacques Rousseau)의 <인간 불평등 기원론>이다. 루소의 언급은 다음과 같다. "인간들은 서로 약속하고 그 약속을 지킴으로써 얻게 되는 이득에 관한 어떤 대략적인 관념을 조금씩 얻을 수 있었다. 그렇지만 그것은 눈앞에 보이는 이익이 이를 요구하는 한에서만 그랬다. 왜냐하면 그들에게는 예측이 전혀 무의미했으며, 먼 미래에 대해서는 조금도 신경을 쓰지 않아 다음 날에 대해서조차 생각을 하지 않았기 때문이다. 사슴을 잡는 일일 경우, 그들은 각자 자신의 위치를 성실히 지키고 있어야 한다는 것을 알았지만 만일 토끼 한 마리가 그들 중 누군가의 앞으로 지나가게 되면 분명 주저 없이 그 토끼를 쫓아가 잡음으로써 동료들이 그들의 사냥감을 놓치든 말든 아무 염려도 하지 않았을 것이다"(Jean-Jacques Rousseau, 2010: 97).

이는 현실주의와 신현실주의의 입장에서 국제적인 자조(selp-help) 체제에서는 행위자들 간에 협력이 달성되기 어렵다는 점을 강조할 때 인용된다. 대부분의 국가는 장기적 이익보다 단기적 이익, 집단 전체의 이익보다는 개별적 이익을 선호하는 경향이 있으며, 이는 위기 상황에서 더욱 강해진다. 국제협력에 나서기도 하지만 이는 초래되는 이익이 뚜렷하게 기대될 경우에 국한된다. 이는 국제레짐, 즉 규칙과 규범, 절차의 유형들을 만들면 국가들 사이에 협력이 행해질 수 있다는 자유주의자들의 비판을 받았지만 그럼에도 국제사회의 현실을 냉정하게 돌아보면 그 설득력이 작지 않다. 여기에 '죄수의 딜레마(prisoner's dilemma)'에 따라 다른 국가가 온실가스를 대폭 저감하던 말던 자국은 감축을 하지 않는 것이 국제경쟁력을 잃지 않는 나름의 합리적 선택이라는 판단도 존재한다. 국제사회가 온실가스 배출의 규제 한도 및 기여도에 비례하여 이익과 손실을 적절하게 보상하는 제도를 마련하지 못하는 한 이런 딜레마는 사라지지 않을 것이다.

그렇다면, 국제체제에서 압도적인 권력을 행사하는 패권국가는 어떨까? 탈냉전과 세계화 이후 미국은 패권이 기울면서 더 이상 국제적인 경제문제나 안보문제를 홀로 처리하는데 뚜렷한 한계를 노정하고 있다. 더 이상 합의에 기반한 국제질서를 스스로 창출해내지도 못하고 있다. 물론 앤드류 갬블(Andrew Gamble)과 앤서니 페인(Anthony Payne)이 지적했듯이 각 지역에 기반한 지역패권국가들이 그런 문제를 지역적으로 처리하는 것이 더 성공적일 수 있다(Andrew Gamble et al. eds., 1996: 260~261). 그러나 현재의 세계질서는 국제기구나 지역기구에 국가가 완전히 수렴되지 않고 오히려 이해관계와 정체, 가치, 선호를 달리하는 개별국가들의 영향력이 견고하게 유지되는 특징을 갖고 있다. 이는 러시아·우크라이나 전쟁을 둘러싼 국제관계에서 잘 드러나고 있다. 전쟁의 행방을 결정하고 있는 것은 여전히 권력을 추구하고 자국의 이익을 우선시하는 개별국가들이다. 지역 패권국가 독일이 참가하고 있는 유럽연합 역시 그들이 추진하는 외교안보정책의 가치[141] 뒤에는 집단적인 자기중심적인 이익이 숨겨져 있는 것이다. 관련된 국가의 지도자들은 중심적인 권위가 부재한 아나키적 특성의 국제체제로 인한 적대적이고 위협적인 환경에서 국가의 생존과 개별이익을 지키거나 영향력을 확대하려는 전쟁을 벌이고 있다. 이들 모두는 전통적 현실주의사들이 갈파한 국가이성(raison d'État), 즉 국제정치의 영역에서 국가지도자들이 행동해야 하는 원칙과 방식에 나름대로 충실하고 있는 것이다.

기후위기를 비롯한 메타위기에 직면한 인류는 과연 개별적 이익에서 벗어나서 이해를 달리하는 다양한 행위자들끼리 상호관계와 협력의 틀을 설정하고 공동의 비전을 추구할 수 있을까? 이 책의 8장에서 언급한대로 정치적 측면에서 볼 때 인류가 처한 가장 어려운 도전은 모든 수준의 거버넌스에서 새로운 조처들을 적절하게 조율하는 일이라고 할 수 있다. 국제적 수준에서는 행성적 차원의 과잉을 억제하기 위해 합의를 이끌어 내고, 국제적 규범, 관행, 제도를 변화시키는 데 필요한 지원을 해야 하며, 국가 차원에서는 경제 및 사회제도를 재조정하여 탄력성을 구축해야 하고, 지역 차원에서는 최전선에서 벌어지는 각종 도전에 대응하기 위해 지역 공동체의 역량을 강화해야 하는 것이 바로 그것이다(Julia Adeney Thomas et al., 2024: 271).

그러나 세계적 환경 악화의 해결을 유난히 어렵게 만드는 요소가 여전히 존재한다. 우선 강력한 근본 요인들이 배후에 자리하고 있다. 이는 인구의 점진적인 팽창, 부적절한 과학기술의 일상적인 사용, 부에 대한 보편적인 열망과 높은 소비 수준, 자연 의존적인 시장을 개선하려는 의지 부족 등의 요인들을 들 수 있다. 이와 같은 요인들은 너무나 강력해 미봉책으로는 해결되지 않는다. 둘째, 광범위하고 복잡한 국제적 대응이 필요하다는 점 역시 환경의제 형성을 본질적으로 어렵게 만든다. 예를 들어, 지구기후문제를 다루기 위해 필요한 조치로 소비자들은 기꺼이 염화불화탄소를 방출하는 에어로졸 스프레이는 포기했지만, 과연 에너지를 방탕하게 소비하는 습관마저 버리

141 잘 알려진 대로 대내외적으로 유럽연합이 내세우는 공동의 가치와 정체성은 사회의 다원주의, 민주적 정치참여와 대표, 법치주의, 인권 존중, 사적 소유와 시장경제제도 등이다. 이는 새로운 회원국을 받아들이는 기준이기도 하다. 예를 들어, 1993년 코펜하겐에서 유럽위원회가 정한 모든 후보국이 회원국이 되기 위해 충족해야 하는 필수 조건은 다음과 같다: (1) 정치적 기준: 민주주의, 법치주의, 인권, 소수자에 대한 존중과 보호를 보장하는 제도의 안정성, (2) 경제적 기준: 기능하는 시장 경제와 경쟁과 시장 힘에 대처할 수 있는 능력, (3) 앞의 기준을 효과적으로 구현하기 위한 행정 및 제도적 역량. https://neighbourhood-enlargement.ec.europa.eu/enlargement-policy/glossary/accession-criteria_en

기는 쉽지 않다. 그런 문제를 해결하는 데 필요한 일부 조치는 각 나라의 내정에까지 개입해야 되고 주권을 위협할 수 있다. 셋째, 지구 환경문제가 지닌 기술적 복잡성과 대응 노력에서 드러나는 정치적 취약성이 존재한다. 지구적 규모의 환경 위협을 다루기 위해 요구되는 조치를 뒷받침해줄 정치적 기반은 허약하고 또 힘이 분산되는 경향이 있다(James Gustave Speth, 2005: 148~149).

줄리아 애드니 토마스와 그의 동료 학자들은 인류세를 위한 조정을 글로벌 노스와 글로벌 사우스를 위한 제안으로 나눠 제안한 바 있다. 그러면서 그들은 이 모든 접근법을 적용할 때 반드시 인식해야 할 사항이 있다고 말한다. 유한한 행성 안에서 무한한 성장은 불가능하고, 사회시스템과 자연시스템은 연결되어 있으며, 자원과 에너지를 덜 사용하는 방법을 고안할 수는 있지만 인간의 삶 자체는 결코 탈물질화될 수 없다는 점, 그리고 평등은 사회를 더 강력하고 건강하며 정의롭게 만들 뿐 아니라 자연자원 및 쓰레기 처리장에 대한 수요도 낮출 수 있다는 점이 바로 그것이다. 그러면서 인류세가 우리에게 제기하는 궁극적인 질문은 어떤 기술, 정책, 제도를 채택할 것이냐가 아니라 우리가 어떤 종류의 사회에서 살아가고 싶은가라고 한다. 지구시스템이 우리의 선택지에 한계를 설정해 주기는 하지만, 그러나 최종 결정은 지구시스템이 아닌 우리 자신의 몫이라는 것이다(Julia Adeney Thomas et al., 2024: 271).

인류의 삶을 위협하고 궁극적으로는 대량절멸까지 초래할 수 있는 기후위기에 대한 과학적 증거는 차고 넘친다. 21세기에 인류가 처한 가장 절박한 위기가 기후위기인 것이다. 그럼에도 지금 여기의 현실을 돌아보면 기후위기의 대재앙을 막기 위한 각국 정부의 대처는 안일하기 그지없다. 기후위기에 가장 큰 책임이 있는 글로벌기업, 특히 화석연료기업은 온실가스 배출을 감소시키기 위한 획기적 조치를 즉각 취하기는커녕 오히려 기후위기를 멈추려는 노력을 방해하고 있다. 온실가스 최대 배출국들인 미국과 중국은 자국의 특수한 이익과 고유한 정체성에 갇혀서 기후위기를 해결하기 위한 '위대한 대장정'을 선도하지 못하고 있는 형편이다. 아나키적 국제정치하에서 각 국가는 생존하기 위해 이기적 합리성(self-interested rationality)을 전제로 행동하게 되는데 그 결과는 기후위기, 불평등, 경제불황, 전쟁, 식량난 등과 같은 지구적 쟁점은 쟁점대로 해결하지 못하고 개별 국가는 이익을 둘러싸고 끊임없이 분열하고 갈등하는 것이 될 수밖에 없다. 이들 지구적 쟁점은 불평등이 환경보전과 민주주의, 사회정의 등의 목표 달성을 어렵게 하는 데서 보여지듯이 서로 밀접하게 연계되어 있다.

기후위기 대응의 비용과 부담을 둘러싼 갈등은 국제사회에서 민주주의와 정의의 결핍이 초래한 결과이기도 하다. 국제사회를 구성하는 국가를 비롯해 국제기구, 다국적기업, 국제비정부기구 등 수많은 행위자들은 서로 비대칭적 권력관계를 맺고 있다. 이 중에서 가장 큰 권력을 행사하는 행위자는 강대국과 다국적기업이다. 국제사회의 강자라 할 수 있는 이들은 대부분 탄소배출 산업에 힘입어 막대한 부와 안정을 구가해왔다. 기후위기가 지구적 쟁점으로 부상한 뒤에는 친환경 이미지를 내세우지만 실제로는 그 수치를 과장하거나 오염물질 배출을 줄이지 않는 등 그린 워싱을 행하는 사례가 적지 않다. 다른 한편으로는 글로벌 사우스의 가난한 국가들로 공장을 이전하면서 환경오염과 기후붕괴를 함께 팔아넘기고 있기도 하다. 이는 기후정의에 역행하는 행위이다. 기후부정의는 민주주의를 더 취약하게 만든다. 불평등이 확대되고 사회적 대립이 고조되면 민주주의의 근간은 흔들릴 수밖에 없다.

다른 한편으로 우리가 살고 있는 세상에는 글로벌 노스의 선진국과 기득권층의 부와 생활방식이 지속불가능한데도 이를 경쟁적으로 따라하려는 현상 역시 만연해 있다. 이로 말미암아 지구의 자연환경 파괴는 가속화될 것이고 그것이 지구의 수용능력을 넘어설 때 생태계의 균형이 깨지면서 인간의 생존은 결국 위협에 처할 것이다. 지구의 역사는 대멸종의 역사이다. 현생 인류인 호모 사피엔스가 탐욕을 버리고 어리석음에서 벗어나 생존과 공동번영의 지혜를 발휘하지 않는 한 이러한 지구의 역사는 반복될 것이 분명하다. 과연 호모 사피엔스라는 종은 그의 이름에 걸맞게 사고하고 성찰하며 추론하는 능력을 발휘해 기후위기와 절멸의 위험에서 벗어날 방법을 마련할 수 있을까? 분명한 것은 지구행성을 점령한 호모 사피엔스가 멸망이 아닌 공존을 위해 어떤 선택을 해야 되는 지를 이미 잘 알고 있다는 사실이다. 우리의 미래는 우리의 행동에 달려있다.

| 참고문헌 |

"2001 Amsterdam Declaration on Earth System Science" http://www.igbp.net/about/history/2001amsterdamdeclarationonearthsystemscience.4.1b8ae20512db692f2a680001312.html

"Air quality in Mongolia: Air quality index (AQI+) and PM2.5 air pollution in Mongolia" https://www.iqair.com/mongolia?srsltid=AfmBOopjmNebvvU3_wFl2PHl3sL6QKyC60ZYojKedI63TJkJn2ZfdxiB

"Broken Record: Emissions Gap Report 2023" https://wedocs.unep.org/bitstream/handle/20.500.11822/43922/EGR2023.pdf?sequence=3&isAllowed=y

"Climate Change 2023. Synthesis Report" https://www.ipcc.ch/report/ar6/syr/downloads/report/IPCC_AR6_SYR_SPM.pdf

"Climate change mitigation: reducing emissions" https://www.eea.europa.eu/en/topics/in-depth/climate-change-mitigation-reducing-emissions

"Copenhagen Accord" https://unfccc.int/resource/docs/2009/cop15/eng/l07.pdf

"European Neighbourhood Policy and Enlargement Negotiations" https://neighbourhood-enlargement.ec.europa.eu/enlargement-policy/glossary_en

"First Fossil of the Day award of COP29 to be presented to G7" https://climatenetwork.org/2024/11/15/first-fossil-of-the-day-award-of-cop29-to-be-presented-to-g7/

"Grundsatzprogramm" https://www.gruene.de/grundsatzprogrammprozess

"Mid- and long-term GHG reduction measures" https://www.imo.org/en/OurWork/Environment/Pages/Mid—and-long-term-GHG-reduction-measures.aspx

"Paris Agreement" https://unfccc.int/sites/default/files/english_paris_agreement.pdf

"Programme of Action: Adopted at the International Conference on Population and Development, Cairo, 5-13 September 1994" https://www.unfpa.org/sites/default/files/event-pdf/PoA_en.pdf

"Recommendations for Reducing Greenhouse Gas Emissions" https://unfccc.int/sites/default/files/resource/Recommendations%20for%20Reducing%20Greenhouse%20Gas%20Emissions.pdf

"Report of the Conference of the Parties serving as the meeting of the Parties to the Paris Agreement on its fifth session, held in the United Arab Emirates from 30 November to 13 December 2023" https://unfccc.int/decisions?such=j&volltext=/CMP.3#beg

"Republic of Korea" https://ccpi.org/country/kor/

"Responsible climate lobbying: The global standard" https://climate-lobbying.com/

"State of the Climate 2024. Update for COP29" https://library.wmo.int/viewer/69075/download?file=State-Climate-2024-Update-COP29_en.pdf&type=pdf&navigator=1

"The European Green Deal: Striving to be the first climate-neutral continent" https://commission.europa.eu/strategy-and-policy/priorities-2019-2024/european-green-deal_en

"The Lima-Paris Action Agenda (LPAA)" file:///C:/Users/user/Downloads/lpaa-briefing-19-10-2015-bonn.pdf

"Underfinanced. Underprepared. Inadequate investment and planning on climate adaptation leaves world exposed" https://wedocs.unep.org/bitstream/handle/20.500.11822/43796/adaptation_gap_report_2023.pdf?sequence=1&isAllowed=y

"World Population Prospects 2022" https://www.un.org/development/desa/pd/sites/www.un.org.development.desa.pd/files/wpp2022_summary_of_results.pdf

"녹색당 강령", https://www.kgreens.org/platform

"에어로솔 광학두께(AOD: Aerosol Optical Depth) 알고리즘 기술 분석서" https://datasvc.nmsc.kma.go.kr/resources/common/pdf/NMSC-SCI-ATBD-AOD_v1.0.pdf

Acemoglu, Daron et al., 손광락 외 역, <경제학원론>, 서울: 시그마프레스, 2019.

Adams, Carol J. et al. (eds.), 김보경 외 역, <에코페미니즘: 인간, 동물, 지구와 교차하는 페미니즘적 시선들>, 성남: 에디투스, 2024.

Aguado, Ed et al. *Understanding Weather and Climate*, London: Pearson, 2012.

Alberta, Tim, 이은진 역, <나라 권력 영광>, 서울: 비아토르, 2024.

Ali, Tariq, 안효상 역, <1960년대 자서전: 열정의 시대 희망을 쏘다>, 서울: 책과함께, 2008.

Ali, Tariq & Susan Watkins. 안찬수 외 역. <1968: 희망의 시작, 분노의 나날>. 서울: 삼인, 2001.

Anheier, Helmut et al.(eds.), 조효제 외 역. <지구시민사회: 개념과 현실>, 서울: 아르케, 2004.

Arblaster, Anthony, *Democracy*, Buckingham: Open University Press, 2002.

Aristoteles, 천병희 역, <정치학>, 서울: 숲, 2009.

Arnold, David, 서미석 역, <인간과 환경의 문명사>, 파주: 한길사, 2006.

Arrighi, Giovanni, 강진아 역, <베이징의 애덤 스미스: 21세기의 계보>, 서울: 도서출판 길, 2009.

Assheuer, Thomas et al.(eds.), 이승협 역, <세계화 이후의 민주주의>, 서울: 평사리, 2005.

Baber, Walter F. et al., *Deliberative Environmental Politics: Democracy and Ecological Rationality*,

Cambridge: The MIT Press, 2005.

Baggott, Jim, 박병철 역, <기원의 탐구: 빅뱅, 지구 그리고 인간 138억 년의 빅히스토리>, 서울: 반니, 2017.

Barry, John et al.(eds.), *Sustaining Liberal Democracy: Ecological Challenges and Opportunities*, New York: Palgrave, 2001.

Baudrillard, Jean, 이상률 역, <소비의 사회>, 서울: 문예출판사, 1991.

Bauman, Zygmunt. 한상석 역. <모두스 비벤디: 유동하는 세계의 지옥과 유토피아>. 서울: 후마니타스, 2010.

Bauman, Zygmunt, 궁선영 역, <소비하는 삶 소비되는 삶>, 서울: 새물결, 2024.

Bauman, Zygmunt et al., 나현영 역, <지그문트 바우만, 소비사회와 교육을 말하다>, 서울: 현암사, 2016.

Baumert, Stefanie et al. (Hg.), *Nachhaltigkeit. Auf den Spuren eines Begriffs und seiner Bedeutung im universitären Kontext*, Münster: LIT Verlag, 2013.

Baylis, John et al., 하영선 편역, <세계정치론>, 서울: 을유문화사, 2019.

Beck, Ulrich, 박미애 외 역, <글로벌 위험사회>, 서울: 길, 2010.

Beck, Ulrich, 조만영 역, <지구화의 길>, 서울: 거름, 2000.

Beck, Ulrich, 홍성태 역, <위험사회: 새로운 근대(성)을 향하여>, 서울: 새물결, 1997.

Bédat, Maxine, 오애리 외 역, <지속 불가능한 패션 산업에 이의를 제기합니다>, 서울: 학고재, 2024.

Bendell, Jem, "Deep Adaptation: A Map for Navigating Climate Tragedy", *IFLAS Occasional Paper* 2, 2020(https://www.lifeworth.com/deepadaptation.pdf)

Bercovici, David, 박병철 역, <모든 것의 기원>, 서울: 책세상, 2023.

Betsill, Michele, *Palgrave Advances in International Environmental Politics*, London: Palgrave MacMillan, 2005.

Beyer, Robert M. et al., "Shifts in global bat diversity suggest a possible role of climate change in the emergence of SARS-CoV-1 and SARS-CoV-2." *Science of the Total Environment*, 767 2021(www.sciencedirect.com/science/article/abs/pii/S0048969721004812).

Biehl, Janet & Peter Staudenmaier, 김상영 역, <에코파시즘: 독일 경험으로부터의 교훈>, 서울: 책으로만나는세상, 2003.

Birchall, Ian, "프랑스 1968년: 상상력에 권력을!", Barker, Colin, et al., 김용민 역, <혁명의 현실성: 20세기 후반 프랑스, 칠레, 포르투갈, 이란, 폴란드의 교훈>, 서울: 책갈피, 2011.

Bond, Patrick, "정치행동과 계급투쟁만이 지구를 구할 수 있다", Ian Angus, 김현우 외 역, <기후정의: 기후변화와 환경 파괴에 맞선 반자본주의의 대안>, 서울: 이매진, 2012.

Bookchin, Murray, 문순홍 역, <사회생태론의 철학>, 서울: 솔, 1997.

Bookchin, Murray, 서유석 역, <머레이 북친의 사회적 생태론과 코뮌주의>, 서울: 메이데이, 2012.

Bramwell, Anna, 김지영 역, <생태학의 역사: 에콜로지의 기원과 전개>, 파주: 살림출판사, 2012.

Brand, Karl-Werner (Hg.). *Neue soziale Bewegungen in Westeuropa und den USA - Ein internationaler Vergleich*, Frankfurt & New York: Campus, 1985.

Brand, Ulrich et al., 이신철 역, <제국적 생활양식을 넘어서 전 지구적 자본주의 시대의 인간과 자연에 대한 착취>, 서울: 에코리브르, 2020.

Brannen, Peter, 김미선 역, <대멸종 연대기>, 서울: 흐름출판, 2019.

Bricker, Darrell et al., 김병순 역, <텅 빈 지구: 다가오는 인구 감소의 충격>, 서울: 을유문화사, 2019.

Bronowski, Jacob, 김은국 외 역, <인간 등정의 발자취>, 서울: 바다출판사, 2023.

Brown, Wendy, "오늘날 우리는 모두 민주주의자이다", Giorgio Agamben 외. 김상운 외 역, <민주주의는 죽었는가?>, 서울: 난장, 2010.

Brudermann, Thomas, 추미란 역, <나는 선량한 기후파괴자입니다>, 파주: 동녘,2024.

Callenbach, Ernest, 노태복 역, <생태학 개념어 사전>, 서울: 에코리브르, 2009.

Caplan, Bryan, 이현우 외 역, <합리적 투표자에 대한 미신: 민주주의가 나쁜 정책을 채택하는 이유>, 서울: 북코리아, 2008.

Caporale, Guglielmo Maria, et al., "Analysing the relationship between CO2 emissions and GDP in China: a fractional integration and cointegration approach", *Journal of Innovation and Entrepreneurship*, 32, 2021.

Carroll, Sean B., 김영주 역, <한 치의 의심도 없는 진화 이야기>, 고양: 지호, 2008.

Carson, Rachel Louise, 김은령 역, <침묵의 봄>, 서울: 에코리브르, 2002.

Carter, Neil, *The Politics of the Environment*, Cambridge: Cambridge University Press, 2018.

Cartwright, John, 박한선 역, <진화와 인간행동: 인간의 조건에 대한 다윈주의적 전망>, 서울: 에이도스출판사, 2019.

Chamberlin, Paul Thomas, 김남섭 역, <아시아 1945-1990: 서구의 번영 아래 전쟁과 폭력으로 물든>, 서울: 이데아, 2023.

Chancel, Lucas, 이세진 역, <지속 불가능한 불평등>, 서울: 니케북스, 2023.

Chasek, Pamela S. et al., 이유진 역, <글로벌 환경정치와 정책>, 서울: 명인문화사, 2017.

Cheba, Katarzyna, et al., "Directions of green transformation of the European Union countries", *Ecological Indicators*, Volume 136, March 2022.

Choi Woondo, "The Origin of the Post-War Japanese Economic Miracle: Reform Policies vs. Reverse Course in the U.S. Occupation of Japan", *Korea Association Of Japanology*, Vol.124, 2020.

Chouinard, Yvon, 이영래 역, <파타고니아, 파도가 칠 때는 서핑을>, 서울: 라이팅하우스, 2020.

Christian, David et al., 이한음 역, <빅 히스토리: 우주와 지구, 인간을 하나로 잇는 새로운 역사>, 서울: 웅진지식하우스, 2022.

Christoff, Peter, "Out of Chaos, a Shining Star? Toward a Typology a Green States", John Barry et al.(eds.), *The State and the Global Ecological Crisis*, Cambridge: MIT Press, 2005.

Cinner, Joshua E., et al., "Potential impacts of climate change on agriculture and fisheries production in 72 tropical coastal communities", *Nature Communications*, Volume 13, Article number: 3530, 2022.

Cobb Jr., John B., 한윤정 역, <지구를 구하는 열 가지 생각>, 서울: 로도스, 2018.

Currid-Halkett, Elizabeth, 유강은 역, <야망계급론: 비과시적 소비의 부상과 새로운 계급의탄생>, 파주: 오월의봄, 2024.

D'Alisa, Giacomo, et al., 강이현 역, <탈성장 개념어 사전>, 홍성: 그물코, 2018.

Dalton, Russell J. & Manfred Kuechler (eds.). 박형신 외 역. <새로운 사회 운동의 도전>. 서울: 한울아카데미, 1996.

Daly, Herman E., *Steady-State Economics*, Washington, D.C.: Island Press, 1991.

Daly, Herman E., "Steady-State Economics: A New Paradigm", *New History Literary* , Vol. 24, No.4, 1993.

Daly, Herman E., 박형준 역, <성장을 넘어서: 지속 가능한 발전의 경제학>, 파주: 열린책들, 2016.

Dartnell, Lewis, 이충호 역, <오리진: 지구는 어떻게 우리를 만들었는가>, 서울: 흐름출판, 2020.

Darwin, Charles Robert, 김관선 역, <종의 기원>, 파주: 한길사, 2014.

Darwin, Charles Robert, 이종호 역, <인간의 유래와 성선택>, 서울: 지식을만드는지식, 2012.

Davis, Mike, 안민석 역, <인류세 시대의 맑스>, 파주: 창비, 2020.

Dawkins, Richard, 이한음 역, <조상 이야기: 생명의 기원을 찾아서>, 서울: 까치글방, 2005.

Dawkins, Richard, 홍영남 외 역, <이기적 유전자>, 서울: 을유문화사, 2023.

Dent, Harry, *The Demographic Cliff: How to Survive and Prosper During the Great Deflation Ahead*, Portfolio, 2015.

Desmond, Adrian et al., 김명주 역, <다윈 평전>, 서울: 뿌리와이파리, 2009.

DeSombre, Elizabeth R., *What Is Environmental Politics?*, Cambridge: Polity Press, 2020.

Devall, Bill et al., 김영준 외 역, <딥 에콜로지: 자연과의 화해를 위한 지혜의 생태학>, 서울: 원더박스, 2022.

Deyo, Frederic C. (ed.) *The Political Economy of the New Asian Industrialism*, Ithaca: Cornell University Press, 1987.

Dixson-Decleve, Sandrine, et al., 추선영 외 역, <모두를 위한 지구: 인류 생존을 위한 가이드>, 서울: 착한책가게, 2023.

Dobson, Andrew, *Citizenship and the Environment*, New York: Oxford University Press, 2003.

Dobson, Andrew, *Environmental Politics: A Very Short Introduction*, Oxford: Oxford University Press, 2016.

Dobson, Andrew, 정용화 역, <녹색정치사상>, 서울: 민음사, 1993.

Doner, Richard F., et al., "Systemic Vulnerability and the Origins of Developmental States: Northeast and Southeast Asia in Comparative Perspective." *International Organization*, Vol.59, No.2, 2005.

Doyle, Timothy et al., 이유진 역, <환경정치학>, 서울: 한울, 2002.

Dryzek, John S. et al. (eds.), *The Oxford Handbook of Climate Change and Society*, Oxford: Oxford University Press, 2013.

Dryzek, John S., 정승진 역, <지구환경정치학 담론>, 서울: 에코리브르, 2005.

Dunlap, Reley E. et al., 김동규 역, <미국의 환경운동사>, 서울: 백수사, 1996.

Dunlap, Riley E., "Climate Change Skepticism and Denial: An Introduction", *American Behavioral Scientist*, Vol.57, Issue 6, 2013.

Dunlap, Riley E., et al. (eds.), *Climate Change and Society: Sociological Perspectives*, Oxford: Oxford University Press, 2015.

Duverger, Maurice, 김세신 역, <정당론>, 서울: 중앙선거관리위원회, 1980.

Ebrey, Patricia Buckley, 이동진 외 역, <사진과 그림으로 보는 케임브리지 중국사>, 서울: 시공사, 2001.

Ehrlich, Paul R., *The Population Bomb*, New York: Ballantine Books, 1968.

Ehrlich, Paul R. et al., 하윤숙 역, <진화의 종말: 세계적인 진화생물학자의 환경 보고서>, 서울: 부키, 2011.

Ellis, Erle C., 김용진 외 역, <인류세>, 파주: 교유당, 2021.

Faber, Richard et al., 정병기 역, <상상력에 권력을?: 1968 혁명의 평가>, 서울: 메이데이, 2008.

Feynman, Richard P., "The relation of science and religion", https://calteches.library.caltech.edu/49/2/Religion.htm

Feynman, Richard P., 정무광 외 역, <파인만의 과학이란 무엇인가>, 서울: 승산, 2008.

Fien, John et al., "Learning for a Sustainable Environment: An Agenda for Teacher Education in Asia and the Pacific", Bangkok: UNESCO Principal Regional Office for Asia and the Pacific, 1996.

Follett, Chelsea, "Neo-Malthusianism and Coercive Population Control in China and India: Overpopulation Concerns Often Result in Coercion", https://www.cato.org/policy-analysis/neo-malthusianism-coercive-population-control-china-india-overpopulation-concerns

Folliet, Luc, 안수연 역, <나우루공화국의 비극>, 서울: 에코리브르, 2010.

Foster, John Bellamy, 추선영 역, <생태계의 파괴자 자본주의>, 서울: 책갈피, 2007.

Foster, John Bellamy, 박종일 역, <생태 혁명: 지구와 평화롭게 지내기>, 고양: 인간사랑, 2010.

Foster, John Bellamy et al., 황정규 역, <환경주의자가 알아야 할 자본주의의 모든 것>, 서울: 도서출판 삼화, 2012.

Frank Biermann, "Global Governance and the Environment", Michele M. Betsill et al., *International Environmental Politics*, New York: Palgrave, 2006.

Fraser, Ronald, 안효상 역, <1968년의 목소리>, 서울: 박종철출판사, 2002.

French, Hilary, 주요섭 역, <세계화는 어떻게 지구환경을 파괴하는가>, 서울: 도요새, 2001.

Friedman, Milton, 심중보 외 역, <자본주의와 자유>, 서울: 청어람미디어, 2007.

Friedman, Milton et al., 민병균 외 역, <선택할 자유>, 서울: 자유기업원, 2003.

Fujikura, Ryo, et al.(eds.), *Climate Change Mitigation and International Development Cooperation*, New York: Routledge, 2012.

Fuller, R. Buckminster, 마리오 역, <우주선 지구호 사용설명서>, 서울: 앨피, 2007.

Gamble, Andrew, et al. (eds.), *Regionalism and World Order,* Basingstoke: Macmillan, 1996.

Gang, Fan, et al. (eds.), *The Economics of Climate Change in China*, Stockholm: Stockholm Environment Institute, 2011.

Garner, Robert, *Environmental Politics*, London: Prentice Hall, 1996.

Gee, Henry, 홍주연 역, <지구 생명의 (아주) 짧은 역사>, 서울: 까치글방, 2022.

Gelézeau, Valérie, <아파트 공화국>, 서울: 후마니타스, 2007.

George, Susan, 정성훈 역, <수잔 조지의 Another World: 폭압적 신자유주의 세계화에 대한 실천적 제안서>, 부산: 산지니, 2008.

Giddens, Anthony, 홍욱희 역, <기후변화의 정치학>, 서울: 에코리브르, 2009.

Gilcher-Holtey, Ingrid, *Die 68er Bewegung: Deutschland-Westeuropa-USA*, München: Verlag C.H.Beck, 2001.

Gilcher-Holtey, Ingrid, 정대성 역, <68혁명, 세계를 뒤흔든 상상력>, 파주: 창비, 2009.

Gilding, Paul, 양재희 역, <기후변화는 어떻게 세계 경제를 위협하는가>, 서울: 더블북, 2023.

Gladwell, Malcolm et al., 전병근 역, <사피엔스의 미래>, 파주: 모던아카이브, 2019.

Gleick, Peter, "Book review: Bad science and bad arguments abound in 'Apocalypse Never' by Michael Shellenberger" *Yale Climate Connections*, July 15, 2020.

Gobbo, Alice Dal, 경규림 역, <나의 행동이 대양의 작은 물방울에 불과할지라도: 지속가능한 삶을 위한 일상 생태학>, 고양: 이상북스, 2024.

Godrej, Dinyar, 김민정 역, <기후변화, 지구의 미래에 희망은 있는가?>, 서울: 이후, 2007.

Goethe, Johann Wolfgang von, 곽복록 역, <빌헬름 마이스터 편력시대>, 서울: 동서문화사, 2016.

Goodel, Jeff, 황수민 역, <폭염 살인: 폭주하는 더위는 어떻게 우리 삶을 파괴하는가>, 파주: 웅진지식하우스, 2024.

Greenspan, Alan et al., 김태훈 역, <미국 자본주의의 역사>, 서울: 세종서적, 2020.

Gribbin, John et al, 권루시안 역, <진화의 오리진>, 서울: 진선출판사, 2021.

Grimes, David Robert, 김보은 역, <페이크와 팩트: 왜 합리적 인류는 때때로 멍청해지는가>, 파주: 디플롯, 2024.

Grundmann, Reiner, 박만준 외 역, <마르크스주의와 생태학>, 서울: 동녘, 1995.

Gunther, Richard et al. (eds.), *Political Parties: Old Concepts and New Challenges*, Oxford: Oxford University Press, 2002.

Gupta, Joyeeta, 황의방 역, <너무나 뜨거운 지구: 지구온난화를 막기 위해 무엇을 해야 하나?>, 서울: 두레, 2005.

Haddad, Mary Alice, *Environmental Politics in East Asia*, Cambridge: Cambridge University Press, 2023.

Hage, Ghassan, et al., 추선영 역, <아스팔트를 뚫고 피어난 꽃: 자본주의 시대 기후변화에 대한 단상>, 서울: 종이책, 2018.

Hajek, Willi (ed.), 정병기 역, <1968 그리고 그 이후?: 68주역들의 경험과 교훈 그리고 유토피아>, 서울: 현장에서 미래를, 2002.

Halper, Stefan, 권영근 역, <베이징 컨센서스: 중국의 경제모델은 21세기 세계를 어떻게 지배할 것인가?>, 파주: 21세기북스, 2011.

Hamilton, Clive, *Growth Fetish*, London: Pluto Press, 2004.

Hamilton, Clive, 정서진 역, <인류세: 거대한 전환 앞에 선 인간과 지구 시스템>, 서울: 이상북스, 2018.

Harper, Charles L., 정대연 역, <지속가능한 지구를 위한 환경사회학>, 파주: 한울아카데미, 2010.

Harvey, David, 강윤혜 역, <자본주의는 당연하지 않다: 어쩌다 자본주의가 여기까지 온 걸까>, 서울: 선순환, 2021.

Harvey, David, 최병두 역, <신자유주의: 간략한 역사>, 파주: 한울아카데미, 2007.

Hawken, Paul, 박우정 역, <한 세대 안에 기후위기 끝내기: 재생의 시대를 위하여>, 서울: 글항아리사이언스, 2022.

Heesung, Chong et al., "Assessment of air quality in North Korea from satellite observations", *Environment International*, Volume 171, January 2023.

Heilbroner, Robert L. et al., 홍기빈 역, <자본주의 어디서 와서 어디로 가는가>, 서울: 미지북스, 2016.

Held, David, et al., 조효제 역, <전 지구적 변환>, 서울: 창작과비평사, 2003.

Henderson, Rebecca, 임상훈 역, <자본주의 대전환: 하버드 ESG 경영수업>, 서울: 어크로스, 2021.

Hendriks, Frank et al. (eds.), *Polder Politics. The Re-invention of Consensus Democracy in the Netherlands*, Aldershot: Ashgate, 2001.

Hertz, Noreena, 홍정인 역, <고립의 시대: 초연결 세계에 격리된 우리들>, 파주: 웅진지식하우스, 2021.

Hickel, Jason, "The contradiction of the sustainable development goals: Growth versus ecology on a finite planet'", *Sustainable Development*, Vol. 27, Issue 5, 2019.

Hickel, Jason, 김승진 역, <격차: 빈곤과 불평등의 세기를 끝내기 위한 탈성장의 정치경제학>, 서울: 아를, 2024.

Hickel, Jason, 김현우 외 역, <적을수록 풍요롭다: 지구를 구하는 탈성장>, 파주: 창비, 2021.

Holt-Gimenez, Eric, 박형신 역, <우리는 세계를 파괴하지 않고 세계를 먹여 살릴 수 있는가>, 파주: 한울아카데미, 2021.

Honneth, Axel, 강병호 역, <물화: 인정이론적 탐구>, 파주: 나남, 2006.

Hooghe, Liesbet et al., *Multi-level Governance and European Integration*, Lanham: Rowman & Littlefield, 2001.

Horkheimer, Max, 박구용 역, <도구적 이성 비판>, 서울: 문예출판사, 2022.

Huber, Joseph, "Ökologische Modernisierung und Umweltinnovation", Matthias Groß (Hg.) *Handbuch Umweltsoziologie*, Berlin: Springer, 2011.

Hulme, Mike, 홍우정 역, <기후변화가 전부는 아니다: 기후위기를 둘러싼 종말론적 관점은 어떻게 우리를 집어삼키는가>, 서울: 풀빛, 2024.

Humphrey, Craig R. et al., 양종회 외 역, <환경사회학: 환경·에너지·사회>, 서울: 사회비평사, 1995.

Hunt, E. K. et al., 홍기빈 역, <E. K. 헌트의 경제사상사: 애덤 스미스부터 21세기 자본주의까지 비판적 관점으로 본>, 서울: 시대의창, 2015.

Inglehart, Ronald, "The Silent Revolution in Europe: Intergenerational Change in Post-industrial Societies", *American Political Science Review*, Vol.65, 1971.

Inglehart, Ronald, *The Silent Revolution: Changing Values and Political Styles among Western Publics*, Princeton: Princeton University Press, 1977.

Isaak, Alan C., *Scope and Methods of Political Science*, Homewood: Dorsey Press, 1975.

Jackson, Tim. 전광철 역. <성장 없는 번영>. 서울: 착한가게, 2013.

Jarrige, Françoise et al., 조미현 역, <지구오염의 역사: 산업혁명부터 현대까지>, 서울: 에코리브르, 2021.

Jänicke, Martin, "Democracy as a Condition for Environmental Policy Success: the Importance of Noninstitutional Factors", William M. Lafferty & James Meadowcroft(eds.), *Democracy and the Environment: Problems and Prospects*, Cheltenham: Edward Elgar, 1996.

Jenkins, Ewan, "Review of Laurie Parsons, Carbon colonialism: How rich countries export climate breakdown", *Journal of Political Ecology*, Vol.31 Issue 1, 2023.

Jesse, Eckhard, *Die Demokratie der Bundesrepublik Deutschland*, Baden-Baden: Nomos, 1997.

Johnson, Chalmers, *MITI and the Japanese Miracle: The Growth of Industrial Policy, 1925-1975*, Stanford: Stanford University Press, 1982.

Johnston, David, 정명진 역, <정의의 역사>, 서울: 부글북스, 2011.

Johnstone, Injy, "Global governance and the Global Green New Deal: the G7's role", *Humanities and Social Sciences Communications*, Number 33, 2022.

Jong, Wouter et al., "Clean diesel and dirty scandal: The echo of Volkswagen's dieselgate in an intra-industry setting", *Public Relations Review*, Volume 48, Issue 1, 2022.

Kahn, Matthew E., 김홍옥 역, <우리는 기후변화에도 적응할 것이다>, 서울: 에코리브르, 2021.

Kallis, Giorgos et al., 우석영 외 역, <디그로쓰: 지구를 식히고 세계를 치유할 단 하나의 시스템 디자인>, 서울: 산현재, 2021.

Katsiaficas, George, 이재원 외 역, <신좌파의 상상력: 세계적 차원에서 본 1968>, 서울: 도서출판 이후, 1999.

Katz, Richard et al., "Changing Models of Party Organization and Party Democracy: The Emergence of the Cartel Party", *Party Politics*, Vol.1, 1995.

Keane, John, 양현수 역, <민주주의의 삶과 죽음: 대의 민주주의에서 파수꾼 민주주의로>, 서울: 교양인, 2017.

Kelly, Petra, 이수영 역, <희망은 있다: 평화로운 녹색의 미래를 위하여>, 서울: 달팽이출판, 2004.

Kempf, Hervé, 정혜용 역, <지구를 구하려면 자본주의에서 벗어나라>, 파주: 서해문집, 2012.

Kempf, Hervé, 진민정 역, <부자들이 지구를 어떻게 망쳤나>, 서울: 에코리브르, 2008.

Kjær, Anne Mette, 이유진 역, <거버넌스>, 서울: 도서출판 오름, 2007.

Kleinert, Hubert, *Aufstieg und Fall der Grünen*, Bonn: Verlag J.H.W.Dietz, 1992.

Kleinert, Hubert, *Vom Protest zur Regierungspartei: Die Geschichte der Grünen*, Frankfurt/M: Eichborn, 1992.

Kneen, Brewster, 안진환 역, <누가 우리의 밥상을 지배하는가>, 서울: 시대의창, 2004.

Knoll, Andrew H., 김명주 역, <생명 최초의 30억년: 지구에 새겨진 진화의 발자취>, 서울: 뿌리와이파리, 2007.

Knoll, Andrew H., 이한음 역, <지구의 짧은 역사: 한 권으로 읽는 하버드 자연사 강의>, 서울: 다산사이언스, 2021.

Koenen, Gerd, *Das rote Jahrzehnt: Unsere kleine deutsche Kulturrevolution 1967-1977*, Frankfurt am Main: Fischer Taschenbuch, 2004.

Kolbert, Elizabeth, 김보영 역, <여섯 번째 대멸종>, 서울: 샘앤파커스, 2022.

Koopmans, Ruud, "New Social Movements and Changes in Political Participation in Western Europe", *West European Politics*, Vol.19, No.1, 1996.

Kourvetaris, George Andrew. 박형신 외 역. <정치사회학>. 서울: 일신사, 1998.

Krasner, Stephen D., "Structural Causes and Regime Consequences: Regimes as Intervening Variables", Stephen D. Krasner (ed.), *International Regimes*, Ithaca: Cornell University Press, 1983.

Krovoza, Alfred, "반권위주의 저항운동에서 심리학과 정신분석의 역할에 대하여", Richard Faber et al., 정병기 역, <상상력에 권력을? — 1968 혁명의 평가>, 서울: 메이데이, 2008.

Kumon, Shumpei et al.,(eds.), *The Political Economy of Japan. Vol.3: Cultural and Social Dynamics*, Stanford: Stanford University Press, 1992.

Kurlansky, Mark, *1968: The Year That Rocked the World*, New York: Random House, 2004.

Lafferty, William M. et al., *Democracy and the Environment. Problems and Prospects*, Cheltenham: Edward Elgar, 1996.

Lane, Jan-Erik et al., *Democracy: A Comparative Approach*, London: Routledge, 2013.

LaPalombara, Joseph et al., 윤용희 역, <정당과 정치발전>, 서울: 법문사, 1989.

Lappé, Frances Moore et al., 허진혁 역, <굶주리는 세계: 식량에 관한 열두 가지 신화>, 2003.

Latham, Michael E., 권혁은 외 역, <근대화라는 이데올로기>, 서울: 그린비, 2021.

Latour, Bruno et al., 김지윤 외 역, <녹색 계급의 출현>, 서울: 이음, 2022.

Latour, Bruno et al., 박범순 역, <지구와 충돌하지 않고 착륙하는 방법: 신기후체제의 정치>, 서울: 이음, 2021.

Lawrence, Robert Z., "Imports in Japan: Closed Markets or Minds?", *Brookings Papers on Economic Activity*, 2, 1987 (https://www.brookings.edu/wp-content/uploads/1987/06/1987b_bpea_lawrence_krugman.pdf)

Leahy, T., Bowden, V. & Threadgold, S., "Stumbling towards collapse: Coming to terms with the climate crisis", *Environmental politics*, Vol19, No.19, 2010.

Lear, Linda, 김홍옥 역, <레이첼 카슨 평전: 시인의 마음으로 자연의 경이를 증언한 과학자>, 서울: 샨티, 2004.

Leftwitch, Adrian, "Bringing Politics Back In: Towards a Model of the Developmental State", *Journal of Development Studies*, Vol.31, Issue3, 1995.

Lenschow, Andrea, "Globalization's limits to the environmental state? Integrating telecoupling into global environmental governance", *Environmental Politics*, Vol.25, Issue 1, 2016.

Leonard, Annie, 김승진 역, <너무 늦기 전에 알아야 할 물건 이야기>, 파주: 김영사, 2011.

Levitsky, Steven et al., 박세연 역, <어떻게 민주주의는 무너지는가>, 서울: 어크로스, 2018.

Lewis, Simon L. et al., 김아림 역, <사피엔스가 장악한 행성>, 서울: 세종서적, 2020.

Lijphart, Arend, *Patterns of Democracy: Government Forms and Performance in Thirty-Six Countries*, New Haven: Yale University Press, 2012.

Lovins, Amory B., *Soft Energy Paths: Towards a Durable Peace*, New York: Harper & Row, 1979.

Lucas, Arthur Maurice. "Environment and Environmental Education: Conceptual Issues and Curriculum Implications." Ph.D. Dissertation, Ohio State University, 1972.

Luckham, Robein et al. (eds.), *Democratization in the South: The Jagged Wave*, Manchester: Manchester University Press, 1996.

Lukács, György, 박정호 외 역, <역사와 계급의식>, 서울: 거름, 1986.

Lummis, C. Douglas, 김종철 외 역, <경제성장이 안되면 우리는 풍요롭지 못할 것인가>, 대구: 녹색평론사, 2002.

Lummis, C. Douglas, 이승렬 외 역, <래디컬 데모크라시>, 대구: 한티재, 2014.

Lutgens, Frederick K. et al., 황세영 외 역, <지질환경과학>, 서울: 시그마프레스, 2016.

Lynas, Mark, 김아림 역, <최종 경고: 6도의 멸종>, 서울: 세종서적, 2022.

Mackinnon, J. B., 김하현 역, <디컨슈머: 소비하지 않는 소비자들이 온다>, 파주: 문학동네, 2022.

MacPherson, C. B., 배영동 역, <자유민주주의의 위기>, 서울: 청사, 1979.

Madsen, Grant, Sovereign *Soldiers: How the U.S. Military Transformed the Global Economy After World War II*, Philadelphia: University of Pennsylvania Press, 2018.

Magdoff, Fred et al., 윤병선 외 역, <이윤에 굶주린 자들>, 서울: 울력, 2006.

Mainwaring, Scott et al., *Building Democratic Institutions: Party Systems in Latin America*, Stanford: Stanford University Press, 1995.

Malm, Andreas, 위대현 역, <화석 자본: 증기력의 발흥과 지구온난화의 기원>, 성남: 두번째테제, 2023.

Malthus, Thomas Robert, 이서행 역, <인구론>, 서울: 동서문화사, 2016.

Mann, Michael E., et al., 정태영 역. <누가 왜 기후변화를 부정하는가: 거짓 선동과 모략을 일삼는 기후변화 부정론자들에게 보내는 레드카드>, 서울: 미래인, 2017.

Markovits, Daniel, 서정아 역, <엘리트 세습: 중산층 해체와 엘리트 파멸을 가속하는 능력 위주 사회의 함정>, 서울: 세종서적, 2020.

Marmion, Jean-François, 박효은 역, <바보의 세계: 한 권으로 읽는 인류의 오류사>, 서울: 월북, 2021.

Martell, Luke, 대구사회연구소 환경연구부 역, <녹색사회론: 현대 환경의 사회이론적 이해>, 서울: 한울아카데미, 1998..

Marx, Karl, *Ökonomisch-philosophische Manuskripte aus dem Jahre 1844*, https://www.marxists.org/deutsch/archiv/marx-engels/1844/oek-phil/index.htm

Marx, Karl, "Rent of Land", https://www.marxists.org/archive/marx/works/1844/manuscripts/rent.htm

Maslin, Mark, 조홍섭 역, <기후변화의 정치경제학: 지구온난화를 둘러싼 진실들>, 서울: 한겨레출판, 2010.

Maslin, Mark, 신봉아 역, <기후변화>, 파주: 교유서가, 2023.

Mason, Michael, *Environmental Democracy*, New York: St. Martin's Press, 1999.

Mathews, Nancy Mowll, *Paul Gauguin: An Erotic Life*, New Haven: Yale University Press, 2000.

McCormack, Gavan, 한경구 외 역, <일본 허울뿐인 풍요>, 서울: 창작과비평사, 1998.

McCormick, John, *Environmental Policy in the European Union*, Houndmills: Palgrave, 2001.

McGarr, Paul, 조성만 역, <녹색은 적색이다: 지구온난화, 유전자 변형 녹색물 그리고 마르크스주의>, 서울: 책갈피, 2007.

Meadows, Donella H. et al., *The Limits to Growth: A report for the Club of Rome's project on the predicament of mankind*, 1972. https://collections.dartmouth.edu/teitexts/meadows/diplomatic/meadows_ltg-diplomatic.html

Meinefeld, Ole, "Eine kurze Geschichte der grünen Gerechtigkeitsidee Welche Stationen? Welche Wendepunkte? Wie eine Idee der Gerechtigkeit ins Zentrum grüner Programmatik rückte und was daraus für eine sozialpolitische Strategie folgt", https://www.boell.de/sites/default/files/uploads/2016/03/meinefeld_kleine_ geschichte_des_gruenen_gerechtig_keitsbegriffs_12.9.18_0.pdf

Merchant, Carolyn, 허남혁 역, <래디컬 에콜로지>, 서울: 이후, 2001.

Michels, Robert, 김학이 역, <정당사회학: 근대 민주주의의 과두적 경향에 관한 연구>, 서울: 한길사, 2002.

Mies, Maria et al., 손덕수 외 역, <에코 페미니즘>, 서울: 창작과비평사, 2000.

Milbrath, Lester W., 이태건 외 역, <지속가능한 사회: 새로운 환경패러다임의 이해>, 고양: 인간사랑, 2001.

Morgenthau, Hans J., 이호재 역, <현대국제정치론: 세계평화의 권력이론적 접근>, 서울: 법문사, 2001.

Mouffe, Chantal, 이보경 역, <정치적인 것의 귀환>, 서울: 후마니타스, 2007.

Naess, Arne, "The Shallow and the Deep, Long-Range Ecology Movement" *Inquiry*, 16, 1972.

Neale, Jonathan, 김종환 역, <기후위기와 자본주의: 체제를 바꿔야 기후변화를 멈춘다>, 서울: 책갈피, 2019.

Newell, Peter, *Global Green Politics*, Cambridge: Cambridge University Press, 2019.

Nixon, Rob, 김홍옥 역, <느린 폭력과 빈자의 환경주의>, 서울: 에코리브르, 2020.

Nordhaus, William, 황성원 역, <기후카지노: 지구온난화를 어떻게 해결할 것인가>, 파주: 한길사, 2017.

Mouffe, Chantal, 이보경 역, <정치적인 것의 귀환>, 서울: 후마니타스, 2007.

Munck, Ronaldo, "신자유주의와 정치, 그리고 신자유주의적 정치", Alfredo Saad-Filho et al., 김덕민 역, <네오리버럴리즘: 신자유주의는 어떻게 세계를 지배하게 되었는가?>, 서울: 그린비, 2009.

Novikau, Aliaksandr, "Book Review: What is environmental politics?", *Environmental Politics*, Vol. 30, Issue 7, 2021.

Ord, Toby, 하인해 역, <사피엔스의 멸망>, 서울: 로크미디어, 2021.

Obadia, Lionel, 양영란 역, <종교: 신 없는 종교는 가능한가>, 서울: 웅진지식하우스, 2007.

Orwell, George, 이한중 역, <위건부두로 가는 길>, 서울: 한겨레출판, 2010.

Osborne, Peter, 고병권 외 역, <How To Read 마르크스>, 서울: 웅진지식하우스, 2007.

Paech, Niko, 고정희 역, <성장으로부터의 해방: 탈성장 사회로 가는 길>, 서울: 나무도시, 2015.

Parkin, Sara, 김재희 역, <페트라 켈리: 나는 평화를 희망한다>, 서울: 양문, 2002.

Parsons, Laurie, 추선영 역, <재앙의 지리학: 기후붕괴를 수출하는 부유한 국가들의 실체>, 파주: 오월의 봄, 2024.

Pelling, Mark, et al. (eds.), *Climate Change and the Crisis of Capitalism*, New York: Routledge, 2012.

Pempel, T.J., 김성조 외 역, <레짐으로 본 동아시아 : 제도, 파워, 패러다임>, 서울: EAI, 2020.

Pierre, Jon et al., 정용덕 외 역, <거버넌스, 정치 그리고 국가>, 서울: 법문사, 2003.

Pixová, Michaela, et al., "Building solidarities and alliances between degrowth and food sovereignty movements", *Journal of Political Ecology*, Vol.32, Issue 1, 2025.

Plumwood, Val, "Nature, Self, and Gender: Feminism, Environmental Philosophy, and the Critique of Rationalism", *Hypatia*, Vol.6, No.1, 1991.

Polanyi, Karl, 홍기빈 역, <거대한 전환: 우리 시대의 정치 경제적 기원>, 서울: 길, 2009.

Pollin, Robert, et al., 한승동 역, <불평등에 맞서는 반주류경제학> 서울: 메디치미디어, 2023.

Postel, Sandra et al., 최동진 역, <생명의 강>, 서울: 뿌리와이파리, 2009.

Pufé, Iris. *Nachhaltigkeit*. Konstanz: UVK Verlagsgesellschaft, 2017.

Putnam, Robert D., 안청시 외 역, <사회적 자본과 민주주의>, 서울: 박영사, 2000.

Radkau, Joachim, 김희상 역, <생태의 시대: 다시 쓰는 환경 운동의 세계사>, 파주: 열린책들, 2022.

Rahmstorf, Stefan et al., 한윤진 역, <미친 기후를 이해하는 짧지만 충분한 보고서>, 서울: 도솔, 2007.

Rammstedt, Otthein, *Soziale Bewegungen*, Frankfurt/M: Suhrkamp, 1978.

Raschke, Joachim, *Soziale Bewegungen: Ein historisch-systematischer Grundriss*, Frankfurt/M:

Campus Verlag, 1988.

Raschke, Joachim, *Die Grünen. Wie sie werden, was sie sind*, Köln: Büchergilde Gutenberg, 1993.

Räthzel, Nora et al. (eds.), 김현우 역, <녹색 노동조합은 가능하다>, 서울: 이매진, 2019.

Rawls, John, 황경식 역, <정의론>, 서울: 이학사, 2003.

RE100 Climate Group. "Driving renewables in a time of change", 2022 RE100 Annual Report, 2022.

Resplandy, Laure et al,, "Quantification of ocean heat uptake from changes in atmospheric O2 and CO2 composition" *Nature*, 563, 2018.

Reymond, William, 이희정 역, <독소: 죽음을 부르는 만찬>, 서울: 랜덤하우스, 2008.

Richerson, Peter J., et al., 김준홍 역, <유전자는 혼자 진화하지 않는다 - 인류의 삶을 뒤바꾼 공진화의 힘>, 서울: 을유문화사, 2024.

Robbins, Paul, 권상철 역, <정치생태학>, 파주: 한울아카데미, 2008.

Rodrik, Dani et al., "Getting Interventions Right: How South Korea and Taiwan Grew Rich", *Economic Policy*, Vol.10, No.20, 1995.

Rostow, Walt W., *The Stages of Economic Growth: A Non-Communist Manifesto*, Cambridge: Cambridge University Press, 1960.

Rousseau, Jean Jacques, 김중현 역, <인간 불평등 기원론>, 파주: 펭귄클래식 코리아, 2010.

Rupnik, Jacques, 윤덕희 역, <오늘의 동유럽: 자유와 평등의 갈림길에서>, 서울: 문학과지성사, 1990.

Russell, Bertland, 장석봉 역, <과학이란 무엇인가>, 서울: 사회평론, 2021.

Saad-Filho, Alfredo et al. (eds.), 김덕민 역, <네오리버럴리즘: 신자유주의는 어떻게 세계를 지배하게 되었는가?>, 서울: 그린비, 2009.

Sachs, Jeffrey D., 홍성완 역, <지속가능한 발전의 시대>, 서울: 21세기북스, 2015.

Sagan, Carl Edward, et al., 김동광 역, <잊혀진 조상의 그림자: 인류의 본질과 기원에 대하여>, 서울: 사이언스북스, 2008.

Sagan, Carl Edward, 현정준 역, <창백한 푸른 점>, 서울: 사이언스북스, 2001.

Sagan, Carl Edward, 홍승수 역, <코스모스>, 서울: 사이언스북스, 2004.

Saint-Jean-Paulin, Christiane, 성기완 역, <히피와 반문화: 60년대, 잃어버린 유토피아의 추억>, 서울: 문학과지성사, 2015.

Sandel, Michael J., 함규진 역, <공정하다는 착각: 능력주의는 모두에게 같은 기회를 제공하는가>, 서울: 와이즈베리, 2020.

Sarashina, Isao, 이경덕 역, <절멸의 인류사: 우리는 어떻게 살아남았는가>, 서울: 부키, 2020.

Sartori, Giovanni, 어수영 역, <현대 정당론>, 서울: 동녘, 1986.

Sassoon, Anne Showstack, *Gramsci's Politics*, London: Hutchinson, 1987.

Sassoon, Donald, 유강은 역, <불안한 승리: 자본주의의 세계사 1860~1914>, 서울: 뿌리와이파리, 2020.

Saward, Michael, *Democracy*, Cambridge: Polity Press, 2003.

Schmelzer, Matthias et al., 김현우 외 역, <미래는 탈성장: 자본주의 너머의 세계로 가는 안내서>, 서울: 나름북스, 2023.

Schmitt, Carl, 김효전 외 역, <정치적인 것의 개념>, 파주: 살림출판사, 2012.

Sen, Amartya, *Inequality reexamined*, Oxford: Oxford University Press, 1992.

Sen, Amartya, 김원기 역, <자유로서의 발전>, 서울: 갈라파고스, 2013.

Seow, Victor, 이종식 역, <탄소 기술관료주의>, 서울: 빨간소금, 2024.

Shermer, Michael, 김소희 역, <믿음의 탄생: 왜 우리는 종교에 의지하는가>, 서울: 지식갤러리, 2012.

Shellenberger, Michael, 노정태 역, <지구를 위한다는 착각: 종말론적 환경주의는 어떻게 지구를 망치는가>, 서울: 부키, 2021.

Shiva, Vandana, 류지한 역, <누가 세계를 약탈하는가>, 서울: 울력, 2003.

Silke, Mende, "Von der 'Anti-Parteien-Partei' zur 'ökologischen Reformpartei' : die Grünen und der Wandel des Politischen", *Archiv für Sozialgeschichte* 52, 2012.

Simons, Daisy, "What is 'climate justice'?" *Yale Climate Connections*, July 29, 2020. https://yaleclimateconnections.org/2020/07/what-is-climate-justice/

Singer, Peter et al., 함규진 역, <죽음의 밥상>, 서울: 웅진 씽크빅, 2008.

Skodvin, Tora, "Climate regime design, the global warming potential, and climate risk management", Peter Dauvergne (ed.), *Handbook of Global Environmental Politics*, Cheltenham: Edward Elgar, 2012.

Smith, Graham, *Deliberative Democracy and the Environment*, London: Routledge, 2003.

Snégaroff, Thomas et al., 권지현 역, <병든 민주주의, 미국은 왜 위태로운가>, 파주: 서해문집, 2024.

Sofsky, Wolfgang, 이한우 역, <안전의 원칙>, 파주: 푸른숲, 2007.

Solon, Pablo et al., 김신양 외 역, <다른 세상을 위한 7가지 대안>, 서울: 착한책가게, 2018.

Sørensen, Georg, 김만흠 역, <민주주의와 민주화>, 서울: 풀빛, 1994.

Sontag, Susan, "재앙의 상상력", 이민아 역, <해석에 반대한다>, 서울: 도서출판 이후, 2002.

Sperling, Carsten (Hg.), *Nachhaltige Stadtentwicklung beginnt im Quartier*, Freiburg/Darmstadt/Berlin: Forum Vauban e.V., Freiburg, und vom Öko-Institut e.V., 1999.

Sperr, Monika, 한성자 외 역, <녹색혁명가 페트라 켈리>, 서울: 나남, 1994.

Speth, James Gustave, 김보영 역, <아침의 붉은 하늘: 환경위기와 지구의 미래>, 서울: 에코리브르, 2005.

Steiguer, Joseph Edward, 박길용 역, <현대 환경사상의 기원>, 서울: 성균관대학교출판부, 2008.

Stepan, Will et al., *Global Change and the Earth System: A Planet under Pressure*, Berlin: Springer, 2005.

Stevenson, Hayley, *Global Environmental Politics*, Cambridge: Cambridge University Press, 2019.

Sweetman, David, 한기찬 역, <고갱, 타히티의 관능 2>, 파주: 한길아트, 2003.

Tennesen, Michael, 이한음 역, <인간 이후: 인류의 대량 멸종과 그 이후의 세상>, 서울: 샘앤파커스, 2017.

The Fairbank Center for Chinese Studies, 이은주 역, <하버드대학 중국 특강>, 서울: 미래의창, 2018.

Thomas, Julia Adeney et al., 박범순 외 역, <인류세 책: 행성적 위기의 다면적 시선>, 서울: 이음, 2024.

Tiefenbach, Paul, *Die Grünen. Verstaatlichung einer Partei*, Köln: PapyRossa, 1998.

Tiefenbach, Paul. "Review: Von der Anti-Parteien-Partei zum Regierungspartner", *Zeitschrift für Parlamentsfragen*, Vol.32, No.2, 2001.

Todaro, Michael P. et al., 김중렬 외 역, <경제발전론>, 서울: 시그마프레스, 2012.

Troubé, Christian, 김성희 역, <새로운 기아>, 파주: 알마, 2009.

Turvey, Samuel T. et al., "Extinction in the Anthropocene", *Current Biology*, Volume 29, Issue 19, 2019.

Uddin, Kamal, "Climate Change and Global Environmental Politics: North-South Divide", *Environmental Policy and Law*, Vol.47, No.3/4, 2019.

UNEP, "Democratic People's Republic of Korea: State of the Environment Report", 2016(https://wedocs.unep.org/handle/20.500.11822/9690?show=full)

Urry, John, *Climate Change and Society*, Cambridge: Cambridge University Press, 2011.

Vaneigem, Raoul, 주형일 역, <일상생활의 혁명: 젊은 세대를 위한 삶의 지침서>, 서울: 도서출판 갈무리, 2017.

Veblen, Thorstein Bunde, 소슬기 역, <베블런의 과시적 소비>, 부산: 유엑스리뷰, 2019.

Vettese, Troy et al., 정소영 역, <지구의 절반을 넘어서: 기후정치로 가는 길>, 파주: 이콘출판, 2023.

Villa, Dana, *Teachers of the People. Political Education in Rousseau, Hegel, Tocqueville, and Mill*, Chicago: The University of Chicago Press, 2017.

Vince, Gaia, 김명주 역, <인류세, 엑소더스: 기후격변이 몰고 올 전 지구적 생존 르포르타주>, 서울: 곰출판, 2023.

Wackermagel, Mathis et al., 이유진 외 역, <생태발자국: 우리의 삶은 지구를 얼마나 아프게 하는가>, 서울: 이매진.

Wainwright, Joel et al., 장용준 역, <기후 리바이어던: 지구 미래에 대한 정치 이론>, 서울: 앨피, 2023.

Wall, Derek, 조유진 역, <그린레프트: 전 세계 생태사회주의 운동의 모든 것>, 서울: 이학사, 2013.

Wallace, Alfred Russel, 신현철 역, <자연선택 이론에 기여>, 파주: 아카넷, 2023.

Wallace-Wells, David, 김재경 역, <2050 거주불능 지구: 한계치를 넘어 종말로 치닫는 21세기 기후재난 시나리오>, 서울: 청림출판, 2020.

Wallerstein, Immanuel et al., 송철순 외 역, <반체제운동>. 서울: 창작과비평사, 1994.

Waltz, Kenneth N., *Man, the State and War.* New York: Columbia University Press, 1959.

Weisman, Alan, 이한음 역, <인구 쇼크: 과잉인구 시대, 지구와 인류를 위한 최선의 선택>, 서울: 알에이치코리아, 2015.

Weiss, Thomas G., "Governance, good governance and global governance: conceptual and actual challenges", *Third World Quarterly*, Vol.21, No.5, 2000.

Weizsäcker, Ernst Ulrich von, 권정임 외 역, <환경의 세기>, 서울: 생각의나무, 1999.

Williams, George C., 전중환 역, <적응과 자연선택: 현대의 진화적 사고에 대한 비평>, 파주: 나남, 2013.

Wilson, Edward, 이한음 역, <지구의 절반: 생명의 터전을 지키기 위한 제안>, 서울: 사이언스북스, 2017.

Wilson, Edward, 이한음 역, <지구의 정복자: 우리는 어디서 왔는가, 우리는 누구인가, 우리는 어디로 가는가?>, 서울: 사이언스북스, 2013.

Wilson, Eric Eean, 정미진 역, <일인분의 안락함: 지구인으로 살아가는, 그 마땅하고 불편한 윤리에 관하여>, 서울: 서사원, 2023.

Witoszek, Nina et al., "Deep Ecology: Life after Life?", *Worldviews*, Vol.21, No.3, 2017.

Yale Center for Environmental Law & Policy, Yale University & Center for International Earth Science Ingormation Network, Columbia University, "Environmental Performance Index", 2024,https://epi.yale.edu/downloads/2024-epi-report.pdf

Yamin, Farhana et al., *The International Climate Change Regime: A Guide to Rules, Institutions and Procedures*, Cambridge: Cambridge University Press, 2004.

Zalasiewicz, Jan et al., "The Anthropocene is functionally and stratigraphically distinct from the Holocene", *Science*, Vol. 351, Issue 6269, 2016.

Zimmer, Carl, 이창희 역, <진화: 모든 것을 설명하는 생명의 언어>, 파주: 웅진지식하우스, 2018.

Ziska, Lewis H., 김보은 역, <정치는 어떻게 과학의 팔을 비트는가: 기후 낙관론에 맞선 세계적인 환경과학자의 폭로>, 서울: 한문화, 2023.

姜尙中 외, 이목 역, <기시 노부스케와 박정희: 다카키 마사오, 박정희에게 만주국이란 무엇이었는가>, 서울: 책과함께, 2012.

橋本壽朗, 유희준 외 역, <전후의 일본 경제>, 서울: 소화, 1996.

吉田太郞, 안철환 역, <생태도시 아바나의 탄생>, 파주: 들녘, 2004.

內田樹 외, 정선태 역, <속국 민주주의론>, 고양: 모요사, 2018.

內田樹 외, 정선태 역, <사쿠라 진다: 전후 70년, 현대 일본을 말하다>, 용인: 이터널선샤인, 2019.

帶谷博明, 시민환경연구소 역, <댐 건설을 둘러싼 환경운동과 지역발전>, 서울: 잉걸, 2010.

待鳥聡史, <代議制 民主主義 -「民意」と「政治家」を問い直す>, 東京: 中央公論新社, 2015.

尾關周二 외, 김원식 역, <환경사상 키워드>, 서울: 알마, 2007.

山家悠紀夫, 홍채훈 역, <일본 경제 30년사: 버블에서 아베노믹스까지>, 서울: 에이지이십일, 2020.

山本義隆, 임경택 역, <후쿠시마: 일본 핵발전의 진실>, 서울: 동아시아, 2011.

徐京植 외, 한승동 역, <책임에 대하여: 현대 일본의 본성을 묻는 20년의 대화>, 파주: 돌베개, 2019.

柿埜真吾, <自由と成長の経済学「人新世」と「脱成長コミュニズム」の罠>, 京都: PHP研究所, 2021.

斎藤幸平, 김영현 역, <지속 불가능 자본주의: 기후위기 시대의 자본론>, 서울: 다다서재, 2021.

斎藤幸平, 추선영 역, <마르크스의 생태사회주의: 자본, 자연, 미완의 정치경제학 비판>, 서울: 두번째 테제, 2020.

真崎克彦, "脱成長論の意義と課題", <国際開発研究>, 第24巻 第2号, 2015.

暉峻淑子, <豊かさへ もうひとつの道>, 京都: かもがわ出版, 2008.

和田春樹 외, 한철호 외 역, <동아시아 근현대통사>, 서울: 책과함께, 2017.

丸山俊一, <脱成長と欲望の資本主義>, 東京: 東洋經濟新報社, 2022.

丸山眞男, 김석근 역, <전중과 전후 사이 1936-1957: 마루야마 마사오, 정치학의 기원과 사유의 근원을 읽는다>, 서울: 휴머니스트, 2011.

강진아, <기획강좌: 근대의 갈림길 중국. 문명제국에서 국민국가로>, 파주: 창비, 2009.

구도완, <한국 환경운동의 사회학>, 서울: 문학과지성사, 1996.

구도완, <생태민주주의: 모두의 평화를 위한 정치적 상상력>, 서울: 한티재, 2018.

국민호, <동아시아 발전국가의 자본주의 시장경제에 대한 도전>, 광주: 전남대학교출판문화원, 2020.

권용석 외, <탄소중립시대, 독일의 녹색 도시공간 만들기>, 세종: 국토연구원, 2022.

권혁태 외, <아시아의 시민사회: 개념과 역사>, 서울: 아르케, 2003.

기후정치바람, "기후정치. 2023 기후위기 국민인식조사 전국 보고서", 녹색전환연구소·더가능연구소·로컬에너지랩, 2024.

김도균 외, <인류세 도래에 따른 녹색전환의 가치와 중장기 전략 발굴 연구>, 연구보고서 2022-01-01, 세종: 한국환경연구원, 2022.

김명수, <내 집에 갇힌 사회: 생존과 투기 사이에서>, 파주: 창비, 2020.

김명식, <숙의민주주의와 환경>, 서울: 철학과현실사, 2009.

김민정, <존 벨라미 포스터>, 서울: 커뮤니케이션북스, 2024.

김병권, <기후를 위한 경제학: 지구 한계 안에서 좋은 삶을 모색하는 생태경제학 입문>, 서울: 착한책가게, 2023.

김석준 외, <거버넌스의 정치학>, 서울: 법문사, 2002.

김선미. "세계화에 따른 한국 환경운동의 변화: 기후변화 의제를 중심으로", 손호철 외 엮음. <세계화와 한국의 국가-시민사회 II>, 서울: 이매진, 2009.

김수한 외, "중국 탄소중립 산업전략의 형성 및 시사점", CSF 중국전문가포럼, 2022(http//csf.kiep.go.kr>issueInfoView)

김수행 외, <박정희 체제의 성립과 전개 및 몰락: 국제적·국내적 계급관계의 관점>, 서울: 서울대학교 출판부, 2007.

김영미, <그들의 새마을 운동>, 서울: 푸른역사, 2009.

김영선, <과로사회>, 서울: 이매진, 2013.

김옥현, <독일 2℃~1.5℃ 기후 거버넌스의 역동적 구조와 특성>, 파주: 한국학술정보, 2023.

김완구, <기후변화 윤리: 인류가 직면한 최악의 재앙 기후변화 문제에 대한 철학적 고민>, 서울: 커뮤니케이션북스, 2024.

김욱, <정치 참여와 탈물질주의: 한국과 스웨덴의 비교>, 서울: 집문당, 2005.

김인건 외, <모두를 위한 녹색정치: 정책으로 본 독일 녹색당>, 순천: 열매하나, 2024.

김일방, <환경사상의 흐름: 데카르트에서 포스터까지, 자연을 사유한 10인의 사상가>, 서울: 그린비, 2022.

김정욱, <나는 반대한다. 4대강 토건공사에 대한 진실보고서>, 서울: 느린걸음, 2011.

김태균 외 엮음, <누구를 위한 지속가능발전인가? 유엔 지속가능발전의 비판적 성찰>, 고양: 인간사랑, 2023.

김해창, <환경 수도, 프라이부르크에서 배운다: 에너지 자립·생태도시로 가는 길>, 서울: 이후, 2003.

남재작, <식량위기 대한민국: 유엔 기후변화 전문가가 들려주는 기후파국의 서막>, 서울: 웨일북, 2022.

남재철, <6번째 대멸종 시그널, 식량 전쟁: 기후변화와 식량 위기로 포착하는 파국의 신호들>, 서울: 21세기북스, 2023.

녹색연합 부설 녹색사회연구소, <한국환경보고서: 한국 환경의 10년 회고 2001-2010>, 녹색연합 부설 녹색사회연구소, 2012.

녹색연합·대전충남녹색연합 펴냄, <4대강 사업의 개요와 문제점>, 녹색연합, 2012.

문진영 외, <국제사회의 장거리이동 대기오염 대응사례와 시사점>, 서울: 대외경제정책연구원, 2017.

문순홍, <생태학의 담론>, 서울: 솔, 1999.

문순홍, "민주주의와 환경결합 논의들의 재구성", 최병두 외, <녹색 전망: 21세기 환경사상과 생태정치>, 서울: 도요새, 2002.

바람과 물 연구소 편, <한국에서의 녹색정치, 녹색국가>, 서울: 당대, 2002.

박권일, <한국의 능력주의: 한국인이 기꺼이 참거나 죽어도 못 참는 것에 대하여>, 서울: 이데아, 2021.

박권일 외, <능력주의와 불평등>, 서울: 교육공동체 벗, 2020.

박덕영 외, <파리협정의 이해>, 서울: 박영사, 2020.

박덕영 편저, <기후변화 국제조약집: 스톡홀름선언 / 리우선언 / UNFCCC / 교토의 정서 / 파리협정>, 서울: 박영사, 2017.

박상철, <기후변화와 유럽연합: 순환경제체제 및 에너지전환>, 서울: 박영사, 2023.

박용남, <꿈의 도시 꾸리찌바: 재미와 장난이 만든 생태도시 이야기>, 서울: 녹색평론사, 2009.

박용남, <꾸리찌바 에필로그: 세계화에서 지역화로, 지구를 살리는 창조적 도시혁명>, 파주: 서해문집, 2011.

박은홍, <동아시아의 전환: 발전국가를 넘어>, 홍천: 아르케, 2008.

박지희 외, <윤리적 소비>, 서울: 메디치미디어, 2010.

박창근 외, "4대강 사업의 평가와 향후 과제", 대한민국 국회 국토해양위원회 연구보고서, 2012.

박창근 외, <4대강 사업과 토건 마피아 - 민주주의가 강을 살린다>, 서울: 철수와영희, 2014.

박창범 외, <기원, 궁극의 질문들>, 서울: 반니, 2020.

박태균, <원형과 변용: 한국 경제개발계획의 기원>, 서울: 서울대학교출판문화원, 2013.

박해천, <아파트 게임: 그들이 중산층이 될 수 있었던 이유>, 서울: 휴머니스트, 2013.

박훈 외, <기후변화와 생태계 물질순환>, 서울: 지을, 2024.

백영서 외, <동아시아 근대 이행의 세 갈래>, 파주: 창작과비평사, 2009.

불교환경연대, <4대강 개발, 다른 대안은 없는가 - 생태적 발전을 위한 원칙과 4대강 사업의 대안>, 불교환경연대, 2010.

사이언티픽 아메리칸 편집부, <인간의 탄생: 우리의 과거와 현재 그리고 미래>, 서울: 한림출판사, 2017.

생명의강 연구단, <4대강 현장조사 보고서>, 생명의강 연구단, 2009.

세계환경발전위원회, 조형준 외 역, <우리 공동의 미래>, 서울: 새물결, 2005.

손낙구, <부동산 계급사회>, 서울: 후마니타스, 2008.

손만복, "환경운동이 환경정책변동에 미치는 영향에 관한 연구", 광운대학교 행정학박사학위논문, 2001.

송태수, "해외 녹색정치의 현주소와 시사점: 독일과 프랑스 녹색당 비교를 중심으로", <환경과생명>, 63호, 2010.

심지연 편, <현대 정당정치의 이해>, 서울: 백산서당, 2003.

여민주 외, "북한 대기질 현황 및 개선방안", *Journal of Korean Society for Atmospheric Environment*, Vol.35, No.3, 2019.

여인애 외, <생태 분야 기후변화 적응 사례집>, 서천: 국립생태원, 2017.

오종혁 외, "중국의 탄소중립 정책 주요 내용 및 전망" <세계경제 포커스> Vol.5 No.2, 2022.

오형나 외, “환경재정 운용방안에 관한 연구”, KDI 정책연구시리즈 2012-19, 서울: 한국개발연구원, 2012.

우석훈, <생태 페다고지 - 탈토건 시대를 여는 생태교육>, 서울: 개마고원, 2009.

우해봉 외, “인구와 기후변화: 주요 이슈와 대응 과제”, 연구보고서 2024-05, 세종: 한국보건사회연구원, 2024.

운인숙 외, <파리협정 이행규칙의 분석을 토대로 한 신기후체계 규범 연구>, 세종: 한국법제연구원, 2019.

울산환경운동연합·울산광역시, <울산환경운동연합사 자료집>, 울산환경운동연합, 2007.

유네스코한국위원회 기획, <아주 구체적인 위협>, 서울: 동아시아, 2022.

유서연, <공포의 철학: 타자가 지옥이 된 시대를 살다>, 파주: 동녘, 2017.

유종성, <동아시아 부패의 기원: 문제는 불평등이다. 한국 타이완 필리핀 비교 연구>, 서울: 동아시아, 2016.

윤인숙 외, <파리협정 이행규칙의 분석을 토대로 한 신기후체제 규범 연구>, 기후변화법제 연구 19-16-①-01, 세종: 한국법제연구원, 2019.

이병천 외, <개발독재와 박정희시대 - 우리 시대의 정치경제적 기원>, 파주: 창비, 2003.

이상희, <인류의 진화: 아프리카에서 한반도까지 우리가 우리가 되어온 여정>, 서울: 동아시아, 2023.

이선경 외, “지속가능발전교육과 유엔 지속가능발전교육 10년 관련 외국 사례”, <유엔 지속가능발전교육 10년을 위한 국가 추진전략 개발 연구>, 서울: 대통령자문지속가능발전위원회, 2005.

이승주, “일본 정치경제모델의 연속성과 변화: 발전주의와 후견주의의 동태적 상호작용”, <아시아리뷰> 제12권 제2호, 2022.

이영희, <전문가주의를 넘어: 과학기술, 환경, 민주주의>, 파주: 한울아카데미, 2021.

이종원 외, <한국 경제의 발전과정과 미래>, 서울: 해남, 1998.

이준일, <자본주의를 지탱해 온 주식회사 이야기: 회사라는 개념의 탄생부터 법적, 제도적 의미와 사회적 책임까지>, 서울: 이콘, 2023.

이태혁 외, <생태와 불평등: 라틴아메리카 생태에 대한 다학제적 접근과 성찰>, 서울: 알렙, 2023.

이후경 외, “탄소중립을 위한 암모니아 연소기술의 연구개발 필요성- Part II 연구개발 동향과 기술적 타당성 분석”, *Journal of the Korean Society of Combustion*, 2021(https://www.jkosco.org/articles/xml/WqjK/)

임휘철, “청구권 협정 II - 협정 이후의 한일 경제관계”, 민족문제연구소, <한일협정을 다시 본다 - 30주년을 맞이하여>, 서울: 아세아문화사, 1995.

장경섭, 박홍경 역, <압축적 근대성의 논리>, 파주: 문학사상, 2023.

장하준, 김희정 외 역, <그들이 말하지 않는 23가지>, 서울: 부키, 2014.

장하준, 김희정 역, <장하준의 경제학 강의>, 서울: 부키, 2023.

장하준, 김희정 역, <장하준의 경제학 레시피>, 서울: 부키, 2023.

장효종 외, <기후위기, 불평등, 재앙: 마르크스주의적 대안>, 서울: 책갈피, 2021.

전강수, "1970년대 박정희 정권의 강남개발", <역사문제연구> 제28호, 2012.

전성흥 편, <중국모델론: 개혁과 발전의 비교역사적 탐구>, 서울: 부키, 2008.

전종덕 외, <독일 녹색당/좌파당 강령집>, 서울: 백산서당, 2018.

전형권, <중국의 환경운동과 거버넌스: NGO를 중심으로>, 서울: 한국학술정보, 2010.

정규호, "녹색국가에 대한 이론적 함의", 문순홍 편, <녹색국가의 탐색>, 서울: 도서출판 아르케, 2006.

정수복, <한국인의 문화적 문법>, 서울: 생각의나무, 2007.

정진민, <후기 산업사회 정당정치와 한국의 정당발전>, 서울: 한울아카데미, 1998.

정진성 외, <위험사회, 위험정치>, 서울: 서울대학교출판문화원, 2010.

정휘철 외, <중장기적 적응전략 마련을 위한 기후위험 및 적응 평가체계 연구>, 세종: 한국환경연구원, 2022.

조구호 외, <라틴아메리카 생태위기와 부엔 비비르>, 고양: 알렙, 2024.

조돈문, <노동계급의 계급형성>, 파주: 한울아카데미, 2004.

조돈문, <불평등 이데올로기: 수저 계급 사회에 던지는 20가지 질문>, 서울: 한겨레앤, 2024.

조동희 외, "유럽 주요국 녹색당의 성공 및 실패 요인 분석", 연구자료 21-09, 세종: 대외경제정책연구원, 2021.

조명래 외, <신개발주의를 멈춰라>, 서울: 환경과생명, 2005.

조영남, <개혁과 개방: 덩샤오핑 시대의 중국 1, 1976~1982년>, 서울: 민음사, 2016.

조영현, "'부엔 비비르'(Buen Vivir) 담론 내부의 이념 노선에 대한 연구", *Asian Journal of Latin American Studies*. Vol.32, No.1. 2019.

조천호, <파란 하늘 빨간 지구: 기후변화와 인류세, 지구시스템에 관한 통합적 논의>, 서울: 동아시아, 2019.

주성수, <글로벌 거버넌스와 NGO>, 서울: 아르케, 2000.

진시원·홍익표, <세계화 시대의 국제정치경제학>, 부산: 부산대학교 출판부, 2015.

진시원·홍익표, <왜 시민주권인가?>, 부산: 부산대학교 출판부, 2016.

차정미, "트리플 트랜지션(Triple Transition) – 디지털 전환, 녹색 전환, 그리고 국제질서 전환", <국가미래전략 Insight> 77호, 2023.

최광수, "육상폐기물의 해양투기에 관한 국외 현황과 국제적 전망", 쓰레기 문제 해결을 위한 시민운동협의회·자원순환사회연대 주최 '유기성 폐기물의 해양투기 금지와 친환경적 처리방법을 위한 토론회' 발표 논문, 2005.

최덕근, <지질시대: 황금못, 지구 역사 편찬의 이정표>, 서울: 서울대학교출판문화원, 2022.

최병두, <비판적 생태학과 환경정의>, 파주: 한울아카데미, 2010.

최병두, “인류세를 위한 녹색전환”, <공간과사회> 제30권 1호, 2020.

최병두 외, <녹색전망: 21세기 환경사상과 생태정치>, 서울: 도요새, 2002.

최병두 외, <신개발주의를 멈춰라>, 서울: 환경과생명, 2005.

최병성, <강은 살아있다: 4대강 사업의 진실과 거짓>, 서울: 황소걸음, 2010.

최원석 외, <중국 도시의 녹색전환 정책과 시사점>, 연구보고서 22-06, 세종: 대외경제정책연구원, 2022.

최재천 외, <코로나 사피엔스: 문명의 대전환, 대한민국 대표 석학 6인이 신인류의 미래를 말한다>, 서울: 인플루엔셜, 2020.

최재천 외, <기후, 위기: 파국의 시대에 맞서기 위한 기후 전망과 전략>, 서울: 북트리거, 2024.

최종욱 외, <현대의 위기와 새로운 사회운동>. 서울: 문원, 1994.

최현정, “기후변화와 COVID-19 팬데믹 위기의 연계성에 대한 이해와 시사점” <아산정책연구원 이슈브리프>, Oct.19, 2021.

추장민 외, <동북아 환경협력체계 효율화 방안 연구>, 서울: 한국환경정책·평가연구원, 2005.

한국갤럽 편집부, <제18대 국회의원 선거 투표행태>, 서울: 한국갤럽, 2008.

한국공해문제연구소 편, <내 땅이 죽어간다: 공해문제의 인식>, 서울: 일월서각, 1983.

한국습지NGO네트워크·4대강복원범국민대책위원회, “강은 흘러야 한다 한국의 4대강사업의 진실”, 한국습지NGO네트워크·4대강복원범국민대책위원회, 2014.

한국프랑스철학회 엮음, <68혁명 50주년: 철학, 혁명을 말하다>, 서울: 이학사, 2018.

한국환경사회학회 편, <우리 눈으로 보는 환경사회학>, 파주: 창비, 2004.

한재각, <기후정의: 희망과 절망의 갈림길에서>, 서울: 한티재, 2021.

한종수 외, <강남의 탄생: 대한민국의 심장 도시는 어떻게 태어났는가?>, 서울: 미지북스, 2016.

한희진, <기후변화의 국제정치>, 부산: 부산대학교 출판문화원, 2023.

허경, “미셸 푸코의 ‘담론’ 개념 — ‘에피스테메’와 ‘진리놀이’의 사이”, <개념과 소통> 제9호, 2012.

허북구, <미래를 바꾸는 탄소 농업: 지속 가능한 환경 재생형 농업>, 서울: 중앙생활사, 2022.

허은, <냉전과 새마을: 동아시아 냉전의 연쇄와 분단국가체제>, 파주: 창비, 2022.

현인택 외 편, <동아시아 환경안보>, 서울: 도서출판 오름, 2005.

홍덕화 외, <기후위기, 전환의 길목에서>, 서울: 도서출판 풀씨, 2023.

홍성태, <개발주의를 비판한다>, 서울: 당대, 2006.

홍성태, <일본의 환경문제와 환경운동 - 공해·토건·핵발전소 폭발을 넘어 생태복지로>, 파주: 한국학술정보, 2016.

홍성태 편, <개발공사와 토건국가>, 파주: 한울아카데미, 2005.

홍의표 외, <주요 국가의 기후변화 적응을 위한 전략과 정책에 관한 연구>, 세종: 한국법제연구원, 2014.

홍익표, "유럽의 정치질서: '포함의 정치'의 형성과 구조를 중심으로", 한국국제정치학회 국제지역연구소 편, <유럽 질서의 이해: 구조적 변화와 지속>, 서울: 오름, 2003.

홍익표, "동북아 환경협력에 대한 비판적 고찰: 협력의 제약요인을 중심으로", <국제정치논총>, 제52집 제3호, 2012.

홍익표, <누가 저 베헤모스를 만들었을까: 한국 권위주의의 기원에 대한 정치적 고찰>, 서울: 오름, 2018.

홍익표, <한국정치를 읽는 22개의 키워드: 신자유주의부터 포퓰리즘까지>, 서울: 오름, 2019.

홍익표, "환경·지속가능발전교육", 진시원·홍익표 외, <정치교육의 이해>, 부산: 부산대학교출판문화원, 2024.

홍익표·진시원, <세계화 시대의 정치학>, 서울: 오름, 2016.

환경운동연합 편, <재앙의 물길, 한반도 대운하>, 서울: 환경재단 도요새, 2008.

환경운동연합·대한하천학회, <녹조라떼 드실래요 - 4대강에 찬동한 언론과 자들에 대하여>, 서울: 주목, 2016.

환경재단·환경운동연합, <생명평화의 길 1982-2012: 한국 환경운동 30년>, 환경재단, 2012.

황인창 외, <온실가스 감축 - 기후변화 적응 연계전략 수립>, 세종: 한국환경정책·평가연구원, 2016

| 색인 |

숫자

4대 현대화 307

4대강 사업 8, 326, 343, 345~355

4대강 재자연화 354

5대 대멸종(Big Five mass extinction) 40

55년 체제(55年体制) 332, 337

65년 체제 339

68혁명 110~112, 177, 182, 184~187, 190, 291, 385

ㄱ

가능성의 예술 8, 58

감축(reduction) 44, 50, 72, 74, 125, 130, 154, 194~195, 197, 201~204, 206~211, 217~227, 229, 247, 272, 279, 288, 311, 320~321, 356, 398, 420, 424, 426, 442, 452, 454

강제로 부여된 민주주의(oktroyierte Demokratie) 387

개발공사 331, 339, 340, 342

개발주의 228, 342, 406

거버넌스 8, 65, 78, 79, 80, 205, 212, 214, 215, 227, 229, 399, 425, 435, 438, 444, 446~451, 455

경성에너지경로(hard energy path) 173

경제발전 23, 24, 73, 77, 87, 165, 227, 228, 231, 243, 253, 265, 270, 300, 307, 310, 342, 376, 381, 401, 406, 408, 411, 412, 419, 425, 442

경제 보장(economic security) 229, 266

경제성장 7, 8, 23, 50, 64, 73, 76, 77, 82, 97, 110, 135, 141, 169, 170, 173, 182, 190, 228, 229, 237, 240, 260, 266, 272, 298~301, 304, 306, 307~309, 312, 313, 315~317, 326, 327, 329, 333~335, 337~339, 341, 342, 344, 351, 362, 366, 369, 370, 375, 376, 391, 397, 399, 402~404, 406~410, 412, 415~417, 419, 421, 423~425, 429~432, 435, 436, 438~440, 444

경제성장과 환경훼손의 동조화(coupling) 170, 312, 313

경제에 침식된 정치 59, 303

경제협력개발기구(OECD) 134, 239, 269, 302

계급투표 359, 383

계급에 반하는 투표 357, 359, 361, 391

계획적 노후화(planned obsolescence) 414

과시적 소비(conspicuous consumption) 137, 250, 253, 254, 383

과학혁명 35, 370

곡물메이저 275

공유지의 비극(tragedy of the commons) 79, 99, 100, 245, 270

교토의정서(The Kyoto Protocol) 130, 131, 154, 202, 208~210, 219~225, 227, 429, 452

구매력 평가지수(dollars of equal purchasing power) 146

구명선 윤리(lifeboat ethics) 99, 100, 245, 270

구별짓기 255

국가이성(raison d'État) 58, 453, 455

국가환경정책법(NEPA) 422

국제레짐(international regime) 213, 214, 446, 452, 454

국제메탄서약(Global Methane Pledge) 279

국제인구개발회의(International Conference on Population and Development, ICPD) 243, 244

국제자연보존연맹(IUCN) 326

국제조약(international treaties) 214

국제 지구권-생물권 프로그램(International Geosphere-Biosphere Program: IGBP) 230

국제 협정(international agreement) 214, 437

국제환경레짐 65, 79, 212~217, 446

권리 부여(entitlement) 273

권위주의 80, 110, 122, 160, 169, 170, 173, 182, 236, 299, 303, 312, 336, 360, 374, 375, 376, 383, 384, 385, 387, 407, 433, 438, 439

규제 완화 121, 125, 146, 280, 334, 351, 439

그린 라운드(green round) 259

그린섬션(greensumption) 265

그린워싱(greenwashing) 357

그린 자본주의(green capitalism) 419

그린피스(Greenpeace) 65, 77, 130, 172, 215, 225, 265, 322, 326, 371, 429

극한기후현상 47, 444

근본생태론(deep ecology) 88~91, 93, 94, 382

근본생태론/근본생태주의(deep ecology) 81, 88~91, 93, 94, 382 / 93, 152, 244, 270

글로벌 거버넌스 8, 78, 80, 212, 214, 215, 227, 229, 399, 425, 438, 446, 447, 449, 450

글로벌 금융위기 141, 309

글로벌 노스 8, 9, 204, 227~229, 456, 457

글로벌 사우스 227~229, 232, 370, 419, 456, 457

글로벌카본프로젝트(GCP) 442

기계론적 자연관 370

기술관료적 프로메테우스 39

기술만능주의 77

기초소득(original income) 146

기후로비(Climate lobbying) 125, 126

기후변동 48, 196

기후변화 6, 8, 16, 17, 19~21, 25, 31, 38~42, 45~50, 52, 54, 55, 72, 74, 75, 79, 80, 118~120, 123, 125, 126, 131, 132, 151, 153, 154, 161, 162, 167, 168, 194~204, 206, 208, 211, 212, 217~219, 222~227, 230, 237, 245, 247, 259, 266, 267, 276~279, 311, 312, 314~316, 318~321, 326, 327, 354, 355, 370, 371

기후변화대응지수(CCPI) 443

기후변화에 관한 정부 간 협의체(Intergovernmental Panel on Climate Change: IPCC) 19~21, 40~42, 44, 47, 52, 202, 217, 223, 311, 312, 321, 420, 421

기후분석(Climate Analytics) 442, 453

기후선거 358

기후 악당 354, 356, 442

기후액션플랜(CAP) 422

기후위기 5~10, 15, 16, 18, 40, 44, 45, 47~50, 52~54, 78, 101, 118, 131, 153, 154, 194, 201~203, 208, 211, 214, 225, 227, 247, 248, 264, 267, 268, 276, 277, 283, 320, 321, 351, 352~358, 370, 424

기후위기 대응댐 351~355

기후유권자 357~358

기후행동네트워크(Climate Action Network-International) 443

ㄴ

낙수경제이론(trickle-down economics) 146

내부공생설(endosymbiosis theory) 30

넷제로(Net Zero) 42

녹색국가 423, 424, 432, 433

녹색당(Die Grünen) 69, 83, 110, 113, 116~118, 192, 285, 286, 379, 381, 388

녹색민주주의 434

녹색분칠(greenwash) 125, 126, 342

녹색사회민주당 379

녹색성장 342, 423

녹색전환 8, 379, 385, 400, 420, 422~424, 426, 427

녹색정치 8, 67~69, 115, 160, 174, 285, 286, 380, 423, 425
녹색혁명(Green Revolution) 236
농민의 길(La Via Campensina) 282
농업의 다원적 기능 282
농업의 조방화(extensification) 77
능력주의(meritocracy) 255, 299, 368, 369, 392
니에레니 선언(Declaration of Nyéléni) 282

ㄷ

다수제 민주주의 380, 386, 387
다수준 선택(multi-level selection) 34
다층 거버넌스 214, 447, 449
대기오염 65, 112, 190, 217, 287, 293, 311, 315, 317~319, 333, 375
대량절멸(mass extinction) 49, 398, 456
대체 없는 멸종(extinction without replacement) 18
대표의 실패 386
도덕경제 266
도덕적 해이(moral hazard) 408
독일 환경과 자연보호 연맹(Bund fuer Umwelt und Naturschutz Deutschland: BUND) 112, 191
동맹90(Bündnis 90) 113, 114, 192, 286
동류집단 효과(peer effect) 255
동원된 정치 347
동의의 정치 384
두 개의 국민(the two nations) 133
디젤게이트 126
디지털 전환(digital transition) 425

ㄹ

라이브 어스(Live Earth) 224
러스트 벨트(rust belt) 429
루브르 합의(Louvre Accord) 306

ㅁ

말세 증후군(The Doomsday Syndrome) 76
맬서스주의/ 신맬서스주의 77, 238 / 99, 235
메타위기(metacrisis) 6, 7, 23, 40, 422, 455
모던 타임즈(The Modern Times) 249
모스크바 의정서 185
무토지농민운동(Movimento dos Trabalhadores Rurais Sem Terra: MST) 282
물질주의/ 탈물질주의 111, 181, 364, 365, 366, 439 / 111, 189, 364, 365, 373
물화(Verdinglichung) 249, 250, 392
민주주의(로의) 이행(transition to democracy) 170, 303, 312, 360, 386, 408

ㅂ

바이오매스(biomass) 289, 326
반정당 정당(Anti-Parteien-Partei) 101, 112, 192, 286
반환경주의자 383, 422
발리 로드맵(Bali Roadmap) 194, 224
발전국가 271, 300, 303, 334, 375, 425, 432
발전주의 86, 332, 333, 341, 342
배출권거래제(emissions trading) 207, 221
배출폭증(emissions explosion) 312
밴드왜건 효과(bandwagon effect) 253
베블렌 효과(Veblen effect) 253, 254
베스트팔렌의 성채 453
변형된 케인스주의 330

보방(Vauban) 생태마을 192, 290

부재소유권(absentee ownership) 251

분수경제이론(trickle-up economics) 146

분할투표(split ticket voting) 361

불평등 24, 75, 133, 134, 135, 137, 140, 141, 146, 150, 151, 167, 264, 266, 299, 333, 338, 362, 402, 412, 413, 417, 454, 456 / 사회불평등 139, 436, 경제불평등 24, 127, 169, 환경불평등, 글로벌 불평등 167, 402, 지속적 불평등 133, 생명력 불평등 133, 소득불평등 134, 140, 299, 412, 실존적 불평등 133, 자본 불평등 135, 자원 불평등 245, 271, 계급 불평등 189

블랙스완(Black Swan) 22

불평등의 귀환 133

브레즈네프 독트린 185

브리지타운 이니셔티브(Bridgetown Initiative) 201

빅 데이터 169

빅 히스토리(Big History) 35

ㅅ

사물인터넷 169

사슴사냥의 우화 453

사회생태론(social ecology) 91~95

사회운동 69, 177, 178, 181, 189, 291, 374

사회적 자본(social capital) 375, 418

사회진화론(social darwinism) 366, 367

산성비 65, 112, 190, 192, 216, 287, 319

산업혁명 25, 103, 138, 237, 254, 420, 421

새기후연구소(New Climate Institute) 442

새만금간척사업 331

생명의 그물 28

생물다양성(biodiversity) 17, 18, 44, 47, 48, 231, 247, 282, 325, 326, 347, 348, 353, 356, 440, 450

생물종의 다양성에 관한 협약(Convention on Biological Diversity: CBD) 218, 428

생물중심주의(biocentrism) 92, 152

생태맹 69, 70, 342, 391

생태용량(biocapacity) 50, 51, 246

생태사회주의(ecosocialism) 97, 98

생태여성론(ecological feminism) 94~96

생태적 결손국가(ecological deficit state) 438, 440, 444

생태적 근대화(ökologische Modernisierung) 83

생태적자(ecological deficit) 51

생태중심주의 84, 85, 87

생태파시즘(ecofascism) 81, 99, 100

생태혁명(ecological revolution) 433, 434

선택적 체리 피킹(cherry picking) 78

선형성장단계설 모델(linear-stages-of-growth model) 402

성장에 대한 숭배(fetishization of growth) 417

성장의 한계(the limits to growth) 22, 23, 50, 68, 83, 215, 412, 413, 425

성찰적 근대화 164, 166

세계기상기구(WMO) 41, 217, 320

세계기아지수(GHI) 267, 269

세계보건기구(WHO) 327, 429

세계생태발자국네트워크(GFN) 246

세계식량계획(World Food Programme: WFP) 267

세계식량정상회의(The World Food Summit) 279, 282

세계습지네트워크 347

세계의 공장 6, 317

세계자본주의체제 132

세계자연기금(World Wide Fund for Nature: WWF) 371

세계화 62, 128, 141~148, 152, 154, 164, 212, 254, 271, 272, 302, 313, 314, 370, 422, 448, 449, 454

세계환경발전위원회(WCED) 22, 23

소비지상주의 263

소유적 개인주의(posessive individualism) 383

수용능력 82, 180, 412, 414, 457

숙달의 관점(the standpoint of mastery) 95

숫염소들의 합창(Bocksgesängen) 63

스놉 효과(snob effect) 253, 254

시민사회 58, 72, 105, 108, 110, 111, 157, 164, 177, 178, 187, 188, 190, 192, 216, 286, 302, 314, 324, 344, 348, 354, 357, 369, 371~376, 384, 386, 387, 400, 425, 432, 441, 444, 447, 450, 451

식량안보(food security) 272, 279~282, 284

식량위기 272, 279~281, 294

식량주권(food sovereignty) 279, 282~284

신개발주의 342

신고전학파 경제학 86, 198, 401

신다윈주의 34

신사회운동 8, 83, 111, 112, 177, 187~189, 190, 372, 373

신자유주의 59~61, 83, 110, 139, 164, 213, 260, 268, 279~283, 302, 303, 307, 315, 334, 381, 419, 439, 446, 452

신자유주의 국가 334

신자유주의적 재편 139, 302

실험실 사회 159, 435

심의 민주주의 160, 444

심의적 전환(deliberative turn) 433

ㅇ

아비투스(Habitus) 256

아파트 게임 340

에코피스(Ecofys) 442

연대의 윤리 93

열대우림보호네트워크(Rainforest Action Network: RAN) 129

열돔(heat dome) 49

열수분출공(hydrothermal vent) 발생설 30

예방적 억제(preventive check) 234

오늘의 화석상 443

온실가스(Greenhouse gases: GHGs) 16, 44, 48~53, 72, 74, 79, 120, 128, 130~132, 153, 154, 194~197, 199, 201~204, 206~211, 217~227, 247, 271, 277, 279, 311, 317, 319, 320, 356, 357, 364, 370, 398, 408, 414, 420, 424, 426, 429, 440, 442, 452, 454, 456

온실효과(greenhouse effect) 16, 49, 76, 90, 279, 326, 409, 418

외부불경제 333, 375

완화(mitigation) 194

우려요인(Reason For Concern) 44~45

우주창조이론 26

워싱턴 컨센서스(Washington Consensus) 307

원시수프가설 30

원핵생물(prokaryote) 30

위대한 대장정 456

위험사회 8, 160~169, 174, 313 / 글로벌 위험사회 166, 167

위험사회의 정치 164

유엔 기후변화에 관한 기본협약(UN Framework Convention on Climate Change: UNFCCC) 41, 47~48, 194, 202, 217~218, 428

유엔식량농업기구(Food and Agriculture

Organization: FAO) 267, 279, 281
유엔인간환경회의(United Nations Conference on the Human Environment) 64, 217
유엔환경개발회의(UNCED) 313
유엔환경계획(UNEP) 64, 199, 216
유연성체제(flexible mechanism) 221
유한계급론(The Theory of the Leisure Class) 252, 254
의식적으로 소비하기 265
의제 21(Agenda 21) 217, 219
이기적 유전자 이론 34
이중의 착취 339
인간중심주의 9, 84, 85, 86, 88, 90
인공지능 19, 169, 435
인구보충출생률(replacemeent level) 242
인구절벽(demographic cliff) 239, 242
인구폭탄 235, 245
인구학(demography) 147, 232, 235, 390
인류세(Anthropocene) 36
인섹타겟돈(insectagaddon) 17
인정의 망각(Anerkennungsvergessenheit) 250, 392
인정투쟁(Kampf um Anerkennung) 180, 181, 392
일대일로(一带一路) 309
일본열도 개조론 333
잃어버린 30년(失われた30年) 300, 305, 307, 330, 343
잊혀진 조상들의 그림자 28

ㅈ

자기 주도적 노예화 263
자본주의의 노멘클라투라 418
자연발생설 29
자연선택 28, 29, 32, 33, 34
자연·환경보호에 있어서 연방수도 192, 288
자유민주주의 60, 62, 82, 382, 383
자유제도주의 451~452
자연보전주의(conservationism) 68, 425
자조(selp-help) 58, 452, 454
저임금-저곡가체계 339
적극적 억제(positive check) 233, 234
적녹연정 192
적조 현상 334, 377
적응(adaptation) 33~35, 41, 42, 153, 163, 187, 19~200, 202, 203, 214, 218, 277, 279, 311, 352, 441, 446
전과정평가(life cycle assessment) 390
정경유착 304, 331, 341
정실자본주의(crony capitalism) 408
정치적인 것(das Politischen) 61, 62, 165, 185
정향적 포자설(directed panspermia) 29
제국자연보존법(Reichsnaturschutzgesetz) 431
제국적 생활양식(Imperiale Lebensweise) 256, 419, 420
제도학파 86, 252
제로 웨이스트(zero waste) 390
조직화된 무책임(organized irresponsibility) 161, 168
종속이론 402, 404
종의 기원 32, 33, 85
죄수의 딜레마(prisoner's dilemma) 454
중간 기술(intermediate technology) 295
중국 개혁의 아담 스미스적 특징 308
지구 기후 지표(global climate indicators) 45
지구세(earth tax) 262
지구 시스템(earth system) 25, 37, 230, 231, 232

지구 열대화(global boiling) 17

지구 온난화(global warming) 16~18, 25, 42, 44~49, 51~55, 65, 90, 118~119, 124, 132, 162, 169, 174, 199, 203, 209, 212, 218, 223, 224, 268, 272, 279, 311, 312, 313, 320, 324, 414, 420, 422, 441, 442

지구용량초과일(Earth Overshoot Day) 51

지구의 벗(Friends of the Earth) 347, 348, 371

지구적 변화에 관한 암스테르담 선언(AmsterdamDeclarationonEarthSystemScience) 231

지니계수(Gini index) 134, 138, 268

지대추구(rent-seeking) 342, 343, 369

지속가능발전 84, 130, 218, 219, 286, 427, 428, 430, 431, 432, 435

지속가능발전교육 393

지속가능발전목표(SDGs) 134, 429

지속가능한 농업 65

지속적 산출(nachhaltige Produktion) 430

지질시대 21, 33, 37, 38

진보의 덫 25

진핵생물(eukaryote) 30

진화론 27, 28, 32, 33, 232, 367

집단선택론 33

ㅊ

참여민주주의 158, 159, 186, 433, 444

책임국가(ensuring state) 130, 438, 440, 444

책임 있는 기후로비(Responsible Climate Lobbying) 126

초국적기업(transnational corporations) 260, 283, 451

총에너지 공급량 (Total Primary Energy Supply) 318

추출주의(extractivism) 23

최대 기준의 민주주의 451

ㅌ

탄산화(carbonation) 354

탄소강도(carbon intensity) 410

탄소 누출(carbon leakage) 207

탄소중립 247, 259, 311, 358, 364, 398, 439

탈경계 현상 416

탈규제화 315

탈물질주의(적 가치) 111

탈바꿈(Verwandlung) 61, 167

탈성장(론) 7, 8, 153, 229, 399, 413, 414, 415, 416, 417, 419

태양 도시(solar city) 193

태평양의 포템킨 334

텅 빈 지구 230, 232, 241

테일러주의(Taylorism) 249, 251

토건국가(construction state) 328~332, 334, 335, 341, 343, 344, 353, 355~357, 439

토지황폐화 315, 324

티핑포인트(tipping point) 77, 231

ㅋ

칸쿤 합의(Cancún Agreement) 196

코끼리 곡선(elephant curve) 146

코로나19/ 코로나 팬데믹 139, 142, 286, 430

코스모고니(cosmogony) 28

코스모폴리타니즘(cosmopolitanism) 444, 445

코페르니쿠스(Copernicus Climate Change Service: C3S) 46

콘코르단츠 민주주의(Konkordanzdemokratie) 388

킬링 곡선(Keeling curve) 17

ㅍ

파리기후협약(Paris Climate Agreement) 20, 52, 72, 201, 210~211, 225~226, 420, 429, 452
파편화 186, 446, 451
팍타 순트 세르반다(pacta sunt servanda) 214
팔마비율(Palma ratio) 134
퍼펙트 스톰(perfect storm) 421
평준화의 네 기사 138
포드주의(Fordism) 249
폭포효과(cascading effect) 421
풍요 속의 빈곤(poverty in the midst of plenty) 242, 267, 270
플라자 합의(Plaza Accord) 306, 307
피상생태론(shallow ecology) 88

ㅎ

하버-보쉬 공정(Harber-Bosch process) 25
학습 민주주의(lernende Demokratie) 387
한계적 사고(marginal thinking) 250
합리적 선택 이론(rational choice theory) 359
합의제 민주주의(consensual democracy) 381, 384~389
해양열용량(ocean heat content, OHC) 47
해양 열파(marine heatwaves) 47
해양오염 170, 172, 311, 315, 321, 322, 324, 375
허수아비 때리기 오류(straw man fallacy) 78
헤게모니 7, 187, 256, 374, 400, 420
현실주의/ 구조적 현실주의/ 신현실주의 58, 451 / 452 / 213
호모 사피엔스 7, 8, 24, 27, 31, 230, 232, 457
호모 이코노미쿠스(homo economicus) 257, 419
호혜적 이타주의(reciprocal altruism) 34
혼소발전 443
환경 거버넌스 79, 450, 451
회복성(resilience) 197
회피(avoidance) 162, 194, 208, 211, 215, 222, 259, 390
환경 감수성 390
환경도시 192, 285, 288, 292
환경-빈곤의 덫 140
환경성과지수(Environmental Performance Index: EPI) 316, 355
환경안보 79, 261, 314, 315
환경영향평가 288, 331, 332, 346, 422
환경운동연합 352
환경운동 112, 188, 190, 191, 192, 370, 371, 373, 374, 376, 377
환경의 정치화(politicization of environment) 69, 71, 72, 75, 76, 382
환경의식 76, 83, 112, 126, 190, 287, 313, 342, 374, 381, 389, 390
환경정의(environmental justice) 8, 132, 148, 150, 152, 153, 154, 344, 357
환경제국주의(environmental imperialism) 152
환경주의(environmentalism) 68, 77, 85, 151, 152, 424, 425
환경주의자 77, 112, 151, 192, 220. 389, 390, 425
환경 파시즘 159
환경 쿠즈네츠 곡선(Environmental Kuznets Curve: EKC) 140, 409
환경행동 83, 381, 389~391
환경혁명 56, 63, 65, 68, 215, 446
황금못(golden spike) 37
회색 분지(palatable options) 211
후쿠시마 사고 171~174
힘의 전이 383